科学版精品课程立体化系列教材

Labor Economics
劳动经济学

（第二版）

主　编　孔微巍
副主编　郑　岩　邓永辉　廉永生
参　编　郭荣丽　公大勇　金向鑫
　　　　谭婷婷　李南竹　王　辉
　　　　庞博慧

科学出版社

北　京

内 容 简 介

本书特色是写作手法上采用了四维度的"四篇"编写结构；内容编排上突出夯实理论基础、向现实问题倾斜的创作思路；纸质教材与数据云教材融为一体，"动态"与"静态"互补；遵循"以人为本"的主题思想，注重人文性。全书共四篇，其中，基础篇介绍劳动力、人力资源与人力资本及劳动力供给与需求的基础知识与基本理论；市场篇重点介绍劳动力市场均衡与劳动力市场歧视问题；现实篇针对现实中人们普遍关注的，如就业、工资等核心问题进行系统性分析；专题篇围绕前沿热点，在新就业与高质量就业等问题上展开专题研究。

本书主要面向高等学校经济管理类本科生及研究生，也可为从事劳动经济理论研究和实践工作的科研人员，以及社会各界经济管理人员提供阅读参考。

图书在版编目（CIP）数据

劳动经济学 / 孔微巍主编. --2 版. --北京：科学出版社，2025.6
科学版精品课程立体化系列教材
ISBN 978-7-03-077914-4

Ⅰ. ①劳… Ⅱ. ①孔… Ⅲ. ①劳动经济学 – 高等学校 – 教材
Ⅳ. ①F240

中国国家版本馆 CIP 数据核字(2023)第 251084 号

责任编辑：王京苏 / 责任校对：贾娜娜
责任印制：张 伟 / 封面设计：有道设计

科学出版社 出版
北京东黄城根北街 16 号
邮政编码：100717
http://www.sciencep.com

北京富资园科技发展有限公司印刷
科学出版社发行 各地新华书店经销

*

2011 年 2 月第 一 版　开本：787×1092 1/16
2025 年 6 月第 二 版　印张：26
2025 年 6 月第十四次印刷　字数：611 000

定价：**98.00 元**

（如有印装质量问题，我社负责调换）

第二版前言

党的十九大报告中提出了"我国经济已由高速增长阶段转向高质量发展阶段,正处在转变发展方式、优化经济结构、转换增长动力的攻关期,建设现代化经济体系是跨越关口的迫切要求和我国发展的战略目标"[①]。近年来,高速发展的信息技术和经济全球化浪潮推动着世界经济朝着新的方向发展,逐渐形成了以知识为支撑、以创新为核心的新经济发展格局。目前,以人工智能为核心的第四次科技革命浪潮席卷全球,给劳动力市场及劳动经济学学科的发展带来了深刻的影响与变革。随着互联网、物联网、大数据以及人工智能、5G(5th generation of mobile communications technology,第五代移动通信技术)等新一代信息技术的快速发展,当前经济正呈现出以技术为支撑、以创新为核心的新型经济形态,人类社会也正在向新的发展阶段迈进。劳动力是经济发展中最基础和最具活力的生产要素。伴随着中国劳动年龄人口的绝对减少,传统的以生产要素投入来推动经济增长的发展模式已不再适应中国经济由高速增长转向高质量发展的变化,新时代经济增长的动能转换和经济可持续发展需要质量更高的劳动力。人力资本作为经济发展的基础,是实现经济高质量发展的第一战略资源,在新经济发展的关键要素技术和创新方面显得尤为重要。

在我国由人力资源大国逐渐向人力资本大国转型的过程中,劳动经济学学科越来越受到人们的普遍关注和重视。劳动经济学是一门与人们的工作和生活密切联系、与企业的经营管理高度相关、与政府的公共政策密不可分的极有研究价值的应用学科。无论是目前人们关注的就业、工资、养老、医疗等百姓话题,还是农村剩余劳动力转移、失业现象、最低工资制度、年轻人就业、女性就业歧视、高等教育发展、工会作用、特殊劳动者薪酬、人口老龄化等学术热点问题,都是备受政府重视并着手解决的民生问题,同时也是劳动经济学研究者亟待探索和解决的重要课题。

党的十九大报告中提出,"建设知识型、技能型、创新型劳动者大军,弘扬劳模精神和工匠精神,营造劳动光荣的社会风尚和精益求精的敬业风气"[①]。党的二十大报告指出"我们要坚持教育优先发展、科技自立自强、人才引领驱动,加快建设教育强国、科技强国、人才强国,坚持为党育人、为国育才,全面提高人才自主培养质量,着力造就拔尖创新人才,聚天下英才而用之"[②]。

---

① 引自2017年10月28日《人民日报》第1版的文章:《决胜全面建成小康社会 夺取新时代中国特色社会主义伟大胜利》。

② 引自2022年10月26日《人民日报》第1版的文章:《高举中国特色社会主义伟大旗帜 为全面建设社会主义现代化国家而团结奋斗》。

习近平总书记在 2020 年全国劳动模范和先进工作者表彰大会上指出，要"大力弘扬劳模精神、劳动精神、工匠精神""在长期实践中，我们培育形成了爱岗敬业、争创一流、艰苦奋斗、勇于创新、淡泊名利、甘于奉献的劳模精神，崇尚劳动、热爱劳动、辛勤劳动、诚实劳动的劳动精神，执着专注、精益求精、一丝不苟、追求卓越的工匠精神"[1]。同时还指出"工业强国都是技师技工的大国"[2]，要弘扬"大国工匠精神"，大力培育支撑中国制造、中国创造的高技能人才。

中国是人口大国，目前国家正处于经济转型和高质量发展阶段。在劳动力、资本、技术等生产要素中，丰富的劳动力资源是中国参与国际竞争的比较优势资源。这一前所未有的经济和社会发展形势，无疑为劳动经济学的科学研究提供了良好的外部环境。但是，在劳动经济学理论研究方面与发达国家相比我们还有距离，正像习近平总书记在党的二十大报告中指出的那样——"群众在就业、教育、医疗、托育、养老、住房等方面面临不少难题"[3]。可见与我国经济发展的现实水平相比，劳动经济学的研究还相对滞后，无论是其理论方面的著述还是教材数量都比较少，为此我们编写了本书。本书以人力资源为主体、以劳动力市场为平台、以经济学理论为依据，分析中国当代经济社会出现的现实问题。本书具有以下特点。

一是写作手法上采用了基础篇、市场篇、现实篇及专题篇四维度的"四篇"编写结构。基础篇重点介绍劳动力、人力资源与人力资本及劳动力供给与需求的基础知识与基本理论，其目的是让读者从基础启程；市场篇重点介绍劳动力市场均衡与劳动力市场歧视问题，其目的是让读者从市场角度探求劳动力供求的数量与质量；现实篇主要针对现实中人们普遍关注的，如就业、工资、职业等核心问题，进行了系统性的介绍；专题篇围绕前沿热点，依托学科团队近年来在高质量就业与新就业专题、高质量就业与数字经济专题、新就业形态专题等问题上的研究成果，帮助读者对上述问题的认知由表及里、由浅入深，以满足主动适应新的经济发展方式对高素质劳动者培养的要求，主动激发各类人力资源的创新活力和创造智慧。

二是内容编排上力求突出夯实理论基础、向现实问题倾斜的创作思路。在重点介绍基础理论的同时，每章的知识链接都是跟踪现实的劳动经济问题，让读者在把握基本理论的基础上，充分运用知识剖析劳动经济学领域的现实问题。

三是面向经济管理类学生科普劳动经济学的同时，间或带有研究性学习的"过桥"学习特点。为便于初学者的学习，每章均有导读，导读中设计了识记、领会、应用的关键环节。尤其注重经济学的原理及其在劳动经济领域的应用，以检测学生经济学基础知识掌握的程度；同时，为学有余力的学生在每章设计了该领域的理论研究前沿及热点问题，在最后一篇设计了具有研究性的专题研究章节，帮助本科生向研究生阶段学习做过渡性准备。

---

[1] 引自 2020 年 11 月 25 日《人民日报》第 2 版的文章：《习近平在全国劳动模范和先进工作者表彰大会上的讲话》。

[2] 朱永新. 新论：制造业大国呼唤高素质技工[EB/OL]. 人民日报. http://theory.people.com.cn/n1/2018/0914/c40531-30292451.html[2022-12-01].

[3] 引自 2022 年 10 月 26 日《人民日报》第 1 版的文章：《高举中国特色社会主义伟大旗帜 为全面建设社会主义现代化国家而团结奋斗》。

四是本纸质教材与数据云教材融为一体。如果把纸质教材视为"静态",数据云教材就应该视为"动态",静、动结合,互为弥补,使读者全方位地了解、认知劳动经济学知识和该学科领域。

五是注重与强调学以致用的理念。每章的知识链接,用论题的形式测试学生分析问题和解决问题的能力。特别是在第十章的职业章节中,以"你的职业锚最倾向于哪一种"来帮助学生发现和确定自己的职业兴趣和能力特长,从而更好地做出求职择业的决策,增强学生在知识应用中的可操作性。

全书由孔微巍教授主编,负责编撰大纲和写作细纲。具体编写分工如下:孔微巍、王辉负责第一、三、十二、十三章;郑岩负责第二、四章;邓永辉负责第五、六、七章;廉永生负责第八、十二、十三章;公大勇负责第八、九章;金向鑫、庞博慧负责第十章;郭荣丽负责第十一章;谭婷婷、李南竹负责第十三章,全书由孔微巍负责统纂稿。

本书在编写中参阅了国内外相关的著述,广泛吸收了国内已出版的《劳动经济学》和学术界有关劳动经济理论的研究成果,谨此致谢。由于水平所限,书中尚存许多不足,恳请业界朋友及读者提出宝贵意见。

孔微巍

2025 年 5 月 10 日

目 录

第一篇 基 础 篇

第一章 导论 ··· 3
  第一节 劳动经济学理论的形成与发展 ··· 4
  第二节 劳动经济学与相关学科 ··· 13
  第三节 劳动经济学的定义与研究对象 ··· 15
  本章小结 ··· 20
  名词解释 ··· 20
  复习思考 ··· 21
  参考文献 ··· 21

第二章 劳动力供给 ··· 25
  第一节 劳动力供给的基本理论 ··· 25
  第二节 劳动力供给与劳动力供给曲线 ··· 32
  第三节 工作时间决策理论 ··· 35
  第四节 劳动力供给理论的实际运用 ··· 46
  本章小结 ··· 49
  名词解释 ··· 49
  复习思考 ··· 49
  参考文献 ··· 50

第三章 人力资本投资 ··· 52
  第一节 人力资本的基本知识 ··· 52
  第二节 人力资本投资的基本模型 ··· 65
  第三节 教育投资的经济学分析 ··· 68
  第四节 在职培训投资的经济学分析 ··· 74
  本章小结 ··· 77
  名词解释 ··· 79
  复习思考 ··· 79
  参考文献 ··· 79

第四章　劳动力需求 ·· 84
第一节　劳动力需求的基本理论 ·· 84
第二节　完全竞争市场条件下的劳动力需求 ································· 90
第三节　不完全竞争市场条件下的劳动力需求 ······························ 100
第四节　劳动力需求理论的实际运用 ·· 107
本章小结 ··· 110
名词解释 ··· 111
复习思考 ··· 111
参考文献 ··· 111

第二篇　市　场　篇

第五章　劳动力市场 ··· 117
第一节　劳动力市场的基础知识 ·· 117
第二节　劳动力市场的均衡 ·· 121
第三节　劳动力市场的非均衡 ··· 128
第四节　中国的劳动力市场 ·· 131
本章小结 ··· 135
名词解释 ··· 136
复习思考 ··· 136
参考文献 ··· 137

第六章　劳动力流动 ··· 139
第一节　劳动力流动的基础知识 ·· 139
第二节　劳动力流动的决策分析 ·· 145
第三节　中国的劳动力流动 ·· 147
本章小结 ··· 152
名词解释 ··· 153
复习思考 ··· 153
参考文献 ··· 153

第七章　劳动力市场歧视 ·· 156
第一节　劳动力市场歧视的含义及表现形式 ································· 156
第二节　劳动力市场歧视理论 ··· 158
第三节　发达国家和地区劳动力市场歧视问题制度建设 ·················· 162
第四节　中国劳动力市场歧视问题分析 ······································ 163
本章小结 ··· 167
名词解释 ··· 168

复习思考 168
参考文献 168

第三篇 现 实 篇

第八章 就业与失业 173
第一节 就业与失业概述 173
第二节 就业理论 181
第三节 失业理论 187
本章小结 196
名词解释 198
复习思考 198
参考文献 199

第九章 工资 204
第一节 工资概述 204
第二节 工资水平及其外部竞争性 209
第三节 工资体系的设计与管理 215
第四节 特殊员工群体的薪酬管理 222
本章小结 232
名词解释 233
复习思考 233
参考文献 233

第十章 职业 236
第一节 职业的基本知识 236
第二节 职业锚 239
第三节 职业选择和职业发展理论 247
第四节 新职业 259
第五节 职业培训 266
本章小结 272
名词解释 274
复习思考 274
参考文献 275

第十一章 劳动法 277
第一节 就业促进法 278
第二节 劳动合同法 284

第三节　工作时间与休息休假法 ……………………………………… 298
　　第四节　工资法 …………………………………………………………… 305
　　第五节　劳动监察与劳动争议处理法 ……………………………………… 309
　　本章小结 ……………………………………………………………………… 320
　　名词解释 ……………………………………………………………………… 321
　　复习思考 ……………………………………………………………………… 321
　　参考文献 ……………………………………………………………………… 321

第四篇　专　题　篇

第十二章　新就业形态相关问题专题研究 ……………………………… 325
　　第一节　新就业形态与劳动者权益保护研究 ……………………………… 325
　　第二节　扶持新就业形态发展的公共政策研究 …………………………… 342
　　第三节　新生代农民工与新就业形态研究 ………………………………… 354
　　本章小结 ……………………………………………………………………… 359
　　名词解释 ……………………………………………………………………… 360
　　复习思考 ……………………………………………………………………… 360
　　参考文献 ……………………………………………………………………… 360

第十三章　高质量就业与数字经济专题研究 …………………………… 365
　　第一节　数字经济与经济高质量发展 ……………………………………… 365
　　第二节　智能制造、智能服务与高质量就业 ……………………………… 371
　　本章小结 ……………………………………………………………………… 399
　　名词解释 ……………………………………………………………………… 400
　　复习思考 ……………………………………………………………………… 400
　　参考文献 ……………………………………………………………………… 400

第一篇

基 础 篇

第一章

导 论

导 读

本章重点讲解劳动经济学的研究对象和方法、劳动经济学的形成与发展。通过本章的学习,应达到如下目的:全面、系统和较为深入地熟悉及掌握现代劳动经济学的理论、方法和政策分析的主要内容;用现代劳动经济学的理论和方法,分析中国当代劳动力市场中的微观与宏观问题。

(1)了解劳动经济学的形成与发展的一般过程;掌握中国劳动经济学的发展特点。

(2)明确实证研究方法与规范研究方法的区别和联系。

(3)掌握劳动经济学学科与其他学科的关系,以及劳动经济学的研究对象。

识记:掌握有关的名词概念和知识的含义,并能正确认识和理解。

领会:在识记的基础上,能较好地把握重点专业名词、学习劳动经济学的基本方法和分析方法,并学会加以运用,分析中国当下劳动经济领域的实际问题。

应用:在领会基本概念、基本方法和分析方法的基础上,能运用它们分析和解释有关的理论问题和现实问题,并提出解决问题的思路与方法。

劳动经济学是一门与人们的工作和生活密切联系、与企业的经营管理高度相关、与政府的社会和经济政策密不可分的极有研究价值的应用经济学科。这门学科所涉及的基本问题在现代社会中几乎与每个人都有直接或间接的关系。例如,为什么会有人失业,人们接受教育与职业培训的经济意义何在,什么因素影响人们的求职行为,什么因素影响人们参与市场性劳动的决策,劳动时间有哪些类型与变化,其经济学意义是什么,工资水平是怎样决定的,劳动力市场上为什么会有歧视现象,为什么女性就业难,新就业形态与新经济有什么关系,AI对劳动力就业会产生怎样的影响等。随着社会分工的不断细化,经济学科的门类亦多如牛毛,如金融、外汇、保险、投资、信息、各部门经济、微观经济、宏观经济等,但如果从切身的感性认识和个人的利害关系这个角度看,恐怕哪一个学科都难以和劳动经济学所研究的问题相提并论[1]。劳动经济学讨论、研究的问题不仅与人们的日常生活息息相关,也直接影响着企业及各类用人单位的经营与管理,影响着政府相关政策的制定与实施,影响着整个社会生活和经济生活。

第一节 劳动经济学理论的形成与发展

一、劳动经济学在西方的形成与发展

（一）劳动经济的孕育阶段

1. 古希腊和古罗马时期的劳动经济思想

关于人类社会如何生存并发展下去的问题，在远古时期的一些西方学者和思想家的著述中早已孕育了具有重要价值的劳动经济学的思想。这些思想主要体现在《荷马史诗》、色诺芬（Xenophon）的《经济论》、柏拉图（Plato）的《理想国》和亚里士多德（Aristotle）的《政治论》中的社会分工思想，以及柯鲁麦拉（Columella）的《农业论》中的重视奴隶的劳动兴趣等著述中。

例如，公元前 8 世纪希腊诗人赫西奥德（Hesiod）就在他的《工作与时日》这一著作中热情讴歌了人类的劳动，认为只有劳动才能得到财富、荣誉、家庭和朋友。古希腊思想家色诺芬在其著作《经济论》与《雅典的收入》中，从奴隶制的自然经济观点出发考察了劳动分工及其意义。可以说色诺芬的著述中已经隐含了劳动经济思想，色诺芬是西方早期劳动经济思想的探索者之一。再如，古希腊思想家柏拉图在其著作《理想国》和《法律论》中，从国家组织原理的角度考察了社会分工问题。最早的劳动经济学研究始于古希腊和古罗马时期的有关劳动经济思想——对劳动中的社会分工问题进行考察和研究，肯定了分工的必要性，并研究了如何提高劳动兴趣。

2. 欧洲中世纪的劳动经济思想

西欧封建社会生产方式形成于公元 5 世纪早期，完成于 10 世纪。该时期的劳动经济思想主要体现在《萨利克法典》与《庄园敕令》中。《萨利克法典》主要是一部刑法典和程序法典，主要反映了公元 5~6 世纪封建社会初期的法兰克王国的经济制度和一些经济观点，包括重视对主要生产者的人身自由及个人财产的保护，规定了劳动所得为农户个人所有；规定了对农作物的耕作、收割，对农奴的监督、耕畜的使用。公元 812 年，查理大帝（Charlemagne）颁布了著名的《庄园敕令》，《庄园敕令》共 70 条，详细规定了庄园的组织和生产管理，反映了庄园具有自然经济和以农奴劳动为主的特点，说明了王室庄园是如何实施有效管理，提高经济组织效率的。西欧从 11 世纪起进入封建社会的极盛时期，劳动经济思想的发展主要表现为行会制度的产生。行会制度公开规定了男女平等的原则，行会管理机构负责举办集体福利事业，并对某些专业匠师人数以及取得匠师身份所需的公民资格、财产状况、投资水平做出了种种规定。

3. 重商主义的劳动经济思想

重商主义（mercantilism，也称作"商业本位"）是封建主义解体之后西欧资本原始积累时期的一种经济理论或经济体系。15~18 世纪在欧洲流行，后为古典经济学所取代。它认为一国积累的金银越多，就越富强。它主张国家干预经济生活，禁止金银输出，增加金银输入。该名称最初是由亚当·斯密（Adam Smith）在《国民财富的性质和原因的研究》（《国富论》）一书中提出来的。重商主义劳动经济思想主要主张：贵金属是一国财

富的主要形式,而财富来源于天然的禀赋和劳动创造两个方面;立法保护本国的熟练技工,培训本国技工和吸引外国技工都可以增加国家的财富;以高报酬刺激劳动的发展,增加国家的财富;低利率可促使技工勤劳以及熟练程度提高,物价上涨对固定收入者的危害很大。

（二）劳动经济学的形成阶段

劳动经济学作为一门独立的经济学科是近一百年的事。从市场经济国家的历史实践看,劳动经济学是伴随着劳动力市场发展起来的一门学科。19世纪的美国,劳动问题日益凸显,工会成为劳动力市场上一支重要的力量。理查德（Richard）1886年出版了《美国劳工运动》一书,他分析了工会在劳动力市场、劳动条件的决定方面的作用,开创了对劳动力市场现象进行制度与组织分析的先河;1905年托马斯·亚当斯（Thomas Sewall Adams）和海伦·苏乃尔（Helen Sumner）出版的《劳动问题》长期作为劳动经济领域的第一本教科书;1925年布卢姆（Bloom）的《劳动经济学》出版,这是历史上第一本以劳动经济学正式命名的劳动经济学教科书;20世纪30年代的经济危机和世界范围内严重的失业形势,致使劳工问题极端尖锐化,引发了众多经济学家对宏观劳动问题的深入思考。其中,具有代表性的研究是1936年凯恩斯（Keynes）出版的《就业、利息与货币通论》,"有效需求不足"理论和"非自愿失业"概念的提出开创了宏观经济学,也是宏观劳动经济学理论的先河。从学科体系发展脉络看,有以下几个方面。

1. 古典经济学为劳动经济学的形成奠定了基础

威廉·配第（William Petty,1623~1687）提出了"劳动是财富之父"的观点,区分了生产人口与非生产人口,分析了人口状况和就业状况对征税和调整人口经济结构的作用;亚当·斯密提出了劳动是价值的源泉、劳动分工对劳动生产率提高的作用、工资决定和工资差别等观点;大卫·李嘉图（David Ricardo）提出了劳动价值论、工资决定及工资运行规律、机器使用造成工人失业等观点;萨伊定律是西方传统就业理论的基石,萨伊（Say）提出一个根本命题,即供给会自行创造需求,在这个前提下推论出:依照价格机制的自发调节,商品市场和生产要素市场会趋于供求均衡,趋于充分就业;供求关系对均衡的偏离是暂时的,进而暂时的失业也是无关紧要的,因为它可以自动恢复到均衡状态。

2. 新古典经济学为劳动经济学的形成提供了新的分析方法和理论框架

19世纪中后期与20世纪初期,新古典经济学的基本观点认为市场力量是配置稀缺资源的主要手段,市场力量的基本作用机制是价格形成机制。该学术思想反映在劳动经济学上,就形成了新古典的劳动经济学派。该学派认为劳动力市场供求力量的对比决定了均衡工资率水平,工资率和其他市场因素是决定劳动力配置的基本力量,使劳动力市场成为劳动经济学的主要研究内容。19世纪末,英国经济学家马歇尔（Marshall）的经济学体系为劳动经济学的发展奠定了坚实的基础。他曾说,劳动力市场本身应当成为一门有特殊研究意义的分支学科[2]。马歇尔强调市场的供求机制是形成劳动力市场运行结果的主要因素,他把劳动问题的研究纳入到竞争的市场供求的框架中。20世纪30年代,庇古（Pigou）、希克斯（Hicks）和道格拉斯（Douglas）把新古典劳动经济学推向新的高峰。庇古的著作促进了劳动问题与经济原则更加系统地结合。庇古在其著作《财富与福利》中把劳动经济学问题放到一个包括工资、工时、报酬、劳动力的职业和区域分布，以及劳动力流动的更为广泛的经济学论述中。在其著作《工资理论》中创立了一系列关于劳动力需求和供给的关键性理论概念。1933年庇古出版了《失业理论》一书。庇古认为，在市场经济中，实际工资由劳动供求决定，而且实际工资的调节可以实现劳动市场均衡。道格拉斯则以统计结果来验证边际生产率理论。20世纪50年代中后期，新古典经济学派提出了工资决定机制理论，主要包括工会和工资决定理论、人力资本理论。

3. 制度学派对劳动力市场理论的形成提供了制度研究方法

从1918年到20世纪30年代中后期，制度主义者在美国经济学界掀起了一场反对正统经济学、改革经济学教学内容、提倡政府对经济进行干预、积极设计和参与各种社会福利改革方案的运动，史称"制度主义运动"（institutionalist movement）。制度学派（institutional school）是19世纪末20世纪初作为新古典经济学派的对立面而诞生在美国的一个经济学派别，重要代表人物有凡勃伦（Veblen）、康芒斯（Commons）、米切尔（Mitchell）等。制度学派的经济学家基本上不赞同传统经济学所使用的抽象演绎法，不同意19世纪70年代后的经济学家越来越重视的数量分析方法。他们强调非市场因素（如制度因素、法律因素、历史因素、社会和伦理因素等）是影响社会经济生活的主要因素，认为市场经济本身具有较大的缺陷，使社会无法在人与人之间的"平等"方面协调。该学派经历了四个不同发展阶段。

第一阶段是20世纪的20年代初至30年代末，制度主义广泛传播的阶段。创始者为凡勃伦，主要代表人物还有康芒斯。他们的一系列文献对正统经济学发起攻击，其中最为著名的是米切尔1924年的演讲，其演讲被视为数量经济学和制度经济学的宣言；制度主义的另一个分支，威斯康星大学的康芒斯在1924年出版了自己的代表作《资本主义的法律基础》。这一阶段的制度经济学派认为，新古典经济学把劳动问题引入市场机制的研究并没有取得实质性的进展，只把市场机制作为唯一调节机制来研究分析劳动问题是不合适的。因此，制度学派试图在经济理论分析中加入制度等非市场因素，以此对市场分析进行补充。

第二阶段是20世纪40~50年代。现代西方劳动关系理论形成于20世纪40年代。这一时期的制度经济学派被称为新制度经济学派。主要代表人物主要有邓洛普（Dunlop）、罗斯（Ross）等。当代劳动关系领域内一些学者之间的直接对话，尤其是邓洛普与罗斯之间的争论对劳动关系的理论发展贡献极大。劳动关系的概念、方法和理论渐趋成熟。到了20世纪50年代末，形成了较完整的劳动关系理论体系。

第三阶段是20世纪60年代末至80年代。该阶段的制度经济学派对劳动经济学的主要贡献是对劳动力市场分割理论进行了深入分析。主要代表人物有美国经济学家多林格尔（Doeringer）和皮奥雷（Piore）等。其主要流派有工作竞争理论、二元制劳动力市场分割理论和激进的分割理论，其中最具影响力的是二元制劳动力市场分割理论。20世纪60年代末70年代初，多林格尔和皮奥雷等在原有的理论基础上提出了二元制劳动力市场分割理论。这种理论认为，劳动力市场存在主要和次要的分割，主要劳动力市场收入高、工作稳定、工作条件好、培训机会多、具有良好的晋升机制；而次要劳动力市场则与之相反，其收入低、工作不稳定、工作条件差、培训机会少、缺乏晋升机制；劳动力市场分割理论的发展经历了一个不断完善的过程。

第四阶段是20世纪80年代中期以后。新制度学派把制度学派的有限理性和新古典学派的竞争效率最大化的方法融合起来，以解释劳动力市场的制度性特征。

虽然制度经济学派的代表人物众多，其理论体系庞杂，但在研究基础及研究方法上该学派的代表人物都有其共同的特征。例如，他们都否定新古典学派提出的理性人假设，他们不认同人们在追求经济目标时的最大化行为。制度学派的经济学家基本上都强调非市场因素，他们基本上不同意传统经济学所使用的抽象演绎法，不同意19世纪70年代后的经济学家越来越重视的数量分析方法；他们基本上不同意当时处于正统地位的经济学家根据经济自由主义思想所制定的政策，即国家不干预私人经济生活的政策。他们主张国家对经济进行调节，以克服市场经济所造成的缺陷和弊端。

在劳动经济学的形成阶段，无论是古典经济学、新古典经济学还是制度经济学的劳动经济理论，无疑对劳动经济学的形成和发展作了理论上的准备。但是，这一阶段的劳动经济理论还分散于经济学和管理学等学科体系之中，劳动经济学还不是一个独立的学科。

4. 马克思主义的劳动经济学说

马克思关于劳动价值论的研究，关于价值、劳动二重性、生产价格的理论，关于剩余价值论的研究，关于利润、地租、工资理论和劳动与劳动力的科学区分，关于资本积累理论的研究，关于有机构成的理论，关于劳动力商品的存在而产生劳动力市场社会关系的问题的研究等，实现了对古典学派经济学的一场深刻的革命。

（三）劳动经济学的发展阶段

从20世纪20年代至60年代后期，劳动经济学已进入了独立发展阶段。其主要表现如下。

1. 劳动经济学成为一门独立发展的学科

20世纪20年代随着美国劳动力市场的日趋成熟，1925年美国学者布卢姆出版了《劳动经济学》一书，这是历史上第一本以劳动经济学正式命名的劳动经济学教科书。劳动经济学的研究开始系统涉及劳动力市场上的就业、工资、劳资关系、劳工运动、劳动立法等具体内容的分析。此时在美国一些大学诸如威斯康星大学、芝加哥大学等在经济系单独开设了劳动经济学课程。20世纪60年代以来研究劳动经济的学者也越来越多，劳动经济学方面的专著及教科书不断涌现，标志着劳动经济学作为一门独立的学科进入了快速发展阶段。

2. 相关理论的研究日趋深入

1）与工资相关的经济理论得到了深入研究

第二次世界大战前后，工会势力在美国等发达资本主义国家迅速增长，工会会员人数达到了产业工人总数的四分之一左右，再加上许多未参加工会的工人的收入实际上也受到工会活动的影响，因此，工会在工资决定中的作用引起了高度关注，集体谈判工资理论也应运而生。诺贝尔经济学奖获得者希克斯提出过的一个集体谈判过程的模式，该模式比较准确地描述了劳资双方的行为轨迹。

（1）希克斯的工资理论。希克斯，英国经济学家，在微观经济学、宏观经济学、经济学方法论，以及经济史学方面卓有成就。希克斯早期作为实验经济学家的成果主要集中在《工资理论》中（1932年首版，1963年再版），这部著作至今被看作这个领域的经典。他的观点对现代理论研究文献产生了强有力的影响。

（2）克拉克（Clark）的工资理论。19世纪后期，美国经济学家克拉克在其著作《财富的分配》中提出了边际生产力分配论。他认为，劳动和资本（包括土地）各自的边际生产力决定它们各自的产品价值，同时也就决定了它们各自所取得的收入。边际生产力工资理论可以说是现代工资理论的先驱，它解释了工资的长期水平，也适用于短期工资水平的确定。

（3）柯布-道格拉斯生产函数理论。1930年，道格拉斯出版的《美国1890年至1926年的工资》，获得好评。但使道格拉斯在经济学界久负盛名的还是他与数学家柯布（Obb）合作在1934年出版的《工资理论》。这本书的思想是他研究的结果，柯布负责进行数学推导与论证。其重大贡献是该书第二部分根据边际生产理论提出的柯布-道格拉斯生产函数，以及对这一生产函数的检验。

2）劳动就业理论引入了宏观总量研究，拓宽了劳动理论研究的领域

第一次世界经济危机爆发后，引发了凯恩斯主义革命。凯恩斯的宏观经济思想也使得就业理论得到了深入研究，其主要思想集中体现在其1936年出版的代表作《就业、利息和货币通论》中。凯恩斯通过分析发现，在自由资本主义社会，并不是总能达到充分就业。由于有效需求的不足，实际就业量常常小于充分就业量，充分就业只是可能达到的各种就业水平的一个特例。他将国民经济产出水平与就业水平联系起来，以有效需求不足解释非自愿失业的原因，提出了要加强政府干预经济的政策。宏观经济学的产生为劳动经济学的发展提供了新视角。宏观经济学不但深入地研究了劳动力资源未能得到充分利用的原因，而且分析了实现劳动力资源充分利用的途径。这样，作为经济学需要解决的课题，不仅劳动力资源的配置，劳动力资源的利用水平也被明确提出来了，从而极大地拓宽了劳动经济学研究的领域。

3）劳动力市场理论的研究不断完善

（1）内部劳动力市场理论。该理论产生在20世纪70年代。1971年，美国经济学家多林格尔和皮奥雷在总结和吸收以往研究成果的基础上出版了《内部劳动力市场与人力资源管理》这部重要著作，第一次明确提出并系统阐述了内部劳动力市场的概念、起源、运行机制与基本特征等一系列重要问题。内部劳动力市场理论对于当代劳动经济学的贡献，主要在于它从交易成本、合约、非对称信息等新视角出发，集中探讨企业内部的就业制度或劳动合约安排的性质、特点及运作机制，超越了新古典的简单框架，弥补了传统劳动经济理论的空白。

（2）经济自由与劳动力市场自由度。米尔顿·弗里德曼（Milton Friedman）以研究宏观经济学、微观经济学、经济史、统计学以及主张自由放任资本主义而闻名。由于他在消费的分析和货币的历史与理论等方面的成就，以及他论证了稳定经济政策的复杂性，1976年被授予诺贝尔经济学奖。他认为经济自由无论是对个人还是对国家都具有举足轻重的意义。

（3）劳动市场的信息理论。该理论的创始人是芝加哥学派的代表人物之一——斯蒂

格勒（Stigler），他也是信息经济学的创始人之一。1982年，斯蒂格勒获得了经济学最高荣誉诺贝尔经济学奖。他认为劳动市场的信息主要包括工资率、职业的稳定性和工作条件等。

4）人力资本理论丰富和发展了劳动力供给研究

人力资本理论的丰富，使得劳动经济学在20世纪60年代后期获得了进一步发展。与早期劳动经济学重视劳动力需求研究相比，现代劳动经济学更注重对劳动力供给的研究，并得出了人力资本对劳动力供给、经济增长、收入分配等的重要作用。人力资本的观念最早萌芽于1676年英国古典政治经济学创始人威廉·配第，他在分析生产要素创造劳动价值的过程中，曾把人的"技艺"列为除了土地、物力资本和劳动以外的第四个特别重要的要素。其后，著名的古典政治经济学家亚当·斯密明确提出了人力资本的概念。但是，由于金融资本和物质生产资料是当时生产中的决定性因素，人力资本并未引起人们足够的重视。直到20世纪的知识经济时代，由于物质资本的供给日益充裕，人力不再是"稀缺的"资源，而人的智力因素逐渐成为生产中起决定作用的因素，人力资本的重要性才得到前所未有的彰显。在经济学说史上，比较一致的观点认为，第一个将人力视为资本的经济学家是亚当·斯密，他和杜能（Thunen）、马歇尔被人力资本大师舒尔茨（Schultz）看作"那些把人视为资本的少数人中的三位杰出的代表人物"。

舒尔茨从20世纪50年代开始了对人力资本理论的研究。他对人力资本理论的贡献还在于：他不但第一次明确地阐述了人力资本投资理论，使其冲破重重歧视与阻挠成为经济学上一个新的门类，而且进一步研究了人力资本形成的方式与途径，并对教育投资的收益率和教育对经济增长的贡献作了实证研究。

二、劳动经济学在中国的形成与发展

（一）中国古代时期的劳动经济思想

1. 中国古代时期的职业分工

春秋时期，管仲第一次将人们按职业划分为士、农、工、商，强调"四民分业定居"的观点。同时，他还对"四民"分别提出了职业要求。他认为，战士要能武，作战时要团结一致，视死如归；农民要根据农时耕作，使用适当工具；工人要根据季节的需要，制造适用的工业品以满足社会需要；商人要根据季节的要求了解本地产品的贵贱有无，来往于各地。此外，中国古代的墨子、荀况对当时的劳动经济也提出了相应的观点。虽然古代思想家对劳动经济思想的表述是质朴的、零散的和不成体系的，但从他们的论述中，我们不难体悟到先哲们对劳动的关注[3]。

2. 中国古代时期的人力资源思想雏形

将劳动力视为一种资源，在中国也由来已久，早在我国古代著作中已有关于人力资源思想的阐述。对于中国先秦以来的人力资源思想，主要体现在劳动创造财富和教育与人口质量两方面。

（1）关于劳动创造财富的思想。《管子》早在公元前600多年时便认识到了"劳动创造财富"这一问题，并将土地和劳动看成财富生产的两个重要因素。此后，《墨子》也认识到"劳动创造财富"这一劳动价值论问题,而且认识到劳动在人区别于一般动物中的作用。西汉时期的贾谊则从农业生产的角度论述了"劳动创造财富"的观点,从某种程度上讲,他的这种观点与西方重农主义观点是相似的。司马迁从一般劳动的角度对"劳动创造财富"观点进行了阐述。东汉时期的王符是我国人力资源思想史上最早的较正确论述劳动力、劳动时间与社会财富之间关系的人,他的观点对于我们今天的人力资源研究,仍有着十分重大的理论价值。

(2)关于教育与人口质量的思想。《管子》可谓我国历史上最早谈论教育与人才培养问题的著作,提出的"一年之计,莫如树谷;十年之计,莫如树木;终身之计,莫如树人"的人才观,对当代我国教育发展和人才培养仍具有重要的人文价值。中国古代大思想家孔子、孟子、贾谊等都提倡对人民进行道德文化教育,以提高人口的素质。从流传于后世的著作看,贾谊可谓我国历史上最早提出"胎教"看法的人,其后司马迁、颜之推、康有为等对这一问题均有论述。可以说,在我国历史上很多人都认识到教育对人口质量提高、对社会进步的重要价值,并提倡教育要从早抓起,从而为我国教育思想史和教育心理学的研究提供了理论参考。到了近代,著名人口学家孙本文提出了人口有数量和质量两种规定性的看法,认为人口质量(品质)包括体质、知能和品行三方面内容,它们的影响因素是遗传和环境因素,这种观点实际上与我们现在对人力资源问题的认识具有很强的相关性。

(二)中华人民共和国成立前夕至改革开放前对劳动经济问题的研究

中国对劳动经济学的研究始于20世纪20年代。中华人民共和国成立前,劳动经济学在中国已得到了初步传播。1928年,日本北泽新次郎的《劳动经济论》译本在中国出版。1929年陈达出版的《中国劳工问题》一书,论述了中国劳工问题的历史、现状和解决途径。1931年,朱通九的《劳动经济》一书出版。朱通九认为"劳动经济学是研究劳动者的经济行为的科学"[4]。

20世纪20年代以来,中国还出版了一批有关劳工问题的社会学著作与法学著作,在一定程度上充实了劳动经济学的内容。在20世纪30年代前后,国内有一批学者开始了劳动经济学的理论和实践的研究。不过当时的研究大部分针对劳工社会问题,更多的是偏重劳动制度分析,研究涉及的主要领域是妇女和童工问题。不过,此时中国学者对劳动经济问题的研究大致可以分为两个阶段。

第一阶段是20世纪20~40年代。在这一时期学者研究的主题是劳工问题(如工资、劳资关系等)。例如,1924年陈达教授所指导的清华学校的学生对校内工人的生活费用进行了调查;同年,甘博、孟天培、李景汉在北京对1000名车夫的收入和家庭支出进行了调查分析;1926年,孟天培和甘博对北京1900~1924年的物价、工资及生活费用的变化进行了调查;同年,甘博对北京近百年来的物价、工资及税收情况进行了调查。这一时期出版的劳工问题专著主要有唐海的《中国劳动问题》[5]、马超俊的《中国劳工问题》[6]、陈达的《中国劳工问题》[7]、王云五的《劳工问题》[8]、骆传华的《今日中国劳工问题》[9]和何德明的《中国劳工问题》[10]等。

第二阶段是20世纪50~70年代。中华人民共和国成立后,苏联的劳动经济学传入中国。20世纪50年代初期至60年代中期，劳动经济学在中国获得了较快的发展，有的高等院校建立了劳动经济专业，政府有关部门和中华全国总工会建立了研究劳动经济问题的机构。之后，劳动经济学在中国没有得到重视和发展。20世纪50年代以后至改革开放前，受苏联劳动经济教学和理论研究的影响，劳动经济学学科的体系带有浓厚的计划经济理论的色彩，大多数的文章和教学内容，偏离真正意义上的经济学分析。不过苏联的劳动经济学侧重于对劳动组织形式的研究，而我国学者的注意力则大多集中在对劳动关系（所有制关系、分工关系、分配关系）问题的分析上。直到1979年，中国社会科学院在制订经济科学的长期规划时，将劳动经济学列为一个独立的学科并拟定了众多的科研项目与课题，这才引来了大批学者的关注。

（三）改革开放后至今劳动经济学的发展

学科自求发展与吸收海外经验并行发展阶段：1983年，中国出版的第一本《劳动经济学》（任扶善）教程提出：劳动经济学研究的是劳动关系[11]。这是一个比较流行和权威的观点。

从1984年翻译摩尔根（Morgan）的《劳动经济学》开始，直到20世纪90年代以前，我国劳动经济学界翻译出版了以美国为代表的发达市场经济国家的劳动经济学教科书，其总数达十余种。其中包括1984年由工人出版社出版的摩尔根的《劳动经济学》、1987年由商务印书馆出版的哈佛大学教授弗里曼（Freeman）的《劳动经济学》、1889年由三联书店上海分店出版的霍夫曼（Hoffman）的《劳动力市场经济学》、1989年由北京经济学院出版社出版的日本岛田晴雄的《劳动经济学》和1999年由中国人民大学出版社出版的《现代劳动经济学——理论与公共政策》等。这些教材的出版，为国内劳动经济及其相关专业的学生学习和借鉴发达国家的现代劳动经济理论，起到了巨大的推动作用。

中国劳动制度改革实践和理论探讨阶段：20世纪80年代末期，在国内经济体制改革的大背景下，国内劳动经济学界针对我国劳动制度改革中所出现的理论和实践问题，开始进行理论探讨。其中包括对劳动经济体制改革和建立劳动力市场的探讨等。国内出版和发表了一系列有关培育和发展中国劳动力市场的著作和学术文章。劳动经济的理论研究开始与国内迫切需要解决的现实劳动力市场问题相联系，继续强化了现代劳动经济理论在国内的传播，更重要的是推动了国内现实的劳动经济体制的改革。

劳动经济学学科长足发展阶段：20世纪90年代初期，在借鉴国外劳动经济学理论和研究分析我国劳动力市场问题的基础上，国内劳动经济学界编写了大量的劳动经济学教科书。这包括1991年由杨体仁主编、红旗出版社出版的《现代劳动经济学原理》，1994年由曾湘泉撰写、人民出版社出版的《劳动经济》，1998年由赵履宽等主编、中国劳动出版社出版的《劳动经济学》等近20本教材。这些教材反映了当时该学科在我国发展的现实情况，对劳动和社会保障专业、人力资源管理专业人才培养和专业能力的提升，有着不可忽视的作用。

现实的劳动经济问题研究不断成熟和深入阶段：进入20世纪90年代中期以来，劳动经济学理论研究呈现出不断发展的局面。这表现为国内有关就业、失业、劳动关系、收入分配，特别是有关人力资本投资的学术著作和研究论文大量问世。在对就业相关研究成果的统计过程中，我们发现除了对就业政策、就业结构、就业理论、就业与经济发展的关系这些比较常见的论述外，适应国内劳动力市场变化的背景特点，近几年又出现了一些新的研究领域和特点，包括隐性就业问题的研究（集中在1998年以后）、社区就业问题的研究（出现在2000年以后）、大学生就业问题的研究（集中在2000年以后，尤其是2002~2003年）、高质量就业问题的研究（出现在2015年至今），目前又出现了新就业形态问题的研究、人工智能对劳动力市场影响的研究等。

在政府提出科教兴国战略、高校扩招、全国掀起教育投资的热潮下，在各类组织不断强调培训员工对组织的经济价值的大背景下，人力资本投资的重要性日趋上升，因此在20世纪90年代，人力资本逐渐成为热门话题。统计分析表明，如果将劳动经济问题划分为就业、失业、劳动关系、收入分配、劳动力流动、人力资本和劳动力市场等专题，有关人力资本投资的学术论文增长速度是最快的，由1994年的2%上升到2003年的23%。特别是在2016年中国劳动经济学会成立之后，反映劳动经济学前沿的新就业、就业质量、人力资本与收入分配、新经济下的劳动关系与工会、经济高质量发展中的社会保障等专题的相关学术论文，每年都在学术年会后相继发表，是近年来中国劳动经济学领域发展最快的阶段。

党的二十大报告指出："中国式现代化是人口规模巨大的现代化。"[①]当前，我国人口发展趋势正在由注重人口数量向提高质量转变，由人口大国向人力资本强国转变，由仅考虑人口长期均衡发展向包括人口外部环境因素在内的人口高质量发展转变。习近平总书记在二十届中央财经委员会第一次会议上指出："人口发展是关系中华民族伟大复兴的大事，必须着力提高人口整体素质，以人口高质量发展支撑中国式现代化。"[②]我们要深刻领会人口高质量发展的重大理论价值和实践意义，着力解决促进人口高质量发展的基本理念、基本原则、体制机制和环境问题，让人口高质量发展成为中国式现代化的重要支撑。无论从现在还是未来看，人力资本理论的研究都是推动我国人口高质量发展的理论基石。

在中国知网平台使用知识元指数检索工具，就"经济学"和"人力资本投资"两个关键词对历年中文文献发表情况进行了查询，查询结果如下：经济学与人力资本投资相关文献发表数量整体上均随时间呈倒"U"形趋势，其中经济学相关论文发文量总体趋势大约在2009年达到巅峰，之后逐渐下降，人力资本投资相关论文发文量总体趋势大约在2007年达到巅峰，之后逐渐下降。

收入分配问题也是劳动经济学界关注的重大问题。收入分配始终是一个极端重要的理论问题和实践问题。随着我国经济体制模式的转换和经济发展水平的提高，在收入分配领域出现了许多新矛盾和新问题，如城乡、地区、行业之间及其内部几乎毫无例外地存在着收入差距；在政府部门和事业单位内又普遍地存在着平均主义；收入分配秩序混

[①] 引自2022年10月26日《人民日报》第1版的文章：《高举中国特色社会主义伟大旗帜 为全面建设社会主义现代化国家而团结奋斗》。

[②] 习近平主持召开二十届中央财经委员会第一次会议强调 加快建设以实体经济为支撑的现代化产业体系 以人口高质量发展支撑中国式现代化. https://www.chinacourt.org/article/detail/2023/05/id/7275750.shtml[2023-05-05]。

乱、非常态收入突出等问题引起了学术界的广泛关注。收入差距的扩大已成为影响我国社会稳定和经济发展的重要问题。20 世纪 90 年代以来，学者运用现代劳动经济学的理论和研究方法，围绕社会主义初级阶段和市场经济条件下的收入分配问题展开了深入研究，形成了对收入分配现状的评价、分析得出的造成城乡收入差距的原因以及对现状进行调整的对策建议等一系列理论研究成果。特别是在党的十八大以来，党中央把握发展阶段新变化，把逐步实现全体人民共同富裕摆在更加重要的位置上，近年来随着数字经济的快速发展，更多学者专注研究共同富裕与数字经济发展问题，出现了如王园园与冯祥玉的《数字经济、人口红利与共同富裕》[12]；蔡昉的《如何利用数字经济促进共同富裕？》[13]；张春玲、赵爽的《数字经济：激活县域共同富裕新动能》[14]等众多研究成果。

农村劳动力转移问题日益成为业界研究的热点问题。近年来，随着科学技术的进步、农业产业结构调整和创新、城市建设的不断推进，农业生产对劳动力的需求逐渐减弱，农村劳动力富余问题越发突出。因此，近年来农民工问题，促进农村富余劳动力转移，调整农村就业结构，增加农民收入，促进社会和谐发展与提高农村城镇化建设，已经成为劳动经济学界当前和今后一个时期研究的社会重要问题。

总之，中国的劳动经济学自改革开放以来，无论在学科建设上还是在劳动经济理论与实践探讨上发展速度都很快。但与国际高水平的研究成果相比较，尤其是在规范的理论和实证研究的成果质量上还有不小的距离。迄今为止，在国内高等院校，劳动经济学作为一个独立的学科设立数量较少，劳动经济学的高水平的学术期刊数量不多。这无疑制约了该学科的研究水平和程度，特别是使用的研究方法及所建立和使用的数据，与国际先进的劳动经济研究的发展目标仍存在着很大的差距。

第二节　劳动经济学与相关学科

劳动经济学是一门拥有丰富研究内容的学科。劳动经济学作为经济学的一门分支学科，与管理学、经济学、社会学、人口学、心理学、伦理学、政治学等学科有着紧密联系。劳动经济学在这个体系中占有十分重要的地位，是其理论体系的基础和核心。

在以劳动问题为研究对象的各门学科中，劳动经济学居于重要的地位。这些学科包括劳动经济学、劳动社会学、劳动法学、劳动统计学、劳动保护学、劳动心理学、劳动管理学等。劳动经济学与相关学科的关系如下。

一、劳动经济学与理论经济学

劳动经济学是经济学的分支学科，它和理论经济学有着密切的联系，是一般与特殊的关系。理论经济学是研究资源配置的一般机理和市场上供求变动行为的科学。劳动经济学是研究劳动力市场上，劳动力的供给和需求变动行为的科学。鉴于劳动的极端重要性，世界著名的杜威图书分类法把经济学排在 330 位，劳动经济学排在 331 位，放在财政经济学、土地经济学、合作经济学、国际经济学等部门经济学之前，即放在各分支经济学的第一位。

二、劳动经济学与管理科学

劳动经济学是管理学研究的一个重要理论基础。只有在了解和掌握了劳动力市场运行规律、工资理论、福利和社会保障、劳动经济信息，以及相关法律法规的前提下，才能有效地进行企业人力资源的开发和管理、劳动组织管理和薪酬管理。

三、劳动经济学与人口经济学

二者都是经济学的分支，二者关系容易使人产生误解。似乎研究的主体是相同的，其实不然。二者研究人的视角是不同的。人口经济学主要考察人口变动对经济发展的影响，同时研究人口变动的经济因素以及人口现象和经济现象的相互关系等。

人口经济学研究人口的生产与再生产的经济问题、自然人口增长的经济规律。它的研究范围既包括劳动人口，又包括非劳动力人口。人口对物质资源消费的影响是其集中研究的对象和任务，人口经济学主要把人作为消费者来研究；而劳动经济学的核心命题是劳动力市场中的"劳动力"和"劳动"。劳动经济学主要研究处于市场活动中的劳动或工作中的人，将人作为生产者来研究。

四、劳动经济学与劳动社会学

劳动者是劳动社会学和劳动经济学共同的研究对象，劳动社会学与劳动经济学是关联性较高的两门学科。例如，二者都研究劳动者行为、劳动组织、劳动制度、劳动社会过程等问题。但由于劳动社会学和劳动经济学分别是社会学和经济学的一个分支学科，所以二者对同一问题的研究视角有所不同。劳动社会学是从社会学的视角来研究劳动问题，把劳动者主要作为"社会人"来看待，把人当作劳动者来研究，关心的是劳动行为的社会效益，主要任务在于揭示劳动者与各社会变量之间的关系，如职业声望对劳动者择业的影响，人际关系对于提高劳动生产率的作用等；而劳动经济学是从经济学的角度来研究劳动问题，把劳动者主要作为"经济人"来看待，把人当作劳动力来研究，侧重于劳动行为的经济效益，主要任务在于揭示劳动力与各经济变量之间的关系，如劳动力配置与流动的规律，劳动工资与劳动生产率之间的关系等。

虽然劳动社会学和劳动经济学分别是社会学和经济学的分支学科，但是二者在研究领域方面有许多共同之处。

五、劳动经济学与劳动法学

二者是相互依存、相互支撑的学科。劳动经济学是解决与劳动相关问题的理论基础和经济方法。劳动法（labour law）是以研究调整劳动关系以及与劳动关系密切联系的社会关系的法律规范为内容的学科。无论是劳动者权利和义务，还是劳动就业方针政策及录用职工的规定，劳动合同的订立、变更与解除程序的规定，工作时间与休息时间制度，劳动报酬制度，劳动卫生和安全技术规程，社会保险与福利制度等相关法律的制定，都要以劳动经济学的相关理论与技术方法作为依据。突破传统的劳动法学研究方法，用劳动经济学分析其相关问题，如劳动争议问题，既有其独特的研究视角又具有重要的现实意义。

第三节 劳动经济学的定义与研究对象

一、劳动经济学定义的不同界说

经济学是什么？经济学是研究稀缺的资源怎样或者说应当怎样被配置的一门学问。它是回答人和自然的一种关系的理论。如果说劳动经济学是研究劳动力资源的学问，那么，人们实际上是将劳动经济学视为以研究劳动力的经济活动为核心的一个"经济学的分支"。关于劳动经济学的定义，有以下几种不同界说[15]。

第一种是人的行为界说。它认为劳动经济学强调以研究人的行为为特征。例如，1931年朱通九在所著的《劳动经济》一书中认为，劳动经济学是研究劳动者的经济行为的科学。伊兰伯格（Ehrenberg）和史密斯（Smith）教授在《现代劳动经济学——理论与公共政策》中指出："劳动经济学研究劳动力市场的运行和结果。确切地说，劳动经济学研究雇主和雇员对工资、价格、利润以及雇佣关系的非货币因素（如工作条件）的行为反应。"[16]

第二种是劳动力的作用界说。这种界说强调劳动经济学研究的是劳动力在经济活动中的作用，以及实现这些作用的条件。劳动经济学分析和设法探讨个人作为劳动力的经济活动。正如消费经济学研究消费者职能的性质和作用一样，劳动经济学探讨在经济生活中的劳动力的性质以及其作用的环境。

第三种是劳动力市场特征界说。该界说特别强调劳动力的市场特征。例如，1997年牛津大学出版社出版的《牛津经济学辞典》将劳动经济学表述为是关于劳动力的供给和需求方面的经济学问。它涉及影响劳动参与率、工资谈判、培训、工作时长和劳动条件，以及有关雇佣、劳动力流动、移民和退休年龄等的实践活动的各种因素。桑普斯福特（Sapsford）和桑纳托斯（Tzannatos）在其主编的《劳动力市场经济学》中指出："劳动力作为一种生产要素，其价格及配置是由哪些因素决定的？这就是劳动经济学所要回答的问题。"[17]

综合以上理论界说，我们给出劳动经济学的一般含义：劳动经济学是一门专门研究通过劳动力资源的合理配置和有效利用实现劳动力资源的社会与个人利益的最佳结合，以及在这个过程中的人与人之间的劳动关系和劳动力资源与其他生产要素之间关系的学科。它以劳动力市场组织、运作及其结果，当前和未来的劳动力市场参与者的决策，以及与劳动力资源就业和收入分配有关的公共管理政策与制度为主要研究内容。

二、劳动经济学的研究对象

劳动经济学的研究对象是指该学科领域研究的核心内容。劳动经济学的研究对象应以社会经济的可持续发展为目标，以劳动力的经济活动为中心，研究各种劳动经济现象及其运作规律。其研究领域涵盖了劳动力市场及其变化、劳动力的投入与产出效率、劳动经济管理及运作机制、劳动关系的维护、劳动就业问题等。

（一）劳动力的供给与需求

劳动力供给与需求问题是劳动经济学研究的传统主题之一。从劳动力供给的角度主要是研究工作时间的配置问题。约翰·潘凯弗尔（John Pencave）对男性在工作时长与闲暇之间的时间配置进行了研究。詹姆斯·赫克曼（James Heckman，2000年度诺贝尔经济学奖得主之一）和马修·基林斯沃思（Matthew Killingsworth）运用许多不同方法考察并解释了妇女在有酬工作与其他活动之间进行的时间配置的经验数据。另外，蒙特高莫里（Montgomery）和特鲁塞尔（Trussell）考察了人口学和劳动经济学之间的联系。罗伊本·葛罗瑙（Reuben Gronau）考察了包括有酬工作和其他活动在内的所有可能的不同活动，并试图予以解释。上述四种研究方法都是把相关分析置于家庭劳动力供给决策模型之中的。[18]

对劳动力需求的了解要少于对劳动力供给的了解，是因为我们所获得的企业横截面数据要少于家庭的横截面数据。大多数有关劳动力需求的工作可以分为两类：一是估测工资效应；二是考察外部冲击造成的就业调整。丹尼尔·海默麦希（Daniel Hamermesh）考察了有关工资效应的理论与证据。斯戴芬·尼科尔（Stephen Nickell）关注的是劳动就业是通过何种路径来对冲击做出反应的。此外，20世纪70年代由索洛（Solow）、夏皮罗（Shapiro）与斯蒂格利茨（Stiglitz）、萨洛普（Salop）、阿克洛夫（Akerlof）和怀斯（Wise）等发展了效率工资理论。[18]

（二）劳动力市场体系的运行及规律

现代市场经济是建立在由劳动力市场、资本市场和商品市场这三大基本市场有机联系、有效运行基础之上的市场体系，而劳动力市场又在其中起着基础性的决定性作用[19]。现代劳动经济学应从市场体系角度考察劳动力的流动、劳动力供给与需求、劳动力资源配置等问题。劳动力市场体系应从该市场的运行规律、市场参与主体、市场组织机构、市场运行中的法律与规则等方面去研究。劳动力市场体系的运行受诸多因素的制约，包括劳动力市场价值规律、劳动力市场竞争规律、劳动力市场供求规律和国家宏观经济调控等。劳动力市场体系的构建，就是这些因素共同作用的结果。该问题研究重点应为劳动力市场构成、劳动力市场运行规律、影响劳动力供需行为的因素、劳动力市场体系构成的制度及法律等因素研究。单从劳动力市场组织看，目前我国主要由以下几类就业机构构成：各级人事部门举办的人才交流中心、各类民办的人才交流中心、各级劳动和社会保障部门开办的职业介绍所、各类民办的职业介绍所、政府有关部门举办的各类劳动力供需交流会、社区劳动服务部门、专门的职业介绍网站。

（三）劳动力资源配置

经济学研究的是社会如何利用稀缺的资源，以生产有价值的商品，并将它们分配给不同的个人。劳动力是最为重要的社会资源，当然也是稀缺资源。劳动经济学是专门研究劳动力如何有效配置的学科。一般而言，劳动力与其他资源一样主要是通过市场进行配置的，不过，市场并不是有效配置劳动力资源的唯一途径，除了短期合约以外，劳动力资源的配置由于其具有的交易信息不对称等特征还采用长期合约的形式。当市场与企业的配置都不能给予一个合乎人们愿望的解决办法时，政府的立法与政府的公平化行为将会发挥相应的作用。

（四）劳动关系

劳动关系是维系人类社会得以存在和发展的最基本的社会关系[20]。进一步说，劳动关系是指生产关系中直接与劳动有关的那部分社会关系，具体是指在实现劳动过程中劳动者与劳动力使用者所结成的社会经济关系[21]。从微观上讲，劳动关系贯穿于企业生产、经营、分配的各个环节；从宏观上看，它是现代社会中最主要的一种社会经济关系。在市场经济国家中，劳动关系是影响企业竞争力和国家经济发展与社会稳定的重要因素，正因如此，市场经济国家的政府对劳动关系十分重视，它们以各种方式，不同程度地介入劳动关系事务，从而使劳动关系问题超出了劳方与资方的范围[22]。

在不同的国家或不同的体制下，现代劳动关系又被称为"劳资关系""劳工关系""雇佣关系""员工关系""产业关系""劳使关系"等[23]。

（五）就业与失业

就业与失业问题在当今世界，尤其在金融危机背景下备受各国政府关注。就业与失业理论是在一定的历史条件下产生和发展起来的。在20世纪30年代前的100多年时间里，西方经济理论把充分就业和资源的充分利用看成一种常态，把失业视为暂时现象。该理论认为，在完全竞争的条件下，如果工资可以随劳动力供求变化而自由涨落，那么通过市场价格机制的自发调节作用，一切可供使用的劳动力资源都会被用于生产，实现充分就业，即只要工人愿意按现行工资水平受雇于雇主，就会有工作可做，不会出现"非自愿性"的真正的失业。这一就业的"市场供求决定论"主要源于萨伊定律。

20世纪30年代，爆发了世界性的大危机，伴随的是生产急剧下降，失业人数猛烈增加，主要资本主义国家的失业率超过20%，美国在1933年失业率达24.9%。大危机从根本上动摇了资本主义传统自由放任的市场经济发展模式。1933年，美国开始实施"罗斯福新政"，其核心是国家对经济进行干预。与此同时，1936年凯恩斯出版了《就业、利息和货币通论》，其核心内容是总需求决定理论。他从理论上否定了市场价格机制会自动调节经济实现充分就业均衡的传统，认为失业的原因在于有效需求不足，要解决失业和危机，关键在于提高有效需求。凯恩斯提出了促进充分就业的有效需求不足的非自愿失业理论，主张通过国家扩张性宏观经济政策实现充分就业，认为解决失业问题应成为国家经济政策的主要目标，由此拉开了政府干预经济活动，解决就业问题的序幕。凯恩斯把失业分为摩擦性失业、自愿失业和非自愿失业，他认为只要消灭了非自愿失业就实现了充分就业。凯恩斯认为非自愿失业实际上是一种可以通过总需求的扩充而降低的失业类型，因此又被称为需求不足的失业。

在上述理论的指导下，西方各国政府根据各种失业类型，运用多种政策手段，有效地降低了失业率，提高了就业水平。

中国在经济体制改革和二元经济结构转换过程中，出现了严峻的就业压力。当今世界，无论是发达国家还是发展中国家都很重视就业问题。党的十六届三中全会通过的《中共中央关于完善社会主义市场经济体制若干问题的决定》明确提出"把扩大就业放在经济社会发展更加突出的位置"，并从创造更多就业岗位的角度提出解决问题的对策，符合我国国情。我国有14亿多人口，就业问题比任何一个国家都复杂，扩大就业的任务比任何一个国家都繁重。深入分析西方就业与失业理论政策的产生和发展，借鉴西方促进就业的有效政策，对我国制定促进就业的长期战略和政策具有重大的现实意义。

（六）工资问题

工资问题研究是劳动力市场重点问题之一。劳动力的报酬问题无论是对劳动力的供给者、生产厂商还是对政府而言，都是牵扯各主体利益关系的核心问题。

从工资理论形成至今，西方国家的典型工资理论有：魁奈（Quesnay）和杜尔阁（Turgot）提出的，亚当·斯密与大卫·李嘉图全面论述的"生存工资论"；约翰·穆勒（John Stuart Mill）提出的"工资基金论"；斯蒂格利茨提出的"效率工资理论"；约翰·克拉克提出的"边际生产力工资论"；马歇尔提出的"供求均衡工资论"；多布（Dobb）、邓洛普、张伯伦（Chamberlain）、厄尔曼（Ulman）、里斯（Rees）等提出的"工资谈判论"；马丁·魏茨曼（Martin Weitzman）提出的分享工资等理论。

我国目前对职工的工资和劳动报酬有三种统计方法：一是直接使用统计公布的职工工资总额数据；二是直接使用城镇单位就业人员的劳动报酬总额数据；三是直接依据《中国统计年鉴》中的工资性支出数据。依据以上方法计算出来的职工工资和劳动报酬数据及其占GDP的比重都存在缺陷，无法反映真实情况[24]。

按照新的计算方法，2007年我国城乡职工劳动报酬占GDP的比重约为35.1%，已经低于适度水平。我国工资理论正处在由"生存工资理论"向"分享工资理论"的过渡期。

如何提高我国居民收入在国民收入中的比重和如何提高劳动报酬在初次分配中的比重问题应成为我国劳动经济学界研究的重大课题。在今后一段时期应逐步将我国职工劳动报酬占GDP的比重提高到40%以上水平，以此支撑国民经济持续健康快速发展。

（七）社会保障制度问题

社会保障制度是以国家或政府为主体，依据法律规定通过国民收入再分配，对公民暂时或永久失去劳动能力以及由于各种原因生活出现困难时给予物质帮助，保障其基本生活的制度。其本质是社会财富在时间和空间上的再分配，并具有明显的国家性、强制性、再分配性和基本保障性。它是生产力发展的阶段性产物，是社会进步的一个重要标志。19世纪80年代，世界上第一个完整的社会保障制度在德国建立，经过100多年的发展，它已经成为现代国家不可或缺的社会经济制度。

我国经过40多年的改革和发展，已经初步建立起了与市场经济相适应的社会保障制度框架，但是，我国现行的社会保障制度仍然存在很多问题，研究我国社会保障制度及其存在的问题，及时总结经验教训，对于建立起适应社会主义市场经济体制要求的社会保障制度具有十分重要的意义。

改革开放以来，我国的社会保障制度改革虽取得了突破性进展，但面临的形势仍十分严峻。随着"银发浪潮"席卷全球，我国老龄人口持续攀升，老龄化趋势日益严峻。第七次全国人口普查数据显示，我国60岁及以上人口为2.64亿人，占18.70%，其中65岁及以上人口为1.91亿人，占13.50%。众多社会保障前沿问题也随之而来，如社会保障高质量发展问题、共同富裕与中国社会保障制度高质量发展问题、多层次养老保险体系优化问题、养老保险基金长期均衡发展问题及延迟退休问题等引起了人们的普遍关注。此外，推进全民参保计划，降低社会保险费率，划转部分国有资本充实社保基金，积极发展养老、托幼、助残等福利事业等都成为热点问题。

党中央高度重视"社会保障制度"民生建设问题。党的二十大报告提出：必须坚持在发展中保障和改善民生，鼓励共同奋斗创造美好生活，不断实现人民对美好生活的向往[①]。"增进民生福祉，提高人民生活品质"也被作为单独的一章进行了阐述。习近平总书记在《促进我国社会保障事业高质量发展、可持续发展》中指出[②]："党的十八大以来，党中央把社会保障体系建设摆上更加突出的位置，推动我国社会保障体系建设进入快车道。中央政治局会议、中央政治局常委会会议、中央全面深化改革委员会会议等会议多次研究审议改革和完善基本养老保险制度总体方案、深化医疗保障制度改革意见等，对我国社会保障体系建设作出顶层设计，改革的系统性、整体性、协同性进一步增强。我们统一城乡居民基本养老保险制度，实现机关事业单位和企业养老保险制度并轨，建立企业职工基本养老保险基金中央调剂制度。我们整合城乡居民基本医疗保险制度，全面实施城乡居民大病保险，组建国家医疗保障局。我们推进全民参保计划，降低社会保险费率，划转部分国有资本充实社保基金。我们积极发展养老、托幼、助残等福利事业，人民群众不分城乡、地域、性别、职业，在面对年老、疾病、失业、工伤、残疾、贫困等风险时都有了相应制度保障。""随着我国社会主要矛盾发生变化和城镇化、人口老龄化、就业方式多样化加快发展，我国社会保障体系仍存在不足，主要是：制度整合没有完全到位，制度之间转移衔接不够通畅；部分农民工、灵活就业人员、新业态就业人员等人群没有纳入社会保障，存在'漏保''脱保''断保'的情况；政府主导并负责管理的基本保障'一枝独大'，而市场主体和社会力量承担的补充保障发育不够；社会保障统筹层次有待提高，平衡地区收支矛盾压力较大；城乡、区域、群体之间待遇差异不尽合理；社会保障公共服务能力同人民群众的需求还存在一定差距；一些地方社保基金存在'穿底'风险。对这些不足，我们必须高度重视并切实加以解决。"

---

① 引自2022年10月26日《人民日报》第1版的文章：《高举中国特色社会主义伟大旗帜 为全面建设社会主义现代化国家而团结奋斗》。

② 习近平. 促进我国社会保障事业高质量发展、可持续发展[EB/OL]. http://www.qstheory.cn/dukan/qs/2022-04/15/c_1128558491.htm[2022-12-01].

本 章 小 结

本章主要以劳动经济学的形成与发展作为分析起点，重点介绍了劳动经济学理论的形成与发展、劳动经济学与相关学科的关联、劳动经济学的研究对象与重点内容。

一、劳动经济学理论的形成与发展

（一）劳动经济学理论在西方的形成与发展

（1）劳动经济的孕育阶段：从古希腊和古罗马时期的劳动经济思想、欧洲中世纪的劳动经济思想到重商主义的劳动经济思想等方面进行了阐述。

（2）劳动经济学的形成阶段：从古典经济学为劳动经济学的形成奠定了基础到新古典经济学为劳动经济学的形成提供了新的分析方法和理论框架、制度学派对劳动力市场理论的形成提供了制度研究方法及马克思主义的劳动经济学说等方面进行了研究。

（3）劳动经济学的发展阶段：重点从劳动经济学成为一门独立发展的学科和相关理论的研究日趋深入这两方面进行了阐述。

（二）劳动经济学在中国的形成与发展

（1）中国古代时期的劳动经济思想：介绍了中国古代时期的职业分工和古代时期的人力资源思想雏形。

（2）中华人民共和国成立前夕至改革开放前对劳动经济问题的研究：20世纪20~40年代，学者研究的主题是劳工问题（如工资、劳资关系等）；20世纪50~70年代，劳动经济学在中国获得了较快的发展。

（3）改革开放后至今劳动经济学的发展：从1983年该学科自求发展与吸收海外经验并行发展阶段、20世纪80年代末期中国劳动制度改革实践和理论探讨阶段、20世纪90年代初期的劳动经济学学科长足发展阶段、20世纪90年代中期以来现实的劳动经济问题研究不断成熟和深入阶段进行了分析。

二、劳动经济学与相关学科

劳动经济学与相关学科包括：劳动经济学与理论经济学；劳动经济学与管理科学；劳动经济学与人口经济学；劳动经济学与劳动社会学；劳动经济学与劳动法学。

三、劳动经济学的定义与研究对象

（1）劳动经济学定义的不同界说：从人的行为界说、劳动力的作用界说、劳动力市场特征界说进行了界定。

（2）劳动经济学的研究对象：以劳动力的供给与需求、劳动力市场体系的运行及规律、劳动力资源配置、劳动关系、就业与失业、工资问题、社会保障制度问题为主要研究对象与研究内容。

名 词 解 释

"制度主义运动"　萨伊定律　劳动经济学　二元制劳动力市场

复习思考

1. 欧洲中世纪劳动经济思想的借鉴意义是什么?
2. 新古典经济学为劳动经济学提供了哪些分析方法?
3. 西方劳动经济学发展阶段中哪些理论的研究日趋深入?
4. 阐述我国改革开放后劳动经济学的发展。
5. 劳动经济学与其他学科的关系是什么?
6. 劳动经济学的研究对象与主要内容是什么?
7. 结合实际谈谈学习劳动经济学的意义。
8. 目前中国社会保障体系仍存在的不足是什么?

参 考 文 献

[1] 杨河清. 劳动经济学[M]. 2版. 北京:中国人民大学出版社,2006.
[2] 马歇尔. 经济学原理[M]. 朱志泰,陈良璧,译. 北京:商务印书馆,2019.
[3] 胡学勤. 劳动经济学[M]. 2版. 北京:高等教育出版社,2007.
[4] 朱通九. 劳动经济[M]. 上海:黎明书局,1931.
[5] 唐海. 中国劳动问题[M]. 上海:光华书局,1926.
[6] 马超俊. 中国劳工问题[M]. 上海:民智书局,1927.
[7] 陈达. 中国劳工问题[M]. 上海:商务印书馆,1929.
[8] 王云五. 劳工问题[M]. 上海:商务印书馆,1931.
[9] 骆传华. 今日中国劳工问题[M]. 上海:青年协会书局,1933.
[10] 何德明. 中国劳工问题[M]. 上海:商务印书馆,1938.
[11] 任扶善. 劳动经济学[M]. 长春:吉林人民出版社,1983.
[12] 王园园,冯祥玉. 数字经济、人口红利与共同富裕[J]. 山西财经大学学报,2023,45(6):1-13.
[13] 蔡昉. 如何利用数字经济促进共同富裕?[J]. 东岳论丛,2023,44(3)118-124,192.
[14] 张春玲,赵爽. 数字经济:激活县域共同富裕新动能[N]. 光明日报,2022-09-06(11).
[15] 刘大椿. 中国人文社会科学发展研究报告2007:评价极限与管理创新[M]. 北京:中国人民大学出版社,2007.
[16] 伊兰伯格 R. G,史密斯 R S. 现代劳动经济学:理论与公共政策[M]. 6版. 潘功胜,译. 北京:中国人民大学出版社,1999.
[17] 桑普斯福特 D,桑纳托斯 Z. 劳动力市场经济学[M]. 王询,译. 北京:中国税务出版社,2005.
[18] 夏业良. 劳动经济学理论前沿[J]. 经济学动态,2001,(4):48-52.
[19] 杨先明,徐亚菲,程厚思,等. 劳动力市场运行研究[M]. 北京:商务印书馆,1999.
[20] 常凯. 劳权论:当代中国劳动关系的法律调整研究[M]. 北京:中国劳动社会保障出版社,2004.
[21] 常凯. 劳动关系·劳动者·劳权:当代中国的劳动问题[M]. 北京:中国劳动出版社,1995.
[22] Sandver M H. Labor Relations: Process and Outcomes[M]. Boston:Little,Brown and Company,1987.
[23] Dunlop J T. Industrial Relations Systems[M]. Boston: Harvard Business School Press,1993.
[24] 狄煌. 重新估算我国职工工资和劳动报酬占GDP比重[N]. 经济参考报,2009-09-09(8).

知识链接 1-1　人物介绍

陈达，中国社会学家，别号通夫，浙江余杭人。1912～1916 年在北京清华学校（游美预备班）学习。1916～1923 年在美国留学，1923 年获哥伦比亚大学博士学位。同年回国，长期执教于清华学校。1928 年清华学校更名为国立清华大学后，负责创办社会学系并任教授兼系主任。1952 年后，先后在中央财经学院、中国人民大学、中央劳动部劳动干部学校任教授。1975 年 1 月 16 日逝世。陈达长期从事人口问题和中国劳工问题的研究与教学，注重实际调查，是现代中国人口学的开拓者之一。主要著作有《华侨——关于劳动条件的专门考察》（英文版）、《中国劳工问题》、《人口问题》、《南洋华侨与闽粤社会》、《华南侨乡》（英文版）、《现代中国人口问题》（英文版）等。

朱通九，是中国 20 世纪二三十年代著名经济学家之一。1922 年，朱通九先生写出了《劳动经济概论》，该书由上海大东书局出版，是我国最早的劳动经济专著。朱通九认为，劳动经济学是研究劳动者的经济行为的科学。朱通九的研究遍及劳工问题、金融问题和经济思想。

知识链接 1-2　习近平：人口问题始终是全局性、战略性问题

编者按　7 月 11 日是世界人口日。我国有 14 亿多人口，人口问题始终是一个全局性、战略性问题。习近平总书记对人口问题高度重视，就此发表过一系列重要讲话、作出过一系列重要指示。今天，党建网微平台梳理了习近平总书记的相关重要论述，邀您一同学习。

人口问题始终是我国面临的全局性、长期性、战略性问题

近年来，我国人口发展出现了一些显著变化，既面临人口众多的压力，又面临人口结构转变带来的挑战。要通过这次人口普查查清我国人口数量、结构、分布等方面情况，把握人口变化趋势性特征，为完善人口发展战略和政策体系、制定经济社会发展规划、推动经济高质量发展提供准确统计信息支持。

——2020 年 11 月 2 日，习近平在参加第七次全国人口普查登记时的讲话

人口工作和人口普查非常重要。我国是世界上人口最多的国家，人口问题始终是一个全局性、战略性问题。人口普查 10 年一次。今年是新中国诞生 71 周年，人口普查也是第七次了。前面 6 次人口普查获取了大量详实的人口统计数据，为党和国家制定经济社会发展政策、人口政策等发挥了重要作用。第七次全国人口普查是新时代开展的一次重大国情国力调查，也是党和国家工作中的一件大事。人口问题始终是我国面临的全局性、长期性、战略性问题。在未来相当长时期内，我国人口众多的基本国情不会根本改变，人口对经济社会发展的压力不会根本改变，人口与资源环境的紧张关系不会根本改变，计划生育基本国策必须长期坚持。

——2016 年 5 月 18 日，中国计划生育协会第八次全国会员代表大会暨先进表彰会召开，习近平作出重要指示

促进人口长期均衡发展，加强人口发展战略研究

"十四五"时期如何适应社会结构、社会关系、社会行为方式、社会心理等深刻变化，

实现更加充分、更高质量的就业，健全全覆盖、可持续的社保体系，强化公共卫生和疾控体系，促进人口长期均衡发展，加强社会治理，化解社会矛盾，维护社会稳定，都需要认真研究并作出工作部署。

——2020年8月24日，习近平在经济社会领域专家座谈会上的讲话

促进生育政策和相关经济社会政策配套衔接，加强人口发展战略研究。积极应对人口老龄化，构建养老、孝老、敬老政策体系和社会环境，推进医养结合，加快老龄事业和产业发展。

——2017年10月18日，习近平在中国共产党第十九次全国代表大会上的报告

重视妇幼、老年人、残疾人、流动人口、低收入人群等重点人群健康。要完善计划生育服务管理，保障妇幼健康，合理配置服务资源，加强产科、托幼等健康服务供给，倡导优生优育，解决好出生缺陷、营养性疾病、危急重症等威胁妇女和婴幼儿健康的突出公共卫生问题，实施好农村妇女"两癌"筛查，筑牢妇幼健康保障网。要加强儿科教育和培训，吸引更多优秀人才从事儿科专业，加大儿童重点疾病防治力度。

——2016年8月19日，习近平在全国卫生与健康大会上的讲话

妥善解决人口老龄化带来的社会问题

各级党委和政府要高度重视并切实做好老龄工作，贯彻落实积极应对人口老龄化国家战略，把积极老龄观、健康老龄化理念融入经济社会发展全过程，加大制度创新、政策供给、财政投入力度，健全完善老龄工作体系，强化基层力量配备，加快健全社会保障体系、养老服务体系、健康支撑体系。

——2021年10月，习近平对老龄工作作出的重要指示

我国是世界上人口老龄化程度比较高的国家之一，老年人口数量最多，老龄化速度最快，应对人口老龄化任务最重。满足数量庞大的老年群众多方面需求、妥善解决人口老龄化带来的社会问题，事关国家发展全局，事关百姓福祉，需要我们下大气力来应对。

——2016年5月27日，习近平在十八届中央政治局进行第三十二次集体学习时的讲话

我国人口老龄化态势明显，2014年60岁以上人口占总人口的比重已经超过15%，老年人口比重高于世界平均水平，14岁以下人口比重低于世界平均水平，劳动年龄人口开始绝对减少，这种趋势还在继续。这些都对我国人口均衡发展和人口安全提出了新的挑战。

——2015年11月，习近平关于《中共中央关于制定国民经济和社会发展第十三个五年规划的建议》的说明

资料来源：习近平：人口问题始终是全局性、战略性问题[EB/OL]. http://politics.people.com.cn/n1/2022/0711/c1001-32471887.html[2022-07-11]（节选）

讨论题：结合知识链接1-2浅议人口问题为什么是战略问题。

知识链接1-3 劳动经济学理论前沿及热点问题

1. 劳动经济与民生经济问题研究。

2. "稳经济、保就业"的路径选择。
3. 青年人和大学生就业问题研究。
4. 城市群劳动力集聚的空间经济效益问题研究。
5. 就业质量与实现共同富裕的关系研究。
6. 科技革命下包容创新驱动和就业友好的产业政策研究。
7. 完善劳动力市场制度及实现途径研究。
8. 劳动力市场中歧视问题研究。
9. 宏观经济政策应对周期性失业问题。
10. 中小企业的就业景气变动及政策应对。
11. 青年人失业面临的问题和挑战。
12. 新时代高等教育与劳动力市场衔接问题研究。
13. 中国当下劳动转移的特点研究。
14. 第七次全国人口普查后中国人口老龄化程度研究。

第二章

劳动力供给

导 读

本章围绕劳动力供给这一主题,在阐述劳动力供给的相关概念和影响劳动力供给因素的基础上,重点分析个人劳动力供给、家庭劳动力供给等内容,进而揭示劳动力供给的一般规律,为研究劳动力资源的配置和劳动力市场运行提供微观基础。

(1)了解劳动力供给的概念、分类和影响因素。
(2)理解个人劳动力供给曲线和市场劳动力供给曲线的推导。
(3)掌握工作时间决策理论。

识记:了解与劳动力供给相关的概念,并能够正确表述。

领会:在了解相关概念的基础上,能够较好地把握劳动力工作时间决策理论的三种模型。

应用:在准确理解劳动力供给相关概念的基础上,能够运用工作时间决策理论解释劳动力市场上存在的现实问题,并提出解决问题的思路与方法。

第一节 劳动力供给的基本理论

一、劳动力供给的概念及分类

(一)劳动力供给的概念

经济学中的供给概念是从商品供给的欲望和能力的角度来定义的,是一种有效供给。作为经济学的分支,劳动力供给就是供给问题在劳动经济学中的具体化。因此,劳动力供给是指某一个国家(或地区),在某一段时期内(或在某一个时点上),在一定的经济条件和工资水平下,劳动主体愿意而且能够提供的劳动能力的总和。其中,劳动主体即劳动的供给主体,主要指的是具有一定质量的劳动者个人及其家庭;劳动能力指的是劳动主体自身所拥有的脑力、体力、精力的和以及与此有关的行为或活动。

（二）劳动力供给的分类

根据不同的研究需要，可以对劳动力供给做出不同的分类。

1. 根据国民经济范围做出的分类

从国民经济范围的微观、中观、宏观三个层次可以将劳动力供给分为企业劳动力供给、行业劳动力供给、地区劳动力供给和社会劳动力供给。其中，企业劳动力供给属于微观层次，行业劳动力供给和地区劳动力供给属于中观层次，社会劳动力供给属于宏观层次。

1）企业劳动力供给

企业劳动力供给指一定时期内，一定工资水平下，劳动力市场可以为企业提供的劳动力的数量及构成，它由企业所在地区、企业规模、生产类型、生产设备与方法、企业营销状况及外部形象、薪酬水平等决定。

2）行业劳动力供给

行业劳动力供给指一定时期内，一定工资水平下，劳动力市场可以为一个行业提供的劳动力的数量及构成，它由行业的生产类型及技术特点决定。由于企业规模不同，所处的地区不同，所使用的生产手段不同，行业劳动力供给的内涵、层面、构成、数量等，都要远比企业劳动力供给更为丰富、更为复杂、更为宏大。

3）地区劳动力供给

地区劳动力供给指一定时期内，某一地区范围内各类劳动力的供给，它是由地区的自然资源、收入及生活水平、人口总体规模和结构、劳动力素质、劳动力构成等自然、社会和经济性因素决定的。这种劳动力供给代表着某一特定地区各种行业所使用的各种劳动力总量。

4）社会劳动力供给

社会劳动力供给也称为总供给，它是一定时期内，一个社会可以利用的劳动力总量，包括一个国家的所有地区、所有行业的各种类型的谋求职业的人员。社会劳动力供给取决于社会劳动力资源总量与劳动力参与率，而社会劳动力资源总量则主要取决于人口规模和增长速度。

2. 根据时间序列做出的分类

1）短期劳动力供给

短期劳动力供给指若干条件不变情况下的劳动力供给。这些不变的条件不仅包括人口规模、教育投资、劳动力年龄构成等外在条件，也包括劳动者自身的条件，如知识水平、专业方向等。

2）长期劳动力供给

长期劳动力供给指各种因素都可以变化的劳动力供给。各种因素都可以变化是指任一因素的变化都足够大，能够产生明确的结果。显然，前面所说的短期内某些因素不变，并不是说它们绝对不变，而是指其变化很小，不能产生看得见的影响，可以忽略不计。

二、劳动力供给的影响因素

劳动力不同于一般商品，其影响因素很多，也错综复杂，而且各因素对劳动力供给的影响程度不一样，即使是同样的因素，对不同的劳动力供给主体，其发挥作用的程度也不一致。因此，完全揭示它们之间的联系几乎是不可能的，但可以将劳动力供给的影响因素大致分为微观和宏观两个层次。

（一）微观因素

影响劳动力供给的微观因素实质上就是影响个人劳动力供给的因素。在市场经济中，劳动力供给的决策主体是劳动者个人及其家庭，这一劳动主体的意愿、决策及其变动必然对劳动力供给产生重要的影响，因此，分析影响个人劳动力供给的因素具有重要意义。

1. 个人因素

根据心理学原理，人与人是不同的，不管我们在进行分析的时候对人们做何种假设，都不能把人与人之间的差别完全抹掉。由于兴趣、爱好、知识水平等的差别，不同的人从同一事物中感受到的效用是极不相同的。例如，有些人喜欢多挣钱，有些人喜欢修身养性，这必然影响到他们的时间分配决策。注意保护身体、改善身体状况的个人与很少关注健康的个人对劳动的态度必然会有很大的差别。

2. 家庭因素

家庭因素主要是指家庭收入及构成情况。如果个人参加社会劳动的目的是获得工资收入，那么，家庭越富有，工资的吸引力越小。例如，家庭收入的提高也许使20岁的青年人继续求学，从而减少潜在劳动力供给的人数；也许会使有工作的母亲购买一栋海边别墅，从而缩短工作时间以便带着孩子在别墅中共享天伦之乐。

家庭因素还包括家庭传统观念、成员构成等，这些因素以习惯的形式对每一位家庭成员的意识、言行产生影响。例如，不同的家庭对人力资本投资的非经济性收益的重视程度不一样，就会影响到他们的劳动力供给决策。

3. 企业因素

劳动者决定去哪家企业工作、工作多长时间，取决于企业所提供的薪酬水平、工作条件、职业发展前景，以及企业所在地区、生产规模、生产性质、营销状况等。

4. 社会因素

社会因素主要是指习惯、风俗、价值观念等。社会因素往往伴随着其他一些更具体的因素起作用，加剧或削弱各种具体因素对劳动力供给的影响。例如，"考公热""考研热"等，这些因素都会影响劳动力供给决策。

另外，有些社会传统习惯对劳动力供给的影响持久而深远。例如，在日本、印度等国家，受传统观念的影响，女性的劳动力参与率远远低于中国。

5. 政策因素

国家的法律、制度和政策规定对劳动力供给的影响也很大。例如，国家退休政策、生育政策的调整对劳动力供给都会产生很大的影响。

（二）宏观因素

宏观因素即影响整个社会或某一空间区域劳动力总供给的因素，这些因素将影响潜在的劳动力供给。

一定时期内，一个社会所能得到的劳动力总供给量取决于以下因素：人口、劳动力参与率、工作周长度、工作周数与节假周数、劳动强度及劳动培训。其中，工作周长度、工作周数与节假周数决定劳动时间；劳动强度决定劳动效率；劳动时间和劳动效率共同决定效率工作时间。人口、劳动力参与率和效率工作时间决定了劳动力的数量，劳动培训决定劳动力的质量，劳动力的数量和质量共同决定了一定时期内劳动力市场上可用于生产商品和提供劳务的劳动力总供给量。任何一个社会，这一供给量都不是固定的，它会随着时间的转移而变化。以上各宏观因素之间的关系可以用图 2-1 进行描述。

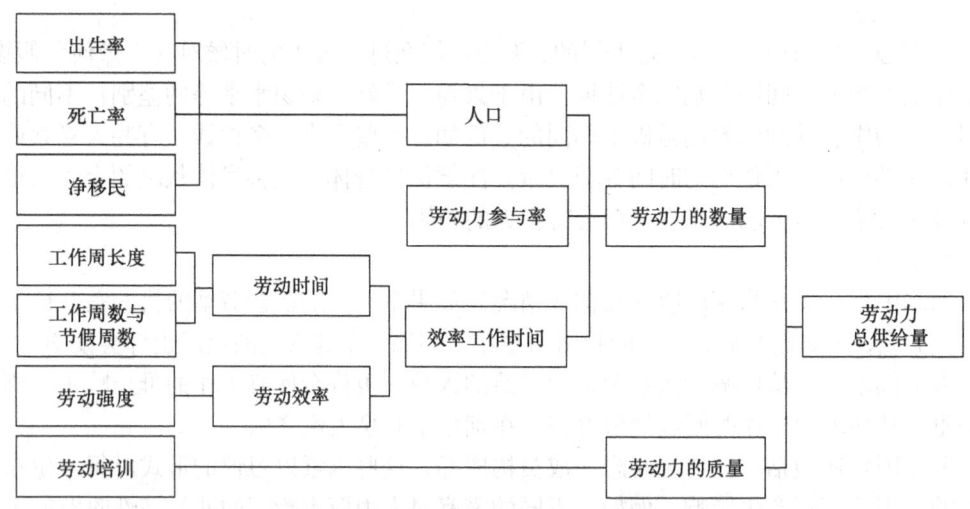

图 2-1　影响劳动力供给的宏观因素

1. 人口因素

人口包括一切有劳动能力和无劳动能力的人，而不考虑他们的年龄、体质、技能等。人口的范畴可以用图 2-2 来表示。劳动力供给量是人口的函数，其中人口的规模与结构对劳动力供给量有着重要的影响。

1）人口规模

构成劳动力资源的劳动力人口是一定时期、一定地域内人口总体的一部分。人口总量发生变化，其组成部分也相应发生变化。人口规模对劳动力供给的影响可以从静态和动态两个角度考察。

从静态角度看，假定人口总体的年龄构成不变，则劳动力资源与人口规模成正比。人口总量越大，劳动力供给就越多；反之则越少。当然，人口总量的变动，不一定会立即导致劳动力供给数量的变化。因为婴儿从出生到进入劳动年龄，需要有十多年的劳动力形成过程，才会对劳动力供给总量产生影响。由于一国的人口规模对劳动力供给的影响在短期内不会立刻显现，人口规模只在长期内起作用，即所谓的"滞后效应"。

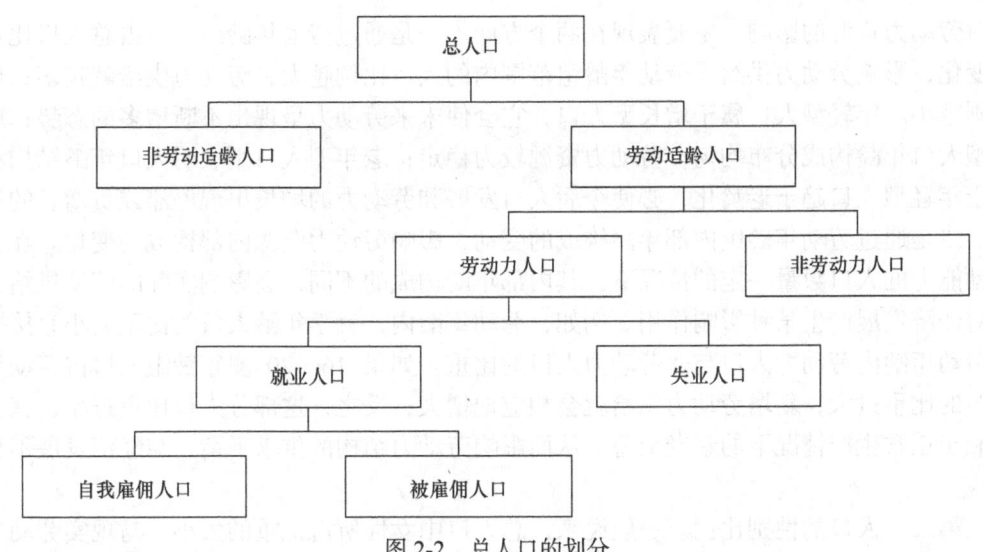

图 2-2 总人口的划分

从动态角度看,则要看人口总量的变化,即人口自然增长率的变化。在一定的生育观、文化传统下,人口规模不是一成不变的,人口规模的变化取决于出生率和死亡率的差额,即取决于人口的自然增长率。通常人口自然增长率有三种变化:①当人口自然增长率大于零,则人口总量增加,属于扩大的人口再生产;②人口自然增长率等于零,人口总量不变,属于人口简单再生产;③人口自然增长率小于零,人口总量下降,属于人口缩小再生产。在没有外界人口迁入或迁出的封闭人口状态下,现在的人口自然增长率决定着未来劳动力供给的增长率。此外,现代社会的人口死亡率变动不大,处于低水平的稳定状态,所以人口总量和有劳动能力的人口数量的变化,主要取决于人口出生率水平及人口基数。考虑到人从出生到成长为劳动力还存在一定的时间差,因此预测劳动力供给的变动,必须考虑这一时间因素。

2)人口结构

人口结构对劳动力供给的影响主要包括四个方面。

第一,人口的年龄结构。人口年龄结构是指每一年龄人口或某几个年龄组人口在总人口数中的比重。在人口学研究中,将人口年龄构成划分为三种类型,即年轻型、成年型和老年型,具体标准见表 2-1。

表 2-1 不同类型的人口年龄构成分类标准[1]

类型	0~14 岁人口占总人口的比例（少年儿童系数）	65 岁及以上人口占总人口的比例（老年系数）	65 岁及以上人口与 0~14 岁人口之比（老少比值）	年龄中位数
年轻型	40%以上	4%以下	15%以下	20 岁以下
成年型	30%~40%	4%~7%	15%~30%	20~30 岁
老年型	30%以下	7%以上	30%以上	30 岁以上

由于人口出生率和死亡率是不断变化的,人口年龄结构也是在变化的。人口年龄结

构对劳动力资源的影响,主要表现在两个方面。一是通过劳动年龄组人口占总人口比重的变化,影响劳动力供给。劳动年龄组范围内的人口比例越大,劳动力供给就越多;反之则越小。年轻型人口属于增长型人口,它会使未来劳动力呈现出不断增多的态势;成年型人口年龄构成分布均匀,劳动力资源较为稳定;老年型人口则表明人口年龄结构相对于年轻型人口趋于老龄化,必使今后人口发展和劳动力的增长出现停滞或负增长的趋势。二是通过劳动年龄组内部年龄构成的变动,影响劳动力资源内部构成的变化。在有劳动能力的人口数量一定的情况下,其内部年龄构成的不同,会影响实际的劳动供给,并对经济发展产生某种影响作用。例如,劳动年龄内,就学年龄人口的比重大小直接影响劳动年龄内劳动力人口与非劳动力人口的比重。如果 16~20 岁年龄组人口占劳动年龄组的比重过大,新增劳动力供给就会相应地增大;反之,这部分人口比重过小,就会不利于正常生产情况下的新老交替,从而影响劳动力结构的供求平衡,与经济发展不相适应。

第二,人口的性别比例。一般说来,总人口中女性所占比重的大小,与现实劳动力供给量成反比,这是因为女性承担着生育子女的天职,且承担较多的家务,同时生理方面的特点也对女性从事某些职业起着限制作用。因此,一些女性人口所占比重较高的国家,现实劳动力资源就相对贫乏,而男性比例较高的国家就会形成较多的劳动力供给。

第三,人口的民族构成。由于民族传统等各种原因,不同民族的劳动力供给状况有所不同。

第四,人口的城乡结构。如果我们将劳动力市场区分为城市劳动力市场和农村劳动力市场,那么,人口城乡结构变化便会引起城乡劳动力供给结构的变化。如果大量农村剩余劳动力涌进城市,则会导致城市劳动力供给增加,同时农村劳动力供给将会减少。

2. 劳动力参与率

1)概念及计算公式

劳动力参与率也称为劳动参与率,是与劳动力供给相关的一个重要概念。劳动力参与率是衡量一定范围内劳动力参与社会劳动程度的指标,一般是以加入劳动力的人数占该范围内劳动年龄人口总数的百分比进行计算的。

"劳动年龄人口"是指人口处于劳动年龄的那一部分人口。并不是任何人都是劳动力的承担者,只有达到一定成熟程度,即达到一定年龄的人才是劳动力的承担者。人出生后经过发育,成长到具备了劳动能力的年龄,这是劳动年龄的下限;人继续成长到逐步衰老,开始丧失劳动能力的年龄,这是劳动年龄的上限。处于劳动年龄上限和下限之间的人口就是劳动年龄人口。劳动年龄的上限和下限,通常是由国家规定的,由于各国的国情不同,具体规定也有所不同。例如,从下限看,美国规定为 16 岁,日本、英国规定为 15 岁,热带地区的一些国家还要小些。目前,我国的法定劳动年龄下限为 16 岁,把男性 60 岁、女性 55 岁作为劳动年龄的上限。

"一定范围"有许多划分依据,可依若干标准进行分类,如劳动年龄人口、不同年龄组人口及不同性别人口等,由此劳动力参与率有许多表示方法[2]。具体的计算公式为

劳动年龄人口的劳动力参与率=劳动力人口/法定劳动年龄人口×100%　　（2-1）

年龄劳动力参与率=某年龄劳动力人口/该年龄组人口×100%　　（2-2）

$$性别劳动力参与率=某性别劳动力人口/该性别人口×100\% \qquad (2\text{-}3)$$

由以上公式可以看出,在劳动年龄人口一定时,劳动力参与率的高低与劳动力供给成正比,即在劳动年龄人口一定的条件下,劳动力参与率高,劳动力供给就多,反之,劳动力参与率低,劳动力供给就少。因此,劳动力参与率指标在研究一个国家人力资源规模以及预测未来劳动力供给时具有重要的作用。

2) 影响因素[2]

第一,受教育和训练水平。一方面,劳动者受教育和训练的时间越长,其参加社会劳动的时间也相应越少,劳动供给量也会减少;另一方面,劳动者的受教育和培训水平越高,就会向社会提供质量越高的劳动,按照复杂劳动等于加倍的简单劳动的原理,虽然其参加社会劳动的时间相对少一些,但为社会所提供的劳动总量却增加了。

第二,工资政策及工资关系。较为合理的工资分配关系,可以增强劳动者及其家属提高自身素质的内在动力。在这种条件下,青少年将会延长学习年限,从而推迟进入劳动力市场的初始年龄,使劳动力参与率水平下降或缓慢增长;反之,就会产生相反的效果。

第三,工资水平。工资水平是调节劳动力供给与劳动力需求的经济杠杆。在市场经济条件下,工资水平直接影响劳动力的供给。从宏观上看,工资水平越高,劳动力供给的数量越大。

第四,非劳动收入。在现阶段,劳动是人们谋生的基本手段,人们谋生时对劳动的依赖程度取决于非劳动收入的变化。非劳动收入的增加,将会降低人们谋生时对劳动的依赖程度,从而降低劳动力参与率。

第五,居民家庭生产率的变化。居民家庭生产率是指居民从事家庭生产活动的效率,即居民在单位时间内从家庭生产活动中取得的效用。居民家庭生产率越高,从事家庭生产活动的时间的价值就越高,愿意向市场提供劳动的数量就越少,因而,在市场工资率一定的条件下,劳动力参与率越低。

第六,社会保障制度。社会保障制度直接影响劳动力参与率,欧洲国家社会福利超前发展,导致了严重的劳动动机问题,人们的劳动力参与率下降,坐等政府救济金的人数不断增加,即出现了所谓的"福利病"。就业关联式社会保障制度则会刺激劳动力参与率的提高。

第七,其他因素,如社会文化、风俗习惯等。

3. 劳动制度

劳动制度主要是对工作周长度、工作周数与节假周数的规定。在其他条件相同的情况下,工作周长度延长、工作周数增加、节假周数缩短,社会劳动供给的总量会随之增大。

4. 社会平均劳动强度

在劳动者人数和工作时间既定时,劳动强度的大小决定了劳动力供给量的多少。劳动强度越大,同一时间所提供的劳动量也越大,反之则越小。

5. 劳动力的受教育和训练水平

正如前面所提到的,劳动者受教育和训练水平越高,就会向社会提供质量越高的劳动,由于复杂劳动等于加倍的简单劳动,所以随着劳动者受教育程度的提高,为社会所提供的劳动总量也会增加。

第二节 劳动力供给与劳动力供给曲线

一、劳动力供给函数

如果把影响劳动力供给的各种因素作为自变量,把劳动力供给作为因变量,则可以用函数关系来表示影响劳动力供给的因素与劳动力供给之间的关系,这个函数即为劳动力供给函数。以 L 表示劳动力供给,以 X_i($i = 1, 2, 3, \cdots, n$)表示影响因素,则劳动力供给函数为

$$L = F(X_1, X_2, X_3, \cdots, X_n) \tag{2-4}$$

假设其他条件不变,将市场工资率作为影响劳动力供给的唯一因素,即只考虑劳动力供给与市场工资率之间的关系。以 W 表示市场工资率,则可以把劳动力供给函数表示为

$$L = F(W) \tag{2-5}$$

同时,还可以用劳动力供给表和供给曲线表示劳动力供给函数。用来表明市场工资率 W 与劳动力供给量 L 的表格称为劳动力供给表,其形式如表 2-2 所示。进一步假设工资率与劳动力供给量无限可分,则可以把工资率与劳动力供给量之间的关系描述为劳动力供给曲线,按照表 2-2 的数据可以描绘出劳动力供给曲线,如图 2-3 所示。

表 2-2 劳动力供给表

W/(元/小时)	L/人	组合点
1.5	150	A
2.0	200	B
2.5	280	C
3.0	400	D
3.5	500	E
4.0	700	F

从表 2-2 和图 2-3 中可以看到,市场工资率从每小时 1.5 元逐渐提高到 4 元,随着工资率的提高,劳动力供给量也在逐渐增加。根据劳动力供给表画出的劳动力供给曲线是从左下向右上倾斜的曲线。应当说明的是,图中的供给曲线是一条平滑的曲线而不是一条折线,原因是假定工资率和劳动力供给量无限可分,这种假设虽然不完全符合实际,但为了分析方便(同时它也确实反映了供给变化的大致趋势和一般规律),劳动经济学家仍然这样假设。

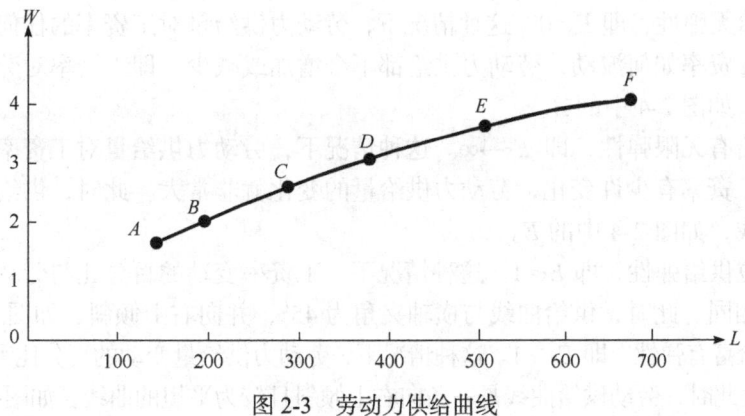

图 2-3 劳动力供给曲线

二、劳动力供给弹性

（一）定义及计算公式

从劳动力供给与工资率的关系中可以看到，当工资率变化时，劳动力供给也相应地变动。我们将劳动力供给变动对工资率变动的反映程度称为劳动力供给的工资弹性，简称为劳动力供给弹性。计算公式为

$$Es = \frac{\Delta L/L}{\Delta W/W} \tag{2-6}$$

其中，E_S 为劳动力供给弹性；$\Delta L/L$ 为劳动力供给变动的百分比；$\Delta W/W$ 为工资率变动的百分比。

（二）分类

通常在考察劳动力供给时，劳动力供给弹性值分布在零到无限大之间。根据劳动力供给弹性的不同取值，一般将劳动力供给弹性分为五类[3]，如图 2-4 所示。

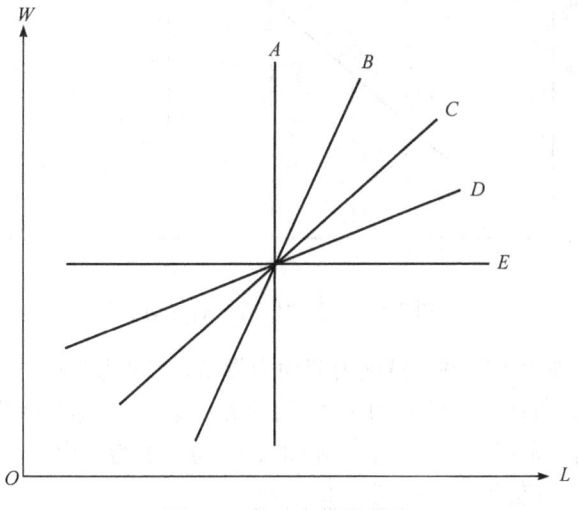

图 2-4 劳动力供给弹性

（1）供给无弹性，即 $E_S=0$。这种情况下，劳动力供给量对工资率的任何变化都没有反应。不管工资率如何波动，劳动力供给都不会增加或减少，即工资率对劳动力供给数量没有影响，如图 2-4 中的 A。

（2）供给有无限弹性，即 $E_S \to \infty$。这种情况下，劳动力供给量对工资率的变化非常敏感。只要工资率有少许变化，劳动力供给量的变化就非常大。此时，供给曲线是与横轴平行的曲线，如图 2-4 中的 E。

（3）单位供给弹性，即 $E_S=1$。这种情况下，工资率变动的百分比与劳动力供给量变动的百分比相同。此时，供给曲线与横轴夹角为 45°，并向右上倾斜，如图 2-4 中的 C。

（4）供给富有弹性，即 $E_S>1$。这种情况下，劳动力供给量变动的百分比大于工资率变动的百分比。此时，劳动供给曲线是一条向右上倾斜且较为平坦的曲线，如图 2-4 中的 D。

（5）供给缺乏弹性，即 $E_S<1$。这种情况下，劳动力供给量变动的百分比小于工资率变动的百分比。此时，劳动供给曲线是一条向右上倾斜且较为陡峭的曲线，如图 2-4 中的 B。

三、劳动力供给量的变动与劳动力供给的变动

（一）劳动力供给量的变动

劳动力供给量的变动是指在其他条件不变的情况下，仅由工资率变动所引起的劳动力供给量的变动。这种变动在图形中表现为点在同一条劳动力供给曲线上的移动，如图 2-5 所示。

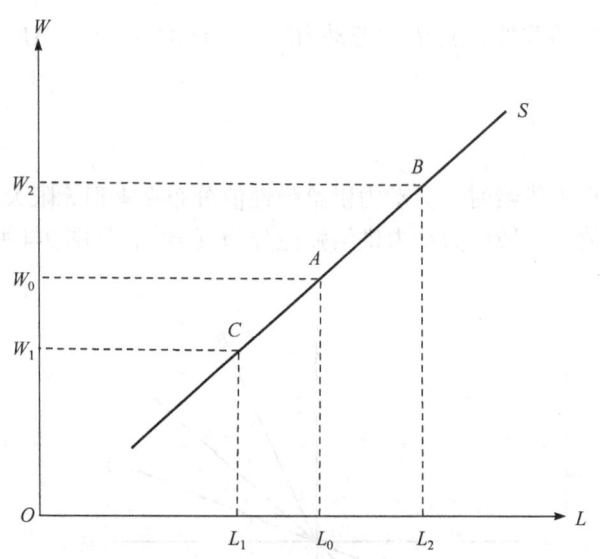

图 2-5 劳动力供给量的变动

在图 2-5 中，纵轴为工资率，横轴为劳动力供给量，S 为劳动力供给曲线。当工资率由 W_0 提高到 W_2 时，劳动力供给量由 L_0 增加到 L_2，表现在供给曲线上则是从点 A 向右上方移动到点 B。当工资率由 W_0 下降到 W_1 时，劳动力供给量由 L_0 减少到 L_1，表现在供给曲线上则是从点 A 向左下方移动到点 C。

（二）劳动力供给的变动

劳动力供给的变动是指在工资率不变的情况下，由其他因素的变化所引起的劳动力供给的变动。劳动力供给的变动在图形上表现为劳动力供给曲线的位置移动，我们可以用图 2-6 加以说明。

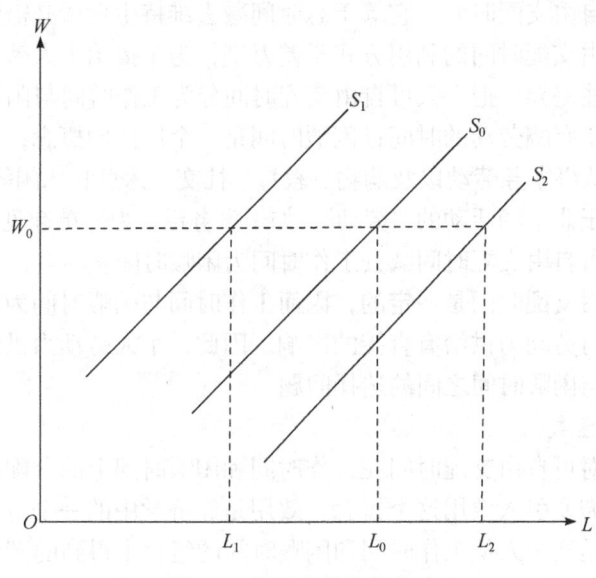

图 2-6　劳动力供给的变动

在图 2-6 中，纵轴为工资率，横轴为劳动力供给量，S_0、S_1 和 S_2 为劳动力供给曲线。当工资率为 W_0 的情况下，劳动力供给曲线 S_0 决定的劳动力供给为 L_0；在工资率不变的情况下，由于其他因素的变化（教育成本的变化、社会保障制度的变化等），劳动力供给曲线由 S_0 位移到 S_2，劳动力供给量则由 L_0 增加到 L_2；同样，在工资率不变的情况下，由于其他因素的变化，劳动力供给曲线由 S_0 位移到 S_1，劳动力供给量则由 L_0 减少到 L_1。可见，劳动力供给曲线向左移动，劳动力供给量减少；劳动力供给曲线向右移动，劳动力供给量增加。

第三节　工作时间决策理论

劳动力供给可以从不同的角度加以分析。传统的视角是以个人为分析单位，即分析个体劳动者如何做出是否工作、如何确定工作时间等决策。劳动供给理论近几十年来的发展把研究视角拓展到家庭，重点研究家庭劳动力供给决策以及相关的家庭内部分工理论。本节主要从传统视角讨论个人的工作时间决策问题。

一、工作-闲暇决策：基本模型

工作-闲暇决策的基本模型主要是讨论个人在劳动和闲暇之间的时间分配问题，即个人劳动力供给问题，首先需要明确几个基本概念。

(一) 基本概念

1. 个人可自由支配时间、工作时间与闲暇时间

任何一个人都拥有一定的时间，比如，一天只有 24 小时，一年 365 天，这些时间成为个人总时间。在个人总时间中，一部分时间必须用于维持生命，如吃饭、睡觉等，一部分时间是个人可自由支配时间，它等于总时间减去维持生命所必需的时间。社会上不同的人对个人可自由支配时间的利用方式千差万别，为了揭示个人劳动力供给的一般规律，我们抽象掉这些差异，把个人可自由支配时间分为工作时间与闲暇时间两类。

工作时间是用于有酬劳动的时间；闲暇时间是一个广泛的概念，指用于各种无报酬的消费的时间，如从事家务劳动以及购物、教育、社交、休息和休闲等。在现实生活中，闲暇时间也可以用于非市场活动的"劳动"，如干家务活。为简单起见，这里暂不考虑这种情况，所以个人可自由支配时间减去工作时间为闲暇时间。

由于个人可自由支配时间是一定的，因而工作时间与闲暇时间为负相关。如何分配两种时间的比例，对劳动力供给有直接的影响。因此，个人劳动力供给问题，实际上就是个人在工作时间与闲暇时间之间的选择问题。

2. 效用及效用函数

不同的个人，对可自由支配时间在工作时间和闲暇时间上的分配比例不尽相同，为了理解这种行为，需要引入效用这个概念。效用是经济学中的一个重要概念，在劳动力供给理论中，效用是指个人从工作时间和闲暇时间的组合中得到的满足程度。

闲暇的消费使人身心得到放松、身体感到舒服、心里感到高兴，使个人的效用直接增加。工作的消费主要用于生产活动，一方面使人身心劳累，产生负效用；另一方面，由于个人向市场提供劳动力，可以获得报酬，进而可以购买物品，通过消费物品，间接地增加了个人效用。

效用是一个主观概念，对于同一种工作时间和闲暇时间的组合，不同的人有不同的满意程度，即有不同的效用。正因为如此，产生了人们在分配工作时间和闲暇时间比例上的差异。

人们之所以要进行工作或闲暇的选择，从经济学的角度看，是因为人们从工作或闲暇中能够得到一定的满足，即效用。这样，工作、闲暇和效用之间就存在一定的联系，把这种联系以函数形式表现出来，就是效用函数。效用函数的一般表达式如下：

$$U = F(Y, H) \tag{2-7}$$

其中，U 为效用水平；Y 为工作时间所获得的收入；H 为闲暇。

3. 偏好和无差异曲线

偏好代表了消费者对某种商品相对于其他商品的心理愿望程度。在劳动经济学中，偏好是指某人对待工作和闲暇的态度。个人偏好的形成，一方面是由于个人性格、爱好和受教育程度不同，另一方面也是社会经济、社会文化以及社会风气作用的结果。

例如，有的人特别厌恶工作或觉得闲暇对他的效用很大，有的人则不怎么厌恶工作，甚至把工作看成一种乐趣，而觉得闲暇效用不大。如果个人财富总量相等、市场工资率水平一致，那么职业和技能相同的两个人是否参加工作，主要取决于这两个人的偏好，

特别厌恶工作或看重闲暇的人往往选择不工作,而喜欢工作看轻闲暇的人往往选择参加工作。

从严格意义上说,个人偏好不属于经济分析的范畴,所以,在经济分析中一般总是假设个人偏好是既定的、固定不变的。在劳动者的个人偏好一定的情况下,利用效用函数,就可以绘制出效用无差异曲线。无差异曲线表示给个人带来某一特定水平的效用或满足的工作时间(货币收入)和闲暇时间(闲暇)的组合,我们可以借助图 2-7 来说明无差异曲线。用横轴表示劳动者闲暇(从左向右表示闲暇时间增多),纵轴表示劳动者每天的收入(如果我们假设劳动者的每天收入主要来源于工资,那么纵轴可以表示劳动者每天的工作时间)。由于一天只有固定的 24 小时,工作时间和闲暇时间负相关,所以我们可以从右向左表示劳动者的工作时间。根据无差异曲线的定义,曲线上的任意一点的收入和闲暇的组合都具有相等的满足感,也就是说曲线上的每一点对个人都会产生相同水平的效用。

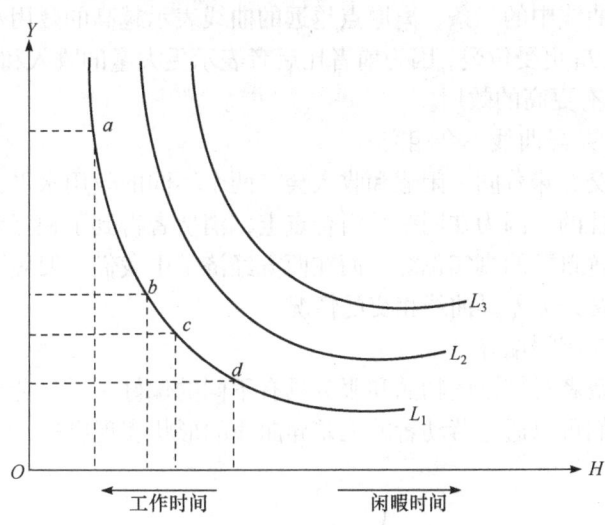

图 2-7 劳动力供给的无差异曲线[4]

我们也可以借助于图 2-7 来分析无差异曲线的特点[5]。

1)负斜率

无差异曲线之所以向右下方倾斜,是因为如果消费者想要获得某种新的闲暇和收入的组合,并保持在同样的效用水平上,那么他必须在获得更多的闲暇(或收入)的同时放弃一定量的收入(或闲暇)。

2)凸向原点

为什么无差异曲线凸向原点,我们可以从两个层次来理解。

首先,从图形上理解。当一种物品变得越来越稀缺时,人们越来越不愿放弃它。图 2-7 中,在无差异曲线 cd 段,劳动者只愿意以少量的收入去换取额外闲暇;在无差异曲线 ab 段上,劳动者拥有相对多的收入和相对少的闲暇,此时他愿意放弃相对较多的收入以换取等量的稀缺的闲暇,这种情况下,增加的闲暇所增加的效用完全可以抵消减少的收入所产生的效用损失。可以看出,随着劳动者所获得收入的增加,个人为了获得更多的闲暇所愿意放弃的收入越来越多,无差异曲线由平缓变得越来越陡峭,最终呈现凸向原点的特征。

其次,从理论上理解。我们知道无差异曲线的斜率是用闲暇对收入的边际替代率(marginal rate of substitution,MRS)来衡量的。边际替代率衡量的是消费者愿意用一定收入交换一单位闲暇的比例($MRS_{YH}=-\Delta H/\Delta Y$)。无差异曲线凸向原点(向内弯曲),也就是说无差异曲线斜率的绝对值是递减的。

例如,在无差异曲线段 cd,$MRS_{YH}=1$,此时劳动者拥有较少的收入和非常多的闲暇,所以他愿意放弃一个较少量的收入(1单位)以换取1单位的额外闲暇。沿着无差异曲线向左上方移动到 ab,$MRS_{YH}=4$,这时劳动者拥有的收入越来越多而闲暇则越来越少,所以他愿意放弃一个较多量的收入(4单位)以换取1单位的闲暇。

3)无差异曲线图

图 2-7 描述了一组无差异曲线,每条无差异曲线表示不同的效用水平。图中只描述了无穷多的无差异曲线中的三条,离原点越远的曲线表示越高的效用水平。例如,收入和闲暇的组合 L_2 比 L_1 更受偏爱,因为前者比后者表示更大量的收入和闲暇。同样,L_3 组合必然比 L_2 组合具有更高的效用。

4)任意两条无差异曲线不会相交

无差异曲线相交意味着同一闲暇和收入会有两个不同的效用水平,这种情况意味着消费者偏好是非理性的。因为在同一个组合点上,消费者得到了相互矛盾的效用水平,这说明消费者不了解自己的真实偏好,而在西方经济学中我们一般假设消费者是理性消费者,因此不存在两条无差异曲线相交的情况。

5)不同的工作-闲暇偏好

正如不同的消费者对特定的物品和服务具有不同的偏好一样,劳动者对工作和闲暇的偏好也如此,我们可以通过劳动者的无差异曲线的形状表现出来,如图 2-8 所示。

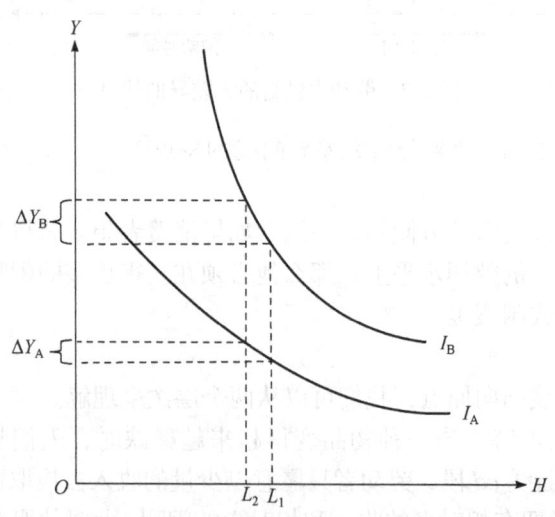

图 2-8 具有不同偏好的两个消费者

I_A 表示的是"工作狂"的无差异曲线，这类人轻视闲暇而看重工作（收入），无差异曲线比较平坦，此类人只会用较少的收入去换取一定的闲暇。

I_B 表示"闲暇爱好者"的无差异曲线，这类人看重闲暇而轻视工作（收入），其无差异曲线较为陡峭，此类人可以放弃较多的收入去换取一定的闲暇。

劳动者这种偏好上的差异至少来源于三个方面的因素。第一，由个人的个性和喜好所引起的。劳动者 A 可能就是一个喜欢工作的人，不需要有多少货币收入的诱惑就可以使他增加工作时间。而劳动者 B 可能就是一个喜欢轻松悠闲的人，因此他可能更看重闲暇的价值。第二，不同的个人从事的职业存在差别。我们假定无差异曲线负斜率说明了工作具有负效用，也就是说当某个劳动者工作时必须要给予某种性质的补偿，即支付一定的报酬。工作负效用的大小受到该劳动者所从事的工作类型的制约。对于劳动者 A 而言，他可能从事的是一项令人愉悦的工作，那么其工作所带来的负效用很少，所以只要增加很少的收入，他就愿意减少对闲暇的消费，这样无差异曲线就比较平缓；而劳动者 B 可能从事的是一项令人不愉快的工作，这类工作涉及较大的负效用，所以只有增加大量的收入才会使劳动者减少对闲暇的消费，这样无差异曲线就比较陡峭。第三，个人的具体情况也会影响他对工作和闲暇的相对评价。例如，张三要结婚，经济负担较重，因而他的无差异曲线相对比较平缓，他愿意放弃闲暇来挣钱。李四是单身，经济负担不太重，他不愿意放弃闲暇来挣钱，因此他的无差异曲线相对比较陡峭。总之，性格、工作类型和个人环境等因素都会影响无差异曲线的形状。

4. 预算约束线

从无差异曲线图可知，越在右上方的无差异曲线的效用水平越高，选择顺序越优先。如果没有任何限制，则在追求效用最大化的驱使之下，劳动者一定会选择效用水平最高的无差异曲线上的闲暇和收入的组合。但在现实中，尽管每个人都追求效用最大化，但其可支配的资源却是有限的，即时间和收入的约束。

1）时间限制

无论以何种时间单位计量，每个人可支配的时间都是有限的，如一周有若干天，一天有若干小时可用于工作或享受闲暇等，所以无论个人在工作与闲暇之间如何配置选择，工作时间与闲暇时间的和均等于既定的量。在劳动经济学分析中，经济学家均假设一个劳动者每天用于吃饭、睡觉以及其他维持基本生命活动的时间是 8 小时，因此个人可支配的时间就是 16 小时。作为劳动者可以选择 16 小时闲暇，也可以选择 16 小时工作。

2）收入限制

假设个人把他所有可支配的时间均用于工作（不考虑制度因素），个人可获得劳动收入的多少主要取决于个人的工作能力的大小，以及根据个人的工作能力状况所能获得的市场工资状况。当然，劳动者个人可支配的收入除工资收入外，还包括非工资收入。假设收入为 Y，闲暇为 H，非工资收入为 A，以及工资率为 W，则收入和闲暇间的关系可用式（2-8）表示：

$$Y = A + W(16 - H) \qquad (2\text{-}8)$$

根据式（2-8）可绘制出图 2-9，横轴 H 表示闲暇，纵轴 Y 表示收入。需要注意的是，在这里横轴既代表闲暇的时间，也代表提供给市场的工作时间。闲暇的时间是从左到右表示增多，而工作的时间是从右到左表示增多。当闲暇时间为 0 时，工作时间为 16 小时；反之，当闲暇时间为 16 小时，则工作时间为 0。

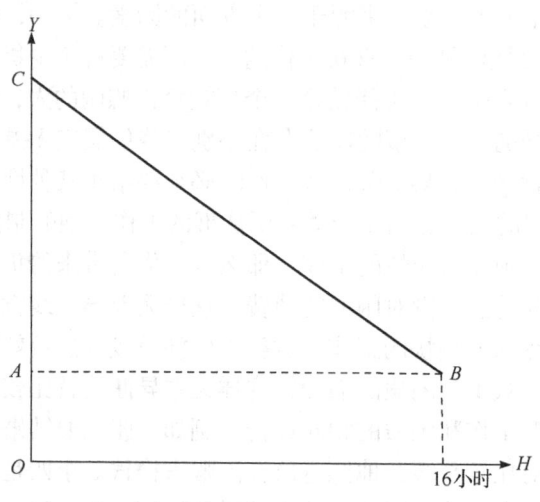

图 2-9 劳动力供给者的预算约束线

在图 2-9 中，B 点是个人选择 16 小时闲暇，工作时间为 0；此时收入等于非工资收入，即 A 点；C 点是个人选择工作时间 16 小时，闲暇为 0，收入为 $A+16W$。连接 B 点与 C 点的直线叫作个人预算约束线，很明显，这条直线的斜率是负值，斜率的绝对值为工资率 W（工资率=工资/收入×100%）。它表示个人在时间和工作能力状况约束下，所能消费闲暇和获得收入的最大组合线。在约束线内的任何一点均无法实现效用最大化，约束线外的任何一点所示的组合，在既定的个人可自由支配时间和工作能力条件下是不能达到的。由此可见，个人预算约束线的形状决定于个人可自由支配的时间及工作能力状况，即决定于个人可支配资源的状况。

（二）个人劳动力供给决策——效用最大化

在前面的分析中，个人在做出劳动力供给的决策时，从主观愿望和个人偏好而言，个人可以做出各种效用水平的选择，目的是获得更大的满足，这可以由无差异曲线来表示；但从现实条件而言，个人效用水平又必须受资源状况的限制，这种限制由预算约束线来表示。那么如何使主观愿望与现实条件结合起来，使个人在资源限制情况下获得最大效用，或者说，在受到限制的资源条件下，在闲暇时间与工作时间（收入）之间做出最佳配置，以求得最大效用呢？这就需要我们将个人的无差异曲线与预算约束线综合起来考虑，这样就可得出劳动者对劳动力供给的决策示意图，如图 2-10 所示。

在图 2-10 中，I_1 和 I_2 为无差异曲线，B、G、E、F、C 为个人的预算约束点。在效用最大化的目标下，劳动者将选择 E 点，即无差别曲线与预算约束线相切的点，E 点代表的闲暇时间为 H_0，收入水平为 Y_0，工作时间为 $16-H_0$ 小时。在 CB 线上的任何其他点能达到的效用水平都比 E 点低，如 F、G 点所能达到的效用水平为 I_1，I_1 线位于 I_2 线的左下方，效用水平低。

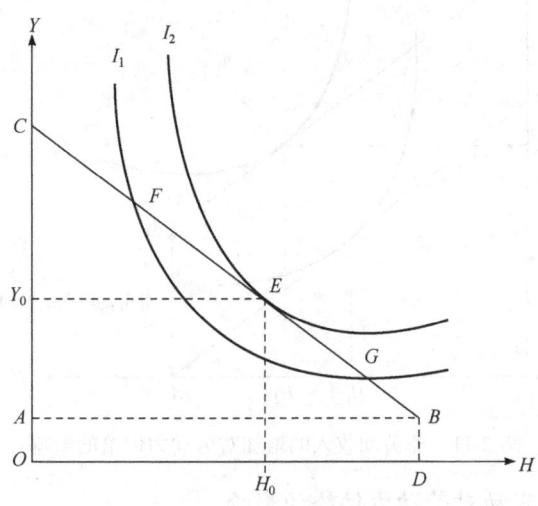

图 2-10　个人劳动力供给决策

二、工作-闲暇决策：变动模型

在工作-闲暇决策的基本模型中，在可自由支配时间一定的条件下，一个人的工作时间和闲暇时间的分配比例不会永远固定不变。因为如果条件变了，原来的分配比例在新的条件下就不会实现效用最大化，这时就需要根据条件的变化不断调整工作时间与闲暇时间的分配比例，这就是本节的工作-闲暇决策的变动模型。

（一）非劳动收入的变动对劳动力供给的影响

前面讨论劳动力供给决策时，忽略了劳动者的非劳动收入，如银行存款利息、股票红利、亲友馈赠等。非劳动收入的变动影响个人的财富，使预算约束线发生变化。但由于非劳动收入的变动不影响工资率或闲暇价格（工资可以看作闲暇价格），即不影响预算约束线的斜率，因此，它使预算约束线上下平行移动。

在图 2-11 中，假设劳动者获得了一笔与工作无关的收入，很明显此人的可支配收入增加了。表现在图 2-11 中，预算约束线由 AB 向右上方移动到 A_1B_1，这条新的预算约束线将与一条离原点较远的新的无差异曲线 I_2 相切，此时工作时间减少，闲暇时间增加。

收入变化和工作时间变化之间的关系引出了劳动力供给理论中的一个重要概念，即收入效应。收入效应是指在保持工资率（W）不变的条件下，收入变动（ΔY）所引起的工作时间变动（ΔH）的比例。如果我们假定闲暇是正常品，则收入效应的符号为负。

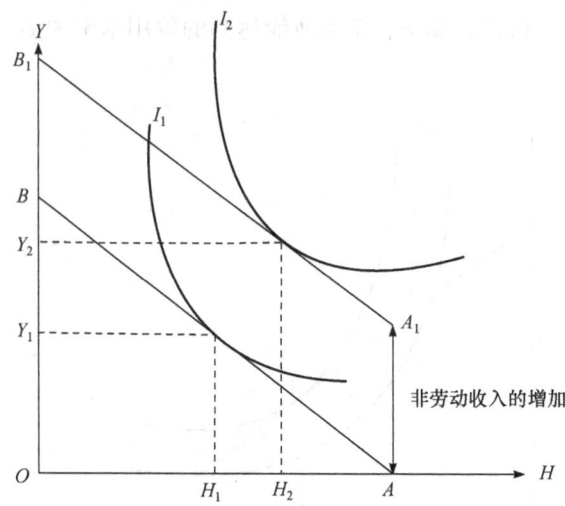

图 2-11 非劳动收入的增加对劳动力供给的影响

(二) 工资率的变动对劳动力供给的影响

1. 特殊情况：收入不变

一般情况下，工资率提高将伴随着人们收入的增加。这里，为了单独考察工资率变化对劳动力供给的影响，我们假定，工资率的变化没有引起收入的改变。若收入不变，工资率提高意味着闲暇价格提高，此时，预算约束线在纵轴上的截距不变，但斜率的绝对值（即工资率）增加了，即预算约束线变得比原来陡峭。反之，预算约束线变得平缓。

如图 2-12 所示，由于工资率提高，预算约束线由 A_1B 移动到 AB，新的预算约束线与较低的无差异曲线 I_1 相切，效用最大化的闲暇时间从 H_0 减少到 H_1。可以看出随着闲暇价格的提高，为了实现效用最大化，人们会用工作时间（收入）替代闲暇时间，即增加工作时间，减少闲暇时间，我们将其称为收入对闲暇的替代效应。

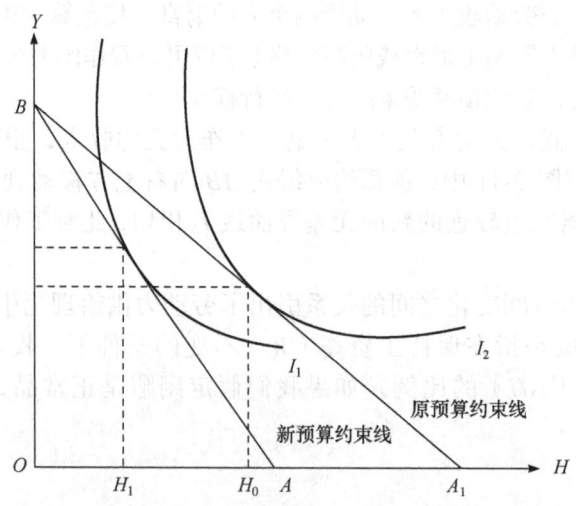

图 2-12 工资率变动的替代影响

替代效应是劳动力供给理论中的又一个重要概念，替代效应是在收入（Y）不变的条件下，工资率的变动（ΔW）（即闲暇价格的变动）所引起的工作时间的变动（ΔH）比例。

通过上面的分析可以看出，闲暇价格的上升意味着闲暇成本更加昂贵，这导致劳动者减少闲暇时间，增加工作时间。因此，替代效应的符号必然为正。

2. 一般情况：收入随之变动

一般而言，工资率的变化是和收入的变化同时发生的，工资率的提高，既表明闲暇价格的提高，同时也意味着收入的增加。因此，工资率的变化将引起收入效应和替代效应同时发生作用，而两种效应的方向是相反的。那么，工资率变化到底使劳动力供给增加还是使劳动力供给减少，就依赖于这两种效应的对比。

如图 2-13 所示，假定工资率为 W_1，预算约束线为 AB，此时均衡工作时间为 H_1（均衡点为 E_1 点）。如果工资率上升到 W_2，这时预算约束线会旋转至 AC，此时预算约束线会与更高的无差异曲线相切，均衡工作时间为 H_2（均衡点为 E_2 点）。很明显，由于工资率的上升，工作时间增加，而工作时间发生变化的原因就是收入效应和替代效应共同作用的结果。

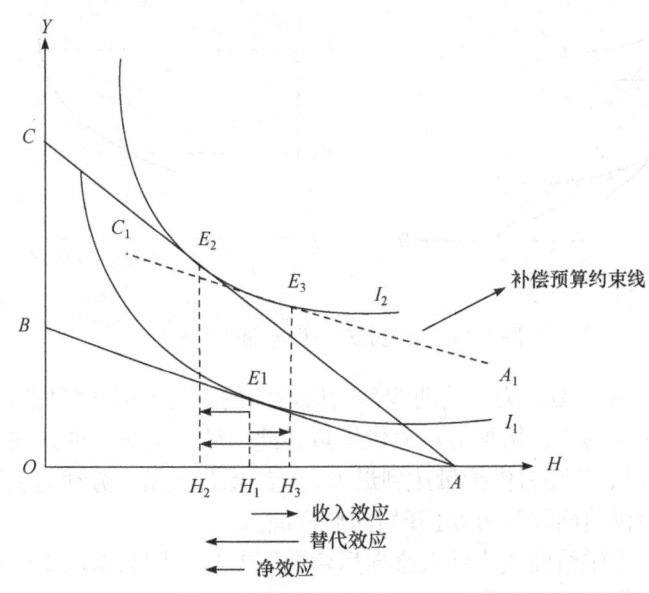

图 2-13　工资率变化导致劳动力供给量增加

为了在图形中把收入效应和替代效应对工作时间的影响分离开来，我们引入一个新的分析工具——补偿预算约束线。做一条预算约束线 A_1C_1，使其平行于 AB，且与 I_2 相切于 E_3 点，这样就分离出了收入效应，A_1C_1 就是补偿预算约束线。可以看出，由于收入效应，工作时间由 H_1 下降到了 H_3。那么如何分离出替代效应呢？替代效应的发生仅仅是假设工资率的提高，预算约束线斜率发生变化，即收入和闲暇的相对价格发生了变化。A_1C_1 反映的是最初的工资率（同样反映在 AB 上），而 AC 反映的是新的较高的工资率。所以，沿着曲线 I_2 从 E_3 点移动到 E_2 点，就是替代效应。可以看出，由于替代效应，工作时间由 H_3 上升到 H_2。在图中，由于替代效应大于收入效应，工资率的提高使劳动力供给增加。反之,当收入效应大于替代效应时,工资率的提高将导致劳动力供给减少。

3. 工资率变动与个人劳动力供给曲线的推导

在图 2-14(a)中,横轴 H 表示闲暇,纵轴 Y 表示收入。当工资率为 W_0 时,可以得到相应的预算约束线 K_0,与无差异曲线 U_0 相切于 A 点。当工资率上升到 W_1、W_2 时,相应的预算约束线 K_1、K_2 分别与无差异曲线 U_1、U_2 相切于 B 点、C 点。每一个切点都对应着一个最优的闲暇时间 H_0、H_1、H_2。由于劳动者每天可自由支配的时间为 16 小时,则相应的工作时间分别为 $16-H_0$、$16-H_1$ 和 $16-H_2$。于是可得到不同工资率下劳动者的最优工作时间,将这些点连接在一起,就得到了该劳动力的劳动力供给曲线,如图 2-14(b)所示。

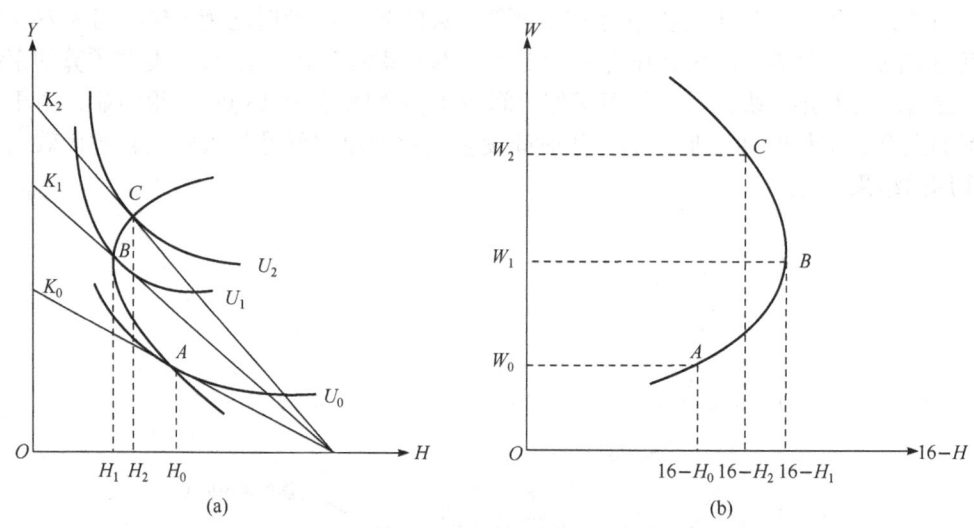

图 2-14 个人劳动力供给曲线的推导

在图 2-14(b)中,劳动力供给曲线是向后弯曲的,当工资率较低时,随着工资率的上升,劳动者将减少闲暇,增加劳动力供给量,此时劳动力供给曲线向右上方倾斜;当工资率上涨到 W_1 时,劳动力供给量达到最大;继续增加工资,劳动力供给量不增加反而减少,此时劳动力供给曲线从 W_1 处开始向后弯曲。

那么个人劳动力供给曲线为什么会向后弯曲呢?这是因为市场工资率的变动会同时给劳动者带来两种作用相反的影响——收入效应和替代效应。

首先看收入效应。工资率的提高意味着在特定的工作时间内所能获得的货币收入增加,我们预期个人会将增加的收入的一部分用于购买物品和服务,如购买新的家用电器、新的化妆品等。如果我们做出合理的假设,即闲暇是一种正常商品(随着收入的增加,消费量也随之增加的物品),那么我们可以预期增加的那一部分收入可能被用来"购买"闲暇。人们如何"购买"闲暇呢?唯一的方法就是减少劳动时间。这意味着,当工资率提高并且闲暇是一种正常商品时,收入效应将导致劳动者愿意减少工作时间。相反,当工资率下降时,收入效应将导致劳动者为了维持原有的收入水平而增加劳动力供给量。

其次看替代效应。工资率提高的同时也提高了消费闲暇的机会成本,因为现在如果多从事一小时的市场工作，就能够比过去从事同样一小时的工作获得更高的工资，所以现在享受闲暇就比过去享受闲暇的代价更大了。正如我们所知道的，当正常物品变得相对昂贵时，个人会减少对该物品的购买，所以工资率提高就会促使劳动者减少闲暇时间的消费，转而增加工作时间，从而获得更高的收入。相反，在工资率下降的情况下，替代效应则会导致劳动者增加闲暇时间的消费，而减少劳动力供给时间。

在工资率出现变化的情况下，劳动者最终是增加劳动力供给还是减少劳动力供给，要取决于何种效应的力量更大。当工资率上升的时候，如果收入效应大于替代效应，那么劳动者的个人劳动力供给时间减少；反之，如果替代效应大于收入效应，那么劳动者的个人劳动力供给时间增加。与工资率上升的情况相对应，当工资率下降的时候，如果收入效应大于替代效应，那么劳动者的个人劳动力供给时间增加；反之，如果替代效应大于收入效应，那么劳动者的个人劳动力供给时间减少。

一般认为，在工资率较低时，劳动者希望额外增加收入的愿望很大，工资率上升对劳动力供给所产生的替代效应在作用力度上比收入效应要大一些，此时劳动者愿意提供的工作时间增加，劳动力供给曲线向右上方倾斜，斜率为正。当工资率上升到一定程度的时候，随着劳动者总收入水平的提高，劳动者对闲暇的满足看得比较重，所以工资率上升对劳动力供给所产生的收入效应就比替代效应的作用力度更大一些，在这种情况下，随着工资率的上升，劳动者个人将愿意增加闲暇的消费，而不是增加工作时间，这样，劳动力供给曲线就向左上方倾斜，斜率为负。基于以上原因，个人劳动力供给曲线就成了向后弯曲的形状。

我们将上述内容做一个简单的概括，具体见表2-3。

表2-3 工资率变动引起的工作时间变动：收入效应和替代效应

两种效应对比关系	工资率变动对工作时间的影响		劳动供给曲线斜率
	工资率增加	工资率减少	
替代效应超过收入效应	增加	减少	正
收入效应超过替代效应	减少	增加	负

4. 市场劳动力供给曲线

个人劳动力供给曲线从经济学的角度反映了个人的劳动力供给行为。为了从宏观上把握个人的劳动力供给行为，对劳动力供给进行宏观调控，需要进一步研究市场劳动力供给曲线。

市场劳动力供给是个人劳动力供给的综合，它以个人劳动力供给为基础，但又不同于个人劳动力供给。相应地，市场劳动力供给曲线是所有单个劳动者的劳动力供给曲线的水平相加，但其形状却并不是向后弯曲的，而是向右上方倾斜的，如图2-15所示。因为在较高工资水平上，现有的工人也许提供较少的劳动，但高工资也会吸引新的工人进来，因而总的市场劳动力供给一般还是随着工资的上升而增加的。应该注意的是，这个结论是在完全竞争的市场结构下得到的，因为高工资率引起工人进出需要以劳动者可以自由进出劳动力市场为前提。

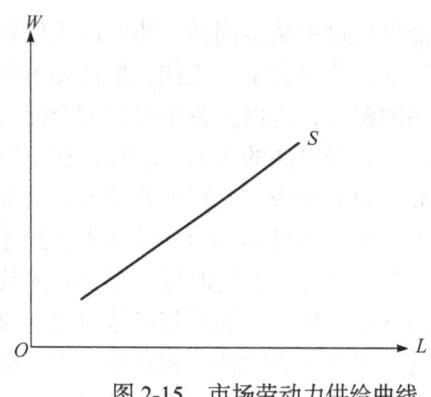

图 2-15　市场劳动力供给曲线

第四节　劳动力供给理论的实际运用

本节将从两个方面探讨劳动力供给理论在实际中的应用：一是利用劳动力供给理论分析我国的最低生活保障制度对劳动力供给行为的影响；二是利用收入效应和替代效应分析所得税对劳动力供给的影响。

一、最低生活保障制度与劳动力供给

从 1993 年上海市首创"城市居民最低生活保障制度"算起，中国城市最低生活保障制度（简称低保制度）已经有三十多年的历史。截至 2023 年底，全国共有城市低保对象 663.6 万人，全国城市低保平均保障标准 785.9 元/人·月，比上年增长 4.5%，全年支出城市低保资金 464.7 亿元；农村低保对象 3399.7 万人，全国农村低保平均保障标准 621.3 元/人·月，比上年增长 6.7%，全年支出农村低保资金 1483.9 亿元。[①]作为一项普遍、有效的社会政策，低保制度经过不断改进、完善和规范化建设，在解决部分人的生活困难、保持社会稳定方面，发挥了积极的作用。

与此同时，低保制度自身的特点也带来了一系列的问题，其中最为突出的就是所谓"养懒汉"问题。在低保制度的实施过程中，纳入低保制度的保障对象多，但因为收入提高而退出低保制度的却较少。更有甚者，申请低保的人员还存在赋闲在家、不愿就业的问题。

那么，为什么有劳动能力的低保对象不愿意参加工作呢？他们真的就是懒汉吗？我们结合低保制度来研究他们的劳动力供给行为[4]。

我国的低保制度采取的是差额补偿制度。以南京市为例，自 2023 年 7 月 1 日起，南京市的月最低生活标准是 1050 元，假设是一个三口之家，那么家庭的最低生活标准应该是 3150 元。如果这个家庭中没有就业人口，即工资收入为零，则每个月可以从相关部门领取 3150 元低保金。假如这个家庭中的父亲找到了工作，每天工作 8 小时，月工资为 2490 元，则根据差额补偿制度，这个家庭每月只能领取 660 元，此时家庭的月收入依旧

---

① 2023 年民政事业发展统计公报。

维持在 3150 元不变。也就是说，只要家庭成员的工资收入低于最低生活标准，那么实际总收入保持不变，此时劳动者通过劳动获得的收入增加将被低保金的相应减少完全抵消。所以，对于劳动者来说，也就失去了工作的动力。

如图 2-16 所示，在没有低保制度以前，某劳动者的预算收入是 AB 与无差异曲线 I_1 相切的 E 点，此时，工作时间为 8 小时，收入水平为 Y_0。在引入低保制度后，该劳动者的预算约束线发生了变化。为了简便起见，我们假定最低生活保障制度标准恰好为 Y_0。此时如果劳动者每天工作 8 小时以下，根据差额补偿制度的基本特点，其总收入水平将维持在 Y_0 不变，即 CE 段；只有每天工作 8 小时以上，总收入水平才会超过 Y_0，即 BE 段。所以在采取差额补偿制度的低保制度下，劳动者的预算约束线变为 CEB 的折线。既然预算约束线发生了改变，效用最大化的均衡点也将随之移动。很显然，在 CEB 预算约束线的情况下，该劳动者可以达到位置更高的无差异曲线，即 I_2 效用水平。此时均衡点也由 E 点移动到 C 点，劳动者的工作时间减少到零。

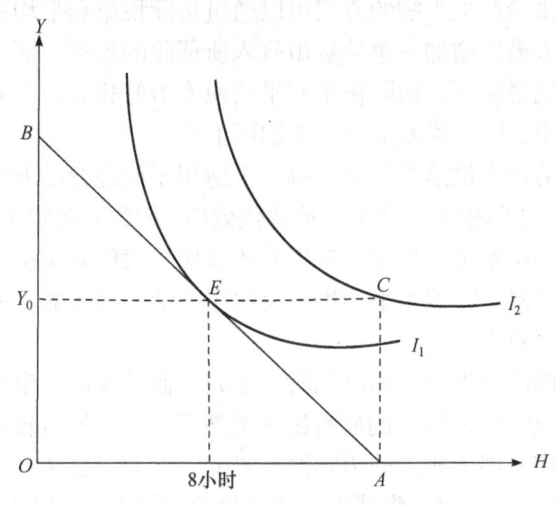

图 2-16 低保对象的劳动力供给行为

根据以上分析，我们可以理解：在差额补偿的最低生活保障制度下，低保对象减少自己的劳动力供给时间其实是一种理性的反应，因为这样可以使他们获得更高的效用水平。

国家出台低保制度的初衷是维持每个社会成员的基本生活能力，但是根据我们上面的分析，这样的制度安排必然带来低保对象减少劳动力供给的负面效应。所以政策制定者可以考虑采取一些相关的措施来减少这些负面影响。

首先，低保标准必须适度。低保以满足最基本的生活需要为目的，但是低保标准越高，意味着预算约束线 CEB 中的 CE 段越上移，显然将进一步降低低保对象的工作动力。

其次，树立正确的劳动观念至关重要。我们知道，均衡点由无差异曲线和预算约束线共同决定。无差异曲线反映的是劳动者的偏好状况，劳动者的性格和人生态度是决定其偏好的重要因素。通过必要的思想政治工作可以使劳动者树立正确的劳动观念，从而使无差异曲线变得相对平缓，效用最大化的均衡点也将随之左移，工作时间将增加。

最后，考虑对差额补偿制度进行某些改进。低保对象之所以减少工作时间，很大程度上是因为工资收入的增加将完全被低保金的减少替代，而对差额补偿制度作相应的改进，将会提高劳动者的工作积极性。

二、所得税对劳动力供给的影响

关于所得税如何影响工作动机的研究是劳动力供给分析中最早的课题之一。本节我们考察所得税如何影响劳动力供给。

经济学一般根据收入中被扣除的比例将所得税分为三种不同的类型，分别是比例税、累退税和累进税。比例税是税率不随征税客体总量增加而变化的一种税，即按固定比率从收入中征税。累退税是税率随征税客体总量增加而减少的一种税。累进税是税率随征税客体总量增加而增加的一种税。税率的大小及其变动方向对经济活动，如个人收入和消费产生很大影响，并因此对劳动力供给产生影响。

所得税对劳动力供给产生影响的方式可以通过边际税率和平均税率的区别来加以理解。边际税率是对个人最后增加一单位货币收入所征收的税率，而平均税率是总税收与总收入的比率。在比例税制下，边际税率和平均税率恰好相等。在累进税制下，边际税率却总是超过平均税率，因为税率随收入增加而上升。

考虑两种税率对劳动力供给的影响，哪一个适用于促进劳动力供给呢？实际上，两者都适用但方法不同。边际税率适合于评价替代效应，因为它决定了边际处的闲暇价格，在此边际处劳动力供给决策可能变化。对于收入效应，我们必须确定按原来的工作时间计算一个人富了或穷了多少，因为平均税率反映了交纳的总税额，所以正是平均税率的变化才适用于评估收入效应。

我们考虑两个极端的情形对此加以说明。首先，假设税制是累进的，某个人的收入为 30 000 元人民币。30 000 元以下的所有税率突然降低，但所有较高的税率不变，对这个人来说没有替代效应。因为相关的边际税率未变。然而，存在着收入效应，因为这个人的总税额减少了，所以收入效应将减少劳动力供给。其次，我们考虑相反的情形，30 000 元以下的税率不变而以上的降低。此时没有收入效应，但存在替代效应。由于增加的单位工资中实际收入上升，所以额外闲暇的价格提高了，这个人将会愿意减少闲暇而增加劳动力供给。

当然，以上两个例子是假想的，多数税收变化既影响边际税率也影响平均税率，因而会同时导致替代效应和收入效应。如果税收增加，替代效应减少劳动力供给（闲暇比较便宜些）；收入效应将增加劳动力供给（因为比以前相对更穷了）。减税时的两个效应恰好相反。尽管我们似乎没有得出确定的结论，但是应该强调的是下面的结论是重要的：减（增）税对边际税率的影响比对平均税率的影响越大，就越可能增加（减少）劳动力供给。

上面结论的一个重要的意义在于，政府在设计一种税收政策时，如果不考虑该政策对劳动力供给的影响显然是不明智的，尤其是在设计累进税制时更应如此。对高收入者征收较高的边际税率，可能会导致劳动力供给的减少，从而使得一国的收入最终会受到影响。但是，这并不一定说我们应该放弃累进税制，而是应代之以一种更能促进劳动力供给的税收结构,因为税收对收入分配的公平作用也是税制设计的一个重要方面。

本章小结

一、劳动力供给基础知识

（1）劳动力供给的概念。劳动力供给是指某一个国家（或地区），在某一段时期内（或在某一个时点上），在一定的经济条件和工资水平下，劳动主体愿意而且能够提供的劳动能力的总和。

（2）劳动力供给的分类。主要有两种分类依据。一种是根据国民经济范围做出的分类，可以分为企业劳动力供给、行业劳动力供给、地区劳动力供给和社会劳动力供给；另一种是根据时间序列做出的分类，可以分为短期劳动力供给和长期劳动力供给。

（3）劳动力供给的影响因素。大致分为微观和宏观两个层次。微观因素包括个人因素、家庭因素、企业因素、社会因素和政策因素；宏观因素包括人口因素、劳动力参与率、劳动制度、社会平均劳动强度、劳动力的受教育和训练水平。

二、个人劳动力供给曲线和市场劳动力供给曲线

（1）个人劳动力供给曲线。由于替代效应和收入效应的共同作用，个人劳动供给曲线呈现向后弯曲的特征。

（2）市场劳动力供给曲线。市场劳动力供给曲线是所有单个劳动者的劳动力供给曲线的水平相加，但其形状却并不是向后弯曲的，而是向右上方倾斜的。

三、工作时间决策理论

（1）工作-闲暇决策的基本模型。基本模型主要研究个人劳动供给问题，实际上就是劳动者个人在工作与闲暇之间的选择问题。劳动者的劳动力供给遵循效用最大化原则，即劳动者将每一小时花在闲暇上与花在工作上所带来的效用恰好相等时，劳动者的效用达到最大化。

（2）工作-闲暇决策的变动模型。变动模型主要考察当工资率发生变化的情况下，劳动者如何分配工作时间与闲暇时间。

名词解释

劳动力　劳动力供给　劳动年龄人口　劳动力参与率　无差异曲线　预算约束线　收入效应　替代效应

复习思考

1. 在工作-闲暇模型中，劳动者是如何进行最佳的工作时间决策的？
2. 什么是劳动力参与率？影响劳动力参与率的因素有哪些？

3. 推导并画出个人劳动力供给曲线和市场劳动力供给曲线。分析为什么个人劳动力供给曲线向后弯曲而市场劳动力供给曲线是向右上方倾斜的。

4. 当工资率上升，并且替代效应大于收入效应时，劳动者愿意工作更长时间吗？当工资率下降，并且收入效应大于替代效应时，结果又将如何呢？

5. 请分析俗语"有钱就得赚"的科学和不科学之处。

6. 我国生育政策调整对劳动力供给有什么影响？

参 考 文 献

[1] 吴忠观. 人口科学辞典[M]. 成都：西南财经大学出版社, 1997.
[2] 杨河清. 劳动经济学[M]. 5版. 北京：中国人民大学出版社, 2018：49, 53.
[3] 董志强, 何亦名. 现代劳动经济学[M]. 北京：科学出版社, 2016：27-29.
[4] 鲍哈斯 G J. 劳动经济学[M]. 7版. 沈凯玲, 译. 北京：中国人民大学出版, 2018：24, 46-50.
[5] 曾湘泉. 劳动经济学[M]. 3版. 上海：复旦大学出版社, 2019：49-51.

知识链接 2-1　人口老龄化及其对劳动力供给的影响

第七次全国人口普查数据显示，我国60岁及以上人口为2.6亿人，占比达到18.70%，其中，65岁及以上人口为1.9亿人，占13.50%。"十四五"期间，我国将从轻度老龄化迈入中度老龄化。人口老龄化对我国经济社会发展产生了广泛影响，其中，老龄化进程的加快将对我国劳动力市场产生深远影响。学术界有观点认为我国老龄化形势更加严峻，对劳动力市场已经产生负面影响，如劳动力供不应求、劳动力成本上升过快、老年抚养比提高等。也有一些学者认为尽管我国老龄化趋势加快，但也会给劳动力市场带来一些积极影响，如老龄产业发展带动新的就业需求等。

人口老龄化对劳动力供给的直接影响表现为五个方面。一是减少劳动力供给规模，如老年人口比重上升，适龄劳动人口比重下降，劳动力供给规模减小；二是降低劳动力参与率，随着年龄增加，老年人口劳动力参与率下降，造成劳动力总参与率下降；三是老龄化水平提升后，高龄人口劳动力供给时间缩减，劳动力总供给时间减少；四是老年人生理心理机能变化，难以适应多数岗位劳动强度，劳动力供给质量开始降低；五是影响老年人力资源开发，如老年人口预期寿命不断增加，部分低龄老年人口具备重返劳动力市场的条件，大多数老年人仍保持独立，并继续为家庭、社区甚至为国家的经济作贡献。

资料来源：钱诚, 刘理晖. 人口老龄化对劳动力市场产生了哪些影响[N]. 中国经济时报, 2021-07-12（4）（节选）

讨论题：结合本章内容并联系实际，谈谈如何看待人口老龄化问题。

知识链接 2-2　聚焦延迟退休

《中华人民共和国国民经济和社会发展第十四个五年规划和2035年远景目标纲要》明确，按照"小步调整、弹性实施、分类推进、统筹兼顾"等原则，逐步延迟法定退休年龄。中国劳动和社会保障科学研究院院长金维刚表示，延迟法定退休年龄主要是基于四个方面的考虑，即人均预期寿命提高、人口老龄化趋势加快、受教育年限增加、劳动力结构变化。

那么，实施延迟退休政策是否会挤压年轻人就业呢？

伴随着我国人口结构转变持续加快，中度老龄化阶段和人口负增长阶段即将到来，劳动年龄人口总量持续减少。"十四五"期末，15岁至64岁劳动力供给总量将下降到7.3亿人左右。按经济增速保持在3%～6%估算，"十四五"期末中国劳动力需求总量将保持在约7.8亿人。这将意味着未来较长一段时期，中国就业总需求将超过劳动力总供给，就业总量矛盾将趋于缓和，结构性矛盾将成为就业主要矛盾。

此外，从长期来看，老年人与年轻人就业之间也并非此消彼长的替代关系，而是更接近互补关系。国际经验表明，老年人就业率与年轻人失业率之间没有明显正相关关系，在一定程度上，老年人就业率的提高还有助于促进年轻人就业。一方面，有丰富工作经验积累的老年人继续活跃在劳动力市场中，能够发挥人力资本的外溢效应，年轻人在与老年人的合作中相互学习；另一方面，延迟退休有利于增加劳动力供给，尤其是补充一些技能型和专业型岗位缺口，有助于增强经济活力，扩大社会总需求，年轻人也将从中受益。

实行延迟退休要与劳动力市场体系建设同步推进，尤其要注重人力资本积累。加快建立终身学习体系，加强中老年技能培训；加强青年技能培训体系建设，将失业或待岗的青年农民工、暂未就业的高校毕业生等群体吸纳到本地教育和技能培训体系中，为暂时受到冲击的青年建立"蓄水池"；广泛拓展就业渠道，鼓励青年创新创业。

资料来源：程杰. 延迟退休会挤压年轻人就业吗？[N]. 光明日报，2021-03-22（2）（内容有删改）

讨论题：结合本章所学的内容并联系实际，分析实施延迟退休政策的背景及影响。

知识链接 2-3　劳动力供给理论前沿及热点问题

1. 新质生产力与劳动力供给问题。
2. 人口老龄化背景下有效劳动力供给问题。
3. 开放生育政策与已婚女性劳动力参与率问题。
4. 互联网的使用与老年人劳动力供给研究。
5. 中国劳动力市场技能缺口研究。
6. 低生育现状与生育支持政策研究。
7. 灵活就业和新就业形态研究。
8. 新时期劳动年龄人口就业状况。
9. 教育扩张与寿命延长对就业年限变动的影响。
10. 教育改革、人工智能与青年就业问题。

第三章

人力资本投资

导　　读

上一章假定劳动者是同质的，在本章中我们引入人力资本投资理论，从质量的角度来考察劳动力供给，并给出不同劳动力质量差异的经济学解释。本章的内容是概述人力资本及人力资本投资的基础知识与基本理论。在此基础上，进一步分析人力资本投资的基本模型、教育投资与在职培训投资。通过本章的学习，应达到如下目的：系统地熟悉和掌握人力资本投资的基本理论；把握人力资本投资产生的根源；运用经济学思维分析教育投资与在职培训投资；理解人力资本投资的现实意义及价值。

（1）了解人力资本理论形成与发展的一般过程。
（2）懂得人力资本与人力资源的区别。
（3）掌握人力资本投资的经济学分析方法。
（4）应用人力资本投资基本模型分析现实问题。

识记：了解有关的名词概念和知识的含义，并能正确认识和表述，是最基本的要求。

领会：在识记的基础上，能较好地把握基本概念、基本方法和分析方法，能掌握相关概念、事实和方法的区别与联系。

应用：在领会基本概念、基本方法和分析方法的基础上，能运用它们分析和解释有关的理论问题与现实问题，并提出解决问题的思路与方法。

第一节　人力资本的基本知识

"改善穷人福利的决定性生产要素不是空间、能源和耕地，决定性要素是人口质量的改善和知识的增进。"1979年诺贝尔经济学奖获得者舒尔茨讲道。截止到2024年4月，我国是世界上第二人口大国，经济上属于发展中国家。在我国经济发展向数据化、智能化推进的过程中如何解决人力资源合理开发与科学使用的问题，使人口大国变为人力资本大国，这是我们目前面临的重要研究课题。

一、人力资本理论产生与发展的背景

西方人力资本理论的兴起和发展经历了一个漫长的历史过程,从人力到人力资源再到人力资本是西方经济理论发展对人在经济发展过程中作用认识的不断升华[1]。

(一)初期的人力资本思想

人力资本理论的历史渊源可以追溯到 18 世纪。英国的古典政治经济学家威廉·配第就在其著作《赋税论》中提出了"劳动是财富之父,自然是财富之母"的著名论断,他在分析生产要素创造劳动价值的过程中,曾把人的"技艺"列为除了土地、物力资本和劳动以外的第四个特别重要的要素[2];魁奈认为"构成国家强大的因素是人,人们本身就成为自己财富的第一个创造性因素"。这些质朴的人力资本思想确立了人的劳动在财富创造中的决定性地位,肯定了人的因素在经济活动中的重要作用。这些观点是有关人力资本理论的最初萌芽。其后,西方现代经济学之父——亚当·斯密明确提出了人力资本的概念,把这些思想大大向前推进了一步。1776 年,亚当·斯密就把劳动者的才能与生产工具、生产性建筑、土地改良费并列视为社会的固定资本。他在《国富论》中提到:"学习是一种财智,须受教育,须进学校,须做学徒,这种才能的学习,所费不少。这种费去的资本,好像已经实现并且固定在学习者身上。[3]" 这些才能,对于个人,固然是财产的一部分,对于社会,也是财产的一部分。显然,亚当·斯密已经把人的劳动能力归为人力资本的范畴,并肯定在经济上对人力资本进行投资是有利的。但是,由于金融资本和物质生产资料是当时生产中的决定性因素,人力资本并未引起人们足够的重视。直到 20 世纪的知识经济时代,由于物质资本的供给日益充裕,不再是稀缺的资源,而人的智力因素逐渐成为生产中起决定作用的因素,人力资本的重要性才得到前所未有的彰显。在经济学说史上比较一致地认为,第一个将人力视为资本的经济学家是亚当·斯密,他和杜能、马歇尔被人力资本大师舒尔茨看作"那些把人视为资本的少数人中的三位杰出的代表人物。"在《国富论》中,亚当·斯密明确地论述了知识作为投资结果的思想。然而,遗憾的是,亚当·斯密未能将人力资本概念引入到其经济理论框架中来。德国经济学家杜能认为,在原材料、商品设备相同的条件下,受过高等教育的人比没有受过高等教育的人能创造更多的收入[4],他主张将资本概念应用于人,认为这样并不是贬低人格,或者有损于人的自由和尊严。马歇尔认识到知识的重要性及其资本属性,他特别指出知识和组织是资本的重要组成部分,尽管他已清楚地意识到人力资本概念的存在,然而,他并没有将人力资本概念放入其经济学的核心内容中来。

马克思继承和发展了古典经济学大师的劳动价值论,在此基础上,创立了马克思主义经济学说。从一定意义上说,人及其劳动是马克思主义经济学说的核心,马克思从哲学高度阐述了人是劳动的主体,自然资源是劳动的客体,资本资源是联系主体和客体的媒介,而且资本资源实质上是劳动主体的延伸,是对自然控制的表现。可见,马克思把人和劳动在经济活动中的作用提高到了空前的地位上,他本人甚至称自己的经济学是"劳动的经济学"。经济学家马歇尔认为"所有资本最有价值的是对人本身的投资""教育投资应当作为国家投资",教育投资可以带来巨额利润。但他认为人是不可以买卖的,因而拒绝"人力资本"这一概念。

(二) 20世纪50~60年代人力资本理论的创建阶段

20世纪的知识经济时代，由于物质资本的供给日益充裕，人力不再是稀缺的资源，而人的智力因素逐渐成为生产中起决定作用的因素，特别是随着第二次世界大战结束、欧洲重建、德日的兴起，尤其是20世纪50~60年代科学技术迅猛发展，人的因素在经济发展中的作用越来越重要，急需理论上的支持，从而为人力资本理论的发展带来了新的机遇。正是在这样的背景下，20世纪50年代末60年代初，人力资本理论在舒尔茨、贝克尔（Becker）、明塞尔（Mincer）的努力下得以确立并逐步形成。

20世纪50年代对人力资本理论研究贡献比较突出的是美国经济学家明塞尔，他在1958年发表了题为《人力资本投资与个人收入分配》一文，首次建立了个人收入分析和其接受培训量之间关系的经济数学模型。其后，在他的另一篇开拓性论文《在职培训：成本、收益与某些含义》中，根据对劳动者个体收益率差别的研究，估算出美国对在职培训的投资总量和在这种投资上获得的私人收益率。他系统地阐述了人力资本和人力资本投资与个人收入及其变化之间的关系，并建立了个人的收入与其接受培训量之间相互关系的数学模型，从收入分配领域对人力资本理论作了诠释。然而，明塞尔的研究成果未能广为人知，一般人们公认的人力资本理论创始人是美国的两位著名经济学家舒尔茨和贝克尔。而对人力资本要素作用的计量分析则首推爱德华·丹尼森（Edward Denison）[5]。

1. 舒尔茨对人力资本理论的贡献

舒尔茨——美国芝加哥大学教授，人力资本理论的创始人之一。他于20世纪50年代初连续发表了《关于农业生产、产出与供给的思考》《教育与经济增长》《人力资本投资》等重要文章。舒尔茨在1960年出任美国经济学会会长时发表了题为《人力资本投资》的演讲，系统阐述了人力资本的概念与性质、人力资本投资的内容与途径、人力资本对经济增长的作用等重要思想和观点。至此，"人力资本"概念频现于各种文献中，引起了学术界对人力资本问题研究的热潮，舒尔茨也因此被奉为"人力资本之父"，他为人力资本理论做出了重大的贡献，并于1979年获得诺贝尔经济学奖。舒尔茨对人力资本理论研究的主要贡献表现如下。

（1）第一次系统地提出了人力资本理论，使其成为经济学一门新的分支。

（2）第一次明确地阐述了人力资本投资理论。他认为人力资本的积累是社会经济增长的源泉。舒尔茨认为人力资本与物力资本投资的收益率是相互关联的，人力资本与物力资本的相对投资量主要是由收益率决定的。收益率高说明投资量不足，需要追加投资；收益率低，说明投资量过多，需要相对减少投资量。当人力资本与物力资本二者间投资收益率相等时，就是二者之间的最佳投资比例。在二者还没有处于最佳状态时，就必须追加投资量不足的方面。当前相对于物力投资来说，人力资本投资量不足，必须增加人力资本投资。

（3）劳动者的质量是指劳动者的工作能力、技术水平、熟练程度等。每个劳动者在质的方面存在差异，即使是同一个劳动者在接受某种教育或培训之后其劳动质量或工作能力也会有很大的差别。

（4）强调教育投资是人力资本投资的重要组成部分，教育也是使个人收入的社会分配趋于平等的因素，并对教育投资的收益率和教育对经济增长的贡献作了定量的研究。舒尔茨认为个人收入的增长和个人收入差别缩小的根本原因是人们受教育水平普遍提高，是人力资本投资的结果。他在分析美国1929~1957年国民经济收入时，发现国民经济收入由1929年的1500亿美元，增长到1957年的3020亿美元，总增长值为1520亿美元，其中有710亿美元不能由物的投资和劳动力数量增长加以说明。他为了寻找这710亿美元的余额，就创立了这种经济增长余数分析法，通过具体运用此种方法，求得教育投资对经济增长的贡献，所以也称为"教育投资收益率计算法"或"投资增量分析法"[6]。当然，舒尔茨在人力资本理论上也存在着局限性，他注重宏观分析，忽视微观分析，其理论缺乏微观的支持。

2. 贝克尔对人力资本理论的贡献

贝克尔——美国著名的经济学家和社会学家，1992年诺贝尔经济学奖得主，1951年毕业于普林斯顿大学。如果说舒尔茨对人力资本理论的贡献主要表现在宏观分析方面，那么贝克尔对人力资本理论的贡献就主要表现在微观方面，他与舒尔茨并称为西方人力资本理论创始人。他的著作《人力资本：特别关于教育的理论与经验分析》（1964年）是西方人力资本理论的经典[7]，被西方学术界认为是"经济思想中的人力资本投资革命的起点"。从微观上阐述了人力资本、人力资本投资等重要思想和观念。《家庭论》[8]（1981年）在哈佛大学出版社出版时被该社称为贝克尔有关家庭问题的一本划时代的著作，是微观人口经济学的代表作。贝克尔的人力资本理论的主要贡献如下。

（1）从微观经济学视角研究人类行为。他总是力图用经济学的方法和观点去揭示其经济动因，在分析影响人类行为的各种因素时，始终把经济因素放在重要地位。他主张自由竞争的市场经济，反对国家干预经济生产，力主以微观经济理论作为科学的基础，建立经济科学体系。

（2）人力资本投资的研究。他认为人力的投资主要是教育支出、保健支出、国内劳动力流动的支出或用于移民入境的支出等形成的人力资本；人力资本投资具有较长的时效性，因此投资时既要考虑短期收益，又要考虑长期收益。

（3）强调在职培训是人力资本投资的重要内容。他对人力资本形成、正规教育、在职培训和其他人力资本投资的支出与收入以及"年龄-收入"曲线等方面的问题展开分析，强调教育与培训对形成人力资本的重要作用。

（4）人力资本投资与个人收入分配的关系。他认为一个人的收入水平因年龄的增长而提高，在同龄组的人口中，一个人的受教育程度越高，其收入水平也越高；受较高教育的孩子，未来的收益较多，给父母带来的效用或满足也较大，从而进一步构建了人力资本理论的微观经济基础，并被视为现代人力资本理论最终确立的标志。至此一个具有重要影响的新的经济学理论和经济学分析工具——现代人力资本理论形成了。

（5）提出了孩子的直接成本和间接成本、家庭时间价值和时间配置、家庭中市场活动和非市场活动的概念。其理论研究缺陷表现在他沿用舒尔茨的人力资本概念，缺乏对人力资本本质的宏观分析。

3. 爱德华·丹尼森对人力资本理论的贡献

爱德华·丹尼森是增长核算或增长原因分析之父。1936 年，他在奥柏林学院完成了其经济学学士学位的学业，并在 1938 年和 1941 年继续在布朗大学获取经济学硕士和经济学博士学位。人力资本要素作用的计量分析首推爱德华·丹尼森。在用传统经济分析方法估算劳动和资本对国民收入增长所起的作用时，会产生大量被认识的、不能由劳动和资本投入来解释的"残值"，爱德华·丹尼森对此做出了最令人信服的解释。他最著名的研究成果是通过精细分解计算，论证出 1929~1957 年美国经济增长中有 23%的份额单独归功于美国教育的发展。正如其所暗示的那样，教育是一个国家增长率加快的主要因素。然而，除去其对增长核算的研究外，爱德华·丹尼森也积极参加过美国官方对国民收入核算的研究，特别是促成了资本存量变动测试的改善。

（三）20 世纪 70~80 年代人力资本理论的发展阶段

继 20 世纪舒尔茨、贝克尔、爱德华·丹尼森、明塞尔等经济学家对人力资本理论做出重大贡献之后，保罗·罗默（Paul Romer）、罗伯特·卢卡斯（Robert Lucas）、皮奥罗（Piore）等都在不同程度上丰富和发展了人力资本理论。他们对人力资本的投资形式、投资途径、投资收益、人力资本投资收益的微观模型、人力资本与经济增长模型、人力资本与技术进步和劳动生产率的关系、人力资本和个人收入分配的关系等许多方面的问题作了进一步的研究。特别是在 20 世纪 80 年代以后，以"知识经济"为背景的"新经济增长理论"在西方国家兴起，"新经济增长理论"采用了数学的方法，建立了以人力资本为核心的经济增长模型，"新经济增长理论"的重要内容之一是把新古典增长模型中的"劳动力"的定义扩大为人力资本投资，即人力不仅包括绝对的劳动力数量和该国所处的平均技术水平，还包括劳动力的教育水平、生产技能训练和相互协作能力的培养等，这些统称为"人力资本"，弥补了 20 世纪 50~60 年代人力资本理论研究的缺陷。其代表人物是罗默和卢卡斯。

1. 罗默模型

罗默在 1986 年发表的《收益递增经济增长模型》一文中提出了罗默模型。他认为推动经济增长的因素除资本和劳动要素以外，还应引入知识要素。他把知识要素分解为人力资本与新思想。他认为生产要素应包括四个方面：资本、非技术劳动、人力资本（按接受教育的年限来衡量）和新思想（按点子和专利权的数量来衡量）。四个要素中以特殊的知识即新思想最为重要，是经济增长的主要因素。在模型中，他把知识作为一个变量直接引入模型，同时也强调了知识积累的两个特征：第一，专业生产知识产生内在效应，即随着资本积累增加而增加，使个别厂商获得垄断利润，生产规模得以扩大，工人能在实践中学到更多的专业化知识；第二，知识具有外部效应，随着资本积累增加，生产规模扩大，知识也在不断地流通，每个企业都从别的企业那里获得了知识方面的好处，从而导致整个社会知识总量的增加。罗默用知识的溢出效应说明内生的技术进步是经济增长的唯一源泉，正是在这一思想的指导下，罗默建立了生产函数：$Q_i = F(K_i, K, X_i)$。

2. 卢卡斯模型

卢卡斯是美国著名经济学家,他倡导和发展了理性预期与宏观经济学研究的运用理论,深化了人们对经济政策的理解,并对经济周期理论提出了独到的见解,由此获得了 1995 年诺贝尔经济奖。他在 1988 年发表的著名论文《论经济发展的机制》[9]和罗默在 1986 年发表的《收益递增经济增长模型》[10]两篇文章更新了占统治地位的新古典经济增长理论的观点,他提出了"新经济增长理论"和卢卡斯经济增长模型。卢卡斯在模型中强调劳动者脱离生产、从正规或非正规的学校教育中所积累的人力资本对经济增长的作用。其模型实际上是"专业化人力资本积累增长模式"。卢卡斯模型揭示了人力资本增值越快,则部门经济产出越快;人力资本增值越大,则部门经济产出越大。卢卡斯模型的贡献在于承认了人力资本积累不仅具有外部性,而且与人力资本存量成正比。与以往的理论相比,卢卡斯等强调了人力资本因素的新经济增长模型,借鉴了贝克尔等对人力资本研究的成果,分析了人力资本的形成过程,并把人力资本的形成结合到经济增长模型之中。

二、人力资本的含义与特征

资本是能够带来剩余价值的价值,是通过投资获得的客观存在。这种价值可以通过物质资本和非物质资本即人力资本体现出来。具体的资本形态表现为物质资本、货币资本、人力资本、技术资本和社会资本。

(一)人力资本含义的不同界说

(1)舒尔茨的观点。学界公认的人力资本之父——舒尔茨认为人力资本是体现于劳动者身上,通过投资并由劳动者的知识、技能、体力(健康状况)所构成的资本,是可以被用来提供未来收入的一种资本。

(2)贝克尔的观点。贝克尔把人力资本与时间因素联系起来,认为"人力资本不仅意味着才干、知识和技能,而且还意味着时间、健康和寿命"[11]。

(3)麦塔(Mehta)的观点。他认为人力资本可以宽泛地定义为居住于一个国家内的人民的知识、技术及能力的总和。更广义地讲,还包括首创精神、应变能力、持续工作能力、正确的价值观、兴趣、态度,以及其他可以提高产出和促进经济增长的人的质量因素[11]。

从上述观点来看,虽各有侧重,但集中体现了人力资本是蕴含于人体之中、后天获得的具有经济与社会价值的知识、技术、能力、健康素质、道德水准等质量因素的总和。我们在学习人力资本概念时应注意如下问题。

第一,人力资本不是指人本身或人口群体本身,而是指一个人或一个人口群体所具有的知识、技术、能力和健康等质量因素。

第二,人力资本的获得是需要投资的。一个人所拥有的人力资本并非与生俱来,而是后天靠投入一定的成本获得的。

第三,人力资本是一种能创造经济价值的生产能力。正如舒尔茨所言"人力资本是一种严格的经济学概念——它之所以是一种资本是因为它是带来收入与满足的来源"。人力资本是通过投资而形成的,像土地、资本等实体性要素一样,在社会生产中具有重要的作用。

（二）人力资本的特征

虽然学界对人力资本概念难以形成共识，但对于人力资本的特征，学者的认识却逐渐趋同，如所有权的依附性、形成与使用时效性、收益的递增性、潜在的创造性、价值的异质性、数量与质量的难以度量性等。

1. 所有权的依附性

所有权包括了占用、使用、受益与处置四项权能。人力资本的所有权限于体现它的人。一般来说，一个人甚至不太可能自愿出卖有法律约束的未来获利能力的所有权。人力资本的载体是人本身，通过人力资本投资的形式形成的价值在劳动者身上的凝固，与其所有者不能分离。

2. 形成与使用时效性

物质资本可以在较短的时间内生产出来，而人力资本需要经过人力资本投资者较长时间的学习和培训才能形成。无论是人力资本的形成还是使用均具有长期性、持续性。人力资本只有在一定条件下，才能发挥其价值，进行创造性劳动，做出超常的贡献，这些条件包括一定的时期、一定的领域等。同时人们所拥有的知识、经验和技能等也会随着时代、社会的变迁而变得陈旧与过时。

3. 收益的递增性

物质资本在使用过程中，由于磨损、自然腐蚀或损坏等原因，效率和收益是递减的，而人力资本并非与生俱来，是靠后天投资而形成并积累的。因而它随着积累的增加，效率和收益就越高，其价值是递增的。人力资本存量的积累与价值的递增是提高劳动者素质的前提条件。

4. 潜在的创造性

人力资本价值创造能力的高低主要取决于人力资本载体所拥有的知识和能力。创造并不是无中生有，不存在离开知识的所谓创造，也不存在能够脱离知识而单独存在的创造能力，创造就其本质来说就是一种对现有知识的重新组合和转换的过程。大量的研究表明，创造性与某些人格特征之间存在高度相关。美国心理学家推孟（Terman）研究发现，同是高智商的儿童，日后成就很大的一组与成就一般的一组的最明显的差异在于前者在完成任务时的坚毅精神、自信而有进取心、谨慎、好胜心强等方面高于后者。

5. 价值的异质性

人力资本不同于财务资本，它是异质性资本。人力资本的异质性决定了不同人力资本的专用性程度、风险承担情况及边际报酬的差异，他们的投资成本不同，对企业价值创造的贡献也不同，最终表现在人力资本的价值上也就不同。

6. 数量与质量的难以度量性

人力资本掌握的知识分为显性知识和隐性知识。显性知识指可以用语言、文字或图形等有形的东西进行系统化处理和传播的知识，这一类知识可以用计算机进行编码和加工处理，因而也称为"可编码的知识"。显性知识可借助于人力资本载体的受教育程度、工作阅历、技术技能等级等信号进行传递。隐性知识指凝聚于人的头脑之中，属于经验、能力、灵感、创意等的知识，这一部分知识不能用计算机进行编码和加工处理，因而称为"不可编码的知识"[12]。隐性知识具有隐藏性，其信息一般不能借助于一些表象特征来传递，因而人力资本的隐性知识往往难以观察和度量。但也正因为它的隐藏性，才使其在社会经济发展中发挥着不可替代的作用。

（三）人力资本与相关概念识别

1. 人力资本与人力资源

人力资源是指一定范围内拥有劳动能力的人口总和，具有数量与质量之别。通常，人力资源的数量由具有劳动能力的人口的绝对量与相对量来衡量，人力资源的质量由拥有劳动能力的人的身体素质、科学文化和思想道德素质来表示。人力资本是体现于人体中的知识、技术、能力、健康素质、道德水准等质量因素的存量。二者主要区别如下。

（1）理论发展阶段不同。从历史的角度来看，先有人力资本理论，后有人力资源理论。自费雪（Fisher）于1906年首次提出人力资本概念以来，经过舒尔茨、贝克尔、明塞尔等的发展，人力资本理论不断丰富与完善，并得到广泛的应用。人力资源的概念是于1954年，由著名的管理学家彼得·德鲁克（Peter Drucker）在其《管理的实践》一书中首次提出并加以界定的。人力资源的开发与管理，已成为一个重要的部门和行业。从历史角度看，是先有的人力资本理论，后有的人力资源理论，人力资本理论是人力资源理论的基础和研究重点。

（2）理论研究范畴不同。人力资本是人力资源内在质量的标志。人力资本是通过一定投资形成的存在于人体中的能力和知识的资本存量，其强调资本性，着重比较投资的代价与获得的收益，研究的重点是教育投资，注重价值的回报。人力资本理论注重研究人对经济发展的贡献程度，其更强调经济属性。人力资源既包括数量指标又包括质量指标，是经过开发形成一定的能力，并将这些能力发挥出来。人力资源的本质特征为社会属性，其理论研究是从全社会可开发资源的角度，研究如何使用人，以满足社会生产中人力资源需求的理论，更强调管理属性。

（3）观测的难易程度不同。人力资本的观测更强调其内在性，具有非直观性。人们获得的知识、能力、健康等要素无法通过肉眼直接地观察到，要经过投入使用，观其为社会、企业实现的增值，是一个动态的观测过程。人力资源的观测要比前者容易许多，更具有直观性。

2. 人力资本与知识资本

知识资本是人力资本的扩充性研究。二者最大的区别在于研究的侧重点不同。关于知识资本的确切定义、内容和范围，西方学者的看法不尽统一，至今仍然没有一个公认的答案。加尔布雷思（Galbrainth）是提出知识资本概念的第一人。他认为，知识资本是一种知识性的活动，是一种动态的资本。美国学者斯图尔特（Stewart）将知识资本概括为人力资本（human capital）、结构性资本（structual capital）和顾客资本（customer capital），简称 H-S-C 结构。他指出知识资本的价值体现在人力资本、结构性资本、顾客资本中，人力资本是企业员工所具有的各种技能与知识，结构性资本指企业的组织结构、制度规范、组织文化等，顾客资本指市场营销渠道、顾客忠诚、企业信誉等经营性资产[13]。正如《欧洲管理评论》杂志主编所言,人们将会明白对于越来越多的企业而言,在增强和维持企业竞争力方面,物质资本相对而言将不如知识资本重要[14]。可以看出,知识资本不仅包括人力资本,而且包括为实现人力资本价值所必需的其他资本。当然,知识资本与人力资本的区别是多层次的。

3. 人力资本与人力资本投资

人力资本与人力资本投资是两个不同的概念,人力资本投资理论只是人力资本理论的一部分,人力资本是人力资本投资的结果。人力资本是目的,人力资本投资是途径。

三、人力资本与经济发展

早期的西方经济学家一直注重物质资本和自然资源在经济发展中的作用,并把它们认为是"一切财富的源泉",而忽视了人在经济发展中的作用。20世纪60年代中期以来,世界经济的发展变化使越来越多的经济学家意识到人力资本是一国经济发展的决定性因素。劳动经济学的研究表明,人力资本已经成为科技进步和社会发展最重要的资源和保证。经济和科技的竞争,最终表现为人力资源特别是人力资本的竞争,尤其对发展中国家的经济发展具有十分重要的意义。

(一)人力资本与宏观经济

1. 人力资本促进经济增长与社会进步

(1)人力资本是经济持续增长的源泉。舒尔茨应用效率收益法测算了人力资本投资中最重要的教育投资,结果显示美国1929~1957年人力资本投资在经济发展中的贡献率为33%。按照舒尔茨的研究,在美国半个多世纪的经济增长中,物力资本投资增加4.5倍,收益增加3.5倍;人力资本投资增加3.5倍,收益却增加了17.5倍。在舒尔茨之后,经济学家通过研究发现,对于发展中国家来说,20世纪60年代的物力资本投资收益率为15%,人力资本投资收益率为20%;20世纪70年代这两个数字分别为13%和15%。由此可见,加大人力资本投资对发展中国家意义尤为重大。我国经济学家根据我国1978年至1996年间有关的统计资料计算出,每增加1亿元人力资本投资,可带来次年近6亿元GDP增加额,而每增加1亿元物力资本投资,仅能够带来2亿元GDP增加额。另据2000年诺贝尔经济学奖得主詹姆斯·赫克曼的测算,中国各级政府现在大约把GDP的2.5%用于教育投资,30%用于物力投资。这两项投资在美国分别是5.4%和17%,在韩国是3.6%和30%。也就是说,物力资本投资与人力资本投资二者的比例,中国是12:1,韩国是8:1,美国是3:1。赫克曼认为,这说明中国对人进行投资的支出,远远低于各国平均数[15]。

从中国人力资本投资的现实情况看,在科教兴国的战略指引下,中国的教育条件有了很大改善,尤其从1999年开始实施高校扩招政策后,我国人力资本水平获得较大程度的提高。虽然人力资本投资整体水平上有了很大提升,但我国农村人口所占比重较大,而且人口众多,教育资源分布不均衡等现实问题,使得我国人力资本投资水平与发达国家仍然存在较大差距。我国人力资本投资分布极不均衡问题较为突出,大部分大学生毕业后选择在长三角、珠三角和京津冀等经济发达地区就业,而东北地区则出现大量人才流失现象，各地政府竞相出台人才引进和激励政策，吸引高技能人才流入，从而提升本地区的人力资本投资水平。这种不均衡的人力资本投资分布会影响各地区经济发展质量，所以如何提高配置人力资本投资有效提升经济高质量发展已成为当前亟须解决的问题。

近年来，我国人力资本投资更多体现在新经济发展层面上。党的十八大以来，随着我国新经济的持续发展，截至2022年，全国新设"四新经济"企业有2545.4万户，占全国新设企业的41.7%，新冠疫情发生以来，以新技术、新产业、新业态、新模式为导向的新经济企业增速高于同期企业总体增长水平，成为市场经济的新增长点[①]。国家统计局发布的数据显示，2021年我国"三新"（新产业、新业态、新模式）经济增加值为197270亿元，比上年增长16.6%，这是自国家统计局发布相关数据以来，连续第五年"三新"经济增速超过当年GDP增速，新经济展现出旺盛的发展活力。虽然近年来我国的新经济发展速度较快，但与发达国家比较，我国现阶段在基础研发方面还很薄弱，存在人才储备和结构不合理、高端要素供给不充分等问题，导致支撑"三新"经济发展的创新链尚不完整，产业体系自主性、稳定性、安全性不足。国家统计局公布的数据显示，2021年我国经济发展新动能指数构成中，网络经济指数贡献了超过八成的动能，而创新驱动指数和知识能力指数的贡献率分别仅为6.4%和2.4%，我国经济发展新动能存在高端智能硬件、操作系统、工业软件等核心技术和关键要素被"卡脖子"的发展瓶颈[16]。随着大国竞争升级，各国推动前沿科技和未来产业发展的战略导向表现出越来越鲜明的"内向化"倾向，新技术、新产业相关领域的跨国交流合作受到抑制，阻碍了新业态、新商业模式国际标准和全球治理体系的完善。人力资本作为新经济增长的内生动力，能够提高国家和地区的科技创新能力、强化产业链的主导能力、改善在国际规则塑造力偏弱上的短板，在推动新经济持续健康发展方面有重要意义。党的二十大报告指出，要坚持教育优先发展、科技自立自强、人才引领驱动，加快建设教育强国、科技强国、人才强国，坚持为党育人、为国育才，全面提高人才自主培养质量，着力造就拔尖创新人才。因此，人才储备和知识创新是我国当下和未来发展新经济的主攻方向。

（2）人力资本投资收益率超过物力资本投资的收益率。当今世界，一个国家在国际上的地位取决于它的综合国力和竞争力，决定一个国家的地位、影响力已经不是自然禀赋条件的差异，而是人的素质、能力的差异。人力资本的积累和增加对经济增长与社会进步的贡献远比物质资本、劳动力数量增加重要得多。舒尔茨认为人力资本与物力资本投资的收益率是有相互联系的，人力资本与物力资本相对投资量，主要是由收益率决定的。收益率高说明投资量不足，需要追加投资；收益率低，说明投资量过多，需要相对减少投资量。当人力资本与物力资本二者间投资收益率相等时，就是二者之间的最佳投资比例。在二者还没有处于最佳状态时，就必须追加投资量不足的方面。当前相对于物力投资来说，人力资本投资量不足，必须增加人力资本投资。

（3）人力资本在各个生产要素之间发挥着相互替代和补充作用。舒尔茨认为，现代经济发展已经不能单纯依靠自然资源和人的体力劳动，生产中必须提高体力劳动者的智力水平，增加脑力劳动者的成分，以此来代替原有的生产要素。因此，由教育投资形成

---

① 余颖. 10年来全国新设"四新经济"企业2545.4万户[N]. 经济日报，2022-10-13.

的人力资本在经济增长与社会发展中会更多地代替其他生产要素。例如，在农业生产中，对农民的教育和农业科学研究、推广、应用，可以代替部分土地的作用，促进经济的增长。研究表明：发达国家的产品与服务结构经历了从劳动密集型到资本密集型，再到人力资本密集型的发展过程；发达国家的人力资本投资增长速度大大快于物力资本投资增长速度。这一现象表明，随着科学技术的发展和经济的增长，人力资本与物力资本之间不但有较高的互补弹性，而且还有逐步提高的趋势。

1992年，贝克尔在香港大学公开演讲"现代经济中的知识资本及其他知识"时指出，在不断变化的新经济环境中，只有那些有效利用人力资本的国家和地区，才能持续发展。

2. 人力资本促进技术进步

人力资本的积累是科技进步的重要标识和第一推动力。科学技术是第一生产力，这个第一生产力首先体现在科学技术人才方面。只有拥有大量的具有较高素质的劳动者，才能够消化和吸收世界上的先进技术，从而能够在更大程度上和范围内引进国际资本；没有大批的科技人才，科学技术的发明、创新和使用就不能有效进行，科学技术就不能充分发挥其作用。而人力资本的积累是造就大批科学技术人才的基础。人力资本的提高推动了科技的发展和经济的快速增长。

现有研究表明人力资本投资的增加，会提高国家经济体制的技术创新水平，人力资本的改善能够加强技术创新与溢出效应之间的关系[17]。王丽媛基于中国2006~2015年省际数据研究发现：智能化通过增加对技能劳动力的需求提高技能溢价，智能化水平每上升1%，技能溢价将上升0.084个单位[18]。

3. 人力资本有利于优化产业结构

关于人力资本对产业结构升级的直接影响，学者主要利用国内外相关数据通过计量模型对二者的关系进行实证检验。Ciccone和Papaioannou的研究发现了教育水平提高能够促进人力资本积累，从而为产业结构优化升级提供必要条件[19]。国内学者分别从国家层面和地区层面进行了大量研究，形成了较为丰富的研究成果。陈恩和李卫卫及傅智能和黎舒圆均通过VAR（vector autoregression，向量自回归）模型分别以中国和湖北省为研究对象，验证了人力资本积累对产业结构升级的积极影响[20, 21]。在此基础上，林春艳等的研究发现人力资本不仅对本地区产业结构升级有积极影响，还能通过技术和知识的溢出，带动周边地区产业发展[22]。此外，有些学者发现，人力资本集聚能够通过沟通交流实现知识的溢出效应，有利于技术创新和产业结构升级。尹秀芳、陈朝阳等分别以长三角地区和全国作为研究对象，分析人力资本集聚对产业结构升级的影响，结果表明二者之间呈显著正相关[23, 24]。

人力资本分为一般人力资本、专业人力资本和企业家人力资本三种类型。一般人力资本是指具备一定体力和智力，从事常规性劳动并且不承担风险性质的人力资本。在经济增长中的作用表现为同质性特征，是推动经济增长的基础力量。专业人力资本是指个体经过系统教育与培训获得的理论知识，以及将理论知识运用于实践而取得的某种特殊技能，其社会角色表现为具有专业技能的会计师、医生、工程师、律师、教授等。这类人力资本在继承已经拥有的知识、技能和经验的基础上从事创新活动时，表现为异质性特征。企业家人力资本在经济增长中的主要功能就是寻找经济增长点，创新是其基本特征，这种创新包括市场、组织、产品、制度等多方面的变革。通过变革寻求更有效率的生产方式，提高劳动生产率，促进经济增长，企业家人力资本作为经济增长最重要的人力资本，其特征是异质性的。

（1）人力资本的供给为产业结构调整创造了必要条件。不同类型的人力资本有效供给有助于促进产业结构优化。经济发展必然伴随着产业结构转换，产业转换的速度反映了经济发展的速度，而结构转换的核心就是产业结构优化，产业结构优化的程度主要取决于人力资本状况，人力资本存量大、供给效率高将为工业经济时代的主导产业（如家电制造业）转换到知识经济时代的主导产业（如IT产业、生物工程业等）提供智力保证[25]。

（2）人力资本的储备有助于增强产业创新能力。人力资本，特别是专业人力资本和企业家人力资本具有的要素、效率、替代等生产功能及知识的溢出效应，使人力资本在新兴产业的培育、传统产业的改造及主导产业的选择与培育过程中发挥了巨大作用。从产业演化的角度来看，人力资本通过加快产业结构转换、增强产业创新能力及加速产业扩散与转移来实现产业结构的优化升级。

4. 人力资本投资有利于国家教育水平的提高

人力资本的核心是提高人口质量，教育投资是人力投资的主要部分。根据舒尔茨研究，1900～1957年美国对物力资本投资额增加约4.5倍，对劳动力进行教育和培训的投资增加约8.5倍，而物力资本投资所获得的利润增加了3.5倍，教育投资所获得的利润却增加了17.5倍，国民经济增长额的1/3应归功于教育。人力资本理论的核心是提高人口素质，而教育投资是关键。

统计资料表明，不论是发达国家还是发展中国家，接受高等教育者的失业率都远低于其他人员。例如，美国在20世纪70年代中期，在没有高等教育水平的工程师中间失业率为4.4%，而在受过高等教育的工程师中间失业率则为1.9%。例如，日本就业人员的文化水平在1965年时，初中、高中、大学毕业生分别占41.8%、46.8%、11.4%，但到1975年分别变为了9.1%、57.3%和33.6%。此外，世界银行高级专家萨哈罗普勒斯对教育投资的收益率作了大量的跨国研究，得出1994年初等教育、中等教育和高等教育世界平均的个人收益率分别为30.7%、17.7%、19.0%，并指出了世界三个层次个人教育投资收益率的趋势分别为18.4%、13.1%和10.9%[26]。

根据诺贝尔经济学奖得主赫克曼[27]对边际效应的界定，高等教育人力资本投资边际收益是指以政府为投资主体，新增每单位财政资金投入所获得的单位经济收益。与之对应的是，高等教育人力资本投资的边际成本则是指新增每单位收益所需要的成本，随投资总量的持续增加而动态变化。

党的二十大报告明确强调"优化区域教育资源配置"①，在实际投资中，高等教育人力资本投资会得到一定收益，但当其投资增加到某一阈限值后，对应的边际收益不仅不会继续增加，反而可能呈现边际收益下降的状态。我国当前面临的经济形势越来越复杂，区域如果盲目进行高等教育规模扩张，则可能挤占其他教育层次的投资，造成人力资本

---

① 引自2022年10月26日《人民日报》第1版的文章：《高举中国特色社会主义伟大旗帜 为全面建设社会主义现代化国家而团结奋斗》。

结构与产业结构匹配失衡,从而导致高等教育人力资本投资资源损失。在此背景下,如何实现最优的高等教育人力资本投资、促进教育公平发展,已成为考验各级政府投资决策的重大课题。

（二）人力资本与微观经济

贝克尔指出,发达国家资本的75%以上不再是实物资本,而是人力资本,可见人力资本已成为人类财富增长、企业进步的源泉。

1. 人力资本的创新思维是决定企业绩效的关键因素

创新思维不仅是制度创新、技术创新,更关键的是人的思想要创新。知识经济时代人力资本的作用越来越突出,人力资本的地位取代了物质资本和金融资本,已成为先进生产力的核心要素,我们必须重视人力资本对企业成长的核心作用。企业必须加强对人力资本的投资,强化员工的职业技术培训,提升员工素质,积极吸纳先进的技术和管理思想,创造一个让人力资本发挥作用的平台。

当今世界,新一轮科技革命和产业变革加速演进,人工智能技术不断取得突破性进展。人工智能在提高生产力水平、提供新发展动能、激发新经济活力等方面发挥着重要作用。美、德、日、俄等多个国家早已将人工智能纳入本国战略发展规划并持续加强研发投入和落地应用,以期拥有人工智能技术优势、获取技术红利,在国际科技和经济竞争中处于领先地位。据统计,仅2019年便有16个国家新发布人工智能发展战略或计划,至少18个国家正筹备和制定计划中①。中国高度重视人工智能的战略地位,已出台《机器人产业发展规划（2016—2020年）》《新一代人工智能发展规划》等多项规划。全国各地积极响应中央决策,制定了本省人工智能发展计划;北京、上海、深圳等一线城市率先垂范,加强基础研究并加快人工智能与实体经济融合;阿里巴巴集团、腾讯、百度等互联网巨头积极投资,在业务关联产业上下游进行了人工智能布局②,国内整体人工智能发展态势向好,人工智能正在逐步成为我国经济高质量发展的重要推动力,而人工智能发展的关键是重视人力资本投资与科技创新。

2. 人力资本是现代企业资本增值的主要源泉

在现代市场经济条件下,资本是任何企业进行生产经营活动的基础,资本的增值是企业生产经营的终极目标,任何企业的经营活动都是以人力资本和非人力资本两类生产要素配置为基础的。企业对生产经营活动的组织和管理,从本质上讲就是对资本的组织和管理。实践证明,企业资本增值取决于非物质资本(包括人力资本和基本劳动力资本)、物质资本,以及企业的运行制度。但从现代企业角度看,无论是传统产业还是新兴产业,资源配置效率和企业经营效率越来越不取决于物质资本,而主要取决于人力资本的开发和利用程度。从企业资本增值的角度来看,物质资本是企业资本增值的条件,人力资本是企业资本增值的主要源泉。

---

① 资料来源:《中国新一代人工中国智能发展报告2020》。
② 资料来源:《2019全球人工智能发展白皮书》。

3. 人力资本产权属性有助于完善公司治理结构

人力资本产权是指人力资本及其所有权引发的一组权利及相应的行为规则，或者说是指人力资本所有者受益或受损的行为权。根据人力资本的产权属性及资本特征，在公司治理中激励的主体是非人力资本所有者，激励的客体是人力资本所有者。这是因为，人力资本一进入企业后，便形成一种"主动资产"（人力资本具有天然的产权特性），其所有者控制着人力资本的供给，决定着人力资源的产出水平。而企业激励水平的高低与激励机制的公平程度是影响人力资本开发与利用的直接因素，因此，有效的公司治理应建立以人力资本为核心的公平合理的激励机制。

第二节 人力资本投资的基本模型

一、人力资本投资的含义与形式

（一）人力资本投资的含义

贝克尔提出"通过增加人的资源而影响未来的货币或物质收入的各种活动，这种活动就叫人力资本投资"。舒尔茨认为人力资本的形成是投资的结果，这些投资活动包括正规教育投资、职业技术培训投资、健康投资、个人和家庭的迁移投资、劳动力流动等投资。

（二）人力资本投资的形式

1. 各级正规教育投资

教育投资，是指一定时期投入各级正规学校教育的费用支出。有狭义和广义之分，狭义教育指全日制在校教育。广义教育不仅包括全日制在校教育，还包括非全日制教育，即在职教育和继续教育、短期培训等。这种形式的投资增加了人力资本的知识存量，表现为人力资本构成中的普通教育程度，即用学历来反映人力资本存量。因此，我们可以依据劳动者接受学校教育的年限、劳动者的学历构成，清楚地判断和比较一个国家或地区、家庭和劳动者在某一特定时期的人力资本存量。教育投资是人力资本投资的主要方式，在人力资本投资中居于十分重要的地位。

2. 职业技术培训投资

职业技术培训投资是人们为获得与发展从事某种职业所需要的知识、技能与技巧所发生的投资支出。这类投资方式主要侧重于人力资本构成中的职业、专业知识与技能存量。其表现是人力资本构成中的专业技术等级。

3. 卫生保健投资

用于健康保健、增强体质的费用也是人力资本投资的主要形式，这方面的投资效果主要表现为人口寿命的延长和死亡率的降低。对卫生保健投资产生的直接结果是，改善了人们的健康状况，提高了生命的价值。

4. 劳动力流动投资

劳动力流动是现代经济社会的普遍现象，是人力资本动态配置的实现过程。劳动流动费用本身并不能直接形成或增加人力资本存量，但通过劳动力的合理流动，使潜在的经济资源转变为现实的生产力，实现人力资本的增值。这在宏观上，可以实现人力资本的结构优化；在微观上，可以使人力资本得到最有效的使用。所以，它是人力资本价值增值的必要条件。一般来说，人力资本流动可分为国内流动和国际流动。

二、人力资本投资的特点

人力资本源于人力资本投资。人力资本投资既与其他资本投资有共同性质，同时又具有其自身的特点，其主要特点表现如下。

1. 间接性

物力资本投资直接形成生产能力，而人力资本投资的生产能力是间接的，或者说人力资本投资的收益不是在接受教育过程中直接回收。

2. 多元性

人力资本投资的主体，主要由国家、企业、个人三部分组成。国家作为投资主体，着眼于提高社会总体收益和整体素质，投资量大，覆盖面广；企业投资主要是受经济利益的驱动，其目的是使企业在市场竞争中不断创新；个人投资的主要目的是提高自身知识水平、能力素质和未来发展。

3. 迟效性与长期性

迟效性是指人力资本投资并非当时投资当时获益，而物力资本投资往往见效很快；长期性是指人力资本投资一旦发挥效益，就会在相当长的期间内不断取得收益，这种收益流甚至是延续终生的。物质资本经过一定时期的使用，将会出现有形或无形的磨损而失去效能。

4. 连续性

人力资本投资的连续性体现在人生的各阶段上都要进行人力资本的投资。一个人在完成各级的正规教育之后进入社会从事生产活动，要接受各种在职培训、专业技能培训、接受各种继续教育。人力资本投资并非恒定的，它是一个不断发展、不断升华的动态过程。

5. 同一性

同一性，是指人力资本投资主体与客体具有同一性。这是由人力资本所有权的依附性决定的。个人、企业、国家在进行人力资本投资时，劳动者都需要投入自己的时间、精力和劳动。

三、人力资本投资决策基本模型

既然是投资，投资主体要对目前付出的成本与未来获取的收益进行比较来决定是否投资。人力资本投资同物力资本投资一样，并不是支出越多越好。在进行物力资本投资的时候，人们必须考虑投资的成本及收益，当投资成本等于收益时，再多追加投资便会成为低效或无效投资了。对人力资本投资来说，与其相联系的成本支出和收益取得也是分别发生在不同的时间。而货币在不同的时间点上有不同的价值，因此，就必须把成本和收益都按同一时间点上的货币价值来衡量，如都按当前的货币价值来衡量。那么，将未来的货币折算为现在的价值,即为现值,这一过程称为贴现。我们一般采用净现值(net present value,NPV)法和内部收益率(internal rate of return,IRR)法来进行决策人力资本投资行为。

(一)净现值法

净现值法是评价投资方案的一种方法。该方法是把投资所产生的未来收益与成本按一定的折现率进行折现,计算二者的差额即净现值,然后根据净现值的大小来评价投资方案。净现值为正值,投资方案是可以接受的;净现值为负值,投资方案就是不能接受的。净现值越大,投资方案越好。净现值法是一种比较科学的投资方案评价方法,同样适用于人力资本投资决策分析。其计算步骤如下。

首先,计算投资预期收益的现值。设 t 为某项人力资本投资的年限;B_i 为投资完成后每年投资收益;r 为折现率;PV 为 t 年内投资收益现值。根据现值计算公式,计算人力资本收益现值

$$PV = \frac{B_1}{(1+r)^1} + \frac{B_2}{(1+r)^2} + \cdots + \frac{B_t}{(1+r)^t} = \sum_{i=1}^{t} \frac{B_i}{(1+r)^i} \quad (i=1, 2, \cdots, t) \quad (3\text{-}1)$$

其次,计算人力资本投资预期成本的现值。设人力资本投资的成本为 C,平均分布在 n 年内完成,每年投资成本为 C_j,投资成本现值为 PVC,根据现值计算公式,计算人力资本投资成本现值

$$PVC = \frac{C_1}{(1+r)^1} + \frac{C_2}{(1+r)^2} + \cdots + \frac{C_n}{(1+r)^n} = \sum_{j=1}^{n} \frac{C_j}{(1+r)^j} \quad (j=1, 2, \cdots, n) \quad (3\text{-}2)$$

最后,计算人力资本投资的净现值。假设净现值为 Q,根据净现值含义则有

$$Q = \sum_{i=1}^{t} \frac{B_i}{(1+r)^i} - \sum_{j=1}^{n} \frac{C_j}{(1+r)^j} \geq 0 \quad (3\text{-}3)$$

显然,只有当 $Q \geq 0$ 时,人们才会选择人力资本投资。若 $Q < 0$,人们将放弃人力资本投资。

(二)内部收益率法

内部收益率法又称财务内部收益率(financial internal rate of return,FIRR)法、内部报酬率法,是用内部收益率来评价项目投资效益的方法。内部收益率,就是资金流入现值总额与资金流出现值总额相等、净现值等于零时的折现率,即计算内部收益率的前提是使净现值等于零。

运用内部收益率法进行投资决策时,其决策准则是投资的实际报酬率高于资本成本或最低的投资报酬率,投资方案可行;投资的实际报酬率低于资本成本或最低的投资报酬率,投资方案不可行。投资的实际报酬率即为折现率,其计算步骤如下。

首先,计算人力资本投资报酬率。令投资总收益现值等于投资总成本现值,即 PV=PVC,则有

$$\sum_{i=1}^{t}\frac{B_i}{(1+r)^i}=\sum_{j=1}^{n}\frac{C_j}{(1+r)^j} \tag{3-4}$$

因为 B_i、C_j、t 和 n 为投资者预期确定的，是已知的，所以可以根据式（3-4）求出折现率 r，该折现率 r 即为人力资本投资报酬率。

其次，做出投资决策。设 S 为资本成本最低的投资报酬率，显然，只有当 $r \geqslant S$ 时，人们才会选择人力资本投资。若 $r < S$，人们将放弃人力资本投资。

第三节 教育投资的经济学分析

教育投资是人力资本投资的主要形式，国家、企业和个人的人力资本来源主要是教育。教育投资的状况，决定着人力资本的状况。教育投资是开发智力、发展教育事业的物质基础，是经济和社会发展的重要因素。一般而言，人们接受完义务教育之后，面临多种选择，是进入劳动力市场就业还是继续求学，人们在选择时要考虑诸多因素，但其中最重要的因素是经济因素，即对各种形式投资的成本与收益进行比较。从教育投资主体来看，可以分为宏观与微观教育投资。宏观教育投资主要指政府和其他部门、团体、组织对国民教育的支出，微观教育投资主要是指家庭或个人对教育的支出。本节我们只从微观教育投资的角度，以高中毕业生的选择为例，具体分析教育投资的成本与收益。

一、教育投资的成本

随着大学招生规模的日益扩大，教育部数据显示，2022 年我国高校毕业生数量达 1076 万人，再创历史新高。如此庞大的人才规模，必将为中国经济发展提供巨大的人力资本保障。但目前，中国实行的是九年义务教育，而高等教育（大学教育）仍处于非义务教育阶段。因此，大学教育的成本等问题成了广大家庭不得不面对的现实问题。然而，目前中国大部分家庭是工薪阶层，让子女接受大学教育变成了每个家庭的重要选择。是否应该继续接受高等教育，从经济学角度来讲应对高等教育的成本收益进行分析，大学教育的总成本包括直接成本与间接成本。

（1）教育的直接成本。一是政府直接拨付的教育经费，二是受教育者个人负担的费用。前者是指国家、社会和学校提供的教育服务的成本，如教育设施建设和购置费用、教师的工资、图书资料等费用；后者指受教育者个人负担的对学校投入的学费、杂费、生活费。在我国这两种费用中，政府教育投资是主体。不过在现代社会，个人支付的学习费用占有的比例具有扩大的趋势。家庭或个人承担的教育投资成本也可称为私人成本，而国家及其他社会团体支出的教育经费称为社会成本。

（2）教育的间接成本。教育的间接成本指因上大学无法工作可能放弃的收入，又称为继续上学的"机会成本"（opportunity cost）。机会成本是指人们放弃一种机会而由此可能遭受的损失。例如，一个人在读完高中后，是否继续上大学，许多年轻人面临两种选择的机会，一是找工作，二是放弃工作去上学。如果选择上学，那么他就可能丢掉因选择工作所得到的全部收入或部分收入。因此，只要放弃工作而继续上学，就要承受由放弃工作所带来的经济损失，这就是机会成本。由于社会间接成本在统计量方面的技术困难，在计算正规教育投资的成本时一般只涉及直接成本和个人间接成本，学生因上学而放弃的机会成本很难计算。在计算机会成本时，采用舒尔茨和阿尔伯特·费希洛的计算方法。

二、教育投资的收益

教育的收益，即教育的投资效益，包括个人收益和社会收益。

（一）个人收益

从个人来看，教育投资的总收益包括经济收益和非经济收益。经济收益是从终生收入来看，上大学的人一生得到的收入超出没有上大学的人一生相应年份得到的收入的部分，表现为家庭或个人货币收入增加、福利状况改善、生活质量提高等。这种收入的超出部分是建立在对未来预期的基础上的，它是一个预期值。非经济收益包括大学学历给个人带来的社会地位或声誉的提高、知识面的扩展使个人的生活兴趣更加广泛、精神生活更加充实等。由于非经济收益很难准确计量，我们在后面的分析中也将省略。

个人收益，主要指个人因受教育在未来可能获得的较高收入。一般而言，个人的收入水平与他所受教育的年限成正比，受教育的年限越长，其知识面越宽广，技能相对越全面，适应能力较强，研究与开发的能力也越强。受过教育的人与未受教育的人相比，能够较为合理地安排个人的支出，从而使每一单位货币的支出更为有效，这也等于增加了收入，因而预期的收入也就越高。我们通过统计方法将上大学未来收益中超出没上大学即直接工作获得的收益的那部分进行折现，可以作为教育投资的预期收益。

如果用 n 表示工作年限，Y_t^1 表示大学毕业后个人未来第 t 年的货币收入，Y_t^0 表示没有上大学的个人同期的收入水平，假定影响收入的其他条件相同，所以大学教育投资的个人收益的现值为

$$\sum_{t=1}^{n} \frac{Y_t^1 - Y_t^0}{(1+r)^t}$$

美国人口经济学家恩格尔曼（Engerman）认为，人口投资时间比较长，难以根据已知的"投资期限"来计算投入量与收入量。为此，他把投资期限限定在一个时期内（如 13 年），而把收益扩展到其他时期带来的收入，以此来分析教育（正规教育）投资的收益率。其计算公式为

$$C + X_0 = \sum_{k=i}^{n} \frac{Y_i - X_i}{(1+r)^i}$$

其中，C 为受过第 13 年教育的直接费用；X_0 为受过第 13 年教育而放弃的收入；X_i 为受过 12 年教育的人的收入；Y_i 为受过 13 年教育的人的收入；n 为受了 13 年教育后可以赚取收入的总年数；r 为第 13 年教育的收益率；i 为超过 13 年的年数。根据这个公式所要求的资料可计算出教育投资的收益率。恩格尔曼还指出，根据上述公式而计算出的教育

收益率是一种"事前收益率",即预期的收益率,而不是"事后收益率",即实际收益率。两种收益率不一致是绝对的。认识这一点很重要,因为未来市场对某一专业技术人员需求的变化,可能使受教育者得到意想不到的好处,也可能因为专业技术过时或其他意外事件而使受教育者遭淘汰。而且,接受更多教育除有可能因文化或技术水平高直接带来较高的工资收入外,还有可能因以下原因而间接地增加其收入。受过教育的人与未受过教育的人相比,能够较为合理地安排个人的支出,从而使每一单位的货币支出更为有效,这也等于增加了收入;受过高等教育的人,通常会更珍惜和懂得如何使自己的身体更健康,从而提高身体素质,增加未来的收入;受过高等教育的人与未受过高等教育的人相比,由于知识面比较广,技能相对全面,因而适应能力较强,从而有较多的机会变换职业,失业的可能性减小。

另外,个人的教育投资收益还包括一些非货币性收益,如社会地位或声誉的提高、精神生活更加充实、生活质量的提高等。

(二)社会收益

教育投资的社会收益是指由教育投资所产生的为社会成员共同享有的收益。一国人均教育水平的提高,必然有利于提高社会劳动生产率,增加技术创新能力,开发新产品,提高国际国内的市场竞争力等,这就必然促进一国的经济增长和发展,为社会全体成员带来共同的收益。教育投资的社会收益分为非经济收益和经济收益。社会的非经济收益表现为非货币性、非市场化的收益,它是指因受教育者本人文化知识、思想道德水平等的提高,而可能给周围社会带来的文化、医疗保健、民主政治等方面的好处。例如,当国民个人通过教育而提高科学文化知识与伦理道德水平以后,将会减少不良的生活习惯,有效地预防和控制传染病和流行病,促进人与人之间的和谐关系,减少犯罪;将会更容易在经济活动中达成共识,遵守规则,从而降低交易成本;将有利于培养奋斗精神与健全人格,增进对社会整体事物的责任感与参与意识。这些有利于整个社会的和谐与稳定、政治开明与进步、文化发达与创新,促进国民更好地运用社会赋予的民主权利和社会道德水准提高等。高等教育投资的经济收益表现为提高劳动生产率,推动经济增长,改善生活、劳动条件,扩大就业,增加人均收入等。

我国一直将教育作为经济高质量发展的重要支撑,持续推进高等教育规模扩大、结构调整与质量提升,这将成为未来高等教育发展的主要方向,必将对经济转型发展产生深远影响。党的二十大报告指出,高质量发展是全面建设社会主义现代化国家的首要任务;教育、科技、人才是全面建设社会主义现代化国家的基础性、战略性支撑[①]。我国高等教育与经济社会发展密不可分,越来越多的学者关注到高等教育在我国经济改革开放增长中的积极效应,并不断尝试从我国特有的招生制度和教育体制方面对这种积极效应进行归因。这突出表现在,改革开放40多年来,高等教育规模逐渐扩大,为我国经济迅速发展提供了大量的人力资本。但随着高等教育从精英化迈入普及化发展阶段,中国的

---

① 引自 2022 年 10 月 26 日《人民日报》第 1 版的文章:《高举中国特色社会主义伟大旗帜 为全面建设社会主义现代化国家而团结奋斗》。

劳动力市场出现了"人才荒"和"求职难"并存的结构性矛盾，这为中国经济的高质量发展带来了巨大挑战。而通过高等教育结构优化与质量提升会逐渐消减人才培养与劳动力市场的供需失衡，因此促进高等教育规模、结构和质量协同发展是推动经济可持续增长的关键。

中国高等教育正处在从规模扩张转向重视质量的发展阶段。自2012年以来，中国在学总人数逐年增长，截至2021年已超过4430万人，同时高等教育毛入学率从30%提高至57.8%[①]。2022年，高等教育受教者的总数已达2.4亿人，使中国成为世界上教育体系规模最大的国家之一。这种变化标志着中国高等教育系统正在朝着更加注重质量和卓越的方向发展，以满足越来越多的中国人民对高质量教育的需求和追求。2019年，我国受过高等教育的新增劳动力比例达到50.9%，这意味着超过一半的新增劳动力进入岗位前已经接受过高等教育，中国劳动力人口素质进一步提升。科技要素对经济发展所起到的作用越发明显，但是，中国紧缺的是集知识与创新于一体的高素质创新型人才，这造成国家发展所需创新驱动力的疲软，进而限制了中国高质量发展的步伐。中国因尖端人才的紧缺迟迟无法有效解决"卡脖子"问题。中国高等教育高质量发展受到教育供给制约，面临的最大矛盾是高等教育规模扩张与教育结构变化、提高教育质量的诉求等方面的冲突[②]。解决中国社会不平衡不充分主要矛盾必须推动高质量发展。

中国实现创新和协调发展离不开高等教育的助力与推动。高等教育发展水平是判定国家发展水平和发展潜力的衡量标准，与一个国家创新能力有密切联系。创新发展离不开良好的教育基础和高素质人才培养。人才科技创新是解决自主创新难题的充分条件，是实现供需高质量平衡、区域经济协同参与内外循环的智力支持。习近平总书记曾强调"人力资源是构建新发展格局的重要依托""尽快突破关键核心技术，是构建新发展格局的一个关键问题"[③]。

三、教育投资决策模型

教育投资同物质投资相似，并不是投资越多越合理，必须同时考虑投资的成本和效益及特定的约束条件。下面分析一个简单的教育投资决策模型。假如某人刚刚高中毕业，正在考虑是否有必要去读大学，他该如何决策呢？从纯经济的角度来考虑，一个理性的决策应该对上大学的成本和收益进行比较。接受大学教育的成本包括直接成本和机会成本，收益包括未来收入的增加和非货币（精神）收益的增加。暂时忽略精神收益，教育投资决策模型可以用图3-1表示。

在图3-1中，假设劳动者工作至60岁退休，并且暂不考虑60岁以后的各种福利待遇情况。曲线 AB 代表18岁高中毕业后立即进入劳动力市场谋求就业的终生收入曲线。曲线 CD 代表高中毕业后先上大学，22岁毕业后再进入劳动力市场谋求就业的成本-收入曲线。图中横轴下的区域Ⅰ代表上大学期间支出的直接成本，横轴上的区域Ⅱ代表大学期间所放弃的收入，即间接成本或机会成本。区域Ⅰ与区域Ⅱ面积之和，为上大学的

---

① 赵婀娜. 推动高等教育高质量发展[N]. 人民日报，2022-06-07（5）.
② 钟秉林，王新凤. 迈入普及化的中国高等教育：机遇、挑战与展望[J]. 中国高教研究，2019（8）：7-13.
③ 习近平. 在教育文化卫生体育领域专家代表座谈会上的讲话[N]. 人民日报，2020-09-23（2）.

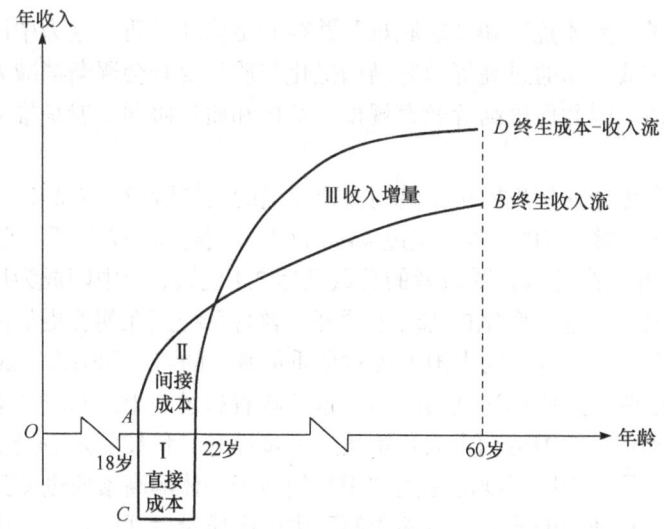

图 3-1　教育投资决策模型

个人总成本或总投资，区域Ⅲ表示大学毕业后可获得的净收入增量，它应该等于上完大学再谋求就业所能赚得的终生收入与不上大学直接工作所能赚得的终生收入之差。若按某一贴现率 r 贴现，在现值的基础上，（Ⅰ+Ⅱ）等于Ⅲ时，r 即投资报酬率。从成本-收益的角度判断，只有当Ⅲ>（Ⅰ+Ⅱ）时，人们才会选择大学教育投资。

教育投资的收益和投资成本发生在不同的时间。在图 3-1 中可以看到，大学的成本支出发生在 22 岁以前，而收益却是在 22 岁之后，并持续了若干年。因此，考虑到货币的时间价值，投资主体需要将未来的收益流折算成现值，即计算出基点处的收益总和，并与折现成基点处的成本总和进行比较，确定投资净现值（NPV），以此决定教育投资是否合理可行。假如以 22 岁为基点，那么个人大学教育投资净现值的计算公式是

$$\text{NPV} = \sum_{n=20}^{60} \frac{E_{n-18}}{(1+i)^{n-18}} - \sum_{n=18}^{21} \frac{C_n}{(1+i)^{n-18}}$$

其中，E_{n-18} 为高中生从 22 岁到 60 岁因上大学而可能获得的年收入；C_n 为该高中生从 18 岁到 22 岁上大学的各种成本；i 为假定给定的年利息率。如果经过调查、分析预测，能够得出所期望的成本与收益，就可以得到投资净现值。如果 NPV>0，那么教育投资在经济上是合理可行的；如果 NPV=0，那么，接受大学教育不十分必要；如果 NPV<0，那么，接受大学教育是不经济的，应该立即就业。同时，依据以上分析，还可以得出以下推论。

第一，在其他条件不变时，当大学教育的直接成本（Ⅰ）下降，对上大学的需求量将会增加，比如，经济衰退时，一个高中毕业生所能赚得的收入减少，或找到工作的可能性减小，那么一个人上大学的机会成本就会降低，人们上大学的可能性就越大；反之，直接成本上升，对大学教育的需求量将减少。

第二，在其他条件不变时，一个大学毕业生与高中毕业生之间的收入差距越大，即（Ⅲ）扩大，愿意投资大学教育的人就会越多。也就是说，不仅收入流的长度会影响教育

投资决策，收入增量的规模也会影响教育投资决策。

第三，其他条件相同，收入流的长度会对教育投资决策产生影响，年龄是影响教育投资决策的重要因素。投资后的收入增量越多（即收益时间越长），那么一项教育投资的净现值就越可能为正，即投资越具有经济合理性。比如，年长者比年轻者更不愿意接受进一步教育，是因为他们受教育后的收益时间相对比较短，并且所放弃的收入（机会成本）相对较多，因此，多数大学生是年轻人。

从我国经济增长的实际情况而言，高等教育人力资本投资对经济增长的作用主要体现为直接贡献与间接贡献两个层面。从直接贡献来看，通过增加高等教育人力资本投资，可以提高整个社会人力资本存量并促进经济增长。根据柯布-道格拉斯生产函数，在现有的生产力水平下和其他情况不变时，只要高等教育人力资本投资持续增长，经济产出就能保持增长的趋势，由此产生高等教育人力资本投资收益。当生产要素与高等教育人力资本的配置达到最优时，区域的总体经济收益虽能保持增长的趋势，但经济增长收益的速度会逐渐下降，并进而引发高等教育人力资本投资边际收益呈递减趋势。在资本边际报酬递减规律的作用下，资本会自发产生地区间的流动，由此导致不同区域之间资本的边际生产率趋同，缓和地区间的差距问题。

四、劳动力市场信息不对称与文凭信号功能

（一）劳动力市场的信息不对称问题

高等教育的学历文凭具有一种发现哪些人具有高生产效率的信号功能，这在企业招聘员工时作用特别明显。在劳动力市场上应聘者往往对自己的能力比雇主知道得更清楚，雇主所能观察到的是一些与求职者的生产效率有关的特征，如年龄、性别、工作经验和受教育程度等。设想市场上有两种应聘者，高效率劳动者和低效率劳动者，雇主不能区分这两类劳动者，因此只愿意按照应聘者的平均能力支付工资，这样高能力的劳动者就有可能退出劳动力市场，最终留在市场上的都是低能力的应聘者。这就是劳动力市场中因信息不对称而造成的"劣币驱逐良币"现象。

（二）文凭的信号功能

文凭是一种发现哪些应聘者具有高能力的手段，因此文凭具有重要的信号功能，是解决劳动力市场的信息不对称的一个重要的机制。这一理论由斯宾塞（Spence）于1972年在哈佛大学完成的博士论文中首先提出，并建立了Spence模型，见图3-2。

在模型中，教育本身并不提高一个人的能力，它纯粹是为了向雇主"发出信号"（signaling）表明自己是能力高的人。斯宾塞确定了一个条件，这一条件就是，做同样程度的教育投资对能力低的人来说边际成本更高，斯宾塞证明了在这种情况下，虽有信息不对称，但市场交易中具备信息的应聘者可通过教育投资程度来示意自己的能力，而雇主根据这一示意信号便可甄别不同能力的人。显然，这种示意方法可以帮助克服信息不对称带来的困惑。这是一种运用群体特征的信息来甄别、筛选求职人员的方法。其优点是使用这种方法选人，企业可以大幅度降低雇佣成本；弊端是由于统计结果存在一定的

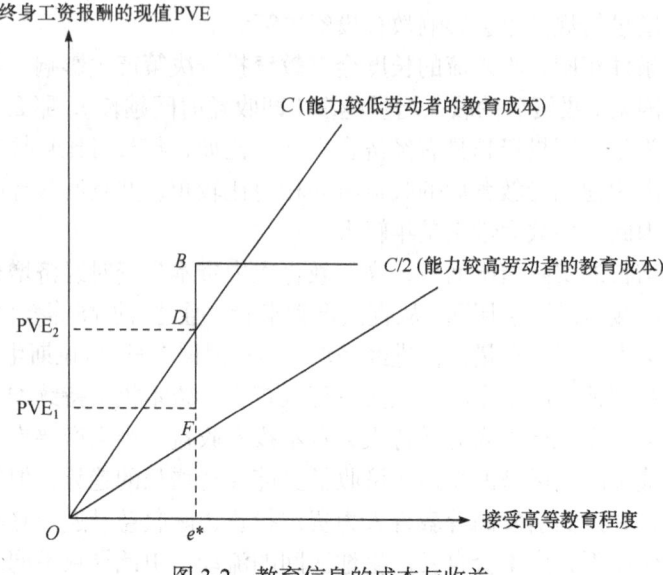

图 3-2　教育信息的成本与收益

置信区间,统计数据表示的群体状况,并不一定表明群体内所有的个体都符合群体特征,即可能存在:有些有学历的人并无相应的能力,而有些有能力的人并无学历。这些情况都会使劳动力市场的供求双方遭受损失。

第四节　在职培训投资的经济学分析

在职培训,主要是指对企业在职职工进行的以提升岗位工作能力、新产品和新技术开发能力及生产技能水平为主要目的的职业技能培训和继续教育,是人力资本投资的重要形式。我国目前基本上采用在岗业余培训和离岗专门培训两种方式。

一、在职培训成本

企业在职培训的成本主要包括直接成本和间接成本(机会成本)。直接成本包括雇员在培训期间的工资和举办培训活动所需要的各种费用,如聘请培训师和租用场地的费用等。机会成本由两部分组成,一部分是受训人员参加培训要花一定的时间和精力,有的需要全脱产学习,有的需要半脱产,也有一些在职培训利用业余时间学习,从而使自己的生产率受到影响所造成的损失;另一部分是利用有经验的员工和使用一定的机器从事培训活动而不能使其进行正常的生产经营活动所造成的损失。这两者都会影响企业目前的生产经营活动,其工作效率的损失也要计算到培训成本之中。

二、在职培训收益

在职培训的直接结果是促使受训者劳动熟练程度、劳动技能、劳动所需知识等人力资本存量增加。在职培训的收益是培训后企业员工劳动生产率得到提高,具体表现为培训后员工的边际劳动产品价值高于培训前员工的边际劳动产品的价值。贝克尔认为,在职培训（无论是有组织的还是个人自发的）始终是大多数职业的有机组成部分，它能增加人力资本的存量，提高劳动生产率，为企业创造更多的利润，为国家创造更多的财富，同时受训者也会由于生产技能和知识水平的提高而增加其个人收入。因此，培训的最终收益表现在两个方面：一方面，对企业而言，企业内员工劳动绩效和劳动生产率得到提高，进而使企业能够获得更多的利润，在竞争中处于更加有利的地位；另一方面，对受训者而言，最明显的收益就是可以增加其劳动收入和有关的福利待遇，增强其选择职业的能力。

三、在职培训的划分及投资决策分析

（一）在职培训类型

在职培训可以分为两种基本类型，一种是一般在职培训，即员工在培训中所获得的技能具有普遍性，在劳动力市场中的其他企业也适用。例如，职业操守、诚实守信、了解企业文化、职业礼仪、计算机文字处理等，这些技能不仅对供职培训的企业有用，而且对其他企业也适用。另一种是特殊在职培训，即员工在培训中所获得的技能具有特殊性，而对劳动力市场中的其他企业不适用，即员工在培训中所获得的技能只对供职培训的企业有用。所以，在进行在职培训的成本与收益分析时，也应该区别一般在职培训与特殊在职培训。

（二）一般在职培训的成本与收益分析

通常情况下，一般培训的成本要由员工来承担，而企业承担特殊培训的成本。一般培训所赋予员工的技能和知识是可以转移的，即他们可以借此去其他企业谋职并获得一个与当前技能相称的、较高的工资率，一般在职培训由工人承担成本并享受收益。假设员工在接受培训之前，其边际劳动产品价值为 VMP_0，按照边际劳动产品价值（VMP）等于工资率（W）的原则，该员工的工资应为 W_0，如图 3-3 所示。如果经过一段时间的培训以后，该员工的边际劳动产品价值提高为 VMP_2，企业应支付的工资率就必须相应地提高到 W_2。这是因为一般培训的技能可以适用所有的企业，如果企业支付给员工的工资率小于其边际劳动产品价值，那么受训员工就会离开其所在的企业，而流向付给其高工资为 W_2 的企业。所以，假定所有其他就业条件都相同，经过一般在职培训之后，企业为了留住员工，支付的工资必须等于 VMP_2。因此，经过一般培训使员工技能提高的收益是由员工本人而不是企业获得的。当然，员工对成本的负担并不一定采取直接付费的方式，而往往是通过员工在接受培训期间接受一种与较低的生产率相对应的较低工资率（低于不接受培训时的市场工资率），同时在培训以后又获得与较高的生产率相对应的较高的工资率（高于不接受培训情况下所可能获得的市场工资率）。

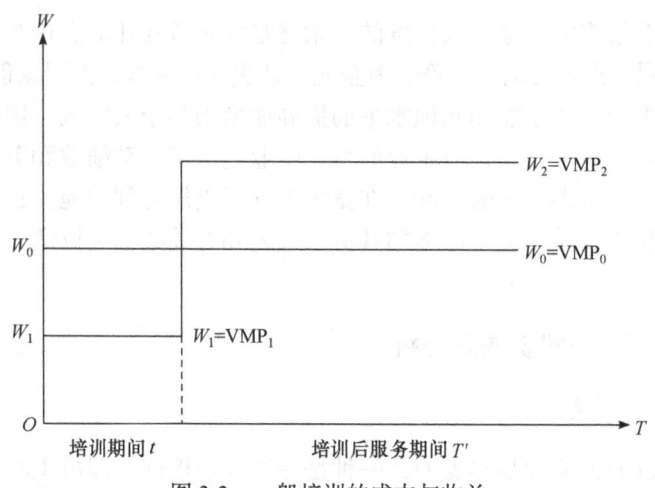

图 3-3 一般培训的成本与收益

（三）特殊在职培训的成本与收益分析

特殊培训是指员工通过培训获得的业务技术知识和技能只对供职企业具有适用性，或者能使供职企业的生产率比其他企业提高得更多，对其他企业的意义明显低于供职企业的培训。

特殊培训的情况与一般培训的情况正相反，员工通过特殊培训所学得的特殊技能是不能转移的或不能转售的。如果员工在经过特殊培训后被解雇或辞退，则此员工并未得到任何有价值的东西到劳动力市场去出售。所以，员工一般不会为这种培训支付费用。提供培训的企业同时也面临着一种风险，这就是如果他们单方面对培训进行投资，那么接受完培训的劳动者可能会转去其他单位工作，这种劳动力流动对于接受特殊培训的劳动者来说是没有损害的，因为他们在接受培训期间所获得的工资与不接受培训的情况下所能够得到的市场工资率是一样的，并且这种特殊培训对于他们未来的市场价值也没有影响。所以，特殊在职培训的成本与收益分析可以分为两种情况。

1. 企业承担成本并享受收益

由于接受特殊培训的员工只能在本企业发挥更大的作用，一旦他们被雇主解聘或辞职而去其他企业任职，那么他们能拿到的工资率就和接受培训前没有区别。所以，员工是不愿意为特殊培训支付费用的。如果员工在培训后能留在企业工作很长时间，那么以下的工资设计就是可行的：雇主可以在员工培训期间和服务期间都统一按培训前的工资率 W_0 给员工支付工资。这就意味着，雇主既承担了特殊培训的成本，又获得了特殊培训的收益。

如图 3-4 所示，培训期间，企业支付的工资 W_0 高于受训员工的边际劳动产品价值 VMP_1，这个差额就是特殊培训的成本，由雇主承担；在培训后的服务期内，企业支付的工资 W_0 低于受训员工的边际劳动产品价值 VMP_2，这个差额就是特殊培训的收益，由雇主获得，从而补偿了其培训的成本。

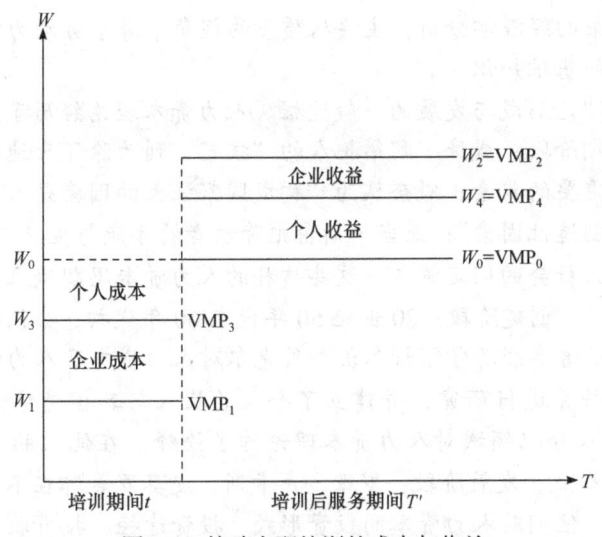

图 3-4 特殊在职培训的成本与收益

2. 企业和员工分担成本并分享收益

如上所述,当由企业承担特殊培训的成本并获得特殊培训的收益时,应该是由企业先垫付成本,而后才能获得收益。如果员工在培训完出现流动的情况,或者说只为企业服务很短的时间就辞职去其他企业了,显然对员工没有任何损失,可是企业的特殊培训的成本就收不回来。因此,还有必要重新设计有关特殊培训成本的承担和收益的获得方案。解决的途径可以通过图 3-4 加以说明。

如图 3-4 所示,企业可以在培训期间向员工支付一个折中的工资率 W_3,这个工资率既低于其培训前的边际劳动产品价值 VMP_0,又高于其培训期间的边际劳动产品价值 VMP_1。其中,W_3-W_1 的差额部分是企业承担的培训成本,W_0-W_3 的差额部分是员工个人承担的培训成本。同样,在培训后的服务期内,也可以向员工支付一个折中的工资率 W_4,这个工资率既低于其培训后的边际劳动产品价值 VMP_2,又高于其培训前的边际劳动产品价值 VMP_0。其中,W_2-W_4 的差额部分是企业获得的培训收益,W_4-W_0 的差额部分是员工个人获得的培训收益。

在特殊培训的条件下,员工的辞职率要低于一般培训条件下的员工的辞职率,因为受训员工承担了一部分培训成本,而且由此得到的特殊技能还不被其他企业所接受。同样,企业也不愿意解聘员工,因为此类员工的离去会给企业带来损失。至于双方各自承担多少成本与分享多少收益,可通过双方协商解决。

不过,在实际的管理工作中,企业所进行的一般培训和特殊培训实际上是很难完全区分开的,因此,在企业的各种在职培训活动中,运用先分摊成本然后再分享收益这种双赢的安排方式是较为普遍的。

本 章 小 结

本章主要以人力资本基本知识与资本理论为分析起点,重点介绍了人力资本投资的各种方式及投资决策的经济学分析,主要从质量的视角来考察劳动力供给。

一、人力资本的基础知识

(1) 人力资本理论形成与发展的一般过程。人力资本理论经历了初期阶段、创建阶段、发展阶段。初期阶段:威廉·配第把人的"技艺"列为除了土地、物力资本和劳动以外的第四个特别重要的要素;魁奈认为"构成国家强大的因素是人,人们本身就成为自己财富的第一个创造性因素";亚当·斯密把劳动者的才能与生产工具、生产性建筑、土地改良费并列视为社会的固定资本。这些质朴的人力资本思想确立了人的劳动在财富创造中的决定性地位。创建阶段:20世纪50年代末60年代初,公认的人力资本理论创始人——美国的两位著名经济学家舒尔茨和贝克尔对人力资本及人力资本投资与个人收入及其变化之间的关系进行研究,并建立了个人的收入与其接受培训量之间相互关系的数学模型,从收入分配领域对人力资本理论作了诠释。在他们的努力下人力资本理论得以确立并逐步形成。发展阶段:罗默、卢卡斯、皮奥罗等都在不同程度上丰富和发展了人力资本理论。他们对人力资本的投资形式、投资途径、投资收益、人力资本投资收益的微观模型等许多方面的问题作了进一步的研究。

(2) 人力资本的含义与特征。通过人力资本含义不同界说的比较,得出了人力资本是蕴含于人体中、后天获得的具有经济与社会价值的知识、技术、能力、健康素质、道德水准等质量因素总和。其特征包括所有权的依附性、形成与使用的时效性、收益的递增性、潜在的创造性、价值的异质性、数量与质量的难以度量性。

(3) 人力资本与经济发展。从人力资本促进经济增长与社会进步、人力资本促进技术进步、人力资本有利于优化产业结构、人力资本投资有利于国家教育水平的提高四个角度分析了人力资本与经济发展的关系。

二、人力资本投资基础知识与投资决策分析

(1) 人力资本投资的含义。舒尔茨认为人力资本的形成是投资的结果,这些投资活动包括:正规教育投资、职业技术培训投资、健康投资、个人和家庭的迁移投资、劳动力流动等投资。

(2) 人力资本投资决策基本模型。在计算人力资本投资预期收益与预期成本现值的基础上,采用净现值法和内部收益率法来进行决策人力资本投资行为。

(3) 教育投资的经济学分析。教育的总成本包括直接成本与间接成本;教育的投资效益,包括个人收益和社会收益。大学教育的投资从经济学角度要进行成本与收益的比较。

(4) 在职培训投资的经济学分析。企业在职培训的成本主要包括直接成本和间接成本(机会成本)。

培训的最终收益表现在两个方面:一方面,对企业而言,企业内员工劳动绩效和劳动生产率得到提高,进而使企业能够获得更多的利润;另一方面,对受训者而言,最明显的收益就是可以增加其劳动收入和有关的福利待遇,增强其选择职业的能力。

名 词 解 释

人力资本　人力资本投资　一般培训　特殊培训　人力资源　教育的间接成本

复 习 思 考

1. 舒尔茨人力资本理论的核心思想是什么？
2. 在理解人力资本的含义时应注意的问题是什么？
3. 如何理解人力资本与人力资源的区别？
4. 结合中国现实论述人力资本与经济发展的关联。
5. 目前中国教育投资存在的问题是什么？应如何解决？
6. 健康投资的理论依据是什么？其投资意义是什么？
7. 人力资本投资的特点是什么？人工智能与人力资本的关系是什么？
8. 什么是在职培训？我国为什么推行终身职业技能培训制度？

参 考 文 献

[1] 夏江海. 论人力资本与经济发展[J]. 金融科学（中国金融学院学报），1998（4）：13-18.

[2] 张文贤，傅颀. 以人力资本为中心的资本结构体系[J]. 经济学家，2006，(3)：83-88.

[3] Smith A，Cannan E，Stigler G J. An Inquiry into the Nature and Causes of the Wealth of Nations[M]. Chicago：University of Chicago Press，1977.

[4] 李振铎，井春尧. 人力资本理论的形成与发展[J]. 税务与经济（长春税务学院学报），2004，(6)：33-35.

[5] 靳希斌. 教育经济学[M]. 3版. 北京：人民教育出版社.

[6] Schultz T W. Capital formation by education[J]. Journal of Political Economy，1960，68（6）：571-583.

[7] 贝克尔 G S. 人力资本[M]. 北京：中信出版社，2007.

[8] 贝克尔 G S. 家庭论[M]. 王献生，王宇，译. 北京：商务印书馆，1998.

[9] Luca R E. On the mechanics of economic development[J]. Journal of Monetary Economics，1988，22（1）：3-42.

[10] Romer P M. Increasing returns and long-run growth[J]. Journal of Political Economy，1986，94（5）：1002-1037.

[11] Becker G S. Human Capital：A Theoretical and Empirical Analysis, with Special Reference to Education[M]. 3rd ed. Chicago：University of Chicago Press，1993.

[12] 波兰尼 M. 个人知识：迈向后批判哲学[M]. 许泽民，译. 贵阳：贵州人民出版社，2000.

[13] Stewart T A. Intellectual Capital: The New Wealth of Organizations[M]. New York: Doubleday，1997.

[14] von Krogh G，Roos J. The epistemological challenge: managing knowledge and intellectual capital[J]. European Management Journal，1996，14（4）：333-337.

[15] 胡学勤. 劳动经济学[M]. 2版. 北京：高等教育出版社，2007.

[16] 沈琴琴. 劳动经济学[M]. 北京：中国劳动社会保障出版社，2008.

[17] 周扬波. 人力资本产权与企业绩效的经济学分析[J]. 山西财经大学学报，2007，(3)：78-82.

[18] 王丽媛. 智能化发展、劳动力供给技能结构与技能溢价[J]. 山西财经大学学报，2021，43（5）：45-60.
[19] Ciccone A, Papaioannou E. Human capital, the structure of production, and growth[J]. The Review of Economics and Statistics, 2009, 91 (1): 66-82.
[20] 陈恩, 李卫卫. 人力资本积累与产业结构升级的双向关系研究[J]. 西北人口，2017，38（2）：18-23，30.
[21] 傅智能, 黎舒圆. 人力资本积累与产业升级关系的实证分析：以湖北省为例[J]. 当代经济，2019，(8)：22-25.
[22] 林春艳, 孔凡超, 孟祥艳. 人力资本对产业结构转型升级的空间效应研究：基于动态空间Durbin模型[J]. 经济与管理评论，2017，33（6）：122-129.
[23] 尹秀芳. 人力资本集聚、城镇化与产业结构升级：基于长三角城市群的实证分析[J]. 长春理工大学学报（社会科学版），2019，32（5）：97-103.
[24] 陈朝阳, 韩子璇, 李小刚. 人力资本集聚及空间溢出对产业结构升级的影响研究：基于空间杜宾模型的实证分析[J]. 管理现代化，2019，39（3）：44-48.
[25] 刘少雪, 袁卫. 何谓最优的高等教育人力资本投资：基于边际收益形成机理的诠释[J]. 中国高教研究，2023（5）：40-47，70.
[26] 王少媛. 我国高等教育改革动力机制解析与重构[J]. 中国高教研究，2019，（7）：56-62.
[27] Hu G G. Is knowledge spillover from human capital investment a catalyst for technological innovation? the curious case of fourth industrial revolution in BRICS economies[J]. Technological Forecasting and Social Change, 2021, 162: 120327.

知识链接 3-1　人力资本投资、有效劳动力供给与高质量就业（摘录）

随着我国产业结构的升级转型，特别是制造业与大数据、互联网深度融合，从业人员的知识结构和技能水平的要求均有所提高，人才需求结构也随之发生了新变化，新一代信息技术、新材料、生物工程等一些高新技术产业领域高技能人才缺口较大，具体情况见表3-1。

表3-1　制造业十大重点领域人才需求预测　　　　　　　　　　　单位：万人

序号	十大重点领域	2015年	2020年		2025年	
		人才总量	人才总量预测	人才缺口预测	人才总量预测	人才缺口预测
1	新一代信息技术产业	1050	1800	750	2000	950
2	高档数控机床和机器人	450	750	300	900	450
3	航空航天装备	49.1	68.9	19.8	96.6	47.5
4	海洋工程装备及高技术船舶	102.2	118.6	16.4	128.8	26.6
5	先进轨道交通装备	32.4	38.4	6	43	10.6
6	节能与新能源汽车	17	85	68	120	103
7	电力装备	822	1233	411	1731	909
8	农机装备	28.3	45.2	16.9	72.3	44
9	新材料	600	900	300	1000	400
10	生物医药及高性能医疗器械	55	80	25	100	45

资料来源：高利波, 韩善灵, 吴世芳. 高职机电一体化专业工匠型人才培养模式的探索与实践[J]. 青岛职业技术学院学报，2017，30（6）：30-34

资料来源：孔微巍，廉永生，刘聪.人力资本投资、有效劳动力供给与高质量就业[J].经济问题，2019（5）：9-18.

讨论题：结合人力资本基础知识分析解决知识链接3-1问题的根本途径。

知识链接 3-2 1996～2021年城乡居民家庭人力资本投资情况统计

表3-2、表3-3、表3-4、表3-5分别为1996～2006年、2010～2021年城镇及农村居民家庭人力资本投资情况，请对比相关数据后，回答讨论题。

表3-2　1996～2006年城镇居民家庭人力资本投资情况统计

年份	家庭总支出/元	人力资本支出/元			人力资本比重
		总计	教育投资	医疗保健	
1996	3 919.47	518.23	374.95	143.28	13.22%
1997	4 185.64	628.06	448.38	179.68	15.01%
1998	4 331.61	704.55	499.39	205.16	16.27%
1999	4 615.91	812.64	567.05	245.59	17.61%
2000	4 998.00	945.89	627.82	318.07	18.93%
2001	5 309.01	1 033.28	690.00	343.28	19.46%
2002	6 029.88	1 332.36	902.28	430.08	22.10%
2003	6 510.94	1 410.36	934.38	475.98	21.66%
2004	7 182.10	1 560.95	1 032.8	528.15	21.73%
2005	7 942.88	1 698.31	1 097.46	600.85	21.38%
2006	8 696.55	1 823.57	1 203.03	620.54	20.97%

资料来源：李庭富，张颖.中国居民家庭人力资本投资现状及其经济效应的实证分析[J].统计教育，2009，(07)：23-27

表3-3　1996～2006年农村居民家庭人力资本投资情况统计

年份	家庭总支出/元	人力资本支出/元			人力资本比重
		总计	教育投资	医疗保健	
1996	1 572.08	190.72	132.46	58.26	12.13%
1997	1 617.15	210.63	148.18	62.45	13.02%
1998	1 590.33	227.54	159.41	68.13	14.31%
1999	1 577.42	238.35	168.33	70.02	15.11%
2000	1 670.13	274.23	186.72	87.51	16.42%
2001	1 741.09	289.19	192.56	96.63	16.61%
2002	1 834.31	314.25	210.31	103.94	17.13%
2003	1 943.30	351.43	235.68	115.75	18.08%
2004	2 184.65	378.19	247.63	130.56	17.31%
2005	2 555.40	463.57	295.48	168.09	18.14%
2006	2 829.02	496.64	305.13	191.51	17.56%

资料来源：李庭富，张颖.中国居民家庭人力资本投资现状及其经济效应的实证分析[J].统计教育，2009，(07)：23-27

表 3-4　2010～2021 年城镇居民家庭人力资本投资

年份	消费总额/元	人力资本投资/元				人力资本投资总额占消费总额百分比
		教育投资	健康投资	迁移投资	人力资本投资总额	
2010	13 471.50	1 627.64	871.80	1 983.70	4 483.10	33.28%
2011	15 160.90	1 851.74	969.00	2 149.70	4 970.40	32.78%
2012	16 674.30	2 033.50	1 063.71	2 455.48	5 552.70	33.30%
2013	18 488.00	2 293.99	1 118.30	2 736.88	6 149.17	33.26%
2014	19 968	2 142.3	1 306	2 637	6 085	30.47%
2015	21 392	2 382.8	1 443	2 895	6 721	31.42%
2016	23 078.9	2 637.61	1 630.8	3 173.9	7 442.3	32.25%
2017	24 445	2 846.6	1 777.4	3 321.5	7 945.5	32.50%
2018	26 112.3	2 974.1	2 045.7	3 473.5	8 493.3	32.53%
2019	28 063.3	3 328	2 282.7	3 671.3	9 282	33.08%
2020	27 007.4	2 591.7	2 172.2	3 474.3	8 238.2	30.50%
2021	30 307.2	3 322	2 521.3	3 932.0	9 775.3	32.25%

资料来源：2011～2022 年《中国统计年鉴》

表 3-5　2010～2021 年农村居民家庭人力资本投资

年份	消费总额/元	人力资本投资/元				人力资本投资占消费总额百分比
		教育投资	健康投资	迁移投资	人力资本投资总额	
2010	4 381.8	366.7	326	461.1	1 153.9	26.33%
2011	5 221.1	396.4	436.8	547	1 380.2	26.44%
2012	5 908	445.5	513.8	652.8	1 612.1	27.29%
2013	7 485	755	668	875	2 298	30.70%
2014	8 383	860	754	1 013	2 627	31.34%
2015	9 223	969	846	1 163	2 978	32.29%
2016	10 129.7	1 070.3	929.2	1 359.9	3 359.4	33.16%
2017	10 954.5	1 171.3	1 058.7	1 509.1	3 739.1	34.13%
2018	12 124.2	1 301.6	1 240.1	1 690	4 231.7	34.90%
2019	13 327.7	1 481.8	1 420.8	1 836.8	4 739.4	35.56%
2020	13 713.4	1 308.7	1 417.5	1 840.6	4 566.8	33.30%
2021	15 915.6	1 645.5	1 579.6	2 131.8	5 356.9	33.66%

资料来源：2011～2022 年《中国统计年鉴》

讨论题：结合知识链接3-2对比1996~2006年数据，运用所学人力资本投资知识分析我国2010~2021年城镇与农村人力资本投资的差距及各自变化的趋势。

知识链接3-3　人力资本理论前沿及热点问题

1. 人力资本投资回报问题研究。
2. 劳动力生产效率与人力资本投资和收益研究。
3. 人力资本与收入分配研究。
4. 国有企业人力资本投资价值的实现机制研究。
5. 农村人力资本投资与农业现代化研究。
6. 人力资本投资与经济高质量发展研究。
7. 电商环境下人力资本投资与区域经济增长。
8. 数字经济与人力资本投资。
9. 人力资本投资对城乡收入差距影响研究。
10. 公共人力资本投资对经济欠发达地区居民幸福水平的影响研究。
11. "全面二孩"政策对城镇家庭子女教育人力资本投资的影响研究。
12. 女性人力资本投资和婚姻稳定性对生育行为的影响研究。

第四章

劳动力需求

导　　读

本章在讨论劳动力需求基本概念及其影响因素的基础上，重点分析完全竞争条件下的劳动力需求和不完全竞争条件下的劳动力需求以及劳动力需求弹性问题。通过本章的学习，应达到以下目的：深刻理解和把握完全竞争市场和不完全竞争市场条件下的劳动力需求理论；用劳动力需求相关理论分析我国劳动力市场中存在的问题。

（1）了解劳动力需求的概念、分类。
（2）准确理解劳动力需求的影响因素以及劳动力需求弹性的分类。
（3）掌握完全竞争市场和不完全竞争市场中的劳动力需求曲线的推导。

识记：了解劳动力需求的概念、分类。

领会：领会劳动力需求的影响因素及劳动力需求弹性的类型，掌握完全竞争市场和不完全竞争市场条件下的劳动力需求理论。

应用：能够依据劳动力需求理论，分析和解释劳动力市场中相关的理论问题和现实问题。

第一节　劳动力需求的基本理论

一、劳动力需求的概念

在经济学中，需求是指在一定价格水平条件下，消费者愿意而且能够购买的商品的数量。需求应满足两个条件：①消费者有购买该种商品的欲望；②消费者有购买该种商品的能力，二者缺一不可。劳动力需求也是如此，企业有雇佣劳动力的要求，同时还必须有支付劳动力工资的能力。

劳动力需求是指一定时期内，在一定经济条件和工资水平下，企业愿意并能够雇佣到的劳动力的数量，它是企业雇佣意愿和支付能力的统一。这一概念虽然表述得非常简单，但要深刻理解需要注意以下三方面的问题。

（一）劳动力需求是一种派生需求

派生需求是指由于对某种产品的需要而引起的对生产它的某一要素的需求。劳动力需求就是一种派生需求，对劳动力的需求是由对其他产品的需求派生而来的，它依赖于对劳动力所生产的商品或提供的劳务的需求。例如，对建筑工人的需求是因为人们对住宅的需求；对清洁工人的需求是因为人们对清洁环境的需求；等等。

（二）劳动力需求是一种联合需求

在绝大多数情况下，仅有劳动力是不能进行生产的，需要同时使用几种投入——劳动力、机器设备、原材料、燃料、动力等，而且需要按一定比例把劳动者、劳动手段和劳动对象组织起来。虽然对于不同类型的企业，劳动力与其他生产要素的组合比例不同，但是，在现代社会要想只用劳动力进行生产，在技术上是不可能的。可见，对劳动力的需求总是和对其他生产要素的需求连在一起的，即劳动力的需求是一种联合需求或称为相关需求。

（三）劳动力需求是一种有效需求

劳动力需求不能等同于劳动力需要。从经济学角度来说，需求和需要是两个不同的概念。需要是一种不需要以货币支付能力作为后盾的主观愿望。例如，某企业需要员工10 000人，但是，该企业在现行工资水平条件下没有能力雇佣10 000个劳动力，因此，这不能构成该企业的劳动力需求。相反，需求是在现行价格水平条件下有能力并愿意雇佣的数量。因此，劳动力需求是企业在不同的工资水平下，有能力并且愿意使用的劳动力数量，是雇佣意愿和支付能力的统一，两者缺一不可，这与产品需求是一致的。这种同时具备雇佣意愿和支付能力的需求就是经济学中的有效需求。

二、劳动力需求的分类

劳动力需求按不同的标准可以划分为多种类型。按层次可以分为企业劳动力需求、行业劳动力需求和市场劳动力需求；按时间角度可以分为长期劳动力需求和短期劳动力需求。

（一）企业劳动力需求、行业劳动力需求和市场劳动力需求

企业劳动力需求是指在既定的工资水平下，企业愿意并有能力雇佣到的劳动力的数量。

行业劳动力需求是本行业中所有企业的劳动力需求之和。

市场劳动力需求是劳动力市场上所有行业的劳动力需求之和。

（二）长期劳动力需求和短期劳动力需求

在分析劳动力需求时，必须明确分析的时期是短期还是长期。经济学中关于长期和短期的划分并没有一个确切的时间界限。通常将短期定义为资本存量固定不变，只能改变劳动投入量的时间范围，将长期定义为企业的一切生产要素，不论是资本、技术还是

其他的生产要素都是可变的。相应地，短期劳动力需求是指在资本存量不变的情况下对劳动力的需求；长期劳动力需求是指在任何条件都可能变化时对劳动力的需求。

三、劳动力需求的影响因素

劳动力需求分析的一个重要内容，就是通过对生产经营活动与劳动力市场的考察，揭示影响劳动力需求的因素及各因素与劳动力需求之间的关系，把握劳动力需求的变动规律，为劳动力资源的配置奠定基础。影响劳动力需求的因素较为复杂，我们分别从宏观和微观两个方面进行分析。

（一）宏观因素

宏观因素主要是影响整个市场的劳动力需求的因素，可以归纳为以下五个方面。

1. 社会生产规模

社会生产规模对劳动力需求的影响，主要是指社会生产规模的大小决定了社会能够吸收劳动力数量的多少，即决定了劳动力需求的数量。很显然，社会生产规模越大，能够吸收和容纳的劳动力也就越多；社会生产规模越小，能够吸收和容纳的劳动力也就越少。

2. 经济体制与结构

1）经济体制

经济体制是一定社会生产关系的具体表现形式，国家通过经济管理体制调节社会劳动在国民经济各部门、各地区的分配，使生产资料和劳动力资源达到最佳配置，从而促进生产力的迅速发展，扩大社会劳动力需求数量，吸收和容纳更多的社会劳动力。

2）经济结构

经济结构对劳动力需求的影响，一方面表现为产业结构对劳动力需求的影响，另一方面表现为所有制结构对劳动力需求的影响。首先，不同产业部门的生产技术构成不同，在社会固定资产总投资不变的情况下，如果社会在各产业部门之间投资的分配不同，对劳动力的需求也不同。例如，在投资固定的情况下，对劳动密集型产业投资，劳动力的吸收数量就多；对资金密集型产业投资，劳动力的吸收数量就少。其次，所有制结构对劳动力需求的影响在本质上也是由生产技术构成不同而带来的。在公有制经济中，通过组织费用较低的劳动力，用劳动力替代资本投入，可以产生更大的劳动力需求。

3. 社会制度

约束劳动力需求的制度因素可分为两种：一是正式制度，即一定的经济体制及其相应的就业制度、用人制度、工资制度、福利制度等各项制度安排；二是非正式制度，即对人们的意识和行为有潜在规范作用的社会意识形态、伦理道德、习惯等。本书所指的制度约束，主要指前者，如最低劳动标准、最低生活保障等。

4. 科学技术

一方面，科学技术进步引起劳动生产率提高和资本有机构成的提高，不仅使同样提供一个就业岗位所需要的资金增加，原有的固定资产也需要较多的资金更新改造。因此，等量的固定资产所能提供的就业岗位就呈现出减少的趋势。这样，就产生了"机器吃人"

效应。

另一方面,科学技术进步又能促进劳动力需求的增加,主要原因有以下几点。①科学技术进步促使生产部门分工进一步细化,劳动生产率大幅度提高,在工资的增长速度低于劳动生产率的增长速度的情况下,等量的劳动可以生产出更多的剩余产品,从而可为扩大再生产提供更多的积累资金,为扩大劳动力需求提供雄厚的物质基础;②科学技术进步的步伐越快,应运而生的新兴部门就越多,社会劳动的领域也越来越广泛,劳动力需求将随之增长;③科学技术进步极大地推动了生产力的发展,有力地促进了人们消费水平的提高,使消费结构发生根本性的变化,这不仅造成新行业、新职业的出现,而且促进第三产业的大发展,从而使劳动力需求迅速增长。

5. 宏观经济环境

宏观经济环境包括货币政策、财政政策、就业政策等。扩张性的货币政策、财政政策和鼓励就业的政策会扩大产品的市场需求,进而促进对劳动力的需求;紧缩性的货币政策、财政政策会抑制企业扩大生产规模,从而必然引起企业减少对劳动力的需求。

(二) 微观因素

1. 工资率

企业雇佣劳动力,必须向劳动者支付一定数量的工资。工资对劳动者个人是收入,而对企业则是产品成本的组成部分。在其他因素固定的条件下,工资越高,企业的利润越少。对于以营利为目的的企业来说,只有当雇佣一个人为企业带来的价值高于为此而支付的成本时,企业才具有对劳动力的需求。因此,在其他条件一定时,工资率与劳动力需求呈反方向变化趋势。

2. 企业资本、技术等生产要素的成本

企业从事生产经营活动,需要投入生产要素,包括劳动力、资本、技术等。企业为了达到降低商品成本的目的,当市场上资本、技术价格与工资率的比值提高时,企业会采用以劳动替代资本、技术的策略;反之,当市场上资本、技术价格与工资率的比值降低时,企业会采用以资本、技术替代劳动的策略。由此可知,在劳动与其他生产要素可替代的情况下,其他生产要素价格提高的速度快于工资率提高的速度,企业的劳动力需求就会增加;其他生产要素价格提高的速度慢于工资率提高的速度,企业的劳动力需求就会减少。

3. 企业产品的市场价格

企业产品的市场价格对劳动力需求有两方面影响。一方面,当商品市场价格处于上升时期,企业为了获取更多的利润,有扩大生产规模的内在动力,在资本有机构成一定的条件下,生产规模的扩大必然增加劳动力需求量,同时企业也有能力用较高的工资吸引劳动力来企业工作。另一方面,当商品市场价格处于下降时期,则会出现相反的结果。可见,在其他条件一定时,企业产品的市场价格与企业劳动力需求呈同方向变化趋势。

4. 企业的利润量

一般情况下,企业追求利润最大化,而利润最大化又取决于边际劳动生产率。当边际劳动生产率为正时,企业趋向于增加劳动力需求;当边际劳动生产率为负时,企业就会减少对劳动力的需求，缩减生产规模；当边际劳动生产率为零时，企业就会停止对新增劳动力的需求。

同时，当企业利润量增加时，有利于企业扩大生产规模，从而增加对劳动力的需求；反之，将减少对劳动力的需求。

5. 企业产品的市场需求

市场对企业产品的需求是制约企业生产规模的决定性因素，从而会影响企业对劳动力的需求。市场对企业产品的需求增加，企业对劳动力的需求随之增加，反之减少。

6. 企业目标

一般来说，经济学都假定企业以利润最大化为目标，在这样的目标下，企业追求既定产出成本最小化或既定成本产出最大化。因此，在生产技术既定的条件下，企业的劳动力需求还受企业目标的影响。如果企业不是以利润最大化作为目标，而是以就业作为目标，那么对劳动力需求的影响情况就大不相同。例如，中国在改革开放之前的就业体制是采用计划分配，企业行为在很大程度上受计划分配的制约，企业对劳动力需求不是以经济利润作为约束而是根据计划分配决策的，企业的实际劳动雇佣量大大超过了按利润最大化为目标所要求的雇佣量，因而出现了人们常说的"隐性失业"的现象。

7. 企业的技术水平和管理水平

企业技术水平和管理水平是企业进行生产活动的两个重要因素，二者水平的高低反映并决定着企业的市场竞争力和企业经营绩效。

企业的技术和管理水平对劳动力需求产生两方面的影响：一方面，企业技术水平和管理水平的提高，必然增加对高级技术人员和管理人员的需求；另一方面，企业技术水平和管理水平的提高也会带来企业经济效益的提高，生产经营规模的扩大，从而不断增加对劳动力的需求。

8. 企业的生产规模

从劳动力需求概念可知，企业的劳动力需求是从企业的生产经营活动中产生的派生性需求。因此，企业的生产规模在很大程度上影响劳动力的需求量。一般来说，企业的生产经营规模越大，容纳的就业岗位相对就越多，劳动力的需求量也就越大，反之越小。而当企业的劳动力需求量增加时，生产经营规模也应相应扩大，从而可以吸纳更多的劳动力。

四、劳动力需求弹性

劳动力需求弹性是从相对量的角度把握劳动力需求量对影响其变动的各个变量变化的反应灵敏度，通常用劳动力需求量变动百分比与影响因素变动百分比之间的比率来表示。

工资率是影响劳动力需求量的主要因素，因而一般以劳动力需求量对工资率变化的反应程度来分析需求弹性。工资率有某种劳动力自身的工资率和其他类别劳动力的工资率之分，相应的劳动力需求弹性指标可以分为劳动力需求的自身工资弹性和劳动力需求的交叉工资弹性。

（一）劳动力需求的自身工资弹性

1. 概念

假定劳动力同质，劳动力需求的自身工资弹性，简称劳动力需求的工资弹性，指工资率每变动一个百分点所引起劳动力需求量水平变化的百分比，即工资率变化1%，劳动力需求量变化的百分比。用式（4-1）表示

$$E_D = \frac{\Delta L\%}{\Delta W\%} = \frac{\Delta L/L}{\Delta W/W} \tag{4-1}$$

其中，E_D 为劳动力需求弹性；$\Delta L\%$ 为劳动力需求水平变动的百分比；$\Delta W\%$ 为工资水平变动的百分比。由于工资率与劳动力需求水平成反比，所以劳动力需求弹性是一个负数。但为了方便起见，计算劳动力需求弹性时往往将负号省略。

2. 劳动力需求的自身工资弹性的类型

按绝对值的大小，劳动力需求弹性可以呈现五种状态[1]，如图4-1所示。

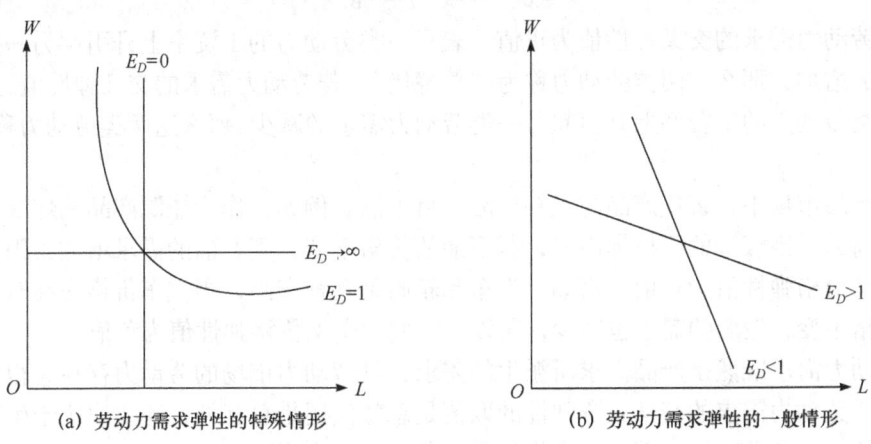

(a) 劳动力需求弹性的特殊情形　　(b) 劳动力需求弹性的一般情形

图4-1　劳动力需求弹性五种类型

（1）需求无弹性，即 $E_D=0$。不论工资率如何变化，劳动力需求量都固定不变，无弹性的劳动力需求曲线与横轴垂直，如图4-1（a）所示。

（2）需求有无限弹性，即 $E_D \to \infty$。工资率变化一个微小的百分比就足以使劳动力需求量的变化率趋于无穷大，也就是说，在现行的工资水平上，企业乐于雇佣市场所能供给的全部劳动力，而当工资率略有上涨时却一个也不雇佣。无限弹性的劳动力需求曲线与横轴平行，如图4-1（a）所示。

（3）单位需求弹性，即 $E_D=1$。单位需求弹性是指劳动力需求变动的百分比刚好等于工资率变动的百分比。单位弹性的劳动力需求曲线是一条直角双曲线，如图4-1（a）所示。

（4）需求富有弹性，即 $E_D > 1$。如果企业劳动力需求变动的百分比大于工资率变动的百分比，称为劳动力需求弹性较大，或称劳动力需求富有弹性。劳动力需求弹性较大，意味着企业的劳动力需求量对工资率变动的敏感程度较高。表现在图形中是一条相对平缓的劳动力需求曲线，如图4-1（b）所示。

（5）需求缺乏弹性，即 $E_D < 1$。如果企业劳动力需求变动的百分比小于工资率变

动的百分比,称为劳动力需求弹性较小,或称劳动力需求缺乏弹性。劳动力需求弹性较小,意味着企业的劳动力需求量对工资率变动的敏感程度较低。表现在图形中是一条相对陡峭的劳动力需求曲线,如图4-1(b)所示。

(二)劳动力需求的交叉工资弹性

前面的劳动力需求分析,是以劳动力同质为假设前提的,也就是说劳动力没有质的差别。但企业的生产往往是使用多种类别的劳动力,其中任何一种劳动力的需求都会受到其他类别劳动力的工资率的影响。假设企业劳动力需求为两类——A类和B类,可以将A类劳动力需求量变动对B类劳动力的工资率变动的反应程度定义为劳动力需求的交叉工资弹性。

设E_{AB}为劳动力需求的交叉弹性,$\Delta L_A\%$表示A类劳动力需求量变动的百分比,$\Delta W_B\%$表示B类劳动力工资率变动的百分比,计算公式表示如下:

$$E_{AB} = \Delta L_A\% / \Delta W_B\% \tag{4-2}$$

若劳动力需求的交叉弹性值为正值,表示一类劳动力的工资率上升引起另一类劳动力需求的增加,那么这两类劳动力称为"总替代";若劳动力需求的交叉弹性值为负值,表示一类劳动力的工资率上升引起另一类劳动力需求的减少,那么这两类劳动力称为"总互补"。

在产品市场中,替代产品与互补产品一目了然。例如,作为能源产品的煤炭和石油是替代商品。当煤炭的价格提高时,若石油的价格不变,则石油的需求增加,因此,它们的交叉价格弹性值为正值。再如,汽车和轮胎是互补产品,当汽车价格提高时,若轮胎的价格不变,轮胎的需求也减少,所以,它们的交叉价格弹性值为负值。

劳动力需求既然是产品需求所派生的需求,且劳动力市场的劳动力存在着很大的差异,那么劳动力需求的交叉工资弹性的取值是总替代还是总互补,还要取决于生产函数的具体特征、产品市场和劳动力市场的需求条件等。为了明确这一点,假定成年人和青少年在生产过程中是可以相互替代的。一方面,存在替代效应,青少年工资下降对成年人的就业有负面影响,即在产出既定时,雇主希望青少年替代成年人,减少成年人的雇佣量;另一方面,存在规模效应,因为青少年工资下降促使雇主增加所有投入要素(包括成年人),规模效应的大小取决于产品需求的价格弹性,产品需求的价格弹性越大,规模效应越大。这样,如果青少年工资率下降的规模效应小于替代效应,则成年人的就业减少,两个群体之间是总替代关系;如果规模效应大于替代效应,则青少年工资率下降导致成年人就业上升,两个群体之间就是总互补关系。

第二节 完全竞争市场条件下的劳动力需求

本节介绍完全竞争市场条件下以利润最大化为目标的企业在短期和长期对劳动力的需求情况。这里假定的完全竞争市场是指企业所处的产品和劳动力市场都是完全竞争的,也就是说,在产品市场和劳动力市场上供求双方人数很多,产品和产品之间没有差别,劳动力之间也没有差别，产品和劳动力的供求双方都具有完全的信息，产品和劳动力可以充分自由地流动等。显然，现实中的市场一般都是非完全竞争的，但为了分析的方便，我们完全可以从这一简单的情况入手，再过渡到第三节更符合实际的分析之中。

我们首先考察完全竞争企业在短期对劳动力的需求，然后考察长期劳动力需求，最后对短期和长期劳动力需求进行比较。

一、完全竞争条件下的短期劳动力需求

（一）企业雇佣劳动力的原则

我们假定在短期内只有劳动力是可变的，资本和其他生产要素固定不变，企业是产品和劳动力市场上利润最大化的追求者。我们知道，在产品市场上，企业利润最大化的原则是产品的边际收益等于边际成本，即增加一单位产品的生产所带来的额外收益（边际收益）和必须追加支付的成本（边际成本）必须相等。在劳动力市场上，这一原则仍然是适用的，只是这是对劳动力而言，所以我们赋予边际收益和边际成本新的含义[2]。

1. 雇佣劳动力的边际收益

劳动的边际收益是指增加一单位劳动力的使用所带来的收益。

（1）在产品市场上，企业的收益函数等于产品产量与产品价格的乘积，用公式可以表示为

$$R(Q) = Q \cdot P \quad (P \text{为常数}) \tag{4-3}$$

其中，R、Q 和 P 分别为企业的总收益、产量和产品价格。由于我们现在讨论的是完全竞争的企业，产品买卖双方数目很多且产品没有差别，因此任何一家企业单独增加或减少其产量都不会影响产品的价格，所以产品的价格 P 为常数。由于产品价格固定不变，企业的收益便可以看成只取决于另一个因素，即产量。因此总收益 R 被看成产量 Q 的函数。

由于在产品市场上，收益是产量的函数，因此收益可以对产量求导。收益对产量的导数就是产品的边际收益 MR，即企业增加一单位产量所增加的收益。在完全竞争条件下，这个边际收益等于产品价格，即 MR=P。

（2）在劳动力市场上，企业的收益函数发生了变化，用公式可以表示为

$$R(L) = Q(L) \cdot P \quad (P \text{为常数}) \tag{4-4}$$

在产品市场分析中，收益只被看成产量的函数而与生产要素无关。一旦转入劳动力市场，应进一步看到，产量本身又是生产要素的函数。由于我们现在讨论的是企业的短期劳动力需求，因此对于企业而言，只能变动的生产要素是劳动量 L，其他生产要素都无法变动，这时产量就成为劳动的函数，即生产函数为劳动的一元函数。劳动与产量之间的这种数量关系，我们用如下的生产函数表示：

$$Q = Q(L) \tag{4-5}$$

将式（4-5）代入式（4-3），就可以得到式（4-4），可以看出收益是劳动要素的复合函数。由于仍然是局限于讨论完全竞争的情况，因此产品的价格仍然是固定不变的常数。

在劳动力市场上，收益成了劳动要素的复合函数。因此，为了求得劳动的边际收益，必须以劳动为自变量求取导数，即对式（4-4）进行求导，得到式（4-6）：

$$\frac{\mathrm{d}R(L)}{\mathrm{d}L} = P \cdot \frac{\mathrm{d}Q(L)}{\mathrm{d}L} \quad (4\text{-}6)$$

其中，$\mathrm{d}Q(L)/\mathrm{d}L$ 为劳动的边际产量 MP，表示增加使用一个单位的劳动所增加的产量。劳动的边际产量 MP 与既定产品价格 P 的乘积 $\mathrm{MP} \cdot P$ 表明增加使用一单位劳动所增加的收益，这就是完全竞争企业使用劳动的边际收益，我们用 VMP 表示。为了与产品的边际收益概念相区别，我们通常把使用劳动的边际收益叫作劳动的边际产品价值。于是有式（4-7）成立：

$$\mathrm{VMP} = \mathrm{MP} \cdot P \quad (4\text{-}7)$$

（3）在产品市场和劳动力市场上，两种边际收益（MR 和 VMP）的区别如下：产品的边际收益或者简称边际收益通常是针对产量而言的，故称为产品的边际收益；边际产品价值是对劳动要素而言的，是劳动的边际产品价值。

由于劳动的边际产量 MP 是产量对劳动的导数，故也是劳动的函数，根据边际生产率递减规律，劳动的边际产量为一条向右下方倾斜的曲线，即随着劳动使用量的增加，劳动的边际产量会逐步下降。

根据式（4-7）可知，劳动的边际产品价值也是劳动的函数，由于产品价格 P 为常数，边际产品价值曲线显然也与边际产量曲线一样向右下方倾斜。并且，当 $P>1$ 时，边际产品价值曲线在边际产量曲线的上方；当 $P<1$ 时，边际产品价值曲线在边际产量曲线的下方；当 $P=1$ 时，边际产品曲线与边际产量价值曲线重合。

2. 雇佣劳动力的边际成本

劳动的边际成本是指增加一单位劳动力的使用所带来的支出。

成本函数是企业的成本与产量水平之间的各种关系，或者说成本仅被看成产量的函数，即

$$C = C(Q) \quad (4\text{-}8)$$

由于产量又取决于雇佣的劳动力的数量，所以成本也可以直接表示为劳动的函数，这一函数即成本方程，根据成本方程就可以得到劳动力成本的概念。若设劳动力的价格为工资 W，则雇佣劳动力的成本就可以表示为

$$C = W \cdot L \ (W\text{为常数}) \quad (4\text{-}9)$$

式（4-9）表明成本等于劳动价格和劳动数量的乘积。

由于在完全竞争的劳动市场上，劳动力价格 W 是既定不变的常数，雇佣劳动力的边际成本，即成本函数对劳动的导数，就是劳动力价格。

$$\frac{\mathrm{d}C(L)}{\mathrm{d}L} = W \quad (4\text{-}10)$$

3. 完全竞争企业雇佣劳动力的原则

企业雇佣劳动力的原则是利润最大化目标在劳动力使用上的具体体现，即边际成本

等于相应的边际收益。根据上述讨论，我们得知：在完全竞争条件下，企业使用劳动的边际收益是边际产品价值 VMP，而使用劳动的边际成本等于劳动力的价格 W。因此，完全竞争企业使用劳动力的原则可以表示如下：

$$\text{VMP} = W \quad \text{或者} \quad \text{MP} \cdot P = W \tag{4-11}$$

式（4-11）为完全竞争企业劳动力需求的决定原则。

如果用文字叙述就是企业为实现利润最大化目标，劳动力需求的决定必须遵循劳动的边际产品价值等于工资率的原则。也就是说，如果完全竞争企业在雇佣劳动力时实现了上述条件，那么该企业就实现了利润最大化，此时使用的劳动力数量就是最优的数量。

企业雇佣劳动力的原则也可以用图形来描述，见图 4-2。

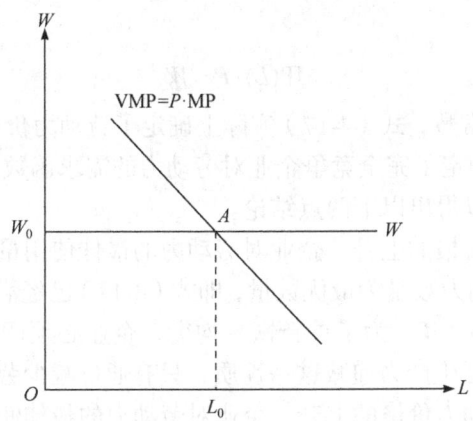

图 4-2　完全竞争条件下企业使用劳动力的最大数量

我们还可以用数学方法来推导这个结论。假定完全竞争厂商使用一种要素、生产一种产品，追求最大利润，则利润 π 可以表示为

$$\pi(L) = P \cdot Q(L) - W \cdot L \tag{4-12}$$

为了达到利润最大化，必须使式（4-13）成立：

$$\frac{d\pi(L)}{dL} = P \cdot \frac{dQ(L)}{dL} - W = 0 \tag{4-13}$$

即

$$P \cdot \frac{dQ(L)}{dL} = W \tag{4-14}$$

式（4-14）即为

$$\text{VMP} = W \tag{4-15}$$

式（4-15）即为完全竞争企业雇佣劳动力的原则。

（二）完全竞争条件下的短期劳动力需求曲线

1. 完全竞争企业的劳动力需求曲线

劳动力需求函数反映的是企业对劳动力需求的数量与劳动力价格之间的关系。完全竞争企业的劳动力需求曲线是指，在其他条件不变时，完全竞争企业对劳动力需求的数量 L 与劳动力价格 W 之间的关系。根据前面所推导的结论，我们知道，完全竞争的企业要想实现利润最大化，必须满足如下的条件：

$$\text{MP} \cdot P = W$$

由于边际产品 MP 可以看成是劳动力需求数量的函数，因此有

$$\text{MP} = \text{MP}(L) \qquad (4\text{-}16)$$

故式（4-16）可以写成

$$\text{MP}(L) \cdot P = W \qquad (4\text{-}17)$$

由于产品价格 P 为常数，式（4-17）实际上确定了劳动力价格 W 和劳动力需求数量 L 之间的函数关系，即确定了完全竞争企业对劳动力的需求函数。

考察这一函数，可以得出以下两点结论。

第一，随着劳动力价格的上升，企业对劳动力的最佳使用量即需求量将下降。假定开始时，企业使用的劳动力数量为最优数量，即式（4-17）已经满足。现在劳动力价格 W 上升，于是有 $P \cdot \text{MP}(L) < W$。为了重新恢复均衡，企业必须调整劳动力使用量 L，使 $P \cdot \text{MP}(L)$ 上升。根据边际生产力递减这一性质，只有通过减少劳动力使用量才能达到这个目的。所以，随着劳动力价格的上升，企业对劳动力的最佳使用量即需求量将下降。所以，完全竞争企业的劳动力需求曲线与其边际产品价值曲线一样向右下方倾斜。

第二，完全竞争的条件下，企业在短期内对单一可变的劳动力的需求曲线将与其边际产品价值曲线完全重合。具体分析如下。

首先，根据式（4-17）我们可以知道，$\text{VMP} = P \cdot \text{MP}(L)$，由此我们可以获得一个有关劳动量与边际产品价值的函数关系，即有一个劳动量就会有一个相应的边际产品价值与之对应。因此我们得到了一条向右下方倾斜的 VMP 曲线。

其次，根据劳动力市场完全竞争的假设，单个企业改变其劳动使用量不会影响劳动力价格变化，这说明单个企业面临的是一条水平的劳动力价格即工资率曲线。只要给定一个工资率 W，就有一条水平线 W。

最后，根据雇佣劳动力的原则 $\text{VMP} = W$，如图 4-2 所示，我们就可以得到一个 VMP 曲线与 W 曲线的交点 A。A 点表明，当劳动力价格为 W_0 时，劳动力需求量为 L_0。换句话说，边际产品价值曲线 VMP 上 A 点也是劳动力需求曲线上的点。同样地，如果给定另外一个劳动力价格，则有另外一条水平直线与 VMP 相交于另外一点。根据同样的分析可知，新的交点也是需求曲线上的一点。因此，在短期内，完全竞争的企业如果不调整其他生产要素，仅调整劳动力，则劳动力需求曲线与劳动的边际产品价值曲线恰好重合。

应该注意的是，以上结论的成立需要两个潜在的假定：①劳动的边际产量曲线不受劳动力价格变化的影响；②产品价格不受劳动力价格变化的影响。很明显，这两个假定

是与边际产品价值曲线的两个组成部分相关的,即边际产量 MP 和产品价格 P。如果劳动力价格变化时,劳动的边际产量曲线和产品价格也发生变化,劳动力需求曲线必将脱离其边际产品价值曲线。那么,在什么情况下劳动力价格发生变化而边际产量曲线和产品价格不发生变化呢?如果其他生产要素不变,仅改变劳动力的使用量,则劳动的边际产量曲线不会发生变化。如果我们仅讨论一个企业的生产发生变化,而不考虑其他企业的调整,则由于完全竞争条件下企业产量的变化对市场影响不大,故产品价格也不会发生变化。由此可以看出,只要不考虑使用多种生产要素或者多个企业的调整行为,上述结论就会成立,否则上述假定就是不合理的。

2. 完全竞争市场的劳动力需求曲线

我们知道,在完全竞争的产品市场上,市场需求曲线可以由单个消费者的产品需求曲线简单地横向加总得到,那么我们能否通过将单个厂商的劳动力需求曲线简单地横向加总得到市场的劳动力需求曲线呢?答案是否定的。原因在于,我们前面所推导的劳动力需求曲线都附加了一定的前提,即假定当市场中劳动力价格变动的时候,其他厂商的劳动力使用量是不变的,从而产品的供给不变,产品的价格也就是不变的。当我们的研究对象不是单个的厂商而是整个市场的时候,这个假设显然就不合适了。那么,当多个企业同时调整劳动力使用量时,单个企业的劳动力需求曲线发生了什么变化呢?[3]

正如我们前面所提到的,在短期生产中,完全竞争企业仅调整劳动力,这时由于其他生产要素的数量保持不变,故劳动力价格的变化不会影响到劳动的边际产量曲线,即 MP 曲线不发生变化。如果不考虑其他企业的调整活动,则劳动力价格变化也不会影响产品价格,从而不会改变劳动的边际产品价值曲线。其原因在于劳动力价格发生变化时,如果其他企业均不调整,那么劳动力价格的变化只引起该调整企业的劳动力需求量的变化,从而只引起该调整企业的产品数量的变化,由于该企业是产品市场上的完全竞争者,故其产量的变化并不能改变产品价格。

当其他企业都发生调整时,情况则完全不同。劳动力价格发生变动引起所有企业都调整其劳动力使用量和需求量时,市场的最终行为结果将与单个企业调整而引起产品数量变动的情况大为不同。劳动力价格变动所引起的全部企业的产量变动将改变产品的供给曲线的位置,从而在产品市场需求量不变时,将改变产品的市场价格。产品价格的改变反过来又使得每个企业的边际产品价值发生改变。最终使得企业的劳动力需求曲线不再与其边际产品价值曲线重合。

我们利用图 4-3 来推导多个企业同时调整的情况下,某个企业的劳动力需求曲线。假定厂商原来使用的劳动量是 L_0,劳动力的价格是 W_0,产品的价格是 P_0,此时有一条边际产品价值曲线 $P_0 \cdot \text{MP}(L)$。根据该曲线可确定 W_0 下的劳动力需求量 L_0,因此 $H(W_0, L_0)$ 即为劳动力需求曲线上的一点。如果没有其他企业调整,则整个劳动力需求曲线可以看成是 $P_0 \cdot \text{MP}(L)$,若劳动力价格下降到 W_1,则劳动力需求量增加到 L_2。如果其他企业都进行调整,于是工资率下降使劳动的边际产品价值曲线向左下方移动,如新的边际产品曲线移动到 $P_1 \cdot \text{MP}(L)$,从而在工资率 W_1 下,劳动力的需求量不再是 L_2,而是更少一些的 L_1,于是又得到劳动力需求曲线的一点 $I(W_1, L_1)$。重复上述过程,我们可以得到一系列与 H、I 性质相同的点,将这些点连接起来就得到多个企业调整的情况下企业对劳动

的需求曲线 d_m。由于该需求曲线考虑了劳动力价格改变时行业内所有厂商共同行动所引起的全部调整,因此又被称为行业调整曲线。行业调整曲线也是向右下方倾斜的,但斜率要更陡一些。

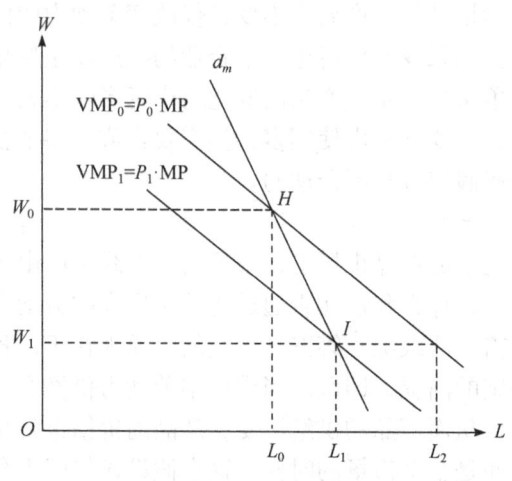

图 4-3　行业调整曲线

整个市场的劳动力需求曲线可以看作行业调整曲线的简单的水平相加。假定完全竞争的市场共有 n 个厂商,则市场劳动力需求曲线可以表示为

$$D = \sum_{i=1}^{n} d_m(i) \tag{4-18}$$

其中,$d_m(i)$ 为第 i 个厂商经过行业调整之后的劳动力需求曲线。

二、完全竞争条件下的长期劳动力需求

长期中企业应对劳动力价格上升,不仅可以通过调整其雇佣的劳动力数量的方式,还可以通过调整其资本存量的方式以做出反应。显然,由于企业在长期可以调整资本存量,所以企业的长期劳动力需求曲线不同于短期劳动力需求曲线。下面将考察企业的长期劳动力需求,并分析长期劳动力需求曲线的特点。

(一)企业长期劳动力投入选择

为了理解完全竞争企业的长期劳动力需求,我们必须对企业行为进行考察。我们知道企业的目标是利润最大化,这一目标又可以引申出两个重要的企业行为:一是在既定产量下的成本最小化行为;二是在既定成本下的产量最大化行为。当工资率变化时,企业的这两个行为如何随之发生变化呢?换句话说,工资率是如何影响这两个决策从而影响企业使用劳动力数量的?

我们引入等产量曲线工具对上述问题进行考察。等产量曲线是在技术水平不变的条件下生产同一产量的两种生产要素投入量的所有不同组合的轨迹。以常数 Q^0 表示既定的产量水平,则与等产量曲线相对应的生产函数为

$$Q = f(L, K) = Q^0 \qquad (4\text{-}19)$$

显然,这是一个两种可变生产要素的生产函数。图 4-4 给出了一组典型的等产量曲线。

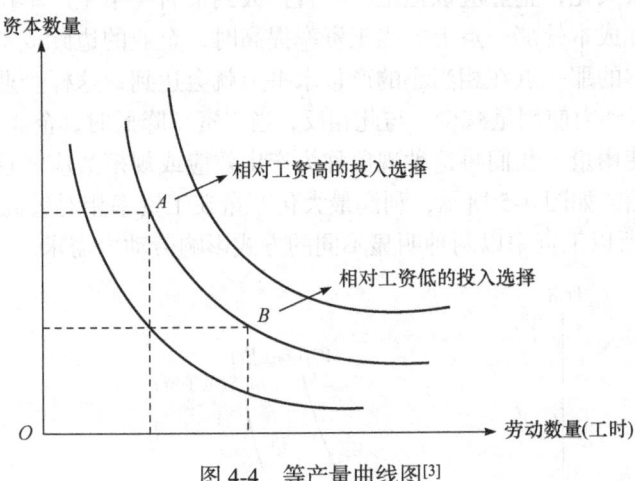

图 4-4　等产量曲线图[3]

如果我们从经济学的角度把技术理解为生产某一产量的生产要素数量的投入组合,那么在一条等产量曲线上只有一点表示使用该技术生产特定产量所需要的劳动和资本数量。对于每一企业能够生产的可能产量来说,都存在一条等产量曲线说明可行的劳动和资本组合。在同一等产量曲线上,不同的组合点表明不同的生产技术。例如,对同一产量的产品生产,既可以使用较多的资本和较少的劳动,也可以使用较多的劳动和较少的资本。我们将前者称为资本密集的技术,将后者称为劳动密集的技术。

不同企业的等产量曲线具有不同的形状,等产量曲线的形状取决于企业特定产品所存在的各种不同的技术性质。但等产量曲线的某些特征具有共同性,如图 4-4 所示。等产量曲线具有四个重要的特征。①等产量曲线的斜率为负。在同一条等产量曲线上,替代性生产方法包括一种投入多,另一种投入少,但是却不能两者都多或都少。②位置较高的等产量曲线具有较高的产量。因为生产较大产量至少需要一种投入更多一些,或两者同时增加。③等产量曲线是连续的。也就是说,企业有无限种生产技术可以生产任何数量的产品。④等产量曲线图中的等产量曲线没有常数斜率,在左边较陡峭,在右边较平缓。这表示在等产量曲线左边的企业一般采用资本密集型的技术,而在等产量曲线右边的企业一般采用劳动密集型的技术。例如,在图 4-4 中,A 点表示资本密集的生产技术方法,B 点的情况相反。

如果只从产出角度考虑,同一等产量曲线上的任意一点与其他点没有实质的区别。决定哪种生产技术是否最好取决于经济上的考虑,即企业生产既定产量的最小成本组合。然而,如果不考虑其他因素,仅从等产量曲线本身考虑是无法找到最小成本组合点的,我们还必须结合工资率的高低来考虑最小成本问题。当工资率相对较低时,采用劳动密集型技术就比资本密集型技术便宜;如果工资率较高,资本密集型技术相对便宜一些。所以,对于一个追求生产成本最小的企业来说,在工资率相对较高时,将选择 A 点这样资本密集型的投入组合,即用资本替代劳动;而相对较低的工资率则会使企业选择 B 点这样的组合,即用劳动替代资本,我们将这种现象称为替代效应。这个问题我们在下面会进一步介绍。

为了使利润最大化,企业应该把生产一直扩大到最后一个生产单位的边际收益恰好等于生产它的边际成本的那一点上。当工资率提高时,企业的边际成本提高,这样边际收益等于边际成本的那一点在相当小的产量水平上就会达到,这样企业不得不缩小生产规模,从而导致劳动力使用量减少。与此相反,当工资率降低时,企业会扩大生产规模,从而增加劳动力使用量,我们将这种现象称为产出效应或规模效应。这个问题我们也会在下面进一步介绍。如图 4-5 所示,利润最大化产量在工资率相对较高时为 Q_1,在工资率较低时为 Q_2,所以工资率以两种明显不同的方式影响劳动力需求。

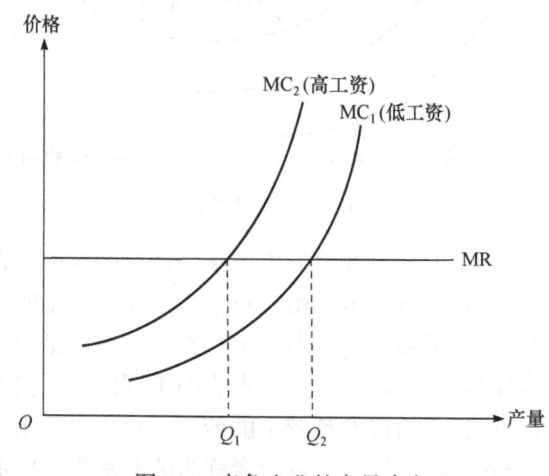

图 4-5 竞争企业的产量决定

(二)完全竞争条件下的长期劳动力需求曲线

1. 产出效应和替代效应

产出效应也称规模效应,是指由于工资率变动使厂商的生产成本发生改变,进而引起的劳动力使用量的变化。在完全竞争条件下,当工资率上升时,企业的边际成本随之上升,而边际收入没有改变,使得企业不得不缩小生产规模,从而导致劳动力使用量减少;反之亦然。

替代效应是指在产出保持不变的前提下,劳动力的相对价格的变化导致的劳动力需求量的变动。在短期内,资本是固定不变的,因此不可能有劳动和资本在生产中的替代现象;在长期内,由于所有要素都是可变的,所以当工资率下降时,厂商会用相对便宜的劳动替代某些类型的资本。由此我们可以认识到,在长期中,厂商对工资率变化所做的劳动量的调整幅度要比在短期中的更大。表现在图形中,长期劳动需求曲线比短期劳动需求曲线更富有弹性。

2. 推导长期劳动力需求曲线

如图 4-6(a)所示,我们假定企业处在初始点 A,在该点企业恰好处于利润最大化点,此时的工资率为 W_0,劳动力需求量为 L_A,资本数量为 K_A。现在假定资本价格和产出价格不变，工资率从 W_0 上升到 W_1，此时企业针对工资率的变化如何做出调整呢？[3]

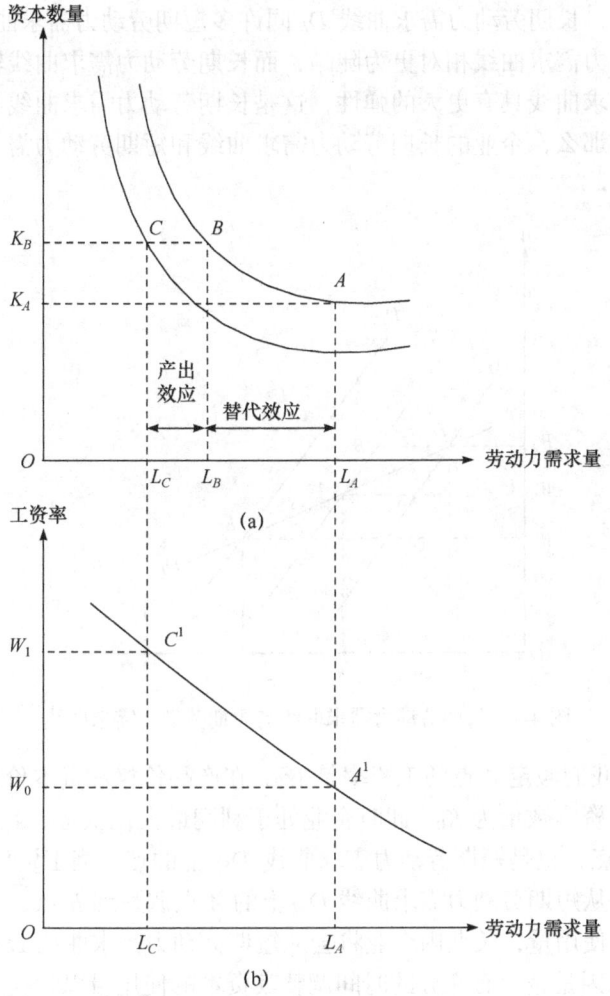

图 4-6　长期劳动力需求曲线的推导

根据替代效应，在资本价格和产出价格不变的情况下，由于工资率提高，企业的劳动力需求量从 L_A 降低到 L_B，而资本的使用量从 K_A 上升到 K_B，即资本替代劳动。

根据产出效应，工资率提高，从而导致企业生产更少的产量，产量的下降会导致使用更少的劳动力，表现在图中就是，点 B 移动到点 C（C 点位于更低的等产量线上），此时劳动力数量从 L_B 下降到 L_C。

所以，企业工资率从 W_0 上升到 W_1，引起的劳动力需求量从 L_A 减少到 L_C，可以看出，这是替代效应和产出效应共同作用的结果。

在以劳动力需求量为横轴，以工资率为纵轴的图形中，连接 $A^1(W_0, L_A)$ 和 $C^1(W_1, L_C)$，就可以得到长期劳动力需求曲线，如图 4-6（b）所示。

三、长期劳动力需求曲线与短期劳动力需求曲线的相互作用

如图 4-7 所示，长期劳动力需求曲线 D_L 同许多短期劳动力需求曲线 D_{S1}、D_{S2}、D_{S3} 等相交。短期劳动力需求曲线相对更为陡峭，而长期劳动力需求曲线较为平缓。换句话说，长期劳动力需求曲线具有更大的弹性，这是长期劳动力需求曲线和短期劳动力需求曲线的重要区别。那么，企业的长期劳动力需求曲线和短期劳动力需求曲线之间的关系是怎样的呢？

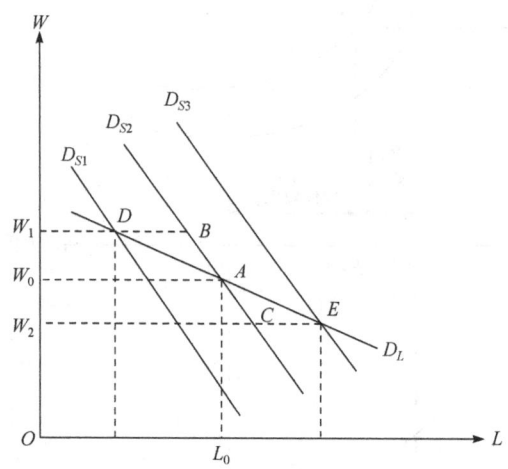

图 4-7　长期劳动力需求曲线与短期劳动力需求曲线

在图 4-7 中，我们假定 A 点的工资率是 W_0，在产品价格和资本价格既定时，企业劳动力需求量是 L_0，资本数量为 K_0，此时企业处于利润最大化状态。A 点既是长期劳动力需求曲线 D_L 上的点，也是短期劳动力需求曲线 D_{S2} 上的点。当工资率从 W_0 上升到 W_1 时，短期内企业将从短期劳动力需求曲线 D_{S2} 上的 A 点调整到 B 点，此时企业将因调整产量而调整劳动力使用量；长期内企业将会从短期劳动力需求曲线 D_{S2} 上的 B 点移动到 D_{S1} 上的 D 点，原因是企业有充分的时间调整其资本的使用量以替代劳动。同样，当工资率从 W_0 下降到 W_2 时，短期内企业将从短期劳动力需求曲线 D_{S2} 上的 A 点调整到 C 点，此时企业将因扩大产量而增加劳动力使用量；长期内企业将会从短期劳动力需求曲线 D_{S2} 上的 C 点移动到 D_{S3} 上的 E 点，原因是企业有足够的时间调整其资本使用量，用劳动替代资本。以上两种情况下，一旦企业调整完毕，就再次处于新的短期劳动力需求曲线上。

应该注意的是，工资率变动对劳动力需求的长期调整幅度要大于短期调整。换句话说，企业的长期劳动力需求曲线总是要比作为其基础的短期劳动力需求曲线更平缓。

第三节　不完全竞争市场条件下的劳动力需求

本节介绍不完全竞争市场条件下企业和市场的劳动力需求曲线。根据企业在产品和劳动力市场上的不同情况，垄断企业可以分为三种类型：一是作为产品市场上的垄断卖

方;二是作为劳动力市场上的垄断买方;三是既作为产品市场上的垄断卖方,又作为劳动力市场上的垄断买方。我们重点讨论前两种情况,因为后者是前两种的简单综合,所以可以由前两种情况推导出来。

一、卖方垄断企业的劳动力需求

卖方垄断企业是指企业在产品市场上是垄断者,但在劳动力市场上是完全竞争者。我们知道,任何一个以利润最大化为目标的企业雇佣劳动力的原则是使用劳动的边际成本与相应的边际收益相等。

在劳动力市场上,如果企业是一个完全竞争者,那么它只能被动地接受市场决定的劳动力的价格,所以企业雇佣劳动力的边际成本就等于劳动力的价格,即工资率。由于卖方垄断企业在劳动力市场上被假定为完全竞争者,故劳动力价格仍然是既定的常数,雇佣劳动力的边际成本仍然等于不变的工资率。

在产品市场上,企业不再是完全竞争者,而是垄断者,它所面临的产品价格不再是固定不变的常数,而是取决于产量和销售量的一个变量。因此,垄断企业雇佣劳动力的边际收益不再等于其边际产品价值。下面我们首先考察卖方垄断企业雇佣劳动力的原则。[2]

(一)卖方垄断企业雇佣劳动力的数量

1. 雇佣劳动力的边际收益

卖方垄断企业雇佣劳动力的边际收益是指增加一单位劳动所带来的追加收益。企业的收益函数取决于产量,而产量又取决于劳动力数量。假定卖方垄断企业的收益函数和生产函数分别为 $R=R(Q)$ 和 $Q=Q(L)$,则收益函数可以看成是劳动的复合函数,可以表示为

$$R = R[Q(L)] \qquad (4\text{-}20)$$

对这个复合函数求导,可以得出劳动的边际收益:

$$\frac{dR}{dL} = \frac{dR}{dQ} \cdot \frac{dQ}{dL} \qquad (4\text{-}21)$$

其中,等式右边的第一项为收益对产量的导数,即产品的边际收益 MR,它反映了增加一单位的产品所增加的收益;第二项为产量对劳动的导数,即劳动的边际产量 MP,它反映了增加一单位劳动所增加的产品数量。所以,在卖方垄断条件下,企业雇佣劳动力的边际收益等于产品的边际收益 MR 和劳动的边际产量 MP 的乘积,这个乘积被称为劳动的边际收益产品,用 MRP 来表示,即

$$\text{MRP} = \text{MR} \cdot \text{MP} \qquad (4\text{-}22)$$

式(4-22)是一般企业雇佣劳动力的边际收益。在完全竞争条件下,由于产品价格为常数 P,故产品的边际收益 MR 等于产品价格 P,从而边际收益产品 MRP 等于边际产品价值 VMP;在不完全竞争的条件下,产品价格不再是常数,而是根据产品需求函数得到的变动的价格,故产品的边际收益不再等于产品价格,这样企业使用劳动的边际收益不再等于边际产品价值 VMP,而是等于更为一般的边际收益产品 MRP。

如图 4-8 所示，企业的边际收益产品曲线是一条向右下方倾斜的曲线，它的位置取决于劳动的边际产量和产品的边际收益两个因素。由于 MR 和 MP 是不断递减的，因而 MRP 也是不断递减的。相比较于 VMP=$P \cdot$ MP 而言，MRP 要下降得更快，且总是比 VMP 要低。简言之，MRP 曲线向右下方倾斜，且斜率比完全竞争时更陡。

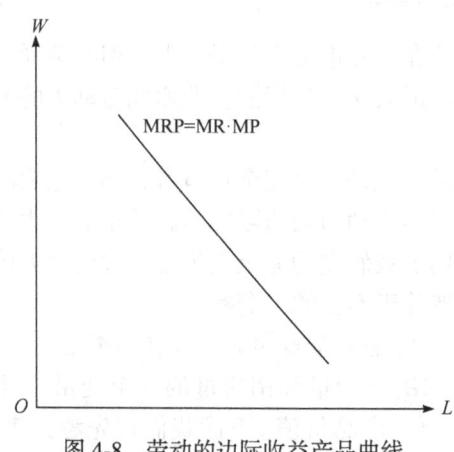

图 4-8 劳动的边际收益产品曲线

2. 雇佣劳动力的边际成本

由于卖方垄断企业在劳动力市场上仍然假定为完全竞争者，因此只能被动地接受市场决定的劳动力价格，故劳动力价格仍然是既定的常数，也就是说雇佣劳动力的边际成本仍然等于不变的工资率。

3. 卖方垄断企业雇佣劳动力的原则

由于卖方垄断企业雇佣劳动力的边际收益为劳动的边际收益产品 MRP，雇佣劳动的边际成本为要素价格 W，故卖方垄断企业雇佣劳动力的原则可以表示为

$$\text{MRP} = W \tag{4-23}$$

或

$$\text{MR} \cdot \text{MP} = W \tag{4-24}$$

如果劳动的边际收益产品大于劳动力价格，则增加使用劳动力数量带来的收益就大于支付的成本，于是企业便倾向于扩大劳动力使用量，随着劳动力雇佣数量的增加，一方面劳动的边际产量下降，另一方面产品的边际收益也下降，从而劳动的边际收益产品将下降，最终下降到与劳动力价格相等；反之，如果劳动的边际收益产品小于劳动力价格，则减少使用劳动所损失的收益就小于所节省的成本，于是企业便倾向于缩小劳动力雇佣数量。随着劳动力雇佣数量的缩小，一方面劳动的边际产量将上升，另一方面产品的边际收益也上升，从而劳动的边际收益产品将上升，最终上升到与劳动力的价格相等。

（二）卖方垄断企业的劳动力需求曲线

根据卖方垄断企业的劳动力雇佣原则，我们可以推导其劳动力需求曲线。我们将式（4-24）所表示的雇佣劳动的原则改写成式（4-25）：

$$MR \cdot MP(L) = W \quad (4-25)$$

其中，MP(L)为劳动的边际产量函数。在既定的产品需求函数和企业的生产函数下，我们可以得到产品的边际收益 MR 和劳动的边际产量函数 MP(L)，从而确定了劳动力使用量 L 和劳动力价格 W 之间的一个函数关系，即给定一个工资率 W 就有唯一的一个最优劳动力使用量 L 与之对应，这个最优的劳动力使用量就是劳动力需求量。因此，式（4-25）确定了卖方垄断企业的劳动力需求函数。

考察卖方垄断企业的劳动力需求曲线的特征。假定最初工资率和劳动数量使得劳动力雇佣原则成立，现在工资率 W 下降，根据式（4-25），劳动的边际收益产品 MP(L)·MR 必然随之下降。如果产品市场的价格不因为工资率的变化而变化，则边际收益函数 MR 不会变化，因此，MP(L)必然下降。根据边际报酬递减规律可知，只有劳动力的使用量 L 增加才有可能达到目的。由此，我们得到了工资率与劳动力使用量或劳动力需求量之间的关系：随着工资率的下降，劳动力需求量增加，即劳动力需求曲线是一条向右下方倾斜的曲线，原因就在于边际报酬递减规律。对劳动力需求曲线形状有影响的另一个因素是垄断企业产品的边际收益曲线，由于该曲线也是递减的，故也影响了劳动力需求曲线的形状。此外，我们进一步可以得到这样的结论：劳动力需求曲线与劳动的边际收益产品曲线完全重合，即使是考虑多个企业的共同调整也是如此。

考察多个企业共同调整的情况。当劳动力价格变动时，多个企业的共同调整会导致卖方垄断企业的劳动力需求曲线脱离其边际收益产品曲线吗？我们只要考察垄断企业的边际收益曲线 MR 是否会因为劳动力价格变动而发生变化即可，因为边际产量曲线 MP 显然是不变的（因为只使用单一生产要素）。由于企业产品的边际收益曲线完全由它所面临的产品需求曲线决定，故只要看劳动力价格变化是否会改变企业所面临的产品需求曲线就可以了。但是，劳动力价格的变动不会引起卖方垄断企业的产品需求曲线发生变动。原因在于：①卖方垄断企业自己的产量变化不会改变其所面临的产品需求曲线；②其他企业的产品与该卖方垄断企业的产品不同，如果不考虑不同商品之间的间接影响，那么其他企业产量的变动也不会改变该卖方垄断企业所面临的产品需求曲线。由此可以得到以下结论：如果不考虑某些较小的间接影响，则劳动力价格的变化不会影响卖方垄断企业的产品需求曲线，从而不能影响产品的边际收益曲线。换句话说，如果假定只使用劳动，则无论是否考虑多个企业的调整，卖方垄断企业的劳动力需求曲线都等于其边际收益产品曲线 MRP，即二者重合。

（三）卖方垄断企业的市场劳动力需求曲线

前面我们考察了卖方垄断企业所面临的劳动力需求曲线，下面我们考察卖方垄断企业面临的市场劳动力需求曲线。

假定劳动力市场上有 n 个企业，如果这 n 个企业均是各自产品市场上的垄断者，则它们的行业调整曲线也就是各自的边际收益产品曲线。在这样的情况下，市场的劳动力需求曲线就是 n 个卖方垄断企业的边际收益产品曲线的简单水平相加，即

$$D = \sum_{i=1}^{n} MRP_i \quad (4-26)$$

上述情况是将劳动力市场的所有企业简化为卖方垄断企业的情形。如果在劳动力市场上的企业并非都是卖方垄断企业,而是有的企业有可能是各自产品市场上的卖方垄断者,另外一些可能构成了某几个产品市场上的寡头结构等,在这种情况下,整个劳动力市场的需求曲线不再等于所有企业的边际收益产品曲线的简单水平相加。因为,许多企业的边际收益产品曲线并不就是它们在行业调整下的劳动力需求曲线。为了得到市场的劳动力需求曲线,仍需要求得每一个企业在各自行业调整情况下的劳动力需求曲线,然后再将它们相加。

二、买方垄断企业的劳动力需求

买方垄断是指厂商在劳动力市场上作为要素的买方是垄断者,但在产品市场上作为产品的卖方是完全竞争者。

首先看产品市场。由于产品市场是完全竞争的市场,因而厂商只能被动地接受市场形成的既定的产品价格,在这个价格下厂商可以以不变的价格卖出它所有的产品,因此对厂商来讲,可以将产品的价格看成常数。这样,MR=P。其次看劳动力市场。由于买方垄断企业在劳动力市场上是不完全竞争者,所以,劳动力的价格不是固定不变的。

(一)买方垄断企业雇佣劳动力的数量

1. 雇佣劳动力的边际收益

买方垄断企业雇佣劳动力的边际收益应该等于产品的边际收益与劳动的边际产品的乘积,即 MRP=MP·MR。由于买方垄断企业在产品市场上是完全竞争者,产品的边际收益等于产品的价格,因而劳动的边际收益就等于劳动的边际产品价值:VMP=MP·P。

2. 雇佣劳动力的边际成本

企业使用劳动的成本等于所使用的劳动数量与劳动力价格的乘积,而劳动力价格通常又是劳动数量的函数,则成本函数为 $L \cdot W(L)$,使用劳动的边际成本函数 MFC 可以表示为

$$\text{MFC} = \frac{d(L \cdot W(L))}{dL} = W(L) + L \cdot \frac{dW(L)}{dL} \quad (4\text{-}27)$$

由式(4-27)可见,劳动力的边际成本由两部分组成,第一部分是劳动力的价格 $W(L)$,表示企业为增加使用劳动所必须支付给新增加的劳动力的价格,这是由于劳动数量增加而引起的成本增加。第二部分为 $L \cdot dW(L)/dL$,其中 $dW(L)/dL$ 反映了由增加使用劳动而引起的劳动力价格的变动,所以第二部分表明企业所雇佣的总劳动数量因劳动力价格变动而导致所支付的成本变动。我们知道,买方垄断企业与完全竞争企业的不同之处就在于其必须支付的工资取决于它所想要雇佣的劳动数量,如果增加使用劳动就必须采取提高工资的办法,从其他地方吸引工人,而这种工资的增加必须针对所有的工人,因为企业不大可能只对新雇佣的工人支付高工资,而对原来已雇佣的工人支付较低的工资,买方垄断企业必须支付给所有工人相同的工资,才能保持工人积极性。因此,增加劳动力使用量的边际成本就应该包括两个部分,第一部分就是必须支付给增加的那些工人的工资,第二部分是必须支付给所有其他工人现在已经变得较高的工资。

在构成劳动边际成本的两个部分中，$W(L)$ 是企业所面临的劳动力供给曲线。在买方垄断的条件下，由于买方垄断企业是劳动力市场上唯一的劳动力购买者，因此它所面临的劳动力供给曲线与市场的劳动力供给曲线是一致的。由于市场的劳动力供给曲线通常是向右上方倾斜的，即劳动的市场供给量随劳动力价格的上升而增加，于是 $W(L)$ 向右上方倾斜，从而其导数 $dW(L)/dL \geq 0$。因此，通过式（4-27）可以看出 $\text{MFC} \geq W$，即劳动的边际成本曲线位于劳动力供给曲线之上。

如图 4-9 所示，横轴表示劳动数量，纵轴表示劳动的边际成本和工资率。其中劳动力供给曲线 $W(L)$ 表示吸引特定劳动数量所必须支付的工资，劳动的边际成本曲线 MFC 表示吸引最后一个工人的成本，由于 $\text{MFC} \geq W$，所以劳动的边际成本曲线 MFC 总是位于劳动力供给曲线之上。两条曲线间的垂直距离代表对那些本来愿意在较低工资下工作的工人所多支付的工资。注意，这两条曲线不是平行的，劳动的边际成本曲线 MFC 始终比劳动力供给曲线更加陡峭。

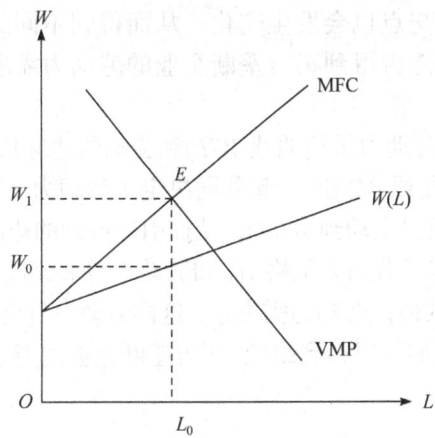

图 4-9　买方垄断企业的要素需求

3. 买方垄断企业雇佣劳动力的原则

根据买方垄断企业雇佣劳动力的边际收益和边际成本相等的原则，我们得出其雇佣劳动力的原则为

$$\text{VMP} = \text{MFC} \tag{4-28}$$

式（4-28）同完全竞争企业的劳动力雇佣原则相比较，差别在于买方垄断企业的劳动的边际成本 MFC 不再等于劳动力价格 W。

如图 4-9 所示，劳动的边际产品价值曲线 VMP 与劳动的边际成本曲线 MFC 的交点确定了买方垄断企业的最优劳动力使用数量。当企业的劳动力需求量确定为 L_0 时，劳动力的价格如何决定呢？显然，它应该由劳动力供给曲线 $W(L)$ 决定，即为 W_0。如果劳动力价格低于 W_0，则企业不能吸收到足够的劳动量；另外，劳动力价格也不会高于 W_0，因为既然企业能以 W_0 的价格吸收到足够的劳动数量，其便不会支付更高的价格。

（二）买方垄断企业的劳动力需求曲线的存在性

根据劳动力需求函数的定义，显然，(L_0, W_0) 是劳动力需求曲线上的一点，如图 4-9 所示。如果我们通过式（4-28）再找到类似于 E 的点，那么，就可以根据式（4-28）所确定的模型推导买方垄断企业的劳动力需求曲线。然而，我们无法通过改变劳动力价格找到另一个最优的劳动数量。如图 4-9 所示，我们任意确定一个工资率 W_1，只要它不等于 W_0，则不存在对应于该价格下的最优劳动力使用量，因为在该工资率下，企业不可能找到某个劳动数量 L_1，使企业使用劳动力原则 VMP=MFC 成立。事实上，在这种情况下，工资率不可能为 W_1。因为假如一开始工资率为 W_0，则买方垄断企业为了利润最大化仍然决定使用的劳动数量为 L_0。一旦决定使用劳动数量为 L_0，则根据劳动力供给曲线，买方垄断企业恰好能支付等于 W_0 的工资率。因此，式（4-28）本身只能决定一对劳动力价格即工资率与劳动数量 (L_0, W_0)，无法得到更多的需求曲线上的点，除非劳动力供给曲线发生变化。但是，当劳动力供给曲线发生变化时，劳动的边际成本曲线也发生了变化，因而其与边际产品收益曲线的交点也会发生变化，从而得到不同的工资率与劳动数量的组合点。那么按照这种方法能否得到买方垄断企业的劳动力需求曲线呢？我们在下面进行分析。

如图 4-10 所示，图中劳动力供给曲线 $W(L)$ 和劳动的边际成本曲线 MFC 为初始的状况，它们与边际产品价值曲线 VMP 一起共同决定了劳动力价格 W_0 和劳动力需求数量 L_0。现在假定劳动力供给曲线变动到 $W_1(L)$，从而引起劳动的边际成本曲线变动到 MFC_1，它们与 VMP 曲线一起决定了劳动力价格 W_0 和劳动力需求数量 L_1。现在的情况是，相同的劳动力价格有两个不同的最优劳动力需求量，这样劳动力价格与劳动力需求量之间不存在一一对应的关系。由此我们可以得到结论，买方垄断企业的劳动力需求曲线是不存在的。

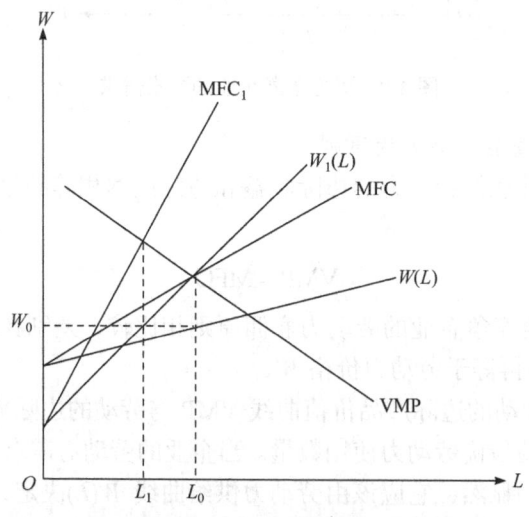

图 4-10 既定价格条件下的多种劳动力需求

尽管买方垄断企业的劳动力需求曲线不存在，我们仍然可以通过其他的方式对其劳动力需求问题进行分析。一般来说，买方垄断对劳动力价格和劳动力需求数量的影响在很大程度上受制于劳动力供给曲线的形状。劳动力供给曲线越陡峭，那么买方垄断对劳动力价格所产生的影响就越大。尤其当劳动力供给曲线垂直时，买方垄断企业甚至可以用比竞争性市场均衡工资率低得多的劳动力价格雇佣到同样数量的劳动力。

第四节 劳动力需求理论的实际运用

一、对社会特殊群体采取特殊的就业促进政策的经济效果

前面讨论劳动力需求的交叉工资弹性问题时提到，任何一种劳动力的需求都会受到其他类别劳动力价格的影响。如果政府对某些特定的社会群体采取特殊的就业促进政策，将会对劳动力的总需求以及其他社会群体产生什么影响呢？下面我们运用劳动力需求理论对这个问题进行分析。为了简化分析，假定资本是固定不变的。

假设某国政府为了提高该国女性的就业水平，要求相关企业必须按政府规定的男女比例雇佣劳动者，否则将受到处罚。如果企业完全按照政府的政策行事，在这种情况下，会产生什么样的经济性影响呢？

从政府没有性别雇佣限制的状态来考察男女雇佣量的决定因素。如图 4-11 所示，设男性劳动者数量为 L_M，女性劳动者数量为 L_W，男女劳动者各自的工资为 W_M、W_W，计划完成的产量为 X_0（由等产量曲线 AB 确定）。在这条曲线上，使成本最小的点位于等产量曲线 AB 与等成本曲线 CD 相切的点 E，此时，男性劳动者数量为 L_{M0}，女性劳动者数量为 L_{W0}，男性劳动者的数量超过女性劳动者。

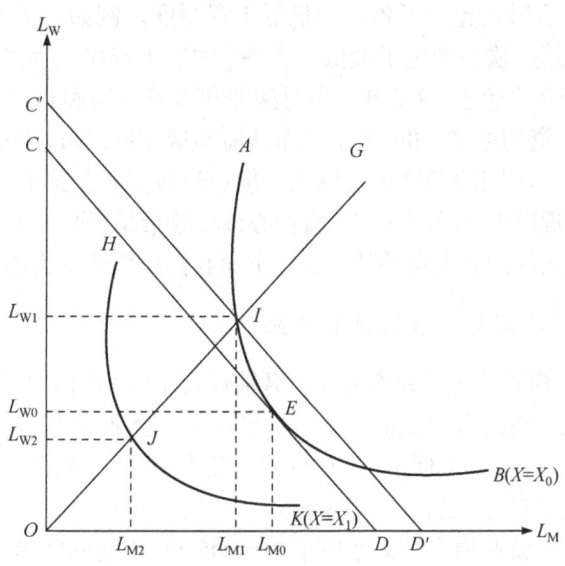

图 4-11 男女劳动者比例的指定对劳动力需求的影响

如果政府以促进女性劳动者就业为目标，将女性劳动者的雇佣比率提升到 OG 线的位置，并要求相关企业加以实行。企业照此比例雇佣了男女劳动者。在这种情况下，为了达到产量 X_0，必须雇佣等产量曲线 AB 与直线 OG 的交点 I 所对应的男性劳动者和女

性劳动者，分别为 L_{M1} 和 L_{W1}。其结果是，男性劳动者数量从 L_{M0} 减少至 L_{M1}，而女性劳动者数量从 L_{W0} 增至 L_{W1}。此时，企业的总成本将如何变化呢？从图 4-11 可以看出，等成本曲线从 CD 移动到 $C'D'$。通过点 I 的等成本曲线 $C'D'$ 位于等成本曲线 CD（无政府限制时的成本）的上方，增加的部分就是政府就业政策限制所造成的新的成本。

这种成本的上升，并不完全由企业来承担，一部分要通过产品需求的变化，影响到消费者。如果相关企业全部受到这样的政策限制，那么，工资的上升对产品需求所造成的影响，将使产品的供给曲线上移，使价格上升，这一部分成本由消费者来承担。但是，如果政府仅限制某些特定企业，只要没有相应的政府补贴，与其他的企业相比，此类企业所增加的成本部分就只能由其自己承担，从而使此类企业竞争力下降。这样，此类企业的产量会随着劳动力需求量的减少而减少。例如，从 X_0 减至 X_1，即等产量曲线从 AB 移至 HK，劳动力的需求量随之减少。在等产量曲线 HK 上，达到被指定的男女劳动者的比例为点 J，结果男女劳动者数量分别减至 L_{M2} 和 L_{W2}。

虽然政策目标是促进女性就业，但结果是不仅女性就业量下降，还造成男性就业量大幅度下降。如果这种现象存在，则公平与效率不可兼得。因此，在就业政策的制定和实施时，一定要充分考虑其对产品需求的影响。

二、最低工资立法的经济学分析

最低工资法是各国政府保护劳动者的一项重要法律，其目的是以法律形式来保证劳动者通过劳动所获得的最低工资能够满足其自身及其家庭成员的基本生存需要。19 世纪末，新西兰和澳大利亚最早开始实行最低工资立法。之后，英国、法国、美国等国家也根据本国实际，以立法形式建立了各自的最低工资制度。例如，美国在 1938 年颁布了《公平劳动标准法》，其条款中规定了最低工资率、加班工资津贴和禁止使用童工等内容。

我国的最低工资立法始于 1992 年，当时深圳和珠海分别颁布了《关于公布深圳地区 1992 年度企业最低工资的通知》和《关于公布珠海地区 1992 年度企业最低工资的通知》。尽管我国各地都制定了不同的最低工资标准，但还没有完善的最低工资法。

自最低工资法出现以来，经济学家一直担心该项政策是否会减少就业量，尤其是担心减少那些受最低工资法保护的人群的就业量。下面我们运用劳动力需求理论进行分析。[4]

（一）最低工资法完全覆盖的就业效应

如图 4-12 所示，横轴代表劳动数量 L，纵轴代表不同类别工人的均衡工资率 W，D_L 代表劳动力需求曲线。在没有实施最低工资标准法时，就业量为 L_0，工资率为 W_0（A 点所示）。当最低工资法规定了最低工资为 W_1 时，就业量从 L_0 减少到 L_1（B 点所示）。可以看出，在实施最低工资标准后，工资率提高了，就业量减少了。因为，有效的最低工资立法减少就业机会。就业损失的大小既取决于 W_0 和 W_1 之间的差，又取决于劳动力需求曲线的弹性。根据弹性理论可知，劳动力需求曲线越富有弹性，也就是需求曲线越平缓，最低工资和原工资差别越大，最低工资标准的实施所造成的就业损失就越大。因此，我们可以得到如下结论：最低工资立法是一把双刃剑，虽然减少了就业的可能性，但增加了那些能够就业的人员的工资率。

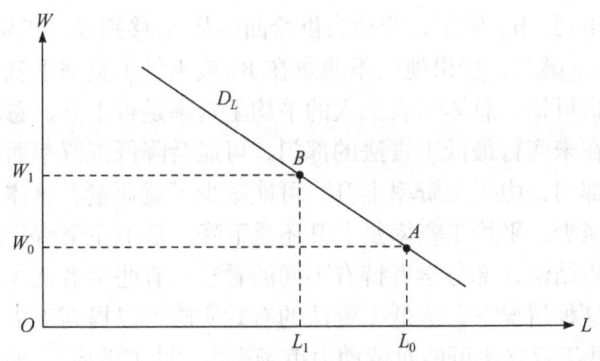

图 4-12 经济中完全覆盖最低工资的就业效应

（二）最低工资法未完全覆盖的就业效应

上面讨论的情形是最低工资法在整个就业市场生效，所有的工作都被包括在最低工资的规定中。事实上，最低工资法可能只覆盖了某些经济部门，而另一些经济部门则没有被覆盖。因为制度的推行不是一蹴而就的。我们假设有两个部门，一个是被最低工资法覆盖的部门，可以理解为实施最低工资法的部门；另一个是没有被最低工资法覆盖的部门，这一部门的工资水平由市场决定。我们假设这两个部门的劳动力是可以自由流动的。

如图 4-13 所示，分别为实行最低工资法的部门和未实行最低工资法的部门，最初两个部门的工资率是相同的，都为 W_0，因为在引入最低工资之前，两个部门之间没有区别。

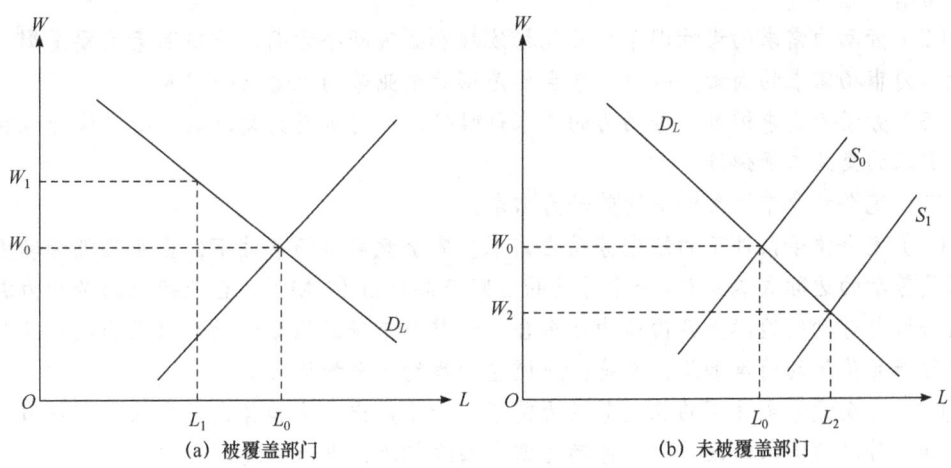

图 4-13 经济中不完全覆盖最低工资的就业效应

如图 4-13（a）所示，实行最低工资法的部门工资上升到 W_1，但就业下降到 L_1。那么，在该部门中没有找到最低工资职业的工人有两种选择：第一，如果他们愿意在 W_0 或更低工资的部门工作，他们可以到未实行最低工资法的部门去寻找职业。但是，这样做将会使未实行最低工资法的部门的劳动力供给曲线右移，降低了未实行最低工资法的部门的工资率。如图4-13（b）所示，劳动力供给曲线从 S_0 移到 S_1，工资从 W_0 降低到 W_2，就业从 L_0 上升到 L_2。第二，如果他们不愿意在 W_0 或更低工资率下就业，就会形成自愿失业。从上面的分析可知，总体来看工人的平均工资率是否上升、总就业是否下降都是不清楚的。因为，在未实行最低工资法的部门，可能会降低工资率而提高就业量；而在实行最低工资法的部门，由于工资率上升，可能减少了就业量。总体来看，整个经济中就业量是增加还是减少、平均工资率是上升还是下降，是不完全清楚的。

对于上述的分析结论，部分学者持有不同的看法。有些学者认为，劳动力市场可能是非竞争性的，在这种情况下，最低工资法的有效实施可以提高工资并增加就业量。还有些学者认为，最低工资立法可能对劳动力市场产生"冲击效应"，即最低工资法提高了工资率，被其覆盖的企业只能被迫地提高效率，以补偿劳动成本的提高。此外，还有许多学者运用实证分析方法，研究最低工资立法对劳动力需求的影响。

本 章 小 结

一、劳动力需求的基本理论

（1）劳动力需求的概念与分类。劳动力需求是指一定时期内，在一定经济条件和工资水平下，企业愿意并能够雇佣到的劳动力的数量。它是企业雇佣意愿和支付能力的统一。对劳动力的需求是由对其他产品的需求派生而来的，它依赖于对劳动力所生产的商品或提供的劳务的需求。劳动力需求按不同的标准可划分为多种类型。按层次分为企业劳动力需求、行业劳动力需求和市场劳动力需求；按时间分为长期劳动力需求和短期劳动力需求。

（2）劳动力需求的影响因素。其包括宏观和微观两个方面。宏观因素主要是影响整个劳动力市场需求的因素，微观因素主要是影响企业劳动力需求的因素。

（3）劳动力需求弹性。劳动力的需求弹性可以分为劳动力需求的自身工资弹性和劳动力需求的交叉工资弹性。

二、完全竞争市场条件下的劳动力需求

（1）完全竞争条件下的短期劳动力需求。完全竞争市场条件下，企业雇佣劳动力的原则是劳动的边际成本（W）等于劳动的边际产品价值（VMP）。企业短期的劳动力需求曲线恰好与劳动的边际产品价值曲线重合，但整个市场的短期劳动力需求曲线不是劳动的边际产品价值的简单加总，而是行业调整曲线的水平加总。

（2）完全竞争条件下的长期劳动力需求。由于产出效应和替代效应的综合作用，企业长期的劳动力需求曲线与短期劳动力需求曲线相比，更为平缓。

三、不完全竞争市场条件下的劳动力需求

（1）卖方垄断企业的劳动力需求。在卖方垄断条件下，企业雇佣劳动力的原则是劳动的边际成本（W）等于劳动的边际收益产品（MRP）。根据卖方垄断企业雇佣劳动力的原则，我们推导出企业的劳动力需求曲线，并且企业劳动力需求曲线和劳动的边际收益产品曲线重合。

（2）买方垄断企业的劳动力需求。在买方垄断条件下，企业雇佣劳动力的原则是劳动的成本（MFC）等于劳动的边际产品价值（VMP）。但与卖方垄断市场情况不同的是，根据买方垄断企业雇佣劳动力的原则，我们无法推导买方垄断企业的劳动力需求曲线，因而也就无法得出市场的劳动力需求曲线。

名词解释

劳动力需求　劳动的边际产品价值　劳动的边际收益产品　买方垄断企业　卖方垄断企业　产出效应　替代效应　劳动力需求的工资弹性　劳动力需求的交叉弹性

复习思考

1. 如何理解劳动力需求的含义？
2. 劳动力需求的派生性对解决经济中的失业问题有什么启示？
3. 影响劳动力需求的因素有哪些？
4. 试运用生产要素的互补性和替代性分析女性参与社会劳动对男性劳动者工资率的影响。
5. 试推导完全竞争条件下企业的劳动力需求曲线和市场的劳动力需求曲线。
6. 完全竞争条件下，短期劳动力需求曲线和长期劳动力需求曲线有何异同？
7. 试分析不完全竞争市场条件下，企业使用劳动力的原则。

参考文献

[1] 杨河清. 劳动经济学[M]. 5版. 北京：中国人民大学出版社，2018.
[2] 曾湘泉. 劳动经济学[M]. 3版. 上海：复旦大学出版社，2019.
[3] 鲍哈斯 G J. 劳动经济学[M]. 7版. 北京：中国人民大学出版，2018.
[4] 董志强，何亦名. 现代劳动经济学[M]. 北京：科学出版社，2016：79-80.

知识链接 4-1　ChatGPT——就业的机遇与挑战

　　从 ChatGPT 到 GPT-4，人们也对人工智能（AI）的革命性力量有了更深刻的体会，而在关于 GPT 技术的讨论中，有一个受到特别多关注的问题，就是人工智能是否会冲击就业。

　　2016 年 12 月，美国研究机构发布报告称，未来 10 年到 20 年内，因人工智能技术而被替代的就业岗位数量将由当时的 9%上升到 47%。麦肯锡全球研究院的报告则显示，预计到 2055 年，自动化和人工智能将取代全球 49%的工作。

　　面对 AI 对就业的冲击，人们往往认为，最先受到影响的，会是蓝领阶层，但 OpenAI 的研究却提出了不同的结论。OpenAI 的研究认为，ChatGPT 对就业的影响涵盖所有工资水平，而高收入工作可能面临更大的风险。比如，法律行业。法律行业工作者所起草的合同、代理意见书、裁判文书等文件，本质上是非常结构化的，这也正是 ChatGPT 的擅长所在。从技术层面来看，只要我们给ChatGPT开发足够的法律资料库，以及过往的诉讼案例，ChatGPT就能在非常短的时间内掌握这些知识，并且其专业度可以超越法律领域的专业人士。

可以看出，以ChatGPT为代表的人工智能对于就业的冲击非常广泛。只不过，在会计、金融、教育、医疗等各行业，人工智能并不是完全替代这些工种，而是改变过去人们的工作模式，由人类负责对技能性、创造性、灵活性要求比较高的部分，机器则利用其在速度、准确性、持续性等方面的优势来负责重复性的工作。

资料来源：陈根. ChatGPT 冲击就业，谁是赢家谁是输家？[EB/OL]. https://www.thepaper.cn/newsDetail_forward_224127%2063[2023-03-23]（节选，内容有删改）

讨论题：结合本章所学的内容，分析技术进步对劳动力市场的影响。

知识链接 4-2　我国劳动力供求趋势分析

（一）我国劳动力需求趋势预测

从需求端看，经济增速放缓，就业增长会下降，但就业规模仍会不断扩大。经济总量每增长一个百分点所创造的就业规模并不相同，经济总量越大，每个百分点带动的就业规模越大。如2019年国内生产总值增长一个百分点，就业岗位的创造就要比十年前多。因此，虽然我国经济增长速度放缓，并不意味着就业会出现大规模下降。

技术进步也是影响我国就业的重要变量。一方面，人工智能、互联网和自动化技术快速发展，一些重复性、流程性和安全风险高的岗位开始大规模自动化，对低技能劳动力的需求多转向普通操作工、一线客服、物流快递等对受教育水平和技能要求相对较低的岗位。另一方面，在实体经济领域，从业人员在行业间的分布出现了新变化，逐渐由传统的原材料制造、高耗能行业向先进制造业转移。与此同时，以网络经济、平台经济等为代表的新兴服务业创造了大量新就业岗位，吸纳了大量劳动力。

（二）我国劳动力供给趋势预测

从就业总量看，我国的部分群体还存在就业压力，但就业总量已经不是劳动力市场的主要矛盾，就业的结构性风险大于总量风险。

近年来，我国人口变动出现"三低"和"三化"特征，即低出生率、低死亡率、低自然增长率和老龄化、少子化、农村空心化。

劳动力供求结构性矛盾日益突出。其中，就业的结构性矛盾主要表现为城乡、区域、产业、群体及劳动力供给质量等方面。城乡就业结构性矛盾主要在于农村劳动力技能水平不适应现代产业发展要求，城市基本公共服务不适应接纳亿万农民向市民转变等方面。沿海地区劳动力成本攀升，内陆地区劳动力比较优势显现，劳动力由过去的"孔雀东南飞"变为向中西部转移和返乡回流。以高校毕业生、农民工等为代表的重点群体就业压力仍处高位，技能素质与岗位需求不匹配问题突出。

资料来源：国务院发展研究中心"人口结构变化与就业形势研究"课题组，李建伟，钱诚. 未来十年我国劳动力供求趋势分析[N]. 经济日报，2020-10-15（10）（内容有删改）

讨论题：结合所学的内容及实际，分析如何应对劳动力供求的变化。

知识链接 4-3　劳动力需求理论前沿及热点问题

1. 新形势下劳动力市场用工需求问题。
2. 新业态劳动用工特点问题。
3. 劳动密集型行业的用工需求问题。
4. 后疫情时期的劳动力需求问题。
5. 数字经济背景下的劳动力需求问题。
6. 产业结构变革背景下的劳动力需求问题。
7. 环境管制政策对劳动力需求的影响。
8. 企业 ESG[environmental（环境），social（社会），governance（治理）]表现对劳动力需求的影响。
9. 工业机器人应用对企业劳动力需求的影响。
10. 元宇宙时代劳动力需求变革问题。

第二篇

市 场 篇

第一篇

総 論

第五章

劳动力市场

导　读

　　劳动就业市场化是一种必然趋势。本章的内容是介绍劳动力市场的含义、特征、分类和劳动力市场的作用，以及我国的劳动力市场概况；对劳动力市场均衡进行分析；说明劳动力市场的非均衡。通过本章的学习，应达到如下目的：全面、系统、较为深入地熟悉和掌握劳动力市场的基本概念与分析方法；运用劳动力市场均衡分析和更贴近经济现实的非均衡方法，分析中国劳动力市场中的微观及宏观的问题。

　　（1）掌握劳动力市场的含义和特征。
　　（2）了解均衡分析方法在古典经济学和现代经济学研究中的演变。
　　（3）掌握劳动力市场动态均衡的调整过程。

　　识记：了解劳动力市场的含义，正确认识和表述劳动力市场的非均衡、静态均衡分析与动态均衡分析的概念。

　　领会：理解劳动力市场的特征，区分劳动力市场与其他生产要素市场的区别与联系；掌握劳动力市场的静态均衡分析和动态均衡分析方法。

　　应用：在领会劳动力市场、静态均衡分析和动态均衡分析方法的基础上，分析我国劳动力市场存在的理论问题和现实问题，并提出解决问题的思路与方法。

第一节　劳动力市场的基础知识

一、劳动力市场的含义

　　配置劳动力并且协调就业决策的市场称为劳动力市场，劳动力市场是生产要素市场的重要组成部分。劳动力市场有广义和狭义之分。从广义上看，劳动力市场是指以市场机制为基础性方式对劳动力资源进行配置和调节的一种机制（劳动力市场是工人与工作岗位借以结合的机制）。供求机制、价格（工资）机制、竞争机制是调节劳动力市场供求关系的机制。它涉及劳动者求职、就业、培训、失业和转业，直至退休的全过程；涉及用人单位招聘、给付报酬、提供劳动安全卫生条件、确立福利待遇等诸多环节；还涉及企业和劳动者之间劳动关系的确立、调整和终止,以及市场中介服务、信息交流等相关内容。从狭义上看,劳动力市场是指在劳动力管理和就业领域中,按照市场规律,自觉运用市场机制调节劳动力供求关系,对劳动力的流动进行合理引导,从而实现对劳动力合理配置的机构,如职业介绍所、人才交流中心和各种劳动服务公司等。在现代社会,劳动力市场制度的核心要素包括劳动力流动市场化、劳动就业契约化、就业机会均等化、人力资本产权明晰化和劳动保障社会化。

从市场角度看,劳动力市场主要由以下五个要素构成。

(1)劳动力,即劳动力市场的供方,也称求职者。在劳动力市场充分发育并与其他生产要素市场相互配套、正常运行的情况下,它是指全部的社会劳动力,即国家或地区范围内全部从事和要求从事社会劳动的人口。

(2)用人单位,即劳动力市场的需方,包括企事业单位、党政机关、社会团体等。

(3)工资,作为劳动力市场活动中劳动力交换的支付手段,在调节劳动力供求关系中起重要作用。

(4)劳动力市场组织者,通常指劳动力市场机构,也称人力资源服务机构。这是劳动力供求之间洽谈、互相选择的场所,是最直观体现劳动力市场作用的组织形式。据人力资源和社会保障部(以下简称人社部)数据,截至2022年底,中国的人力资源服务机构共有6.3万家,既包括各级政府部门下属的人才交流机构、就业服务机构、职业介绍机构,也包括各类民营职业中介机构。在作用上,这些人力资源服务机构都是运用市场机制来达成求职者和用人单位岗位的有效匹配。

(5)劳动力市场规则,包括国家的劳动就业政策及法律和制度、各地区不同的就业观念等外在于个体又影响着劳动力市场的供需双方决策的各种因素。

在衡量劳动力市场状况方面,比较常用的几个概念包括求人倍率、最大求职成功率和最大职业匹配率。

求人倍率是劳动力市场上常用的概念,它反映了劳动力供求的总量矛盾,即劳动力需求数量和供给数量的比值。公式如下:

$$\text{求人倍率}=\text{需求人数}/\text{求职人数} \tag{5-1}$$

最大求职成功率,反映求职难易程度。公式如下:

$$\text{最大求职成功率}=\text{最大职业匹配人数之和}/\text{求职人数} \tag{5-2}$$

最大职业匹配率,反映职业供求结构矛盾。公式如下:

$$\text{最大职业匹配率}=\text{最大职业匹配人数之和}/\text{需求人数} \tag{5-3}$$

二、劳动力市场的特征

作为生产要素市场之一,劳动力市场与其他要素市场一样,在市场经济规律作用下,劳动报酬主要由劳动生产率和劳动力市场供求关系决定。同时,劳动力市场作为唯一能动的生产要素市场,与其他要素市场相比,又呈现出自身的特点。

(1)在劳动力市场上,劳动者只能被雇佣,劳动者本身不能被出卖和购买。国际劳工组织在1944年的《费城宣言》的四条原则中,将"劳动者不是商品"列为第一条原则。

劳动者本身的非商品化，保护了劳动者的人格和人权，使劳动者成为市场中具有平等交易权利的一方，保证其与资本所有者的自由、自愿的交易。

（2）劳动者对劳动力拥有绝对的所有权[1]。在劳动力市场中，雇佣的交易关系确立以后，在规定的劳动时间内，劳动者的劳动力支配权也就归购买者。但是，劳动力不可能与劳动者相分离，买方对劳动力的支配权要通过劳动者来发挥，即支配权的运用具有法律上的转移和生理上的滞留两重属性。依据自己对劳动力的所有权，劳动者能够取得合法的收益权，以奖金等形式与资本共同分享利润。

（3）劳动力的价格（工资）不只是当时提供劳动的报酬，还包括劳动者人力资本投资应获得的报酬。在现实中表现为，劳动者的受教育程度和工作经历影响劳动力的价格。劳动力被雇佣或租借的条件不仅包括工资的多少，还包括工作环境、劳动时间、劳动强度、伤害风险和是否得到"平等"对待等其他非货币因素。

（4）劳动力市场的活动不仅由劳动力和用人单位双方决定，还受到政府、工会、舆论、习俗等复杂的外部环境的影响。首先，要遵循劳动法律的规定，对劳动法律禁止、有明确规定的活动和事项，要严格遵守；其次，对劳动法律没有明确规定的活动和事项，用人单位和求职者要协商一致，达到合理、合情的效果，促进组织内部的劳动关系和谐发展，促进组织绩效和员工报酬的平衡。

参与劳动力市场活动的是有思想、有感情的人，具有主观能动性。因此，劳动力市场及劳动关系系统是一个有序与无序、确定与不确定、简单与复杂相互交融的世界。这具体表现为，围绕在劳动关系双方周围的政治、经济和社会环境等诸多因素对劳动力市场的活动和劳动关系系统产生着极为广泛、多变的影响。

三、劳动力市场的分类

劳动力市场的类型是多种多样的，依据不同的标准，可以对劳动力市场进行不同的分类。下面分别按照劳动力市场范围、职业对劳动力的素质要求、劳动力市场的竞争自由度、劳动力市场分割情况来区分劳动力市场的类型。

（一）按照劳动力市场范围划分

（1）区域劳动力市场。这是指根据供需双方搜寻的地理范围划分的劳动力市场形式，如乡村、城市、国内、国际劳动力市场等。

（2）行业劳动力市场。这是指根据交易的产业范围划分的劳动力市场形式，如建筑业、煤炭业、餐饮业劳动力市场等。这是同一行业的厂商共同面对的劳动力市场，同一行业劳动力市场内部存在厂商之间的竞争。

（3）职业（工种）劳动力市场。这是指根据交易的职业或工种划分的劳动力市场形式，如职业经理人、教师、保姆劳动力市场等，这是从事同种职业或工种的劳动者共同面对的市场，这种市场存在同一职业者之间的竞争。

（4）企业内部劳动力市场。这是指根据供给方和需求方在企业内的职位空缺中彼此搜寻的劳动力市场形式。企业内部劳动力市场的交易形式包括晋升、换岗、短期解雇、加班、修改工作量或工作速度等[2]。

(二)按照职业对劳动力的素质要求划分

(1)国家公务员市场。这是指以政府为需求主体,按照较为严格的标准,包括学历、专业、年龄、社会背景、敬业精神、公众形象和工作能力为要求,依据政府公务员接替期限,定期从全社会公开招聘、择优录用的劳动力市场形式。以市场方式来补充国家公务员队伍,从根本上解决了历史上遗留下来的"任人唯亲""近亲繁殖"的顽疾,破除了关系网的怪圈,破除权力对经济的影响,确保公务员队伍的素质和廉洁、廉政、勤政,确保政府机构的高效运转。

(2)职业经理人市场。这是指社会上具有较高经营投资和管理企业能力的经理人员市场。从宏观经济发展看,经理人市场的产生是劳动力市场成熟化的标志之一。国外有比较发达的职业经理人市场,我国的职业经理人市场尚不完善,特别是国有大中型企业高级经理人员的选拔,可能不是通过市场来进行的,而是以行政任命来实现人岗匹配的。

(3)专业技术人员市场。这是指某些领域具有外行人员不可代替的专门专业知识、技能和经验的劳动力所组成的市场形式,如工程师、会计师、律师、建筑师、医生及教师等群体,对于经济社会发展和科学技术的创新具有决定性作用。通过市场机制来配置专业技术人员,一方面可以最大限度地促进这类群体的高效化配置,减少人员的浪费和损失;另一方面,通过竞争和双向选择,在市场上确认和实现专业技术人员的价值,充分调动专业技术人员的积极性和创造性。

(4)普通劳动力市场。这是指由上述几种之外的普通产业工人、管理人员、销售人员组成的劳动力市场形式,这类市场包容人数多、规模大、涉及面广、竞争激烈[3]。

(三)按照劳动力市场的竞争自由度划分

(1)完全竞争市场。这是一种在理论分析中存在的理想化的市场形态,其主要特征是市场主体的数目很多、产品完全无差别、任何市场主体都没有对价格控制和任何市场主体都很容易地进出某个行业。具体到劳动力市场中,完全竞争劳动力市场的主体要具备完全信息,不存在其他非市场化的障碍,参与主体具备完全的决策条件,供求双方都根据自己的意愿去选择劳动力交易的方式、数量和价格。现实生活中只有餐饮服务市场、劳务市场等少数市场比较接近这种市场类型。

(2)垄断市场。这是一种极端的市场形式。它分为买方垄断和卖方垄断两种,信息极不对称是这类市场的基本特征。买方垄断市场是指由一家或几家劳动力需求方掌握就业机会,面对众多的求职者,供求双方的地位不平等,就业机会和工资水平控制在买方手里,求职者只能被动地去接受。例如,国家公务员市场就是典型的买方垄断市场。卖方垄断市场是指极少数劳动力供给者,面对巨大的劳动力需求或者社会组织具有极强的谈判力量,使市场交易明显地有利于卖方。作为极端形式,垄断市场很容易引起政府对市场的行政干预。

(3)不完全竞争市场。这是介于完全竞争市场和垄断市场之间,市场力量和非市场力量同时起作用时所形成的市场竞争格局。供求双方既要受市场因素的引导,同时还要受到行政因素的约束,其竞争是有限度的。不完全竞争市场是一种常见的市场形式。

(四)按照劳动力市场分割情况划分

20世纪60年代末70年代初,多林格尔和皮奥雷提出的二元劳动力市场分割理论认为劳动力市场存在主要和次要劳动力市场的分割,主要劳动力市场收入高、工作稳定、工作条件好、培训机会多、具有良好的晋升机制;而次要劳动力市场则与之相反,其收入低、工作不稳定、工作条件差、培训机会少、缺乏晋升机制。劳动力市场分割理论的发展经历了一个不断完善的过程。在现实中,可以将国家机关、党群组织、企事业单位负责人,以及专业技术人员、办事人员等劳动力市场划归为主要劳动力市场;将市场服务性工作人员、商业工作人员、农林牧渔劳动者、生产运输工人和不便分类的其他劳动者划归为次要劳动力市场。

另外,自2015年以来,网络平台依托互联网技术高效配置信息,让更多的人参与其中,创造了新的经济增长点,带来新的就业岗位,形成网络平台劳动力市场。这样,就将劳动力市场分为线下劳动力市场和网络平台劳动力市场。从岗位创造而言,网络平台劳动力市场借助互联网平台大数据对用工信息进行充分、即时、有效的配置,大大降低了交易成本,满足了本地企业对用工灵活性的诉求。例如,哈尔滨市人力资源和社会保障局推出的"来活儿"微信小程序就是哈尔滨地区的网络平台劳动力市场,仅2022年1月至9月,"来活儿"小程序新增用户数达16.29万人,点击量90万人次[4];一些自发组成的微信群也是网络平台劳动力市场的常见形态。

四、劳动力市场的作用

劳动力市场是市场体系的一个组成部分,是生产要素市场中的重要内容,是连接劳动力供求双方的桥梁。在市场经济条件下,劳动力市场是在价值规律和竞争规律作用下,通过劳动力供求双方自愿进行劳动力流动,对劳动力这一生产性资源进行有效配置的机制。劳动力市场的作用是促进自愿的、互惠的交易。劳动力市场是使用人单位和劳动者能够自由地进行相互选择,以一定的工资率将工人配置于工作岗位,进而使双方都取得效益,达到人力资源的有效配置。这种劳动力的配置,不仅满足了个人的需要,而且也满足了社会的需要。借助于劳动力市场,我们最重要的生产要素——劳动力,被分配到了不同的企业、行业、职业和地区,保证社会再生产的正常进行。

劳动力市场对劳动关系具有基础性作用。一般情况下,当劳动力市场供大于求,则工资率降低,用人单位具有较大话语权;反之,则工资率提高,用人单位话语权较小。

第二节 劳动力市场的均衡

任何市场都有买方和卖方,劳动力市场也不例外。在劳动力市场上,买方是雇主,卖方是雇员。一般来说,工资率随着供求关系的变化而变化,供求双方的劳动力供给量和需求量都受工资率的调节,都力图实现约束条件下的效用最大化和利润最大化。当劳动力供给和需求相等时,劳动力市场实现了均衡,劳动力资源得到了有效的配置。

一、均衡的概念

（一）古典均衡的概念及分类

1. 古典均衡的概念

"均衡"这一概念是从物理学中借用来的，它所描述的是一个系统的特殊状态，即运动的物体在受到方向各异，但作用相互抵消，合力等于零的外力作用时，受力的物体所处的相对静止的状态，即为均衡。

经济学中对均衡的理解可以分为均衡状态和均衡分析方法。经济学中的均衡状态是指经济中各种对立的、变动着的因素处于一种力量相当、相对稳定、不再变动的状态。在均衡状态下，相互对立的任何一种力量在各种条件制约下不再具有改变现状的动机和能力。均衡分析方法在于揭示各种经济变量之间的关系，说明均衡实现及其变动，是经济学的一种重要分析工具。

古典意义上的经济均衡是"市场均衡"，它包括两个方面的含义：第一，对立的力量（供求）在量上处于均等状态，即变量均等；第二，决定供求的任何一种力量这时不具有改变现状的动机和能力。

2. 古典均衡的分类

按照市场的覆盖范围，古典均衡分为局部均衡和一般均衡。局部均衡分析是分析单个市场、单个商品价格与供求关系变化的一种方法。它假定其他条件不变时，一种商品的价格只取决于它本身的供求状况。马歇尔于1920年创立了局部均衡理论，美国经济学家张伯伦和英国经济学家罗宾逊夫人提出了垄断竞争理论，发展了局部均衡分析方法。一般均衡分析是分析所有市场上各种商品的价格与供求的关系及其同时均衡问题的一种方法。它假定各种商品的价格和供求都是相互影响的，一个市场的均衡只有在其他所有市场都达到均衡的情况下才能实现。局部均衡是一般均衡的一个特例，一般均衡是局部均衡的推广。一般均衡理论的代表人物是瑞士洛桑神学院（1890年更名为洛桑大学）的瓦尔拉斯。此后，英国经济学家希克斯发展了一般均衡分析方法。

根据是否考虑时间因素的影响，均衡分析可以分为静态均衡分析和动态均衡分析。静态均衡分析抽象掉时间因素，通过假设非均衡到均衡的调整过程在瞬间完成，来说明各种经济变量达到均衡时所应具备的条件。动态均衡分析则是在充分考虑时间因素影响的基础上，着重考察经济变量在不同时间的变动情况，分析经济现象的变化过程。

（二）现代经济学对均衡概念的扩充

1. 市场均衡与经济均衡

经济学中最初定义的均衡，特指的就是市场均衡。现代经济学对均衡概念有两个方面的扩充，第一个方面的扩充是将这个概念应用于对各种经济形态的分析，将市场均衡条件一般化，用其来概括非市场经济中的各种状态，比如计划经济中的某些情况。因此，我们现在所说的均衡，已经不是狭义的"市场均衡"，而是一般意义上的"经济均衡"。

2. 凯恩斯失业均衡

现代经济学对均衡概念的第二个方面的扩充，是把只满足古典均衡两个条件中的一个条件的经济状态也认定为均衡。

20 世纪 30 年代凯恩斯宏观理论分析出现以后，逐步形成了"失业均衡"的概念。按照古典均衡的定义，失业均衡是一个悖论：失业意味着劳动力市场上供给大于需求，这时即使在商品市场和资金市场中存在着供求均衡，但从整个经济体系来看仍然存在着超额供给，因而是非均衡的，而不是均衡。

失业均衡的出现说明：①瓦尔拉斯所定义的一般均衡不是唯一的，可以把古典均衡视为一个特例，更一般的均衡则是像失业均衡这样的情况。正因为如此，凯恩斯把自己分析失业问题的理论称为"一般理论"，在其模型中，充分就业机会是诸多均衡点中的一个，而不是"唯一的均衡"。②更重要的是，失业均衡这种状态，虽然不满足"变量均等"这一要求，但满足相互对立的任何一种力量这时不具有改变现状的动机和能力这一要求。因为虽然失业工人想就业，但由于他们既不能改变现行工资率，又无法迫使企业在现行工资率下扩大雇佣工人数，所以只能处于被迫失业状态。

3. 非均衡理论中的非均衡概念

在古典均衡理论中，非均衡一般地说是一种不稳固的状态，具有暂时性和过渡性，必然要向其他状态转化。以克洛尔、莱琼霍夫德、马里沃等为代表的现代非均衡学派，将凯恩斯的失业均衡、社会主义经济中的"被抑制的通货膨胀"等，都概括为不同类型的非均衡。但是，现代非均衡学派的非均衡与瓦尔拉斯均衡一样，具有行为确定的含义，具有稳固性，可以持久地存在，而不仅仅是一种过渡状态[5]。

非均衡理论认为，在现实中，制度的原因和信息不完全都会使价格不能根据供求关系及时调整。因此，变量之间是不均等的，理想的供给不总等于有效需求，理想的需求也不总等于有效供给，市场运行的结果通常是非均衡的。

二、劳动力市场的静态均衡

完全竞争市场是不受任何阻碍和干扰的市场，市场上不会出现违背当事人意愿的劳动力过剩与劳动力短缺的现象，工资率的调节会自动实现市场出清，是适合理论分析的市场。下面以完全竞争市场为例来分析劳动力市场均衡的调整过程。

（一）劳动力市场静态均衡的形成

在完全竞争的劳动力市场上，劳动力供给和需求双方自发的相互作用是决定实际工资水平和劳动力就业数量的唯一因素。劳动力的供给者和需求者都是现行市场工资率的接受者。在劳动力供给量和需求量相等时，劳动力市场处于均衡状态，此时的工资率称为均衡工资率，而均衡工资率条件下的就业水平即为均衡就业量。

劳动力市场静态均衡的形成，也就是均衡工资率和均衡就业量的决定。均衡工资率是指此工资率下劳动力的供给与需求处于量的相等状态，高于这一工资率，劳动力的供给欲望会变得十分强烈，市场的劳动力供给量会有明显的增加；而劳动力需求则相反，会极度降低，这时市场的均衡就会被打破，市场会向新的均衡点运动。下面用图 5-1 说明劳动力市场静态均衡的形成。

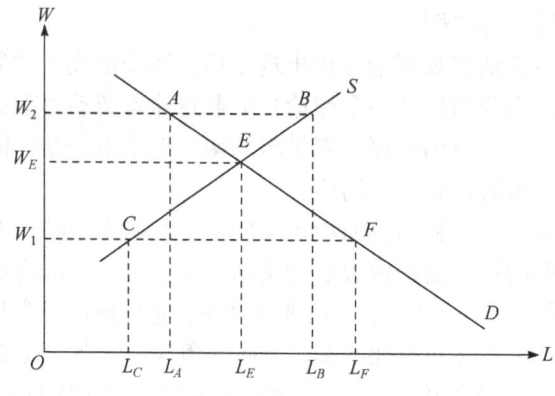

图 5-1 静态均衡的形成

在图 5-1 中，横轴为就业量 L，纵轴为工资率 W，D 为劳动力需求曲线，S 为劳动力供给曲线，对应于纵轴上的每一种工资水平，沿水平方向做出一条直线，该直线会与劳动力供给曲线 S 和劳动力需求曲线 D 相交，由交点向横轴作垂线就会形成与其相对应的劳动力供给量与需求量。劳动力供给曲线与劳动力需求曲线的交点所代表的工资率 W_E 和就业量 L_E 就是均衡工资率和均衡就业量。

假设市场工资率定为 W_1，在这样的工资水平上，需求大于供给。于是，雇主之间在劳动力市场上为争夺工人而展开竞争，存在劳动力短缺。企业为了吸引更多的雇员，必然增加工资，从而推动该市场整个工资水平的上升。

工资率上升后，市场的参与者都会做出反应。第一，更多的人愿意进入这一市场求职（沿着供给曲线变动）；第二，工资率上升引起雇主对工人的需求下降（沿着需求曲线变动）。如果工资率上升到 W_2，供给将超过需求。此时，雇主需要的工人数量低于可以得到的数量，并且并非所有希望就业的人都能找到工作，结果产生劳动力剩余。雇主很快就会认识到，即使提供较低的工资，他们仍然能够得到合格的求职者以填补职位空缺。对于工人，那些仅能找到一个工作岗位的工人会乐意地接受这一较低工资；对于另一些工人，在工资率下降之后，则会离开这一市场到别处求职。因此，随着工资率从 W_2 下降，供给和需求逐渐趋向均衡。在均衡状态 E 点，劳动的供需双方都感到满意，不存在改变工资水平的因素。

（二）劳动力市场均衡的破坏与重建

1. 劳动力需求变化对均衡位置的影响

一旦取得均衡状态，什么变化可以改变市场均衡工资呢？回答是需求曲线或供给曲线的移动。例如，随着信息技术的发展，需要更多的计算机维修人员。在图 5-2 中，需求的增加表现为需求曲线的右移。这表明在任何给定的工资率下，计算机维修人员的需求量增加。原有的市场均衡工资率（W_E）不再使供求相等，计算机维修人员市场将存在劳动力短缺。为了吸引雇员，这种短缺将迫使雇主提高工资。最终，计算机维修人员的工资率将上升到 W_1。同时，均衡就业量也增加了。

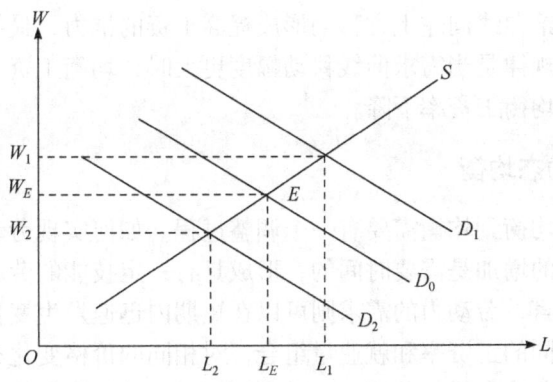

图 5-2　劳动力需求变动对静态均衡的影响

如果经济社会的发展使某一行业进行结构性调整，行业工作人员的需求量减少，则会发生相反的情况。在劳动力供给曲线不变的情况下，劳动力需求曲线左移，均衡工资率下降，均衡就业量减少；劳动力需求曲线右移，均衡工资率上升，均衡就业量增加。

2. 劳动力供给变化对均衡位置的影响

假设对某职业而言，如果其可替代职业的就业机会增加或工资率提高，就可能导致一些人离开该职业市场，去其他市场求职，这时该职业市场的劳动力供给曲线将向左移动，成为 S_1（图 5-3）。在原有的均衡工资率 W_E 处，出现了劳动力短缺。由于市场上雇主之间的竞争，工资率上升到 W_1，此时的均衡工资率的上升伴随着均衡就业量的减少。在劳动力需求曲线不变的情况下，劳动力供给曲线左移，均衡工资率上升，均衡就业量减少；劳动力供给曲线右移，均衡工资率下降，均衡就业量增加。

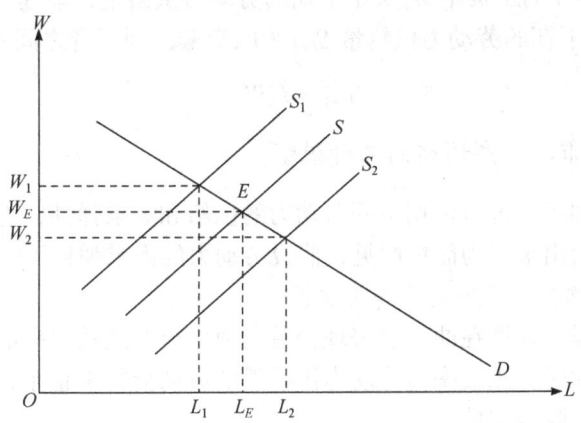

图 5-3　劳动力供给变动对静态均衡的影响

3. 劳动力供求双方同时变化

均衡的破坏也可能是供给和需求同时变化造成的，供求双方的变化可能同向，也可能反向。在同向变化时有变化幅度相同与相异两种情况，其中，在变化幅度相异时，还有劳动力需求变化幅度大于劳动力供给变化幅度，以及劳动力供给变化幅度大于劳动力需求变化幅度两种情况。在供求双方反向变化的时候，如需求曲线向左下方移动造成降低工资的压力,而供给曲线向左上方移动形成提高工资的推力,最终结果取决于两种力量的对比。其基本的规律是当需求曲线移动幅度更大时,均衡工资率上升;当供给曲线的移动幅度更大时,均衡工资率下降。

三、劳动力市场的动态均衡

劳动力市场由不均衡到均衡需要有一个调整过程。如何实现劳动力市场的均衡呢?这是由于劳动力供给的增加是需要时间的,形成具有一定技能的劳动力需要一个学习和培训的过程。相对而言,劳动力的需求则可以在短期内迅速发生变化。而且,劳动力的供给方和需求方有不同的工资率和就业量组合,对相同的价格变化有不同程度的反应,即有不同斜率的供给曲线和需求曲线。在供求不等时,需要依靠价格信号逐步调整供求数量,最终达到均衡,从而形成动态的调整过程。

(一)劳动力市场动态均衡的基本假设

由于形成劳动力供给决策到执行或实现决策,客观上存在一个或长或短的时间间隔,其长度视教育或培训的性质和特点决定。因此,这里作如下假设。

首先,假设形成劳动力供给决策的时间为本期,以 t 表示;执行或实现劳动力供给决策的时间为下期,以 $t+1$ 表示。在 t 与 $t+1$ 期间,已经形成的劳动力供给决策不变。

其次,假设本期 t 的劳动力需求量决定本期的工资率,分别以 W_t 和 D_t 表示本期的工资率和本期的劳动力需求量,两者之间的关系为

$$W_t = f(D_t) \tag{5-4}$$

最后,假设本期 t 的工资率 W_t 决定下期的劳动力供给量,以 S_{t+1} 表示,即本期的工资率 W_t 为自变量,下期的劳动力供给量 S_{t+1} 为因变量,则两者之间的关系为

$$S_{t+1} = f(W_t) \tag{5-5}$$

(二)劳动力市场动态均衡的三种模型

在上述假定条件下,可以依据不同劳动力的供给和需求弹性,将劳动力市场的动态均衡用蛛网模型描绘出来。为简单起见,假设劳动力的需求弹性不变。

1. 劳动力供给弹性小于劳动力需求弹性

供给弹性小于需求弹性在曲线上表现为劳动力供给曲线的斜率的绝对值大于需求曲线斜率的绝对值。此时,工资率与劳动力供给量的波动会越来越小,最后走向均衡。反映其变化的图形称为收敛型蛛网。

在图5-4(a)中,劳动力供给曲线 S 与劳动力需求曲线 D 相交于点 E,点 E 为均衡点,均衡工资率为 W_E,均衡就业量为 L_E。劳动力供给曲线 S 比需求曲线 D 陡峭,表明劳动力供给弹性小于需求弹性。如果工资率低于或高于均衡工资率,必然引起劳动力供给量与需求量的波动,进而又会引起下期工资率的波动,如此下去,就形成工资率与就业量的变动。其变动过程如下。

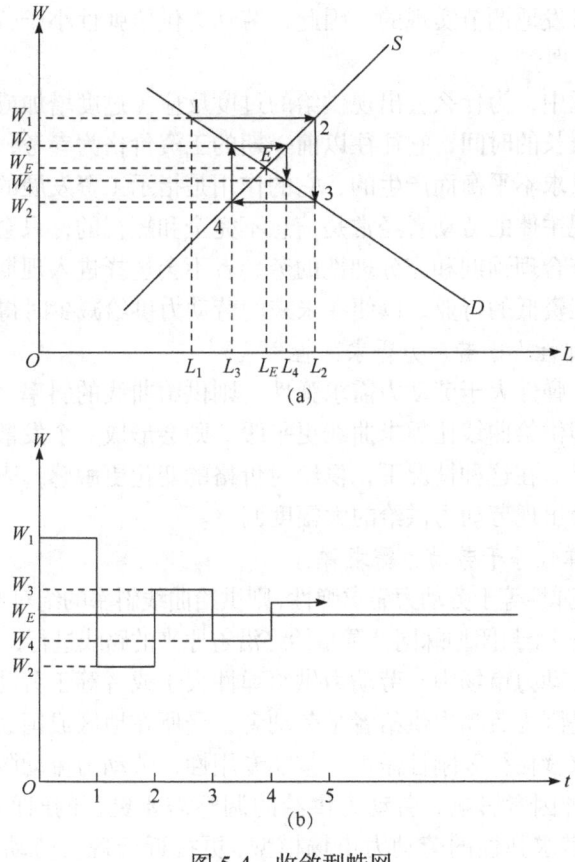

图 5-4 收敛型蛛网

第一阶段，就业量为 L_1，L_1 小于均衡就业量 L_E；劳动力需求价格为 W_1，W_1 高于均衡工资率 W_E。依据 W_1 的工资率决定下期的劳动力供给量 $S_{t+1}=L_2$，即

$$W_1 = f(L_1),\quad S_{t+1} = L_2 = f(W_1)$$

第二阶段，这个阶段是在第一阶段以 W_1 的工资率决定劳动力供给决策的供给者，执行或实现劳动力供给决策的时期。由于劳动力的供给大于劳动力的需求，他们只能以 W_2 的工资率实现就业。

第三阶段，本阶段的工资率为 W_2，这个工资率决定了下期劳动力的供给量为 L_3。

第四阶段，这个阶段是在第三阶段以 W_2 的工资率决定劳动力供给决策的供给者，执行或实现劳动力供给决策的时期。在此阶段，劳动力的需求量大于劳动力的供给量，市场工资率上升到 W_3。W_3 大于 W_E，L_3 小于 L_E。

这种调整会一直持续下去，最终将会使工资率的波动和就业量的波动逐步趋近于均衡点，趋近于均衡的就业量和工资率为 L_E 和 W_E。从调整路线的形状上看，会形成蛛网似的形状，所以又叫蛛网模型。

在图 5-4（b）中，横轴代表时间，纵轴代表工资率，图中的折线表明工资率的波动趋向于均衡工资率 W_E。在波动过程中，由于劳动力的供给弹性小于需求弹性，工资率的波动和就业量的波动逐步减弱。这种趋向于均衡点的波动是在劳动力供给弹性小于需求弹性时，通过供求自发地调节实现的。因此，劳动力供给弹性小于劳动力需求弹性被称为"蛛网稳定条件"[6]。

在上述调整过程中，为什么会出现供给的过度反应（过度增加或过度减少）呢？因为供给的调整需要很长的时间，它往往以前一期的工资价格为参考，而前一期工资是在供给不变时为解决供求不平衡而产生的，它的作用是指示工资发展的方向，而不是确切的标准。但作为微观主体的劳动者经常是信息不完全和短视的，只会对现期的工资做出反应。实际上，具有合理预期和充分理性的劳动者不会选择进入现期工资高的行业；相反，会选择到现期工资低的行业，以便在未来的劳动力供给减少时得到较高的工资。

2. 劳动力供给弹性大于劳动力需求弹性

如果劳动力供给弹性大于劳动力需求弹性，则供给曲线的斜率的绝对值比需求曲线斜率的绝对值小，即供给曲线比需求曲线更平缓，则会形成一个发散的蛛网模型，调整会越来越远离均衡点。在这种情况下，供给对价格的变化更敏感，表现为只要工资稍微增加或者减少，就会出现劳动力供给的大幅度调整。

3. 劳动力供给弹性等于劳动力需求弹性

如果劳动力供给弹性等于劳动力需求弹性，则供给曲线斜率的绝对值与需求曲线斜率的绝对值相等，会形成一个封闭型蛛网，调整始终沿着原来的路线进行，不能达到均衡点。

一般来说，在劳动力市场中，劳动力供给弹性大于或者等于劳动力需求弹性的调整过程不会出现。这是因为劳动力供给者是劳动者，受所在地区或国家的人口数量、人口结构、教育结构、衣食住行等刚性需求、技能专用性、劳动力流动限制、人们对未来的工资预期差异等多种因素影响，劳动力供给的调整需要更长的时间。所以，劳动力供给弹性小于劳动力需求弹性的劳动力市场模型，更接近于现实劳动力市场动态均衡的过程。

第三节 劳动力市场的非均衡

以上分析的是理想的完全竞争的劳动力市场中的情况，即工资率具有弹性，可以随供求关系的变化而变化，供求双方的劳动力供给和需求仅受工资率调节。但是，在现实中，劳动力的供求不仅受到工资率的影响，还受到众多的历史、制度、社会等多种因素的影响，劳动力的短缺和过剩是经常存在的。那么，在现实中，劳动力供求及工资率是如何决定的呢？这时市场是怎样趋向和保持一种稳定状态呢？

一、劳动力市场非均衡的含义

在阐述劳动力市场非均衡的定义之前，要明确以下两组概念：瓦尔拉斯需求（供给）和有效需求（供给）。瓦尔拉斯需求是指以效用最大化为目标的经济行为人在市场供求可以相等的状态下，根据市场价格形成的需求；而有效需求是指经济行为人在其预算可能的条件下，考虑了市场价格和其在本市场及其他市场所遇到的数量限制后，为其效用函数最大化所形成的需求。所以，瓦尔拉斯需求仅考虑市场价格，而有效需求是经济行为人在价格和数量双重限制情况下形成的需求。

与之相对应的瓦尔拉斯供给是厂商在一定生产技术条件下，考虑到产品价格之后形成的供给；而有效供给是厂商在一定生产技术条件下，考虑到产品价格及它们在市场上所受到的数量限制后形成的供给。两者的区别也在于是否受数量的限制。

利用瓦尔拉斯需求和有效需求的区别，一方面，可以用来研究数量限制对经济行为人的影响；另一方面，由于瓦尔拉斯需求和有效需求都是经济行为人在特定条件下希望实现的数量，它与实际的购买（销售）数量是不同的。因此通过分析有效需求和成交量的关系，可以考察在需求与供给达不到数量相等为特征的市场要求时，市场是如何达到与均衡状态不同的另一种稳定状态的。

这种稳定状态的含义是需求与供给数量虽不相等，但市场上并没有改变这种不相等格局，市场价格也因此稳定下来。这种不相等的状态也是一种稳定状态。它与传统的均衡理论的解释不同，所以被称为"非均衡"或"非瓦尔拉斯均衡"。

劳动力市场是一种典型的非均衡市场，其主要原因如下。①工资率（包括名义工资率和实际工资率）作为劳动力的价格，具有相当大的刚性，因为人们的消费已达到一定水平，要退回去习惯一种更低的生活水平是困难的。工资刚性使价格机制往往不能在劳动力市场上充分发挥作用。②由于劳动力需求是派生需求，所以劳动力数量除受工资率调节外，还要受产品市场需求的调节。③由于劳动是人的谋生手段，劳动力供给的数量除受工资率调节外，还受人的主观偏好、财富总量和社会心理等因素的调节。

除此之外，还有一些原因使得劳动力供求处于非均衡状态，如信息的传递速度、过度选择、经济体制与劳动体制、经济政策与劳动政策等因素。例如，①信息不足。从理论上说，要实现劳动力供求的最优结合必须以供给、需求信息的全面传递为前提。但实际上这是做不到的。缺乏必要的信息会使对方在选择时处于盲目状态，劳动者会出现职业选择过窄、选择不当甚至不能就业的情况；用人单位则难以把合适的人选择到工作岗位上。②过度选择。当劳动者对自己的能力估计过高，对社会劳动力需求状况估计过好时就会定出过高的职业目标。这样，在选择职业时就可能出现"高不成低不就"的过度选择现象。人为地造成劳动力供求不能结合的现象。③制度和政策因素。一个国家的经济及社会制度与政策，如收入分配制度、价格限制等，可能会对劳动力的供求产生影响。

二、劳动力市场非均衡的表现

（一）自愿失业与非自愿失业

自愿失业是由于存在工资刚性、市场工资率不能随劳动力供给和劳动力需求的变化而变化，或者由于存在有关工资率方面的法律规定（如最低工资法），实际工资率太高而引起劳动力供给大于劳动力需求而造成劳动力失业的现象。

如图 5-5 所示，在劳动力市场上，如果工资率有弹性，劳动力市场均衡决定的工资率为 W_0，就业量为 L_0。当法定最低工资率超过均衡工资率等于 W_1 时，有 L_1 数量的劳动者希望就业。而厂商根据利润最大化目标，只能雇佣 L_2 数量的劳动者，从而有 L_1-L_2 数量的劳动者处于失业状态。

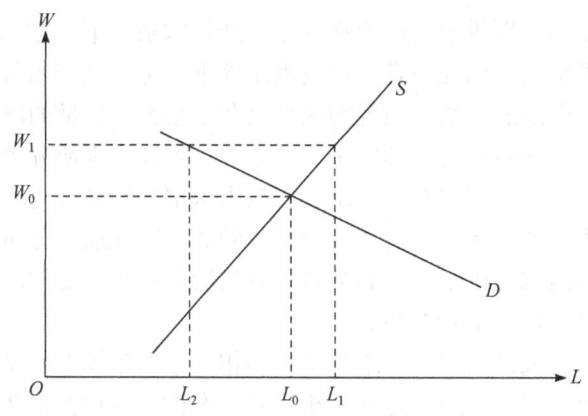

图 5-5 劳动力市场的自愿失业

非自愿失业是一种市场非均衡现象，它不是由实际工资率太高而引起的，而是因为产品需求下降使厂商销售发生困难，对劳动力供给的数量产生数量限制情形下发生的失业。

（二）劳动力短缺与劳动力过剩

劳动力短缺的含义是，在劳动力市场上劳动力的需求大于劳动力有效供给。

在计划经济体制下，劳动力短缺是一种常见的现象。这是因为，从劳动力需求方来说，企业作为社会中的一个行政机构，具有内在的不断扩大自身规模的冲动，引起扩大劳动力需求的冲动，这表现在企业在向上级单位争取用工指标的行动中，使劳动力需求在劳动力市场上处于长边的位置。

劳动力短缺具有累积、溢散的效应。劳动力累积效应是指劳动力短缺时劳动力市场成为卖方市场，助长劳动者懒惰、工作不负责任、服务态度不好等弊端，于是进一步加重劳动力短缺。劳动力溢散效应是指某一工厂的劳动力短缺引起减产，使以这个工厂的产品为原料的工厂发生原材料短缺，由此引起一系列短缺。

劳动力过剩与劳动力短缺正好相反，它是指劳动力市场上劳动力需求是短边，劳动力供给是长边，劳动力供给大于有效供给。劳动力过剩的表现形式是劳动力滞存。这种滞存发生在企业内部，就是隐性失业；发生在企业外部，就是显性失业。

（三）工资漂浮与平均主义

工资漂浮是指计划经济体制中存在的自下而上层层提高工资率的倾向，以及由这种倾向造成的工资率轮番上升的现象。工资漂浮是由工资紧张造成的。工资紧张就是指某个集团以另一集团或几个集团的工资水平为参照进行比较而产生的对自己在相对工资关系中所处地位的不满。这种不满导致工资攀比，从而导致工资漂浮。工资紧张当然与决定工资率差别的政府掌握不到有关集团劳动差别的完全信息有关，但即使政府一开始确定的工资率差别是与劳动差别相符的，工资紧张也会因劳动力短缺与劳动力过剩的并存而产生。

工资漂浮和由工资紧张引起的工资攀比，在劳动力短缺和劳动力过剩普遍存在的条件下，必然导致工资收入的平均分配，即分配中的平均主义倾向。这是因为，在劳动力短缺和劳动力过剩并存的情况下，会造成不同劳动者的忙闲不均，这种忙闲不均的责任不在于哪个劳动者个人或集团。劳动者个人或集团之间支出劳动有多有少完全是劳动机会不均造成的，不是个人或集团减少或增加劳动供给的结果。在这种情况下，如果工资分配完全以劳动支出为准，就会引起劳动机会少的人的不满。机会不均等只好用收入均等来弥补。于是，工资收入分配的平均便自然而然地形成了。

通过以上分析，我们可以确定，经济的、政治的、伦理的、心理的因素导致了劳动力市场出现自愿失业与非自愿失业、劳动力短缺与劳动力过剩、工资漂浮与平均主义等非均衡的现象，而每个人在既定的信息条件、制度条件和市场条件下的最优选择基础之上形成的非均衡结果具有稳定性。因此，非均衡状态是劳动力市场的常态。

第四节　中国的劳动力市场

从1979年开始，中国的劳动力市场进入了逐渐发育的成长时期，在分别经历了以体制外"放开"为主要特征的第一阶段、以体制内工资改革为主要特征的第二阶段后，第三阶段以体制内的部分人员开始向体制外流动为主要的特征。目前，就业双向选择机制、劳动力流动与竞争机制、失业机制、社会保险机制等劳动力市场机制与政府对劳动力市场的宏观调控机制也开始逐步完善，中国的劳动力市场正处在城乡劳动力市场全面建设和不断完善的第四阶段。但从总体上看，它仍处于分散的初级形态，迄今尚未形成统一的劳动力市场，其分割阻碍着劳动力在城乡、地区、行业间的自由流动；新生劳动力增长快，供大于求和供求不匹配的现象同时存在。产业结构的调整和宏观经济的周期等因素也造成了就业的压力，使工资不能充分地发挥调节劳动力供需的作用。

自2015年以来，互联网技术的广泛应用，新经济、新业态、新模式的快速发展，催生了诸多的新就业形态。2020年上半年，网约配送员、人工智能训练师、电气电子产品环保检测员、全媒体运营师等新职业的发布，标志着中国的劳动力市场形成了多维、复杂的状态，表现为一级劳动力市场和二级劳动力市场并存、外部劳动力市场和内部劳动力市场并存，也出现了线下劳动力市场和网络平台劳动力市场并存的状态。

一、劳动力市场供求状况

中国的基本国情是人口众多，劳动力资源丰富。从总量上看，劳动力供大于求的基本态势仍没有改变，但是也存在经济增长速度比较快的地区的劳动力需求大于供给的情况；同时，在劳动力市场上"用工荒"和"就业难"并存，即劳动力市场存在供求不匹配的结构性矛盾。例如，从2008年第一季度北京市劳动力市场供求总量对比（表5-1）可以看出，2008年第一季度北京市的求人倍率达3.08，供求缺口达120 969人，劳动力市场需求人员数量与求职人员数量相比，呈现需求大于供给状态，说明劳动力市场存在结构性矛盾。全部劳动力市场最大求职成功率为0.71，这实际上意味着进入劳动力市场的每100个劳动者中，有14个是因为用人需求不足的原因而不能就业，另有15个是因为供求匹配上的原因而不能就业。匹配因素与岗位不足对劳动力就业的影响是等量齐观的，已经影响劳动力资源的合理配置和劳动者的就业，说明我国劳动力市场上就业的总量矛盾和结构矛盾同时存在。

表 5-1　2008 年第一季度北京市劳动力市场劳动力供求双方总量对比分析

数量	2008 年第一季度	2007 年第四季度	环比（增减人）/人	环比	去年同期/人	同比（增减人）/人	同比
需求总量/人	179 118	159 323	19 795	112.42%	114 374	64 744	156.61%
求职总量/人	58 149	85 551	−27 402	67.97%	67 884	−9 735	85.66%

资料来源：京统函［2007］212 号

依据人社部公布的劳动力市场求人倍率数据，从 2010 年的第一季度开始，中国 70 个大中城市的求人倍率比提高到 1 以上，到 2018 年第四季度的时候，求人倍率提高到 1.27。这标志着我国就业形势的主要矛盾逐步由总量矛盾转向了结构矛盾。《促进就业规划（2011—2015 年）》中明确提出，"十二五"时期，就业形势首先是"劳动力供大于求的总量压力持续加大，城镇需就业的劳动力年均 2500 万人，还有相当数量的农业富余劳动力需要转移就业"，其次是"就业的结构性矛盾更加突出"，表现为随着技术进步加快和产业优化升级，技能人才短缺问题将更加凸显；部分地区、企业用工需求与劳动力供给存在结构性失衡，造成企业"招工难"与劳动者"就业难"并存；以高校毕业生为重点的青年就业、农业富余劳动力转移就业、失业人员再就业，以及就业困难群体实现就业难度依然很大。《"十三五"促进就业规划》则把结构性矛盾提高到了新的位置，提出要"坚持总量与结构并重"，既要着眼于我国人口众多的基本国情，高度重视总量问题，又要从区域、行业、人群分化的实际出发，聚焦关键环节，抓住主要矛盾，坚持分类施策、精准发力，着力解决日益突出的结构性就业矛盾。

劳动年龄人口是劳动力供给的基础。劳动年龄人口由增加转为减少，是我国经济社会形势的重要变化。从劳动力供给的角度看，根据《中国统计年鉴 2021》的数据，2013 年是 15~64 岁劳动年龄人口的拐点，经过持续的劳动年龄人口数增长，达到了 101 041 万人的峰值，之后开始呈现逐年下降趋势，如图 5-6 所示。2010 年，老年人口数与少年儿童人口数之和与劳动年龄人口数的比值代表的总人口抚养比下降到 34.2% 的最低值之后，逐渐升高，在 2022 年达到 46.4%。2022 年，劳动年龄人口减少 666 万；同时，在

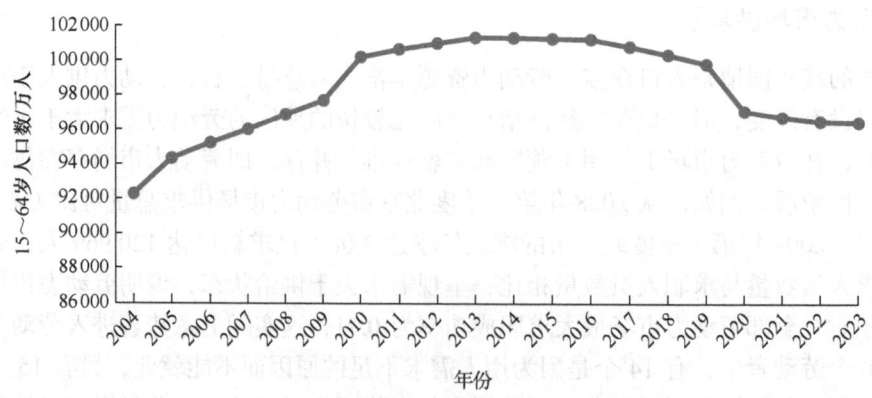

图 5-6　中国劳动年龄人口数量

2022年，中国的总人口较2021年减少85万，成为中国人口增长的转折点。总人口抚养比上升、劳动年龄人口减少和总人口减少者三者叠加，给我国的劳动力供给及经济社会带来新的变量。

从劳动力需求来看，根据《2022年第二季度全国招聘大于求职"最缺工"的100个职业排行》，营销员、快递员、车工、商品营业员、市场营销专业人员、餐厅服务员、保安员、家政服务员、电子产品制版工、保洁员位列102个定点监测城市公共就业服务机构人力资源场数据的前十位，见表5-2。另外，自2015版《中华人民共和国职业分类大典》（以下简称《大典》）颁布以来，人社部已经发布了五批新职业。例如，2020年2月，人社部与国家市场监督管理总局、国家统计局联合向社会发布了工业互联网工程技术人员、全媒体运营师等16个新职业；2022年6月，人社部向社会发布了退役军人事务员、家庭教育指导师等18个新职业。

表5-2　2022年第二季度全国招聘大于求职"最缺工"前十位职业排行

排名	1	2	3	4	5	6	7	8	9	10
职位名称	营销员	快递员	车工	商品营业员	市场营销专业人员	餐厅服务员	保安员	家政服务员	电子产品制版工	保洁员

二、职业介绍机构

1998年至今，政府注重培育和发展劳动力市场，各类职业咨询网络基本形成，城市劳动力职业的选择趋于多样化，劳动力市场供求机制和自由流动机制发挥了更大作用。目前我国职业介绍机构主要由以下几部分构成：①各级人事部门举办的人才交流中心，如各级职业介绍服务中心；②各类民办的人才交流中心；③各级劳动保障部门开办的职业介绍所；④各类民办的职业介绍所；⑤政府有关部门举办的各类劳动力供需交流会；⑥社区劳动服务部门；⑦专门的职业介绍网站。自互联网平台就业快速发展以来，劳动力市场供求信息正在向着逐渐畅通的方向发展。但是，从总体上说，我国的劳动力市场还存在着劳动力市场信息不畅的问题。

三、劳动力市场工资

2003年，劳动和社会保障部规划财务司、劳动工资司①继续在全国100个劳动力市场"三化"（科学化、规范化、现代化）建设试点城市中开展了工资价位抽样调查数据，企业工资分配主要呈现以下特点。

从职业和岗位角度看，高级管理人员，包括企业经理（厂长）、企业董事，他们的工资水平参差不齐，国有企业相对偏低，地区间差距较大；从不同类型企业看，外商投资企业、董事、经理（厂长）工资水平普遍高于内资企业，股份有限公司的薪酬水平已经进入各类型企业的前列，国有企业经营者工资水平相对偏低。

---

① 依据十一届人大一次会议审议通过的《国务院机构改革方案》，将人事部、劳动和社会保障部的职责整合划入人力资源和社会保障部。在机构整合中，劳动工资司改为劳动关系司。

地区间工资水平差别较大,在被调查的城市中,平均工资最高的10个城市全部为东部城市,而平均工资最低的10个城市全部为中部和西部城市。

从受教育程度看,职工工资水平与受教育程度成正比,不同学历间职工工资水平差距有扩大的趋势。从技术等级看,职工工资水平与技术等级高低成正比,最高技术等级组与最低技术等级组工资水平差距为3∶1。

智联招聘在线数据显示,2019年夏季,全国37个主要城市的平均招聘薪酬为每月8452元,本季度平均薪酬绝对值环比上升5.0%,同比涨幅为7.9%[7]。

2020年9月,智联招聘发布了《2020年秋季大学生就业报告》,报告显示,毕业生就业专业对口程度高,计算机、会计专业就业范围广,而工学专业就业收入更高,2020届毕业生第一份工作平均起薪为每月5290元。2022年,根据麦可思研究院发布的《2022年中国本科生就业报告》中行业数据,在毕业五年的2016届本科生中,月收入以信息传输、软件和信息技术服务业最高,其次是电子电气设备制造业、交通运输设备制造业、金融业、各类专业设计与咨询服务业,这些是2016届本科生毕业五年后月收入较高的五个行业[8],见表5-3。

表5-3 2016届本科生毕业五年后月收入较高的五个行业排行

排名	1	2	3	4	5
专业名称	信息传输、软件和信息技术服务业	电子电气设备制造业	交通运输设备制造业	金融业	各类专业设计与咨询服务业
月收入/元	13 921	12 844	11 679	11 663	11 625

四、劳动力市场环境

目前,我国劳动力市场环境正在逐渐改善。中国劳动力市场的改革,尤其是城市劳动力市场的改革,要落后于其他产品和要素市场的改革。中国总体经济改革从20世纪70年代末开始,但对城市国有部门用工制度的改革从20世纪90年代中期才真正开始。2020年3月30日,中共中央、国务院发布的《关于构建更加完善的要素市场化配置体制机制的意见》,提出要深化户籍制度改革,推动超大、特大城市调整完善积分落户政策,探索推动在长三角、珠三角等城市群率先实现户籍准入年限同城化累计互认;健全统一规范的人力资源市场体系;加强就业援助,实施优先扶持和重点帮助;完善人事档案管理服务,加快提升人事档案信息化水平。这些改革有利于促进中国统一的劳动力市场的形成,可以预见,统一劳动力市场的形成顺序:地区性劳动力市场向区域性劳动力市场过渡,区域一体化的劳动力市场到全国统一的劳动力市场。

目前,我国劳动力市场正在改善,这表现在以下三个方面。

第一,劳动力市场规制的措施和手段日益丰富。

第二,政府综合运用各种调控手段的能力也有所加强。自2010年1月由人社部、中国残疾人联合会共同启动的"就业援助月"活动,已经形成了制度化的公共就业服务专项活动。

第三，职业资格证书制度促进了劳动力市场的发展。

本章小结

本章主要以劳动力市场的含义为分析起点，重点介绍了劳动力市场的基本概念和均衡分析方法。在劳动力市场上，静态均衡是抽象掉时间因素，反映市场供求和工资变动的关系实质；动态均衡是更接近现实世界个体决策的局部劳动力市场均衡；劳动力市场非均衡体现了制度性因素和社会性因素对劳动力市场均衡的影响。

一、劳动力市场的基础知识

（1）劳动力市场的三种含义：劳动力市场是经济要素配置场所；劳动力市场是经济交换关系；劳动力市场是一种经济运行机制。

（2）劳动力市场主要由以下五个要素构成：劳动力、用人单位、工资、劳动力市场组织者，以及劳动力市场规则。

（3）劳动力市场的特征：在劳动力市场上，劳动者只能被雇佣；劳动者对劳动力拥有绝对的所有权；劳动力的价格（工资）不只是当时提供劳动的报酬，还包括劳动者人力资本投资应获得的报酬；劳动力市场的活动不仅由劳动力和用人单位双方决定，还受政府、工会、舆论、习俗等复杂的外部环境的影响。

（4）劳动力市场的分类：依据不同的标准，可以对劳动力市场进行不同的分类。第一，按照劳动力市场范围划分，可将劳动力市场分为区域劳动力市场、行业劳动力市场、职业（工种）劳动力市场和企业内部劳动力市场。第二，按照职业对劳动力的素质要求划分，可将劳动力市场分为国家公务员市场、职业经理人市场、专业技术人员市场和普通劳动力市场。第三，按照劳动力市场的竞争自由度划分，可将劳动力市场分为完全竞争市场、垄断市场和不完全竞争市场。第四，按照劳动力市场分割情况划分，可依据多林格尔和皮奥雷等提出的二元劳动力市场分割理论，将劳动力市场分为主要劳动力市场和次要劳动力市场；也可依据是否借助互联网技术，将劳动力市场分为线下劳动力市场和网络平台劳动力市场。

（5）劳动力市场的作用：促进自愿的、互惠的交易，对劳动力这一生产性资源进行有效配置。

二、劳动力市场的均衡

（1）均衡的概念。古典意义上的经济均衡是"市场均衡"，现代经济学中的均衡概念是一般意义上的"经济均衡"。根据是否考虑时间因素的影响，均衡分析可以分为静态均衡分析和动态均衡分析。

（2）劳动力市场的静态均衡。静态（不考虑时间因素）均衡分析的优点是简单，能得出许多有效的结果；缺点是现实经济中一般来说不能满足上述的隐含前提。在完全竞争的劳动力市场上，劳动力供给和需求的相互作用是决定实际工资水平和劳动力就业数量的唯一因素。劳动力市场静态均衡的形成，也就是均衡工资率和均衡就业量的决定。需求或供给曲线的移动可以改变市场均衡工资率和均衡就业量。

（3）劳动力市场的动态均衡。动态（引入时间因素）均衡分析则着重考察经济变量在不同时间的变动情况,分析经济现象的变化过程。劳动力市场由不均衡到均衡的调整过程是需要依靠价格信号逐步调整供求数量,最终达到均衡,从而形成动态的调整过程。

三、劳动力市场的非均衡

现代均衡将市场均衡演变为一般意义上的经济均衡,认为非均衡状态也是一种均衡,使得经济分析更贴近现实的经济生活。

(1)劳动力市场非均衡的含义。劳动力需求与供给数量不相等,但市场上并没有改变这种不相等格局,市场价格也因此稳定下来。这种不相等的状态也是一种稳定状态。所以被称为"非均衡"或"非瓦尔拉斯均衡"。

(2)劳动力市场非均衡的表现。自愿失业与非自愿失业、劳动力短缺与劳动力过剩、工资漂浮与平均主义。

四、中国的劳动力市场

(1)劳动力市场供求状况。中国劳动力市场上劳动力总量供大于求,同时存在供求不匹配的结构性矛盾。

(2)职业介绍机构。我国职业介绍机构基本完善。但从总体上说,我国的劳动力市场还存在着劳动力市场信息不畅的问题。

(3)劳动力市场工资。从职业和岗位角度看,高级管理人员的工资水平参差不齐,地区间差距较大。地区间工资水平差别较大,且仍然有扩大趋势。按照登记注册类型和职位分类看企业工资水平,比行业差距还大。根据受教育程度看,职工工资水平与受教育程度成正比。

(4)劳动力市场环境。目前,我国劳动力市场环境正在逐渐改善。由于户籍制度及一系列在户籍制度基础上制定的政策措施仍然广泛存在,我国城乡间、行业间的劳动力市场迄今为止仍然没有形成一个统一的竞争性市场。

名 词 解 释

劳动力市场　求人倍率　最大求职成功率　最大职业匹配率　局部均衡　静态均衡　动态均衡　劳动力短缺　劳动力过剩　工资漂浮　平均主义

复 习 思 考

1. 什么是劳动力市场?
2. 什么是劳动力市场均衡?
3. 分析劳动力市场静态均衡形成过程及劳动力供求变动对均衡的影响。
4. 为什么说劳动力市场是典型的非均衡市场?
5. 简述劳动力市场的类型。
6. 联系实际说明劳动力市场的主要特征。

7. 结合图形说明劳动力市场动态均衡的三种类型。
8. 劳动力市场非均衡的表现有哪些？
9. 结合实际，说明劳动力市场的作用和意义。

参考文献

[1] 袁伦渠. 劳动经济学[M]. 6版. 大连：东北财经大学出版社，2021.
[2] 杨河清，张琪. 劳动经济学[M]. 6版. 北京：中国人民大学出版社，2024.
[3] 沈琴琴. 劳动经济学[M]. 2版. 北京：中国人民大学出版社，2017.
[4] 徐佳倩. 室外进室内、线下变线上 黑龙江零工市场"大变身"[EB/OL]. https://m.163.com/dy/article/HL3235FO05148U24.html[2022-11-01].
[5] 杨河清. 劳动经济学[M]. 5版. 北京：中国人民大学出版社，2018.
[6] 曾湘泉. 劳动经济学[M]. 3版. 上海：复旦大学出版社，2019.
[7] 傅洋. 今夏招聘平均每月薪酬8452元，北京130人竞争一个岗位[EB/OL]. https://baijiahao.baidu.com/s?id=1638109597643386034&wfr=spider&for=pc[2019-07-04].
[8] 王月竹. 2022年中国本科生就业报告：47.7%的2016届本科生毕业五年后实现月入过万[EB/OL]. https://baijiahao.baidu.com/s?id=1738857924247850955&wfr=spider&for=pc[2022-07-20].

知识链接5-1 网络平台劳动力市场

2015年以来，网络平台依托互联网技术高效配置信息，让更多的人参与其中，创造了新的经济增长点，带来新的就业岗位，形成了网络平台劳动力市场。依据中国和美国对网络平台就业的调查结果，我们认为网络平台带来了更多机会均等的可持续性就业，这类就业对劳动关系的影响体现在就业收入（小时工资）、工作时间及就业满意度等方面；认为网络平台劳动力市场突破了工作场所劳动力市场岗位创造的局限性，两类劳动力市场具有互补性。平衡网络平台就业的灵活性和劳动关系的稳定性是分享经济下构建和谐劳动关系的关键。

目前，我国经济发展处于新旧动能交替期，一方面以大数据、信息技术和人工智能为动能的数字经济持续上行，另一方面以劳动力和资源要素为驱动的传统经济缓慢下行。我国新增就业数量还依然有所上升，说明技术进步对就业的影响已经发生转变，这种转变可能来自数字经济发展缓冲了传统经济下行期的失业风险，也可能来自未来的工作内容与工作方式的转变。为此，要了解数字化特征对技术进步影响工作岗位的机制、经济发展方式、新就业关系形式，探究数字经济与未来工作的可能，在此基础上了解未来劳动力市场，以便包容性治理。

从岗位创造方面而言，网络平台劳动力市场借助互联网平台大数据对用工信息进行充分、即时、有效的配置，大大降低了交易成本；从劳资共赢方面而言，灵活就业岗位的供给涌现反映出企业对灵活性的诉求；从社会公平方面而言，在网络平台劳动力市场中，劳动者收入水平以客观的工作类型为参照，而非个体特征。

讨论题：结合知识链接，运用所学劳动力市场的相关理论，分析当前中国劳动力供求的特点及劳动力市场的作用和发展趋势。

知识链接 5-2　留住顶尖员工的最佳方法：打造内部劳动力市场

在市场经济环境中，企业需要留住顶尖员工，需要稳定的高绩效员工队伍。为此，企业要了解顶尖员工的职业需求，并愿意为提供这些职业需求而投资。

很多相关研究表明，在预算较少的情况下，企业留住顶尖员工的重要办法是打造企业内部劳动力市场，为所有员工特别是高绩效员工提供更多机会，让他们在企业的不同岗位和项目组之间流动。同时，让对工作充满激情的年轻员工有更多职业发展机会，能在工作中有更多发言权，得到更具建设性的表现反馈和成果反馈、更恰当的组织支持和组织资源，这些都有利于留住顶尖员工。

对于组织领导者来说，以下方面将有助于在未来员工掌握更大主动权时留住顶尖员工：在企业内部设定明确的职业发展阶梯，让员工有确定可实现的目标地；培育促进企业内部流动的文化氛围，鼓励员工公开讨论自己的技能、兴趣和职业抱负，企业记录员工的技能、兴趣和职业抱负，如同社会招聘一样，进行人岗匹配；为员工提供持续学习机会和职业发展建设性建议，促进个体在企业内的职业发展。

讨论题：内部劳动力市场有何特征，与外部劳动力市场的区别有哪些？

知识链接 5-3　劳动力市场理论前沿及热点问题

1. 老龄化社会的劳动力市场表现。
2. 次要劳动力市场内不稳定劳动者的形成机制与改善办法。
3. 近20年来，中国劳动力市场结构性矛盾的表现。
4. 零工经济如何重塑劳动力市场。
5. 多样化就业形态与劳动力市场。
6. 劳动力市场的演变。
7. 劳动力市场一体化发展的路径。
8. 劳动力市场分割的新表现。
9. 社保转嫁与劳动力市场再分配。
10. 生成式人工智能与劳动力市场。
11. 高等教育普及化时代的劳动力市场。
12. 互联网平台与劳动力市场。

第六章

劳动力流动

导 读

劳动力的自由流动是市场配置资源的重要组成部分。本章主要介绍劳动力流动的基础知识、劳动力流动的决策分析和中国的劳动力流动情况。通过本章的学习，应达到如下目的：系统地掌握劳动力流动的成因理论和影响因素；了解劳动力流动的决策依据，在经济方面，只有当劳动力流动的净收益为正数时，劳动力才可能做出流动的决策，劳动力流动才会发生；能够用劳动经济学的理论和方法，分析中国劳动力流动中的微观及宏观的问题。

（1）了解劳动力流动的影响因素。

（2）掌握劳动力流动的经济决策分析方法，正确计算劳动力流动的成本和收益。

（3）了解中国劳动力流动的特征和趋势。

识记：了解劳动力流动的概念和类型，正确认识和表述配第-克拉克定理和库兹涅茨法则。

领会：劳动者个体特征在劳动力流动的影响因素中的重要性。

应用：运用劳动力流动成因理论和影响因素，分析我国目前劳动力流动的主体，即进入现代产业、受雇从事非农劳动的农民工流动的方向和趋势。

第一节 劳动力流动的基础知识

在自给自足的自然经济条件下，家庭就是社会基本的生产单位和消费单位，劳动力与生产资料采用直接结合的方式，基本上不流动；在实行中央政府高度集权的计划经济体制下，劳动力的流动采用行政命令手段进行控制与调配，劳动力流动程度也很低；在市场经济条件下，社会分工所造成的劳动技能和工作能力进一步专门化，政府和企业给劳动力提供就业机会，社会对劳动力就业给予了充分的自主权。因此，劳动者能够根据不同地区和工作之间存在着的经济福利方面的差异，自由流动，通过竞争获得工作岗位。劳动力流动成为一个常见且重要的经济现象。

一、劳动力流动的含义

劳动力流动是指在劳动力市场上，具有一定劳动能力的劳动者，为了实现自身利益，在不同的地理区域和不同的工作岗位之间自愿地迁移和流动。从本质上讲，劳动力流动是劳动力的自主寻优选择行为，人们预期在长期内获得更高的收益，但是，劳动力流动也会产生相应的成本，即劳动者为了在将来获得更高的收益而放弃已有的收益（货币的和心理的），放弃的收益可看成将来获得高收入的投资。从这个意义上说，劳动力流动是一种对人力资本的投资。

当前，劳动力流动是广泛存在的。例如，《2021年农民工监测调查报告》显示，2021年全国农民工总量29 251万人；《中华人民共和国2021年国民经济和社会发展统计公报》显示，2021年末全国人口14.1亿人，其中居住地与户口登记地所在的乡镇街道不一致且离开户口登记地半年及以上的人口中扣除市辖区内人户分离的人口——流动人口为3.85亿人。这些都是宏观层面上劳动力流动的表现。在微观层面上，你会发现你的同学最近跳槽到一家新公司，你的亲戚换了工作地点。很多公众人物也都有劳动力流动的经历，所以，劳动力流动是常见的社会经济现象。

在理论上，劳动力流动通常有以下假设。第一，劳动力的流动是为了实现自己的利益，为了获得更多的收入，而采取的自愿的迁移和流动行为。它不包括由雇主造成的流动，如失业而导致劳动力工作岗位的变化。第二，在劳动力市场上，只有劳动力有流动的自由选择权，不考虑雇主和资本的迁移及转项。

二、劳动力流动的类型

劳动力跨区域大规模流动就业，是我国改革开放、体制转轨过程中出现的一个新现象，也是劳动力就业逐步市场化的重要内容。劳动力流动的类型繁多，可以从不同的角度进行多方面的分类。胡学勤、胡泊在《劳动经济学》一书中按流动的时间将劳动力流动分为永久型迁移、常年型流动、季节型流动和临时型流动[1]。根据劳动力流动的目标，威廉·彼特森（William Petersen）把劳动力流动分为保守型流动和创新型流动两种。他认为，保守型的流动是一些流动者为了能够保持原有的生活方式，而做出的流动到一个新的地方的选择。创新型流动则是一些流动者为追求和实现新的生活方式，而把流动作为实现其目的的手段[2]。从城市化的视角，陈林、姚顺波把农村劳动力流动分为永久迁移型、常年流动型和季节临时流动型[3]。葛剑雄等把劳动力流动分为生存型流动和发展型流动。生存型流动是指人们为了维持自身的生存而不得不改变居住地而流入其他地区的流动。发展型流动则是人们为了物质和精神生活状况的改善而进行的流动[4]。按照劳动力流动的范围，本书将劳动力流动分为以下几种类型。

1. 企业内部的流动

企业内部的流动即劳动力在企业组织内部各工种、职位、岗位之间进行的流动。这种流动一般是通过内部提升来实现的。

2. 行业之间的流动

行业之间的流动即劳动力的跨行业流动。例如，从空调行业到出租车公司。工人从一个行业转到另一个行业，职业可以不变，如都是司机；也可以改变，如从空调安装工到出租车司机。转行和技能的更替有关，只有成功实现技能更替，才能顺利转行。

3. 地区之间的流动

地区之间的流动即劳动力从一个地区到另一个地区的流动，既可能是转换工作场所，又可能是转行。对工资和就业环境的比较是地区流动的最主要因素。这种流动往往伴随家庭的迁移。

地区之间的流动包括国家之间的流动，即一国劳动力向另一国流动。一般来说，劳动力的国际性流动存在着更大的决策障碍。但是，随着经济全球化的发展和文化交流的增多，劳动力的国际性流动呈增多的趋势。

4. 就业与失业之间的流动

就业与失业之间的流动即就业者转变为失业者，或者相反。这种流动一般是非自愿流动，它主要受经济周期影响。经济衰退时，工作岗位缺乏，失业率高，非自愿流动增加，自愿流动减少；在经济增长期，则相反。

另外，从迁移成本和技能更替的难度上看，在不同地区间转行是最难的，成本也最高，而在同一地区转换工作场所（工作种类不变）是最容易的。

三、劳动力流动的成因

（一）马克思和列宁对人口流动原因的考察

1. 社会分工和生产社会化

在马克思看来，分工有两类：一类是自然分工；另一类是社会分工。自然分工是在纯生理的基础上产生的，最初在家庭内部和单位内部进行；社会分工则是由原来不同而又相互依赖的生产领域之间的交换产生的。历史上出现过三次大的社会分工，每次大的社会分工都极大地促进了劳动力的流动。马克思进一步认为，社会化大生产导致了人口的全面流动。资本主义生产方式的确立、劳动力市场的扩大、交通和通信技术的发展为人口流动提供了便利条件，资本主义造就的无产阶级成了人口流动的主体。

列宁也分析了社会分工和劳动社会化对人口流动形成的决定作用。他指出，商品生产的增长和市场规模的扩大，使生产的空前集中代替了分散、自由雇佣代替了人身依附、人口流动浪潮代替了定居方式。列宁认为，城乡经济差异是造成城乡人口流动的经济原因。社会分工本身就是劳动力在行业或地区之间的流动。

2. 过剩人口

马克思认为，无论是人口增殖造成土地不敷使用，还是土地兼并使自耕农破产，抑或是资本主义生产关系入侵导致传统农业经济瓦解，都会导致出现过剩人口寻找谋生的门路的现象。因此，人口流动是实现过剩人口与生产资料进行新的结合的必要途径和条件。在不同的生产方式下有不同的过剩人口流动方式，同时，人口是否过剩是与经济发展、产业发展、技术应用等相对而言的。在解决对策方面，过剩人口对于生产的压力，在古代社会是以强迫移民的方式来解决的；在资本主义制度下，则是通过资本生产力的增长吸纳人口就业来解决的。

3. 大机器工业化和城市化

工业化过程经历过手工业、工场工业和机器大工业三个阶段。在工业发展的第一、第二阶段，工业制度本身并没有破坏生产者的定居生活和闭塞性。而大机器工业的发展吸收了大量农村人口，造成了人口的流动性，促进了工业化的发展，人口流向工业中心又为城市进程输送了大量流动人口，从而促进了城市的发展。例如，在农业生产技术革命带来劳动生产率的提高时，会排挤出大量农业剩余劳动力，而此时工业生产规模的快速发展，正好需要大量的劳动力，即和平时期大规模的劳动力流动和迁移，是工业化的产物，直接导致了城市化，并对社会经济产生多方面的影响。

4. 经济危机

马克思认为，资本主义生产的周期性发展，繁荣与衰退的交替出现，由此引发的产业对于劳动力需求的大幅度增长或削减，也是造成劳动力流动的主要原因。在经济危机时期，随着国内市场日益缩小，"大工业国工人不断过剩，大大促进了国外移民和把外国变成殖民地……"随着大量资本输出，过剩的劳动力也随着资本输出而流向国外。

（二）拉文斯坦对人口迁移原因的分析

英国统计学家拉文斯坦（Ravenstein）认为人口迁移的原因如下。

（1）人口迁移与技术发展紧密相关。制造业、商业的发展，交通运输工具的不断发明和运用，使得人口迁移规模日渐扩大。迁移流动意味着生存和进步，而一个静止的人口则意味着停滞不前。

（2）在经济因素上，地区收入的差别和沉重的赋税负担是促使人口迁移的重要原因之一。

（3）其他促使人口迁移的原因有人口过剩、受歧视和压迫的法律环境、气候不佳、生活环境恶劣等，这些都可能促使人们迁移，但这些都比不上人们为追求物质生活条件改善而产生的迁移动力[5]。

（三）配第-克拉克定理和库兹涅茨法则

配第-克拉克定理和库兹涅茨法则主要分析了产业收入差异和产业结构变迁对劳动力流动的影响。

1. 配第-克拉克定理

英国古典经济学家威廉·配第较早地从经济发展角度揭示了人口流动的原因。1672年他在《政治算术》中提出了不同产业的收入差异定理，他说"比起农业来，工业的收入多，而商业的收入又比工业多"，这种比较利益的差异会引起人口的流动和产业结构的调整，从而揭示了人口流动和产业结构变迁的方向。1935年新西兰学者费希尔提出了三次产业的分类。1940年英国经济学家克拉克在配第收入差异定理和费希尔三次产业分类的基础上，通过整理分析若干国家的统计资料，得出了后人称为配第-克拉克定理的结论：随着经济的发展，人均国民收入水平的提高，劳动力首先由第一产业向第二产业转移；当人均国民收入水平进一步提高时，劳动力便向第三产业转移。劳动力在产业间的分布状况是，第一产业逐渐减少，第二产业先增加后减少，第三产业将不断增加。

克拉克对其总结的规律提出了两点解释。第一是需求因素。他认为:"随着人均收入的增加,很明显,对农产品的相对需求一直在下降,而对制造品的相对需求开始上升然后下降,而后让位于服务业。"第二是效率因素[6]。农业劳动生产率是不断上升的,它与需求结合在一起就必然导致农业劳动力比例的持续下降;第二产业的劳动生产率最高,会高于需求增长,当生产效率高到一定的程度,劳动力的就业比例就会下降;由于对服务业的需求长期高于其生产效率的提高,所以服务业的劳动力比例总是不断上升的。

2. 库兹涅茨法则

美国经济学家库兹涅茨(Simon Smith Kuznets)在《各国的经济增长》中收集和整理了 20 多个国家的庞大数据,通过对各国国民收入和劳动力在产业之间分布结构的演变趋势的统计分析,得出了如下结论。

(1)农业部门实现的国民收入随着年代的延续,在整个国民收入中的比重同农业劳动力在全部劳动力中的比重一样处于不断下降之中。

(2)工业部门实现的国民收入的相对比重大体上是上升的,工业部门劳动力上升的份额低于或等于服务部门。

(3)服务部门实现的国民收入的相对比重和劳动力的相对比重在所有国家都是上升的。

他还认为,由于近代农村人口和劳动力的自然增长率远比城市和非农业部门的自然增长率高,因此,劳动力增长和就业机会差别之间必然产生矛盾,造成大量的国内移民,同代和几代人间的职业和地区转移及随之而来的经济和社会流动,使劳动力国内流动速度更快[7]。

(四)博格对人口流动的推力-拉力分析

20 世纪 50 年代末,博格(Bague)提出了人口流动的推力-拉力理论。博格认为,从运动的观点看,人口流动是由两种不同方向的力量作用的结果,一种是促使人口流动的力量,即有利于人口流动的正面积极因素;另一种是阻碍人口流动的力量,即不利于人口流动的负面消极因素。在人口流出地,存在着一种起主导作用的推力,把居民推出常居地。产生推力的因素有自然资源枯竭、农业生产成本增加、较低的经济收入水平、沉重的赋税等。在推力作用的同时,也存在着拉的力量,拉的力量包括家人团聚的欢乐、熟悉的社区环境等[8]。人口之所以流出是因为推的力量大于拉的力量,推占主导地位。在人口流入地,也存在着推的力量,如家庭和亲人的分离、陌生的工作环境、激烈的竞争、在出生和成长地形成的社交网络的中断等。与此同时流入地也存在着拉的力量,主要是高经济收入、良好的就业机会和条件、较完善的文化设施和交通条件等。劳动之所以选择流动是因为流入地的拉力比推力更大,拉力占主导地位。

(五)新迁移经济学理论

新迁移经济学理论认为迁移行为是迁移者家庭集体决策的结果。迁移的目的是使家庭收入风险最小化，使家庭整体效用和整体收益最大化。对于家庭而言，迁移行为是一种控制生产风险，增加资本来源地的重要途径[9]。

（1）迁移研究的关注点由独立的个人转向个人所在的家庭，迁移决策也从个人的自主选择转移到家庭互利的契约安排。从而，迁移者的劳动力市场行为也在很大程度上依据迁移者家庭的偏好和约束来解释。

（2）迁移是为了家庭风险最小化，进而达到预期收入最大化。因为在流出地的市场条件下，家庭收入是不稳定的，为了规避风险和使收入来源多元化，家庭会决定部分家庭成员外出打工或迁移，以减少对当地传统的或单一的收入来源的依赖。比如，农产品歉收或者价格下降，家庭的农业收入大幅下降时，家庭可以从迁移者那里获得工资性收入来补偿农业歉收的损失。

（3）强调"相对剥夺"，也称相对贫困或相对满意度，是指家庭决定其成员的迁移，是基于比较的相对收入的角度，是为了提高相对于本社区或参照人群其他家庭的收入，是为了减轻在某一参照系内的相对贫困感。即使自家的收入水平有很大提高，但只要提高的程度不及参照人群，其仍然有相对剥夺的感觉，仍会决定迁移。

（4）迁移受自然环境和社会环境的影响。通常来说，人们常常愿意迁移到经济机会多的地区，因为经济机会多的地区，通常在营商环境、产业发展集聚程度、技术扩散程度、就业信息发布和就业吸纳程度方面具有优势。而个体在就业机会多、就业收入高和就业前景好的时候，如果恰好具有适宜的就业信息，就会发生迁移。同时，自然环境宜居、气候温暖、文化教育事业发达，也会促进家庭实现迁移流动。

（5）政府通过政策来影响迁移的方向和速度。政府不仅可以通过制定劳动力市场政策，而且可以通过影响保险市场、资本市场、信贷市场的政策措施来影响产业发展和劳动力流动迁移的规模。政府在教育、养老、失业等方面的政策如果有利于迁移家庭，劳动者迁移的动机就更强。

四、劳动力流动的影响因素

影响劳动力流动的因素很多，有社会因素、文化因素等，但是对劳动力流动影响最大的因素还是经济因素。因此，人们将从工资报酬相对较差的地区向工资报酬较好的地区流动。但是，劳动力流动还需要劳动者具备一些个体特征。

（1）受教育程度和技能水平。受教育程度直接影响劳动者搜寻信息、处理信息的能力；技能水平直接影响劳动者的流动意愿和预期收益。

（2）年龄。在其他条件相似的条件下，年龄是影响劳动力流动的一个非常重要的因素。劳动力流动主要集中在 35 岁以下、20 岁以上。其中高峰在 20～24 岁。之所以如此，是因为以下几个方面。第一，一个人越年轻，则其从人力资本投资中所能获得的潜在收益也越大，所获得收益的时间也越长。第二，流动的成本中相当大的一部分是心理上的成本。例如，离开朋友、失去熟悉环境而产生的心理损失。当一个人年轻时，尚未在成年人的世界中真正立足，各种关系尚未建立，流动所产生的这种心理损失相对较小。在同一年龄段，未婚劳动力比已婚劳动力流动性大。

（3）流动距离。从理论上说，劳动者流动的距离越远，流动的成本越高，劳动力流动的数量就会越少。流动成本随流动距离的延长而上升。

（4）失业率。一般来说，失业率高的地区，通过劳动者向外地流动，将使劳动者的净收益增加。通常，有失业者存在的家庭比其他家庭更有可能流动；地区的失业率与劳动力流出呈正相关关系。不过，在年龄较大、学历较低或失业补贴和其他转移性收入相对较高的情况下，这种流出并不如想象的那样多。

流动目的地的失业率对某特定个人的流动决策的影响是不同的。因为一般失业并不总是反映某特定个人获得工作的可能性。另外，国家和地方的政策、国际环境、流入地的气候状况等都影响劳动力流动的因素。

第二节　劳动力流动的决策分析

从经济学的角度看，劳动力流动的决策可以纳入成本收益分析框架；在现实中，个人进行劳动力流动的决策时，也要首先界定劳动力流动的成本和收益。

一、劳动力流动的成本

（一）劳动力流动的私人成本

（1）直接成本。这是流动者为实现流动而直接支出的各项费用所组成的货币成本，它包括信息费、交通费、安家费等。

（2）机会成本。这是指劳动力因流动而放弃的原有的工作收入。

（3）心理成本。这是劳动力离开原来熟悉的工作和生活环境，离别亲戚朋友及同事所付出的心理代价，应为流动的劳动者本人及其家庭、亲戚、朋友和原同事的心理代价之和。

（4）风险成本。未来总是不确定的，流动更意味着未来的生产方式和生活方式的变动。风险成本是指劳动力在流动中因为生产和生活中的不确定因素所可能造成的某些损失，如失业风险、伤病风险、劳动过程风险和其他风险。

（二）劳动力流动的社会成本

在多数情况下，劳动力流动是基于私人成本而不是全部成本（有关公共服务及流动的外部性）而做出的决策结果。影响个人流动决策的因素并不总是满足社会公共利益的要求。这样，个人与社会对流动涉及的成本与收益存在一定偏差，这种偏差可以用流动的外部性加以解释：①流动影响与地区公共服务相关的税收水平，即存在劳动人口净流入的地区其人均承担的与此相关的税收将下降，而人口净流出地区则人均税收上升（当公共服务由固定规模的公共设施提供时）；②流动使人口大量流入的地区的公共服务出现供求不平衡现象，从而影响流入地原居民所接受的服务质量。有关劳动力流动的社会成本主要包括以下几个方面的内容。

（1）对他人财产价值的影响。这主要体现在房地产价格的变化上。流动者出售其流出地的房地产并购买流入地的房地产，会影响两地房地产的价格。大量流出劳动力的地区的房地产要么是闲置，要么是价格下降；而大量流入劳动力的地区的房地产价格会上升。闲置和贬值的房地产意味着这些资源处于一种低效率利用的状况，从这个意义上看，劳动力流动会影响社会资源的优化配置，由此产生一定的社会成本。

（2）对社会公共资产的影响。社会公共资产主要包括学校、道路、公共建筑、公共设施及其他项目。大量流出劳动力的地区的社会资产会出现闲置和浪费；而大量流入劳动力的地区的社会资产则出现供给不足现象。从充分利用资源的观点来看，闲置和贬值的社会资产意味着这些资源处于一种低效率利用的状况，从这个意义上看，劳动力流动也会影响社会资源的优化配置，由此产生一定的社会成本。

（3）对社会公共服务成本的影响。这包括流入者大量涌入大城市或人口集中的地区，流动会带来较高的社会公共服务成本，而这些地区间社会公共成本的差异并未体现为更高的福利水平。相反，移民所面对的更高的城市公共开支是将资源运用于非生产和非消费性的无益管理上，是对社会资源的一种浪费。对流出地而言，流动的成本主要在于，当地在向流动者进行投资之后，其流出而产生的人力资本流失问题。

二、劳动力流动的收益

（一）劳动力流动的私人收益

（1）直接收益。劳动力流动的直接收益是劳动力在新的职业中获取相对于原来收入净值差额的总和。

（2）间接收益。它是指新的工作和生活环境所提供的各种便利所引起的劳动力部分开支的节省，如齐全的公共设施、便利的交通、负担的减轻等。

（3）心理收益。这是指给流动者带来的非经济性效用，如社会地位的提高、自我价值的实现、丰富多彩的文化娱乐生活、理想的工作环境等。

（二）劳动力流动的社会收益

（1）可以实现活劳动的优化配置，减少劳动力的闲置和浪费。国民经济各部门、各产业、各行业所需要的劳动力是不断变化的，劳动力流动了，就能通过市场机制使劳动力供给不断满足这些变化对劳动力的需要；同时，在原岗位上不能充分发挥劳动能力的劳动力，只有流动到适合自身才能的产业岗位上，才能充分发挥自己的才能，不断提高工作效率，使人力资源得到充分利用；对企业来说，也是能够获得具有更高生产率的劳动者的有效途径。

（2）有利于劳动地位的提高。劳动力流动是其作为劳动力所有者的根本体现。劳动力可以流动意味着劳动是以主人的身份选择职业和工作单位，劳动力的地位就大大提高，保证社会政策向劳动者倾斜的基础上，使社会资源的收入分配更加合理。

（3）能够促进经济发展和社会进步。劳动力流动可以缩小地区发展差距。一方面，劳动力的流动减少了一些地区过剩的劳动力，提高其劳动生产率；另一方面，劳动力的返回可以带动当地经济发展。劳动力流动可以缩小地区收入差距，可以加快调整所有制结构和产业结构。

三、劳动力流动的合理决策

劳动力流动的决策取决于流动成本与收益的比较。我们把劳动力流动的净收益定义为流动所产生的收益减去劳动力流动的成本，这样，决定净收益现值的因素也就是劳动力流动最终的决定性因素。当劳动力流动的净收益为正数时，劳动力才可能做出流动的决策，劳动力流动才会发生。如果预期增加的收入现值超过成本的现值，劳动力就会选择流动；反之，即使流动目的地的潜在收入大于当前工作地的收入，劳动力也不会做出流动的决策，劳动力流动就不会发生。那么如何计算劳动力的净收益呢？我们可以用以下公式加以表述：

劳动力流动的收益净现值 = 劳动力流动收益现值 - 劳动力流动成本　　（6-1）

即

$$NRP = \sum_{t=1}^{n} \frac{B_{t1} + B_{t2}}{(1+r)^t} - (C_1 + C_2) \qquad (6\text{-}2)$$

其中，NRP 为劳动力流动的净收益现值；B_{t1} 为在 t 年从新职业中取得的直接预期收益；B_{t2} 为在 t 年从新职业中取得的间接预期收益；C_1 为劳动力流动的直接成本；C_2 为劳动力流动的间接成本；n 为预期工作的年限；r 为贴现率。如果 NRP < 0，则不会发生劳动力流动，因为劳动力流动在经济上得不偿失；如果 NRP > 0，劳动力流动是合理的，劳动力流动可能发生。NRP 越大，就越有可能流动。

显然，劳动者从新的工作中所获得的收益越高，效用越大；在原来的工作中所获得的收益越少，效用越低；与流动相联系的直接成本越低，在新的工作岗位上所停留的时间越长（t 越大），则流动的净收益现值就越大，劳动力的流动就越频繁。

第三节　中国的劳动力流动

一、中国劳动力流动的现状

我国是一个经济发展差异大、劳动力资源丰富的国家。截至 2018 年，中国基本上完成了从计划经济体制向市场经济体制、从农业国向工业国、从不发达的农业社会向发达的工业社会转型。劳动力流动的决定性因素既有城乡差别、地区差别和工农差别所引起的收入落差；也有随着社会主义经济体制改革的深入，产业结构调整带来的劳动力需求的变动。因此，我国劳动力的流动呈现出四大特点：第一，由农村流向乡镇；第二，劳动力内外双流；第三，由传统经济部门流向新兴经济部门；第四，由国有经济部门流向非国有经济部门。

（一）由农村流向乡镇

改革开放之初，很多村庄选择了兴办集体企业的道路，产生了被人们叫作"苏南模式"的发展模式。我国乡镇企业基本上走了一条劳动密集型的道路。在资金缺乏的前提下，促进了农业劳动力向生产率较高的部门流动。1979～1984 年，农村乡镇企业每增加

10 000元总产值,需新增加固定资产4100元,新增加劳动力1.22个,同期内各类国营企业每增加10 000元总产值,需新增加固定资产7460元,新增劳动力0.4个。这就是说,与国营企业相比,乡镇企业每创造10 000元产值就可用0.82个劳动力替代3360元固定资产。到1989年,我国乡镇企业发展到868.63万个,吸收劳动力9366.78万人,占农村总劳动力的比重为23.1%[10]。这说明在改革开放初期,乡镇企业在实现以廉价劳动力替代资本方面所取得的成绩是不可低估的,为农村人口向第二产业、第三产业转移提供了实践的经验和条件,并为后来的劳动力流动做出了示范。

21世纪初,乡镇企业依然是农村经济的主体力量,是农村就业增收的主要渠道之一。根据原农业部公布的统计数据,2006年乡镇企业创造的增加值是57 955亿元,占到农村社会增加值的70.1%,占到GDP的27.7%,仍是吸收农村劳动力就业的主要渠道。2015年以来,互联网平台快速发展,之前在工厂中、建筑业中就业的农民工,转移到互联网平台的新型职业中,从事外卖骑手、快递员、网络主播等新就业形态岗位。例如,美团调研数据显示,2020年2月新增的7.5万名骑手中,37.6%来自餐饮等生活服务业,27.2%来自制造业企业。而依据以往的数据,餐饮等生活服务业和制造业都是农民工就业较多的行业[11]。传统的制造业、服务业中的一部分劳动力流入到新业态中,成为新就业形态从业者,包括服务众包、兼职工作、多职业、平台零工、岗位外包……不同种类的新就业形态正蓬勃发展,例如在《大典》中,街边常见的外卖骑手的名字为网约配送员,直播网红的名字为互联网营销师……这些快速发展的新职业群体,多数都是从制造业和服务业等转移而来的。2021年,根据中华全国总工会的数据,新就业形态从业者的数量是8400万人。这些都说明劳动力流动在全国、全省、各城市、各行业、各企业范围内都是普遍存在的。

(二)劳动力内外双流

劳动力内外双流的现象主要表现为两种,一种是由中西部地区向东部地区和东南沿海移动;另一种是随着一些内陆地区经济发展加快,过去往沿海跑去打工的情况已经出现变化,向内陆地区流动的情况也普遍出现。

劳动力从中西部地区向东部地区和东南沿海流动是经济发展的地区差异造成的。由于地区之间经济发展的不平衡与改革和发展的地区梯度性,率先开放的东部和东南沿海地区享受了更多的优惠政策,经济发展速度加快。地区之间收入差距的扩大,为劳动力的流动提供了更大的追加动力。中西部的地方政府也往往把劳务输出作为解决当地就业的一项重要举措。

同时,中部地区对湖北劳动力的吸引力越来越强。2007年,湖北农村劳动力在省外务工人数占全省外出从业人数的73.8%,比2006年下降0.5个百分点;省内务工人数比2006年增加11.49万人,增长6.9%。而湖北农村劳动力在东部地区外出务工的占66.0%,比2006年下降0.8个百分点,在中部地区的占32.0%,比2006年的31.1%上升0.9个百分点[12]。这说明中部地区经济正在崛起,对农村劳动力的吸纳能力逐步增强。

（三）由传统经济部门流向新兴经济部门

现代经济增长是一种以技术进步为基础，以产业结构变动为特征的经济增长模式。经济增长在一定程度上取决于产业结构的状态，传统的"二、三、一"布局的产业结构模式早已不再适应现代经济增长的形势，以第三产业为主导的"三、二、一"产业结构布局是保证城市经济稳定增长的重要因素。随着经济的发展，经济增长方式的不断转变，产业结构的调整、优化重组过程的深入，技术、人力资本等因素在经济增长中的作用不断增加，以及十大产业调整和振兴规划的实施，知识作为一个新的重要生产要素，正发挥着越来越重要的作用，即经济增长方式的转变、产业结构的集群化必然伴随着知识资本化的过程，都将伴随着劳动力资源的流动，促进劳动力资源由传统经济部门流向新兴经济部门。

（四）由国有经济部门流向非国有经济部门

20世纪90年代中期以来，中国经济成功实现了"软着陆"，放缓了增长速度，政府加大了国有企业改革的步伐，开始致力于解决传统的国有企业软预算约束难题并建立内部激励机制，一个重要举措是允许国有企业根据参与市场竞争的需要安排企业内部的资源，包括剥离政策性负担和裁减超过实际需要的人员。中国城镇出现了下岗失业"洪水"，城镇家庭遭遇了就业和贫困冲击。根据《中国劳动统计年鉴》的统计数据，1996~2002年，国有经济部门的从业人员减少了4025万人，而集体经济部门的从业人员减少了约2000万人。从全国各地情况看，不仅那些传统的老工业基地严重排斥劳动力，东部沿海地区同样分流下岗了大量的职工，但是，各地面临的就业转移速度却有着显著差异：东部地区因为改革开放较早，城镇新兴部门发展迅速，国有经济部门排斥出来的大量劳动者很快就被迅速成长的新兴部门所吸收；那些老工业基地，在旧体制下执行中央政府的"赶超战略"，计划经济的体制性负担沉重，新兴部门发展迟缓，国有经济部门排斥劳动者现象本来就严重，新兴部门的发展又慢，导致就业转移的速度慢，持续的时间长。

经过新中国70多年的发展，尤其是改革开放以来40多年的发展，我国基本上完成了由计划经济向市场经济的转型。2016年以来，中国城市相继出现"抢人大战"，城市的公共政策、优厚的经济收入、广阔的发展前景以及气候宜居等优势，吸引了很多的大学毕业生和专业技术人才进入中国南部和中部的城市。当前，我国高新技术产业正经历着从政府主导向市场主导转变，在中、小规模的高新技术企业中，民营企业占绝大多数，一些民营和混合所有制企业已成为我国高新技术企业的"排头兵"。这些企业在促进我国经济增长，吸收就业中发挥了重要作用，但流动性大是这些企业就业用工的一个常态。近年来，较大规模、知名度及薪资待遇都比较高的互联网大厂就业流动性大常常成为社会热点，正规就业和灵活就业并存的就业形态多元化都是劳动力流动性大的具体表现。

二、中国劳动力流动存在的问题逐渐缓解

（一）流动人员受到的就业限制逐渐放松

1968年之前，政府通过户籍制度、劳动就业制度、社会福利制度、教育制度等一系列二元制度安排构筑城乡壁垒，严格控制城乡人口流动，不仅导致了城市农村事实上的不平等，也不利于城市间的资源流动。改革开放后，户籍制度虽然发生了变化，户籍制度越来越宽松，但是从大、中城市的情况来看，户籍制度仍起着重要作用，户籍限制仍在较大范围内存在，唯一的变化是其作用程度变小了。因此，目前我国劳动力转移是制度约束下的劳动力转移，无法完全发挥对城乡收入差距的压缩效应，从而出现了劳动力流动与收入差距同时存在的矛盾现象。

20世纪90年代中期开始，一些大城市为了保护户籍人员的就业机会，出台了对流动人员就业的行业工种限制性措施，这种措施虽然使户籍居民的就业岗位有所增加，却在制度层面上强化了就业领域户籍分割的制度性歧视，强化了户籍和非户籍的身份等级色彩，成为市场经济改革中在户籍和就业体制改革进程中的一种逆转；并且直接恶化了流动人员立足城市的制度环境，使大量外来劳动力的就业活动转入"地下"，成为打"黑工"，建立的劳动关系不具有合法性，政府无法通过加强管理来规范劳动力市场。

如果说，1992年，党的十四大提出要使市场在社会主义国家宏观调控下对资配置起基础性作用；那么，2019年底，中共中央办公厅、国务院办公厅印发了《关于促进劳动力和人才社会性流动体制机制改革的意见》，提出从积分落户政策，以及教育、就业、医疗卫生等基本公共服务方面，来深化户籍制度改革，这成为促进劳动力和人才社会性流动体制机制改革的一个依据。而党的二十大强调了"充分发挥市场在资源配置中的决定性作用"这一观点，这将进一步促进劳动力资源和人才资源在市场中的流动。

（二）从顶层设计保障流动人员的合法权益

流动人口合法权益涉及多个方面，在就业管理、就业保障方面，对流动人口合法权益的保障已经融入到劳动者权益保障中。2024年5月，习近平总书记在中共中央政治局第十四次集体学习时强调，要促进高质量充分就业，加强劳动者权益保障。《中共中央关于进一步全面深化改革、推进中国式现代化的决定》指出，完善劳动关系协商协调机制，加强劳动者权益保障。在部委层面，各级人社部门聚焦和谐劳动关系建设的重点环节、重点对象、重点领域，通过劳动保障平台建设、欠薪治理、劳动保障维权服务窗口，维护包括流动人员在内的劳动者权益。例如，在2024年4月到9月，针对流动人口较多的工程建设领域，人社部在全国范围开展工资支付保障制度，落实"安薪行动"，通过普法宣传、组织专题培训、选树标准化"安薪项目"，从制度源头防欠薪。2024年11月，人社部等10个部门联合出台《关于进一步加强农民工服务保障工作的意见》，为流动人口中的农民工筑起一道坚实的安"薪"防线[13]。另外，截至2024年底，全国已建工会驿站18.61万个，为包括流动人口在内的户外劳动者和广大职工群众提供休息如厕、餐食加

热、手机充电等一站式服务站点。与此同时，如浙江省诸暨市等一些城市对流动人口公共租赁住房保障、随迁子女就学、流动人口自我治理模式方面的做法，都是对流动人员合法权益的保障。

目前，流动人员中有很多从事新就业形态工作。国家保障这一部分群体的对策是从制度创新推动源头治理。在 2021 年 7 月，人社部等八部门共同印发了《关于维护新就业形态劳动者劳动保障权益的指导意见》，明确了平台企业应当在公平就业、劳动报酬、休息、劳动安全、社会保险等方面合理承担维护劳动者权益的相应责任。

（三）劳动力流动信息逐渐通畅

在现实中，获得流动地的就业信息是劳动力流动的重要障碍。随着地区经济差距长期不断扩大，劳动者在利益的驱动下，会过度流向收入水平较高的城市，但其缺乏指导可选择工作岗位的精确信息。所以，即便存在不同的工资率，劳动力供给者也难以做出积极有序的流动决策。处于远距离的劳动力市场的人，获得其他地方的就业信息非常困难，而且劳动力盲目地流向发达地区，会导致这类城市因难以承受而产生各种城市弊端，如公用设施不足、住房紧张、就业困难、社会秩序不安定等。存在信息障碍，也是导致结构性失业的原因之一。

近年来，随着互联网和移动终端的普及，劳动力市场信息逐渐畅通，形成了既包括各级各类人社部门举办的线下线上劳动力市场，也包括各类民营机构的人力资源服务公司。截至 2022 年底，我国有 6.3 万家劳动力市场机构，其所有制是"公私并存"，归人社部管理。这些机构在运行过程中大量消耗人财物，但是并不需要劳动者来付费，它们是半公益性的市场机构。

（四）劳动力流动配套措施逐渐完善

改革开放之初，我国的劳动力流动配套措施并不完善，劳动力异地就业的成本大。比如，计划经济时期遗留下来的一些制度性障碍，如户籍制度、劳动就业制度、社会保障制度等已成为劳动力转移的障碍。由户籍制度所带来的流动人员子女的教育问题，身份证、暂住证、计划生育证明、工资风险、伤病风险以及社会保险和福利权利的真正落实也由于流动而变得复杂。虽然随着我国改革的深化，对劳动力转移的约束力有所放松，但是由于客观存在的制度惯性和部门利益冲突，制度因素对劳动力转移的阻滞作用依然存在，形成劳动力流动的障碍，我国还没有形成自由流动的劳动力市场。因此，我国劳动力转移是制度约束下的劳动力转移。

21 世纪初以来，我国逐步放开农民进城限制，流动人口的规模在 2015 年达到 2.47 亿人（占总人口的 18%）之后，下降到 2017 年的 2.44 亿人。国家在流动人口政策方面，主要侧重公平对待流动人口和全面推进市民化方面，如 2016 年国务院印发的《关于加强农村留守儿童关爱保护工作的意见》中提出从流出地减少留守儿童；2014 年中共中央、国务院印发的《国家新型城镇化规划（2014—2020 年）》中关于"推进农业转移人口享有城镇基本公共服务"的部分，第一节就是"保障随迁子女平等享有受教育权利"。这些政策都体现了政府支持劳动力流动的态度。

本 章 小 结

本章主要以劳动力流动的基本知识与成因理论为分析起点，重点介绍了劳动力流动的影响因素及劳动力流动决策的经济学分析，关注当前中国劳动力流动的现实。

一、劳动力流动的基础知识

（1）劳动力流动的含义。劳动力流动是指在劳动力市场上，具有一定劳动能力的劳动者，为了实现自身利益，在不同的地理区域和不同的工作岗位之间自愿地迁移和流动。

（2）劳动力流动的类型。劳动力流动的类型繁多，可以从不同的角度进行多方面的分类。

（3）劳动力流动的成因。马克思和列宁从社会分工和生产社会化、过剩人口、大机器工业化和城市化以及经济危机四个方面对人口流动原因进行了考察；拉文斯坦认为技术发展、地区收入的差别、人口过剩、受歧视和压迫的法律环境等因素都是促使人们迁移的原因；配第-克拉克定理和库兹涅茨法则主要分析了产业收入差异和产业结构变迁对劳动力流动的影响；从运动的观点看，博格认为人口流动是由两种不同方向的力量作用的结果。

（4）劳动力流动的影响因素。其影响因素包括受教育程度和技能水平、年龄、流动距离、失业率等。

二、劳动力流动的决策分析

（1）劳动力流动的成本。劳动力流动的成本包括劳动力流动的私人成本和劳动力流动的社会成本。

（2）劳动力流动的收益。劳动力流动的收益包括劳动力流动的私人收益和劳动力流动的社会收益。

（3）劳动力流动的合理决策。劳动力流动的净收益为流动所产生的收益减去劳动力流动的成本。当劳动力流动的净收益为正数时，劳动力才可能做出流动的决策，劳动力流动才会发生。

三、中国的劳动力流动

（1）中国劳动力流动的现状。我国目前劳动力流动的方向主要是由农村流向乡镇，第一、第二产业向第三产业流动；劳动力内外双流；由传统经济部门流向新兴经济部门；由国有经济部门流向非国有经济部门。

（2）中国劳动力流动存在的问题逐渐缓解。我国目前劳动力流动的主要群体是进入现代产业的农民，受雇从事非农劳动的农民工。近些年来，随着市场在劳动力资源配置中基础作用的加强、积分落户政策等方面的实施，农民工流动受到的就业限制逐渐放松；同时，政府也通过劳动者权益保障方面的顶层设计保障流动人员的合法权益，劳动力流动信息逐渐通畅，劳动力流动配套措施也日渐完善。

名词解释

劳动力流动 过剩人口 农业劳动力 库兹涅茨法则 配第-克拉克定理 农村劳动力

复习思考

1. 简述劳动力流动的概念和类型。
2. 劳动力流动的成因理论有哪些？
3. 评价博格人口流动的推力-拉力理论。
4. 结合中国现实情况论述劳动力流动的意义。
5. 中国农村劳动力流动的影响因素有哪些？
6. 加快城镇化进程对中国社会经济发展和农业剩余劳动力转移有哪些意义？

参考文献

[1] 胡学勤，胡泊. 劳动经济学[M]. 5版. 北京：高等教育出版社，2018.
[2] Petersen W. A general typology of migration[J]. American Sociological Review, 1958, 23 (3): 256-266.
[3] 陈林，姚顺波. 退耕农户劳动力流动类型选择的影响因素分析[J]. 林业经济问题, 2013, 33 (3): 218-224.
[4] 葛剑雄，吴松弟，曹树基. 中国移民史：第一卷[M]. 福州：福建人民出版社，1997：48-50.
[5] Ravenstein E G. The laws of migration[J]. Journal of the Royal Statistical Society, 1889, 52 (2): 241-305.
[6] Clark C. The Conditions of Economic Progress[M]. London: Macmillan, 1940.
[7] Kuznets S. Economic growth and income inequality[J]. The American Economic Review, 1955, 45 (1): 1-28.
[8] Bogue D J. Internal migration[C]//Hauser P M, Duncan O D. The Study of Population: An Inventory Appraisal. Chicago: University of Chicago Press, 1959.
[9] 曾湘泉. 劳动经济学[M]. 3版. 上海：复旦大学出版社，2019.
[10] 毛少君. 试论农村社会流动的基本类型[J]. 浙江学刊, 1992, (6): 117-120.
[11] 赵雯琪，王丽娜. 外卖复工大数据：美团新增7.5万骑手 近四成来自餐饮等生活服务业[EB/OL]. https://baijiahao.baidu.com/s?id=1660245262087272535&wfr=spider&for=pc[2020-03-04].
[12] 湖北省统计局. 2008年及当前湖北农村劳动力转移情况报告[EB/OL]. https://tjj.hubei.gov.cn/tjsj/tjfx/qstjfx/201910/t20191026_24080.shtml[2009-04-01].
[13] 李微，曹明珠. 加强权益保障 构建和谐劳动关系[EB/OL]. https://www.mohrss.gov.cn/SYrlzyhshbzb/dongtaixinwen/buneiyaowen/rsxw/202412/t20241230_533535.html[2024-12-30].

知识链接 6-1　产业结构调整和劳动力流动

从近代社会和现代社会来看，第一、二、三次产业在社会生产中主体地位的依次转变，决定着就业结构的转变，引导着劳动力流动的方向。

在各产业部门之间,生产经验的积累和技术进步是非均衡地发生的,会带来生产函数的重构,以及劳动力在内的生产要素的重新配置,常常表现为技术对就业的破坏效应和创造效应并存,引发劳动力流动。具体来说,在发生技术进步的部门,劳动生产率会相对高,收入也相应提高,吸引劳动力向这些部门流动;同时,技术进步常常伴随着先进工具和机器设备对劳动的替代,减少劳动力需求,导致该部门的劳动力流出。

而劳动力流动是生产要素创新性配置的一个表现,是催生新质生产力的途径之一。一般来说,新兴产业要求从业人员要具备较高的受教育水平和适宜的技能。而受教育水平高和技能水平高的劳动者群体更可能改造工作岗位、导致生产函数重构,促进产业结构调整。

讨论题:结合知识链接,分析黑龙江省的产业结构调整和劳动力流动趋势。

知识链接 6-2　　2022 年世界移民报告:国际移民 2.81 亿人……

人类的迁移和流动是一种古老的现象,是一个复杂的问题,它几乎触及了世界上的每一个社会。在当代社会,人类的迁移和流动已经发生了重要变化。2022 年,国际移民组织发布了《世界移民报告 2022》,这一报告,研究了人类迁移流动在规模、方向、人口和频率上发生的变化,可以帮助我们了解移民是如何演变的,并能为国家制定移民政策和相关实务工作提供有价值的参考和借鉴。

目前联合国对于全球人类迁移和流动情况的统计是,2020 年世界上约有 2.81 亿国际移民,占世界总人口的 3.6%,对比 2019 年的 2.72 亿人增长了 3.5%。移民仍是世界总人口的一小部分,意味着留在自己的出生国仍然是绝大多数人的常态。极大部分人并不会跨越国界迁移,更多的人在国内迁移。

新冠疫情也突出了移民和流动之间的相互联系,新冠疫情的旅行限制导致了数以亿计的人连续数月无法旅行,并使成千上万的移民滞留或陷入需要援助的困境。

作为联合国的移民机构,国际移民组织有义务揭开人类流动的复杂和多样的神秘面纱。《世界移民报告》认为,国际移民组织继续承担着维护基本权利的义务和支持那些最需要帮助的移民的使命。《世界移民报告 2022》显示,全球移民总数呈现增长趋势。从全球移民的目的国和来源国来看,最大的移民目的国依然是美国,其拥有超过 5100 万人的国际移民,其次是德国,与排名第一的美国拥有国际移民数量差距颇大,排名第三的是沙特阿拉伯;而印度也依然是全球最大的移民来源国,其近 1800 万人移民在国外,墨西哥位列第二位,俄罗斯排名第三,而中国排名第四,与俄罗斯相差不大。从性别角度来看,全球移民人口中男性占比 51.9%,女性占比 48.0%,人数分别为 1.46 亿人与 1.35 亿人,男女国际移民性别比例差距有越来越大的趋势。

2020 年之后,新冠下的各国出入境政策对全球人口迁徙、流动和移民造成负面影响。2023 年全球已开放,世界正在慢慢恢复成 2019 年以前的样子。按联合国划分的区域分析国际移民人口,可以发现,2022 年欧洲是国际移民最主要的目的地,移民数量有 8700 万人(占国际移民人口的 30.9%),估计这个数据跟近年来欧洲移民大热有关,近年的希腊、葡萄牙、西班牙、塞浦路斯的移民的购房需求拉高了当地的住房价格,马耳他也靠着投资捐款政策占据了一小半江山，全球移民对马耳他的认可度越来越高！

马耳他新增的移民群体都是来自哪些国家和地区？根据数据，比例排在第一位的是欧洲本地人，2019 年的占比为 46.3%，而排在第二位的就是亚洲人，占比为 32.8%，也就是说欧洲本地人和亚洲人移民去马耳他的人数占了 79.1%，将近占了马耳他总移民人口的八成。排第三位的是占比 10.9%的中东人。从这个数据上我们能看出来，马耳他最受欧洲人欢迎，欧洲人多数都移民去马耳他，第二是亚洲申请人，主要集中在中国，第三就是中东土地上的富豪了。

资料来源：深入解读 2022 年《世界移民报告》了解全球移民资讯[EB/OL]. https://www.163.com/dy/article/HV2CKI7S0517CSU1.html[2023-03-05]（有删改）

讨论题：结合知识链接，运用所学劳动力流动的知识分析中国当前劳动力流动的方向和趋势。

知识链接 6-3　劳动力流动理论前沿及热点问题

1. 劳动力流动与地区房价。
2. 数字经济与劳动力流动。
3. 乡村振兴与农村劳动力流动。
4. 工业智能化与劳动力流动。
5. 人口老龄化与劳动力流动。
6. 人口政策与劳动力流动。
7. 劳动力流动与共同富裕。
8. 新发展理念下的劳动力流动。
9. 国内国际双循环与劳动力流动。
10. 劳动力流动与全国统一大市场。
11. 产业结构调整与劳动力流动。

第七章

劳动力市场歧视

导　　读

本章的内容包括劳动力市场歧视的含义及表现形式、劳动力市场歧视理论、发达国家和地区劳动力市场歧视问题制度建设与中国劳动力市场歧视问题分析。通过本章的学习，应达到如下目的：系统地掌握劳动力市场歧视的基础理论；用现代劳动力市场歧视的理论和方法，分析中国劳动力市场中的歧视问题。

（1）理解劳动力市场歧视的含义和本质，了解劳动力市场歧视的表现形式。

（2）掌握劳动力市场歧视的相关理论。

（3）了解发达国家和地区消除劳动力市场歧视问题的对策。

识记：掌握劳动力市场歧视的含义和表现形式，了解什么是雇主歧视、雇员歧视和消费者歧视。

领会：在掌握劳动力市场歧视本质的基础上，能较好地把握三种劳动力市场歧视理论的分析视角，能区分中国香港特别行政区、美国和日本消除歧视的对策的不同点。

应用：运用劳动力市场歧视的基本理论和分析方法，分析中国劳动力市场的歧视现象，并提出解决农民工遭受歧视问题的思路与方法。

第一节　劳动力市场歧视的含义及表现形式

一、歧视和劳动力市场歧视

（一）歧视

歧视是一种行为，这种行为表现为某人或某些人对另一人或由个人组成的某个群体有差别的对待，而这种差别对待，其结果反映了前者对后者的不公平性。因此，歧视是对人带有否定的态度和偏见的情感，并把这种态度和情感延伸成一种具体的对人不公平的行为。歧视就是判断事物采用了双重标准。

1958年6月25日国际劳工组织大会通过的《1958年消除就业和职业歧视公约》第一条对歧视的定义是，就本公约而言，"歧视"一词包括：①基于种族、肤色、性别、宗教、政治见解、民族血统或社会出身等原因，具有取消或损害就业或职业上的机会均等或待遇平等作用的任何区别、排斥或特惠；②有关会员国经与有代表性的雇主组织和工人组织（如存在此组织）及其他组织协商后确定的、具有取消或损害就业或职业上的机会均等或待遇平等作用的其他此种区别、排斥或特惠。但是，基于特殊工作本身要求的任何区别、排斥或特惠，不视为歧视。中国于2006年1月12日正式批准该公约。

（二）劳动力市场歧视

劳动力市场歧视是指在劳动力市场上，那些具有相同的岗位胜任力（相同能力、教育、培训和经历等）并最终表现出相同的劳动生产率或工作绩效的劳动者，由于一些非经济的个人特征引起的在就业、职业选择、晋升、工资水平、接受培训等方面受到的不公正对待[1]。这里所指的非经济个人特征，是指那些与劳动者个人在工作中所表现出来的劳动生产率或工作绩效无关的个人特征，主要指种族、性别、肤色、年龄、家庭背景、民族传统、宗教、身体素质和原有国籍等。劳动力市场歧视的本质是社会偏见在劳动力市场上的反映。因此，劳动力市场歧视具有排斥性和广泛性的特征。

二、劳动力市场歧视的表现

进入劳动力市场后，有些人长期从事较差的工作，并不是因为人力资本含量不足，而是由歧视所致。劳动力市场上存在着各种就业歧视，其中最为多见和敏感的是性别歧视、种族歧视和民族歧视。具体看来，中国的劳动力市场歧视主要表现为以下几种。

（一）身份歧视

这一以身份为特征的歧视主要表现在进城农民工这一群体，这种歧视的根源在于现存的户籍制度及派生出来的一系列制度，在于行政力量对市场进行制度性干预。对于身份歧视，我们将在中国劳动力市场歧视问题分析一节中阐述。

（二）性别歧视

国家法律规定，企业在用工时男女平等，不得歧视女性。在就业男女平等、保障妇女权益方面，国家出台了一系列法律法规，包括《劳动法》《中华人民共和国妇女权益保障法》等。《劳动法》第十三条特别强调了妇女享有与男子平等的就业权利，在录用职工时，除国家规定的不适合妇女的工种或岗位外，不得以性别为由拒绝录用妇女或者提高对妇女的录用标准。

在现实中，即使有这些法律法规规范就业双方的法律关系，但是就业领域内仍存在性别歧视。许多用人单位为了回避《劳动法》所规定的不得解雇怀孕及哺乳期妇女的规定，不愿意雇佣女性，或者在雇佣时对男女求职者采取不平等的标准。许多单位虽然表面没有对性别做出限制，但是一进入面试程序就"男性优先"。

（三）年龄歧视

在一些招聘广告中，经常可以看到有关年龄的限制性条件，如招收文秘人员，一般要求女性，年龄在22~28岁。同时，由于中国人口众多，就业结构出现年轻化的趋势，有的用人单位在招聘时就将求职者的年龄限定在35岁以下。

（四）身高歧视

身高也成了歧视的对象。在中国，社会上普遍嫌矮爱高，认为身材欠高人士形象不佳，此非工作能力有什么缺陷。而身高多由遗传因素决定，非个人所能控制。有的用人单位往往在招聘公告上对求职者的身高做出硬性规定，身高未"达标"的求职者，连面试机会都被剥夺。

劳动者在就业过程中还遭受其他类型的歧视，如经验歧视和姓氏歧视等。

第二节 劳动力市场歧视理论

劳动力市场的歧视现象是经常发生的，要制定消除劳动力市场歧视的政策措施，就必须了解歧视产生的原因和机制。

人们认为劳动力市场歧视的出现有三个原因，每一个原因都有一个与之相关的理论模型，描述该歧视的产生及其后果。第一，个人偏见，在这里，雇主、消费者或雇员不喜欢与某一类工人交往[2]；第二，统计性偏见，雇主把某一群体的特征强加给了个人；第三，对垄断权力的追求和使用。

一、个人偏见产生歧视的理论

个人偏见歧视理论是把歧视看成歧视者的一种偏好或"爱好"，它以国际贸易为基础作了一个类推。众所周知，一个国家可根据比较利益原则进行自由贸易，获得最大的国民产出。然而在实施上，许多国家都会利用关税、配额和其他手段阻碍自由贸易。显然，这些国家不愿进口某些商品，情愿牺牲经济效率而在国内生产。看来人们如果偏好国产商品，即使必须付出国民收入递减的代价也要满足这一偏好。同样，社会上也有一种歧视的偏好，情愿放弃生产效率，即最大产出和利润，也要满足这种偏好。在美国，单单种族歧视一项的代价（或者机会成本）就大约占国民产出的4%。

该理论首先研究了个人偏见对大多数工人与少数民族工人的就业和收入的模型。这种偏见被认为来源于雇主、消费者和雇员三个方面。

（一）雇主歧视

根据该理论，雇主是有歧视偏好的，他为了达到与一部分人保持距离的目的而宁愿支付费用或放弃某种收入。

假设男性雇主对女性抱有偏见（为了简单起见，设消费者和雇员并无偏见），这种偏见有多种表现形式，不管哪种形式，假定偏见会导致对女性的歧视。由于这一模型的目的，假定女性与男性具有相同的生产性特征。因此，雇主的偏见越大，对实际生产率的折扣越大。

假设 M_P 表示某一特定劳动力市场上所有工人的实际边际生产率，d 表示女性的这一生产率被主观贬低的程度。在这种情况下，男性市场达到均衡的条件是工资（W_M）等于 M_P：

$$W_M = M_P \tag{7-1}$$

但是，对于女性，只有当期工资 W_F 等于她们对企业的主观价值时，才能达到均衡：

$$M_P = W_F + d \tag{7-2}$$

因为假定实际边际生产率相等，所以

$$W_F = W_M - d \tag{7-3}$$

因此，为了与男性竞争工作机会，女性必须接受更低的工资。如图 7-1 所示。

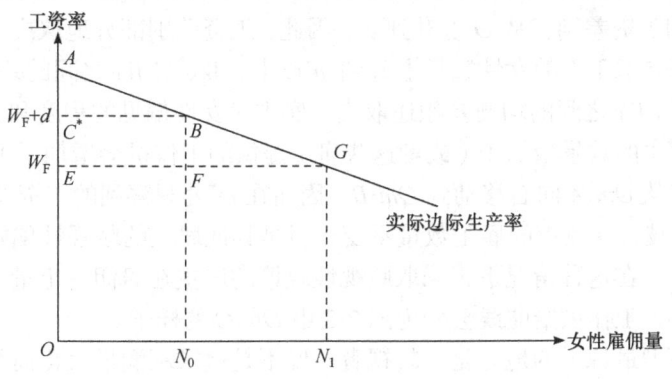

图 7-1　歧视性企业中妇女的均衡就业量

雇主歧视模型有两个主要含义。第一个含义是，如果女性工资率为 W_F，采用歧视性政策的雇主的雇佣量是 N_0，因为在该点 $M_P = W_F + d$。但是，追求利润最大化的雇主将雇佣量定在 N_1，也就是他们将一直雇佣到 $M_P = W_F$，因为 M_P 曲线下方的区域在资本保持不变的情况下表示企业的总产品（或总收益）。从图 7-1 中可以很容易地看到对利润的影响。减去所付工资的面积（$OEFN_0$），采取歧视性政策的雇主的利润是 $AEFB$；而采取非歧视性政策的雇主雇佣女性直到其边际产品等于其工资的点，获得的利润是 AEG。因此，采取歧视性政策的雇主因为偏见而放弃了利润。

雇主歧视模型的第二个含义关系是 W_M 和 W_F 之间的差别量。借助于女性的工作供给图，可以很好地理解决定这种差别的因素（图 7-2）。在求职者生产率相同的劳动力市场上，女性工作机会的供给是她们与男性工资差别（$M_P - W_F = d$）的函数。如图 7-2 所示，即使女性的工资等于 W_M，有些雇主也会雇佣她们。这些人是采取非歧视性政策（追求利润最大化）的雇主。假设市场上 m_1 量的工作机会是由采取非歧视性政策的雇主提供的，如果在那个劳动力市场上寻求就业的女性少于 m_1（如 m'），她们将全部被采取非歧视性政策的雇主雇佣，因此就不会有歧视。

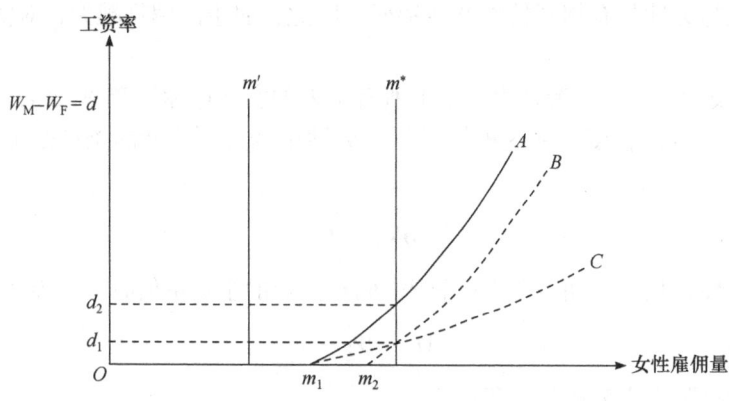

图 7-2 对妇女的工作机会供给

如果女性的供给量大于采取非歧视性政策的雇主所吸收的数量（如 m^*），为了使所有人都能就业，工资差别将会出现。曲线 Om_1A 表明，如果寻求工作的女性数量从 m' 上升到 m^*，必要的工资差别将从 O 上升到 d_2。因此，工资差别部分地取决于遭受偏见的群体的人数。如果寻求工作的女性数量上升到 m^* 以上，W_M 与 W_F 之间的差额将大于 d_2。

当然，W_M 与 W_F 之间的均衡差额还取决于雇主对女性偏见的程度和分布。如果采取非歧视政策的雇主的数量增加了（或者这些雇主提供的工作机会增加了），如图 7-2 中的工作供给曲线将从 Om_1A 向右移动到 Om_2B，因而在 m^* 处观察到的工资差别从 d_2 减少到 d_1。如果采取非歧视性政策的雇主数量不变，但是其他雇主的歧视性偏好减弱了，市场歧视同样会减少。在这种情况下，采取歧视性政策的雇主在雇佣一定量女性时要求的工资差别会比较小，工作供给曲线会变为图 7-2 中 Om_1C 的样子。

雇主歧视模型最棘手的地方是，歧视者好像不是追求利润最大化而是追求效用最大化（满足他们的偏见）。这样就出现了他们如何生存的问题。因此，有些人认为，雇主歧视模型实际上只适用于不受市场力量影响的垄断或寡头雇主。

（二）消费者歧视

第二个偏见模型强调消费者偏见。在有些场合下消费者喜欢男性提供的服务，而在另一些场合下则喜欢女性提供的服务。如果他们对男性的偏好扩大到责任较大的工作，例如，医师、证券经纪人或飞机驾驶员，而对女性的偏好仅限于熟练程度较低的工作，例如，护士和空中小姐，就会发生不利于女性的职业隔离。而且，如果女性要在消费者更喜欢男性的工作岗位中寻求就业，她们必须比一般男性接受更低的工资待遇或接受更高的人力资本；而有偏见的消费者则要支付比不存在消费者歧视的条件下更多的成本，来享受歧视给他们带来的"满足"。消费者歧视与雇主歧视不同，它只与效用有关而与利润无关。

消费者歧视理论的主要观点是女性从事那些和消费者直接接触而且责任重大的工作时，面临的劳动力市场歧视最大；而从事那些和消费者没有直接接触，或者抱有偏见的消费者认为地位较低的工作时，面临的劳动力市场歧视较小。

（三）雇员歧视

雇员歧视是一个就业群体对另一个就业群体的歧视。这除了有工作职位上的竞争因素之外，也有可能具有要与有色人种在工作中发生接触的恐惧和厌恶；还有可能由于男雇员对女性有偏见，不愿意与女性一起工作，或不愿在女性领导下工作而产生的歧视。

如果男性工人有歧视性偏好，他们会离开（或避开）对女性无雇佣歧视的雇主。如雇主无歧视，不辞退女性，那么男雇员就要求有更高的工资才会留任。因此，在某些工作中，雇员歧视会使雇主雇佣女性付出更高的代价，因而会减少对女性的需求，并降低其工资。

二、统计性歧视理论

统计性歧视理论是由菲尔浦斯（Phelps）提出的。如果雇主将一个群体的典型特征视为该群体中每一个个体所具有的特征，而利用这个群体的典型特征作为雇佣标准，产生的歧视称为统计性歧视[3]。

由于招聘中存在的信息不对称，尽管雇主通过各种选拔方式对应聘者进行挑选，但由于搜集信息的代价很高，而且雇主又不可能花费太高的成本去了解每个人的详细信息，即雇主永远无法获得应聘者的全部信息。如果根据求职者的个人特征（测试分数、受教育程度、工作经验等）不能对其实际生产率做出完全的预测，无法确定哪个候选人的生产率最高、最适合所申请的工作，则企业在做出雇佣决策时将会同时利用求职者个人的资料及其所属群体的群体资料（如认为女性体力低、能力差），来作为最终雇佣谁的依据。这可能会在占优势的雇员群体与其他群体中的个人具有完全相同的可衡量生产率特征的情况下，导致雇主产生对前者的系统性偏好，这个过程就是统计性歧视。雇主不是出于主观的歧视偏好，但却产生了歧视的结果。

三、垄断歧视理论

劳动力市场上的歧视现象与劳动力市场运行有关。有些经济学家认为，劳动力市场不是完全竞争的，而歧视正是由个别企业垄断造成的。歧视的动机往往不是偏见，而是货币收益，这是因为独家垄断企业有能力决定市场上的工资水平，这种市场运行的力量使制定具有歧视性的工资成为可能，歧视行为能增加歧视者的收入。在垄断市场结构中，某些劳动者，如年龄偏大的劳动者、女性劳动者，因缺少可供选择的雇主，只能接受带有歧视的工资，从而使企业获得歧视利润[2]。该理论在分析了由于劳动力市场上存在垄断所以产生歧视现象之后，提出了如下观点。

（1）男性工资水平将高于不存在歧视情况下的一般工资水平。

（2）女性劳动者工资水平比男性劳动者工资水平和没有歧视时的一般工资水平都低。

（3）企业的利润在歧视情况下必然增加。比如，在歧视情况下，男性工人平均工资为5元/小时，女性工人的平均工资为3元/小时，男女工人的平均工资为4.5元/小时。此时，假设雇主雇佣9人，其中3人为女性，则在歧视的情况下，企业的工资总成本为39（即 $3 \times 3 + 5 \times 6$）元；而在没有歧视的情况下，企业的工资总成本为40.5（即 4.5×9）元。同样雇佣9人，生产率相同，产出并没有变化，但工资总成本却下降了。

（4）在产品市场完全竞争的条件下，若其他竞争对手实施歧视性用人政策而某些企业不这样做，其将因较高的相对人力成本而处于不利地位。

（5）市场竞争将导致歧视减弱的说法理由不充分，有必要采取公共政策措施对付歧视现象。

该理论的关键论点是，某些劳动力（如女性劳动力）的供给弹性小于某些劳动力（如男性劳动力）的供给弹性，这是由女性工资歧视导致的。在一些企业，没有参加工会的女性的劳动力供给弹性小于男性，由此导致对女性不利的工资差异。

第三节 发达国家和地区劳动力市场歧视问题制度建设

一、中国香港特别行政区消除歧视的对策

在中国香港特别行政区，有一系列旨在消除歧视的反歧视条例，并有相应的法定机构对其监督执行，该机构被称为平等机会委员会。平等机会委员会具体负责执行反歧视条例，包括《性别歧视条例》、《残疾歧视条例》及《家庭岗位歧视条例》。该委员会致力于消除基于性别、婚姻状况、怀孕、残疾及家庭岗位而出现的歧视行为。

该委员会的主要工作内容包括以下方面。

（1）教育及推广。为了让公众更好地认识平等机会及歧视问题，该委员会经常举办相应的座谈会及供各界人士参与的讲座；制作多种出版物；就个别的平等机会课题制作教材资料，供人力资源从业人员、社工、教师及相关团体的负责人等使用，并协助培训人员进行有关平等机会问题的训练；定期在电视、电台等大众传播媒介上推广平等机会的信息；与相关机构建立伙伴关系，以推广平等机会政策及管理常规。

（2）法例及指引。平等机会委员会印制了《性别歧视条例》、《残疾歧视条例》及《家庭岗位歧视条例》等雇佣实务守则，以协助雇主及雇员了解其本身的法律责任，并为制定防止歧视的程序及制度提供指导。

（3）研究。平等机会委员会委托有关机构进行研究工作，以增加对歧视问题的认识及监测社会人士对有关问题的态度转变。根据研究调查结果，策划其活动及工作，公众亦可查阅已出版的调查报告。

（4）调查及调解。根据反歧视条例，任何人如果认为受到了歧视，可以亲身或通过代表以书面形式向平等机会委员会提出投诉，寻求补偿。委员会就其法定权力执行《性别歧视条例》、《残疾歧视条例》和《家庭岗位歧视条例》，凡在委员会权力范围内的投诉，委员会都会做出调查。在调查过程中，委员会会细察每宗案例的事实。平等机会委员会首先会尝试以调解方式解决问题，令双方达成协议。委员会职员会担任沟通协调人，以便双方进行调解。调解委员会尽力协助双方了解导致诉讼的症结，找出可以达成协议的要点或解决方法，尝试解决纠纷。

二、美国消除歧视的政策

从肯尼迪政府开始,美国联邦政府就制定了旨在同劳动力市场中的歧视现象做斗争的一系列法规。这些法律和法规中最重要的是《民权法》和《公平薪酬法案》。其中,1964年通过的《民权法》奠定了联邦政府在就业方面的政策基础。该法在第七章中规定,任何雇主凡因某人的种族、肤色、宗教、性别或原有国籍的不同而拒绝雇佣或解雇某人;或者在就业报酬、条件、期待方面对某人进行歧视,都是非法的行为。该法在1972年又进行了修改。为了更好地执行这个法律,美国国会还专门成立了平等就业机会委员会。此后,《民权法》被授权可以由委员会对违法雇主提起诉讼。为了扩大法律的影响,法庭允许原告将诉讼扩大到"团体行动",法庭可以就某一组织的就业活动对整个工人群体的潜在歧视性影响进行判定。

此外,1963年制定并通过的《公平薪酬法案》就是针对歧视而制定的法律。该法明确规定,对使用相同技术并在相同条件下工作的男女工人支付不同的工资是非法的。这个法律所指的工作,是指要求男女工人在同等的工作条件下具有同等的技能、努力程度和胜任工作所必需的责任感。

三、日本消除歧视的政策

日本为了消除男女雇佣机会的差别,在雇佣条件、员工安置和晋升等方面,也以立法程序颁布执行了《男女雇佣机会均等法》,该法明确规定,禁止在教育培训、福利医疗、退休退职和解雇等方面上的性别差别对待。《男女雇佣机会均等法》是以日本宪法第十四条作为基本理念的,特别是批准废弃了有关男女差别的条文,成为1985年6月开始的国内修正法的重要部分。该法于1986年4月开始实施,其要点如下。

(1)关于就业机会与劳动待遇方面的均等。作为雇主的责任是:①招聘、录用员工时,必须向女性提供与男性均等的机会,在工作岗位安排与提升方面要努力做到女性与男性均等;②在退休、解雇方面,禁止设置女性与男性不同的条件;禁止以婚姻、妊娠等作为解雇女性员工的理由;③在教育培训及福利方面,禁止女性与男性差别对待。为此,在各都道、府、县设立机会均等调停委员会,对有关纠纷进行调停。

(2)关于女性员工劳动保护规定的修改。其内容有:①废除担任管理职务、技术职务女职员在制度时间以外及节假日进行工作的限制规定;②废除担任管理职务、技术职务及其他由政府行政部门认可的职业的女性员工在深夜进行工作的限制规定;③承认女性在妊娠期、围产期以外可以参与危险及有害性工作。

(3)有条件地放宽与产假相关的待遇。

第四节 中国劳动力市场歧视问题分析

我国人口众多,人口基数大,劳动人口增长的绝对值十分可观,需要就业的劳动力总量相当庞大。每年的就业岗位缺口在1300万~1400万人。因此,劳动力供过于求的形势,是造成就业歧视的根本原因。

一、中国劳动力市场歧视现象

当前,中国劳动力市场的歧视主要表现为女性在就业市场上遭遇的性别歧视和对城乡就业壁垒下的"户籍型就业歧视"——"城市农民工"的歧视。近些年来还表现出了学历歧视,如第一学历的"名校情结"歧视,即用人单位在高校毕业生的求职过程中,以第一学历毕业院校是否属于"双一流"高校作为筛选门槛,来影响录用结果;另外,在起薪水平、工资涨幅、晋升机会等方面也存在学历歧视。例如,通过研究生学历的毕业生发送简历的通信实验,发现第一学历为非"双一流"高校本科的,比第一学历为"双一流"高校本科的,在初次就业中收到的简历回复低41%,这证明第一学历的信号机制在招聘中发挥甄别作用[4]。这三类歧视归属于统计性歧视。

从发生的场景看,这三类歧视分别包括就业机会歧视、工资歧视、晋升机会歧视和人力资本投资歧视。人力资本投资歧视在劳动力市场既表现为前劳动力市场歧视,也包括劳动力市场歧视。前者如在家庭教育中"支持男孩读书,女孩打工回馈家庭",对此,中国儿童少年基金会在1989年实施了致力于改善贫困家庭女童受教育状况的"春蕾计划"公益项目,不仅能缓解性别歧视中的前劳动力市场歧视,也是提高民族素质的一项基础工程;后者如体现在女大学生在求职时相比男生相对弱势。性别歧视有时是和学历歧视相结合表现出来的。除此之外,始于20世纪80年代的"城市农民工"歧视也偶有发生。

自20世纪80年代开始,随着改革开放的深入和工业化、城市化进程的加快,大量农村剩余劳动力进城务工,他们的户籍身份是农民,却从事着非农劳动,并以此为主要生活来源,从而形成了我国社会的一个特殊群体——"城市农民工"。他们的流动和劳动对于缩小城乡差距、增加农民收入、加快我国城市化进程、实现全面小康社会等起着非常重要的经济和社会作用。然而,他们在为城市发展做出巨大贡献的同时,也面临着生活习惯、文化背景等方面无法完全融入城市的现象,进而产生同工不同时、同工不同酬、同工不同权等劳动力市场歧视,影响社会公正、社会稳定和社会经济发展。

二、农民工遭受歧视的根源

我国是一个农业大国。2002年,我国乡村人口为78 241万人,占总人口数的60.9%。2002年12月,中华人民共和国农业部印发《关于做好农村富余劳动力转移就业服务工作的意见》。2007年8月13日,中华人民共和国劳动和社会保障部部长田成平在北京召开的亚洲就业论坛上发言表示,截至2007年8月,中国已有2亿多名农村富余劳动力实现了向非农领域的转移。但是,由于相对的同质性,使农村劳动力处于供过于求的形势,为用人单位人为地抬高就业门槛、设置各种限制条件提供了基础。农民工在城市劳动力市场上遭受歧视既有制度方面的原因又有非制度方面的原因。

(一)产生歧视的制度性原因

这种歧视的根源在于现存的户籍制度及派生出来的一系列制度,是行政力量对市场进行制度性干预的结果,加重了劳动力市场的二元甚至多元分割的局面。固定的户籍制度从制度上支持了劳动力市场的就业歧视，增加了流动就业迁移成本和流动成本，限制了劳动者在平等基础上择业的权利，导致了很多的同工不同酬现象。

制度性原因导致的收入差距加大也加剧了社会歧视农民工的现象。2008年城镇在岗职工平均工资最高的是机关，为33 869元，是全国平均水平的1.16倍，同期的企业平均工资则只有全国平均水平的97%。企业平均工资略低于全国平均水平的格局多年来一直没有改变。在行业方面，国家统计局称，2008年城镇在岗职工平均工资最高的三个行业是证券业、其他金融活动业和航空运输业，分别为172 123元、87 670元和75 769元，是全国平均水平的5.9倍、3倍和2.6倍。国内最高与最低行业平均工资之比为11∶1，收入差距十分明显[5]。社会科学文献出版社和西北大学中国西部经济发展研究中心，在联合发布的《中国西部经济发展报告（2006）》中指出，从居民收入水平差距来看，2005年西部城镇居民可支配收入占东部地区的比例由2004年的69.7%下降到66.7%，而2005年西部地区农村居民人均纯收入占东部地区的比例由2004年的48%下降到44.2%[6]。这说明东西部差距还在不断扩大。不同地区收入差距扩大，与劳动力缺乏区域流动性和开放性有关；收入差距又反过来加剧了社会歧视农民工的现象。

（二）产生歧视的非制度性原因

在劳动力市场上，如果同质劳动力的供给量大于需求量，那么求职者之间的竞争使得劳动者不能轻易放弃工作机会，使劳动者为获得工作或职业发展而接受歧视待遇；而雇主也能够在足够多的求职者中按照自己的主观偏好以比较低的成本雇佣到劳动者，这就为用人单位人为地抬高就业门槛、设置各种限制条件提供了基础，即劳动力市场供求比例失衡，供给量远远大于需求量，会导致歧视和加剧歧视。

就业歧视产生的间接原因还在于传统残余观念的影响，特别是身份歧视。很多用人单位不与农民工签订劳动合同，使得农民工依据《劳动法》来维护劳动权益的成本较大，这使得很多用人单位更可以放心地提出形形色色的歧视性条件。

2016年，上海市政府第131次常务会议通过了《上海市网络预约出租汽车经营服务管理若干规定》，北京市交通委员会等部门联合印发了《北京市网络预约出租汽车经营服务管理实施细则》。以上两个法规均明确规定符合网约车驾驶员条件之一是必须具备当地户籍。从而将大批外地户籍的专车司机排挤出当地的网约车市场。对此，该行为是否涉及劳动力市场歧视引起理论界、实务界的热议。

三、歧视损害公平和效率

通过歧视对城市就业者、城市化、城市稳定、社会福利、农村经济发展及对农民工个人等方面的影响，证明了农民工就业歧视是不公平的；同时，这种歧视影响劳动力资源的合理配置，是缺乏效率的，影响社会整体福利的提高。性别歧视使得女性劳动者常常被排挤在某些职业之外，使她们被挤进数量有限的职业中。这会使她们的价值在劳动力市场上无法充分发挥和完全实现，最终挫伤女性进行人力资本投资的积极性。对女性的歧视，必然制约生产要素的重组和优化组合，导致整体效率的下降，进而影响经济的发展。在这方面，有许多学者做了研究，认为劳动力市场上的歧视会严重影响劳动力市场的供求关系和工资水平，影响人才在市场中的自由流动，给劳动者和社会经济造成一种潜在的净损失。从个人角度看，由于受到歧视而无法获得合适的工作或不得不接受较低的工资水平，被歧视者在经济、精神两方面遭到伤害。从社会角度看，它使经济效率不必要地降低了。

具体来说，已有的研究用 2002 年和 2018 年中国家庭收入调查（Chinese household income project survey，CHIP）横截面数据，分析了中国城镇劳动力市场上就业机会户籍歧视的程度。研究结果发现，2018 年农民工在城镇劳动力市场面临的收入户籍歧视已不明显，比 2002 年的收入差距有所缩小；虽然就业机会户籍歧视程度呈弱化趋势，但仍能解释农民工与城镇职工的收入差距，并通过社会保障获取扩大这一差距[7]。也有的研究基于中国城乡劳动力流动（rural urban migration in China，RUMIC）调查数据研究城市规模与农民工就业匹配之间的关系，分析农民工在大城市是否更容易找到适合的工作，研究表明，尽管近年来农民工大城市就业匹配效率有所提高，但在劳动力市场优势方面仍与城镇户籍居民形成反差[8]。在歧视导致的结果方面，据 2017 年中国流动人口动态监测调查数据（China migrants dynamic survey，CMDS）的研究，认为城镇劳动力市场中的公有和私有制部门存在对农村户籍劳动者的"非制度性歧视"，这加剧了劳动力市场隐性分割，并逐渐内化为特征差异，引致城乡收入分配不平等[9]。也有研究认为新时期的就业歧视会导致劳动力市场供需失衡、生育抑制，以及人们对疫情的过度担忧等[10]。

四、解决农民工就业歧视问题的对策

与其他要素市场相比，劳动力市场具有较明显的非竞争性，非均衡状态是劳动力市场的常态，不能仅指望通过市场力量来消除它。

很多学者对劳动力市场歧视问题的解决对策进行了研究，认为户籍异质性扩大了农民工和城镇职工的收入差距，户籍异质性的影响同时体现在教育回报率和工作经验回报率上，为了实现共同富裕，要提升农民工群体的人力资本积累[11]。同时，政府通过征地、户口改革方式推动的就近城镇化并不能够消除工资歧视，城乡劳动力之间教育回报率的差异是导致同工不同酬的主要原因[12]。

从整体上看，应从以下几个方面解决农民工就业歧视问题。

（1）注重农村的基础教育和职业教育。20 世纪中叶产生的人力资本理论明确提出，人力资本积累是经济增长的重要源泉，教育是使个人收入分配趋于平等的重要因素。人力资本存量少、水平低是农民工遭遇就业歧视的根本原因。因此，第一，要高度重视农村基础教育，为将来的农民进一步学习打下基础。对于已经转移的农民工子女入学实行适宜的就地入学政策，接纳农民工子女，或者开办专为农民工子弟的学校等，妥善解决农民工子弟就学问题。第二，注重农村的职业教育发展，对农民工进行岗前培训。改革农村的职业教育，并以劳动力转移培训为契机，以市场为导向，突出针对性和实用性，使其为劳动力的就业服务。为弥补农业科技教育师资力量不足的状况，各地区农校、农技校要加强联系，外聘教师实现资源共享。第三，对进城的农民提供灵活高效的短期技术培训，使其能尽快适应工作岗位，实现工作的转换。农民工是在为整个国家的经济发展作贡献。因此，需要建立国家、企业、个人多渠道、多层次、多形式的农民工培训网络。这也符合人力资本投资的私人性与外部性相统一的特征。

（2）消除就业歧视观念。在市场经济条件下，不同区域、不同行业的劳动者都是市场的主体。对于城乡的劳动者来说，就业选择权应该是平等的。

（3）消除隔离体制。首先，要进一步从城乡隔离的户籍制向城乡一体化的户口登记制转变。小城镇户口应完全放开，大、中城市应该逐步放开户口，尽快从目前的户籍管理向身份证管理过渡，为居民异地就业创造条件。其次，建立统一的社会保障体系，把城市非正规就业者和农村劳动力纳入这一体系中。让农民有平等的就业机会和公平的收入待遇，有利于消除劳动力市场歧视。

（4）规范劳动关系，出台就业法。要建立统一的、公平的、竞争性的劳动力市场，应该出台促进平等就业的相关法律法规，建立维护农民工权益的工会组织，以进一步规范劳动关系，创造公平就业的法律环境。

本 章 小 结

本章主要以劳动力市场歧视的基本知识为分析起点，重点介绍了劳动力市场歧视的相关理论及发达国家和地区消除劳动力市场歧视的对策，最后分析了中国劳动力市场歧视问题。

一、劳动力市场歧视的含义及表现形式

（1）劳动力市场歧视。这是指在劳动力市场上，那些具有相同的岗位胜任力并最终表现出相同的劳动生产率或工作绩效的劳动者，由于一些非经济的个人特征引起的在就业、职业选择、晋升、工资水平、接受培训等方面受到的不公正对待。歧视的本质，就是判断事物采用了双重标准。

（2）劳动力市场歧视的表现形式。其包括身份歧视、性别歧视、年龄歧视和身高歧视。

二、劳动力市场歧视理论

（1）个人偏见产生歧视的理论。雇主、消费者或雇员不喜欢与某一类工人交往。如果偏见来源于雇主，说明雇主是有歧视偏好的，他为了达到与一部分人保持距离的目的而宁愿支付费用或放弃某种收入。消费者偏见，是指在有些场合下消费者喜欢男性提供的服务，而在另一些场合下则喜欢女性提供的服务。消费者歧视只与效用有关。雇员歧视，是一个就业群体对另一个就业群体的歧视。雇员之间的歧视导致雇主所采取歧视行为。

（2）统计性歧视理论。雇主把某一群体的特征强加给了个人，而利用这个群体的典型特征作为雇佣标准产生的歧视称为统计性歧视。雇主不是出于主观的歧视偏好，但却产生了歧视的结果。

（3）垄断歧视理论。垄断歧视来源于个别垄断企业对垄断权力的追求和使用。垄断歧视的动机往往不是偏见，而是货币收益。

三、发达国家和地区劳动力市场歧视问题制度建设

（1）中国香港特别行政区。平等机会委员会通过教育及推广、法例及指引、研究、

调查及调解等措施来消除基于性别、婚姻状况、怀孕、残疾及家庭岗位而出现的歧视行为。

（2）美国。美国制定了专门的法律和法规，平等就业机会委员会执行和监督法律的实施。

（3）日本。日本通过立法来消除男女雇佣机会、雇佣条件、员工安置和晋升等方面的差别。

四、中国劳动力市场歧视问题分析

（1）中国劳动力市场歧视现象。

（2）农民工遭受歧视的根源。中国的农民工遭受就业歧视的原因，可以从制度性和非制度性两个方面来考虑。

（3）歧视损害公平和效率。

（4）解决农民工就业歧视问题的对策。解决中国的农民工遭受就业歧视的对策，包括注重农村的基础教育和职业教育；消除就业歧视观念；消除隔离体制；规范劳动关系，出台就业法。

名词解释

歧视　劳动力市场歧视　雇主歧视模型　统计性歧视　劳动力市场分割理论　垄断歧视理论

复习思考

1. 什么是劳动力市场歧视？
2. 列举劳动力市场歧视的几种表现。
3. 垄断歧视理论的主要内容是什么？
4. 简析农民工遭受歧视的根源，试述如何解决农民工就业歧视问题。
5. 为什么说歧视是缺乏效率的？
6. 日本消除歧视的政策有哪些要点？
7. 如何认识当前中国的劳动力市场歧视现象？怎样缓解当前中国的劳动力市场歧视现象？

参考文献

[1] 袁伦渠. 劳动经济学[M]. 6版. 大连：东北财经大学出版社，2021.

[2] 马培生. 劳动经济学[M]. 3版. 北京：中国劳动社会保障出版社，2015.

[3] Phelps E S. The statistical theory of racism and sexism[J]. The American Economic Review, 1972, 62（4）：659-661.

[4] 李彬，白岩. 学历的信号机制：来自简历投递实验的证据[J]. 经济研究，2020，55（10）：176-192.

[5] 赵耀. 中国劳动力市场雇用歧视研究[M]. 北京：首都经济贸易大学出版社，2007.

[6] 王晴. 东西部收入差距继续扩大　专家呼吁加速国企改制[EB/OL]. https://finance.sina.com.cn/roll/

20060814/1044857284.shtml[2006-08-14].

[7] 吴彬彬, 章莉, 孟凡强. 就业机会户籍歧视对收入差距的影响[J]. 中国人口科学, 2020, (6): 100-111, 128.

[8] 刘超, 李瑞, 马俊龙. 城市规模、就业歧视与农民工就业匹配[J]. 经济科学, 2020, (5): 86-98.

[9] 梁盛凯, 陈池波. 从收入不平等走向共同富裕：中国城乡户籍"非制度性歧视"的分解与弥合[J]. 山西财经大学学报, 2022, 44 (3): 1-15.

[10] 李长安, 刘真秀. 新时期就业歧视的成因及治理[J]. 中国劳动关系学院学报, 2023, 37 (1): 23-32.

[11] 张弓. 户籍异质性对农民工收入的影响：基于CFPS微观数据的分析[J]. 东岳论丛, 2021, 42 (12): 133-141.

[12] 孟凡强, 刘志辉, 彭志勇. 政府推动的就近城镇化能够消除工资歧视吗[J]. 南方经济, 2022, (11): 92-108.

知识链接 7-1　互联网电商为女性赋能

　　数字经济发展带动了电商平台发展，为女性提供了丰富的创业就业机会，给欠发达地区女性提供了发展加速器。中华全国妇女联合会数据显示，截至2022年，女性在互联网领域创业者中占55%。

　　例如，在淘宝网上有一群"魔豆妈妈"店主群体，这一群体是由身体残疾或身患绝症等身处困境但自强不息的困难母亲组成。这是淘宝网联合中国红十字会于2006年启动的"魔豆爱心工程"，以帮助这些积极面对人生的女性，为她们提供运营模式、技术赋能支持，助力她们精准脱贫。

　　在2023年，淘宝平台上00后女性创业的比例超过三成，淘宝销售额前100的头部店铺中，女老板占比为54%；在淘宝主播和淘宝"云客服"中，女性占比分别是80%和85%。

　　例如，拉勾招聘发布的《2023程序员人群洞察报告》显示，近三年女性技术开发类人才的新增注册量占比持续增长，2023年前三季度占比达到26%，在人工智能等领域研究中有仍有提升潜力。

　　此外，国内主流电商平台女掌门增多，如淘天集团CEO戴珊、京东集团CEO许冉、哔哩哔哩的副董事长李旎、抖音女CEO张楠、抖音电商总裁魏雯雯……，这些优秀的女性以实力打破性别偏见，在互联网电商平台发挥更大的影响力。

　　资料来源：龚诗缘. 这些"魔豆妈妈"创业致富让爱延续[EB/OL]. https://baijiahao.baidu.com/s?id=1594380220666677864&wfr=spider&for=pc[2022-12-01]；刘征宇. 【数智她风采】绽放她价值，赋能她力量，互联网成为女性发展新天地[EB/OL]. https://mp.weixin.qq.com/s?__biz=MzIyOTIzODAyMA==&mid=2247513321&idx=4&sn=71b5953cc34a1a1a543035c629ec0987&chksm=e8474082df30c994c63f75d05b947d532c37c590a78e8f1d765ecb3b12a388fcfa1f10f06f3b&scene=27[2022-12-01]

　　讨论题：请举例说明，技术进步如何赋能女性发展，缓解劳动力市场歧视。

知识链接 7-2　　劳动力市场歧视理论前沿及热点问题

1. "以出身论英雄"与学历歧视。
2. 学历歧视与成人教育。
3. 女大学生就业困境。
4. 35 岁现象与人才利用效率。
5. 学术劳动力市场与信号筛选。
6. 就业补贴与学历论。
7. 互联网使用对工资的影响。
8. 劳动力市场中的城乡工资差异。
9. 数字经济与性别工资差异。
10. 劳动力市场扭曲与劳动力市场歧视。

第三篇

现实篇

第八章

就业与失业

导　读

本章的内容是概述就业与失业的定义及其影响因素、西方主要的就业理论、失业的类型和原因。通过本章的学习，应达到如下目的：全面、系统、较为深入地熟悉和掌握就业与失业的定义及其统计方法、就业理论和失业理论的主要内容；运用就业与失业的理论和方法，分析劳动力市场中的就业与失业问题。

（1）了解西方主要的就业理论。

（2）懂得就业与失业的定义及其统计方法。

（3）掌握失业的类型和失业的原因。

识记：了解就业、失业、自然失业率、摩擦性失业、结构性失业和周期性失业的概念，并能正确认识和表述，这是最基本的要求。

领会：在识记的基础上，能较好地把握就业与失业的统计方法，能掌握摩擦性失业、结构性失业和周期性失业的原因。

应用：在领会就业与失业的定义、理论和方法的基础上，能运用它们分析和解释有关劳动力市场中的就业与失业问题，并提出扩大就业的思路与方法。

第一节　就业与失业概述

一、就业

（一）就业的定义

劳动就业是指达到法定劳动年龄、具有劳动能力的劳动者，运用生产资料依法从事某种社会劳动，并获得赖以为生的工薪报酬收入或商业经营收入的经济活动，简称就业[1]。根据第十三届国际劳工统计大会通过的决议，就业人员被界定为在参照期内从事任何一种工作以获取薪酬或利润（或实物报酬）的人员，或者在此期间因生病、休假或产业争议等理由而暂时脱离工作岗位的人员。决议还规定，凡在家庭企业或农场从事无薪酬工作每天1小时以上的人员，应被包括在就业统计中（尽管许多国家对这一群体劳动者实行较高的工作小时扣除法）。由这两个定义我们可以看到，实现就业需符合下述几个基本条件。

（1）就业主体是达到法定年龄的具有劳动能力的人。法定劳动年龄是实现就业的一个不可缺少的条件。目前，世界各国都根据自己的情况规定就业者劳动年龄的上下限、就业时间的长短等具体内容，这种规定的目的是更好地促进劳动者的身心健康，这种规定在保障劳动者的劳动权利实现的基础上，更有利于劳动者劳动行为能力的良好形成和发展。

（2）就业主体所从事的劳动属于合法的社会劳动。只要是符合国家法律规定的社会劳动，不论其所有制性质、劳动用工形式，也不论是在什么部门工作，都是满足就业条件的基本要件。这表明，就业与生产资料所有制无关，与一定的劳动制度所决定的企业用工形式无关，与国民经济部门无关。劳动者不论是固定工，还是合同工，抑或是其他临时工，均属于就业者。劳动者不论在何种经济部门从事劳动并取得劳动报酬或经营收入，均是参与了就业活动的人。只有劳动者从事义务性劳动、社会救济性劳动、家务劳动或非法劳动，才不属于就业的范围之内。

（3）就业主体所从事的劳动是有报酬的劳动，从事这种社会劳动可以获得赖以为生的收入。

（二）就业的统计

从统计学的角度，研究就业量的规定性，即就业的划分标准以及对就业者范畴的正确计量是就业问题研究中的一个必不可少的内容。按照国际劳工组织的规定，凡是在规定年龄内，具有以下情况之一的都属于就业者：①正在工作中，指在规定的时间内正在从事有报酬或收入的职业的工作人员；②有职业，但是临时没有工作的人，如由于疾病、事故、劳动争议、休假、旷工，或因气候不良、设备损坏、故障等原因而临时停止工作的人，以及单位因各种原因临时停工的人；③雇主和个人经营者，或在规定的时间内为家庭企业或农场工作不少于正常工作时间的 1/3 的无报酬家庭工作人员；④已办理离休、退休、退职手续，但又再次从业（有酬和自营等各种方式）的人员。

衡量就业状况的一个重要指标是就业人数比率，指就业人口占劳动力总数的比重，其计算公式为

$$就业人数比率 = \frac{就业人数}{就业人数 + 失业人数} \times 100\% \qquad (8-1)$$

2022 年末全国就业人员 73 351 万人，就业率为 98.4%，其中城镇就业人员 45 931 万人，占全国就业人员比重 62.6%。全国就业人员中，第一产业就业人员占 24.1%；第二产业就业人员占 28.8%；第三产业就业人员占 47.1%[2]。

（三）就业能力

就业能力是指获得某项岗位的全部能力的总称。一个人想要顺利找到工作，就必须具备一定的就业能力。就业能力包括一般就业能力和特殊就业能力。随着当代中国社会经济发展对职场产生的深远影响，就业能力也被赋予了更多的内涵。首先，社会的发展使得人才整体素质大幅提高，就业市场竞争日益激烈。如何赢在职业的起跑点、如何打

造适应当代职场特点的就业能力,成为人们关注的热点。其次,全球化进程的加速,给职场环境带来了重大变革。身处多元化、国际化的工作环境中,职场人士需要不断提升能力素质,开阔视野,以获得更广阔的发展空间。最后,随着人才测评理论的发展,企业越来越重视针对不同的岗位选择不同类型的人才。人力资源管理的核心也从单纯对"事"的管理,即强调工作绩效,而转变为重视对"人"的管理。员工的流动率、工作满意度、职业生涯发展、组织忠诚度等也成为企业人力资源管理中的重要部分。

随着时代的发展,企业界和学术界又提出"可就业性"这一新概念。具体来说就是,劳动者随时有"下岗"另谋职业或改变工作岗位的可能,每个人必须提高自己的"可就业性",这意味着人人都要争取掌握两项或两项以上的专业和技能。失业人员提高知识和技能,以适应就业市场的需要,是就业的关键[3]。

二、失业

(一)失业的定义

失业与就业相对。按照国际劳工组织的定义,失业是指有劳动能力并愿意就业的劳动者找不到工作的一种社会现象。其实质是劳动者与生产资料相分离,劳动者不能与生产资料相结合进行社会财富的创造,从而失去了获得劳动报酬的机会。同时,失业作为劳动者与生产资料相脱离的不良经济状态,它使社会资源分配和使用失当,因而在宏观层面上出现非均衡的状况。因此,失业的存在无疑对宏观经济的运行,以及整个经济增长和社会发展都造成了不良的影响。

现代市场经济国家一般接受下述的失业定义:凡是统计时被确认有工作能力,但没有工作,而且在此以前四周内曾做过专门努力寻找却没有找到工作的劳动者,都被统计为失业者。此外,暂时被解雇正等待恢复工作的人和正等待到新工作岗位报到,但等待时间达到30天以上才可报到的人也属于失业者[1]。

所以,失业是指在市场经济条件下,在法定劳动年龄内,具有劳动能力并有就业愿望的劳动者失去了工作机会和工作岗位而形成的劳动人口相对工作岗位过剩的社会经济现象。

因此,现代劳动经济分析中出现了"就业者"、"失业者"以及"非劳动力"三个范畴。非管制人口的就业者、失业者和非劳动力这三个范畴的关系如图8-1所示。

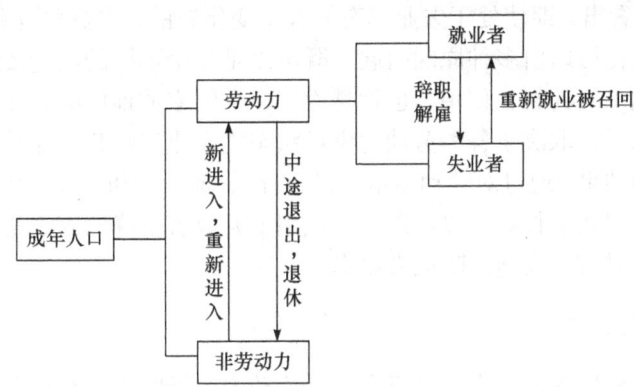

图8-1 非管制人口的就业者、失业者和非劳动力范畴关系

（二）失业的度量

在市场经济条件下，一般用失业率指标来衡量失业总水平的高低。失业率就是指失业人数占劳动力总数的百分比，也就是指失业人数同失业人数和就业人数之和的比。用公式表示为

$$失业率 = \frac{失业人数}{就业人数 + 失业人数} \times 100\% \qquad (8\text{-}2)$$

其中，失业人数是指属于上述失业范围，并到有关部门登记的失业者人数。

按照国际劳工组织的规定，失业率指标可以衡量一国中未被利用的劳动力情况，与就业/人口比指标结合在一起，提供了进行国家间劳动力市场状况对比的最基本的信息，可有效测度各国的就业政策所取得的成效。但按照式（8-2）计算出来的失业率，只考虑了失业人数的比重，而没有将失业持续的时间考虑进去，所以不能完全客观真实地反映社会失业状况[4]。

因此，要了解一国经济的真实失业水平，并且了解决定失业水平的因素，就不仅要对劳动力市场进行存量分析，即对就业者、失业者和非劳动力进行划分，而且要分析不同的劳动力市场状态之间的流量，这就是劳动力市场存量-流量分析，其模型如图8-2所示[5]。

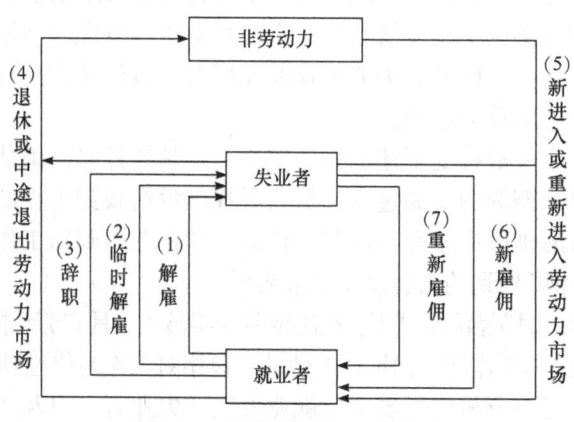

图 8-2　劳动力存量-流量模型

从图8-2可以看出，即使处于失业状态的人是变化着的，失业率也有可能保持不变；同时，失业率的变化可以由多种原因引起，既可以是几个不同的流量要素的单独作用，也可以是它们彼此之间的相互作用。也就是说，一个国家或地区的总体失业水平，或者某一群体的失业水平，取决于各种劳动力市场状态之间流量的相对流动比率，是各种流量之间综合作用的结果。通过对劳动力市场进行存量-流量分析，可以帮助我们弄清楚单个劳动力失业的时间间隔长短，以及造成失业率上升或者下降的因素是什么，从而使我们能够采取适当的对策与措施来降低失业率。

（三）自然失业率

自然失业率又称均衡失业率，是指在整个劳动力市场既不存在过多的劳动力供给，也不存在过多劳动力需求的失业率。尽管人们关注失业问题，但是完全消灭失业是不可

能做到的，即使人们对目前的工作状况基本感到满意，也并不意味着充分就业得以实现。这是因为，在劳动力的范畴内，有些失业是不可避免的，例如因工作转换和初次寻找工作而引起的摩擦性失业、季节关系引起的季节性失业等都是正常失业现象。无论在什么样的经济条件下，这种类型的失业都一如既往地存在，这种失业与总需求没有直接联系。如果除此之外没有其他类型的失业存在，那么就可以称已经实现了充分就业，而在劳动力市场达到均衡、实现充分就业时的失业率就是自然失业率[1]。

自然失业率作为宏观经济政策制定与实施的决策参数之一，具有十分重要的意义。例如，在自然失业率比实际失业率低的情况下，由适当的宏观政策通过扩大总需求而不加速通货膨胀就能使实际失业率下降。而在实际失业率比自然失业率低的情况下，只有采取提高劳动力市场效率来降低自然失业率的政策才是正确的。因此，关于自然失业率本身的水平及其变动问题也是现代宏观经济学研究的一个课题。

三、中国的就业与失业统计

（一）中国的就业与失业划分

在我国，对就业与失业的划分借鉴了国外的标准，并逐步同国际接轨。根据劳动统计指标解释，劳动力资源的范围为在劳动年龄内（16 周岁及以上），有劳动能力，实际参加社会劳动和未参加社会劳动的人员。劳动力资源不包括在押犯人、在劳动年龄内丧失劳动能力的人员以及 16 周岁以下实际参加社会劳动的人员。劳动力资源也可划分为经济活动人口和非经济活动人口，如图 8-3 所示[6]。

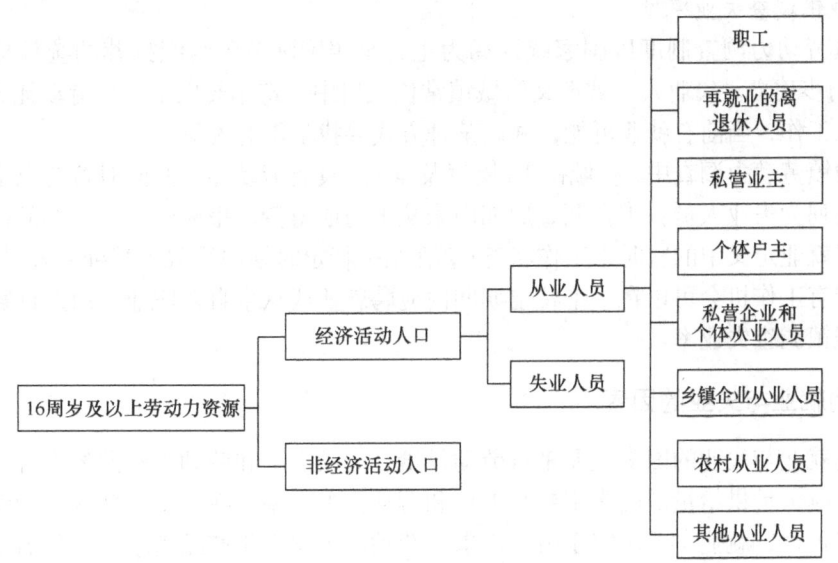

图 8-3 中国对劳动力资源范畴的分类

（1）经济活动人口是指在 16 周岁及以上，有劳动能力，参加或要求参加社会经济活动的人口，包括从业人员和失业人员，它相当于图 8-1 中的劳动力范畴。从业人员指从事一定社会劳动并取得劳动报酬或经营收入的人员。从业人员按其就业身份分组包括：

①职工（含"三资"企业从业人员①）；②再就业的离退休人员；③私营业主；④个体户主；⑤私营企业和个体从业人员；⑥乡镇企业从业人员；⑦农村从业人员；⑧其他从业人员（包括现役军人、民办教师、宗教职业者等）。而失业人员是指在劳动年龄内，有劳动能力，在调查期间无工作并以某种方式正在寻找工作的人员。

（2）非经济活动人口是指在劳动年龄内，有劳动能力，未参加或不要求参加社会经济活动的人口，包括：①16周岁及以上在校学生；②待学人员；③离退休不再要求就业的人员；④家务劳动者；⑤无就业愿望的其他人员。非经济活动人口的界定类似于图8-1中的非劳动力范畴。

（二）中国的城镇登记失业率和调查失业率

1. 城镇登记失业率

城镇登记失业率即通过统计城镇户籍居民中在劳动部门进行了失业登记的人员而计算的失业率。城镇登记失业人员是指有非农业户口，在一定的劳动年龄内（16周岁及以上，男60周岁、女干部55周岁、女工人50周岁以下②），有劳动能力，无业而要求就业，并在当地就业服务机构进行求职登记的人员。它不包括农村劳动人口中的失业者和城镇居民中已失业但未登记的失业者。与此相对应，城镇登记失业率计算公式如下：

$$城镇登记失业率 = \frac{城镇登记失业人员人数}{城镇从业人员人数 + 城镇登记失业人员人数} \times 100\% \quad (8-3)$$

其中，从业人员人数为从同期、同口径的统计报表中所获得的数据。

2. 城镇调查失业率[4]

城镇劳动力调查制度以国家统计局为主，参照国际劳工组织推荐的统计框架，于1996年初步建立。失业人员被定义为城镇常住人口中一定年龄以上，有劳动能力，在调查期间无工作，当前有就业可能，并以某种方式寻找工作的人员。

在城镇劳动力调查中，将城镇16周岁及以上，具有劳动能力并同时符合以下各项条件的人员列为失业人员：①在调查周期内未从事为取得劳动报酬或经营利润的劳动，也没有处于就业定义中的暂时未工作状态；②在某一特定时期内采取了某种方式寻找工作；③当前如有工作机会可以在一个特定期间内应聘就业或从事自营职业。由此计算的失业率称为城镇调查失业率。

四、影响就业与失业的因素

影响就业与失业的因素主要来自劳动供给、劳动需求和劳动力资源的配置方式三个方面。影响劳动供给量的因素主要是人口和劳动力参与率。在一定时期内，劳动供给具有相对稳定性，就业主要决定于劳动需求。劳动需求派生于产品需求，产品需求主要由宏观经济发展水平和结构决定。因此，影响经济发展和经济结构的因素（如投资、贸易、

---

① "三资"企业从业人员，是指在中外合资、中外合作、外商独资的经营企业的从业人员。
② 《全国人民代表大会常务委员会关于实施渐进式延迟法定退休年龄的决定》指出，从2025年1月1日起，男职工和原法定退休年龄为五十五周岁的女职工，法定退休年龄每四个月延迟一个月，分别逐步延迟至六十三周岁和五十八周岁；原法定退休年龄为五十周岁的女职工，法定退休年龄每二个月延迟一个月，逐步延迟至五十五周岁。国家另有规定的，从其规定。

资本有机构成等）都会对劳动需求产生影响。经济管理体制和政策、就业制度模式则通过影响劳动力资源的配置对就业与失业产生影响。因此，概括起来，影响就业与失业的因素主要涉及人口因素、经济因素、制度因素和心理因素等几个方面。下面分别讨论这些因素[5]。

（一）人口因素

人口是社会经济活动的主体，是劳动力资源再生产的基础，在一定的经济条件下，人口是决定劳动供给量的决定性因素。在物质要素一定的条件下，劳动力资源的数量和质量直接影响着社会经济发展的规模和速度。而劳动力资源的数量和质量又直接取决于人口数量及其素质。因此，人口是影响劳动就业的直接因素，人口数量和人口素质的变化对就业产生很大的影响。

人口素质对就业的影响主要表现在就业结构的合理性方面。人口素质主要指人口的身体素质、思想素质和文化科技素质三个方面。在社会化大生产中，对就业结构合理性起决定作用的是人口的身体素质和文化科技素质。因此，人口素质对就业的影响直接表现在两个方面：一方面是人口的身体素质是否适应产业结构、部门结构对劳动力资源的要求；另一方面是人口的文化科技素质是否适应产业结构、部门结构对劳动力资源的要求。这就是说，劳动力年龄人口中有就业要求的人能否充分就业，要取决于劳动力年龄人口的身体素质和文化科技素质。特别是在科学技术迅速发展变化的社会化大生产中，人口素质的状况对就业产生着越来越大的影响。

（二）经济因素

在影响就业与失业的因素中，经济因素是最为重要的一个方面，发展国民经济是解决就业与失业问题的基本保证，经济因素是影响劳动就业的决定性因素。

1. 经济发展的水平

劳动需求是由整个经济需求派生出来的，因此，经济增长速度越快，劳动需求的增加也就越多，就业也就越充分。相反，如果经济萎缩、停滞甚至倒退，就将减少劳动需求，造成失业增加。所以，经济发展的水平决定着劳动就业的总体水平。

经济学家一般用就业弹性指标来衡量经济总量对就业的影响。就业弹性是指某一经济变量的单位变动率所引起的就业量的变动率，自变量可以是国民收入指标、消费指标、投资指标等。一般情况下，就业弹性是指就业的收入弹性，计算时较常用的收入指标是GDP，其计算公式为

$$就业弹性 = \frac{就业增长率}{经济增长率} \tag{8-4}$$

当就业弹性等于 1 时，说明就业量随着经济增长而保持同步增长；当就业弹性小于 1 大于 0 时，说明就业增长幅度低于经济增长速度；当就业弹性小于等于 0 时，说明经济增长并不能创造就业岗位，甚至减少了就业岗位。

2. 产业结构

在社会化大生产中，劳动者与生产资料结合的自然形式和就业容量取决于社会各产业所提供的就业岗位总量。产业是指从事物质生产或服务于物质生产的部门。产业对就业的影响表现在两方面：一方面是产业发展程度决定了社会所能提供的就业容量；另一

方面是产业结构的变化要求就业结构和劳动者素质随之变化。因此,产业结构状况直接影响到就业的容量和结构。

社会经济发展表明:一方面,随着农业劳动生产率的不断提高,第一产业部门占用的劳动力不断减少,占社会总劳动力的比重不断下降,第二产业和第三产业部门占用的劳动力不断增加,占社会总劳动力的比重不断上升;另一方面,随着科学技术进步、生产力的发展和第一、第二产业部门劳动生产率的提高,第三产业部门所占用的劳动力不断增加,占社会总劳动力的比重不断上升。

3. 投资水平

投资是经济增长的重要推动力之一。当投资增加时,企业会扩大生产和经营活动,进而需要更多的劳动力来满足生产需求。投资水平的增加通常会刺激经济的增长,促进企业的扩张和发展。随着企业规模的扩大,就业机会也会增加。新的企业成立和现有企业的扩张都会带来更多的就业机会。投资的增加会带动相关产业的发展,形成产业链条。例如,一家汽车制造企业的投资不仅会直接创造就业机会,还会带动零部件供应商、物流公司、销售商等相关企业的就业增长。相反,投资水平的下降可能导致企业的停产、裁员和破产,从而增加失业人数。当企业面临经营困难或市场需求下降时,它们可能会减少投资,进而对就业产生负面影响。投资水平的不稳定性也可能导致就业的不稳定性。当投资波动加大时,企业可能会调整用工规模,导致就业的不确定性和人员流动性增加。总的来说,投资水平对就业和失业有着直接而重要的影响。投资的增加可以刺激经济的增长,促进就业机会的增加,而投资的下降则可能导致企业裁员和失业人数的增加。因此,稳定和提高投资水平对于维持良好的就业状况至关重要[7]。

(三)制度因素

劳动就业也和社会再生产的发展一样,既要受到生产关系的影响,又要受到上层建筑的影响。因此,能否实现充分就业,除了受生产力发展和经济形势的影响外,还受到劳动经济管理制度方面的影响。

1. 经济体制对就业的决定作用

经济体制可以简单地分为产品经济体制和商品经济体制。与产品经济体制相适应的是行政计划就业体制,与商品经济体制相适应的是市场就业体制。

在产品经济体制下,包括劳动力在内的所有资源都掌握在政府手中。政府根据行政渠道获得所需信息,并据此做出生产、投资和消费的具体决策。在这种体制下,劳动者没有选择就业的权利,用人单位也没有用人权。企业用什么人、用多少人,以及劳动者到什么岗位就业都由政府决定。虽然这种体制能避免就业波动和社会不稳定,但是不顾就业规律一味地安置劳动力,会导致企业生产效率低下,最终无法形成长期有效增加就业的稳定的经济增长机制。因此,从长远来看,产品经济体制不利于增加就业。

在商品经济体制下,权利结构必须是一种产权结构,运行机制必须是市场机制,所有经济行为人的行为目标都是在其所拥有的资源限度以内追求利益最大化。因此,根据市场供求机制,拥有劳动力所有权的劳动者根据劳动力市场价格自主竞争就业,拥有经营自主权的用人单位根据实际需要选择用人,在市场的调整中,最终建立一种契约式的劳动关系。这样有利于劳动力的合理配置、使用和流动,适应于市场经济中劳动力需求的动态性和灵活性,可充分发挥劳动者和用人单位的积极性,因而比产品经济体制更有利于开拓就业空间,增加就业岗位。

2. 劳动制度对就业的直接影响

1) 有关劳动就业的方针政策直接影响着就业问题解决的程度

当方针政策正确,符合生产力发展要求和国情时,就业问题就解决得好;若方针政策不符合生产力发展要求和国情时,就业问题就解决得不好。

2) 用工制度直接影响着充分就业的实现

用工制度是指国家在使用劳动力方面所实行的各项制度。用工制度正确,有劳动能力且需要就业的人不但能够就业,而且在就业后就能充分发挥自己的聪明才智,为社会多作贡献。用工制度不正确,就会使一些本来可以就业而又要求就业的人不能及时就业,或者即使就业也不能充分调动其劳动积极性。

3) 工资制度和政策是影响劳动就业的一个重要因素

工资制度是有关工资支付的原则和方法的总称。工资政策是国家遵循客观经济规律及工资制度制定的、作为有关部门处理工资问题时的指导原则和依据。正确的工资制度和政策,既能吸引劳动力到各种就业岗位就业,又能吸引劳动力按照社会经济发展的客观要求流动。

(四) 心理因素

影响劳动者就业的心理因素,实质上就是就业意识,是人们对于就业问题的基本认识和根本态度。例如,就业意愿、职业评价、择业动机以及对一系列就业行为过程及其结果的估计等。

就业意识影响和指导着人们的行为,使劳动者的就业行动具有目的性、方向性和预见性,影响着人们对某种职业的取舍,常常会造成劳动力在供求结构上的失衡。例如,一方面,城镇失业人员增加,就业压力很大;另一方面,一些脏、累、苦的体力劳动岗位却招工困难,不得不从农村招收剩余劳动力。

第二节 就业理论

失业现象最初产生于18世纪,19世纪以后日益严重,迫使经济学家对其展开研究。就业理论产生于解决失业问题的实践中,是经济学说的重要内容之一。从18世纪初开始至今,围绕为什么会出现失业以及如何解决失业这两个根本性问题,世界上出现了形形色色的就业理论。本节介绍几个有代表性的理论。

一、萨伊的市场定律理论

19世纪以来,资本主义经济危机频繁出现,失业现象日趋严重。法国著名的经济学家萨伊和英国经济学家、剑桥学派创始人阿尔弗雷德·马歇尔,对资本主义成长时期的经济危机和失业问题做出了那个时代的理论说明。

萨伊在 1803 年出版的代表作《政治经济学概论》一书中，提出了著名的"萨伊定律"。萨伊认为市场经济内部不会有生产过剩危机和失业，因为商品的供应和需求只是一枚货币的两面，一种商品的供应量，相当于另一种商品的需求量。任何一种商品的市场价值，必然等于生产此种商品时所耗费的劳动力、资本和土地三要素之和。"这个事实使我们得到一个乍看起来似乎是很离奇的结论，就是生产给产品创造需求。"意思是说，从全社会来说，任何卖都是买，货币只不过是媒介而已，卖和买是一致的，供给和需求是平衡的。因此，不会产生大规模的、经常性的失业，只会产生局部失业。从全局和整个国家看，不会产生失业。如果出现了较多的失业，就会引起货币工资下降，资本家就会多雇工人。在货币工资下降到零时，雇主就会把工人全部吸收到企业中来。这样，失业问题就可以依靠市场的自发调节作用得到解决。

萨伊的市场定律理论基本含义有以下两点。

（1）任何产品的生产除了满足自身的需求之外，其余部分总会用来交换其他产品，形成对于其他产品的需求，即供给创造需求，也就是说需求是无限的。

（2）由于任何生产活动创造出参与该产品生产的生产要素所有者的收入，人们的收入除去用于个人消费之外的剩余部分形成储蓄，并全部转化为投资，即储蓄等于投资，也就是说资本的使用是无限的。

萨伊的失业理论主要有以下三点。

（1）在正常情况下，依靠价格机制，国家内部的经济失调会迅速地被商品市场和生产要素市场价格的自行运动所消灭。

（2）在正常情况下，市场经济会自动实现充分就业，偏离均衡的现象是暂时的，是不正常的，因此失业不是内在的。

（3）萨伊定律反对政府干预经济，主张自由放任的市场经济。萨伊认为，财产权意味着财产所有者能够自由地处理自己的财产；如果政府当局不掠夺，那就是人民最大的幸福，财产就可以得到保护，不遭别人掠夺。

支撑萨伊定律的三个基本要点如下。

（1）由于市场机制的自发调节作用，商品的价格能够有效地使商品的供求平衡；工资作为劳动力的价格，能够自发地调节劳动的供求平衡；利息作为资本的价格，能够自发地调节资本的供求平衡。在市场机制的作用下，市场出清。因而不会存在着长期的、普遍的和全面的生产过剩。

（2）由于货币是交换的媒介，在交换的瞬间发挥着作用，所以，卖就是买，买也就是卖；同时，由于人们的消费是无限的，所以只要能够生产出来，就一定会有消费，即供给会自发创造需求。

（3）由于利率的大小与储蓄呈同方向的变动，利率的大小与投资呈反方向的变动，所以在资本市场上，通过资本供求关系的变动引起利率升降的变化，并最终使储蓄等于投资，即储蓄全部转化为投资。

萨伊失业理论的错误在于混淆了商品交换与物物交换的区别。但萨伊定律是西方失业理论的基石。马歇尔继承了萨伊的衣钵，他在 1890 年出版的《经济学原理》一书中，在分析了资本主义失业现象之后提出，在自由竞争的条件下，只要劳动力市场没有人为阻力，就可以通过工资的自由涨落和劳动力供需之间的自发调节，而达到充分就业[8]。

二、凯恩斯的就业理论

（一）凯恩斯理论的产生背景

传统的西方经济学从"供给自身创造需求"的萨伊定律出发，认为通过"看不见的手"——价格机制的自发调节，实现充分就业。然而，1929~1933年的经济危机使资本主义社会经济陷入瘫痪和混乱状态，生产力遭受极大的破坏，传统的西方经济理论无法对现实的经济活动做出正确的解释。

凯恩斯主义经济理论的产生主要源于以下三个背景：一是经济大危机时代，在此时期市场上出现了大量商品闲置、生产萧条、商店关门、生产力过剩、有效需求严重不足等问题，而当时的新古典学派主张的经济理论不能解释这种现象；二是政府干预思想开始流行，在西方资本主义国家受经济危机灾害时，一些经济学家开始主张由政府干预经济，于是出现了一股政府干预经济的思潮；三是经济大危机时期，罗斯福"新政"的推行在拯救经济危机、促进经济复苏、降低失业率方面取得了巨大成效，其核心内容便是通过政府来调节和干预国民经济。

凯恩斯在1936年出版了《就业、利息和货币通论》一书。在这本书中，凯恩斯打破了古典宏观经济模型关于竞争均衡和充分就业均衡的传统观点，用有效需求不足、非充分就业均衡、不确定性、灵活性偏好陷阱等新的理论概念来说明经济危机和长期萧条的现象。凯恩斯着重于对经济总量的宏观分析，并且以此为理论基础，提出了一套关于政府干预经济的政策主张。这被视为对传统理论的重大突破，后人称为"凯恩斯革命"。

（二）凯恩斯的就业理论要点

凯恩斯理论从总体来说，是把失业归结为有效需求不足。在资本主义社会中有效需求原理的基础上，除了有自愿失业和摩擦性失业之外，还有非自愿失业。在凯恩斯看来，只要想办法消除了这种非自愿失业，就意味着充分就业。

1. 非自愿失业

凯恩斯认为，失业分为三种类型：摩擦性失业、自愿失业和非自愿失业。非自愿失业是指劳动力市场上有些工人愿意按照现行货币工资水平受雇于厂商，厂商从其意愿来讲也希望能在现行货币工资下增雇这些工人，但由于市场的其他条件限制，实际就业水平却依然达不到双方所希望的就业水平所形成的失业[8]。

2. 非自愿失业不能通过削减货币工资来解决

货币工资的下降会导致价格的下降，而价格的下降说明工人的实际工资水平并未改变（同比例升降不改变比值）。而根据边际生产率理论，就业的扩大，是以工人的实际工资下降作为前提的。因此，仅有货币工资下降，就业不一定会扩大。也就是说，失业必定是因为货币工资刚性造成的这一传统观点是站不住脚的。

3. 非自愿失业产生的原因在于社会的有效需求不足

凯恩斯所说的有效需求，是指商品总供给价格和总需求价格达到均衡时的总需求，也就是预期能为资本家带来最大利润的社会总需求。凯恩斯认为，有效需求是决定社会总就业量的关键性因素，能否达到充分就业，取决于有效需求的大小。凯恩斯断言，总供给在短期内不会有多大的变动，所以就业量实际上取决于总需求或有效需求。在边际消费倾向递减规律、资本边际效率递减规律和流动偏好规律三个基本心理规律的作用下，导致消费需求不足和投资需求不足。因此，凯恩斯得出了和萨伊完全不同的结论：一是有效需求决定就业量与总产量；二是充分就业只是资本主义经济的一种特例，与充分就业相吻合的有效需求，实际只是一个特例，只有当在消费倾向与投资引诱之间，有一种特殊关系存在时，才能实现。而小于充分就业的均衡，是资本主义经济的常态。

（三）凯恩斯的充分就业对策

有效需求不足理论构成了凯恩斯主义政策分析的理论基础。凯恩斯以有效需求不足理论为依据，提出在消费需求和投资需求不足的情况下，市场机制本身往往不能使国民经济保持充分就业均衡。只有政府通过各种政策，特别是财政政策对市场进行干预，才能刺激需求、扩大就业、减少失业，以实现充分就业。

（1）扩大政府职能：摒弃自由放任政策，采取政府干预和调节经济的一系列措施，把私人垄断资本主义转变为国家垄断资本主义。

（2）鼓励社会消费：放弃节约原则，鼓励社会消费，增加有效需求。

（3）增加社会投资：应该采取增加投资与提高消费"双管齐下"的方法刺激需求，在消费水平既定的情况下，应主要实行"投资社会化"战略并由国家总揽投资。

（4）增加政府开支：通过增加政府开支，发行公债、赤字财政和温和的通货膨胀，以刺激经济，增加有效需求，应对经济危机，达到并保持充分就业。

三、货币学派和供给学派的就业理论

20世纪70年代，西方国家在经济发展中出现了凯恩斯理论难以解释的"滞胀"现象，也严重地动摇了凯恩斯主义的就业理论，在这一背景下货币学派和供给学派兴起。

货币学派在理论上和政策主张方面，强调货币供应量的变动是引起经济活动与物价水平发生变动的根本的和起支配作用的原因。供给学派亦称"供给经济学"，是着重从供给方面考察经济现状和寻求对策的一种经济理论[9]。

（一）货币学派的就业理论[10]

货币学派的主要代表人物是美国经济学家弗里德曼，其关于就业方面的理论可以简单归结为"自然失业率"假说。他认为，自然失业率是指在没有货币因素干扰的情况下，让劳动力市场和商品市场的自发供求力量发挥作用时应有的处于均衡状态的失业率，也就是一国经济实现了它潜在的国内生产总值的最大可能的就业率，是充分就业情况下的失业率。正如弗里德曼所言："在任何时候，都存在着与实际工资率结构相适应的某种均衡失业水平。"这种均衡失业水平就是自然失业率。

货币学派经济学家认为,自然失业率不是自然的,它不是最优失业率。同时自然失业率也不是一成不变的,它不仅受到客观经济条件的影响,而且受许多制度性因素的制约。所以弗里德曼主张发挥市场自发调节作用以解决失业问题,反对最低工资率的规定和工会对工资率的干涉。他认为如果依靠单一的货币政策规则,即令货币供给量按固定的比例增长,使资本主义经济保持稳定,就业问题将在这个正常的经济环境中逐步得到解决。

(二)供给学派的就业理论[10]

供给学派的主要代表人物有美国加利福尼亚大学的经济学家阿瑟·拉弗、乔治敦大学的保罗·罗伯茨教授、华盛顿市经济顾问诺尔曼·图尔、哥伦比亚大学教授罗伯特·芒德尔等。供给学派认为把政策的目标从刺激需求转向刺激供给才是摆脱"滞胀"的唯一正确选择。供给学派并没有建立其理论和政策体系,只是学派的倡导者对于经济产生"滞胀"的原因及政策主张有些共同的看法。供给学派认为,1929~1933年的世界经济危机并不是由于有效需求不足,而是当时西方各国政府实行了一系列错误政策造成的。萨伊定律完全正确,凯恩斯定律却是错误的。供给学派认为政府不应当刺激需求,而应当刺激供给。

供给学派重新肯定萨伊定律以后,进而确认生产的增长决定于劳动力和资本等生产要素的供给和有效利用,在生产要素中资本至关紧要。资本积累决定着生产增长速度,应当鼓励储蓄和投资。

供给学派认为,在市场经济条件下,个人和企业提供生产要素和从事经营活动都是为了谋取报酬或利润。因此,对报酬和利润的刺激会影响经济主体的行为;对实际工资的刺激将影响劳动力的供给;对储蓄和投资的刺激会影响资本的供给和利用。充分发挥市场机制,能够使生产要素供需达到均衡和有效利用,应当消除不利于生产要素供给和利用的因素[9]。

供给学派明确提出,促使经济增长,实现充分就业的最好方法是刺激供给(生产)方面,而不是增加商品和劳务的消费-需求方面。供应学派认为,经济绝不会出现严重的和持续的购买力短缺现象,因为生产(即供给)会自动地将必要的资金转移到生产者手中。如果产品滞销,那么产品的价格会下跌,直到产品最终全部售出为止。产品滞销现象的存在,意味着浪费正在下降,储蓄正在增加,储蓄增加迫使利润率下降,并推动投资上升,任何经济形势的不景气都会因自动投资而复苏。

供给学派并没有一套比较系统的劳动力市场理论,只是通过以下三方面的分析提出了减税、削减社会福利支出、精简规章制度等政策措施。

(1)税收的作用:高边际税率会降低人们工作的积极性,而低边际税率会提高人们工作的积极性。边际税率通过影响劳动力和闲暇相对价格的对比进而影响劳动供给。

(2)保障的作用:失业保险和社会救济金制度降低了失业成本,促使人们愿意延长失业期限,从而导致失业率增加和总产量缩减。

(3)立法的作用:劳资谈判中工会势力的增强,最低工资立法等有关劳动立法的实施等,都增加了雇主使用劳动力的成本,具有阻碍提高产量和就业水平及增加失业的副作用。

四、新凯恩斯主义的就业理论

新凯恩斯主义是 20 世纪 80 年代中期产生的一个主张政府干预经济的新学派。在就业理论中，新凯恩斯主义维护了凯恩斯主义劳动力市场出清的信条，克服了凯恩斯主义研究劳动力市场几乎不涉及劳动力市场的缺陷，着重研究了各类市场，其中对劳动力市场作了许多探索性研究，从多方面探讨了劳动力市场上的工资黏性，并由此来证明劳动力市场失业发生的必然性，从而进一步强调政府干预具有稳定经济的作用，认为市场经济条件下政府干预是必要的。新凯恩斯主义的劳动力市场理论的关键在于工资的黏性。工资的黏性是指工资不能随着需求的变动而迅速调整，工资上升容易而下降困难，即工资变化存在着一定的黏性，滞后于价格的变化，从而会影响企业的成本，形成失业。新凯恩斯主义的就业理论主要包括名义工资黏性理论和实际工资黏性理论两方面。

（一）名义工资黏性理论

名义工资黏性是由于长期劳动合同的存在和错位调整工资所致，工资通常是由工会与企业通过谈判而固定下来的，在合同有效期内工资不能随市场供求行情而调整。名义工资黏性理论则包括交错调整工资理论和长期劳动合同理论。

1. 交错调整工资理论

交错调整工资理论认为，在短期内无论是通过合同机制还是理性预期机制来稳定工资水平，都会导致通货膨胀和失业并存。交错调整工资是劳资双方通过雇佣合同调整工资，经济系统中所有的工资合同不是同步的，它们的签订时间与到期时间是错开的，因此，工资不能同时调整，而是交错调整。交错调整工资使工资总水平具有惯性，而总工资的惯性又会影响产出和就业，使工资的稳定性和产出的稳定性之间存在替代关系，即总工资水平越稳定，产出和就业越不稳定；反之产出和就业越稳定。

2. 长期劳动合同理论[11]

名义工资为什么会出现黏性呢？这是由于工人对价格变动尤其是意外的价格变动没有事先预期到和及时感受到，因而在签订合约时不能使工资与价格变动紧密联系起来，这在签订长期劳动合同时尤为突出（长期劳动合同理论），甚至即使价格变动了，由于信息的原因，工人和厂商也不会立刻感受到并做出反应（不完美信息理论）。或者是即使工人和厂商知道价格变动，但由于变动工资需要成本（菜单成本理论），他们也倾向于保持工资不变。

（二）实际工资黏性理论[11]

实际工资黏性理论则进一步认为，造成失业的更主要原因是实际工资黏性。新凯恩斯主义认为应该更多地考虑长期失业者的利益，为他们多提供就业机会，政府应该干预劳动工资合同，使工资较有弹性，以提高就业率。实际工资黏性理论主要有隐含合约理论、效率工资理论、局内人-局外人理论。

1. 隐含合约理论

隐含合约是工人与厂商之间达成的关于报酬和工作时间安排的默认协议，以应对未来可能出现的各种不测情况。之所以会产生隐含合约，主要是因为厂商未来的产品价格、需求量存在着不确定性,从而对劳动力的需求也不稳定。有了隐含合约,工人就能得到风险规避,厂商的效用也能得到提高。最早提出隐含合约模型的阿扎里迪斯(Azariadis)在其经典论文《隐含合同和就业不足均衡》中提出,由于工人与雇主之间存在的一种基本的不对称——雇主是风险中性的,而工人是厌恶风险的,因此,工资的确定不仅是对劳动贡献的合理回报,还应有充分规避雇员收入变动风险的职能。

2. 效率工资理论

效率工资理论是另一种从微观角度解释工资黏性和失业的理论。它从厂商的利益出发,阐述了工资与工人劳动生产率的关系,说明在信息不对称的情况下,厂商基于效率激励原则制定的工资总是高于市场出清水平,工资黏性和失业也就长期存在。新凯恩斯主义者夏皮罗和斯蒂格利茨的偷懒模型(shirking model),说明了在监督不可能的情况下,高工资和失业如何形成了对努力工作而不偷懒的激励,从而达到失业的均衡。高工资除了激发工人努力程度外,还可以减少工人辞职的现象,这也会对企业总体效率产生良好的影响。

3. 局内人-局外人理论

局内人-局外人理论则认为这一决策权主要受在职工人(insider)的控制。这主要是因为雇佣更替成本的存在使得厂商不能随意用局外人(outsider)去替代现有的在职工人,在职工人据此与厂商谈判,使工资超过市场出清水平,从而带来工资黏性与失业。它反映着局内人与局外人之间的利益冲突,这一理论的提出者主要是林德贝克(Lindbeck)和斯诺尔(Snower)等。对于雇主来说,解除了与局内人的合同需支付寻找成本、面谈考试和选择成本,而且要使局外人与局内人一样获得在"干中学"所积累的技能与知识,还需要投入大量成本;另外,若雇主以失业工人代替在业工人会引起局内人的强烈不满,他们将联合起来抵制局外人,这样就迫使雇主不雇佣局外人。如果考虑工会的存在,则非自愿失业不仅存在,而且可能更加严重。

第三节 失业理论

一、失业类型

经济学家根据失业的特征和失业的根本引发机制,将各种类型的失业加以区分。一般来说,按照劳动力就业意愿可将失业划分为自愿失业和非自愿失业。自愿失业是指工人所要求的实际工资超过其边际生产率,或者说不愿意接受现行的工作条件和收入水平而未被雇佣从而造成的失业。这种失业是由于劳动人口主观不愿意就业而造成的,所以被称为自愿失业,无法通过经济手段和政策来消除,因此不是经济学所研究的范围。非自愿失业是指有劳动能力、愿意接受现行工资水平但仍然找不到工作的现象。这种失业是由客观原因所造成的,因而可以通过经济手段和政策来消除。经济学中所讲的失业是指非自愿失业,因此我们重点介绍一下非自愿失业的几种典型类型。

(一)摩擦性失业

1. 摩擦性失业的含义

摩擦性失业是由于职业市场的信息是不完全的,以及有职位空缺的雇主和寻找工作的人互相之间都要花时间去寻找,从而在工作和进出劳动力市场之间的持续流动过程中产生的失业。即使当劳动力市场的供给和需求平衡的时候,失业仍然会发生,因为企业和工人都在寻找最佳匹配。如果信息是完全的,流动是没有成本的,这个过程在瞬间就可以完成,失业就不会发生。但在现实世界中,这些条件都不可能满足,那么在一个动态的劳动力市场就不可避免地产生一个副产品——存在一定量的摩擦性失业。其具体量由寻找工作和工作空缺匹配的速度、效率及周转频率决定[6]。

2. 摩擦性失业的特征

(1)它影响了跨越所有人口群体、行业和地区中相对大的数目的人。但是对每个人而言,摩擦性失业发生的概率是不相同的。比如,在一些流动大的行业中(如零售业或建筑业)以及特殊人口群体(如青少年)的摩擦性失业发生的可能性大一些。

(2)摩擦性失业倾向于一个相对较短的时期。第一次换工作和找工作的人根本就没有经历失业,对那些花一些时间去寻找工作的人失业的时间经常是少于一个月的。

(3)一定量的摩擦性失业是不可避免的。因为有大量流动的人群进出劳动力市场,而且工作的转换是要一个过程的,因此甚至在一个密集的劳动力市场中也不可能达到零失业率。

(4)和其他类型的失业相比较,摩擦性失业不仅仅带来经济成本,还会带来一些明显的经济利益。对劳动者个人而言,如果短期失业使其能进行更大范围的工作搜寻,那失业就是一项值得的投资;对整个经济而言,如果劳动力流动过程是为了在地区和企业间进行合理有效的劳动力分配,那一定量的摩擦性失业是必要的。然而并不是所有的摩擦性失业都是有利的,如那些频繁从一个没有前途的工作跳到另一个没有前途的工作的过程中所造成的失业,不仅不利于经验的积累,更易造成社会的不稳定。

3. 减少摩擦性失业可以采用的公共政策

减少摩擦性失业可以采取的公共政策主要包括以下几种。一是应完善公共就业服务体系,就业公共服务机构发布的招聘信息要增量提质,加快劳动力市场信息传递的速度,通过提高劳动力市场的信息流通效率,帮助求职者更快地找到合适的工作岗位,提高劳动力的供求匹配,减少因信息不对称导致的摩擦性失业;二是采取政策组合拳,出台刺激经济增长的一揽子政策,良好就业环境的基础是经济的持续增长,经济增长可以创造更多的就业机会,从而降低摩擦性失业,所以必须聚焦就业领域重点和难点,深入分析摩擦性失业的原因,打出稳就业政策组合拳;三是对失业者进行免费培训,增加人力资本,提供职业培训帮助失业者提升技能,增加就业竞争力,减少摩擦性失业。

(二)结构性失业

1. 结构性失业的含义

结构性失业是由于工作类型与寻找工作的人不匹配所产生的失业现象。这种不匹配可能与个人的技能、学历、地理位置或年龄相关。比如,如果在劳动力市场中,存在的工作是技术性的,如软件工程师、空间技术工程师或经理人员,而寻找工作的要么是没有受多少教育或没有工作经历的年轻人,要么就是从技术性含量较低的工作如卡车司机之类解雇的成年人,这时结构性失业就发生了。同样地,如果在北京和上海有工作空缺,而寻找工作的人在陕西或者山西等中西部地区,结构性失业也会存在。这种情况下的失业不是由于信息不完全,而是由于劳动力市场的流动性障碍,这种障碍阻止了失业者与工作空缺的匹配。在结构性失业的情况下,市场上同时存在着工作空缺和失业者,甚至从长期看,也不会很容易匹配[6]。

2. 结构性失业的类型

结构性失业的产生必须同时具备两个条件:一是由于经济变动使社会对劳动力的需求结构发生了变化(这是必要条件);二是由于种种条件的限制使劳动力的供给结构满足不了需求结构的变化(这是充分条件)。满足不了需求结构变化的那部分劳动者便成了失业人员,得不到满足的工作岗位则成了空位,这就构成了结构性失业的重要特征:失业和空位并存。由于导致劳动力供求结构不一致的原因是多方面的,劳动力供求结构不一致的表现形式也是多方面的,据此,又可以把结构性失业划分为社会性的结构性失业、行业性的结构性失业、企业性的结构性失业。

(1)社会性的结构性失业是指由新的技术革命造成整个社会产业的变化、结构的调整和技术的进步,如蒸汽机的发明,进入机械化时代,或者电力的发明,进入电气化时代等,这就会在全社会的大多数行业的大多数岗位产生全面的技术升级,从而造成全社会的结构性失业。

(2)行业性的结构性失业是指单个行业内部的产业、技术升级,如苹果智能手机的出现,使得手机行业技术的升级,会在行业内部产生新的岗位及岗位要求,从而造成的结构性失业。

(3)企业性的结构性失业是指某个企业的技术升级,原有的技术工人无法满足新的岗位技术要求,劳动力市场中也无法找到合适的技术工人,从而造成的结构性失业。

3. 结构性失业的特征

结构性失业不像摩擦性失业,结构性失业的特征在于,它倾向于集中在确定的群体,即那些受技术改变,所在企业衰退或在整个国家内的工作移动所产生的负面影响的群体,而且,结构性失业是长期的。在一个区域内那些被新技术替代或工厂倒闭的工人很少找到可选择的其他就业资源,而且这种寻找工作的状态可能要持续好几个月。这表明一条直线被频繁地分为摩擦性失业和结构性失业,因为两者都包括了搜寻工作的过程。它们的主要区别是成因和搜寻工作时间的长短,摩擦性失业是寻找工作的时间较短,而结构性失业是寻找工作持续的时间更长一些。

4. 减少结构性失业可以采用的方法[5]

(1)教育补贴:通过政府的计划和支出,降低人们获得人力资本的投资成本,从而提高人们获得工作的能力,这种能力不太可能随新技术的出现而变得过时。

(2)平等就业机会法:以法律形式禁止在雇佣和晋升中对种族或性别等的歧视,以排除产生结构性失业的制度障碍。

(3)工作培训和再培训:一些计划旨在为那些结构性失业者提供技能和工作经验,

将政府项目提供给为难以就业的年轻人提供就业技能服务的职业公司。

（4）公共部门就业：政府直接雇佣那些长期结构性失业人员，并提供在职培训。

（5）直接工资补贴或就业税收优惠：对雇佣较高结构性失业率的特殊劣势群体的厂商给予直接补贴或税收优惠。

（6）解雇预告：要求预期工厂倒闭或有大量裁员的厂商提前通知，这样使工人能立即寻找新工作或报名参加培训项目。

（三）周期性失业

1. 周期性失业的含义

周期性失业（需求不足失业）是经济中总需求不足以为求职者创造足够的工作而产生的失业。在摩擦性失业和结构性失业中，问题是工作空缺与求职者不能互相匹配，而周期性失业的发生是因为没有足够的工作去做。周期性失业与经济运行的上升和下降周期性变化有关，周期中经济上升时期，失业率会随着经济中消费和产品的需求上升而下降，因为这会促使企业通过召回暂时解雇的工人以及招聘新求职者来增加就业；而在经济衰退期，销售量的下降，导致了经济中可存在的工作的下降，使企业辞退现有工人，减少新的招聘人员，失业率上升。需求不足失业可能还是由一个非周期性因素导致。但如果经济缓慢增长，这种状态下的失业会被认为是因"经济停滞"导致的而非周期性因素所致[6]。

2. 周期性失业的特征[8]

与摩擦性失业和结构性失业相比，周期性失业源于经济总量失衡。摩擦性失业和结构性失业是在假定经济总量平衡的前提下，研究供求内部的结构失衡。而周期性失业是劳动力市场上供大于求，总量不平衡。周期性失业与国民经济的高涨、衰落，或者说与经济周期的变动密切相关。周期性失业与劳动力需求的派生性有关，它是由经济萧条、产品需求量下降而派生出来的一种失业现象。周期性失业随着经济的涨落循环而周期性地出现，它是失业中数量最大、最常见、最难以驾驭的一种类型。凯恩斯所说有效需求不足造成的失业即是典型的周期性失业。

与其他失业相比，周期性失业还有两个较为显著的特点：一是因经济周期深度不同，各个周期的失业率存在较大差异；二是周期性失业具有普遍性，一经发生可能遍及国民经济的各个领域。相比之下，重工业部门和耐用消费品行业所受的影响更大一些。

3. 周期性失业的经济解释

1）凯恩斯的解释

凯恩斯认为，就业水平取决于国内生产总值，国内生产总值在短期内取决于总需求。当总需求不足，国内生产总值达不到充分就业水平时，这种失业就必然产生。凯恩斯用紧缩性缺口的概念来解释这种失业的原因。紧缩性缺口指实际总需求小于充分就业总需求时，实际总需求与充分就业总需求之间的差额，图8-4说明了紧缩性缺口与周期性失业之间的关系。

如图8-4所示，横轴Y代表国民收入，纵轴AD代表总需求。Y_f为充分就业时的国民收入，AD_f为充分就业时的总需求。目前的实际总需求为AD_0，相应的国民收入为Y_0，$Y_0<Y_f$，必然引起失业。$Y_0<Y_f$是由于$AD_0<AD_f$造成的。因此，实际总需求与充分就业总需求之间的差额（图中的E_f与K之间的虚线部分），就是造成周期性失业的根源。

凯恩斯把总需求分为消费需求与投资需求。他认为，决定消费需求的因素是国内生产总值水平与边际消费倾向，决定投资需求的是预期的未来利润率（即资本边际效率）与利率水平。在国内生产总值既定的情况下，消费需求取决于边际消费倾向。由于边际消费倾向递减，因而消费需求不足。投资是为了获得最大纯利润，而这一利润取决于投资预期的利润率（即资本边际效率）与为了投资而贷款时所支付的利息率。凯恩斯用资本边际效率递减规律说明了预期的利润率是下降的，又说明了由于货币需求（即心理上的流动偏好）的存在，利息率的下降有一定的限度，这样预期利润率与利息率越来越接近，投资需求也是不足的。消费需求的不足与投资需求的不足造成了总需求的不足，从而引起了非自愿失业，即周期性失业的存在。

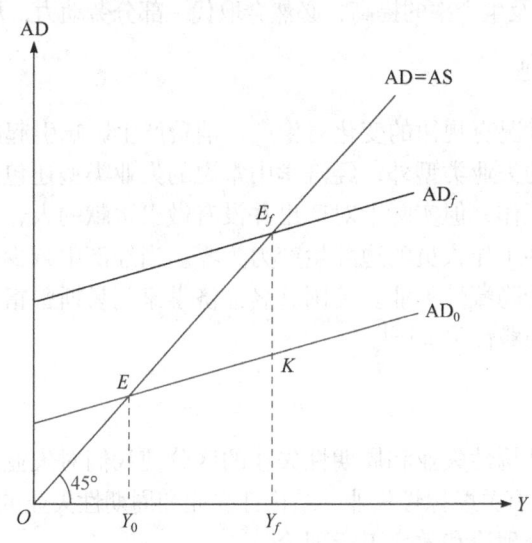

图 8-4　紧缩性缺口与周期性失业

2）总需求-总供给模型说明

根据总需求-总供给模型的分析，当实现了宏观经济均衡时，存在三种状态：充分就业均衡、小于充分就业的均衡，以及大于充分就业的均衡。引起周期性失业的正是小于充分就业的均衡。

4. 减少周期性失业可以采用的公共政策

一般来说，政府可以借助公共政策减少周期性失业。最直接的办法就是调整财政和货币政策以确保持续健康稳定的经济增长率。一旦衰退开始，及时以减少税收或宽松的货币政策的形式干预，降低经济衰退的严重性，减少失业。另一个可选择的方法就是增加基础设施建设，比如在经济衰退开始时就建高速公路或城市新项目，直接扩大就业。具体采取的政策如下[5]。

（1）财政政策：通过政府谨慎制定支出与税收政策来增加总需求，从而增加国内产值与就业量。

（2）货币政策：采取谨慎措施以增加国内货币供应量，降低利率与增加产品和劳务的总需求。

（3）供给政策：由政府采取谨慎措施以增加劳动供给、储蓄与投资，降低物品与劳务的成本，使总供给曲线右移。

（4）公共部门就业：政府直接雇佣那些没有能力找工作的人。

（5）工资补贴或就业税收优惠：对扩大就业的厂商给予直接补贴和税收优惠。

（6）政府提供公共服务：政府提供或资助培训项目。

（四）技术性失业

这是指在生产过程中引进先进技术代替人力，以及改善生产方法和管理而造成的失业。从长期看，劳动力的供求总水平不因技术进步而受到影响；从短期看，先进的技术、生产力和完善的经营管理，以及生产率的提高，必然会取代一部分劳动力，从而使一部分人失业。

（五）季节性失业

这是指由于气候状况有规律的变化对生产、消费产生影响引起的失业。

除了这几种主要的失业类型外，经济学中常说的失业类型还包括隐藏性失业，隐藏性失业是指表面上有工作，但实际上对产出并没有做出贡献的人，即有"职"无"工"的人，也就是说，这些工作人员的边际生产力为零。当经济中减少就业人员而产出水平没有下降时，即存在着隐藏性失业。美国著名经济学家刘易斯曾指出，发展中国家的农业部门存在着严重的隐藏性失业[12]。

二、失业原因

对摩擦性失业、结构性失业和周期性失业的区分使我们对失业产生的原因有了一定的了解。下面我们考察有关摩擦性失业、结构性失业和周期性失业的重要理论模型——工作搜寻理论、刚性工资理论和效率工资理论[6]。

（一）工作搜寻理论

工作搜寻的过程可以为失业的存在提供一个重要的理论解释。不论寻找工作的人是新进入劳动力市场者还是工厂倒闭形成的失业者或是在职想换工作者，信息的不完全迫使求职者到一个个企业去寻找有关工资、工作条件等招聘信息。与此同时，具有空缺职位的企业也会在劳动力市场上搜寻那些能够与其空缺职位相匹配的求职者，这也需要了解求职者的个人信息。因此，在求职者与潜在雇主之间的工作匹配要花费一定的时间。所以，即使是当劳动力需求和劳动力供给在总量上相等的时候，也会存在一定量的摩擦性失业，工作搜寻理论对摩擦性失业和自愿失业现象做出了解释。

某一经济中的摩擦性失业水平是由进入和退出劳动力市场的人员流量和失业者找到并接受工作的速度决定的，而决定这种速度的因素可以通过对工作搜寻过程的分析找到。工作搜寻理论对这一过程作了很好的分析。

我们假定求职者 A 是一个从名牌大学毕业的研究生。求职者 A 进入职业市场知道有 n 个企业招聘研究生，当然每一家确切的工资是不清楚的。但是根据朋友的经验，求职者 A 会知道上年的起始工资，以及工资提供的分布，如图 8-5 所示。曲线 $f(w)$ 表示企业能够提供给求职者的工资分布频率,比如,在 $f(w)$ 上,可以看出企业提供 W_1 工资的概率是 π_1,而提供 W_2 以上工资的概率是 0。对那些没有提供工作的企业,工资率为 0。当经济处于萧条时期,企业所提供的工资分布频率曲线将会向左移动,如从 $f(w)$ 移动到 $f'(w)$。如果求职者将 W_1 确定为其最低可接受工资,所有低于该工资的企业就会被求职者拒绝。显然,最低可接受工资越高,求职者为能够找到提供该工资的企业所花费的搜寻时间就越长。

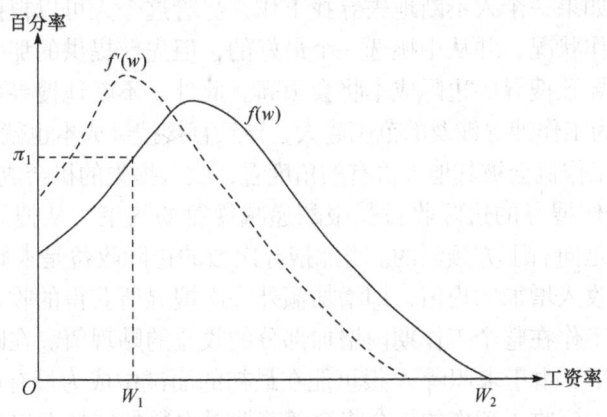

图 8-5 搜寻工作过程中假设的录用通知的频率分布图

在完全信息条件下,求职者 A 将知道哪些企业支付 W_2 工资,这样就不存在搜寻的过程,求职者 A 将直接与和自己需求相一致的企业匹配,从而没有失业过程。如果求职者 A 不知道这些信息,求职者 A 将会在一定时间内失业,去寻找最好的工作(这里的定义就是工资最高的工作)。这个失业的过程能持续多久呢?斯蒂格勒模型对这一问题做了回答。

斯蒂格勒模型是由美国经济学家乔治·斯蒂格勒(George Stigler)在 20 世纪 60 年代早期提出的。根据斯蒂格勒的说法,工作搜寻最优次数的决策同其他经济问题一样由边际收益法则决定,即只要求职者增加一次搜寻的边际收益大于边际成本就会增加其联系企业的数目。当边际收益等于边际成本时,就达到了工作搜寻的最优次数。如图 8-6 所示,其中求职者 A 的搜寻曲线的边际收益为 MB_A,边际成本为 MC_A。

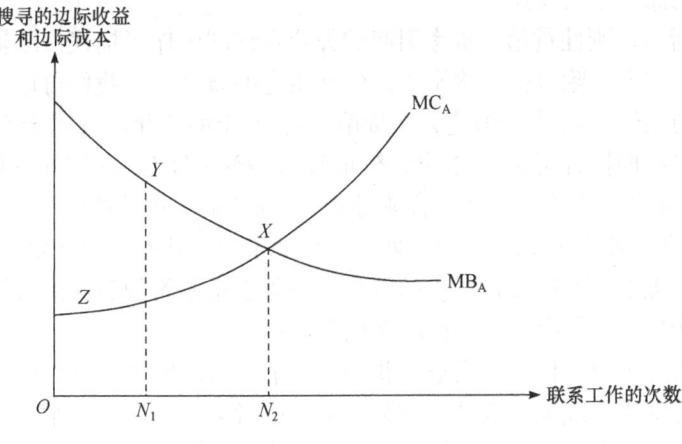

图 8-6 斯蒂格勒的工作搜寻模型

一方面，搜寻的边际成本曲线是向右上方倾斜的，这意味着增加搜寻次数将增加边际成本。搜寻成本包括两个组成部分：其一是直接成本，如乘车费、邮寄费、给求职中介的费用等；其二是机会成本。如果求职者A在较早的工作面试中是成功的，并且面试的结果是可预料的，那么他继续寻找其他企业并进行面试时的成本就是他在较早时面试成功的企业所提供的收入。机会成本的大小取决于提供工作的企业能否为求职者保留那份适合他的工作。如果一个人不断地去寻找工作，尽管这个人可以根据搜寻的情况了解所有可能提供的工作状况，并从中挑选一个最好的，但先前提供的那些工作就可能会被其他人接受，从而导致搜寻的边际成本将会很高。此外，不断地搜寻可能会增加直接成本和机会成本，因为工作搜寻涉及的范围越大，导致直接搜寻成本也就越大；同时，从可预料到的可接受的工作机会被其他人占有的角度看，收入损失的机会成本也可能上升。

另一方面，工作搜寻的边际收益受报酬递减规律的约束。从搜寻的边际收益曲线 MB_A 来看，其形状是向右下方倾斜的。增加搜寻次数的边际收益是求职者A认为多联系一家雇主所获得的收入增加的现值，即增加额外一次搜寻所获得的收益，等于求职者可能获得的更高工资工作在整个工作期内增加部分的收益的贴现值。在既定的边际收益曲线斜率为负的条件下，由于求职者A很可能在最初的面试中成为最有可能被录取者，因此，继续寻找更高工资收入工作的机会将会随着搜寻次数的增加而递减。

那么，求职者A应该联系多少家企业以求职呢？答案是 N_2 家企业，即当 $MB_A=MC_A$ 时。求职者A很有可能只联系 N_1 家企业就结束其工作搜寻，并接受所联系企业中提供最好工资条件的那份工作。然而，那样并不会使收入最大化，因为增加额外一次搜寻的边际收益大于边际成本，即点 Y 大于点 Z。同样，求职者A也可能搜寻比 N_2 更多的企业以便找到一份较好的工作，但这也不是最佳选择，因为获得更高工资工作的可能性太小而有可能不能抵消额外增加一次搜寻的搜寻成本。

（二）刚性工资理论

对失业的第二个主要解释是劳动力市场的货币工资率存在着不能向下浮动的刚性。由于刚性工资引起的失业与经济活动的波动联系在一起，因此刚性工资理论主要解释由经济周期性波动而产生的失业。

如图8-7所示，刚性货币工资率引起的失业在该图中作了描述。纵轴表示实际工资 w，它等于货币工资 W 除以价格水平 P。在 P 给定的条件下，我们可以根据货币工资来分析劳动需求与供给。如果 P 恒定，在货币工资 W 上的变化就等同于实际工资 w 上的变化。然而，当我们把分析转向宏观经济问题时，就必须将工资和价格明确地纳入劳动力市场模型中。在图8-7中，劳动力需求曲线 D_1 和劳动力供给曲线 S_1 由实际工资决定。在实际工资 w_1 和就业水平 L_1（点 A）处，市场处于均衡状态。就业水平 L_1 是一个充分就业点，在这一点上，希望工作的人的数目恰好等于企业希望雇佣的人的数目，但此时因为流动和工作搜寻仍将存在着一些摩擦性失业。

为了理解货币工资怎样引起失业，我们假设消费需求减少，这种消费需求的减少或者表现在整个经济中，或者是表现在对某一地区或者某一行业的一个主要产品（如煤或铁）的需求减少。需求减少的初始影响就是使企业减少雇佣数量，如图8-7所示，劳动力需求曲线向左移到 D_2。在现行的实际工资 w_1 处，雇佣量降到 L_3（从 A 到 B），这种需求不足引起的失业量为 L_1-L_3（在特殊行业可能更接近于结构性失业）。如果货币工资可以向下浮动，劳动力市场上的过度供给将使货币工资下降直到建立新的均衡，这时实际工资率为 w_2，供给和需求再次相等（即点 C）。货币工资的下降可以通过促使企业增加雇佣，或者使部分失业者退出劳动力市场转而追求更有吸引力的非市场活动，比如上学、在家工作或享受闲暇等，使失业量减少 L_1-L_2。如果货币工资向下浮动具有刚性，这个均衡过程就不会发生，劳动力市场将保持在实际工资为 w_1 和非自愿失业为 L_1-L_3 处。即使在竞争模型中货币工资能够下降，但价格也将以同等大小或更大幅度下降，从而使得实际工资仍维持在初始的 w_1 水平甚至更高。例如，在 1929～1933 年的世界经济衰退期，美国的货币工资下降 19%，但价格下降 24%。

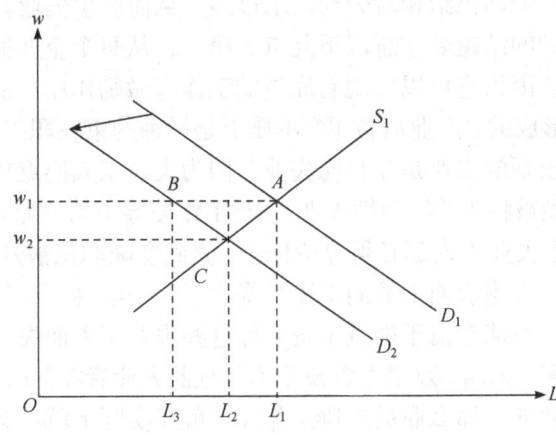

图 8-7　由刚性工资所引起的失业

（三）效率工资理论

解释失业的第三个理论是效率工资理论。这个理论的关键假设是雇员的工作努力或"效率"是工资率的函数，雇主支付的工资越高，雇员工作就越努力（尽管可能存在效率降低的风险）。这一理论的观点虽然在现实中十分普通，但对很多问题却能做出一些不平常的解释。其一是企业可以通过支付雇员高于市场供求决定的工资而获取更大的利润。其二是如果市场上所有企业在支付雇员高于市场供求工资的条件下，竞争的劳动力市场可能产生一定的非自愿失业者。

效率工资理论成立的前提条件是雇主无法对工人的工作绩效进行完全的监督。事实上，一个工人的生产量不仅取决于其工作时间的长短，也取决于他的工作努力程度。然而，在现实中，大多数雇主都是以某一时间为标准付酬，如每小时工资或年薪。这种以时间为标准的付酬方式虽然对管理者来说操作简单易行，但是这种方式的不足之处就是时间标准仅仅只能按测量劳动输入和劳动输出的时间付酬，不能计算工作的努力程度。因此，企业必须雇佣高级主管（如工头和直线经理）去监督工人使他们无法逃避工作或偷懒。然而，即使如此也不能完全满意地解决问题，因为通常对每个雇员的完全监督是不可能的。此外，因为逃避工作而受到的解雇危险在竞争的劳动力市场上并不构成实质性威胁，因为竞争劳动力市场的假设，说明工人能很容易地以同样的工资在另一家企业得到另一份工作。

企业怎样才能促使雇员更加努力地工作呢？一个可能的办法就是将雇员的工资直接建立在其产出或销售的数量上。然而，在很多企业里，计件工资或者佣金类工资计划对管理者来说要么是不可行的，要么就是费用太高。夏皮罗和斯蒂格利茨建议企业采用一种稍高于市场工资率的方式向工人支付报酬，这种报酬支付方式可以从两个方面诱导工人付出更大的工作努力。第一，他们认为高工资可以促使雇员更加努力工作，雇员会更加看重工作的价值并有更高的道德责任感；第二，通过将工资增加到高于市场工资水平，企业提高了那些在工作中因偷懒而被解雇的工人的成本，因为工人一旦被解雇就不得不到其他企业接受较低的工资或者是失业。如果市场上每一个企业都支付比市场工资水平更高的工资，其结果是劳动供给相对劳动需求过多，从而产生失业。

对上述讨论所得到的结论要注意以下几点。第一，从每个企业的角度来看，一定程度的失业是有必要的，因为它可以对现有雇员的工作有激励作用。从马克思主义的观点来看，劳动力市场所形成的"产业后备军"本质上是一种约束在职工人努力工作的机制。第二，在这个模型中出现的失业是非自愿失业，因为失业工人愿意接受市场工资水平下的工作，这种失业类型被称为"等待性失业"。与工作搜寻中的失业相反，在总量工作岗位不足的情况下，每个失业工人都必须等待机会，直到空缺职位被开发出来为止。第三，效率工资理论对货币工资率表面上的向下刚性提供了一个解释。即使失业工人愿意以较低工资去工作，企业也可能会由于削减工资雇佣这些失业工人而失去利润，因为雇员的努力和生产率将会下降。第四，效率工资模型不能预测失业者在何时曾逃避工作和偷懒，如果失业的威胁是有效的，那么雇员逃避工作和被解雇实际上就不会发生。实际上，失业是那些因为个人原因而辞去工作，或是新进入劳动力市场，或是因为产品需求下降被企业解雇的个人的一个循环蓄水池。

除了对非自愿失业提供解释之外，效率工资理论也对结构性失业提供了解释。从以上的论述可以看到，一定的失业为在职工人提供了激励。这说明在其他方面相同的条件下，某一地区的失业率越高，工人到其他企业就业的机会就越少，则他们冒消极怠工而失去工作的风险的可能性也就越小。因此，雇主就不需要像在其他企业的工作机会很充足时那样去支付较高的奖励性工资。这样可以得到一个推论：如果其他要素保持不变，不同地区的平均工资率和失业率之间存在着反向关系，即地区失业率越高，平均工资率越低，反之则相反。

本 章 小 结

本章主要以就业与失业的定义及其统计方法为分析起点，重点介绍了就业理论和失业理论的主要内容。

一、就业与失业概述

（1）就业。劳动就业是指达到法定劳动年龄、具有劳动能力的劳动者，运用生产资料依法从事某种社会劳动，并获得赖以为生的工薪报酬收入或商业经营收入的经济活动，简称就业。

（2）就业的统计。按照国际劳工组织的规定，凡是在规定年龄内，具有以下情况之一的都属于就业者：①正在工作中，指在规定的时间内正在从事有报酬或收入的职业的工作人员；②有职业，但是临时没有工作的人，如由于疾病、事故、劳动争议、休假、旷工，或因气候不良、设备损坏、故障等原因而临时停止工作的人，以及单位因各种原因临时停工的人；③雇主和个人经营者，或在规定的时间内为家庭企业或农场工作不少于正常工作时间的 1/3 的无报酬家庭工作人员；④已办理离休、退休、退职手续，但又再次从业（有酬和自营等各种方式）的人员。

（3）失业。失业是指在市场经济条件下，在法定劳动年龄内，具有劳动能力并有就业愿望的劳动者失去了工作机会和工作岗位而形成的劳动人口相对工作岗位过剩的社会经济现象。

（4）失业率。失业率就是指失业人数占劳动力总数的百分比，也就是指失业人数同失业人数和就业人数之和的比。用公式表示为

$$失业率 = \frac{失业人数}{就业人数 + 失业人数} \times 100\%$$

（5）影响就业与失业的因素。影响就业与失业的因素主要涉及人口因素、经济因素、制度因素和心理因素等几个方面。

二、就业理论

（1）萨伊的市场定律理论。萨伊认为市场经济内部不会有生产过剩危机和失业，反对政府干预经济，主张自由放任的市场经济。在正常情况下，市场经济会自动实现充分就业，偏离均衡的现象是暂时的，是不正常的，因此失业不是内在的，失业问题可以依靠市场的自发调节作用得到解决。

（2）凯恩斯的就业理论。凯恩斯理论在总体上把失业归结为有效需求不足。在资本主义社会中有效需求原理的基础上，除了自愿失业和摩擦性失业之外，还有非自愿失业，如果有这种状态存在，就说明社会尚未实现充分就业，只要想办法消除了这种非自愿失业，就意味着充分就业。

（3）货币学派和供给学派的就业理论。货币学派的主要代表人物弗里德曼关于就业方面的理论可以简单归结为"自然失业率"假说，他认为如果依靠单一的货币政策规则，使资本主义经济保持稳定，就业问题将在这个正常的经济环境中逐步得到解决。供给学派认为促使经济增长，实现充分就业的最好方法是刺激供给（生产）方面，而不是增加商品和劳务的消费-需求方面。

（4）新凯恩斯主义的就业理论。新凯恩斯主义的劳动力市场理论的关键在于工资的黏性，包括名义工资黏性理论和实际工资黏性理论两方面。从多方面探讨了劳动力市场上的工资黏性，并由此来证明劳动力市场失业发生的必然性，从而进一步强调政府干预具有稳定经济的作用，认为市场经济条件下政府干预是必要的。

三、失业理论

1. 失业类型

经济学家根据失业的特征和失业的根本引发机制，将失业划分为五种不同的类型：

摩擦性失业、结构性失业、周期性失业、技术性失业、季节性失业。

（1）摩擦性失业。摩擦性失业是由于职业市场的信息是不完全的，以及有职位空缺的雇主和寻找工作的人互相之间都要花时间去寻找，从而在工作和进出劳动力市场之间的持续流动过程中产生的失业。

（2）结构性失业。结构性失业是由于工作类型与寻找工作的人不匹配所产生的失业现象。

（3）周期性失业。周期性失业是经济中总需求不足以为求职者创造足够的工作而产生的失业。

（4）技术性失业。技术性失业是指在生产过程中引进先进技术代替人力，以及改善生产方法和管理而造成的失业。

（5）季节性失业。季节性失业是指由于气候状况有规律的变化对生产、消费产生影响引起的失业。

2. 失业原因

（1）工作搜寻理论。由于劳动力市场信息流动的不完全性，在求职者与潜在雇主之间的工作匹配要花费一定的时间。所以，即使是当劳动力需求和劳动力供给在总量上相等的时候，也会存在一定量的摩擦性失业，工作搜寻理论对摩擦性失业和自愿失业现象做出了解释，斯蒂格勒模型对工作搜寻决策做出了分析。

（2）刚性工资理论。由刚性工资引起的失业是没有足够的工作提供给想要工作的人，由于刚性工资引起的失业与经济活动的波动联系在一起，因此刚性工资理论主要解释由经济周期性波动而产生的失业。

（3）效率工资理论。这个理论的关键假设是雇员的工作努力或"效率"是工资率的函数，雇主支付的工资越高，雇员工作就越努力（尽管可能存在效率降低的风险）。效率工资理论的分析，一是企业可以通过支付雇员高于市场供求决定的工资而获取更大的利润，二是如果市场上所有企业在支付雇员高于市场供求工资的条件下，竞争的劳动力市场可能产生一定的非自愿失业者。

名词解释

就业 失业 自然失业率 摩擦性失业 结构性失业 周期性失业

复习思考

1. 我国对失业率的统计有哪些缺陷？
2. 影响就业和失业的因素有哪些？
3. 西方代表性就业理论有哪些？主要内容是什么？
4. 失业包括哪些主要类型？各自的特点是什么？
5. 工作搜寻理论的主要内容是什么？说明其对失业成因解释的含义。

6. 刚性工资理论的主要内容是什么？说明其对失业成因解释的含义。
7. 效率工资理论的主要内容是什么？说明其对失业成因解释的含义。
8. 我国失业问题产生的原因是什么？
9. 如何有效解决我国存在的失业问题？
10. 解决我国各种失业人群的公共政策有哪些？

参 考 文 献

[1] 杨河清. 劳动经济学[M]. 2 版. 北京：中国人民大学出版社，2006.
[2] 中华人民共和国人力资源和社会保障部. 2022 年度人力资源和社会保障事业发展统计公报[EB/OL]. https://www.mohrss.gov.cn/xxgk2020/fdzdgknr/ghtj/tj/ndtj/202306/t20230620_501761.html[2023-06-20].
[3] 冯学起. 当前我国劳动力就业困难的成因与对策[J]. 生产力研究，2011，(9)：114-116.
[4] 沈琴琴. 劳动经济学[M]. 北京：中国劳动社会保障出版社，2008.
[5] 坎贝尔 R M，斯坦利 L B，大卫 A M. 当代劳动经济学[M]. 6 版. 刘文，赵成美，连海霞，译. 北京：人民邮电出版社，2004.
[6] 曾湘泉. 劳动经济学[M]. 上海：复旦大学出版社，2003.
[7] 黄良杰. 制约企业投资效率的因素[J]. 经济导刊，2010，(9)：26-27.
[8] 杨河清，胡建林. 劳动经济学[M]. 武汉：武汉大学出版社，2009.
[9] 丁卫国，谢玉梅. 西方经济学原理[M]. 2 版. 上海：格致出版社，2014.
[10] 何承金，唐志红，戴宾，等. 劳动经济学[M]. 2 版. 大连：东北财经大学出版社，2005.
[11] 宁光杰. 劳动经济学[M]. 北京：经济管理出版社，2007.
[12] 张左己. 领导干部社会保障知识读本[M]. 北京：中国劳动社会保障出版社，2002.

知识链接 8-1　人工智能如何影响就业市场

人工智能作为一项具有颠覆性意义的科技，其发展和应用正在深刻地改变着人类的生产生活方式。其中，人工智能对就业的影响已成为人们普遍关心的问题。针对上述问题，我们对中国人民大学中国人力资本审计研究所所长杨伟国进行了专访。他指出，虽然在短时间内，人工智能的迅速普及，会带来一些就业问题，但是长期而言，它的开发和运用，将带来更多的工作机会；同时，它也将改善工人的就业质量，对保障和增加工作机会起到了正面的影响。

有人担忧，大量使用人工智能可能会造成工作取代，从而导致工作机会的减少。你觉得呢？

在短时间里，人工智能的迅速普及确实会给就业带来一些冲击。但是，从长期来看，以人工智能为代表的数字化科技，将更高层次、更大程度地赋能企业和劳动者，从而促进经济和社会的发展。首先，随着人工智能技术的发展，我国的智能化程度不断提高，同时也带来了许多新的工作岗位。其次，人工智能的发展，不仅可以促进人工智能产业的发展，形成人工智能产业的集群，形成一个个创新高地，还可以与各个行业进行深入的融合，让企业能够进行智能化的提升，形成数据驱动、人机协作、跨界融合的智慧经济，由此可以为社会提供更多的工作岗位。再次，人工智能在教育、医疗、养老、环保、城市治理和司法服务等方面的推广和深入的应用，以及在精准感知、预测和预警等方面的应用，也会提供新的工作岗位。最后，随着人工智能的发展和运用，将推动其他产业的发展，不仅能够提供更多的新的工作岗位，而且还能够通过对经济的发展，间接地增加更多的工作岗位。

随着人工智能技术的发展与运用，人们获得了越来越多的优质工作机会，使劳动力的创造力和成就感有了更高程度的提升。让工人能够在工作、生活、学习和个人的生活中，对学习方式和学习内容进行持续优化和调整，达到快速学习、高效学习的目的，以此来提升自己的职业能力和工作效率，达到工作和生活的平衡。在此基础上，采用人机协同的方法可以增强劳动力资源的有效利用，以提升劳动力的自由与舒适性。总而言之，人工智能能够让工人根据自己的愿望，用各种不同的方式来完成自己的工作，让他们能够用最适合自己的方法来学习新的技术，从而提升其就业质量。

在做好经济社会发展工作的基础上，稳就业和保就业工作是重中之重，而人工智能在其中起到何种积极作用？

突发的新冠疫情给我们的经济和社会发展造成了空前的影响。其中，以人工智能为主要特征的数字科技展现了其在保障、促进就业等方面的独特优越性，并加快了以人工智能为基础的新型就业制度建设。例如，数字经济快速发展，智能化和科技型产品如雨后春笋般增长，远程办公、在线教育、在线问诊等业务也得到了迅猛发展，新的商业模式如无人零售、直播带货等纷纷出现，为我国的经济和社会发展提供了强有力的支持，对《政府工作报告》中提出的就业指标也起到了一定的促进作用。

从中期和长期来看，人工智能的发展和运用对增加就业是有益的，但是从近期来看，存在着一些人对不断变化的劳动力市场的不适应性。这到底该怎么处理？

在面对人工智能的发展和运用给劳动力市场带来冲击的时候，工人们要做好思想准备和能力储备，同时，有关的管理和服务机构也要适时地根据科学技术的发展和就业市场的变化来调整就业政策，促进人工智能技术的发展与就业市场的和谐均衡。

讨论题：面对人工智能的兴起与广泛应用我们应该如何面对？

知识链接8-2　青年人就业问题

大学生等青年群体是创新的主体，也是高质量发展的主要支柱，让大学生等青年就业群体实现高质量、充分就业，是增进民生福祉和建设创新型国家的基础。教育部公布的数据显示，2023年度大学毕业生人数达到1158万人，较2022年同期增长82万人。同时，目前以大学生为主体的年轻人在就业方面也遇到了一些困难，2023年6月15日，国家统计局发布的数据表明，2023年5月16~24岁劳动力的失业率达到了20.8%，比4月上升了0.4个百分点。解决好青年人的就业问题，是实现我国经济社会发展的一个重要方面。这就要求我们能够在新的情况下，抓住大学生和其他年轻人的就业新趋势和新变化，并针对他们就业特点的变化，优化就业政策，使就业政策更加具有针对性。

当前大学生等青年群体就业面临的挑战如下。

一是经济下滑的压力不断增大，导致了近期的周期性失业和长期的就业结构冲突相互交织。

近年来，内需乏力、内循环不足已成为制约中国经济恢复的主要原因。由于世界范围内的贸易形势发生了巨大的变化，加之世界范围内的经济下滑，外部需求下降，以及地区间的战争，使得我国的外贸企业面临着严峻的挑战。而对于吸纳年轻人就业较多的中小型企业来说，它们对于自己的发展前景没有信心，也没有足够的动力去扩大规模。总体来看，当前经济发展仍存在诸多困难，部分行业出现了就业市场低迷、部分企业选择推迟招聘或缩小用工规模的现象；就业岗位数量不断减少，使得周期性失业人数不断增加，而年轻人就业群体，尤其是大学生就业群体，则更容易受到周期性失业的影响。

当前我国高校毕业生面临着较大的就业结构性问题。首先，就业岗位的供给和需求存在着一定的偏离，从而造成了人才市场和教育之间的不相容。2017年2月，教育部、人社部、工业和信息化部共同印发的《制造业人才发展规划指南》预计，到2025年，制造业十大重点领域的人才需求量将达到2985.7万人，而非STEM（science、technology、engineering、mathematics，科学、技术、工程、数学）专业人才严重过剩，这种供求失衡将造成大学生就业难、就业专业不对口比例高、高端制造业人才紧缺等一系列问题。

其次，我国的产业结构与就业之间存在着矛盾。从制造业转型角度来看，当前，我国的制造业正在向高端化、智能化、绿色化转变，亟须培养一支年轻的高技能人才队伍，但是，制造业生产企业中的一线员工普遍面临薪酬偏低、发展通道狭窄、培养和培训投入不够等问题，再加上依托大数据、人工智能等新科技而产生的新的职业模式对年轻人的吸引，一些年轻人不愿进入制造企业，导致行业的市场需求与年轻人的就业意愿不相适应。

最后，技术更新速度和劳动力人力资本水平不相适应。近年来，为了加速传统技术和新科技的融合发展，我国政府出台了《"十四五"数字经济发展规划》《关于促进人工智能和实体经济深度融合的指导意见》《关于加快场景创新以人工智能高水平应用促进经济高质量发展的指导意见》等政策，新科技采用的速率已步入"政策红利期"与"产业发展窗口期"，促成了大数据、物联网、区块链的快速发展；相较于人工智能和元宇宙等新科技的采用加速，劳动力市场的变化却比较缓慢，劳动者的技能转化滞后于新科技的采纳速度。研究显示，新科技如工业机器人的应用，其所产生的就业挤出效应和重新分配效应主要影响对象就是劳动力市场中的青年就业群体。

二是青年就业群体就业脆弱性强的客观因素与其就业期望过高的主观因素交互作用。

在客观方面，青少年比一般人群更容易受到伤害，究其原因有以下三个方面。第一，我国青年人在工作中面对临的不确定因素更高。以人工智能为代表的新兴科技对传统行业造成了严峻的挑战，而在中低技能群体中，由于机器人的出现，对劳动者的雇佣需求降低效应更加显著，加大了其工作的不确定性与难度。第二，年轻人的流动性很大。年轻人思维活泼、勇于开拓、敢于承担风险，在工作中受到地理、产业等诸多条件的约束小，所以流动性比较大，而经常更换工作也会提高失业率。初入职场，年轻人更可能在工作满意度不高、流动性大的地方工作，一些年轻人为了寻找发展机会，改善工作环境，提高工资水平，可能会频繁跳槽，从而加大了年轻人的失业率。第三，青年抗风险能力差，可替代性高。40～60岁年龄段人群具有一定工作经验，在行业和职业中具有很高的专业化人力资本，并且在将来一定时期内具备一定的经济实力，因此对风险具有更大的抵抗力。而工作经历较短的年轻员工，在面对大的突发事件时，其可供选择的余地较小，因而在工作岗位上较易被取代。

在主观方面，部分高校毕业生对职业预期偏高，导致与现实状况存在一定的偏差。第一，部分年轻人的择业和求职心态与思想意识已对他们的择业造成了一定的阻碍。受传统就业理念的冲击和各种传媒手段的影响，一些年轻人出现了"考公""考编"等择业倾向趋同。部分年轻人由于研究生和公务员考试不顺利，产生了负面的心理，从而影响其正常就业。第二，未就业的年轻人与有工作的年轻人相比，延迟满足感更强，从而不那么迫切地寻找工作。虽然劳动力市场体制性分割已被打破，但是主要劳动力市场和次要劳动力市场的划分依然十分显著，而在主要劳动力市场和次要劳动力市场的转变过程中，年轻人将会面对工作接受成本、离职成本和与原来工作单位的交易成本。因此，一些高校毕业生在面临未达到求职期望的情况下，考虑到更高的跳槽成本，而采取了"自愿失业"的方式，以求获取更高质量的就业机会。第三，来自家长的经济支援为一些年轻人"自愿失业"提供了基础。从年龄上来看，现在16~24周岁的年轻人大部分都是独生子女，他们的父母大部分都是20世纪70年代左右出生的。在高速发展的40年里，由于家里的经济状况日益好转，年轻一辈基本上不用再为生计发愁，所以生存下去并没有那么困难；这就造成了一部分青年人自动放弃了工作，变成了"尼特族"（既不工作，也不接受教育或参加培训的年轻人），从而造成了年轻群体的人力资本价值下降。

三是青年就业群体支持政策的系统性、协调性不足，支持"支点"还不够精准。

例如，大学生的择业试用期制度，旨在通过培养大学生的可雇佣性，尤其是提高其经验性和专业化的人力资本，实现由"学生"向"雇员"的过渡。但在实际操作中，受政府的补助及人力成本节约等因素的影响，某些企业在某些职位上采取轮换聘用方式，从而导致了某些企业对高校毕业生的长期聘用需求不足。同时，一些稳定就业的措施也会产生一些"副作用"，比如，一些企业没有足够的积极性去招聘年轻的雇员。

青年就业面临如下的新趋势、新变化。

趋势一：16~24岁人口城镇调查失业率呈现逐年上升的"反收敛"趋势。

从纵向比较的视角来看，2018~2023年全国城镇调查失业率在5%的水平上下波动，16~24岁人口城镇调查失业率则整体呈上升趋势。2018年16~24岁人口城镇调查失业率均值为10.8%，2019年均值稍有上升为11.9%，受国内外环境等多方面因素影响，2020年均值上升至14.2%，2021年均值为14.3%，维持在与2020年相当的水平，2022年均值上升到17.6%。2023年5月，16~24岁人口城镇调查失业率达到20.8%。16~24岁人口城镇调查失业率变动曲线与全国城镇调查失业率变动曲线之间呈不断扩大的"喇叭口"态势。按往年趋势以及季节走势判断，目前16~24岁人口城镇调查失业率仍处在爬升阶段。

趋势二：青年群体"双元并存"的就业观念正成为新趋势。

当前，随着社会生产力水平的不断提高，科技进步的速度加快，劳动力市场的变革等因素的影响，年轻人的择业观念正在发生着巨大的转变。1978年到1980年为"服从型"分配时期，"重地位、重身份"是大学生择业观念的重要特点。1980年到1990年是一个"双向抉择"时期，年轻人的经济所得是其就业的主要依据。20世纪90年代中期以来，我国大学生就业思想呈现出"多元化"的特点，即追求高收入、高社会地位和高稳定性。在数字化经济迅猛发展的背景下，数字经济所具有的多元信息特征使年轻人在就业理念上出现了新的特征：既有"自我实现"，又有"佛系安逸"的二元理念。有些年轻人看重自己的发展空间，更看重的是公平和权益的保护，他们提倡用自己的方式来达到自己的价值。也有一些年轻人因为各种原因而"躺平、无所事事"。

"自我实现"和"佛系安逸"这一二元对立思想导致了大学生在就业过程中面临着"稳就业"和"慢就业"的"双元并存"现象。"自我实现"是年轻人对人生价值的关注，而"佛系安逸"则是年轻人关注自己的休闲。由于多种原因，目前的劳动力市场尚不能完全适应年轻人多样化的需要，而年轻人为了自己的需要而不断提升自己的"保留工资"，从而部分年轻人对公司为他们提供的工作"不满意""不屑一顾"。"慢就业"是指一些年轻人在遇到不如意的工作时，会暂时不去找工作，而是在等待合适的机会再工作。2023年5月4日，根据智联招聘《2023大学生就业力调研报告》，2022年"慢就业"的大学生占到了15.9%，而到了2023年，这个数字增至18.9%。家长的财力支援使部分青年人具备了更好的经济条件，可以承受更长的找工作的时间和更多成本，从而为"慢就业"的发生创造了条件。"稳就业"体现在一些年轻人愿意考编制，进入国企或事业单位来获得稳定工作，而与那些不确定因素很大的中小企业形成鲜明对比。

讨论题：面对当前青年群体就业的新趋势新变化，请从国家与自身两个方面讨论应对方法。

知识链接 8-3　就业与失业理论前沿及热点问题

1. 数字经济时代如何实现更充分、更高质量就业的研究。
2. 中国青年就业状况及其影响因素研究。
3. 大学生就业的趋势性变化及对策建议。
4. 中国面临的就业挑战：从短期看长期。
5. 公共就业服务与农民工就业质量。
6. 数字经济的就业创造效应与就业替代效应探究。
7. 数字经济对就业的影响及应对策略。
8. 我国高质量充分就业的测度、评价与实现路径研究。
9. 数字经济推动稳就业与促分配的机制及路径研究。
10. 中国劳动就业与失业统计制度改革及调查方法创新研究。

第九章

工　资

导　读

本章的内容是概述工资的含义和构成、工资水平及其外部竞争性、工资体系的设计与管理，以及特殊员工群体的薪酬管理。通过本章的学习，应达到如下目的：全面、系统、较为深入地熟悉和掌握工资的含义、工资体系的设计方法的主要内容；运用工资体系设计方法，进行员工的薪酬管理工作。

（1）了解工资的含义和构成、工资水平的影响因素。

（2）懂得工资水平外部竞争性决策的类型、特殊员工群体的薪酬管理。

（3）掌握工资体系的设计方法和操作流程。

识记：了解工资、工资水平的外部竞争性、效率工资、职位工资体系、工作分析、职位评价、事业成熟曲线的概念，并能正确认识和表述，这是最基本的要求。

领会：在识记的基础上，能较好地把握工资的构成和功能、工资水平外部竞争性决策的类型，能掌握工资体系的设计方法和操作流程。

应用：在领会工资的构成、工资体系设计方法和操作流程的基础上，能运用它们分析和解释有关员工工资的理论问题与现实问题，并提出解决员工工资管理的思路与方法。

第一节　工资概述

一、工资的含义和构成

（一）工资的含义

什么是工资？从形式上看，工资是劳动者付出劳动以后，以货币形式得到的劳动报酬。国际劳工组织在 1949 年《保护工资公约》中对工资定义为："工资"一词系指不论名称或计算方式如何，由一位雇主对一位受雇者，为其已完成或将要完成的工作或已提供或将要提供的服务，可以货币结算并由共同协议或国家法律或条例予以确定而凭书面或口头雇佣合同支付的报酬或收入[1]。这一定义，一是明确了工资的支付者和工资的收入者。支付者为雇主，按照我国劳动法的规定，雇主应统称为用人单位；工资收入者统称为劳动者或工资劳动者。二是明确了支付工资多少的依据，应是劳动者已完成和将要完成的工作或已提供或将要提供的服务。三是明确了工资支付的方式，即不论名称或计算方式如何，均应以货币结算并支付报酬或收入。四是明确了工资支付的标准，即应依照由共同协议或国家法律或条例的规定及书面或口头劳动合同的约定。

由此可见，工资从本质上说是员工因向其所在单位提供劳动或劳务而获得的各种形式的酬劳或答谢，体现的是一种公平的交易或交换的关系，既是员工向雇主或企业让渡其劳动或劳务使用权后获得的报酬，也是雇主或企业为获取员工提供的劳动或劳务所提供的回报或报酬，体现了劳动力的价格水平[2]。广义的工资包括员工所获得的各种货币收入及各种具体的服务和福利，狭义的工资不包括各种具体的服务和福利。

（二）工资的构成

工资主要包括基本工资、可变工资、福利和服务，如图9-1所示。

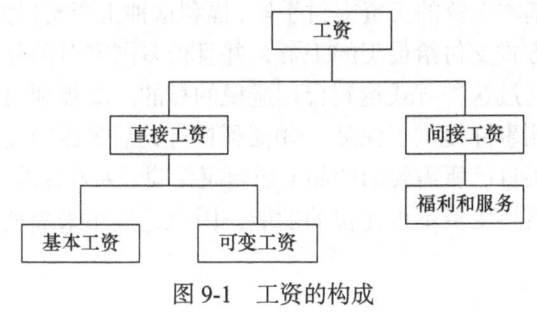

图 9-1　工资的构成

1. 直接工资

1）基本工资

基本工资也称标准工资或基础工资，它是一个企业根据员工所承担或完成的工作任务，或者员工所具备的完成工作的技能或能力而向员工支付的稳定性报酬。基本工资有以下特点[3]。

（1）常规性。基本工资是劳动者在法定工作时间和正常条件下所完成的定额劳动的报酬。

（2）固定性。员工的基本工资数额以企业所确定的基本工资等级标准为依据，等级标准在一定时期内相对稳定，员工的基本工资数额也相对固定。

（3）基准性。基准性包括两层含义：第一，基本工资是其他工资形式的计算基准，其他工资形式的数额、比例及其变动均以基本工资为基准，基本工资由总体工资的"平台"支撑；第二，为保证员工的基本生活需要，政府对员工基本工资的下限做强制性规定，推行最低工资保障制度。对于不能保证获得其他工资的员工，其基本工资的数额不能低于法定的最低工资标准，因此，基本工资也被称为标准工资。

2）可变工资

可变工资，也被称为浮动工资或奖金，是工资体系中与绩效直接挂钩的部分。实行可变工资的目的是在工资与绩效之间建立起一种直接的联系，这种绩效既可以是员工个人的绩效，也可以是企业中某一个业务单位、员工群体、团队甚至整个企业的业绩。由于绩效和工资之间建立起了这种直接的联系，可变工资对员工起到了很强的激励作用，对企业绩效目标的实现也具有积极的作用，因此，也称为激励工资。可变工资有以下特点[3]。

（1）补充性。基本工资具有相对稳定和固定的特点，不能及时反映员工实际工作绩效和企业需要的变化，而可变工资可以作为其补充形式。

（2）激励性。可变工资在企业目标的指导下，通过支付方式、支付标准、支付时间的变化，把员工利益和企业的发展联系在一起，进而起到激励员工实现企业目标的作用。

2. 间接工资

间接工资也被称为福利，是工资结构中不可或缺的组成部分。福利主要是指企业为员工提供的各种物质补偿和服务形式，包括法定福利和企业提供的各种补充福利。从支付形式看，传统的员工福利以非货币的形式支付，但随着企业部分福利管理职能的社会化，一些福利也以货币形式支付，即货币化福利。

作为一种不同于基本工资的工资支付手段，福利这种工资支付方式有其独特的价值。①由于减少了以现金方式支付给员工的工资，并且很多国家对部分福利项目有免税的规定，因此，企业可以通过这种方式达到合理避税的目的。②福利为员工将来的退休生活和一些可能发生的不测事件提供了保障。③福利具有灵活多样的支付形式。例如，员工可以以较低的成本购买自己所需要的产品（如健康保险、人寿保险等），满足员工多种工作和生活需要，具有直接工资不可比拟的功能。因此，近年来福利成本在许多企业中的上升速度是相当快的。

二、工资的功能

工资代表了企业和员工之间的一种利益交换关系，是两者之间的主要联系纽带，对双方都有着不可替代的作用。员工通过付出自身的劳动获得自己希望的工资，企业通过支付工资获得希望得到的劳动成果。因此，对于工资的功能，应该从企业和员工两个方面去理解。

（一）工资对企业的功能

1. 改善经营业绩

一方面，人和人的工作状态是任何企业经营战略成功的基石，也是企业达成优良经营绩效的保障；另一方面，不谈工资，我们就无法谈及人和人的工作状态。工资不仅决定了企业可以招聘到员工的数量和质量，也决定了企业中人力资源的存量，同时，它还决定了现有员工受激励的状况，影响到他们的工作效率、出勤率及对企业的归属感和忠诚度，从而直接影响企业的生产能力和生产效率。工资实际上是企业向员工传递的一种特别强烈的信号，通过这种信号，企业可以让员工了解什么样的行为、态度及业绩是受鼓励的、是企业需要的，从而引导员工的工作行为和工作态度及最终的业绩朝企业期望的方向发展[4]。因此，企业必须充分发挥和利用工资的调节作用，提高和改善其经营业绩。

2. 有效配置资源

工资是企业合理配置劳动力、提高企业效率的杠杆。工资资源配置的功能体现在两个方面，即劳动力的数量配置和素质结构配置。一方面，企业通过报酬机制，调节企业生产和经营环节的人力资源，实现企业各种内部资源的有效配置；另一方面，由于产品结构和技术结构的变化，企业对人力资源的素质要求不断提高，因此，企业经常会出现劳动力素质（技能）结构方面供求失衡的现象，若供不应求且素质较高的劳动者可以得到较高工资，而供过于求且素质较低的劳动者得到较低工资的话，就能引导员工学习企业所需要的知识和技能，提高自身的素质，从而使劳动力素质结构合理化。因此，工资可以从供求双方来调节劳动力的素质结构，实现供求相对平衡。

3. 塑造和强化企业文化

如上所述，工资会对企业员工的工作行为和态度产生很强的引导作用。因此，合理的富有激励性的工资制度会有助于企业塑造良好的企业文化，或者对已经存在的企业文化起到积极的强化作用。例如，如果工资的计算和发放主要以小组或团队为单位，则会强化员工的合作精神和团队意识，使得整个企业更具有凝聚力，从而支持一种团队文化。事实上，许多企业的文化变革往往都伴随着工资制度和工资政策的变革，甚至是以工资制度和工资政策的变革为先导的。

4. 控制经营成本

由于企业所支付的工资水平高低会直接影响到企业在劳动力市场上的竞争能力，因此，企业必须保持一种相对较高的工资水平，这对于企业吸引和留住员工来说无疑是有利的；但是，较高的工资水平又会对企业控制生产成本产生压力，从而影响企业在产品市场上的竞争力。因此，一方面，企业为了获得和留住企业经营过程中不可或缺的人力资源不得不付出一定的代价；另一方面，企业由于处于产品或服务市场上的竞争压力又不能不注意控制工资支出。事实上，虽然劳动力成本在不同行业中，以及在不同企业中的经营成本中所占比重不同，但是对于任何企业来说，工资成本都是一项不容忽视的成本支出[5]。通常情况下，工资总额在大多数企业的总成本中要占到40%～90%，因此，有效地控制工资成本支出对于大多数企业的成功经营来说具有重大意义。

（二）工资对员工的功能

1. 经济保障功能

这是工资的基本分配功能。劳动者在劳动过程中脑力和体力的消耗、劳动力的代际延续、抚养家庭子女等都要借助于工资的补偿来实现，劳动者只有得到有保障的、稳定的收入，才能安心工作，增加对企业的信任感和归属感。在市场经济条件下，工资收入是绝大多数劳动者的主要收入来源，它对于劳动者及其家庭的生活所起到的保障作用是其他任何收入保障手段都无法替代的。当然，工资对于员工的保障并不仅仅体现在它要满足员工在吃、穿、用、住、行等方面的基本生存需要，同时还体现在它要满足员工在娱乐、教育、自我开发等方面的发展需要。总之，员工工资水平对员工及其家庭的生存状态和生活方式所产生的影响是很大的。

2. 激励功能

从心理学的角度看，工资是劳动者个人与企业之间的一种心理契约，这种契约通过员工对于工资状况的感知而影响员工的工作行为、工作态度及工作效率，即产生激励作用[6]。一般情况下，员工的需要从低层次向高层次递进，当低层次的需要得到满足以后，通常会产生更高层次的需要，并且员工的工资往往是多层次并存的。因此，企业必须注意同时满足员工的不同层次的工资需要。

从激励的角度看，员工较高层次的工资需要得到满足的程度越高，则工资对员工的激励作用就越大；反之，如果员工的工资需要得不到满足，则很可能会出现消极怠工、工作效率低下、人际关系紧张、缺勤率和离职率上升、企业凝聚力和对企业的忠诚度下降等多种不良的后果。因此，必须设置科学合理的工资制度和政策，消除员工的不满情绪。

3. 信号功能

员工把工资系统看成企业对某种活动或行为的重要信号：如果企业的分配政策显示学历高，工资就高，那会使员工去继续学习，提高学历；如果企业报酬以服务时间长短为基础，则可以培养忠诚度，在一定程度上降低离职率；如果企业奖励为企业带来收益的创新行为，则会鼓励员工的创新，营造创新文化。另外，企业根据岗位的重要性不同而给予不同的工资水平，表明企业重视不同岗位的价值等。任何一种报酬政策都会给员工提供信号，促使他向有利于自己的方向努力。

三、工资管理目标

工资对于员工和企业的重要性决定了工资管理的重要性。工资管理是指一个企业针对所有员工所提供的服务来确定他们应当得到的报酬总额，以及报酬结构和报酬形式的过程。工资管理对于任何一个企业来说都是一项非常重要的管理职能，这主要是因为企业的工资要想实现对员工的激励功能，达到实现企业目标的最终目的，必须保证工资管理体系的公平性、有效性和合法性。

（一）公平性

公平性是指员工对于企业工资管理体系及管理过程的公平性、公正性的看法或感知，这种公平性涉及员工与企业外部劳动力市场工资状况、与企业内部不同职位上的员工，以及类似岗位上的员工的工资水平之间的对比结果。

（二）有效性

工资系统是否有效取决于工资管理系统在多大程度上能够帮助企业实现预定的经营目标，这种经营目标不仅包括利润率、销售额、股票价格上涨等方面的财务指标，还包括客户服务水平、产品或服务质量、团队建设及企业和员工的创新和学习能力等方面的定性指标的达成情况。

（三）合法性

合法性是指企业的工资管理体系和管理过程是否符合国家的相关法律规定，从国际通行情况来看，与工资管理有关的法律主要包括最低工资法、同工同酬法或反歧视法等[7]。

从以上分析可以看出，工资管理三个目标之间存在着紧密相连的关系。但是，需要注意的是，这三大工资目标之间有时是存在一些内在的矛盾和冲突的。例如，员工对于工资公平性的一个重要判断是本人的工资水平与其他同类企业中同类人员之间的工资对比状况。在其他条件相同的情况下，本企业的工资水平越高，员工的公平感就会越强，但是，企业的工资水平如果过高，又会使企业产生成本压力，对企业的利润产生不利影响，从而在工资的公平性和有效性之间产生矛盾。此外，在工资管理的合法性和有效性之间有时也会产生类似的冲突，即企业在不守法的情况下会有利于增加收益。例如，不遵守最低工资法的规定给员工支付最低工资，会降低企业的人工成本。管理的主要任务就是处理好各项管理事务之间的矛盾，寻求事务发展的平衡点。因此，企业必须在工资的公平性、有效性及合法性三大目标之间找到平衡，这也是工资管理的主要任务和目标。在工资管理的过程中，要综合考虑以上目标，灵活地制定出最有效的工资制度和工资方案，一方面为企业发展吸引到优秀人才，另一方面为实现企业的经营目标奠定良好的基础。

第二节 工资水平及其外部竞争性

一、工资水平及其外部竞争性决策

（一）工资水平的外部竞争性的概念

工资水平的外部竞争性，实际上是指一家企业的工资水平高低，以及由此产生的企业在劳动力市场上的竞争能力大小[2]。工资水平的外部竞争性的比较基础更多要落在不同组织之中的类似职位或者类似职位族之间。这是因为，也许甲企业的平均工资水平确实很高，但是该企业在内部工资差距上很小，重要职位和不重要职位之间的工资没有太大差异，而在乙企业中，尽管其平均工资水平低于甲企业，但是该企业对于重要职位所支付的工资水平远远高于甲企业，而对不重要职位支付的工资水平则低于甲企业。

（二）工资水平的外部竞争性决策的类型

1. 工资领先型策略[8]

（1）工资领先型策略的概念。工资领先型策略是指组织采用一个它愿意支付高于市场平均水平工资的策略。在通常情况下，采取领先型策略的组织，其工资要比市场的平均水平高出5%～10%。根据这种工资水平定位，组织可以在年初将工资水平提高到工资趋势线上方的5%～10%，在年底让它与工资趋势线持平。如图9-2所示。

（2）采用工资领先型策略的组织特征。规模较大、投资回报率较高、工资成本在组织经营总成本中所占的比例较低、产品市场上的竞争者少。

2. 工资跟随型策略

（1）工资跟随型策略的概念。工资跟随型策略是指根据市场平均水平来确定本组织的工资水平。例如，如果市场工资水平年底将上涨5%，那么组织也考虑将工资水平在年

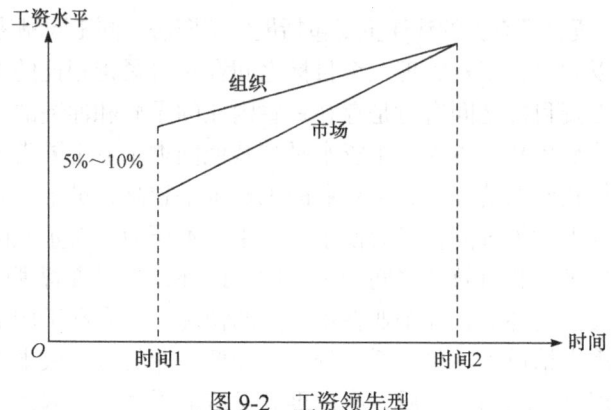

图 9-2 工资领先型

底上涨 5%。工资跟随型策略是一种最为通用的工资水平决策类型,大多数组织采取这种类型的策略。

（2）采取工资跟随型策略的原因[8]。①工资水平低于竞争对手会引起员工的反感,从而使员工的不满意感和员工离职率增加。②工资水平低会制约组织的招聘能力,过低的工资水平很难在劳动力市场上招聘到合适的员工。③支付市场工资水平是管理者的责任。

3. 工资滞后型策略

（1）工资滞后型策略的概念。工资滞后型策略是指将工资水平更新到当前的市场工资水平,然后按照低于市场的调整速度予以实施。例如,如果市场工资水平在第二年初将提高 5%,那么,组织在市场上保持竞争力的唯一时间是在年初,第二年它将比市场落后 5%（图 9-3）。

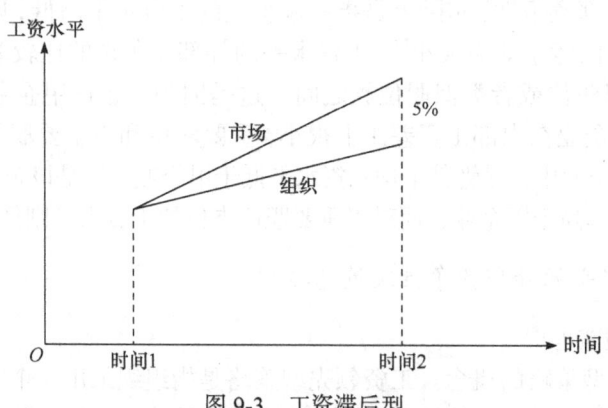

图 9-3 工资滞后型

（2）采用工资滞后型策略的组织特征。往往是规模相对较小,大多处于竞争性的产品市场上,边际利润率比较低,成本承受能力很弱,这种类型的组织很多属于中小型组织。受产品市场上较低的利润率限制,这些组织没有能力为员工提供较高水平的工资,这是这种类型的组织实施工资滞后型策略的一个重要原因。

4. 工资竞争型策略

（1）工资竞争型策略的概念。工资竞争型策略是指组织为了保持工资水平的竞争力,将工资领先型策略与工资滞后型策略结合起来选择的一种工资水平决策类型。在工资竞争型策略中，组织依据市场工资水平变化的趋势或变化的百分比，在初期采取高于市场平均水平的工资领先型策略，随后逐步降低，到期末则采取低于市场平均水平的工资滞后型策略。比如，某组织考虑在市场中估计的百分比变化为5%，为了保持工资竞争力，组织在年初决定工资水平比市场平均水平高5%，随后，在一年中稳步降低，年末则低于市场平均水平5%，如图9-4所示。

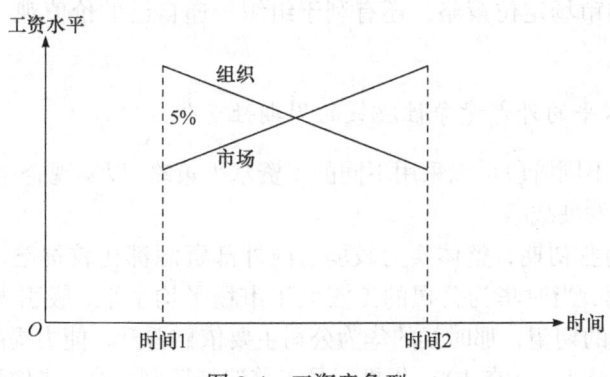

图9-4　工资竞争型

（2）工资竞争型策略的适用范围。工资竞争型策略主要适用于处于发展期的企业或者在短期内急需人才的企业。在企业发展期或急需人才时期采取工资领先型策略，其主要目的就是凭借优厚的工资待遇吸引一批优秀的人才到企业工作，以解决当前的人才短缺问题。在企业逐渐步入正轨以后，对紧缺人才就没有那么急的需求，在这种情况下可以适当采取工资滞后型策略，以降低企业的工资成本。

5. 工资混合型策略

（1）工资混合型策略的概念。工资混合型策略是指组织在确定工资水平时，根据职位的类型或者员工的类型分别制定不同的工资水平决策，而不是对所有的职位和员工均采用相同的工资水平定位。例如，有些组织针对不同的职位族使用不同的工资决策类型，对核心职位族采取工资领先型策略，而在其他职位族中则实行跟随型或滞后型的工资策略，有些组织对其高级管理人员、技术人员等关键人员，提供高于市场平均水平的工资，对普通员工则实施同步于市场平均水平的工资跟随型策略，对那些在劳动力市场随时可以找到替代者的员工实施低于市场平均水平的工资滞后型策略，如图9-5所示。

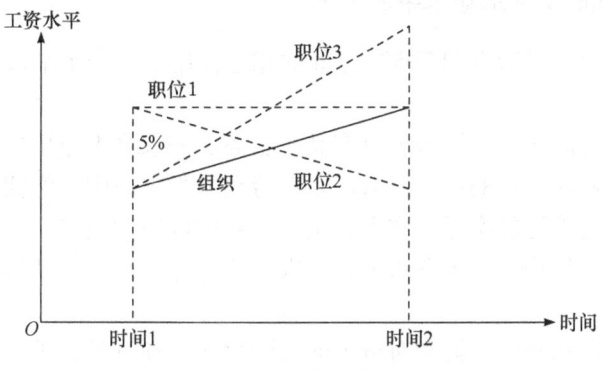

图9-5　工资混合型

（2）实施工资混合型策略的优点。实施工资混合型策略的最大优点就是其灵活性和针对性，对于劳动力市场上的稀缺人才及组织希望长期保留的关键职位上的人采取工资领先型策略，对于劳动力市场上的富余劳动力及鼓励流动的低级职位上的员工采取工资跟随型策略甚至滞后型策略，这样既有利于组织保持自己在劳动力市场上的竞争力，同时又有利于合理控制组织的工资成本开支。此外，通过对组织工资构成中的不同组成部分采取不同的市场定位策略，还有利于组织传递自己的价值观，以及达成自己的经营目标。

（三）工资水平的外部竞争性决策的周期性变化

企业在发展的不同阶段可以采用不同的工资水平策略，以实现企业的工资管理目标，并支持企业的整体发展战略。

华为公司在创业初期，整体实力较弱，内外部资源都比较贫乏，受到财力、物力等诸多方面的限制，当时华为公司的工资低于市场平均水平，吸引人才的主要是创业机会及对未来成功的期望，那时候的华为公司主要依靠晋升、能力提高、工作氛围等非经济性报酬来吸引员工，并在1992年推行员工普遍持股制，进一步增强工资水平的外部竞争性。

1995年开始，华为公司进入高速成长期，经济实力越来越雄厚，人才招聘需求也迅速上升，遂开始全面实施工资领先型策略：大部分时候，华为公司的员工工资比国内其他厂商高出三分之一左右。并且随着华为公司实力不断增强，加上大规模招聘的需要，高薪战略也得到了进一步加强。在2000年前后，国内电子通信类人才奇缺，华为公司在这场人才争夺战中开出的条件尤为优厚，待遇最好的研发人员和市场人员的月工资通常能够达到8000~9000元，比通信行业的通常工资高出3000~4000元。

2005年之后，华为公司步入稳步成长期，市场领先地位的基本稳固，工资管理制度越发成熟，工资水平的外部竞争性决策更具灵活性和适应性。

二、工资水平及其政策的影响因素

企业所在的劳动力市场和产品市场供求状况，以及企业本身的状况均会对企业的工资水平决策产生很大的影响。

（一）劳动力市场对工资水平的影响

在劳动力市场上，供给方和需求方之间的相互作用是工资水平最重要的决定因素。

1. 劳动力需求

企业对劳动力的需求是从消费者对产品或服务的需求当中派生的，因而，劳动力需求是关于劳动力价格和质量的一个函数。企业劳动力需求原则是雇佣的边际成本等于边际收益。具体到工资管理的实际工作中，企业在利用该模型确定应雇佣的员工数量时，首先是确定市场力量作用下的工资水平，其次是确定每一个潜在新员工所可能产生的边际收益。

但是对市场工资水平的把握和对员工的边际收益的预测是很难非常精确的，因而，企业常常使用其他一些要素来反映员工给企业带来的边际收益。企业对于某种工作或技能、能力所能够给企业带来的价值进行评价，这种评价实际上是对员工的边际收益进行评价的一种近似替代。企业很清楚某一等级的员工所能够获得的最高工资水平不能高于他的边际收益，员工工资水平的增长也不能超过其生产率的增长。

2. 劳动力供给

劳动力市场上的劳动力供给，是指特定的人口群体所能够承担的工作总量。一般来说，整个经济或社会中的劳动力供给受以下四个方面因素的影响。

1）劳动力参与率

劳动力参与率是衡量那些愿意在家庭之外工作的人口规模的一个重要而明确的统计指标。其影响因素主要包括家庭经济状况、年龄、性别、受教育程度等。

2）人们愿意提供的工作时数

简单地说，劳动者就工作时间做出的决策可以看成其在工作和闲暇之间进行选择的结果。显然，闲暇所产生的效用和有酬工作所带来的工资对于劳动者都是有价值的，而市场工资率的变化同时会对劳动者的闲暇成本和工作的报酬产生影响。

3）员工受过的教育、训练及其技能水平

员工的受教育程度越高、所接受的训练越多、积累的经验越多，则其收益能力就会越强，所得到的报酬水平就会越高。而对于一个国家、一家企业而言，劳动力队伍的素质越高，则劳动者所能够产生的生产率就会越高，国家或者企业的竞争力就越强。

4）员工在工作过程中付出的努力水平

劳动力的数量和质量都是一种静态的存量，这种存量如何转化为流量，即劳动者在实际工作过程中是否能够将其具备的知识和技能充分发挥出来，转化为生产率，则还要取决于企业的总体制度安排。其中包括员工与工作之间的匹配性、绩效管理制度是否完善，以及工资水平和工资制度是否合理等，这实际上正是企业人力资源管理工作的核心问题。

（二）产品市场及企业特征对工资水平的影响

除了劳动力市场因素之外，对企业工资水平产生重要影响的因素还有产品市场、行业、企业规模及企业经营战略与价值观等。

1. 产品市场

一般来说，劳动力市场因素确定了企业所支付的工资水平的低限，而产品市场则确定了企业可能支付的工资水平的高限。

如果企业在产品市场上处于垄断地位，就能够获得超出市场平均利润水平的垄断利润，利润的增加为企业在劳动力市场上的工资决策提供了强有力的保障，足以保证企业向员工提供高出市场水平的工资，然而，一旦垄断地位丧失，企业无法将因高水平工资所产生的成本负担通过较高的价值转嫁给消费者，企业支付高薪的基础也就没有了。而当企业处在完全竞争或类似完全竞争的环境中时，企业所支付的工资水平往往和市场平均水平甚为接近[2]。

2. 行业

行业特征对工资水平的最主要影响因素可能是不同的行业所具有的不同的技术经济特点。一般情况下，在规模大、人均占有资本投资比例高的行业，如软件开发、生物医药、遗传工程、电信技术等中，人均工资水平会比较高。这主要是由于以下三个方面。①越是资本密集的产业，对资本投资的要求就越高，而这会对新企业的进入造成一种限制，从而易于形成卖方垄断的结构。②高资本投入的行业往往要求从业者本人具有比较高水平的人力资本投资，这是因为存在一种所谓的资本-技能互补假设，即资本越昂贵，则企业越是需要雇佣具有高人力资本投入从而具有较高知识技能的人来运用这些资本，才能保证这些资本能够产生最大的效益。③资本与劳动力的比例较高意味着劳动报酬在企业总成本支出中所占的比例相对较小，资本的利润较高，从而企业有能力支付较高的工资。相反，那些对资本投资的要求低、新企业易于进入和以竞争性市场结构为特征的行业，其人工成本占总成本的比例也较高，所以，一般属于低工资产业部门（如服装加工业、纺织品、皮革制品生产行业等）。同时，不同行业的工会化程度的高低也会影响企业的工资水平决策，在工会势力比较强的行业中，企业往往会被迫维持一定的工资水平，而在工会势力比较弱的行业中，企业所面临的这种压力会比较小一些。

3. 企业规模

很多研究表明，大企业所支付的工资水平往往要比中小企业支付的工资水平要高。在大企业中工作的员工不仅所获得的工资比具有相同人力资本特征但在中小企业中工作的员工要高，而且，他们的工资随着工作经验上升的速度也更快。大企业所支付的工资水平较高的原因主要有以下几个方面[4]。

（1）在大企业中采用长期雇佣的做法往往比在中小企业中更有优势，也更有必要。这是因为，大企业通常更多地采用具有较高程度的相互依赖性的生产技术，因此，降低员工的辞职率，以及确保空缺职位能够得到迅速的填补是大企业非常关心的问题，高水平的工资对于上述目标的实现无疑是很有帮助的。

（2）由于大企业有更大的动力维持与员工之间的长期雇佣关系，而大企业员工的稳定性也更强，因此，大企业会有更大的动力去培训自己的员工，而员工的人力资本投资增加必然会强化他们的收入能力。

（3）企业规模越大，对员工的工作进行监督就越困难，因而，企业就越是希望能够找到其他的方式来激励员工，在这种情况下，效率工资理论所揭示的原理很容易导致大企业采用高于市场水平的工资，以激励员工在没有严密的直接监督的情况下也能努力工作。

4. 企业经营战略与价值观

如果企业选择实施低成本战略，那么它必然会尽一切可能去降低成本，其中也包括工资成本。这样的企业大多身处劳动力密集行业，边际利润偏低，盈利能力和支付能力都比较差，因而它们的总体工资水平不会太高。相反，实施创新战略的企业为了吸引有创造力、敢于冒风险的员工，必然不会太在意工资水平的高低，它们更为关注工资成本可能会给自己带来的收益，只要较高的工资能够吸引来优秀的员工，从而创造出高水平的收益即可行。

第三节 工资体系的设计与管理

不同的组织有不同的工资政策、不同的工资制度、不同的工资结构和不同的工资决定方式,因而呈现出不同的工资体系特征,本节就以职位工资体系为例说明工资体系的设计与管理。

一、职位工资体系的内涵和特点

职位工资体系是指组织根据每个职位的相对价值确定工资等级,通过市场工资水平调查确定每个等级的工资幅度的一种报酬制度。这种工资体系是以职位或工作为基础,根据职位或工作的性质及其对组织的价值来决定某种职位或工作的工资水平。它的理论依据是职位价值在一定程度上等同于任职者的价值,职位价值越大,任职者的价值越大,工资水平越高。这种工资体系优点非常明显,同时也存在一定的不足。但由于这种工资体系比较直观、简单易行,而且适用的范围也比较广,因此,对我国的许多企业和大部分工作岗位是比较适用的,尤其是比较适合于组织内部工作内容和工作方式比较稳定的职位,如职能人员和一般操作人员等[2]。

二、职位工资体系的操作流程

实施职位工资体系时首先要进行工作分析,界定各职位的工作职责和任职资格要求;其次进行职位评价,确定各个职位相对的价值大小;再次进行工资调查,结合调查结果和工作评价,建立工资曲线;最后根据工资曲线确定工资(图9-6)。

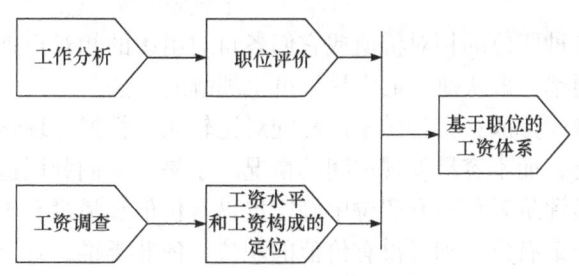

图 9-6 基于职位的工资体系设计

(一)工作分析

1. 工作分析的含义

工作分析或称职位分析,是指对与职位相关的整体信息和关键信息进行系统整理和准确描述,并以一种格式把这种信息描述出来,从而使其他人能了解这种工作的过程。组织通过工作分析可以得到职位描述和职位规范的有关内容[2]。

职位描述是对经过职位分析所得到的关于某一特定工作的职责与任务的一种书面记录。它所阐明的是一种工作或某个职位的职责范围及其内容。

职位规范是对适合从事该工作的人的特征所进行的描述。职位规范又被称为任职资格,它主要阐明适合从事某一工作或岗位的人所应当具备的受教育程度、技术水平、工作经验和身体状况等条件。

2. 工作分析的方法[3]

(1)访谈法。通过直接与任职者进行面谈来获得与工作相关的信息。为避免浮夸,对其上级主管也须进行访谈,然后根据记录结果进行整理。

(2)观察法。对于需要重复任务的低等级的工作,这种方法是有效率的。职位分析员将花上一段时间观察被分配一种工作的雇员们,辨别完成该份工作所必需的技艺、能力和结果,接着,这些观察到的结果被记录下来以备后用。

(3)问卷法。设计职位分析问卷,发送给某项特定工作的所有任职者,征得主管人员的同意后,所得的信息被汇编和记录。

(4)日志法。要求从事工作的雇员每天记现场工作日记或日志,让他们记录下在一天中所进行的活动。其优点是能提供一个完整的工作图景,但缺点也非常明显,即雇员可能会夸大某些活动,或对某些活动予以低调处理。

(5)典型事例法。对实际工作中具有代表性的工作者的工作行为进行描述。比如,把文秘人员的打字、收发文件等一系列行为收集起来进行归纳分类,得到有关工作内容和职责等方面的信息。该方法的局限性在于:一是需耗费大量时间;二是对于一些不具显著特征的工作行为可能造成遗漏;三是对整个工作实践缺乏完整的了解。

(二)职位评价

职位评价是指组织基于职位分析的结果,系统地确定职位之间的相对价值从而为组织建立一个职位结构的过程[8]。常用的职位评价方法有排序法、归类法和点数法。

1. 排序法

排序法是根据各种职位的相对价值或它们各自对组织的相对贡献来由高到低地进行排列。排序法是最简单、最快捷、最容易被员工理解的方法。

有两种常用的排序方法:交替排序法和配对比较法。根据心理学的观点,人们比较容易发现极端的情况,而不容易发现中间的情况。于是,人们利用这种原理提出了交替排序法,具体做法是评价者从所有职位中确定出最有价值和最没有价值的职位,然后再从剩下的职位中选出最有价值和最没有价值的职位,依此类推,直至所有的职位都已排列在内。配对比较法是评价者将每个职位与其他职位进行逐一比较,并将每次比较中的优胜者选出,最后,根据每一职位净胜次数多少进行排序[9],如表9-1所示。

表 9-1 配对比较法举例

职位	A	B	C	D	E	总计
A	0	+	+	+	−	2
B	−	0	+	+	−	0
C	−	−	0	+	−	−2
D	−	−	−	0	−	−4
E	+	+	+	+	0	4

2. 归类法

归类法是指通过建立明确的职位等级标准，将各个职位划入相应等级的一种方法。其前提是不同等级的职位对技能和责任要求不同，在这一显著特点的基础上，将职位划分出一套等级系统。

有一个很好的举例用来说明归类法。试想将书籍整理到一个有很多格子的书架上，每个格子边上都有一个标签，用来说明该格子内书籍的种类。职位评价中的归类法与此非常类似，其操作要点如下[3]。

（1）进行职位分析。理解职位的主要工作职责、工作环境、劳动强度及其对任职者的资格要求等内容。

（2）进行职位分类。一般是先分大类，然后在大类下再细分小类。比如说把企业的职位先分为营销、管理、研发、生产等，然后再在研发下细分软件研发、硬件研发，在管理下细分人力资源、财务、行政等。当然要不要细分，以及要细分几次，取决于企业的需要。

（3）制定分等的标准。这是整个归类法中最难的一步。常见的做法是先选择报酬因素，然后制定同报酬因素的数量或基准有关的等级说明书。在完成这一步后，我们可得到一张二维表（表 9-2）。

表 9-2 职位分类归等二维表

等级	专业人员		文员/技术支持人员	
	机械工程	土木工程	会计	电子技术
1	智能制造研发类		总会计师类	
2	机械设计师类	项目经理类		半导体工程师类
3	工艺机械师类	项目设计师类	总账会计类	电路设计师类
4	质量工程师类	城市规划师类	主办会计类	通信工程师类
5	供应商工程师类	建筑工程师类	成本会计类	电子测试工程师类
6	机械加工工程师类	预算员类		制造商工程师类
7		施工员类	出纳类	

（4）将所有职位归类划等。以表 9-2 为例，这一步的主要工作就是把需要评估的职位填入对应的表格中。

3. 点数法

点数法，又称要素计点法，主要有三个基本特点：①有报酬要素；②要素的等级可以量化；③权重反映各要素相对的重要性。在使用点数法进行职位评价的过程中，其操作要点如下[3]。

（1）进行职位分析。目的是理解职位的主要工作职责、工作环境、劳动强度及其对任职者的资格要求等内容。

（2）确定报酬要素。报酬要素指的是能够为各种职位的相对价值的比较提供客观依据的职位特性。常见的报酬要素包括技能、责任、工作条件和努力程度等。在点数法的评价方案中，报酬要素非常关键，发挥着中心作用。

报酬要素必须满足以下条件：①以工作本身为基础；②以组织的战略和价值观为基础；③利益相关者能够接受。确定报酬要素中的另一个重要问题是需要多少报酬要素。报酬要素不能太多，当然也不能太少。确定报酬要素的数量，取决于所选择的报酬要素必须能全面反映职位的价值差异，并且能够被各方利益相关方所接受。在满足这两个要求的前提下，报酬要素越少越好。

（3）划分要素等级。要素一经选出，就应制定一个量表去反映每个要素内部的不同等级。每个等级可根据基准职位中有代表性的技能、任务和行为来确定。

在划分要素等级时，需要注意以下几点。①各个等级之间的差别程度应尽可能相等。例如，第一等级与第二等级之间的差别应接近于第四等级与第五等级之间的差别，因为点数差别是一致的。②不宜划分太多的等级。使用过多的等级，往往会使评价者很难准确地选出恰当的等级，又会降低评价体系的可接受性。③在描述等级的标准时，尽可能地运用容易理解的术语，让人们非常清楚如何将这些等级运用于各类职位。

（4）根据要素的重要性确定其权数。要素的等级确定之后，要素的权重也必须确定，不同的权重反映雇主对各要素重视程度的差别，如表9-3所示。

表9-3 报酬要素赋值示例

因素和子因素	权重	点值				
		第一等级	第二等级	第三等级	第四等级	第五等级
技术	50					
教育和业务知识	12	24	48	72	96	120
经验和培训	24	48	96	144	192	240
主动性和创造性	14	28	56	84	112	140
努力	15					
体力要求	10	20	40	60	80	100
精神和形象要求	5	10	20	30	40	50
责任	20					
设备或工具	6	12	24	36	48	60
材料或产品	7	14	28	42	56	70
他人的安全	3	6	12	18	24	30
他人的工作	4	8	16	24	32	40
工作环境	15					
作业条件	10	20	40	60	80	100
不可避免的危险	5	10	20	30	40	50
总计	100	200	400	600	800	1000

(三)工资调查

工资调查是指通过收集、分析市场工资信息和员工关于工资分配的意见、建议,以确定或者调整企业的整体工资水平、工资结构、各具体职位的工资水平的过程。工资调查的实施可以分为三个阶段:准备阶段、实施阶段及结果分析阶段。

1. 准备阶段

准备阶段是指在具体设计工资调查问卷并实施调查之前要做的工作,这些工作包括以下几点。

(1)确定调查的必要性及实施方式。

(2)选择调查的标杆职位。

(3)界定作为调查对象的目标地域和行业。

(4)确定要搜集的信息项目。

2. 实施阶段

在前几个步骤完成之后,调查者就可以开始设计调查问卷了。调查问卷的内容通常包括企业本身的一些信息,如企业规模、所在行业、销售额或者销售收入等信息,各种工资构成方面的信息,职位范围方面的信息,任职者的一些信息,以及一些国际性的信息等。问卷设计完成后可以采用邮寄问卷、直接面谈、群体访谈等途径,完成问卷信息的采集。

3. 结果分析阶段

在调查问卷回收上来以后,调查者首先要对每一份调查问卷的内容做逐项的核查。在数据核查完成之后,就是最后一道工作程序即分析数据了,得出被调查的劳动力市场的工资分布情况。

(1)频率分布[3]。频率分布指的是将所调查的数据以一定的间距分成多个数据段,以每个数据段所包含的公司数作为该段的工资数据出现的频率。如表9-4所示,给出了程序分析员职位以2500元为间距的工资数据出现的频率分布表。

表9-4 某程序分析员职位工资数据频率分布表

工资区间/元	平均工资在此范围内的公司数/个	所占比例	工资区间/元	平均工资在此范围内的公司数/个	所占比例
40 001~42 500	1	3%	52 501~55 000	3	10%
42 501~45 000	5	17%	55 001~57 500	2	7%
45 001~47 500	4	13%	57 501~60 000	3	10%
47 501~50 000	6	20%	总计	30	100%
50 001~52 500	6	20%			

(2)居中趋势[9]。居中趋势指将调查的大量信息简化为能够代表该职位市场工资率的一个数据,通常可以用算术平均数、加权平均数或中位数来表示。算术平均数就是将调查所得到的所有数据相加除以数据个数。与算术平均数相对的一种表示方法是加权平均数,即将每个公司该职位的平均工资根据该公司中从事该职位的员工人数来赋予权数,由于加权平均数反映了供求规模,因此,能更为准确地反映劳动力市场的状况。还有一

种表示方法是中位数,即通过升序或降序将所有数据排列,得到处于中间位置的那个数值。

(3)离中趋势[3]。工资率在中间趋势的分布称作离中趋势。四分值和百分比是工资调查分析中最常用的测量离中趋势的方法。计算四分值是要把所有的数据按从小到大的顺序排列,然后将所有数据分成四组,每组包括25%的数值,有三个四分值,其中第二个四分值与算术平均数相对应。如果说某一个数处于第二个四分位上,就是说它处于第一个四分值和第二个四分值之间。百分位的意思类似于四分值,工资处于第75个百分位上指的是有75%的公司的工资率等于或低于这一点。表9-5给出了调查数据按四分值分布的情况。

表9-5 调查数据分布表

工资水平/元	四分值
39 911	最低
40 231	
42 987	
43 597	四分值1,25%
43 883	
44 647	
45 421	四分值2,50%
45 904	
46 244	
46 791	四分值3,75%
47 983	
48 299	最高

4. 绘制市场工资线

绘制市场工资线可以根据需要采取比较简单的方法,企业通过职位评价得到公司的职位结构,并且通过工资调查得到基准职位的市场工资率。我们以基准职位等级为横轴,以市场工资率为纵轴,就形成了市场工资线,如图9-7所示。

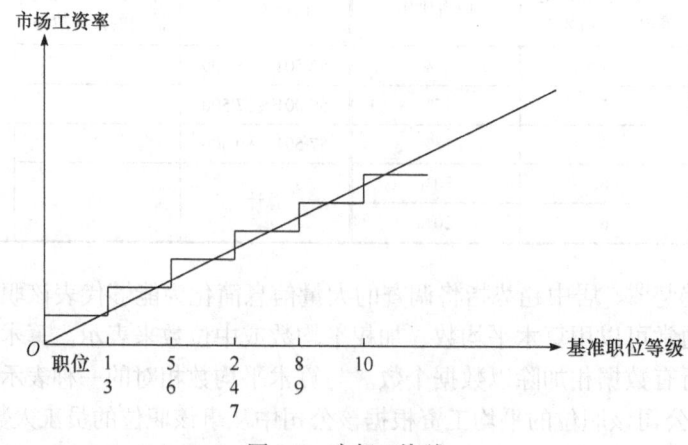

图9-7 市场工资线

（四）工资水平和工资构成的定位

工资水平指的是组织整体平均工资水平，包括各部门、各职位工资在市场工资中的位置。工资水平决策对组织的总费用会产生重大影响，在其他条件相同的情况下，工资水平越高，劳动力成本就越高。

工资构成是指在工资中，基本工资、奖金（含长期激励和短期激励）及福利（这里主要指非法定福利）所占比重。在确定工资构成的过程中，始终要坚持的指导思想是：在工资预算总量一定的前提下，尽可能地提高工资激励功能。

（五）确定工资结构

在构建好反映市场工资率和公司工资水平定位的工资政策线之后，接下来的工作就是决定组织的工资结构。确定企业的工资结构主要包括以下三方面的工作：分等、确定薪等的工资区间、确定相邻薪等之间的交叉[3]。

1. 分等

当组织中存在许多种工作时，需要划分薪等。一个等包含价值相同或相似的若干职位。薪等的数目应该适中，在价值最大的职位和价值最小的职位之间点数差异既定的情况下，一方面，如果划分的薪等太少，那些在工作任务、责任和工作环境上差别很大的员工被支付相同的工资标准，就会损害工资政策的内部公平性。另一方面，如果划分的薪等太多，那些在本质上没什么明显差别的工作就会得到不同的报酬，同样也会损害工资政策的内部公平性。总之，在分等时，我们一定要牢记，分等的目的是使价值相同或相近的职位归入同一薪等（图9-8）。

2. 确定薪等的工资区间

在确定了企业应当分多少等及每个等应当涵盖哪些职位后，我们还应给每个等设定一个合理的工资区间。在确定工资区间时，一般分为以下步骤。

（1）确定工资区间的中点。中点由市场的工资水平和公司的工资策略决定，它反映了受到良好培训的员工在其工作达到规定的标准时应该得到的工资。

（2）决定薪等的上限和下限。薪等的上限和下限分别代表企业愿意支付给该等职位的最低工资和最高工资，由上限和下限所决定的区间即为该等的工资区间，上下限之差除以下限，即为薪等的浮动幅度。在确定工资结构的过程中，我们一般不直接确定薪等的上限和下限，而是确定该等的浮动幅度，再根据浮动幅度和中点计算出薪等的上限和下限。

当中点和浮动幅度确定后，就可以计算薪等的上限和下限了。公式如下：

$$下限 = 中点 \div [100\% + (1/2 \text{浮动幅度})]$$

$$上限 = 下限 + (\text{浮动幅度} \times \text{下限})$$

例如，浮动幅度为30%，中点值为10 000元，则有

$$下限 = 10\,000 \div (100\% + 15\%) = 8696 (元)$$

$$上限 = 8696 + (30\% \times 8\,696) = 8696 + 2609 = 11\,305 (元)$$

注：以上公式假定浮动幅度具有对称性，即中点距上下限的值相等。

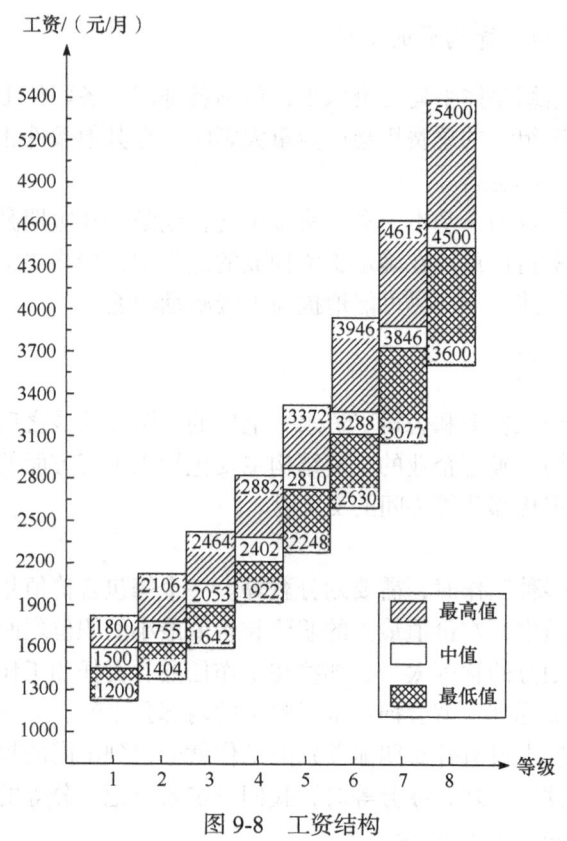

图 9-8　工资结构

3. 确定相邻薪等之间的交叉

交叉指的是较高薪等的工资区间与较低薪等的工资区间之间的重叠程度。其形式有三种：无重叠无缺口、有重叠和有缺口，如图 9-9 所示。

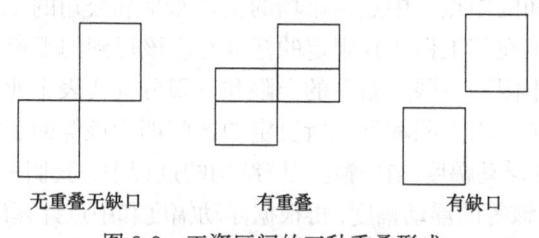

图 9-9　工资区间的三种重叠形式

相邻等之间的交叉设计和这两等的等内浮动幅度是密切相关的。事实上，在决定了所有薪等的工资区间后，薪等之间的交叉就自然而然地决定了。

第四节　特殊员工群体的薪酬管理

一、销售人员的薪酬管理

在实践中，针对销售人员的薪酬方案是多种多样的，这些薪酬方案的目的都是将销售人员的薪酬与企业的经营目标以及客户的期望联系在一起。总的来说，市场上存在的销售人员薪酬方案主要有以下四种[4]。

（一）纯佣金制

纯佣金制就是指在销售人员的薪酬中没有基本薪酬部分，销售人员的全部薪酬收入都是由佣金构成的；佣金通常是以销售额的一定百分比来提取的，所以在实践中又经常被称为销售提成。提成的百分比即为佣金的比率，佣金比率的高低取决于产品的价格、销售量及产品销售的难易度等。在表9-6中，销售人员的佣金比率有两个，在没有达到销售定额之前是一个佣金比率，超过销售定额之后是一个更高的佣金比率，显然，该方案的意图在于鼓励销售人员达成更高的销售业绩。

表9-6 销售人员薪酬方案：纯佣金制

薪酬构成	佣金计算方式	
	实际完成销售目标的百分比	佣金占销售额的百分比
基本薪酬：没有 目标佣金：6万元/年，每月根据实际销售业绩浮动计发 目标薪酬：6万元/年，上不封顶	0～100%	5%
	100%以上	8%

（二）基本薪酬加佣金制

表9-7中的销售人员薪酬方案设计思路是，每位销售人员每年有3万元的基本薪酬，然后再根据每位销售人员的销售业绩计发佣金，佣金的计算方式是销售额的一定百分比。

表9-7 销售人员薪酬方案：基本薪酬加佣金制

薪酬构成	佣金计算方式			
	实际完成销售目标的百分比	佣金占销售额的百分比		
		产品A	产品B	产品C
基本薪酬：3万元/年 目标佣金：3万元/年，每月根据实际销售业绩浮动计发 目标薪酬：6万元/年，上不封顶	0～100%	3%	5%	8%
	100%以上	5%	9%	12%

（三）基本薪酬加奖金制

这种薪酬方案的奖金和业绩之间的关系是间接的，虽然它也是根据销售额、利润额、销售目标达成率等指标来衡量员工的业绩，然后支付奖金。但通常情况是，销售人员所达成的业绩只有超过了某一销售额，才能获得一定数量的奖金。

在表9-8中，销售人员每年有4.2万元的基本薪酬（每个月3500元），然后每个月还可以得到奖金，奖金的数量取决于销售人员的销售目标达成度，如果销售人员100%地完成了销售任务，则销售人员全年的薪酬收入可以达到6万元（每个月5000元，其中基本薪酬3500元，奖励薪酬1500元）的目标薪酬水平。但是，如果每位销售人员在1月份的销

售业绩只达到了预定销售目标的80%，则这位销售人员1月份所能够得到的薪酬总额为

$$3500+1500×50\%=4250（元）$$

如果这位销售人员1月份的销售额超过了预定目标，完成了目标销售额的120%，则其在1月份所能够获得的薪酬总额为

$$3500+1500×140\%=5600（元）$$

表9-8 销售人员薪酬方案：基本薪酬加奖金制

薪酬构成	奖金计算方式	
	实际完成销售目标的百分比	每月目标奖金的百分比
基本薪酬：4.2万元/年 目标奖金：2.4万元/年，每月根据实际销售业绩浮动计发 目标薪酬：6万元/年，上限封顶，最高不超过9.84万元	70%	0
	80%	50%
	90%	75%
	100%	100%
	110%	120%
	120%	140%
	130%	160%

但是，由于奖励公式本身的规定，每位销售人员每年所能够获得的奖金的最高金额是有上限的，即在销售人员达到最高销售业绩的情况下，他们全年的奖金数量最高也不会超过3.84万元，即全年最高薪酬收入控制在9.84万元这一上限上。显然，这种薪酬方案有利于组织有效地控制成本，但是，销售人员可能会在销售目标上与企业讨价还价。

（四）基本薪酬加佣金加奖金制

这种薪酬制度设计的特殊性在于，它将佣金制和奖金制结合在了一起。如表9-9中的例子，销售人员除了有每年4.2万元的基本薪酬之外，每个月还能获得相当于销售额6%的佣金，此外，在每个季度，他们还可以根据本人所完成销售额的毛利率情况获得一个相当于本人当季所得佣金的一定百分比的季度奖金。显然，企业一方面鼓励销售人员达成更高的销售额；另一方面，还在鼓励他们提高销售的毛利率。

表9-9 销售人员薪酬方案：基本薪酬加佣金加奖金制

薪酬构成	季度利润奖金	
	毛利率	奖金比例（相当于佣金的百分比）
基本薪酬：4.2万元/年 佣金：每月发放，佣金比率为销售额的6% 奖金：季度发放，相当于佣金的百分比 目标薪酬：6万元/年，上不封顶	15%	0
	20%	10%
	25%	25%

二、专业技术人员的薪酬管理

（一）专业技术人员的界定

联合国教育、科学及文化组织根据对成员国特别是发展中国家开展科技统计工作的需

要，对专业技术人员的界定如下：从事专业技术工作和专业技术管理工作的人员，即企事业单位中已经聘任专业技术职务从事专业技术工作和专业技术管理工作的人员，以及未聘任专业技术职务，现在在专业技术岗位上工作的人员，包括工程技术人员，农业技术人员，科学研究人员，卫生技术人员，教学人员，经济人员，会计人员，统计人员，翻译人员，图书资料、档案、文博人员，新闻出版人员，律师、公证人员，广播电视播音人员，工艺美术人员，体育人员，艺术人员及企业政治思想工作人员，共17个专业技术职务类别[8]。

（二）专业技术人员的薪酬模式

从薪酬体系的三大部分来讲，对于专业技术人员的基薪，可以采取能力取向型模式；对于专业技术人员的奖励，应将专业技术人员视为企业的骨干，纳入中高层管理人员的长期激励体系中；对于专业技术人员的福利着重强调个性化福利，给予他们充分选择福利的自由，如可以给予他们一个福利费定额，让他们自主支配。

1. 基薪

能力取向型模式认为，针对专业技术人员设计基薪，要根据专业技术人员的工作特点，充分考虑专业技术人员的能力成长，划分不同的阶段，设计不同等级的薪酬。

1）专业技术人员的事业成熟曲线[4]

事业成熟曲线，实际上就是从动态的角度说明了专业技术人员的技术水平随着工作时间而发生变化的情况，以及它与技术人员的薪酬收入变化之间的关系。事业成熟曲线反映出，专业技术人员所积累的专业知识和技术在刚进入劳动力市场时是非常有优势的，再加上工作经验的逐渐丰富，其工作能力提高很快，因而，这一阶段的薪酬增长速度也会很快。但是在经过一段时间以后，随着原有专业知识技术的老化，工作经验对于价值创造的作用也呈现递减趋势，专业技术人员的工作能力提高速度逐渐减缓直至进入一个事业平台，此时，专业技术人员的薪酬也相对稳定在一定的水平上。此外，除了工作经验年限因素以外，专业技术人员的实际工作绩效差异也会导致他们的事业成熟曲线出现不同。其他条件相同，工作绩效较高者的事业成熟曲线位置更靠上一些，而绩效处于平均水平者的事业成熟曲线与绩效较差者的事业成熟曲线所处的位置则更低一些，如图9-10所示。

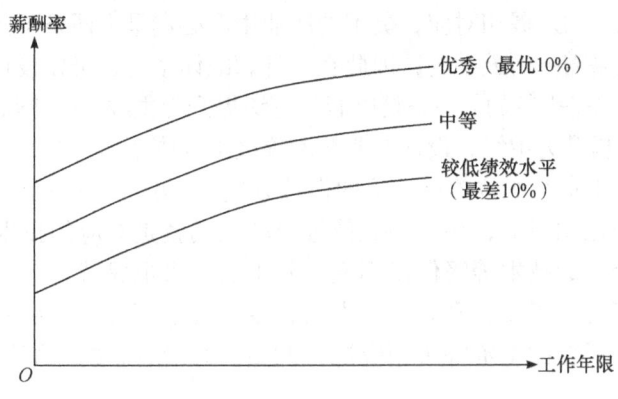

图9-10 专业技术人员的事业成熟曲线

2）双通道的职业生涯发展路径

实际上许多专业技术人员除了具有专业能力以外，还具有杰出的管理才能。基于此，为了让专业技术人员有更多的发展机会，许多组织针对专业技术人员设计了双重职业发展通道，如图 9-11 所示。从图 9-11 可以看出，双重职业发展通道为专业技术人员提供了在组织中发展的两种不同通道：管理通道和专业技术通道。管理通道是通过监督或者指导责任的加强从而获得管理职位升迁的机会；专业技术通道则是通过专业贡献的不断增大，技术职位的不断升迁获得发展的。这表明，在专业技术人员职业发展的某一阶段，他们能够根据自己的状况与组织发展的需要，选择进入管理通道或者继续深入自己的专业研究[8]。

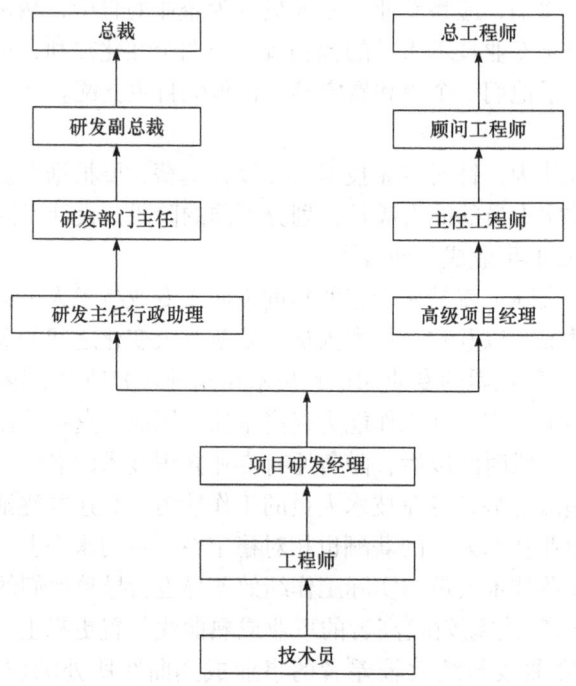

图 9-11　专业技术人员的双重职业发展通道

与职业工作能力的发展相对应，员工的职业生涯必然呈现两条不同的路径，两条路径都是企业根据战略需要所鼓励的，因此在设计薪酬体系时，可以设计管理跑道和专家跑道，两条跑道可以是平行的。一条是以职位等级提升为主线，设计职位等级工资体系；一条是以专业技术提升为主线，设计专业技术等级工资体系。

专业技术等级工资与职位等级工资的衔接方式：一方面，每一个专业技术等级都有相应的职位等级与之相对应，相应的职位等级的工资就是对应的技术等级的工资。如果专业技术人员个人的技术等级保持不变，其工资等级也保持不变，并与同等级的其他人员一样享受正常的工资晋升。另一方面，专业技术等级人员从一个技术等级晋升到另一个等级，其所在的工资等级相应进行调整，并沿着新的工资等级享受正常的工资晋升。

2. 长期激励

由于科技人员肩负着为企业开发新产品的责任，而这往往是一个长期的过程，因此，在对科技人员的薪酬设计上，也要注重长期激励。

（1）设立项目完成奖金。一个项目从立项、研发到最后成功，是一个长期过程，常常需要一年两年甚至三年五年或更长的时间，如果只注重短期收益，将极大地损害科技人员的积极性，而且如果科技人员在研发过程中离开，将给企业带来不可估量的损失。为长期项目设立完成奖金将对科技人员有明显的激励作用，可以促使科技人员完成手头的项目，起到吸引和留住科技人才的作用。

（2）核心科技人员持股。这种方式可以使员工分享企业一定比例的财产所有权，从而激发企业竞争活力。推行这一计划时，要对该计划的实施情况加以监管并及时解决遇到的问题。

（3）聘请科技人员作为顾问。优秀的科技人员在劳动力市场上是稀缺资源，是各个企业争夺的对象。现在的企业都会与离职的优秀员工保持联系，聘请离职的科技人员做顾问就是一种很好的方式，他们对于出现的新科技、新动向及时地向企业做一些通报，或对于企业正在进行的项目提出一些建议等，都可以让企业受益。

3. 福利

（1）海外深造研习。对于科技人员来说，要想保持其知识的新鲜，跟上时代的发展，就必须不断地学习，因此，每隔一段时间，就应该给科技人员以学习的机会。到国外去深造学习是一种对科技人员很具有吸引力的激励手段，而且出国学习归来往往意味着待遇的提高，因此企业可以把出国深造作为一种福利待遇。

（2）加入职业生涯发展计划。从我国实际来看，科技人员通常专业素养较高而其他方面的知识相对欠缺，对自己的发展也往往没有一个明确的目标，这会导致其在工作中的无目的性。如果企业能够在和科技人员讨论之后为科技人员制订明确的职业生涯发展计划，使其看到自己的发展方向，将极大地提高其积极性，更好地投入到工作中。

（3）自助式福利套餐。科技人员的工作连续性强，在接受任务后往往会有相当长的一段时间不能休假，而且部分科技人员可能会恃才自傲，不愿意接受企业既定的福利项目。因此，可以给科技人员制定一个自助式的福利套餐，在规定的费用和时间的前提下，自由选择想要的福利项目。这种方式可以减少矛盾，并且最大限度地提高员工的满意度。

三、企业经营者的薪酬管理

（一）企业经营者的薪酬[2]

1. 企业经营者的内涵

企业经营者主要是指企业的 CEO 和高级经理人员，其一般具有经营决策权，并直接对企业经营活动和经济效益负责，他们的人数一般只占员工总数的 1% 以下。企业经营者的职责主要包括以下几个方面。

（1）在企业经营的复杂环境中进行目标规划、发展方针和经营策略的决策。

（2）在复杂的职能部门和经营管理部门的需求中寻求对稀有资源的合理配置。

（3）占领各种各样生产经营活动行为的制高点，能够辨认分析各种经营失控造成的问题并及时、快捷地加以解决。

（4）控制并激励雇员和下属，处罚他们的不良行为，解决部门间的矛盾冲突等。

2. 经营者的薪酬构成

企业经营者的收入通常主要由基本薪金、风险薪金、股权收入、非持股分红收入等福利组成。

1）基本薪金

基本薪金也称基薪或岗位工资，指经营者基本的、固定的货币收入，其主要职能是为经营者提供较为稳定的收入来源，使其能够维持一个基本的、较为体面的个人和家庭生活。

方案一：基本薪金=岗位系数×（本地区年度职工平均工资性收入×30%+本企业年度职工平均工资性收入×70%）。

岗位系数是指企业本年度所有者权益期初数所在规定区间，由主管部门根据企业完成目标难易、责任大小确定的系数值（表9-10）。

表 9-10 岗位系数参照表

本年度所有者权益期初数（n）/亿元	岗位系数	本年度所有者权益期初数（n）/亿元	岗位系数
$n > 5$	1.5	$0.1 < n \leqslant 0.5$	1.2
$1 < n \leqslant 5$	1.4	$0.05 < n \leqslant 0.1$	1.1
$0.5 < n \leqslant 1$	1.3	$n \leqslant 0.05$	1.0

方案二：基本薪金 = 基本年薪倍数×（本地区年度职工平均工资性收入×50%+本企业年度职工平均工资性收入×50%）。

2）风险薪金

风险薪金也称风险工资或效益工资，指经营者在按经营资产的规模交纳相应的风险抵押金后，根据企业当年资产保值增值水平得到的风险报酬。

方案一：风险薪金=净资产增加额×风险系数×人均创利系数（表9-11和表9-12）。

表 9-11 风险系数参照表

本年度利润规模（s）/万元	风险系数（t）	增值额×系数=限额/万元
$s < 100$	$0.025 < t \leqslant 0.03$	2.0
$100 \leqslant s < 200$	$0.02 < t \leqslant 0.025$	3.0
$200 \leqslant s < 500$	$0.015 < t \leqslant 0.02$	4.3
$500 \leqslant s < 1000$	$0.008 < t \leqslant 0.015$	5.0
$s \geqslant 1000$	$t \leqslant 0.008$	7.0

表 9-12　人均创利系数参照表

人均创利水平（m）/元	人均创利系数
$m<2\ 000$	0.8
$2\ 000 \leqslant m<5\ 000$	0.9
$5\ 000 \leqslant m<10\ 000$	1.0
$10\ 000 \leqslant m<50\ 000$	1.1
$m \geqslant 50\ 000$	1.2

方案二：风险薪金=（0.6×利润增长×修正系数+0.4×净资产收益率）×基本薪金×10。

3）股权收入

股权收入也称分红收入或红利，是指经营者由于持有企业实际或"虚拟"股权而在年度或若干年后享受到现金、实物、红股、补充养老保险基金等权益。

4）非持股分红收入

非持股分红收入即不持有企业股份的经营者享有的红利收入。设计非持股分红激励的原因，一是大型或特大型企业董事长和总经理所持股份非常有限，持股激励强度不大；二是国有独资公司和未改制的非股份国企经营者无法持股；三是让没有持股的经营者享有部分企业"剩余"，直接肯定经营者的人力资本价值，其激励作用是持股激励不可替代的。

（二）年薪制[2]

1. 年薪制的含义

企业年薪制，是以经营者为实施对象，以年度为考核周期，根据经营者的经营业绩、难度与风险合理确定其年度收入的一种报酬制度。经营者年薪制是随着现代企业制度和经理阶层的出现而发展起来的，特别是公司制企业委托代理关系的确定对经营者年薪制的形成起到了重要的推动作用。

2. 年薪构成

1）基本薪酬

基本薪酬的标准应以所聘经营者本人的市场价格为基础，考虑经营企业的总资产、销售收入规模和企业状况等要素确定。一般情况下，企业总资产、销售收入规模越大，企业现资产和经营状况越差，对企业经营者支付的基本薪酬应越高。在竞争型企业中，可实行协议年薪制，即由资产所有者与经营者协商确定其基本薪酬；在垄断型企业中，可实行岗位系数年薪制，即由国有资产管理部门根据经营者岗位责任大小等确定不同系数的年薪水平。基本薪酬是经营者付出劳动得到的回报，用于解决经营者的基本生活问题，不应与其经营成果相联系。基本薪酬不应定得过高，否则奖金应有的激励作用得不到发挥。

2）风险收入

经营者的风险收入要根据其经营成果以年度为单位考核浮动发放，是年度经营效益的具体体现。

$$I=I_0+I_0\times R（K-100\%）$$

其中，I 为风险收入；I_0 为基本风险收入；R 为收入系数；K 为综合评价系数。

（1）基本风险收入。基本风险收入，即经营者通过生产经营，总体经营效果刚好达到所有者要求时得到的风险报酬。一般根据企业经营规模大小及所有者要求达到的目标的难易程度而定，规模越大，要求越高，则基本风险收入越高。

（2）综合评价系数。综合评价系数是对企业整体经营状况，通过一套科学、完整的指标体系，经过综合评价而得出的量化指标，其计算公式以表 9-13 为例。

表 9-13　综合评价系数计算公式

指标	权数 (K_i)	基准比率 (R_i)	实际比率 (r_i)	相对比率 (r_i/R_i)	综合评价系数 (K)
总资产报酬率	40%	20%	25%	1.250%	50.00%
资本保值增值率	20%	110%	120%	1.091%	21.82%
社会贡献率	5%	35%	40%	1.143%	5.71%
社会积累率	5%	20%	18%	0.900%	4.50%
全员劳动生产率	5%	10%	11%	1.100%	5.50%
成本费用利润率	5%	30%	32%	1.067%	5.33%
流动比率	5%	200%	180%	0.900%	4.50%
速冻比率	5%	100%	95%	0.950%	4.75%
技术创新投入率	5%	5%	4%	0.800%	4.00%
市场份额增长率	5%	120%	125%	1.042%	5.21%
合计（K）					111.32%

资料来源：中国企业家协会. 经营者收入分配制度：年薪制、期股期权制设计[M]. 北京：企业管理出版社，2000：90-91

（3）收入系数。为了加大年薪的激励力度，使年薪制给经营者造成适当的压力和动力，还设置收入系数 R。R 可以由所有者视激励程度和激励成本之间的关系而定，即当综合评价系数每升降 1%，经营者收入就相应增加或减少 R% 个基本风险收入。

3. 年薪制的实施条件

（1）健全的现代企业制度。健全的现代企业制度是年薪制发挥作用的前提条件，现代企业制度包括以下三项基本内容。①公司法人治理机制，主要指企业的所有权与经营权分开，投资者与上市公司或改制公司之间的利益分配和控制关系。②企业激励与绩效评估机制，它是创造企业活力与未来发展的企业制度，也是年薪制实施的基础。③企业经营者选拔机制，指企业各级管理人员的岗位竞争、人事安排与人才流动的竞争与淘汰制度。

（2）明确的实施对象。企业年薪制的实施对象大于经营者年薪制的实施对象。例如，一些高级专业技术人员也可采用年薪制，但二者在实施目标、要素构成和管理机制上有所区别。经营者年薪制的对象是企业经营者，即那些具有重大决策权并对企业长期发展起重要作用的代理人。

（3）组织对经营者年薪制的接受与认可。经营者年薪制的实施必须获得企业不同利益相关者的接受和认可。

（4）良好的经济环境和市场条件。

4. 年薪制的具体模式及适用企业

1）准公务员型模式

报酬结构：基薪+津贴+养老金计划。

报酬数量：取决于企业的性质、规模及高层管理人员的行政级别，一般基薪为职工平均工资的2~4倍，正常退休后的养老金水平为平均养老金水平的4倍以上。

适用企业：承担政策目标的大型、特大型国有企业，大型集团公司、控股公司。

激励作用：这种报酬方案的激励作用机理类似于公务员报酬的激励作用，职位升迁机会、较高的社会地位和稳定体面的生活保证，是主要激励力量的来源，而退休后更高生活水准的保证起到约束短期行为的作用。

2）一揽子型模式

报酬结构：单一固定数量年薪。

报酬数量：相对较高并且和年度经营目标挂钩。实现经营目标后可得到事先约定好的固定数量的年薪。例如，规定某企业经营者的年薪为15万元，但必须实现减亏300万元。

适用企业：面临特殊问题亟待解决的企业，例如，亏损国有企业，为了扭亏为盈可采取这种招标式的办法激励经营者。

激励作用：具有招标承包式的激励作用，激励作用很大，但易引发短期化行为。其激励作用的有效性发挥在很大程度上取决于考核的科学选择、准确真实。

3）非持股多元化型模式

报酬结构：基薪+津贴+风险收入（效益收入+奖金）+养老金计划。

报酬数量：基薪取决于所管理企业的性质、规模，风险收入取决于企业利润的增长率。一般基薪应该为职工平均工资的2~4倍，风险收入要参考行业平均效益水平来考核评价经营者的业绩，以经营业绩为基础确定风险收入。

适用企业：追求企业效益最大化的非股份制企业。现阶段我国国有企业绝大多数都采用这种年薪报酬方案。一般集团公司对下属子公司的经营者实施的年薪报酬方案也多是这种，只是各个企业的具体方案中考核指标、计算方法有一定差异。

激励作用：如果不存在风险收入封顶的限制，考核指标的选择科学准确，相对于以前国有企业经营者的报酬制度和上述方案而言，这种多元化结构的报酬方案更具有激励作用。但该方案缺少激励经营者长期行为的项目，有可能影响企业的长期发展。

4）持股多元化型模式

报酬结构：基薪+津贴+含股权、股票期权等形式的风险收入+养老金计划。

报酬数量：基薪取决于企业经营难度和责任，含股权、股票期权形式的风险收入取决于其经营业绩、企业的市场价值。一般基薪应该为职工平均工资的2~4倍，但风险收入无法以职工平均工资为参照物，企业市场价值的大幅度升值会使经营者得到巨额财富。

适用企业：股份制企业尤其是上市公司，这种方案适应规范化的现代企业制度要求。

激励作用：从理论上说，这是一种有效的报酬激励方案，多种形式的、具有不同的激励约束作用的报酬组合保证了经营者行为的规范化、长期化。但该方案的具体操作相对复杂，对企业具备的条件要求相对苛刻。

本 章 小 结

本章主要以工资的含义和构成为分析起点，重点介绍了工资水平及其外部竞争性、工资体系的设计与管理的主要内容，并对特殊员工群体的薪酬管理做了重点分析。

一、工资概述

（1）工资的含义和构成。工资从本质上说是员工因向其所在单位提供劳动或劳务而获得的各种形式的酬劳或答谢，体现的是一种公平的交易或交换的关系，既是员工向雇主或企业让渡其劳动或劳务使用权后获得的报酬，也是雇主或企业为获取员工提供的劳动或劳务所提供的回报或报酬，体现了劳动力的价格水平。工资主要包括基本工资、可变工资、福利和服务。

（2）工资的功能。工资对企业的功能包括改善经营业绩、有效配置资源、塑造和强化企业文化、控制经营成本；工资对员工的功能有经济保障功能、激励功能和信号功能。

（3）工资管理目标。工资管理目标包括公平性、有效性和合法性。

二、工资水平及其外部竞争性

（1）工资水平及其外部竞争性决策。工资水平的外部竞争性，实际上是指一家企业的工资水平高低，以及由此产生的企业在劳动力市场上的竞争能力大小。工资水平的外部竞争性决策的类型包括工资领先型策略、工资跟随型策略、工资滞后型策略、工资竞争型策略及工资混合型策略。

（2）工资水平及其政策的影响因素。劳动力市场对工资水平的影响：在劳动力市场上，供给方和需求方之间的相互作用是工资水平最重要的决定因素。产品市场及企业特征对工资水平的影响包括产品市场、行业、企业规模、企业经营战略与价值观等因素。

三、工资体系的设计与管理

（1）职位工资体系的内涵和特点。职位工资体系是指组织根据每个职位的相对价值确定工资等级，通过市场工资水平调查确定每个等级的工资幅度的一种报酬制度。这种工资体系是以职位或工作为基础，根据职位或工作的性质及其对组织的价值来决定某种职位或工作的工资水平。

（2）职位工资体系的操作流程。①工作分析。工作分析是指对与职位相关的整体信息和关键信息进行系统整理及准确描述，并以一种格式把这种信息描述出来，从而使其他人能了解这种工作的过程。工作分析的方法包括访谈法、观察法、问卷法、日志法和典型事例法。②职位评价。职位评价是指组织基于职位分析的结果，系统地确定职位之间的相对价值从而为组织建立一个职位结构的过程。常用的职位评价方法有排序法、归类法、点数法。③工资调查。工资调查是指通过收集、分析市场工资信息和员工关于工资分配的意见、建议，以确定或者调整企业的整体工资水平、工资结构、各具体职位的工资水平的过程。工资调查的实施可以分为三个阶段：准备阶段、实施阶段及结果分析阶段。④工资水平和工资构成的定位。工资水平指的是组织整体平均工资水平，包括各部门、各职位工资在市场工资中的位置。工资构成是指在工资中，基本工资、奖金（含长期激励和短期激励）及福利（这里主要指非法定福利）所占比重。⑤确定工资结构。确定企业的工资结构主要包括以下三方面的工作：分等、确定薪等的工资区间、确定相邻薪等之间的交叉。

四、特殊员工群体的薪酬管理

（1）销售人员的薪酬管理。销售人员的薪酬方案主要有纯佣金制、基本薪酬加佣金制、基本薪酬加奖金制和基本薪酬加佣金加奖金制等类型。

（2）专业技术人员的薪酬管理。从薪酬体系的三大部分来讲，对于专业技术人员的基薪，可以采取能力取向型模式；对于专业技术人员的奖励，应将专业技术人员视为企业的骨干，纳入中高层管理人员的长期激励体系中；对于专业技术人员的福利着重强调个性化福利，并加入职业生涯发展计划。

（3）企业经营者的薪酬管理。企业经营者的收入通常主要由基本薪金、风险薪金、股权收入、非持股分红收入等福利组成。企业经营者的年薪主要由基本薪酬和风险收入构成。

名词解释

工资　福利　工资水平　补偿性工资差别　效率工资　职位工资体系工作分析　职位评价　事业成熟曲线　津贴　奖金

复习思考

1. 工资的功能体现在哪些方面？
2. 工资管理的目标是什么？
3. 工资水平的外部竞争性决策有哪些类型？企业应该如何进行选择？
4. 分析影响企业工资水平的因素。
5. 简要说明职位工资体系的操作流程。
6. 企业职位评价方法有哪些？
7. 如何对专业技术人员的薪酬进行设计和管理？
8. 如何对企业经营者的薪酬进行设计和管理？

参考文献

[1] 国际劳工组织. 国际劳工公约和建议书：第一卷[M]. 北京：国际劳动组织北京局，1994.
[2] 张丽华. 薪酬管理[M]. 2版. 北京：科学出版社，2017.
[3] 文跃然. 薪酬管理原理[M]. 2版. 上海：复旦大学出版社，2019.
[4] 刘昕. 薪酬管理[M]. 6版. 北京：中国人民大学出版社，2021.
[5] 张正堂，刘宁. 薪酬管理[M]. 2版. 北京：北京大学出版社，2016.
[6] 金延平. 薪酬管理[M]. 5版. 大连：东北财经大学出版社，2022.
[7] 王长城，姚裕群. 薪酬制度与管理[M]. 北京：高等教育出版社，2005.
[8] 刘银花. 薪酬管理[M]. 3版. 大连：东北财经大学出版社，2016.

[9] 米尔科维奇 GT，纽曼 JM，格哈特 B. 薪酬管理[M]. 11 版. 成得礼，译. 北京：中国人民大学出版社，2014.

知识链接 9-1　　全美汽车工人联合会工人大罢工

　　截至 2023 年 9 月 14 日最后期限前，全美汽车工人联合会（United Automobile Workers，UAW）与美国三大汽车企业未能谈判达成新劳资协议，全美汽车工人联合会决定 9 月 15 日开始发起大罢工。这是全美汽车工人联合会第一次同时在美国三大汽车企业中进行罢工，也是美国历史上最猛烈的罢工潮之一。罢工首先从三家汽车工厂——密苏里州文茨维尔的通用汽车工厂、俄亥俄州托莱多的 Stellantis 工厂、密歇根州韦恩的福特工厂开始，涉及 12 700 名工人。全美汽车工人联合会主席肖恩·费恩坚称，如果未来谈判仍无进展，将在一两周内进一步扩大罢工规模。

　　全美汽车工人联合会在通用、福特、Stellantis 这三大汽车企业里拥有约有 14.6 万工会员工，占到美国汽车制造业全部工人数量的 56%。全美汽车工人联合会领导工会员工与上述底特律三大汽车企业每隔 4 年重新签署一次合同，上一次的劳资合同将于 2023 年 9 月 14 日到期。2023 年 7 月开始进行新的劳资合同谈判，主要包括薪酬提案、工资保障，以及养老金福利等内容，然而谈判并不顺利。全美汽车工人联合会要求三大汽车企业在未来 4 年合同期内，为普通会员涨薪必须达到 40%。但是经过多轮谈判后，三大汽车企业给出的加薪涨幅分别是福特加薪 20%、通用加薪 18%、Stellantis 加薪 17.5%，远未达到全美汽车工人联合会的加薪条件。在谈判中，全美汽车工人联合会还提出恢复所有工人的固定福利养老金、取消两级工资制度、让所有临时工成为正式员工、每周工作 32 小时、为退休工人提供医疗保险等条件，但这些要求都被三大汽车企业一一拒绝。目前，底特律三大汽车企业工人的起薪约为 18 美元/小时，如果谈判最终满足全美汽车工人联合会的要求，那么工人起薪将会超过 25 美元/小时。

　　对于三大汽车企业来说，接受全美汽车工人联合会的全部要求几乎是不可能的事情，因为这将威胁到它们未来的生存能力。目前，福特、通用和 Stellantis 的劳动力成本为 64 美元/小时，高于亚洲和欧洲汽车制造商在美国非工会装配厂 55 美元/小时的劳动力成本，更高于特斯拉在美国工厂 45~50 美元/小时的劳动力成本。其实就在 2023 年 9 月 14 日，三大汽车企业就新合同方案进行了一定的让步，但是全美汽车工人联合会丝毫不愿退让，最终导致无法达成协议，大罢工如期而至。

　　讨论题：试分析全美汽车工人联合会组织罢工的原因及劳资双方谈判的可能结果。

知识链接 9-2　　工资理论前沿及热点问题

　　1. 工资激励体系对大众创业、万众创新的影响研究。
　　2. 高等学校绩效工资改革与高校高质量发展研究。
　　3. 改革国有企业工资决定机制研究。
　　4. 医疗领域反腐形势下公立医院医生工资管理制度改革研究。

5. 工资体系优化与经济高质量发展研究。
6. 数字经济时代灵活就业者工资收入影响研究。
7. 马克思主义中国化与制造业工人工资集体协商制度的研究。
8. 工资水平外部竞争性与产业结构升级研究。
9. 工资管理制度优化与人口素质红利增长互动研究。
10. 中国工资理论创新性发展研究。

第十章

职　　业

导　　读

本章介绍了与职业相关的基本理论。通过本章的学习，应达到如下目的：全面、系统和较为深入地熟悉与掌握职业锚理论、职业选择和职业发展理论、终身职业技能培训制度；能够运用职业理论，分析劳动者在职业选择、职业发展中面临的现实问题。

（1）了解职业、新职业、职业培训的概念、特征及职业锚的概念。

（2）正确理解每种类型的职业锚的特点及职业锚的作用，新职业发展的意义和发展现状以及职业培训的意义、内容和分类。

（3）掌握职业锚理论、职业选择和发展理论以及终身职业技能培训制度的内容。

识记：了解职业、新职业、职业培训的概念、特征及职业锚的概念，并能正确认识和表述，这是最基本的要求。

领会：在识记的基础上，能够准确地理解职业锚的类型和职业锚理论及新职业和职业培训发展的意义与现状；熟练地掌握职业选择和职业发展理论及终身职业技能培训制度的内容。

应用：在领会基本概念、基本理论的基础上，能运用它们解决劳动者在职业选择过程中面临的实际问题。

第一节　职业的基本知识

一、职业的含义和特征

从词义学的角度分析，"职业"一词是由"职"与"业"二字构成。"职"，包含着责任、工作中所担当的任务等意思；"业"，包含着行业、业务、事业、事情等意思。《现代汉语词典》将职业解释为个人在社会中所从事的作为主要生活来源的工作。

对于职业的确切含义，国内外的学者从不同的角度、不同的侧面进行了不同的界定。美国社会学家塞尔兹尼克认为，职业是一个人为了不断取得个人收入而连续从事的具有市场价值的特殊活动。这种活动决定着从业者的社会地位。

日本劳动问题专家保谷六郎认为，职业是有劳动能力的人为了生活所得而发挥个人能力，向社会作贡献的连续活动。美国学者泰勒在其著作《职业社会学》一书中指出："职业的社会学概念，可以解释为一套成为模式的与特殊工作经验有关的人群关系。这种成为模式的工作关系的整合，促进了职业结构的发展和职业意识形态的显现。"

国内学者姚裕群[1]认为，职业是指人们在社会生活中所从事的相对稳定的、有收入的、专门类别的工作。它是对人们的经济状况、文化水平、行为模式、生活方式以及思想情操的综合反映，也是一个人的权利、义务、社会职责和社会地位的综合表现。总之，职业是人的社会角色的一个极为重要的方面。程社明[2]认为，职业是参与社会分工，利用专门知识、技能为社会创造物质财富、精神财富，获取合理报酬，作为物质生活来源，并满足精神需求的工作。

综合上述列举的各种定义，我们可以对职业进行如下描述，即职业一般是指在社会分工体系中，劳动者所从事的相对稳定的、以获得物质报酬作为主要生活来源并能满足精神需要的工作。从中，我们可以归纳出职业的下述四个特性。

（1）职业根源于社会分工。职业是社会分工体系中劳动者所获得的一种劳动角色。社会分工形成了生产过程中诸多工种或岗位，这些不同工种、岗位赋予劳动者不同的工作内容、不同的职责、不同的声誉和社会地位，以及不同的劳动规范和行为模式，个人在这个体系中活动，为社会作贡献，由此劳动者便具有了特定的社会标记和专门的劳动角色，如农民、工人、医生、教师、企业家、科学家等。

（2）职业的社会性。职业本身就是社会发展的产物，每一种职业都体现了社会分工的细化。社会成员在一定的社会职业岗位上为社会整体作贡献，社会整体也以全体成员的劳动成果作为积累而获得持续的发展和进步。

（3）职业具有连续性和稳定性。劳动者连续、不间断地从事某种社会工作，这种工作才能成为劳动者的职业，或者相对稳定地从事某项工作的劳动者，才能成为该职业的劳动者。如果不固定地从事某项专门工作，就无所谓职业。

（4）职业的经济性。劳动者从事某项职业，必定要从中取得经济收入。换言之，劳动者就是为了不断取得个人收入，才较为长期、稳定地承担某项社会分工，从事该项社会职业的。没有经济报酬的工作，即使其劳动活动较为连续和稳固，也非职业工作。例如，家庭主妇，便没有职业。

二、职业的分类

职业的类型多种多样，每一种职业都有其自身的特点和规律。要研究和分析职业问题，必须对职业进行科学分类。职业分类就是按照一定的标准和方法，根据职业本身的特性，把职业分为若干种类，以揭示各种职业间的区别与联系。科学的职业分类为人们了解社会职业领域的总体状况奠定了基础，增强了人们的职业意识，从而促使人们提高自身的职业素质。

由于各国社会经济发展水平的差异，社会发展历史各异，国情不同，因此各国具体职业分类也不尽相同。最早进行职业分类工作的是英国、美国等西方国家。英国在1841年将职业分列了431种。美国早在1820年的人口普查工作中就已列出职业统计项目。1850年，美国进行了专门的职业普查，划分了15大行业、323种职业；1860年又增至584种；1965年确定为21 741种。1980年的《美国百科全书》认定美国有25 000种职业。加拿大1982年出版的《加拿大职业分类辞典》，将职业分为23个主类、81个子类。

由于各国社会经济发展水平不同，职业分类标准不一，国际职业分类不具有可比性。为便于国际比较，1958年，国际劳工组织制定了《国际标准职业分类》(International Standard Classification of Occupations, ISCO)。1966年，在日内瓦第十一届国际劳工统计专家会议上通过了《国际标准职业分类》的修订版。国际劳工局将职业分成8大类，包括专家、技术人员和有关工作者；政府官员和企业经理；事务性工作者和有关工作者；销售工作者，服务工作者；农业、牧业和林业工作者及渔民和猎人；生产及有关工作者；运输设备操作者和劳动者；不能按职业分类的劳动者。在8大类之下又划分为83个小类、284个细类及1506个职业项目，所列职业共计1881个[3]。

1999年，中国第一部《大典》颁布。《大典》是我国第一部具有国家标准性质的职业分类大全，是由原劳动和社会保障部、原国家质量技术监督局、国家统计局联合颁布的。这部大典参照国家标准职业，从我国实际出发，按照工作性质同一性的基本原则，对我国社会职业进行了科学划分和归类，全面客观地反映了现阶段我国社会职业结构状况，填补了我国职业分类的一项空白[4]。这部大典将我国职业分类的总体结构分为大类、中类、小类、细类（职业）四个层次，如表10-1所示。细类作为我国职业分类结构中最基本的类别，即职业。我国职业归为8个大类、66个中类、413个小类，共1838个细类（职业）。8个大类是国家机关、党群组织、企业、事业单位负责人；专业技术人员；办事人员和有关人员；商业、服务业人员；农、林、牧、渔、水利业生产人员；生产、运输设备操作人员及有关人员；军人；不便分类的其他从业人员。

表10-1 我国职业分类

大类	中类/个	小类/个	细类/个
国家机关、党群组织、企业、事业单位负责人	5	16	25
专业技术人员	14	115	379
办事人员和有关人员	4	12	45
商业、服务业人员	8	43	147
农、林、牧、渔、水利业生产人员	6	30	121
生产、运输设备操作人员及有关人员	27	195	1119
军人	1	1	1
不便分类的其他从业人员	1	1	1

为适应社会经济发展需要，2010年底，国家职业分类大典修订工作委员会启动国家职业分类大典修订工作。2015年7月，2015版《大典》颁布，主要从以下四个方面进行了修改、调整和补充。一是对职业分类体系的修订。2015版《大典》职业分类结构为8

个大类、75个中类、434个小类、1481个职业。与1999版相比，维持8个大类不变，增加9个中类和21个小类，减少547个职业。二是对职业信息描述内容的修订。维持142个类别信息描述内容基本不变，修订220个、取消125个、新增155个类别信息描述内容。同时，维持612个职业信息描述内容基本不变，修订522个、取消552个（不含342个"其他"余类职业）、新增347个职业信息描述内容。三是对职业信息描述项目的调整。将1999版"下列工种归入本职业"的表述调整为"本职业包含但不限于下列工种"。四是增加绿色职业标识。将部分社会认知度较高、具有显著绿色特征的职业标示为绿色职业。2015版《大典》共标示127个绿色职业，这是中国职业分类的首次尝试。

从具体修订的内容情况来看，对1999版《大典》中各类别的内容进行了修订。第一大类名称修订为"党的机关、国家机关、群众团体和社会组织、企事业单位负责人"，修订后的第一大类包括6个中类、15个小类、23个职业；第二大类名称为"专业技术人员"，维持原大类名称不变，修订后的第二大类包括11个中类、120个小类、451个职业；第三大类名称为"办事人员和有关人员"，维持原大类名称不变，修订后的第三大类包括3个中类、9个小类、25个职业；第四大类名称修订为"社会生产服务和生活服务人员"，修订后的第四大类包括15个中类、93个小类、278个职业；第五大类名称修订为"农、林、牧、渔业生产及辅助人员"，修订后的第五大类包括6个中类、24个小类、52个职业；第六大类名称修订为"生产制造及有关人员"，修订后的第六大类包括32个中类、171个小类、650个职业；第七大类和第八大类沿用1999版《大典》做法，维持原大类名称及内容表述不变。

2022年9月，2022版《大典》颁布，新版修订将新颁布的74个职业纳入《大典》当中。2022版《大典》在保持八大类职业类别不变的情况下，净增了158个新的职业，现在职业数达到了1639个。围绕制造强国，把工业机器人操作员和运维人员纳入《大典》当中。根据乡村振兴的需要，把农业数字化技术员和农业经理人纳入《大典》当中。结合绿色职业发展状况，将碳排放管理员、碳汇计量评估师等新兴职业纳入《大典》中。同时，对相关职业信息描述做了一些修订。对两个大类职业的名称和定义做了调整，对30个中类、100余个小类名称、定义做了一些调整；对700多个职业的信息描述做了调整。此外，本次职业大典分类延续了2015版《大典》对绿色职业标注的做法，标注了134个绿色职业，占职业总数的8%。其中既是数字职业也是绿色职业的，共有23个。

第二节 职 业 锚

在知识经济时代，从业者能力不断提高，面临的择业选择机会也不断增加，越是有能力的人才，其流失的可能性就会越大。作为人力资源管理人员，如何保证自己的人才不流失呢？为此，我们必须知道员工在职业选择与发展上的偏好，帮助员工了解自己的职业定位，职业锚给我们提供了一个独特、有效的视角。透过职业锚，组织获得员工个人正确信息的反馈，从而可以有针对性地对员工发展设置可行、有效、通畅的职业通道；个人则因为组织有效的职业通道，自身的职业得到满足，必然会深化对组织感情的认同。

一、职业锚的含义

（一）职业锚的由来

"职业锚理论"是由美国麻省理工学院斯隆管理学院教授、哈佛大学社会心理学博士埃德加·H. 施恩（Edger H. Schein）教授提出的。"职业锚"（career anchor）这一概念最初形成于对斯隆管理学院毕业生职业发展的纵向研究中。1961 年、1962 年和 1963 年，斯隆管理学院 44 名毕业生，自愿形成了一个专门小组，配合和接受施恩教授所开展的关于个人职业发展和组织职业管理的研究与调查，施恩在他们毕业半年和 1 年后分别进行了面谈，在他们毕业 5 年后进行了问卷调查，并在 1973 年请他们返回麻省理工学院，就他们演变中的职业和生活进行面谈和调查。施恩在对他们的追踪调查和对许多公司、个人及团队的调查中，逐渐形成了自己关于职业定位的看法，并提出了职业锚的概念。用施恩自己的话来说，"设计这个概念是为了解释那些当我们在更多的生活经验的基础上发展了更深入的自我洞察时，我们的生命中成长的更加稳定的部分"，以便帮助工作者更好地进行职业定位。

（二）职业锚的概念

施恩的职业锚，是指当一个人不得不做出选择的时候，他无论如何都不会放弃的职业中的那种至关重要的东西或价值观。正如"职业锚"这一名词中"锚"的含义一样，职业锚实际上就是人们选择和发展自己的职业时所围绕的中心。一个人对自己的才干和能力、动机和需要，以及态度和价值观有了清楚的了解之后，就会意识到自己的职业锚到底是什么，对他个人来说，到底什么东西是最重要的。施恩教授认为，一个人的职业锚由三个部分组成：自己认识到的自己的才干和能力（以各种作业环境中的实际成功为基础）；自己认识到的自我动机和需要（以实际情境中的自我测试和自我诊断及他人的反馈为基础）；自己认识到的自己的态度和价值观（以自我与组织和工作环境的价值观之间的实际状况为基础）。要深入全面地理解职业锚的内涵概念，还要注意以下几方面[5]。

（1）职业锚产生于早期职业生涯阶段，以雇员习得的工作经验为基础。个人在面临各种各样的实际工作生活情境之前，不可能真正地了解自己的能力、动机和价值观之间将如何相互作用，以及在多大程度上适合所做的职业选择。新雇员只有在工作了若干年，习得工作经验后，方能够选定自己稳定的长期贡献区。因此，新雇员的工作经验产生、演变和发展了职业锚。在某种程度上而言，职业锚由雇员实际工作经验所决定，而不只是取决于个人潜在的才干和动机。

（2）职业锚强调个人能力、动机和价值观三方面的相互作用与整合。职业锚是雇员的才干、能力、动机、需要、态度和价值观等相互作用和逐步整合的结果，而不是只重视其中的某一方面。在实际工作中，新雇员重新审视自我，逐步明确个人的需要与价值观，明确自己的擅长所在及今后发展的重点，并且针对符合于个人需要与价值观的工作，自觉地改善、增强和发展自身的才干。经过这种整合，新雇员寻找到自己长期稳定的职业定位，达到了自我满足和补偿。

（3）职业锚是不可能根据各种测试提前进行预测的。职业锚是个人同工作环境互动作用的产物,由于实际工作的偶然性,职业锚是不可能根据各种测试出来的能力、才干或者动机、价值观等进行预测的。只有新雇员在工作实践中,依据自己认识到的和已被证明的才干、动机、需要和价值观,经过多次确认和强化以后,才能找到自己的职业定位。

(4) 职业锚不是固定不变的。虽然职业锚是个人稳定的职业贡献区和成长区,但这不意味着个人的职业锚是固定不变的。这是因为随着雇员职业工作的进一步发展,以及个人社会生命周期和家庭生命周期的成长、变化,其本人在不停变化和发展。同时,职业锚本身也可能变化,雇员在职业生涯的中、后期可能会根据变化了的情况,重新选定自己的职业锚。因此,一个人的职业锚是在不断发生着变化的,它实际上是一个不断探索过程所产生的动态结果。

二、职业锚的类型

每个人有各自的动机、追求、需要和价值观,故所寻求的职业锚会有所不同。施恩前期的研究发现了五种职业锚,即技术/职能型职业锚、管理能力型职业锚、创造型职业锚、安全/稳定型职业锚、自主/独立型职业锚。以下分别介绍这五种类型职业锚各自的特点。

(一) 技术/职能型职业锚

具有较强的技术/职能型职业锚的人,往往不愿意选择那些带有一般管理性质的职业。相反,他们总是倾向选择那些能够保证自己在既定的技术或某种职能领域中不断发展的职业。技术/职能型职业锚的雇员,有特有的工作追求、需要、价值观和晋升方式,职业目标非常清晰。

1. 技术/职能型职业锚的特征

(1) 强调实际技术或某种职能业务工作。技术/职能型职业锚的雇员热爱自己的专业技术或某种职能工作,注重个人在专业技能领域的进一步发展,喜欢面对挑战和独立开展工作,希望不受资源限制地开展自己认为正确的工作,一般多从事工程技术、营销、财务分析、系统分析、企业计划等工作。

(2) 拒绝一般管理性质的工作,但愿意在其技术或某种职能领域管理他人。追求技术/职能型锚位的雇员,一般不喜欢从事一般的管理工作,因为这意味着他们将放弃在技术或职能领域的成就,并且这种工作是一种不让他们施展技术才能的工种,所以他们具有强烈抵制从事一般管理工作的念头。而其对技术或者职能方面的职能管理并不拒绝,因为这是他们施展技能必不可少的,也是一种进步方式。

(3) 追求在技术和技能上的不断提高,其成功更多地取决于领域内专家的肯定和认可,以及承担该能力区域内日益增多的富有挑战性的工作。其成长和获得成功看重的主要不是等级地位的大幅度提升,而是其专业地位的提高和技术领域的扩大。

2. 技术/职能型职业锚的工作类型

技术/职能型职业锚的人期望具有一定挑战性的工作。如果一项工作不能考验他们的能力和技术水平,这份工作很快就会变得令人厌倦和无意义,并导致他们变换工作。所以这种类型的人更关注工作的实质和内容,而不像大部分人通常关注的是工作的环境。

这种类型的人不喜欢管理工作，特别是不希望被提升到全面管理岗位，因为这意味着他们要离开被认可的专业领域。

3. 技术/职能型职业锚的激励方式

（1）技术/职能型职业锚的人希望按照个人技能水平（如受教育程度、工作经验）来获得报酬，更注重报酬的公平性。技术/职能型职业锚的人认为一个具有博士学位的人可以得到比硕士学位的人更高的工资，而不去考虑实际的工作绩效。他们倾向于外在公平，即如果与其他组织中具有同等技术水平的人比较收入的高低，他们的收入偏低，即使是本组织内部薪水最高的，他们也认为自己没有得到公平待遇。

（2）技术/职能型职业锚的人更看重的是技术路线式的晋升，不一定重视头衔。这一点在研发部门或工程部门已经得到认可，但实际上对于组织中其他职能（如财务、市场、制造或销售）的专家也是非常适用的。这一点告诉我们对于技术/职能型职业锚倾向的人，晋升并不需要按照等级实现。如果个人的收入与外部市场相一致，下列方式可以更好地激励他们：加大工作范围，给予更多的资源和更大的责任，提供更多的经费、技术和下属支持，或通过委员会或专家组的方式使其参与高层决策。

（3）技术/职能型职业锚的人偏好具体的认可而不是泛泛的夸奖。对他们而言，来自同行专业人士的认可比管理者的表扬更有价值，比如，在公平待遇的前提下，能够作为其他团体或组织的成员认可的专家，或者获得相关的奖励对于技术/职能型职业锚倾向的人来说可能比收入增加更重要；而且能够获得在专业领域继续学习和发展的机会也是一种形式的认可，这说明接受培训的机会、组织赞助的休假、鼓励参加专业性会议、提供购买资料和设备的经费等都是非常有价值的认可方式。

（二）管理能力型职业锚

管理能力型职业锚的人表现出成为管理人员的强烈动机，并将此看成职业进步的标准。他们有提升到全面管理职位上所需要的相关能力，并希望自己的职位不断得到提升，从而承担更大的责任。在他们看来，责任越大意味着管理职位越高，组织的成功体现着自己的管理水平。

1. 管理能力型职业锚的特征

（1）追求承担全面管理性工作，且责任越大越好。他们明白掌握专业领域知识的必要性，也同意一个人必须成为某一职能或业务的专家才能更好地胜任管理职位，但他们核心的价值和动机是承担更大的管理责任、掌握更大的权力、获取更多的领导机会。具体的技术、职能工作仅仅被看作通向更高、更全面管理层的必经之路。

（2）具有强有力的升迁动机和价值观，以提升、等级和收入作为衡量成功的标准。管理能力型职业锚的人升迁动机强烈，追求并致力于提升，且随着等级的上升，所负责任与权力的加大，收入也随之提高。这是他成功的标志，也是其自我价值的实现。

（3）具有分析能力、人际沟通能力和情感能力的组合。分析能力是指在信息不完全以及不确定的情况下发现问题、分析问题和解决问题的能力。人际沟通能力是指在各种层次上影响、监督、领导，以及控制他人的能力。情感能力是指在情感和人际危机面前只会受到激励而不会受其困扰和削弱的能力及在较高的责任压力下不会变得无所作为的能力。管理能力型职业锚倾向的人与其他职业锚类型倾向的人区别在于他们拥有分析能力、人际协调和团队协作能力及情感管理能力的组合。尽管这些能力不一定要发展到很高的水平，但它们缺一不可。技术/职能型职业锚倾向的人需要高度发展某一方面的能力，管理能力型职业锚倾向的人需要整合三方面的能力而这些能力只有在实践中才能学习并掌握，所以成为一名管理者需要花费更长的时间。

（4）对组织有很大的依赖性。他们要依赖组织提供工作岗位，获得更大的信任，展示高水平的管理能力。而且，管理能力型职业锚的雇员其认同感和成功感均来自其所在的组织，其个人与组织的命运紧密相连；其个人在公司的职位、公司规模的大小、公司的活动域及其未来发展等组织因素对个人来说都具有特别重要的意义。

2. 管理能力型职业锚的工作类型

管理能力型职业锚的人希望承担更大的责任；喜欢有挑战性的、多变的和综合性的工作；渴望领导机会；看重对组织的贡献。对组织成功越重要的工作，对他们越具有吸引力，他们以组织的成败来衡量自己的工作成绩。某种意义上说，他们是真正所谓的"组织人"——管理一个高效率的组织。

3. 管理能力型职业锚的激励方式

（1）管理能力型职业锚的人通常把收入水平作为衡量自己的标准，并期望有相当高的收入。与技术/职能型职业锚的人不同的是，他们倾向于内在的公平而不是外在的公平。他们期望收入远远高于他们的下级，如果这种期望得到满足，即使和他们同样水平的人在其他公司的相同岗位上挣得更多，他们可能也会非常满意。他们也期望得到短期奖励，如实现某个组织目标的奖励。

（2）管理能力型职业锚的人重视职位上的晋升，并且最大的组织的认同是晋升到高位。对于管理能力型职业锚的人来说，提升到有更大管理责任的职位是对他们最好的认可方式。他们以级别、头衔、薪水、下属数量、所负责的项目或部门来衡量自己的地位，并且期望不断得到提升。这一点和技术/职能型职业锚的人不一样，技术/职能型职业锚的人不一定重视头衔，而对于管理职能型职业锚的人来说，职位只有上升到某种高于他人的层次上，才会得到满足。

（3）管理能力型职业锚的人也重视物质奖励，如加薪、奖金和股票期权，偏好头衔和身份象征，如大办公室等特权，最重要的是得到上司的认可。技术/职能型职业锚的人更需要得到同行的认可，而管理者迫切需要得到他们主管的认可，因为这样表明他们可以晋升到更高的职位。

（三）创造型职业锚

创造型职业锚是个体追求创建完全属于自己的成就，他们的整个职业发展都是围绕着某种创造性努力而发展的，比如，创办公司、设计产品等，并因此获得财富、专利、社会的认可。他们敢于面对困难，渴望施展创造才干，并愿意为此冒险和承担后果。

1. 创造型职业锚的特征

（1）有强烈的创造需求和欲望。对于创造型职业锚的人来说，发明创造是他们自我扩充的核心，也是他们工作的强大驱动力。他们具有建立或设计某种完全属于自己的东西的强烈愿望，例如，创造一种以自己命名的产品或服务；建立或投资新的公司；收购其他的公司，并按照自己的意愿进行改造。

（2）意志坚定，勇于冒险。具有冒险精神是创造型职业锚具有的另一个非常明显的特征。立志抛锚于创造型的人，所具有的极强烈的创造欲望使他们强烈要求标新立异、有所创造，并做好了冒险的准备。因此，他们总是力图以坚韧不拔的精神、百折不挠的行动，去赢得创造需求的实现。

（3）创造型职业锚同其他类型职业锚存在着一定程度的重叠。追求创造型职业锚的人要求有自主权、管理能力，能施展自己的特殊才干。但这些并不是他们的主动机和主价值观，创造才是他们的主要动机和价值观。

2. 创造型职业锚的工作类型

创造型职业锚的人需要不断接受新的挑战，容易对过去的事情感到厌倦，在自己的企业中，他们仍会不断地创造新的产品或服务，否则就会失去工作的兴趣。当在经济上获得成功后，他们把赚钱作为度量成功的标准。在工作晋升问题上，他们希望组织能够允许自己充分发挥创造才能，能够给予自己一定的自由和权力，以便于在开展创造、设计等工作时能最大限度地调动和发挥一切资源。

3. 创造型职业锚的激励方式

（1）创造型职业锚的人最看重的是所有权。通常他们并不为自己支付很多工资，但控制着自己公司的股票。如果他们开发出新的产品，那么他们会希望自己拥有相关的专利。希望能够留住这类人的公司，经常误解他们的内在需求。除非他们拥有新公司的控制权和51%的股票，否则一个创造型职业锚的人可能不会留在这个公司。他们积累财富并非完全为了自己，而是一种向他人证明成功的方式。分红对他们来说可能意义不大。

（2）创造型职业锚的人需要权力和自由来满足自己不断进行创新变化的需求。创造型职业锚的人着迷于创新性的工作，不喜欢墨守成规。他们希望职业能够允许他们去做自己想做的事情，例如，研发中心主任可以不断地开发新产品和服务，否则创造型职业锚的人会失去工作的兴趣。

（3）创造财富和一定规模的企业是他们获取认可最重要的方式。此外，创业者通常以自我为中心，要求很高的知名度和公众认可，喜欢用自己名字命名产品和公司。

（四）安全/稳定型职业锚

施恩的研究发现，麻省理工学院还有一小部分毕业生极为重视长期的职业稳定和工作的保障性。他们似乎比较愿意去从事能够提供有保障的工作、体面的收入以及可靠的未来生活的职业。这种可靠的未来生活通常是由良好的退休计划和较高的退休金来保证的。这类雇员追求的就是安全/稳定型职业锚。

1. 安全/稳定型职业锚的特征

（1）安全与稳定是这种类型的人选择职业最基本、最重要的需求。只有在职业的发展可以预测、可以达到或实现的时候，他们才会真正感觉放松。这种类型的人通常会选择提供终身雇佣、从不辞退员工、有良好的退休金计划和福利体系，同时看上去强大而可靠的公司。因此政府部门和事业单位对这类人很有吸引力。

（2）对组织具有较强的依赖性。安全/稳定型职业锚的人，一般不愿意离开一个给定的组织，愿意让他们的雇主来决定他们去从事何种职业，倾向于根据雇主对他们提出的要求行事，不越雷池半步。他们相信，不论自己具有什么样的个人抱负和能力，都依赖组织来识别他们的需要和能力，相信组织会根据他们的情况做出可能的最佳安排，因而他们较其他人更容易接受组织。

（3）个人职业生涯的开发与发展往往会受到限制。安全/稳定型职业锚的人，对组织的依赖性强，个人缺乏职业生涯开发的驱动力和主动性，从而不利于自我职业生涯的发展。要求高度的感情安全，限制了他们做沿着等级维度的职业运动。如果经济危机迫使其所在组织裁员，安全/稳定型职业锚的雇员由于在开发个人职业生涯方面缺乏训练，加之不能自主、顺从的个性，常常处于被动的境地。

2. 安全/稳定型职业锚的工作类型

安全/稳定型职业锚的人愿意从事安全、稳定、可预见的职业。相比工作本身，他们更看重工作的内容。工作环境、工作挑战等内在激励方式不如直接加薪、改善收益状况对他们更有效。安全/稳定型职业锚的人如果具备一定的能力，也会晋升为管理人员，但他们往往趋于求稳，容易满足于现状。如果管理岗位影响到了他们的安全感，他们就会逐渐弱化自己的管理职能。许多组织工作具有这方面的特性，而每个组织都在很大程度上依赖于员工中高比例的安全/稳定型职业锚的员工和技术/职能型职业锚的员工。

3. 安全/稳定型职业锚的激励方式

（1）安全/稳定型职业锚的人喜欢所谓的"金手铐"，倾向于强调保险和养老金的薪酬方案，希望薪水可以基于工作年限进行可预测的稳定增长。另外提高薪酬、工作条件和福利对他们起的作用比工作丰富化、挑战性的工作和其他内在激励的方式更大。

（2）安全/稳定型职业锚的人喜欢基于过去资历的提升方式，明确晋升周期的公开等级系统。显然，这种类型的人偏爱高校等事业单位相关岗位或政府机关做公务员等这样的能提供终身雇佣的行业领域或相关职位。

（3）安全/稳定型职业锚的人希望组织认可忠诚和稳定的绩效，并希望得到稳定和连续雇佣的保证。

（五）自主/独立型职业锚

自主/独立型职业锚的人追求自由自在，不愿被条条框框所限制。他们喜好以自我的方式、节奏和标准做事，不喜欢生活节奏被打乱，不喜欢工作方式被干扰，不喜欢受到各种标准规范的制约。不论从事何种职业，该型职业锚的人都希望能够保持自己一贯的处事方式和生活节奏。

1. 自主/独立型职业锚的特征

（1）自主/独立型职业锚的人希望随心所欲安排自己的工作方式、工作习惯、时间进度和生活方式，追求能施展个人职业能力的工作环境，最大限度地摆脱组织的限制和约束。他们追求自由自在、不受约束或少受约束的工作生活环境。

（2）自主/独立型职业锚的人追求在工作中享有自身的自由，有较强的职业认同感，认为工作成果与自己的努力紧密相连。以自主、独立为锚位的人认为，组织生活太限制人，是非理性的，甚至侵犯个人私生活。因此，自主/独立型职业锚的人在选择职业时绝不放弃自身的自由，而且视自主为第一需要。当面临职业选择时，自主/独立型职业锚的人宁愿选择目前的工作，也不愿意求得一份更好但没有自主权的工作。

（3）自主/独立型职业锚与其他类型的职业锚有明显的交叉。例如，自主/独立型职业锚的人可能同时是技术/职能型职业锚，或者同时是创造型职业锚。但追求技术/职能型职业锚的人，往往将其追求的职业看作一种向较高层面位置的过渡，他们很少为了自由的需要而放弃晋升的机会。自主/独立型职业锚的人与创造型职业锚的人也共同享有某些认知，如创造型职业锚的人（企业家）一旦成功，便也享有了自主权和自由。然而二者又不相同，创造型职业锚的人全力以赴要追求、创造和建立某种东西。因此，尽管追求的职业锚有交叉，但是，自主/独立型职业锚的人对自主的需要较其他方面的需要（如技术职能能力展示、安全/稳定或管理需要、创造的需要）更强烈。

2. 自主/独立型职业锚的工作类型

自主/独立型职业锚的人喜好专业领域内职责描述清晰、工作时间明确，又能发挥个人专长的工作。他们偏好自主性较高的承包式或项目式的工作，如咨询师和教师，或大型组织中的研发工作等，全职、兼职或是临时性的工作都是可以接受的，厌恶监工式的管理。另外，这种类型的人喜欢有明确的工作目标，而且不限制工作完成方式的组织，他们不能忍受别人在旁边指手画脚。他们可以接受组织强加的目标，但希望按自我方式工作。在工作收入上，他们更希望采取绩效考核而不是固定收入的方式。在工作的升迁方面，他们希望新的岗位能有更大的自主性，如果升职意味着降低自由度，他们会放弃升职。

3. 自主/独立型职业锚的激励方式

（1）自主/独立型职业锚的人惧怕所谓的"金手铐"，他们更倾向于基于工作绩效的工资、奖金，并当即付清，或其他没有附加条件的报酬方式；喜爱便捷的自选式收益方式，以便他们能够随时决定自己的生活方式。

（2）自主/独立型锚的人偏好的晋升必须意味着更大的自主权，也就是说，新的职业中应包含着更多的自由和自主权。如果新的职位带来更高的头衔和更多的责任而减少了自由，则会令自主/独立型职业锚的人感到恐惧。比如，如果一个自主/独立型职业锚的销售代表确信成为销售经理会降低他的自主性，他就会拒绝晋升机会。

（3）自主/独立型职业锚的人最喜欢直接的表扬或认可。对于自主/独立型职业锚的人来说，奖章、推荐信、奖品、证书等奖励方式比晋升、获得头衔甚至金钱更具吸引力。

三、职业锚的作用

在个人的工作生命周期中，在组织的事业发展过程中，职业锚都发挥着重要的作用。

（一）有助于识别个人职业抱负模式和职业成功标准

职业锚是个人经过搜索，所确定的长期职业贡献区或职业定位。这一搜索定位过程，依循着个人的需要、动机和价值观进行。所以，职业锚能清楚地反映出个人职业追求与抱负。例如，某雇员选定的是技术/职能型职业，则能显现出其志向和抱负在于专业技术方面的事业有成，有所贡献。与此同时，从职业锚可以判断雇员达到职业成功的标准。职业成功没有一致的定义，也没有统一固定的标准，因人而异，因职业锚而不同。对于抛锚于管理型的雇员来讲，其职业成功在于升迁至高职地位，获得全面管理更多人的机会和更大的管理权力。而对于安全/稳定型职业锚的雇员来说，求得一个稳定地位和收入不低的工作，有着优雅的工作环境和轻松的工作节奏，便是其职业成功的标志了。

（二）能够促进预期心理契约得以发展，有利于个人与组织稳固地相互接纳

职业锚能准确地反映个人职业需要及其所追求的职业工作环境，反映个人的价值观与抱负。透过职业锚，组织获得雇员个人正确信息的反馈，这样，组织才可能有针对性地对雇员职业发展设置可行的、有效的、顺畅的职业通道；个人则因为组织有效的职业管理，自身的职业需要得以满足，深化对组织的情感认同与服从。于是，组织与个人双方相互深化了解，互相交融，达到深度而稳定的相互接纳。

（三）有助于增强个人职业技能和工作经验，提高劳动生产率和工作效率

职业锚是个人职业工作的定位，是长贡献区。相对稳定地长期从事某项职业，必然增长工作经验；经验的丰富和积累，既使个人知识扩增，也使个人职业技能不断增强，直接产生提高工作效率或劳动生产率的明显效益。

（四）早期职业锚可为雇员做好中后期的职业工作奠定基础

在具有工作经验之前，锚是不存在的。通过工作经验的积累产生的职业锚，清晰地反映出当个人进入成年期的潜在需要和动机，它也反映了这一雇员的价值观，反映了被发现的才干。雇员个人抛锚于某一职业工作的过程，就是其自我真正认知的过程，即认识自己具有什么样的能力、还需要什么、价值系统是什么、自己属于哪种类型的人，也是把职业工作与完整的自我观相整合的过程，开始决定成年期的主要生活和职业选择。所以，职业锚是中后期职业工作的基础，换言之，中后期职业发展与早期职业锚连接在一起。

第三节 职业选择和职业发展理论

一、职业选择理论

职业选择是择业者根据自己的职业期望、理想、能力和兴趣等，从社会上众多类型的职业中选择其中的一种作为自己从事的职业的过程。职业选择的目的在于使自身能力素质和职业需求特征相符合。中国古谚语"男怕入错行，女怕嫁错郎"与英国大哲学家罗素所言的"选择职业是人生大事，因为职业决定了一个人的未来。选择职业，就是选择将来的自己"道出了职业选择对人生的重要性。那么怎样选择自己的职业呢？职业选择理论就为我们提供了这方面的答案。在本节中，我们着重介绍几种有代表性的职业选

择理论。

（一）帕森斯的职业-人匹配论

该理论最早由被誉为"职业指导之父"的美国人弗兰克·帕森斯（Frank Parsons）提出的。早在 1909 年他出版了第一部系统的职业指导专著《职业选择》，教导人们不要只是"找工作"，而是要"选择职业"，从而提出了职业选择的"三步范式"法。

职业-人匹配论的核心是人与职业之间的匹配，其基本假定是个人特质与工作要求的条件可以相互匹配，来找出理想的职业。因此，帕森斯的"三步范式"强调在职业选择中要做到：①必须要对你自己、你的天赋、能力、兴趣、志向、资源、限制条件，以及种种原因考虑清楚；②要对不同行业工作的要求、成功要素、优缺点、薪酬水平、发展前景以及机会有较为明确的认识；③在这两组要素之间进行最佳搭配。"三步范式"被认为是职业选择和职业设计的至理名言，并得到不断发展和完善，形成职业选择和职业指导过程广泛运用的三个步骤：第一步，进行人员分析，评价个体的生理和心理特征；第二步，分析职业对人的要求，并向求职者提供相关的职业信息；第三步，人职匹配，个人在了解自己的特点和职业要求的基础上，借助职业指导者的帮助，选择一项既适合自己特点又有可能获得的职业。

此外，帕森斯认为职业-人匹配可以分为两种类型：①因素匹配，例如，所需专门技术和专业知识的职业与掌握该种特殊技能和专业知识的择业者相匹配；或者脏、累、苦劳动条件很差的职业，需要吃苦耐劳、体格健壮的劳动者与之相匹配。②特长匹配，例如，具有敏感、易动感情、不守常规、有独创性、个性强、理想主义等人格特性的人，宜于从事审美性、自我情感表达的艺术创作类型的职业。

帕森斯的职业-人匹配论受到了广泛的重视、产生了深远的影响，成为后来许多理论的基础，至今仍然正确、有效，并影响着职业管理学、职业心理学的发展。当然，职业-人匹配理论模式也有其自身局限性，该理论只强调个人特质要和工作要求相匹配，没有充分考虑个体特征中的可变因素，而且它以静态的观点看待个人的特质，忽略了个人和职业都是不断变化的这一基本事实。此外，它也忽视了社会因素对职业规划的影响和制约作用。此后，以强调个体动机、需求在择业中的重要作用的理论逐渐发展起来，代表人物主要有弗鲁姆（Vroom）等。

（二）霍兰德的人业互择理论

约翰·霍兰德（John Holland）是美国约翰·霍普金斯大学心理学教授，美国著名的职业指导专家。他长期从事职业咨询工作，通过对自己的职业生涯与他人职业道路的深入研究，于 1959 年提出了具有广泛社会影响的人业互择理论。这一理论是在职业-人匹配论基础上发展起来的。

1. 劳动者类型与职业类型匹配模型

这一理论首先根据劳动者的心理素质和择业倾向，将劳动者划分为六种基本类型，相应地根据职业本身的内容与它对劳动者素质的要求将职业也划分为六种类型。霍兰德又进一步提出了劳动者类型与职业类型的匹配模型。霍兰德认为，同一类型的劳动者与职业互相结合，便能够达到适应状态，其结果是劳动者找到适宜的职业岗位，职业岗位获得了合适的人才，劳动者的才能与积极性便会得以很好地发挥。霍兰德划分的六种劳动者类型以及六种职业类型的具体内容，如表 10-2 所示。

表 10-2　劳动者特征和职业类型对照表

类型	劳动者特征	职业类型
实际型 R（realistic）	1. 愿意使用工具从事操作性工作 2. 动手能力强，做事手脚灵活，动作协调 3. 偏好具体任务，不善言辞，不善交际 性格：持久、感觉迟钝、不讲究、谦逊	主要是指各类工程技术工作、农业工作，需要一定体力，需要运作工具或操作机器 主要职业：工程师、技术员；机械操作、维修、安装工人，矿工、木工、电工、鞋匠等；司机、测绘员、描图员；农民、牧民、渔民等
调研型 I（investigative）	1. 思想家而非实干家，抽象思维能力强，求知欲强，肯动脑，善思考，不善于动手 2. 喜欢独立的和富有创造性的工作 3. 知识渊博，有学识，有才能，不善于领导他人 性格：好奇、个性内向、非流行大众化、变化缓慢	主要是指科学研究和科学实验工作 主要职业：生物学家、化学家、地理学家、数学家、医学技术人员、生理学家、物理学家、心理学家等自然科学和社会科学方面的研究与开发人员；化学、冶金、电子、无线电、电视、飞机等方面的工程师、技术人员
艺术型 A（artistic）	1. 具有特殊才艺和个性 2. 喜欢以各种艺术形式的创作来表现自己的才能，实现自身的价值 3. 喜欢创造新颖的、与众不同的艺术成果，渴望展示自己的个性 性格：冷淡疏远、有独创性、非传统	主要是指各类艺术创作工作 主要职业：音乐、舞蹈、戏剧等方面的演员、艺术家编导、教师；电视、广播节目的主持人、编辑；文学、艺术方面的评论员；作家、书法家、摄影师；艺术、家具、装饰等行业的设计师等
社会型 S（social）	1. 喜欢从事为他人服务和教育他人的工作 2. 喜欢参与解决人们共同关心的社会问题，渴望发挥自己的社会作用 3. 很看重社会义务和社会道德 性格：缺乏灵活性、亲切仁慈	主要是指各种直接为他人服务的工作，如医疗服务、教育卫生、生活服务等 主要职业：教师、保育员、行政人员；医护人员；衣食住行服务行业的经理、管理人员和服务人员；福利人员等
企业型 E（enterprising）	1. 精力充沛，自信，善交际，具有领导才能 2. 喜欢竞争，敢冒风险 3. 喜爱权利、地位和物质财富 性格：善变、精力旺盛、寻求娱乐、努力奋斗	主要指那些组织和影响他人共同完成目标的工作 主要职业：综合性农业企业管理人员、房地产商经理、企业家、政府官员、律师、金融家、零售商、人寿保险代理人、采购代理人、行业部门和单位的领导者、管理者等
常规型 C（conventional）	1. 喜欢按计划办事，习惯接受他人指挥和领导，自己不谋求领导职务 2. 不喜欢冒险和竞争 3. 工作踏实忠诚可靠，遵守纪律 性格：有责任心、依赖性强、高效率、猜疑心重	主要是指各类文件档案、图书资料、统计报表之类相关的各类科室工作 主要职业：出纳、会计、统计人员；图书馆管理员；打字员；办公室人员；秘书和文书；旅游、外贸职员、邮递员、保管员、审计人员等

2. 六种职业类型与劳动者类型的内在结构关系

霍兰德于 1969 年提出六种职业类型与劳动者类型的六边形结构模型，如图 10-1 所示。

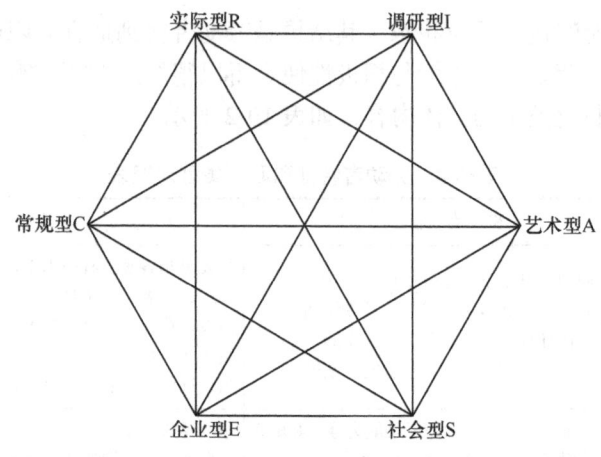

图 10-1　霍兰德的人业互择图

图 10-1 中的六个角分别代表六种职业类型和六种劳动者类型。每种类型的劳动者（职业）与六种类型的职业（劳动者）相关联，在图形上以连线表示。连线距离越短，两种类型人与职业的相关系数越小，相互适应程度越高，反之相互适应程度越低。因此这个六边形结构模式表现出如下规律性。

（1）最为理想的职业选择就是劳动者能够找到与其类型重合的职业环境，如实际型的人在实际型的职业环境中工作。一个人在与其类型相一致的环境中工作，容易获得满足感和体会到工作的乐趣，并最有可能充分发挥自己的才能，此时连线距离最短，为零。

（2）相邻职业环境与劳动者类型间的相关最大。如 R 与 C、I 或 I 与 R、A 等就属于相邻，相邻的类型具有较多的共同性，其一致性高。霍兰德在实验中发现，尽管大多数劳动者的类型可以主要归为某一类型，但每个人又有广泛的适应能力，其类型在某种程度上相近于另外两种类型，因此也能适应另外两种职业类型的工作。例如，实际型就与其相邻的常规型和调研型高度相关，实际型的人在常规型和调研型的职业环境中经过努力，能够适应职业环境。

（3）相隔职业环境与劳动者类型间的相关次之。如 R 与 A、E 等之间就是既有一致性又有不同性。在这里职业环境和劳动者类型有很多不一致，但还不是完全相斥。

（4）相对职业环境与劳动者类型间的相关最小。在六边形中处于对角线位置的职业类型和劳动者类型基本上属于相斥关系，两者之间没有共同之处。如 R 与 S、C 与 A、I 与 E 就是如此。一个人如果选择与其类型相排斥的职业环境，就可能很难适应，甚至无法胜任工作。

Tracey（特蕾西）和 Rounds（朗兹）检验了霍兰德六边形结构模式的普遍性。他们分析了 1965～1989 年由 11 种职业兴趣测量工具在六个国家获取的 104 个相关数据矩阵，结果支持了霍兰德的六边形结构模式，而且发现不同性别、不同年龄对它都无太大影响，这在一定程度上说明了该结构的普遍性和代表性。

（三）弗鲁姆的择业动机理论

霍兰德的人业互择理论告知人们，劳动者进行职业选择要尽量选择与自己类型相一致的职业。但是，同一类型职业往往有多种职业可供选择。例如，常规型职业中，有会计员、出纳员、统计员，此外，还有文书、秘书、办公室人员等具体职业，劳动者该如何作选择？弗鲁姆的择业动机理论给出了回答。

1. 期望理论

弗鲁姆是美国心理学家。1964年，在《工作和激励》一书中，他提出了解释员工行为激发程度的期望理论。期望理论的基本公式为

$$F = V \cdot E \tag{10-1}$$

其中，F 为动机强度，指积极性的激发程度，表明个体为达一定目标而努力的程度；V 为效价，指个体对一定目标重要性的主观评价；E 为期望概率，指个体对实现目标可能性大小的估计，也就是目标实现的概率。

员工个体行为动机的强度取决于效价大小和期望概率的高低。效价越大，期望值越高，员工行为动机越强烈，就是说为达到一定目标，他将付出极大努力。如果效价为零乃至负值，表明目标的实现对个人毫无意义，甚至给个人带来负担，这种情况下，目标实现的可能性再大，个人也不会产生追逐目标的动机，不会为此有任何积极性，付出任何的努力。如果目标实现的概率为零，那么无论目标实现的意义多么重大，个人同样不会产生追求目标的动机。

2. 择业动机理论

弗鲁姆将这一期望理论用来解释个人的职业选择行为，具体化为择业动机理论。用公式表示：

$$择业动机 = 职业效价 \times 职业概率 \tag{10-2}$$

其中，择业动机表明择业者对目标职业的追求程度，或者对某项职业选择意向的大小。职业效价指择业者对某项职业价值的评价。职业效价取决于：①择业者的职业价值观；②择业者对某项具体职业要素如兴趣、劳动条件、工资、职业声望等的评估，即职业效价=职业价值观×职业要素评估。职业概率是指择业者获得某项职业可能性的大小。职业概率的大小通常主要决定于四个条件：①某项职业的需求量，在其他条件一定的情况下，职业概率同职业需求量呈正相关；②择业者的竞争能力，即择业者自身工作能力和求职就业能力，竞争力越强，获得职业的可能性越大；③竞争系数，是指谋求同一种职业的劳动者人数的多少，在其他条件一定的情况下，竞争系数越大，职业概率越小；④其他随机因素。因此，职业概率=职业需求量×竞争能力×竞争系数×随机性。

择业动机公式表明，对择业者来讲，某项职业的效价越高，获取该项职业的可能性越大，那么，择业者选择该项职业的意向或者倾向性越大；反之，某项职业对择业者而言其效价越低，获取此项职业的可能性越小，择业者选择这项职业的倾向也就越小。下面是一个假设的择业案例，在劳动者甲面前，有A与B两项职业，他对两项职业的效价和职业概率作了如下的评估，如表10-3所示。

表 10-3 两项职业的效价和职业概率的评估

职业要素	职业价值观（1）	A项职业要素评估（2）	B项职业要素评估（3）	A职业效价（4）=（1）×（2）	B职业效价（5）=（1）×（3）
兴趣	4	6	7	24	28
工资	3	5	6	15	18
职业声望	2	4	5	8	10
劳动条件	1	3	4	3	4
效价合计				50	60
职业概率				0.8	0.5
择业动机				40	30

资料来源：胡学勤，泰兴方. 劳动经济学[M]. 北京：高等教育出版社，2004：383

对于劳动者甲来说，职业 B 效价为 60，高于职业 A 的 50，但是，他认为谋取 A 职业的可能性大（职业概率 0.8），而想谋取 B 项职业难度大，需要付出较艰辛的努力（职业概率 0.5）。经过计算，得出

择业动机（A）=效价（A）×职业概率（A）>择业动机（B）=效价（B）×职业概率（B）
即 40 = 50 × 0.8 > 30 = 60 × 0.5，劳动者甲倾向于选择职业 A。

二、职业发展理论

职业发展的主要理论是职业生涯发展阶段理论。一个人一旦选择了自己的职业，就意味着个人的职业生涯从此开始了。职业生涯是指人们一生中的职业历程，从职业学习开始到职业劳动最后结束的生命历程。很多专家学者对职业生涯发展的过程进行了专门的研究，将人们的职业生涯划分为不同的发展阶段，并研究了不同阶段的特点、知识水平要求和各种职业偏好。比较有影响的职业生涯发展阶段划分的理论主要有三种。

（一）舒波的职业生涯发展阶段理论

舒波（Super）是美国一位有代表性的职业管理学家。从 1953 年开始，舒波经过长期的发展理论研究，形成了较为系统的职业发展理论。

1. 基本假设

舒波提出了职业发展的 12 条基本假设[5]。

（1）人在其能力、兴趣和性格上各不相同。

（2）由于这些特点，每个人都适应于不同的职业。

（3）每一种职业都要求一种独特的能力、兴趣和性格特征。

（4）职业爱好和能力、人们的生活和工作环境，以及自我认识等都随时间和经验而发生变化，因而使得职业选择和调整成为一个连续的过程。

（5）这个变化过程可以用一系列生活阶段来表示，每个阶段又可依此划分为几个次阶段。

（6）一个人的职业生涯模式，即所达到的职业层次、职业顺序、职业变动频率的持续时间，取决于父母的社会经济地位、个人的智能、个性特点及所掌握的机会等因素。

（7）一个人生活阶段的发展可以从两方面进行指导，一方面是使个人能力与兴趣匹配并提升，另一方面是在现实考虑和自我认识的发展上提供帮助。

（8）职业发展过程基本上是自我认识的发展和完善过程。

（9）角色扮演的过程就是个人和社会因素、自我认识和现实之间综合与协调的过程。

（10）工作和生活满意度主要依靠个人能力、兴趣、性格特征和价值观的实现，并依据个人在某一工作中取得的绩效、工作环境和生活地位等得以实现，还与以往工作经验和生活习惯有关。

（11）人们从工作中获得的满意程度与其自我认识的实现程度是具有比例关系的。

（12）工作和职业为大多数人提供了一个个性发挥作用的活动空间。

2. 职业生涯五阶段发展模式

舒波在上述假设的基础上把人的职业生涯发展过程划分为五个主要的阶段。

（1）成长阶段（0~14岁）。在这一阶段，个人通过对家庭成员、老师、朋友的认同及相互作用，逐步建立起自我概念，需求和幻想为这一时期最主要的特质。随着参与社会和了解现实程度的增加，兴趣和能力也逐渐发展。舒波将这一阶段，具体分为三个时期：一是幻想期（4~10岁），这一时期以需要为中心，对于自己觉得好玩和喜爱的职业充满幻想，并进行模仿；二是兴趣期（11~12岁），以兴趣为中心，理解、评价职业，开始作职业选择；三是能力期（13~14岁），这时的少年更多是考虑自身条件与喜爱的职业是否相符合，有意识地进行能力培养。

（2）探索阶段（15~24岁）。在这一阶段，个人开始尝试不同的职业角色，调查不同的职业，扩展业余活动，同时对自己的能力和天资进行现实性评价，并根据未来的职业选择做出相应的教育决策，完成择业及最初就业。具体又可分为三个时期：一是试验期（15~17岁），综合认识和考虑自己的兴趣、能力与职业社会价值、就业机会，开始对未来职业进行尝试性选择；二是转换期（18~21岁），正式进入劳动力市场，或者进行专门的职业培训，由一般性的职业选择转变为特定目标的选择；三是尝试期（22~24岁），初步确定了职业的选择，并试探其成为长期职业的可能性。

（3）确立阶段（25~44岁）。这一阶段的特点是经过早期的试探与尝试后，已经找到了一个合适的工作领域，逐步建立稳固的地位。以后发生的变化主要是职位、工作和单位的变化，而不是职业的变化。这一阶段是大多数人职业生涯周期中的核心部分，一般又经过两个时期：一是尝试期（25~30岁），对初就业选定的职业和目标进行检验，如有问题则需重新选择、变换职业工作；二是稳定期（31~44岁），最终确定稳定的职业目标，并致力于工作上的稳固和安定。

（4）维持阶段（45~64岁）。这一阶段的劳动者在该领域已占有一席之地，一般达到常言所说的"功成名就"情景，已不再考虑变换职业，只力求保住这一位置，维持已取得的成就和社会地位。重点是维持家庭和工作间的和谐关系，传承工作经验，寻求接替人选。

（5）衰退阶段（65岁及以上），属于退休阶段。这一阶段的特点是劳动者随着其健康状况和工作能力的逐步衰退,工作活动的范围开始缩小以至停止,最后结束职业生涯。因此,这一阶段要学会接受权力和责任的减少,学习接受一种新的角色,适应退休后的生活,以减轻身心的衰退,维持生命力。这一阶段的从属期有两个:一是衰退期(65~70岁),工作节奏变慢,责任削弱,有的以部分时间制的工作取代原来的全日制工作;二是退休期(71岁及以上),工作活动完全停止,转移精力到志愿工作或闲暇性活动。

舒波以年龄为依据,对职业生涯阶段进行了划分,但现实中职业生涯是个持续的过程,各个阶段的时间并没有明确的界限,其经历时间的长短常因个人条件的差异及外在环境的不同而有所不同,有长有短、有快有慢,有时还可能出现阶段性反复。

(二)金斯伯格的职业生涯发展阶段理论

美国著名的职业指导专家金斯伯格(Eli Ginzberg)是职业生涯发展理论的另一提倡者,也是职业生涯发展理论的先驱者。他通过比较美国富裕家庭的人从童年到成年早期和成熟的过程中有关职业选择的想法和行动,总结出童年到青少年阶段的职业心理发展规律,并将职业生涯发展划分为三个主要的时期。

1. 幻想期(11岁之前)

这个时期,儿童对大千世界,特别是对于他们所看到的或接触到的各类职业工作者,如教师、医生、护士、警察、军人、飞行员、演员、售货员等,充满了新奇、好玩之感,幻想着长大成为什么样的人、当什么等,并在游戏中,常常扮演他们各自所喜爱的角色,甚至在日常服饰打扮、语言行动上进行效仿。在这个时期,儿童的职业期望是由其兴趣所决定的,并不考虑也不可能考虑自己的能力和社会条件。

2. 尝试期(11~17岁)

这是人一生中职业选择的最重要的时期。这一时期,人的心理和生理均在迅速成长发育和变化,有独立的意识,价值观念形成,知识和能力显著增长与增强,人们开始有规律地扩大对自己职业选择因素的考虑,不仅注意自己的职业兴趣,而且还能够较客观地审视自身各方面的条件、能力和价值观;开始注意职业角色的社会地位、社会意义,以及社会对该职业的需要。金斯伯格按照年轻人考虑择业因素的顺序,把尝试期又分为四个阶段。

(1)兴趣阶段(11~12岁),开始注意并培养其对某些职业的兴趣。

(2)能力阶段(13~14岁),开始以个人的能力为核心,衡量并测验自己的能力,并将其表现在各种相关的职业活动上。

(3)价值阶段(15~16岁),逐渐了解自己的职业价值观,并能兼顾个人与社会的需要,以职业的价值性选择职业。

(4)综合阶段(17岁),将上述三个阶段进行综合考虑,并综合相关的职业选择资料,以此来正确了解未来的发展方向。

3. 现实期(17岁以后)

这一时期,即将步入社会劳动,个人能够客观地把自己的职业愿望或要求,同自己的主观条件、能力,以及社会现实的职业需要密切联系和协调起来,基于现实做出选择。

现实期又可分为三个阶段。

（1）试探阶段，根据尝试期的结果，进行各种试探活动，试探各种职业机会和可能的选择。

（2）具体化阶段，根据试探阶段的经历作进一步的选择，进入具体化阶段。

（3）专业化阶段，依据自我选择的目标，作具体的就业准备。

（三）施恩的职业生涯发展阶段理论

1. 施恩的生物社会周期的阶段和任务

美国著名的心理学家和职业管理学家施恩根据人的生命周期的特点及年代顺序，对人的生活与发展阶段进行了划分，表10-4是各个发展阶段的详细列表[6]。

表10-4 （男子）生物社会周期的阶段和任务

阶段	面临的广义问题	特定任务
青少年至30岁伊始	1. 进入成人世界 2. 对各种成人角色做出暂时性承诺 3. 发展个人的自我意识 4. 获得与自己和朋友亲密相处的能力 5. 变得更能辨别个人的各种关系 6. 建立个人自身的生活结构和方式	1. "拔腿而走"，脱离个人的原点家庭（18~24岁） 2. 凭借同辈群体的力量，获得支持而不是依赖支持 3. 做出有效的教育和职业选择 4. 学会与配偶相处 5. 不靠父母支持和原有的住房条件，建立自己的住房和家庭 6. 确立新的个人和群体成员资格以及社团承诺 7. 发展未来的一种自我图像，一个人的"梦" 8. 寻找良师，消化从他们身上学到的东西 9. 克服"全知全能""自信早期选择不可改变和唯一有效"的感情
20岁到30多岁；过渡	1. 应付30岁的过渡，不论对个人有什么样的特定意义 2. 第一次进行重估的时期，面临"我是自己所要成为的那种人吗？"和"我对生活有什么样的要求？"的问题 3. 第一次认识到人终有一死	1. 复查个人在职业、婚姻、子女和社会参与方面的全部暂时性承诺 2. 开始做出更多的属于最终选择的决定，这些选择将导致长期持久的成人承诺 3. 如果必要，选择方向上会有重要变化
30岁	1. "而立之人"——扩展、深化和稳定个人承诺 2. 承认"时间有限"的事实 3. 从个人的幻想中成熟起来 4. 从观念和感情上为40岁作准备 5. 关心亲生子女和双亲角色	1. 安常处顺，立足于成人世界 2. 承认自己的职业和一生——或者加倍努力工作，或者放弃部分梦想，满足于安全感 3. 承认个人的婚姻，以一种现实的评估取代20岁的理想图像 4. 管理家庭和职业要求之间的潜在冲突 5. 让配偶接受自己实际上是怎么回事 6. 管理一味沉湎于家庭与工作之间的潜在冲突，继续参与社团和朋友活动 7. 学会承认子女实际上是怎么回事 8. 学会承认父母实际上是怎么回事，开始感到应为自己的灾难、命运和个性负责 9. 结束与良师的关系——渐渐清醒起来，终止非现实的交往，代之以自身的价值观，开始为自己成为一名良师做准备
30岁到40岁伊始；中年过渡或危机	1. 面临个人梦想与实际之间的不一致——青春期冲突复活 2. 认识到体力下降的征兆，接受"衰老" 3. 更强烈地意识到人终有一死	1. 复查和承认个人梦想的要素，实际现状以及两者之间的不一致——更能意识到自我和他人，是更好的未来选择的依据 2. 做出新的选择——或接受和寻找工作、家庭和自我的新意义，或朝新的方向前进

续表

阶段	面临的广义问题	特定任务
40岁到50岁伊始	1. 一个重估和潜藏着烦恼的时期，但是如果对策适当，也是发现幸福和内心平静的时期 2. 查找个人自身的生活目标和价值观，取得一种更加整合的生活结构，摆脱以往的角色模式或压力 3. 一个时期的封闭之后，向世界重新开放自我 4. 开始懂得子女已成人，承认他们的成人角色 5. 父母角色完成之后，确立与配偶的亲密模式，开始新的生活 6. 与下属或其他人有更多的交往	1. 增强自主意识和自愿承诺，这是一种自己做出选择的意识 2. 应付明显的抑郁，承认抑郁感是生命的组成部分——"木已成舟" 3. 承认生命只有一次 4. 做出最终的职业决策——继续往上晋升，讲求安稳，或重新选择职业 5. 成为一名良师——给人以监护、教诲和支持 6. 应付"空巢综合征"——帮助配偶适应父母角色的消失，向其他角色过渡 7. 应付能力丧失的恐惧和"崭露头角"的年轻人的竞争 8. 应付年纪大和亲生父母的去世 9. 开发自我发展的具体计划，使这种发展与职业家庭的需要相均衡
50岁至退休	1. 一个相对稳定的时期，但对"时光飞逝"惴惴不安，身体衰退 2. 一个成熟、宽厚、珍视配偶、子女和朋友的时期 3. 最终承认自我的本来面貌，不会为自己的问题而责怪父母 4. 复查个人的工作生活和对世界的贡献 5. 日益关心广泛的社会和社区问题，专业化丧失、智慧增长	1. 保证自己处于朋友的交往中，没有兴趣建立新的交往和友谊 2. 适应社交能力的总衰退，沉浸在自我核心建立的模式中 3. 使生活更简单、更舒适——避免感情负担 4. 与子女建立成人关系，礼尚往来 5. 学会做长辈
60岁至逝世	1. 应付退职 2. 体力、脑力和社会角色发生变化，一个过渡和不确定的时期 3. 应付健康和精力下降以及出现的内在偏见 4. 适应配偶的逝世 5. 适应对孩子、朋友或机构的依赖 6. 为自己的去世作准备	1. 适应简化的地位和工作角色 2. 接受退休和简化的角色终究反映了个人简化的精力和动机的事实 3. 根据身体和健康条件，学会改变个人的生活方式 4. 适应日益内向与外界沟通简化的情况 5. 适应一种日益简化的生活标准，应付新的财务问题 6. 通过多动用判断、谋略和积累的经验，学会弥补速度和体力的丧失 7. 为去世做好具体准备——拟定和审核遗嘱，决定丧葬安排 8. 息事宁人——取得某种合一意识，避免失望 9. 优雅、静穆地离开人世

2. 职业生涯周期的阶段和任务

职业生涯周期的阶段和任务与生物社会生命周期的阶段和任务紧密相关，因为两者都与年龄和文化准则连接在一起。所以，施恩教授根据职业周期的特点，对职业生涯发展阶段进行了划分，并指出每个阶段所面临的主要任务。职业生涯周期的阶段和任务详见表10-5。

表 10-5 职业生涯周期的阶段和任务

阶段	面临的广义问题	特定任务
1. 成长、幻想、探索（0~21岁）（角色：学生、职业工作的候选人、申请者）	1. 为进行实际的职业选择打好基础 2. 将幼年的职业幻想变为可操作的现实的基本习惯和技能 3. 接受教育和培训 4. 开发工作世界中所需要的基本习惯和技能	1. 发展和发现自己的需要与兴趣 2. 发展和发现自己的能力与才干 3. 学习职业方面的知识，寻找现实的角色模式 4. 从测试和咨询中获得最大限度的信息 5. 查找有关职业和工作角色的可靠的信息源 6. 发展和发现自己的价值观、动机与抱负 7. 做出合理的受教育决策 8. 在校品学兼优，以保持尽可能开放的职业选择 9. 在体育活动、业余爱好和学校的各项活动中寻找机会进行自我测试，以发展一种现实的自我意向 10. 寻找试验性工作和兼职工作的机会，做出早期职业决策
2. 进入工作世界（16~25岁）（角色：应聘者、新学员）	1. 进入劳动力市场，谋取可能成为一种职业基础的第一项工作 2. 达成一项正式可行的心理契约，保证雇主和个人的需要都能满足 3. 成为一个组织或一种职业的成员——穿过第一个主要的边界	1. 学会如何寻找一项工作，如何申请，如何完成一次工作访谈 2. 学会如何评估一项工作和一个组织的信息 3. 做出现实有效的第一项工作选择
3. 基础培训（16~25岁）（角色：实习生、新生）	1. 应付职业和成员资格实际是怎么回事的现实冲击 2. 尽快成为一名有效的成员 3. 适应日常的操作程序 4. 作为正式的贡献者被承认，穿过下一个边界	1. 克服缺乏经验带来的不安全感，发展一种信任感 2. 译解文化，尽快了解"内情" 3. 学会与第一个上司或培训者相处 4. 学会与其他受训者相处 5. 负责地接受和承认正式符号：制服、徽章、身份、停车证、公司手册
4. 早期职业的正式成员资格（17~30岁）（角色：新的正式成员）	1. 承担责任，成功地履行与第一次分配有关的义务 2. 发展和展示自己的技能和专长，为提升或进入其他领域的横向职业成长打基础 3. 在自己的独立需要与组织约束和一定时期附属、依赖的要求之间寻求平衡 4. 决定是否在这个组织或职业中干下去，或者在自己的需要、组织约束和机会之间寻求一种更好的平衡	1. 有效地工作，学会如何处事，改善处事方式 2. 承担部分责任 3. 接受附属状态，学会如何与上司、与自己的同事相处 4. 在有限的作业区内发展进取心和现实水平的主动性 5. 寻找良师和保护人 6. 根据自己的才干和价值观，以及组织中机会的约束，重估当初决定追求的工种 7. 准备做出长期承诺和一定时期的最大贡献或者流向一个新职位和组织 8. 应付第一项工作中的成功感和失败感
5. 正式成员资格（年龄：25岁以上）（角色：正式成员、任职者、终生成员、主管、经理）（个人有可能停留在这个阶段）	1. 选定一项专业，就成为一名多面手或进入管理部门 2. 保持技术竞争力，在自己选择的专业或管理领域内继续学习 3. 组织中确定一种明确的认同，成为人所共知的人	1. 取得一定的独立 2. 发展自己的实际标准，相信自己的决策 3. 慎重估量自己的动机、才干和价值观，决定要达到的专业化程度 4. 慎重估价组织和职业机会，依此制定下一步的有效决策

续表

阶段	面临的广义问题	特定任务
5. 正式成员资格（年龄：25岁以上）（角色：正式成员、任职者、终生成员、主管、经理）（个人有可能停留在这个阶段）	4. 承担较高水平的责任，包括对他人和对自己的工作 5. 成为一名专家或职业能手 6. 根据抱负、所寻找的进步类型、用以衡量进步的指标等，开发个人的长期职业计划	5. 解除自己与良师的关系，准备成为他人的良师 6. 在家庭、自我和工作事务间的一种适当调整 7. 如果实绩平平、任职被否定，或失去挑战力，应付失败情绪
6. 职业中期危机（年龄35～45岁）	1. 针对自己不得不求安稳、换工作或迎接新的更大的挑战的想法，着重重估自己的进步 2. 就中年过渡的更为一般的方面——个人的梦想和希望与现实，估价职业抱负 3. 决定工作和个人职业在自己的一生中究竟有多大的重要性 4. 适应自己成为他人良师的需要	1. 开始意识到自己的职业锚——个人的才干、动机和价值观 2. 现实地估计个人职业锚对个人前途的暗示 3. 就接受现状和自己看得见的前途做出具体的选择 4. 围绕所做出的具体选择，与家人达成新的调解 5. 建立与他人的良师关系
7. 非领导者角色的后期（年龄：40岁至退休）（角色：骨干成员、有贡献的个人或管理部门的成员、有效的贡献者或朽木）	1. 成为一名良师，产生影响力，指导、指挥别人，对他人承担责任 2. 提升兴趣以及那些以经验为基础的技能 3. 如果决定追求一种技术职业或职能性职业，要深化技能 4. 如果决定追求一种全面管理角色的话，要承担更大范围内的责任 5. 如果打算求安稳，在职业或工作之外寻求成长的话，接受影响力和挑战能力的下降	1. 坚持技术上的竞争力，或者学会用以经验为基础的指挥代替直接的技术能力 2. 发展所需要的人际和群体技能 3. 发展必需的监督和管理技能 4. 学会在一种政治环境中制定有效决策 5. 应付"崭露头角"的年轻人的竞争和进取 6. 应付中年危机和家庭的"空巢"问题 7. 为高级领导角色作准备
8. 处于领导者角色的后期（可能在年轻时获得，但仍会被看作在职业"后期"）（角色：总经理、官员、高级合伙人、企业家、资深幕僚）	1. 为组织长期福利发挥自己的才干和技能 2. 学会整合别人的努力和扩大影响，而不是进行日常决策和事必躬亲 3. 挑选和发展骨干成员 4. 开阔视野，从长计议，现实地估价组织在社会中所起到的作用 5. 如果身为有贡献的人或企业家，学会如何推销理念	1. 从主要关心自我，转为更多地为组织福利承担责任 2. 负责操纵组织机密和资源 3. 学会适应、操纵组织内外环境 4. 学会在持续增长的职业承诺与家庭，特别是配偶的需要之间谋求平衡 5. 学会行使高水平的责任和权力，而不是软弱无力或意气用事
9. 衰退和离职（年龄：40岁至退休，不同的人在不同的年龄衰退）	1. 学会接受权力、责任和中心地位的下降 2. 基于竞争力和进取心下降，学会接受和发展新的角色 3. 学会管理很少由工作支配的一种生活	1. 在业余爱好、家庭、社交和社区活动、非全日制工作方面，寻找新的满足源 2. 学会如何与配偶更亲密地生活 3. 估价完整的职业，着手退休
10. 退休	1. 保持一种认同感，适应生活方式、角色和生活标准的急剧变化 2. 保持一种自我价值观	1. 在某些活动中依然尽心尽力 2. 运用自己积累的智慧和经验，以各种资源角色对他人进行传、帮、带 3. 回首过去的一生，感到有所实现和满足

上述几种关于职业生涯发展阶段的理论对职业发展阶段的划分并不完全一致，各有侧重。但基本思路都是相同的，以年龄作为划分职业生涯发展阶段的一个重要依据。他

们都认为个人的职业心理在童年时代就开始逐步产生，随着年龄的增长、受教育程度的提高、经验的积累和社会环境的变化，人们的职业心理也会发生变化。尽管每个人从事的具体职业各不相同，但在相同的年龄阶段往往表现出大致相同的职业特征、职业需求和职业发展任务，据此可以将一个人的职业生涯划分为不同的阶段。认识职业生涯发展的不同阶段有哪些任务和发展趋势，可以帮助个人选择适合自己的发展途径，有效地管理自己的职业生涯，同时对于组织管理而言，员工的职业生涯道路与组织的需求和愿望相融合，才能更有效地开发组织的人力资源。

第四节　新　职　业

一、新职业的基本内容

（一）新职业的含义与特征

进入 21 世纪以来，随着经济社会发展、科技进步和产业结构调整升级，我国的社会职业构成发生了很大变化，一些传统职业开始衰落甚至消失，新的职业不断涌现并发展起来。广义来讲，新职业泛指随着社会经济发展而诞生且已成熟发展起来的所有新职业类型，职业价值符合当代产业结构调整升级的需求，职业技能相对独立成熟，甚至完全区别于传统职业，职业人才已经形成相当规模，且人才能够凭借该职业为当代社会创造物质或精神财富，并获取合理报酬；狭义来讲，自 2004 年劳动和社会保障部建立新职业定期发布制度后，新职业一词作为概念被确定下来，国家层面给出的概念为：新职业是指经济社会发展中已经存在一定规模的从业人员，具有相对独立成熟的职业技能，而《大典》中未收录的职业。新职业具有以下特征：一是目的性，即有人专职从事此业赖以谋生；二是社会性，即为他人提供产品或服务；三是规范性，即是合乎法律规范的；四是群体性，一般要求有不少于 5000 人的从业人员，并要求有稳定性和独特技术性。

（二）新职业的驱动因素

新职业是新时代经济社会发展过程中新的社会分工和专业化的表现，具有历史必然性。新职业产生因素很多，从生产力决定生产关系这一规律出发，新职业的产生归根结底是经济社会发展的现实需要。

（1）数字经济快速发展。数字经济的发展是全球范围内的大趋势。《数字中国发展报告（2022 年）》显示，2022 年我国数字经济规模达到 50.2 万亿元，占 GDP 比重达 41.5%，总量稳居世界第二，数字经济成为推动我国经济发展的核心力量。数字技术的创新不仅促进了互联网和相关数字产业的发展，也通过数字化改造，带动了传统行业的转型升级，创造出一批新兴的职业岗位，如工业机器人系统操作员、工业机器人系统运维员等。

（2）商业和消费观念迭代升级。科技的进步为人们生产生活方式的转变提供了可能，而人们观念的变化是使这种可能变成现实的助推剂。以网络购物为例，通过网络信息、大数据等技术，网络销售体系将产品销售端、消费端、物流、金融支付等环节连接起来，形成一个完整的商业闭环，其中既有信息技术发展的支撑，也有人们消费方式、消费理念变化的助力，由此产生了拥有大量从业人员的新职业——网约配送员。

（3）人口结构及生活方式出现新变化。当前，我国人口老龄化程度进一步加深，大量的老年人需要专业化的健康护理和康复训练服务，催生了一批与老年人生活相关的新职业。例如，老年人能力评估师就是为有需求的老年人提供生活活动能力、认知能力、精神状态等健康状况测量与评估的人员；在健康中国战略稳步推进下，随着生活水平的逐步提高，人们对健康的重视程度越来越高，对健康服务的需求进一步提升，催生了健康照护师、社群健康助理员等新职业。

（4）职业选择的多元化。随着时代的发展和社会的进步，人们对职业价值的认知和选择呈现出多元化趋势。由于职业和就业价值观具有唯一性，"80后"之前的人们往往倾向于将党政机关、企事业单位作为优先甚至唯一的选择。从"80后"到"90后""00后"，体制内就业只是新生代的一个选择，多数青年人的职业选择更多是根据自己的兴趣，而越来越少考虑社会的评价及别人的看法，具有较高的自由度。

（三）新职业发展的意义

新职业托起新行业和新产业，既客观反映了国民经济社会发展的新需求，也折射出人们追求美好生活的新需要，新职业对于促进就业创业、推动产业转型升级、提升人民的幸福感与满意度都具有十分重要的意义。

（1）促进就业创业。经济社会的不断发展，孕育新业态、产生新职业，国家对这些新职业进行征集、规范并加以公布，可以提升新职业社会认同度、公信力，满足人力资源市场的双向选择需要。新职业客观反映了经济社会的最新发展，以及人们在追求高质量生活过程中产生的新需求，成为年轻人就业的新方向、新指引。兴趣与职业的结合、个性价值的体现、潜在的机遇，为未来的求职者提供了更加多元、更加丰富、更加有质量的选择，成为扩大多样化就业的蓄水池，有助于稳就业目标的实现。

（2）推动产业转型升级。近年来，我国经济实力、科技实力、综合国力跃上新台阶，经济结构持续优化，使新技术、新产业、新业态、新模式层出不穷，新职业不断涌现。新业态催生新职业，新职业将带来新就业，不仅为人们提供了发展新机遇和就业新选择，又能反哺经济发展，对产业结构转型升级和经济社会高质量发展起到积极的助推作用。随着数字技术与实体经济的深度融合，大量数字化技术应用新职业推动了中国制造业高质量发展。

（3）提升人民的幸福感与满意度。随着生活水平的提高，人们对美好生活的需要也呈现出个性化、多样化、细分化的特征。一些新职业在供需协同的过程中不断成长壮大。例如，老年人能力评估师、健康照护师、社群健康助理员、森林园林康养师、民宿管家等新职业，体现了在老龄化社会到来之际人民对高质量美好生活的需要；托育师、研学旅行指导师、家庭教育指导师、在线学习服务师等新职业应运而生，为家庭教育提供了专业化、差异化的服务，有效缓解了多子女时代的教育压力。

二、新职业的认定与发布

（一）新职业的认定程序

新职业是在向社会公开征集的基础上，经专家评审、征求相关部门意见、向社会公示后，由人社部、国家市场监督管理总局、国家统计局联合发布，并在《大典》中补充完善。新职业的评审标准主要包括职业的社会性、技术性、群体性等方面内容。具体程序如下。

（1）建议。各级各类机关、社会团体（组织）、企业、学校以及个人可结合实际，向人社部职业技能鉴定中心（以下简称职业技能鉴定中心）提出新职业建议，并填写《新职业建议书》。

（2）汇总。职业技能鉴定中心对新职业建议进行登记、汇总、分类。

（3）论证。由专家对新职业从重要性、独特（立）性、规范性、技术性、稳定性等方面进行论证、审核。

（4）公示。专家审核结果通过公共服务网络平台向社会公示，广泛征求意见。

（5）发布。人社部适时对外发布。

（二）人社部发布的新职业名单

2004年中国首次发布新职业，至2009年共发布了12批次120多个新职业。自2019年以来，人社部会同有关部门发布了5批共74个新职业。既有科学技术快速发展所带来的专业化水平较高、处于生产领域的职业，也有新技术运用和人民消费生活观念变化催生的服务类职业，如表10-6所示。

表10-6 人社部发布的新职业名单

批次	发布时间	新职业名称及个数
第一批新职业	2004年8月19日	形象设计师、锁具修理工、呼叫服务员、水生哺乳动物驯养师、汽车模型工、水产养殖质量管理员、汽车加气站操作工、牛肉分级员、首饰设计制作员。共9个
第二批新职业	2004年12月2日	商务策划师、会展策划师、数字视频（DV）策划制作师、景观设计师、模具设计师、建筑模型设计制作员、家具设计师、客户服务管理师、宠物健康护理员、动画绘制员。共10个
第三批新职业	2005年3月31日	信用管理师、网络编辑员、房地产策划师、职业信息分析师、玩具设计师、黄金投资分析师、企业文化师、家用纺织品设计师、微水电利用工、智能楼宇管理师。共10个
第四批新职业	2005年10月25日	健康管理师、公共营养师、芳香保健师、宠物医师、医疗救护员、计算机软件产品检验员、水产品质量检验员、农业技术指导员、激光头制造工、小风电利用工、紧急救助员。共11个
第五批新职业	2005年12月12日	礼仪主持人、水域环境养护保洁员、室内环境治理员、霓虹灯制作员、印前制作员、集成电路测试员、花艺环境设计师、计算机乐谱制作师、网络课件设计师、数字视频合成师。共10个

续表

批次	发布时间	新职业名称及个数
第六批新职业	2006年4月29日	数控机床装调维修工、体育经纪人、木材防腐师、照明设计师、安全防范设计评估师、咖啡师、调香师、陶瓷工艺师、陶瓷产品设计师、皮具设计师、糖果工艺师、地毯设计师、调查分析师、肥料配方师。共14个
第七批新职业	2006年9月21日	房地产经纪人、品牌管理师、报关员、可编程序控制系统设计师、轮胎翻修工、医学设备管理师、农作物种子加工员、机场运行指挥员、社会文化指导员、宠物驯导师、酿酒师、鞋类设计师。共12个
第八批新职业	2007年1月11日	会展设计师、珠宝首饰评估师、创业咨询师、手语翻译员、灾害信息员、孤残儿童护理员、城轨接触网检修工、数控程序员、合成材料测试员、室内装饰装修质量检验员。共10个
第九批新职业	2007年4月25日	衡器装配调试工、汽车玻璃维修工、工程机械修理工、安全防范系统安装维护员、助听器验配师、豆制品工艺师、化妆品配方师、纺织面料设计师、生殖健康咨询师和婚姻家庭咨询师。共10个
第十批新职业	2007年11月22日	劳动关系协调员、安全评价师、玻璃分析检验员、乳品评鉴员、品酒师、坚果炒货工艺师、厨政管理师、色彩搭配师、电子音乐制作师、游泳救生员。共10个
第十一批新职业	2008年5月28日	动车组司机、动车组机械师、燃气轮机运行值班员、加氢精制工、干法熄焦工、带温带压堵漏工、设备点检员、燃气具安装维修工。共8个
第十二批新职业	2009年11月12日	皮革护理员、调味品品评师、混凝土泵工、机动车驾驶教练员、液化天然气操作工、煤气变压吸附制氢工、废热余压利用系统操作工、工程机械装配与调试工。共8个
2019年公布的新职业	2019年4月1日	人工智能工程技术人员、物联网工程技术人员、大数据工程技术人员、云计算工程技术人员、数字化管理师、建筑信息模型技术员、电子竞技运营师、电子竞技员、无人机驾驶员、农业经理人、物联网安装调试员、工业机器人系统操作员、工业机器人系统运维员。共13个
2020年公布的新职业	2020年2月25日	智能制造工程技术人员、工业互联网工程技术人员、虚拟现实工程技术人员、连锁经营管理师、供应链管理师、网约配送员、人工智能训练师、电气电子产品环保检测员、全媒体运营师、健康照护师、呼吸治疗师、出生缺陷防控咨询师、康复辅助技术咨询师、无人机装调检修工、铁路综合维修工和装配式建筑施工员。共16个
2020年公布的新职业	2020年7月6日	区块链工程技术人员、城市管理网格员、互联网营销师、信息安全测试员、区块链应用操作员、在线学习服务师、社群健康助理员、老年人能力评估师、增材制造设备操作员。共9个
2021年公布的新职业	2021年3月18日	集成电路工程技术人员、企业合规师、公司金融顾问、易货师、二手车经纪人、汽车救援员、调饮师、食品安全管理师、服务机器人应用技术员、电子数据取证分析师、职业培训师、密码技术应用员、建筑幕墙设计师、碳排放管理员、管廊运维员、酒体设计师、智能硬件装调员、工业视觉系统运维员。共18个
2022年公布的新职业	2022年6月14日	机器人工程技术人员、增材制造工程技术人员、数据安全工程技术人员、退役军人事务员、数字化解决方案设计师、数据库运行管理员、信息系统适配验证师、数字孪生应用技术员、商务数据分析师、碳汇计量评估师、建筑节能减排咨询师、综合能源服务员、家庭教育指导师、研学旅行指导师、民宿管家、农业数字化技术员、煤提质工、城市轨道交通检修工。共18个

三、新职业的发展及政策扶持现状

（一）新职业的分布领域

从世界范围看，随着科技的不断创新和产业发展，新职业也呈现出集中爆发的特点，新职业的大量涌现也为全球劳动力结构的变化带来了更多的挑战和思考。新职业主要集中在以数字经济为代表的新经济领域，并对数字素养的要求最为突出。从未来趋势看，新职业带动就业，就业向服务业领域转移是大势所趋。新职业的分布领域包括以下方面。

（1）新业态、新模式。新职业就业群体主要分布在新经济领域，其中又以现代服务业中的个人消费服务为核心。例如，新媒体（抖音、快手、喜马拉雅等）、新渠道（拼多多、小红书等）、新产品（如新茶饮等）所引发的新消费及其带动的供应链、传播、服务各个环节的变革所带来的新职业和新就业。相较于新技术和新产业，个人消费服务领域的新职业就业灵活度更高、门槛更低、适用人群范围更广，也贡献了最广泛的就业机会，如与我们日常购物、信息获取息息相关的全媒体运营师、互联网营销师、互联网音频创作者等。

（2）新技术。新一代信息技术，如人工智能、大数据、物联网、云计算、虚拟现实等实现产业化应用的新技术领域的相关新职业包括人工智能工程技术人员、大数据工程技术人员、云计算工程技术人员、物联网工程技术人员、物联网安装调试员、区块链工程技术人员、区块链应用操作员等。新兴技术领域存在较大的人才缺口。

（3）新产业。新产业指应用新科技成果、新兴技术而形成一定规模的新型经济活动，包括新技术应用产业化直接催生的新产业；传统产业采用现代信息技术形成的新产业；由于科技成果、信息技术推广应用，推动产业的分化、升级、融合而衍生出的新产业。相关新职业包括工业机器人系统操作员、无人机装调检修工等。

（二）新职业岗位特征及人才结构

从全国就业人员的产业分布来看，2011年以来，第三产业就业人员占比持续增加。在工业互联网和双循环的发展共同促进下，生产领域和生活领域的数字化加速了三大产业的数字化转型，也提供了大量的不同以往的新就业岗位。从数字经济的招聘岗位来看，产业数字化领域面向消费端的第三产业就业岗位人才需求远超第一、第二产业。电子商务、内容营销、软件开发和工程等自带数字化基因的职位正在成为新的风口，新兴就业需求被释放，就业规模不断扩大。

从新职业人才的区域分布来看，以生产技术类和生活服务类为代表的新职业人才大量分布在一线和新一线城市，其中一线城市生产技术类新职业增速突出，新一线城市生活服务类新职业人才需求旺盛；从新职业人才来源行业来看，互联网/电商、房地产/建筑、汽车/摩托车、食品/日化、教育/培训为新职业人才来源排名前五位的行业，为新职业的发展提供了丰富的人才储备；从新职业人才的供需结构来看，新职业供给缺口较大，供需矛盾比较突出。

(三) 新职业发展的政策扶持

面对新职业蓬勃发展的良好局面,中央及地方政府出台多项政策支持新职业人才培养,切实解决了从业者的后顾之忧,为新职业群体提供更广阔的发展舞台,如表10-7所示。

表10-7 鼓励新职业发展的相关政策

时间	发文单位	文件名称	支持新职业发展相关内容
2019年5月18日	国务院办公厅	《关于印发职业技能提升行动方案（2019—2021年）的通知》	完善技能人才职业资格评价、职业技能等级认定、专项职业能力考核等多元化评价方式,动态调整职业资格目录,动态发布新职业信息,加快国家职业标准制定修订
2019年12月25日	中共中央办公厅、国务院办公厅	《关于促进劳动力和人才社会性流动体制机制改革的意见》	推进职业资格与职称、职业技能等级制度有效衔接,推动实现技能等级与管理、技术岗位序列相比照,畅通新职业从业人员职业资格、职称、职业技能等级认定渠道
2020年7月28日	国务院办公厅	《关于支持多渠道灵活就业的意见》	推动新职业发布和应用。密切跟踪经济社会发展、互联网技术应用和职业活动新变化,广泛征求社会各方面对新职业的意见建议,动态发布社会需要的新职业,更新职业分类,引导直播销售、网约配送、社群健康等更多新就业形态发展。及时制定新职业标准,推出新职业培训课程
2021年3月12日	中共中央	《中华人民共和国国民经济和社会发展第十四个五年规划和2035年远景目标纲要》	促进平等就业,增加高质量就业,注重发展技能密集型产业,支持和规范发展新就业形态 深入实施职业技能提升行动和重点群体专项培训计划,广泛开展新业态新模式从业人员技能培训,有效提高培训质量
2021年9月2日	人力资源和社会保障部、财政部	《关于拓宽职业技能培训资金使用范围提升使用效能的通知》	要结合高质量发展对技能人才的急迫需求,结合平台经济、共享经济发展形成的新就业需求和新就业形态,进一步健全新职业培训的支持政策。大力开展新职业培训,将新职业培训及时纳入职业培训补贴范围
2020年3月24日	广州市商务局	《广州市直播电商发展行动方案（2020—2022年）》	到2022年,推进实施直播电商催化实体经济"爆款"工程——"一个十百千万"工程。打造直播电商产业集群,构建直播电商人才支撑体系,将广州打造成为全国著名的直播电商之都
2021年4月22日	福州市人力资源和社会保障局、福州市财政局	《福州市互联网营销师培训实施方案（试行）》	2021年计划培训互联网营销师1万人。对举办互联网营销师培训的培训机构,由所在县（市）区人社局、财政局给予相应培训补贴
2021年12月20日	昆明市人民政府	《关于进一步做好当前和今后一个时期就业创业工作的实施意见》	支持新业态发展和灵活就业。支持劳动者通过临时性、非全日制、季节性、弹性工作等形式实现就业;促进数字经济、平台经济健康发展,加快推动网络零售、移动出行、网络直播、线上教育等行业发展,创造居家就业、远程办公、兼职就业等有利条件

四、新职业发展的问题分析及未来取向

（一）新职业发展的问题分析

（1）人才供需不平衡。自2019年国家颁布新职业开始,伴随着数字经济的大力发展和人才政策的双重加持,新职业人才的需求不断上涨,但人才供给的数量和质量还难以

满足当前新职业的发展需求。2019～2021年，除了碳排放管理员的供给增速持续增长外，多数代表性新职业的人才供给增速趋缓。例如，根据人社部 2020 年发布的《新职业在线学习平台发展报告》，由于对口职业教育缺位，无人机驾驶员、电子竞技员等新职业人才缺口接近 1000 万，存在巨大的人才供给缺口。与人才供给短缺问题并存的是人才质量参差不齐，高素质人才缺乏。为此，进一步加强新职业人群的教育和培训，解决新职业人才短缺困境已迫在眉睫。

（2）权益保障不完善。新职业在提供大批新就业岗位、吸纳传统劳动力就业创业的同时，也面临维权渠道不畅、抗风险能力较弱等问题。由于工作方式、地点、时间等相对灵活，互联网平台就业模式下的新职业从业人员劳动合同签约率低、劳动关系不明晰，在适用劳动标准、社会保险政策时无法对接。例如，网络作家与网络平台、出版单位签订的只是授权合同，不属于组织正式员工，面临社保无法无处缴纳的窘境，网络主播也存在"五险一金"[①]缴纳困难的问题。这不仅不利于新职业从业者自身劳动成果与职业权益的保障，同时也为人社部门的监管带来极大挑战，不利于新职业的类型扩充和人才队伍建设。

（3）培育体系不充分。面对巨大的新职业人才缺口，作为新职业人才主要供给者的职业教育培训体系尚未建立，在人才培养方面存在急于求成的乱象，导致个人发展参差不齐，学员利益受损，影响了新职业的健康规范发展。例如，一些院校忽略地方产业发展的实际情况以及自身发展的实际水平，扎堆开设一些热门高新技术产业的相关专业，但却无法在教师、教材、实训基地等方面进行与时俱进的更新，导致一些新开设的专业有名无实，学生的职业前景一片黯淡。一些社会培训机构打着"网红孵化""直播带货"等旗号，骗取"零粉丝""零基础"的学员高昂的学费，但其自身的教学质量却根本无法与宣传效果相符。

（4）动态监测需加强。相对于以雇佣就业为主的传统行业，一些仍处于发展初期的新职业，由于尚未探索出成熟的商业模式，从业人员多以投入低、起步快的自由职业者为主，成了目前市场需求量较大的群体。新职业具有随机性和碎片化的特点，带有一定程度的"零工经济"属性，职业发展的稳定性不够，迭代速度快，有些职业劳动强度比较高。相关部门或组织对部分职业的发展前景进行了分析，为社会提供了可参考的信息，但还有部分职业的从业人员规模、流动、收入水平等停留在个案式描述，对整体职业发展前景评估的系统性、动态性不足，可能会导致部分劳动者尤其是在校大学生盲目考资格证的现象。

（二）新职业发展的未来取向

（1）注重对新职业的规范和监管。对新职业的规范包括形式规范和内在规范两个方面[8]。形式规范是指通过对现在和未来新的就业创业群体的整体把握和认知，将新职业纳入国家专业部门的职业目录，从而使新职业合法化，提高新职业的社会认同度及公信力。内在规范是指对新职业的从业资格、工作标准、工作条件等方面进行规范，要规定

---

① 五险一金包括基本养老保险、基本医疗保险、失业保险、工伤保险、生育保险及住房公积金。

一定的资格条件和行为标准,保证从业者行为的合法性,为新职业营造良好发展氛围,使得新职业的从业者能够及时有效地满足社会需求,真正为社会创造价值[7]。

（2）为新职业人才发展提供教育培训。教育部门和职业院校提供的人才教育培训体系对新职业的持续发展尤为重要。一方面,紧密聚焦和对接新职业的新诉求,结合新经济、新产业、新职业发展现状,修订职业教育专业目录,设置新职业相关专业,组织编写教材和培训师资,提高新职业人才培养质量;另一方面,应引导相关企业参与新职业的发展,实现人才培养和市场需求的紧密衔接,以市场需求为导向引领人才教育体系发展,营造企业和院校一起推动新职业持续发展的良好机制。

（3）加快建设社会保障与劳动力权益保护体系。针对新职业灵活多样的形态特征,探索适应跨平台、多雇主的权益保障、社会保障、就业服务等政策,及时更新相关的政策法律,不断补齐短板,明确平台企业在劳动者权益保障方面的相应责任,切实解决新职业从业者的后顾之忧,调动其创造性和积极性。在社会保障方面,为从业者解决保费缴纳、子女读书和落户等问题。同时,政府还应保障新职业者在所处地区及领域的合法权益,鼓励劳动力跨部门、跨地区性灵活流动,增强人力资本的良性互动[8]。

（4）增强新职业发展的评估和引导。一是增强新职业发展的预判与评估。新职业的建设和规范研究需持续跟进。围绕新职业群体的基本特征、生活现状、职业观念、利益诉求等开展实证调查研究,推动制定促进新职业发展福利保障、社会融入、职业发展等公共政策与法律,促进新职业的健康良性发展[9]。二是引导新职业从业者加强自律。运用社会主义核心价值观引导新职业从业者形成良好的社会行为和健康的社会风气,通过新职业弘扬正能量,形成新职业从业者的行业自律,促进新职业的健康良性发展。

第五节　职业培训

一、职业培训的含义与对象

（一）职业培训的含义

职业培训,也称职业技能培训,是指对准备就业和已经就业的人员,以开发其职业技能为目的而进行的技术业务知识和实际操作能力的教育和训练。其含义包括三个方面:一是职业培训是一种以劳动者为特定对象的劳动力资源开发活动;二是职业培训是一种以直接满足社会、经济发展的某种特定需要为目的的定向性培训;三是职业培训通常是按照国家职业分类和职业技能标准进行的规范性培训。

职业培训同普通教育既有联系,又有区别。职业教育与普通教育的联系在于:两者都是为了培养和提高人的才能及文化技能水平,同属智力开发活动。普通教育是基础,职业教育是普通教育的延伸和专门化。二者的区别主要包括以下几点。

第一,教育目的不同。职业培训是以直接培养和提高劳动者的职业技能为目的,具有较强的专业性。而普通教育是以提高受教育者的基础文化水平为目的,具有基础性和普及性。

第二,教育对象不同。职业培训的对象是社会劳动者,包括失业者下岗人员、在职职工和其他求职者,而普通教育主要是针对处于学龄期的青少年。

第三,教育内容不同。职业培训是以技术业务知识和实际操作能力为主,具有选择性和单一性,而普通教育在内容上具有基础性和系统性。

第四,教育方法和手段不同。职业培训通常是一种非规范性的学习,可以是学徒培训、短期职校培训,而普通教育一般都是全日制常规教育。

综上所述,职业培训在目的、对象、内容、方法和手段上与普通教育都不相同。但职业培训和普通教育都是国民教育的组成部分,一个合格的劳动者既要有良好的文化水平,也应有精湛的职业技能。鉴于此,各国劳动法一般都将职业培训列为一项重要的法律制度。《劳动法》和《中华人民共和国职业教育法》都明确了职业技能培训的内涵和法律地位。

(二)职业培训的对象

职业培训的对象是劳动法意义上的劳动者。在这里,劳动者是广义的,既包括即将成为工薪劳动者的人(谋求职业的人),也包括已经成为劳动关系一方当事人的劳动者。前者可以是具有劳动能力的人,也可以是尚未具有劳动能力的人(如技工学校的学生)。

职业培训中心的培训对象主要包括以下几类:一是初次求职人员、下岗职工和失业人员、在职人员、转岗转业人员、出国劳务人员、境外就业人员、个体劳动者;二是农村非农产业转移进城务工人员和农业劳动者;三是需要提供专门职业培训的妇女、残疾人、少数民族人员和现役军人及军队转业人员;四是其他需要学习、掌握和提高职业技能的劳动者。

二、职业培训的目的和意义

职业培训的目的是使受训者获得或提高某个方面的职业技能,而不是培训受训者的文化水平。当然,有些与文化素质教育有联系的职业培训方式(如职业技术学校培训方式),在职业培训的同时也进行高中阶段的文化课程教学,但这只是职业培训与普通教育相结合的事物,并不改变职业培训的目的。

提高劳动者的知识和技能是发展社会生产力的客观要求。在社会主义条件下,加强职业培训有利于加速培养技术业务骨干,以满足国民经济发展对专门人员的需要;有利于提高劳动者的文化素质和技术水平,促进劳动生产率和经济效益的提高。开展大规模职业技能培训,对全面提升劳动者就业创业能力、缓解技能人才短缺的结构性矛盾、提高就业质量必将起到重要作用。

(1)职业培训是提高劳动者素质的需要。纵观全球发展趋势,当今社会已经进入智能化引领的时代,一个国家生产力水平主要取决于产业工人整体素质和技能水平。有专家认为,2010年至2035年,属于人口红利后半期,人口总量进入负增长,劳动力成本升高。因此,将我国人口红利转变为人才红利是持续提高社会生产力的战略思维。我国是世界上劳动力资源最丰富的国家,但从整体上看,目前我国劳动力素质和技能水平还比较低,不能完全适应转变经济发展方式的要求。由此可见,建立劳动者终身职业技能培训制度，大规模开展职业技能培训，加快建设知识型、技能型、创新型劳动者大军，为经济社会发展提供人才支撑和技能保障，是提高社会生产力水平的有效途径。

（2）职业培训是实现比较充分就业的需要。随着产业结构的优化升级和高新技术的广泛应用，我国社会经济发展对高技能劳动力的需求不断上升。在此情况下，劳动力供给与市场需求不匹配已成为中国劳动力市场的突出问题，主要表现在劳动者的职业技能类型、职业技能水平与产业、企业就业岗位要求不适应的矛盾，"普工剩、技工荒"，高技能人才匮乏。解决好这一问题，就需要大力加强职业培训。通过实施职业技能提升行动，大规模开展职业技能培训，促使技能人才增量迅速增加和存量技能人才职业技能提升，提高劳动者的就业能力、工作能力和职业转换能力，缓解就业结构性矛盾，促进实现比较充分就业，进一步推进产业转型升级和社会经济高质量发展。

（3）职业培训是提升企业竞争力的需要。在知识经济高速发展的条件下，企业竞争更多表现为员工素质水平的竞争。提升企业竞争力不但需要在加强管理、加快技术进步和产品开发等方面采取措施，同时还必须加快培养和造就一支高素质的人才队伍，以获得竞争优势。企业培训作为人力资本投资的一项重要内容，是为提高员工素质、能力、工作绩效而实施的有计划、系统的培养和训练活动。有效的企业培训可以全面提高员工的综合素质，包括劳动技能、技术实力、服务水平和生产效率，增强企业职工队伍的稳定性并激发员工的积极性和创造性，可以为企业培养储备人才力量，为企业可持续发展提供动力。

三、职业培训的内容和特点

为了实现职业培训的目的，职业培训的内容是相关岗位或工种的技术业务知识和实际操作能力。受训者经过职业培训，获得谋求职业或保障职业安定必需的技术业务知识和实际操作能力。

（一）职业培训的基本内容

职业培训的基本内容一般分为基本素质培训、职业知识培训、专业知识与技能培训和社会实践培训。

（1）基本素质培训。基本素质培训包括文化知识、道德知识、法律知识、公共关系与社会知识、生产知识与技能。这种培训主要是培养熟练工，培训的内容以基本素质培训为主，并结合用人单位的岗位设置及职业要求进行培训。

（2）职业知识培训。职业知识培训包括职业基础知识、职业指导、劳动安全与保护知识、社会保险知识等。其目的是使求职者了解国家有关就业方针政策以及个人选择职业的知识和方法；掌握求职技巧、开业程序与相关政策；了解职业安全与劳动保护有关政策和知识；掌握社会保险方面的知识和政策。

（3）专业知识与技能培训。专业知识与技能培训包括专业理论、专业技能和专业实习。学员在专业理论的指导下掌握一定的专业技能，并通过在企业的实习，提高解决实际问题的能力，为就业打好基础。

（4）社会实践培训。社会实践培训包括各种社会公益活动、义务劳动、参观学习和勤工俭学等。

（二）职业培训的主要特点

（1）针对性与实用性。职业培训的培训目标、专业设置、教学内容等均根据经济和社会发展对劳动力的需求、用人单位实际需要和职业标准确定。劳动者经过职业培训后能尽快适应岗位实际工作的要求，上岗就业。

（2）灵活性和多样性。在培训形式上可采取联合办学、委托培训、定向培训等形式；在培训时限上采取弹性学制，可以脱产也可以半脱产；在培养对象上依据岗位的实际需要灵活确定，不受学籍、年龄和文化程度的限制；在教学形式上不受某种固定模式的限制，根据职业标准要求采取多种形式的教学手段。

（3）技术性和技能性。这是职业培训的本质要求，是由培养目标所决定的。在培训方法上强调理论知识教育与实际操作训练相结合，突出技能操作训练，强化培训者运用技术技能解决实际问题的能力，推动培训与就业和使用相结合。

四、职业培训的分类

根据《中华人民共和国职业教育法》，职业培训包括从业前培训、转业培训、学徒培训、在岗培训、转岗培训等，可以根据实际情况分为初级、中级、高级职业培训。

（1）从业前培训。从业前培训也称"就业前培训"，是指对初次就业人员获得就业能力进行必备的职业知识、技能的培养和训练，主要由职业培训机构和各类职业学校实施。"先培训后就业"是中国劳动人事制度中的一项原则。《中华人民共和国职业教育法》也规定，从事技术工种的劳动者，上岗前必须经过安全生产教育和技术培训；从事涉及公安全、人身健康、生命财产安全等特定职业（工种）的职工必须经过培训并依法取得职业资格或者特种作业资格。目前，我国的从业前培训有技工学校、职业中学、就业训练中心和学徒培训等四种基本形式。

（2）转业培训。转业培训也称"再就业培训"，一般是指为需要转业（或再就业）的人员创造新的职业技能条件，获得新的就业能力而组织的专门培训。转业培训主要由职业培训机构和各类职业学校实施。转业培训的对象一般具有一定的文化水平、工作经历和实践经验。例如，从事的新职业与原职业差别很大，就需要重新学习，以掌握新职业必备的技术业务知识和工作技能。进行转业培训是劳动制度改革的需要、劳动者竞争就业和劳动者调整工作岗位的需要。

（3）学徒培训。学徒培训也称"艺徒培训"，是指由用工单位招收学徒工，在师傅的直接教导下通过生产实践活动，学习并掌握生产技艺或业务技巧从而成为新技术工人或专业人员的一种培训方式。学徒培训适用范围广，培训数量大，能利用已有的设备和技术，是人力资源开发非常有效的形式。特别是对技术工种的技能开发，它将学校培训和工作中培训两者的优点结合为一体，其效果更加突出。学徒培训不仅是我国的传统培训方式，世界许多其他国家也都采用。

（4）在岗培训。在岗培训是指在职培训，也称"工作现场培训"，是指对已具有一定教育背景并已在工作岗位上从事有酬劳动的各类人员进行的再教育活动。我国在职培训的形式基本上采用在岗业余培训和离岗专门培训两种方式进行。在岗业余培训一般采用岗位培训、各种短期培训班、系列讲座、各类培训中心以及国家开放大学（电大）、业余大学（业大）、夜大学（夜大）、函授大学（函大）和高等教育自学考试等形式；离岗专门培训通常有各类职业中学和职工大学，或委托大专院校、科研机构进行代培等形式。

（5）转岗培训。转岗培训是指为转换工作岗位，使转岗人员掌握新岗位技术业务知识和工作技能，取得新岗位上岗资格所进行的培训。转岗培训的对象一般具有一定的工作经历和实践经验，但转移的工作岗位与原工作岗位差别较大，需要进行全面的培训，以掌握新知识、新技能。转岗培训的方式包括与新员工一起参加拟转岗位的岗前培训、接受现场一对一指导、外出参加培训、接受企业的定向培训等。

五、终身职业技能培训制度

为全面提高劳动者素质，促进就业创业和经济社会发展，2018年5月8日，国务院印发了《关于推行终身职业技能培训制度的意见》，该文件提出了构建终身职业技能培训体系、深化职业技能培训体制机制改革、提升职业技能培训基础能力等一系列推行终身职业技能培训制度的措施，进一步明确了职业技能培训是全面提升劳动者就业创业能力、缓解技能人才短缺的结构性矛盾、提高就业质量的根本举措，对于推动大众创业、万众创新，推进制造强国建设，都具有十分重要的意义。

（一）"终身"制度的含义

《关于推行终身职业技能培训制度的意见》提出建立并推行终身职业技能培训制度，其"终身"一词主要体现在四个方面。

（1）培训对象覆盖全体劳动者，包括就业人员和准备就业创业的人员在内。

（2）培训补贴覆盖劳动者终身职业生涯，从劳动预备开始，到劳动者实现就业创业并贯穿学习和职业生涯全过程，都有机会享受政府职业技能培训补贴。这是终身职业技能培训制度的核心所在。

（3）技能评价激励活动覆盖劳动者培训就业全过程，提出建立技能人才多元评价机制、技能提升多渠道激励机制，使培训、就业、评价、使用有机衔接。

（4）提供全方位服务保障，以公共实训机构、职业院校、职业培训机构和行业企业为主要载体，提供全方位职业技能培训服务，加强职业技能培训基础能力建设，强化组织领导、资金投入等措施，切实保障劳动者培训权益。

总而言之，要大力倡导劳动者终身培训的理念，使我国发展实现从"人口红利"向"人才红利"转变。

（二）职业技能培训政策新变化

与以往的职业培训政策相比，此次推出的终身职业技能培训政策，是政策的新变化，主要包括以下八个方面。

（1）在政策目标上，明确建立并推行覆盖城乡全体劳动者，贯穿劳动者学习工作终身，适应就业创业和人才成长需要以及经济社会发展需求的终身职业技能培训制度，政策拓展设计更加完善。

（2）在重点群体上，对高校毕业生、农民工、化解过剩产能企业职工等群体分别实施专项职业技能培训行动计划，同时突出强调企业职工培训和高技能人才培训。

（3）在培训类型上，在就业技能培训、岗位技能提升培训、创业培训三大类型的基础上，适应发展需要，增加了工匠精神和职业素质培养，将创业培训拓展为创业创新培训。

（4）在培训供给上，突出发挥企业主体作用，鼓励支持社会力量参与，要求采取政府补贴培训、企业自主培训、市场化培训等方式，大规模开展职业技能培训。

（5）在机制创新上，提出建立职业技能培训市场化和社会化的发展机制、技能人才多元评价机制、培训质量评估监管机制和技能提升多渠道激励机制。

（6）在经费保障上，将资金渠道扩大为政府、企业、社会多元投入机制，通过就业补助资金、企业职工教育培训经费、社会捐助赞助、劳动者个人缴费等多种渠道筹集培训资金，失业保险基金也可以用于参加失业保险的职工的技能提升培训。

（7）在购买服务上，由政府购买定点培训机构培训成果的方式，改革为政府补贴的职业技能培训项目全部向具备资质的职业院校和培训机构开放。

（8）在质量监管上，对职业技能培训公共服务项目实施目录清单管理，对社会公开政府补贴培训目录、培训机构目录、鉴定评价机构目录和职业资格目录。

六、职业培训成效分析及完善举措

（一）职业技能培训工作成效分析

党中央、国务院历来高度重视职业技能培训工作，相继出台了《关于加强职业培训促进就业的意见》等一系列政策文件，各地、各部门认真贯彻落实党中央、国务院的要求，大力实施国家高技能人才振兴计划、农民工职业技能提升计划——"春潮行动"、高校毕业生技能就业行动、失业人员和转岗职工特别职业培训计划，职业技能培训工作取得了显著成绩，为促进我国的经济社会发展和为劳动者就业创业都作出积极贡献。

根据《2022年度人力资源和社会保障事业发展统计公报》，2022年末全国共有技工院校2551所，在校学生445万人，面向社会开展培训616万人次。2022年末全国共有就业训练中心623所，民办培训机构31 765所，全年共组织补贴性职业技能培训2228万人次。其中，培训企业职工1148万人次，培训失业人员90万人次，培训毕业年度高校和中职毕业生87万人次。2022年末全国共有职业资格评价机构6314个，职业技能等级认定机构30 315个，职业资格评价或职业技能等级认定考评人员64.4万人。全年共有1466.5万人次参加职业资格评价或职业技能等级认定，1234.3万人次取得职业资格证书或职业技能等级证书，其中35.6万人次取得技师以上职业资格证书或职业技能等级证书。

《"十四五"职业技能培训规划》提出了到2025年要实现终身职业技能培训制度更加完善，共建共享职业技能培训体系更加健全，创新型、应用型、技能型人才队伍不断发展壮大，职业技能培训服务更加有效等四个主要目标。具体目标是组织实施政府补贴性培训达7500万人次以上，其中，农民工职业技能培训3000万人次以上；新增取得职业资格证书或职业技能等级证书的人员要达到4000万人次以上，其中能够达到高级技工、技师、高级技师的高技能人才要达到800万人次以上；新增公共实训基地200个。

（二）加强职业技能培训的举措

（1）提高职业技能培训的数量和质量。我国目前职业技能培训服务的供给数量不足，与我国经济发展和群众需要仍存在一定差距。同时，职业技能培训以中低端为主，随着产业的转型升级、知识更新、技术进步，培训工作的质量需要同步提升。为此，职业技能培训应以优质高效为目标，充分结合地区经济发展的实际和群众培训的需求，及时审批培训机构和培训工种，合理延长培训时长，不断优化培训内容。围绕新技术、新工艺、新材料、新设备，不断加大中、高级技能培训力度，着力增强培训的针对性和实效性。

（2）加大对职业技能培训的财政投入。职业技能培训经费由企业教育培训投入、国家投入以及职工自身投入组成，国家投入包括就业补助资金和失业保险基金等。我国目前职业技能培训投入中，政府补贴投入不足，补贴标准比较低，投入机制不合理。为此，应统筹利用就业补助资金、失业保险基金和已有的职业技能培训资金，多渠道筹集资金，加大职业技能培训支持力度。同时，优化职业培训补贴申报流程，完善职业培训补贴资金直达机制，保障职业培训补贴资金渠道顺畅、拨付及时。

（3）提高对职业技能培训的认识。从全社会来看，仍然存在着"重学历、轻能力；重理论、轻操作；重装备、轻技工"的现象。职业技能培训对青年和学生的吸引力也不够强，需要在思想层面提高对职业技能培训的认识。为此，应加大对职业技能培训的宣传力度和组织力度，充分利用各种媒体和手机短信、入户调查等信息服务进行宣传，详细讲解培训政策，分析和发布培训信息，使就业者充分获取信息，转变观念，树立"知识改变命运，技能成就梦想"的市场化就业意识，积极参加职业技能培训。

（4）完善职业技能培训监管体系。加强对培训机构日常工作的监督检查，明确督查任务，落实督查责任，实施有效监管。不定期组织开展就业技能培训专项检查，包括场地是否安全、师资队伍是否稳定、办学标准是否完善、补贴政策是否落实等。对涉及虚假宣传、违规收费、骗取套取补贴资金、发放"山寨证书"、培训满意度低等各种违法侵权行为的机构，及时移出政府补贴性培训和评价目录清单，直至取消培训资质，努力构建良好的职业技能培训环境，确保职业技能培训任务顺利完成。

本 章 小 结

本章对职业的基本知识进行了介绍，并从不同理论视角介绍了职业锚理论及职业选择和发展理论，总结了新职业和职业培训的基本内容。

一、职业的基本知识

（1）职业的含义和特征。职业一般是指在社会分工体系中，劳动者所从事的相对稳定的、以获得物质报酬作为主要生活来源并能满足精神需要的工作。职业根源于社会分工，具有社会性、连续性和稳定性、经济性。

（2）职业的分类。职业的分类就是按照一定的标准和方法，根据职业本身的特性，把职业分为若干种类。由于各国社会经济发展水平的差异，社会发展历史各异，国情不同，因此各国具体职业分类也不尽相同。1999年，中国第一部《大典》颁布。2015年7月，2015版《大典》审议通过并颁布，对1999版中各类别的内容进行了修订。2022年9月，2022版《大典》颁布，在保持八大类职业类别不变的情况下，净增加了158个新的职业，现在的职业数量达到了1639个。

二、职业锚

（1）职业锚的含义。职业锚是指当一个人不得不做出选择的时候，他无论如何都不会放弃的职业中的那种至关重要的东西或价值观。

（2）职业锚的类型。职业锚的类型包括技术/职能型职业锚、管理能力型职业锚、创造型职业锚、安全/稳定型职业锚、自主/独立型职业锚。

（3）职业锚的作用。职业锚有助于识别个人职业抱负模式和职业成功标准；能够促进预期心理契约得以发展，有利于个人与组织稳固地相互接纳；有助于增强个人职业技能和工作经验，提高劳动生产率和工作效率；早期职业锚可为雇员做好中后期的职业工作奠定基础。

三、职业选择和职业发展理论

（1）职业选择理论。职业选择是择业者根据自己的职业期望、理想、能力和兴趣等，从社会上众多类型的职业中选择其中的一种作为自己从事的职业的过程。有代表性的职业选择理论包括帕森斯的职业-人匹配论、霍兰德的人业互择理论、弗鲁姆的择业动机理论。

（2）职业发展理论。比较有影响的职业生涯发展阶段划分的理论主要包括舒波的职业生涯发展阶段理论、金斯伯格的职业生涯发展阶段理论、施恩的职业生涯发展阶段理论。

四、新职业

（1）新职业的含义与特征。新职业是指经济社会发展中已经存在一定规模的从业人员，具有相对独立成熟的职业技能，而《大典》中未收录的职业。新职业具有目的性、社会性、规范性和群体性特征。

（2）新职业的驱动因素。新职业的产生归根结底是经济社会发展的现实需要。其包括数字经济快速发展、商业和消费观念迭代升级、人口结构及生活方式出现新变化和职业选择的多元化等因素。

（3）新职业发展的意义。新职业对于促进就业创业、推动产业转型升级、提升人民的幸福感与满意度都具有十分重要的意义。

（4）新职业的认定与发布。新职业的认定程序包括建议、汇总、论证、公示、发布等环节。自2019年以来，人社部会同有关部门发布了5批共74个新职业。

（5）新职业的发展现状。从世界范围看，随着科技的不断创新和产业发展，新职业也呈现出集中爆发的特点。新职业主要集中在以数字经济为代表的新经济领域，包括新业态、新模式、新技术和新产业。

（6）新职业的问题分析及未来取向。新职业发展仍面临人才供需不平衡、权益保障不完善、培育体系不充分、动态监测需加强等问题。为此应注重对新职业的规范和监管、为新职业人才发展提供教育培训、加快建设社会保障与劳动力权益保护体系和增强新职业发展的评估和引导。

五、职业培训

（1）职业培训的含义与对象。职业培训是直接为适应经济和社会发展的需要，对要求就业和在职劳动者进行以培养和提高素质及职业能力为目的的教育和训练活动。职业培训的对象是劳动法意义上的劳动者。

（2）职业培训的目的和意义。职业培训的目的是使受训者获得或提高某个方面的职业技能，而不是培训受训者的文化水平。职业培训是提高劳动者素质、实现比较充分就业和提升企业竞争力的需要。

（3）职业培训的内容和特点。职业培训的基本内容一般分为基本素质培训、职业知识培训、专业知识与技能培训和社会实践培训。职业培训具有针对性与实用性、灵活性和多样性、技术性和技能性等特征。

（4）职业培训的分类。职业培训包括从业前培训、转业培训、学徒培训、在岗培训、转岗培训等。

（5）终身职业技能培训制度。2018年5月8日，国务院印发的《关于推行终身职业技能培训制度的意见》，进一步明确了职业技能培训是全面提升劳动者就业创业能力、缓解技能人才短缺的结构性矛盾、提高就业质量的根本举措。

（6）职业培训成效分析及完善举措。近年来，我国职业技能培训工作取得了显著成绩，为促进我国的经济社会发展和为劳动者就业创业作出了积极贡献。未来应进一步提高职业技能培训的数量和质量、加大对职业技能培训财政投入、提高对职业技能培训的认识、完善职业技能培训监管体系。

名 词 解 释

职业　职业锚　职业生涯　职业选择　新职业　职业培训

复 习 思 考

1. 什么是职业？职业具备哪些特性？
2. 联系实际，你认为应如何利用职业锚理论来指导自己的职业生涯发展？
3. 有关职业选择的理论有哪些？在职业选择过程中这些理论各自能起到什么作用？
4. 你目前处在职业生涯发展的哪一阶段？你最迫切需要解决的问题是什么？
5. 你怎样看待职业未来的发展趋势？
6. 联系实际，思考新职业带来的机遇和挑战有哪些？发展前景如何？
7. 为什么要推行终身职业技能培训制度？如何健全完善终身职业技能培训体系？

参 考 文 献

[1] 姚裕群. 职业生涯管理[M]. 大连：东北财经大学出版社，2009.
[2] 程社明. 你的船 你的海：职业生涯规划[M]. 北京：新华出版社，2007.
[3] 周文霞. 职业生涯管理[M]. 上海：复旦大学出版社，2004.
[4] 中国劳动社会保障出版社. 中华人民共和国职业分类大典（2006年增补本）[M]. 北京：中国劳动社会保障出版社，2007.
[5] 张再生. 职业生涯规划[M]. 天津：天津大学出版社，2007.
[6] 施恩. 职业的有效管理[M]. 仇海清，译. 北京：生活·读书·新知三联书店，1992.
[7] 张国玉. 新职业的动力机制与发展趋势[J]. 人民论坛，2021，（1）：24-28.
[8] 李世讴，高怡楠. 我国新职业的基本特征与发展路径[J]. 人民论坛，2021，（8）：73-75.
[9] 张宏亮. 新业态模式下新职业发展：动因、意义、特征、问题与对策[J]. 天津职业大学学报，2022，31（5）：3-10.

知识链接 10-1　看一看，你的职业锚最倾向于哪一种？

请回答下列问题：

1. 你在中学和大学时期主要对哪些领域比较感兴趣（如果有的话）？为什么对这些领域感兴趣？你对这些领域的感受是怎样的？
2. 你毕业之后所从事的第一种工作是什么（如果相关的话，服役也算在其中）？你期望从这种工作中得到什么？
3. 当你开始自己的职业生涯的时候，你的抱负或长期目标是什么？这种抱负或长期目标是否曾经出现过变化？如果有，那是在什么时候？为什么会变化？
4. 你第一次换工作或换公司的情况是怎样的？你期望下一个工作能给你带来什么？
5. 你后来换工作、换公司或换职业的情况是怎样的？你为什么会做出变动决定？你所追求的是什么？（请根据你第一次换工作、公司或职业的情况来回答这几个问题。）
6. 当你回首自己的职业经历时，你觉得最令自己感到愉快的是哪些时候？你认为这些时候的什么东西最令你感到愉快？
7. 当你回首自己的职业经历时，你觉得最让自己感到不愉快的是哪些时候？你认为这些时候的什么东西最令你感到不愉快？
8. 你是否曾经拒绝过从事某种工作的机会或晋升机会？为什么？

现在你仔细检查自己的所有答案，并认真阅读关于五种职业锚（技术/职能型、管理能力型、创造型、安全/稳定型、自主/独立型）的描述。根据你对上述这些问题的回答，分别将每一种职业锚赋予从1~5分的某一分数，1分代表重要性最低，5分代表重要性最高。

知识链接 10-2　职业技能提升行动超额完成各项目标任务

当前和今后一个时期，我国结构性就业矛盾凸显，国内外经济环境将给就业带来深刻影响，也对推进产业升级和劳动者素质提出新的要求。2019年5月18日，国务院办公厅印发《职业技能提升行动方案（2019—2021年）》，强调把职业技能培训作为保持就业稳定、缓解结构性就业矛盾的关键举措，从失业保险基金结余中拿出1000亿元，面向企业职工、就业重点群体等城乡各类劳动者，大规模开展职业技能培训。该方案的目标是2019年至2021年，三年共开展各类补贴性职业技能培训5000万人次以上，到2021年底技能劳动者占就业人员总量达到25%以上，高技能人才占技能劳动者比例达30%以上。培训实施主体主要是企业、职业院校及社会培训和评价机构等。在培训内容上，加强职业技能、通用职业素质和求职能力等综合性培训，将职业道德、职业规范、工匠精神、质量意识、法律意识和相关法律法规、安全环保和健康卫生、就业指导等内容贯穿职业技能培训全过程。

人社部等部门认真贯彻落实党中央、国务院决策部署，指导各地全力推进职业技能行动，开展补贴性职业技能培训8300多万人次、以工代训3600多万人，有效提升广大劳动者职业技能水平和就业创业能力，对于稳市场主体保就业、壮大高技能人才队伍等发挥了积极作用。一是稳步扩大技能人才总量，不断优化队伍结构。截至2021年底，全国技能劳动者总量超过2亿人，占就业人员的26%；高技能人才超过6000万，占技能劳动者的30%。二是释放就业优先政策红利，更好服务稳就业大局。面向城乡劳动者大规模开展职业技能培训，使失业保险受益人群从失业人员向全体职工和就业重点群体扩展。三是助推经济高质量发展和培育壮大新动能。加大先进制造业、战略性新兴产业、现代服务业以及现代农业等领域高技能人才、能工巧匠培养和开展急需紧缺职业（工种）培训，不断提升企业技术创新能力和企业竞争力。四是促进乡村振兴和共同富裕。持续加强重点帮扶地区高技能人才和乡村工匠培养，进一步筑牢防止返贫致贫防线。

资料来源：职业技能提升行动超额完成各项目标任务[EB/OL]. https://www.mohrss.gov.cn/SYrlzyhshbzb/dongtaixinwen/buneiyaowen/rsxw/202205/t20220511_447475.html[2022-05-11]（有删改）

讨论题：试讨论职业技能提升行动的实施背景和发展方向。

知识链接 10-3　职业理论前沿及热点问题

1. 职业变迁与新兴职业。伴随社会的进步，以及生活水平的提高，人们物质文化需求日趋多样化，尤其是互联网时代的到来，使40年前以"工、农、兵、学、商"为主的单一职业体系发生了翻天覆地的变化，一些新业态、新职业，乃至新的职业体系在细化与新生中重构。纵观科技的发展趋势，未来将在智能制造、物联网、无人机、电子游戏等领域催生出更多新兴职业。而在法律制度的规范下，这些新兴职业最终也会像已经长期存在的其他职业一样，成为社会职业金字塔中的一块基石，为促进社会发展贡献力量。

2. 推动职业技能培训高质量发展。时代的发展，以及职业不断与时俱进的变迁，要求人们以积极的心态，以及永不止步的学习来适应这些变化。职业技能培训是推动技能型社会建设和高质量发展的重要支撑。2022年是党的二十大召开之年，也是职业技能培训从"三年行动"向"五年规划"转型的关键之年。面对新形势、立足新阶段，当前和今后一个时期的职业技能培训工作必须完整、准确、全面贯彻新发展理念，服务和融入新发展格局。

第十一章
劳 动 法

导 读

本章梳理了劳动法相关法律法规。通过本章的学习，应达到如下目的：全面、系统、较为深入地熟悉和掌握劳动法中关于就业促进法、劳动合同法、工作时间与休息休假法、工资法、劳动监察，以及劳动争议处理法的主要内容；能用劳动法的相关法律法规，分析解决劳动权益保障方面的问题，并能树立起劳动者权益保护的法律意识。

（1）了解劳动法相关法律规定的具体内容。

（2）懂得劳动者权利与义务的主要内容。

（3）掌握保护劳动者自身权益的劳动法法律武器。

识记：了解有关的劳动法的名词概念和知识的含义，并能正确认识和表述，这是最基本的要求。

领会：在识记的基础上，能较好地把握基本概念、基本法律规定内容，能掌握相关概念、法律规定的区别与联系。

应用：在领会基本概念、基本法律内容的基础上，能运用它们分析和解释有关现实案例的问题，并能从劳动法角度得出结论及可能的法律救济措施。

人类自诞生之日起，便从未停止劳动，人类劳动的方式在不同时期有不同的表现。有学者认为人类劳动经历了不自由劳动时代，如巴比伦、古希腊等奴隶劳动；租赁劳动时代，如罗马帝国时期的自由人劳动；团体主义时代，如日耳曼法提倡的忠诚劳动；雇佣契约时代，如自由资本主义时期；劳动契约时代及当代资讯社会。在人类劳动过程中形成了不同类型的社会关系，如不自由劳动时期的奴隶在为奴隶主劳动的过程中形成的社会关系，在封建社会时期，雇农及农民从事农业劳动时与地主形成的社会关系等，但这些均不是劳动法要调整的社会关系。劳动法调整的是独立的劳动关系。独立的劳动关系是劳动者与生产资料的占有者之间，在实现劳动过程中产生的社会关系。在独立的劳动关系中，一方面，劳动者作为自然人，必须具备独立自由的法律人格，既不能属于生产资料所有者的私有财产，也不能依附于生产资料所有者；另一方面，生产资料所有者，同样也必须具有法律上的独立人格。因此，只有具有独立人格的劳动者与具有独立法人人格的所有者占有的生产资料相结合，才能产生独立的劳动关系。奴隶社会、封建社会不存在独立的劳动关系，人类社会进入到资本主义社会后，独立的劳动关系开始产生[1]。

各国学者都将"工厂立法"视为劳动法的起源,并将1802年英国的《学徒健康与道德法》作为劳动法产生的标志。

劳动法的概念有广义和狭义之分,我国使用的是广义劳动法的概念,是指调整劳动关系及与劳动关系有密切联系的其他社会关系的法律规范的总称。劳动法的调整对象包括两类社会关系,一是劳动关系,二是与劳动关系密切联系的其他一些社会关系。本章仅就与劳动经济关联密切的内容进行梳理与阐述。

第一节 就业促进法

在党的二十大报告中明确提出要实施就业优先战略[①]。就业是最基本的民生。强化就业优先政策,健全就业促进机制,促进高质量充分就业,需要健全就业公共服务体系,完善重点群体就业支持体系,加强困难群体就业兜底帮扶,消除影响平等就业的不合理限制和就业歧视,完善促进创业带动就业的保障制度,支持和规范发展新就业形态。基于此,我国实施更加积极的就业政策,实行劳动者自主择业、市场调节就业、政府促进就业和鼓励创业的就业方针,建立健全促进就业的配套政策。

一、就业目标与就业政策

就业目标分为促进充分就业与保障公平就业两个层面。充分就业的基本含义是指在某一工资水平下,所有愿意接受工作的人都获得了工作机会。这里要明确的是充分就业并不是指完全就业或全部就业,即不是失业率为"零",而是仍然存在一定的失业,通常把失业率等于自然失业率的就业水平作为充分就业。保障公平就业是就业目标的另一个层次,《中华人民共和国就业促进法》(以下简称《就业促进法》)的第三条强调劳动者依法享有平等就业和自主择业的权利。劳动者就业,不因民族、种族、性别、宗教信仰等不同而受歧视。充分就业和公平就业是就业目标的完整表达,不能偏废,在当下国家提出高质量就业的背景下,具有极其重要的意义。

就业政策属于国家的社会公共政策,是建立和完善就业促进法律制度的指导方针。由于国家不同发展时期的经济环境与就业目标存在差异,其就业政策的发展也存在阶段性特征。促进就业是国家职责,我国当下促进就业的政策是综合的统一整体。现就主要的就业政策进行阐述[2]。

(一)财政政策

国家实行有利于促进就业的财政政策,加大资金投入,改善就业环境,扩大就业。县级以上人民政府应当根据就业状况和就业工作目标,在财政预算中安排就业专项资金,用于促进就业工作。就业专项资金用于职业介绍、职业培训、公益性岗位、职业技能鉴定、扶持公共就业服务、社会保险补贴等。国家通过财政和税收优惠政策,扶持第三产

---

① 引自2022年10月26日《人民日报》第1版的文章:《高举中国特色社会主义伟大旗帜 为全面建设社会主义现代化国家而团结奋斗》。

业、中小企业和非公有制经济的发展，鼓励境内外投资者向高失业率地区进行生产性投资。同时，国家增加对公共工程和公益服务部门的财政支出以扩大其就业需求，增加对公共就业服务、职业培训的财政支出以提高公共就业保障能力。

国家通过税收优惠政策增加就业岗位，扶持失业人员和残疾人就业。《就业促进法》第十七条规定，对下列企业、人员依法给予税收优惠：①吸纳符合国家规定条件的失业人员达到规定要求的企业；②失业人员创办的中小企业；③安置残疾人员达到规定比例或者集中使用残疾人的企业；④从事个体经营的符合国家规定条件的失业人员；⑤从事个体经营的残疾人；⑥国务院规定给予税收优惠的其他企业、人员。

国家还通过免除行政性事业收费等优惠措施促进特殊群体就业。《就业促进法》第十八条规定：对从事个体经营的符合国家规定条件的失业人员、从事个体经营的残疾人，有关部门应当在经营场地等方面给予照顾，免除行政事业性收费。

（二）金融政策

国家实行有利于促进就业的金融政策，增加中小企业的融资渠道；鼓励金融机构改进金融服务，加大对中小企业的信贷支持，并对自主创业人员在一定期限内给予小额信贷等扶持。金融政策工具包括存款准备金率、公开市场操作和贷款规模等。为促进就业，国家要优化信贷资金投向，支持产业关联性强、就业潜力大的行业、部门、企业的发展，同时建立服务于就业促进目标的专项信贷资金。

（三）产业政策

产业政策的内容丰富，主要包括产业结构政策、产业组织政策、产业区域布局政策等，其中产业结构政策是其核心。县级以上人民政府应当把扩大就业作为重要职责，统筹协调产业政策与就业政策。国家鼓励各类企业在法律、法规规定范围内，通过兴办产业或者拓展经营，增加就业岗位；鼓励、支持、引导非公有制经济发展，扩大就业，增加就业岗位；鼓励发展国内外贸易和国际经济合作，拓宽就业渠道。

（四）投资政策

从有利于就业的角度考虑，国家要大力投资劳动密集型基础工程建设、公共工程或社区经营的项目，使其成为促进经济发展的重要活动，能为社会带来更多就业和收入，政府支出政策中需要给予特别关注的一个方面就是劳动密集型建设。县级以上人民政府在安排政府投资和确定重大建设项目时，应当发挥投资和重大建设项目带动就业的作用，增加就业岗位。

二、禁止就业歧视

《就业促进法》中集中对就业歧视问题进行规制，助力促进公平就业的目标的实现。

（一）就业歧视的界定

根据1958年《消除就业和职业歧视公约》第一条第一款的规定，就业歧视主要指没有合法的目的和原因，基于种族、肤色、性别、宗教、政治见解、民族血统或社会出身的任何区别、排斥或优惠，其效果会取消或损害就业或职业机会均等或待遇平等。就业歧视损害了劳动者的就业平等权，不利于实现公平就业的目标。

（二）就业歧视的类型

就业歧视依据不同划分标准可以有不同类型，根据歧视原因，我国《劳动法》规定了民族歧视、种族歧视、性别歧视、宗教信仰歧视四种类型；《就业促进法》在以上基础上，增加了健康歧视和户籍歧视两类；《中华人民共和国残疾人保障法》规定了残疾歧视。从现实出发，综合整理出就业歧视的主要表现为如下几种。

（1）性别歧视，指用人单位在招聘、任用、晋升和待遇上对女性实施不合理的差别对待。其主要表现在制度上的歧视，尤其是女性在就业总量、结构和质量上都差别于男性劳动者。近年来，以性别歧视为基础发展起来的性骚扰问题也开始受到关注。

（2）户籍与地域歧视，指用人单位在招聘、任用、晋升和待遇上对特定户籍或地域的劳动者实施不合理的差别对待。例如，限制外地户籍劳动者就业，克扣、拖欠外地户籍劳动者的工资报酬，对外地户籍劳动者实行较差的福利待遇，要求外来劳动者缴纳更多的管理费用等。

（3）年龄歧视，指用人单位在招聘、任用、晋升和待遇上对特定年龄的劳动者实施不合理的差别对待。其表现在以一定的年龄作为招收、录用、晋升、培训，以及解雇、裁员或退休的决定性依据。例如，在招录广告上明确表明了年龄要求，追求应聘者的黄金年龄段。

（4）健康歧视，指用人单位针对一些足以胜任工作条件、不会危害公共卫生安全的劳动者，在聘用和待遇上实行差别对待。这些劳动者主要包括病毒性肝炎、艾滋病等传染病群体，糖尿病、高血压等非传染病群体，精神疾病群体等。

（5）残疾歧视，指用人单位直接拒绝录用残疾人，或通过建立一定的体检标准来排斥那些实际上完全具备工作岗位胜任能力的残疾人。

（6）身体歧视，指用人单位设定一些与工作岗位所需能力无关的身高、相貌上的规定，对求职者进行歧视，如常见的要求身高在一定的高度以上的歧视。

除以上歧视的表现，就业领域中还存在婚姻状况歧视、基因歧视等其他歧视现象。

（三）禁止就业歧视的规定

就业歧视对劳动权构成直接威胁，必须注重立法保护劳动者的公平就业权利，力图从法律层面确立劳动者的公平就业权，减少和消除就业歧视。

（1）《中华人民共和国宪法》（以下简称《宪法》）从法律基本原则和公民基本权利的角度，对劳动者的劳动平等权进行了规定，如"中华人民共和国公民在法律面前一律平等""中华人民共和国妇女在政治的、经济的、文化的、社会的和家庭的生活等各方面享有同男子平等的权利。……实行男女同工同酬……"。

（2）《就业促进法》中针对具体的歧视类型进行了明确的法律禁止。例如，第二十七条规定："国家保障妇女享有与男子平等的劳动权利。用人单位招用人员，除国家规定的不适合妇女的工种或者岗位外，不得以性别为由拒绝录用妇女或者提高对妇女的录用标准。用人单位录用女职工，不得在劳动合同中规定限制女职工结婚、生育的内容。"第二十八条规定："各民族劳动者享有平等的劳动权利。用人单位招用人员，应当依法对少数民族劳动者给予适当照顾。"（这里的"依法"主要是指依照《中华人民共和国民族区域自治法》的有关规定）第二十九条规定："国家保障残疾人的劳动权利。各级人民政府应当对残疾人就业统筹规划，为残疾人创造就业条件。用人单位招用人员，不得歧视残疾人。"第三十条规定："用人单位招用人员，不得以是传染病病原携带者为由拒绝录用。但是，经医学鉴定传染病病原携带者在治愈前或者排除传染嫌疑前，不得从事法律、行政法规和国务院卫生行政部门规定禁止从事的易使传染病扩散的工作。"这条规定禁止健康歧视，一方面强调传染病病原携带者平等享有同正常人一样的劳动权利，用人单位招用时，一般不得以求职者是传染病病原携带者为由拒绝录用；另一方面，也说明传染病病原携带者的就业也会受到一定的限制。《就业促进法》的第三十一条规定："农村劳动者进城就业享有与城镇劳动者平等的劳动权利，不得对农村劳动者进城就业设置歧视性限制。"

除以上法律规定外，在行政法规、部门规章和地方性法规与规章中也有相关禁止就业歧视的规定。

（四）就业歧视的救济

《就业促进法》第六十二条明确规定："违反本法规定，实施就业歧视的，劳动者可以向人民法院提起诉讼。"用人单位招用人员、职业介绍机构从事职业中介活动时，如果实施了就业歧视，违反了向劳动者提供平等就业机会和公平就业的就业条件的义务，应当承担法律责任。劳动者可以通过向人民法院提起诉讼获得司法救济。目前我国法院仅受理用人单位在招聘劳动者过程中的就业歧视所引发的纠纷，对于招用人员简章和招聘广告中的歧视内容所引发的争议，不予受理。

三、就业服务

（一）就业服务的界定

就业服务是指就业服务主体为劳动者实现就业和用人单位招用劳动者提供的社会服务，无论是在劳动力市场运行机制还是在国家劳动政策的实施体系中，均是重要的组成部分。凡是有劳动力供给愿望的各种劳动者和有劳动力需求愿望的各种用人单位，都是就业服务的对象。我们可以从以下方面来理解就业服务。

第一，就业服务的提供者是专门的就业服务主体。该就业服务主体既可以是公共就业服务机构，也可以是私立就业服务机构；既可以是营利性服务机构，也可以是非营利性服务机构。

第二，就业服务的对象是劳动者和用人单位，即有劳动意愿的劳动者和有劳动力需求的用人单位，是劳动力的供求双方。

第三，就业服务的内容是提供各种社会服务，目的在于建立和规范劳动力市场，促使劳动力与生产资料结合，促进就业。

第四，获得就业服务是劳动者的一项基本权利。就业服务权是指劳动者享有获得职业指导、职业介绍等内容的就业服务权利。国家负有保护和协助实现的义务，必须为劳动者获得就业服务提供条件，保障劳动者的就业服务权，促进其就业。

（二）就业服务的内容

从提供服务的主体看，就业服务可以分为公共就业服务和经营性就业服务。前者由公共就业服务机构提供；后者由职业中介机构提供。目前公共就业服务机构是各项就业服务的主要提供者。

1. 公共就业服务

公共就业服务是指由政府出资，免费向劳动者提供的公益性就业服务。《就业促进法》第三十五条规定，县级以上人民政府建立健全公共就业服务体系，设立公共就业服务机构，为劳动者免费提供下列服务：①就业政策法规咨询；②职业供求信息、市场工资指导价位信息和职业培训信息发布；③职业指导和职业介绍；④对就业困难人员实施就业援助；⑤办理就业登记、失业登记等事务；⑥其他公共就业服务。《就业服务与就业管理规定》提出，公共就业服务机构可以根据用人单位的要求拓展如下业务范围：①招聘用人指导服务；②代理招聘服务；③跨地区人员招聘服务；④企业人力资源管理咨询等专业性服务；⑤劳动保障事务代理服务；⑥为满足用人单位需求开发的其他就业服务项目。这里需注意的是，公共就业服务机构从事劳动保障事务代理业务，须经县级以上劳动保障行政部门批准。

2. 经营性就业服务

除政府提供的公共就业服务外，企事业单位、社会团体和其他社会力量以营利为目的提供就业服务，其主要服务形式是职业介绍。

职业介绍是指有关部门或机构依法为用人单位招用人员和劳动者求职与就业所提供的就业中介服务。职业介绍是促进劳动力市场供求双方实现双向选择和劳动力资源合理配置的重要环节，除政府提供的免费职业介绍的公共服务外，职业介绍在很大程度上由职业中介机构来实施。职业中介机构是指由法人、其他组织和公民个人举办，为用人单位招用人员和劳动者求职提供中介服务及其他相关服务的经营性组织，可分为营利性职业介绍机构和非营利性职业介绍机构，本部分讨论营利性职业介绍机构。

职业介绍机构可从事的业务范围，包括：①为劳动者介绍用人单位；②为用人单位和居民家庭推荐劳动者；③开展职业指导、人力资源管理咨询服务；④收集和发布职业供求信息；⑤根据国家有关规定从事互联网职业信息服务；⑥组织职业招聘洽谈会；⑦经劳动保障行政部门核准的其他服务项目。

职业中介机构禁止行为，包括：①提供虚假就业信息；②发布的就业信息包含歧视性内容；③伪造、涂改、转让职业中介许可证；④为无合格证照的用人单位提供职业中介服务；⑤介绍未满16周岁的未成年人就业；⑥为无合法身份证件的劳动者提供职业中介服务；⑦介绍劳动者从事法律、法规禁止从事的职业；⑧扣押劳动者的居民身份证和其他证件，或者向劳动者收取押金；⑨以暴力、胁迫、欺诈等方式进行职业中介活动；

⑩超出核准的业务范围经营;以及其他违反法律、法规的行为。

四、就业援助

对就业困难人员实施优先扶持和重点帮助的就业援助,以帮助其提升物质生活水平,这既体现了国家政府对就业困难人员的关怀,也是实现共同富裕的应有之义。

（一）就业援助的对象

就业援助对象是指因身体状况、技能水平、家庭因素、失去土地等原因难以实现就业,以及连续失业一定时间仍未能实现就业的就业困难人员。这类人群,如果没有特殊的就业保障措施,根据其自身的情况很难实现就业,因此,成为国家履行就业促进责任的重要内容。就业困难人员的具体范围,由省、自治区、直辖市人民政府根据本行政区域的实际情况规定。

（二）就业援助的途径

通过公益性岗位安置就业困难人员使其实现就业,是就业援助的主要途径。《就业促进法》第五十三条规定:"政府投资开发的公益性岗位,应当优先安排符合岗位要求的就业困难人员。被安排在公益性岗位工作的,按照国家规定给予岗位补贴。"据此,公益性岗位是指由政府投资开发,享受一定的政策优惠、财政扶持,并以安排就业困难人员为主的工作岗位。公益性岗位一般具有如下特征。

（1）政府投资开发。公益性岗位与其他工作岗位不同,不是由用人单位以营利为目的,为维护单位的正常运营而提供的,而是由政府本着促进就业、安置就业困难人员的目的投资开发的。此外,还有部分公益性岗位是由政府出资购买的。

（2）优先安排就业困难人员。政府投资开发公益性岗位的目的是解决就业困难人群的就业问题,因此,公益性岗位应当优先安排符合岗位条件的就业困难人员。当然,安排公益性岗位工作的就业困难人员也要符合该岗位的要求,达到岗位对劳动者技能或者学历、身体状况的最基本要求,不能不顾岗位要求,仅根据就业困难人员的困难情况安排就业。但由于就业困难是一个比较抽象、笼统的概念,所以不同时期就业困难人员的范围还需省级人民政府结合自身情况作出明确界定。

（3）国家给予岗位补贴和社会保险补贴。被安排在公益性岗位工作的人员,按照国家规定获取相应的岗位补贴和社会保险补贴。从实践来看,公益性岗位的范围可以分为三类:一是社区管理岗位,如交通执勤、市场管理、物业管理等;二是社区服务岗位,如社区保安、卫生保洁、托老托幼服务、助残服务等;三是社区内单位的后勤岗位,如机关事业单位的门卫、收发、司机、厨房厨工等。

（三）具体就业援助制度

（1）残疾人就业援助制度。各级人民政府采取特别扶助措施,促进残疾人就业,可以采取的促进就业的措施有以下三个方面。一是残疾人的集中安置。集中就业是指残疾人在各类福利企业和盲人按摩医疗等单位劳动就业。对安置残疾人就业达到、超过规定比例或者集中安排残疾人就业的用人单位和从事个体经营的残疾人，依法给予税收优惠，并在生产、经营等方面给予扶持。政府采购时，在同等条件下应当优先购买残疾人福利性单位的产品或服务。二是分散吸收残疾人就业。国家实行按比例安排残疾人就业制度。国家机关、社会团体、企业、事业单位、民办非企业单位应当按照规定的比例安排残疾人就业，并为其选择适当的工种和岗位。三是鼓励、帮助残疾人自愿组织起来从业或者个体创业。《中华人民共和国残疾人保障法》第三十五条规定，地方各级人民政府和农村基层组织，应当组织和扶持农村残疾人从事种植业、养殖业、手工业和其他形式的生产劳动。第三十六条规定，国家对从事个体经营的残疾人，免除行政事业性收费。

（2）零就业家庭的就业援助。零就业家庭是指城市家庭中，所有法定劳动年龄内、具有劳动能力和就业愿望的家庭成员均处于失业状态，且无经营性、投资性收入的家庭。县级以上地方人民政府采取多种就业形式，拓宽公益性岗位范围，开发就业岗位，确保城市有就业需求的家庭至少有一人实现就业。具体程序是，法定劳动年龄内的家庭人员均处于失业状况的产能过剩居民家庭，可以向住所地的街道、社区公共就业服务机构申请就业援助。经街道、社区公共就业服务机构确认情况属实的，应当为该家庭中至少一人提供适当的就业岗位。

（3）就业压力大的地区的就业援助。这里就业压力大是指特定地区，主要是资源开采型城市、独立工矿区。这些地区因资源枯竭或者经济结构调整等原因造成就业困难人员集中的，上级人民政府应当给予必要的扶持和帮助。

第二节 劳动合同法

在市场经济条件下，劳动者与用人单位通过签订劳动合同建立劳动关系，但由于经济、社会等诸多因素，劳动者与用人单位在劳动力市场中处于强弱不同的地位。相对于用人单位而言，劳动者处于弱势地位，为了更好地保护劳动者的合法权益，更好地协调当事人之间的关系，我国专门制定了《中华人民共和国劳动合同法》（以下简称《劳动合同法》），以期构建和发展和谐的劳动关系。

一、劳动合同的概述

（一）劳动合同的概念

劳动合同，又称劳动契约、劳动协议，我国《劳动法》第十六条规定："劳动合同是劳动者与用人单位确立劳动关系、明确双方权利和义务的协议。建立劳动关系应当订立劳动合同。"由此可见，劳动合同是调整劳动关系的基本法律形式，在劳动法中占据核心地位。

（二）劳动合同法的适用范围

关于劳动合同法的适用范围，《劳动合同法》第二条规定："中华人民共和国境内的企业、个体经济组织、民办非企业单位等组织（以下称用人单位）与劳动者建立劳动关系,订立、履行、变更、解除或者终止劳动合同,适用本法。国家机关、事业单位、社会团体和与其建立劳动关系的劳动者,订立、履行、变更、解除或者终止劳动合同,依照本法执行。"广义的劳动合同法适用范围包括劳动合同法在时间、空间、对人、对事四个方面,狭义仅指劳动合同法对人的适用范围。这亦是一般意义上劳动合同法的适用范围。依据《劳动合同法》和《中华人民共和国劳动合同法实施条例》(以下简称《劳动合同法实施条例》)的规定,我国劳动合同法的适用范围包括直接适用和依照执行两类,每一类都包括劳动关系的双方当事人:用人单位和劳动者。

我国劳动合同法对人的适用范围具体如下。

(1)直接适用的用人单位。这包括我国境内的企业、个体经济组织、民办非企业单位等组织,包括依法成立的会计师事务所、律师事务所等合伙组织和基金会。

(2)依照执行的国家机关、事业单位、社会团体。《关于贯彻执行〈中华人民共和国劳动法〉若干问题的意见》指出:"中国境内的企业、个体经济组织在劳动法中被称为用人单位。国家机关、事业组织、社会团体和与之建立劳动合同关系的劳动者依照劳动法执行。根据劳动法的这一规定,国家机关、事业组织、社会团体应当视为用人单位。"因此,《劳动合同法》第二条第二款中规定的与劳动者建立劳动关系的国家机关、事业单位、社会团体,也应当视为用人单位。

(3)用人单位的分支机构。我国《劳动合同法实施条例》第四条专门对用人单位的分支机构进行了规定:"劳动合同法规定的用人单位设立的分支机构,依法取得营业执照或者登记证书的,可以作为用人单位与劳动者订立劳动合同;未依法取得营业执照或者登记证书的,受用人单位委托可以与劳动者订立劳动合同。"

(4)非法用工主体。《劳动合同法》第九十三条规定,对不具备合法经营资格的用人单位的违法犯罪行为,依法追究法律责任;劳动者已经付出劳动的,该单位或者其出资人应当依照本法有关规定向劳动者支付劳动报酬、经济补偿、赔偿金;给劳动者造成损害的,应当承担赔偿责任。第九十四条规定,个人承包经营违反《劳动合同法》规定招用劳动者,给劳动者造成损害的,发包的组织与个人承包经营者承担连带赔偿责任。以上说明,非法用工主体的违法行为受劳动合同法的规制。

(5)劳动者。这是指达到法定劳动年龄,依法享有劳动能力的自然人。这里的劳动者须具备以下三个条件。①在法定劳动年龄内。我国法定劳动年龄的规定:男16~60岁,女16~55岁,不在其内的人口,不属于劳动合同法的适用范围。②具有劳动能力。具有劳动能力应该具有以下两个条件:一是精神正常;二是具有劳动所必需的身体机能,应该是具有完全劳动能力和部分劳动能力的劳动者。③自然人。一般指拥有中华人民共和国国籍的公民。

以上是我国适用《劳动合同法》的自然人,此外还有不适用的自然人。其主要包括公务员和比照实行公务员制度的事业组织和社会团体的工作人员、农村劳动者(乡镇企业职工和进城务工、经商的农民除外)、现役军人、家庭保姆、利用业余时间勤工助学的在校生。

(三)劳动合同的分类

劳动合同从不同的角度可以分为不同的类型。常用的划分标准有如下几种。

1. 按照其表现是否为常态划分

劳动合同可以分为一般的劳动合同和特殊的劳动合同[3]。一般的劳动合同是指劳动者和用人单位之间在正常情况下，按照一般的劳动时间和劳动条件所达成的双方权利义务关系的协议，它是统筹情形下的劳动合同。特殊的劳动合同是指在非正常情况下，依照劳动合同法的特别规定订立的劳动合同，它形成的条件和一般的劳动合同不同，特殊的劳动合同包括两种：劳务派遣合同和非全日制合同。①劳务派遣合同是指劳务派遣单位（用人单位）和被派遣劳动者签订劳动合同后，将劳动者派遣到劳务派遣接受单位（用工单位），在劳务派遣关系中，被派遣劳动者和劳务派遣单位签订劳动合同，劳务派遣单位和实际用工单位签订劳务派遣协议。劳务派遣单位（用人单位）违反法律规定的，给被派遣劳动者造成损害的，劳务派遣单位和劳务派遣接受单位（用工单位）承担连带赔偿责任。②非全日制劳动是指劳动者和用人单位签订的，以小时计酬为主，劳动者在同一个用人单位一般平均每日工作时间不超过 4 小时，每周工作时间累计不超过 24 小时的特殊形式的劳动合同。

非全日制合同适用的一些特殊规定，如：①可以订立口头协议；②从事非全日制用工的劳动者可以与一个或者一个以上用人单位订立劳动合同；③不得约定试用期；④双方可以随时终止用工，用人单位不需支付经济补偿；⑤报酬结算周期最长不得超过 15 日等。

2. 按照合同期限划分

劳动合同可分为三类：固定期限劳动合同、无固定期限劳动合同和以完成一定工作任务为期限的劳动合同。劳动合同期限是指劳动合同的有效时间，是双方当事人所订立的劳动合同起始和终止的时间，也是劳动关系具有法律约束力的时间。

（1）固定期限劳动合同，又称定期劳动合同，是指用人单位与劳动者约定合同终止时间的劳动合同。固定期限劳动合同终止时，是否续订在很大程度上取决于用人单位。签订固定期限劳动合同，对于用人单位而言，可以获取用工灵活和降低用工成本的好处，但不利于劳动关系的稳定，因此，劳动者的职业稳定感较差。

（2）无固定期限劳动合同，是指用人单位与劳动者约定无确定终止时间的劳动合同。从就业保障角度看，无固定期限劳动合同对劳动者来说更有利于劳动关系的稳定，可以防止用人单位在使用完劳动者的"黄金年龄段"后不再使用劳动者。所以，我国《劳动合同法》规定了用人单位应当订立无固定期限劳动合同的情形。①劳动者已在该用人单位连续工作满十年的。劳动者已经在同一用人单位连续工作不间断达到十年或十年以上，只要劳动者提出订立无固定期限的劳动合同或者用人单位提出续订劳动合同且劳动者同意时，就应当订立无固定期限劳动合同。需要注意的是，劳动者如果不是在同一单位，而是在两个或者三个用人单位工作满十年以上，则不符合这一条件，劳动者也无权要求订立无固定期限的劳动合同。如果劳动者患病或非因工负伤，依法享有医疗期，在计算连续工作时间时，应把劳动者在同一用人单位依法享有的医疗期时间计算在内。②用人单位初次实行劳动合同制度或者国有企业改制重新订立劳动合同时，劳动者在该用人单位连续工作满十年且距法定退休年龄不足十年的。这一条件是专门针对国有企业改制和初次实行劳动合同制度的单位所作的规定，即用人单位初次实行劳动合同制度或者国有企业改制重新订立劳动合同时，只要劳动者在该用人单位连续工作满十年且距法定退休年龄在十年以内的，用人单位就应当与劳动者订立无固定期限的劳动合同。这里在计算连续工作满十年时，如果劳动者享有法定的医疗期，同样应当把医疗期的时间计算在内。③连续订立两次固定期限劳动合同且劳动者没有《劳动合同法》第三十九条和第四十条第一项、第二项规定的情形续订劳动合同的。用人单位和劳动者已经连续订立了两次劳动合同，即使是连续订立的是两个一年期的短期劳动合同，如果没有《劳动合同法》第三十九条和第四十条第一项、第二项规定的情形，用人单位要与劳动者续订劳动合同，就应当订立无固定期限的劳动合同。《劳动合同法》第三十九条规定的是用人单位可以解除劳动合同的情形，具体有：在试用期间被证明不符合录用条件的；严重违反用人单位的规章制度的；严重失职，营私舞弊，给用人单位造成重大损害的；劳动者同时与其他用人单位建立劳动关系，对完成本单位的工作任务造成严重影响，或者经用人单位提出，拒不改正的；因本法第二十六条第一款第一项规定的情形致使劳动合同无效的；被依法追究刑事责任的。第四十条规定的是用人单位在提前三十日以书面形式通知劳动者本人或者额外支付劳动者一个月工资后，可以解除劳动合同的情形，其中第一项和第二项为：劳动者患病或者非因工负伤，在规定的医疗期满后不能从事原工作，也不能从事由用人单位另行安排的工作的；劳动者不能胜任工作，经过培训或者调整工作岗位，仍不能胜任工作的。④用人单位自用工之日起满一年不与劳动者订立书面劳动合同的，视为用人单位与劳动者已订立无固定期限劳动合同。

（3）以完成一定工作任务为期限的劳动合同，这类合同是指用人单位与劳动者约定以某些工作的完成为合同期限的劳动合同。用人单位与劳动者协商一致，可以订立此类合同。这实际上是一种特殊的固定期限劳动合同，一般用于以下情形：①以完成单项工作任务为期限的劳动合同；②以项目承包方式完成承包任务的劳动合同；③因季节原因临时用工的劳动合同；④其他双方约定的以完成一定工作任务为期限的劳动合同。

二、劳动合同的订立

（一）劳动合同订立的含义、原则、形式

劳动合同订立是指劳动合同双方当事人即劳动者和用人单位就双方的权利、义务进行协商，意思表示一致，从而签订劳动合同的行为。

《劳动合同法》第三条规定，订立劳动合同应当遵循合法、公平、平等自愿、协商一致、诚实信用的原则。

（1）合法原则是指订立劳动合同的行为不得与法律、法规相抵触。违反法律、行政法规强制性规定的劳动合同无效或部分无效。合法具体包括：①主体合法；②内容合法；③程序合法；④形式合法；⑤目的合法。

（2）公平原则是指劳动合同的内容应当公平、合理，即在符合法律规定的前提下，双方当事人公正合理地确立双方的权利和义务。它要求双方当事人之间的权利、义务大体上平衡，强调一方给付与对方给付之间的等值性。

（3）平等自愿原则包括两个方面：一是平等原则；二是自愿原则。前者是指劳动合同双方当事人具有平等法律地位，适用同样的法律规则，享有同等的法律保护。后者是指劳动合同当事人不受他人干涉，依个人意志自主决定是否订立合同、与谁订立合同，以及合同的具体内容。

（4）协商一致原则是指劳动合同双方当事人对合同的内容达成一致的意见。

（5）诚实信用原则是指劳动合同双方当事人在订立劳动合同的过程中要诚实、讲信用，并按照该原则履行所应承担的各种义务。这要求订立劳动合同时，双方当事人不得有欺诈、隐瞒真实情况的行为，否则订立的劳动合同无效或部分无效。

劳动合同的形式是指劳动合同的存在方式，即劳动合同双方当事人意思表示一致的外在表现形式。劳动合同可以分为书面和非书面两种形式：书面形式即用文字方式表示的合同；非书面形式可分为口头和行为两种形式，口头形式即用语言表示的合同，行为形式既无文字又无口头约定，表现为提供劳动的行为。

《劳动合同法》第十条规定"建立劳动关系，应当订立书面劳动合同。"我国《劳动合同法》对合同书面形式进行严格要求，因其严谨、可靠、有据可查，有利于加强合同双方当事人的责任感，促使当事人能够全面履行义务；有利于劳动行政部门的监督检查；有利于发生争议时查清事实，能更有利于保护弱势群体劳动者的利益。

此外，我国劳动法把订立书面劳动合同更多强调为用人单位的义务，并且明确了用人单位未履行订立书面劳动合同时要承担的责任，《劳动合同法》规定用人单位与劳动者"已建立劳动关系，未同时订立书面劳动合同的，应当自用工之日起一个月内订立书面劳动合同。""用人单位自用工之日起超过一个月不满一年未与劳动者订立书面劳动合同的，应当向劳动者每月支付二倍的工资。"用人单位自用工之日起满一年仍未订立书面劳动合同的，在向劳动者支付每月二倍工资的同时，视为满一年的当日已与劳动者订立无固定期限劳动合同。

（二）劳动合同的内容

我国劳动合同的内容分为法定条款（必备条款）和约定条款。此外，劳动法也规定了劳动合同限制约定条款和禁止约定条款，为劳动者权益提供更多法律保障。

1. 法定条款

法定必备条款又分为一般必备条款和特殊必备条款。一般必备条款是劳动法对劳动合同内容的一般要求，是劳动合同一般应当具备的条款。《劳动合同法》第十七条规定，劳动合同应当具备的一般必备条款包括：①用人单位的名称、住所和法定代表人或者主要负责人；②劳动者的姓名、住址和居民身份证或者其他有效身份证件号码；③劳动合同期限；④工作内容和工作地点；⑤工作时间和休息休假；⑥劳动报酬；⑦社会保险；⑧劳动保护、劳动条件和职业危害防护；⑨法律、法规规定应当纳入劳动合同的其他事项。

特殊必备条款是依据当事人一方或双方的要求而必须具备的条款。特殊必备条款是法律要求某种或几种劳动合同必须具备的条款。有的劳动合同由于自身的特殊性，立法特别要求其除具有一般必备条款外，还必须规定一定的特有条款。例如，根据《劳动合同法》第五十八条,劳务派遣合同除一般必备条款外,还应当载明被派遣劳动者的用工单位以及派遣期限、工作岗位等情况。

如果没有必备条款,用人单位应负法律责任。《劳动合同法》第八十一条规定,用人单位提供的劳动合同文本未载明本法规定的劳动合同必备条款或者用人单位未将劳动合同文本交付劳动者的,由劳动行政部门责令改正;给劳动者造成损害的,应当承担赔偿责任。需要注意的是,缺失必备条款并不必然导致合同无效或者不成立,也不影响劳动关系的成立。缺少的必要条款的要求,可以通过一定的规则加以补充,如缺乏工资的标准,可以通过最低工资标准、集体合同等的相关规定来确定。

2. 约定条款

劳动合同双方当事人可以约定的内容,《劳动合同法》第十七条第二款规定:"劳动合同除前款规定的必备条款外,用人单位与劳动者可以约定试用期、培训、保守秘密、补充保险和福利待遇等其他事项。"为防止用人单位滥用约定条款,《劳动合同法实施条例》第十三条又规定了禁止约定终止条款,就是强调劳动合同的终止只能是劳动合同法第四十四条法定终止情形,不能另外约定终止情形。针对常见的约定条款,劳动合同法有如下相应的规定内容。

(1)试用期。试用期是指用人单位对新招收的合同制职工的思想品德、劳动态度、实际工作能力、身体情况等进行进一步考察的时间期限;当然也是劳动者对用人单位一些方面的考察期。主要内容如下。①试用期长度。劳动合同期限三个月以上不满一年的,试用期不得超过一个月;劳动合同期限一年以上不满三年的,试用期不得超过二个月;三年以上固定期限和无固定期限的劳动合同,试用期不得超过六个月。②试用期次数。同一用人单位与同一劳动者只能约定一次试用期。③禁止约定试用期的情形。以完成一定工作任务为期限的劳动合同或者劳动合同期限不满三个月的,以及非全日制用工双方当事人不得约定试用期。④试用期包含在劳动合同期限内。劳动合同仅约定试用期的,试用期不成立,该期限为劳动合同期限。⑤试用期的工资。《劳动合同法》第二十条规定:"劳动者在试用期的工资不得低于本单位相同岗位最低档工资或者劳动合同约定工资的百分之八十,并不得低于用人单位所在地的最低工资标准。"⑥违法约定试用期的责任。《劳动合同法》第八十三条规定:"用人单位违反本法规定与劳动者约定试用期的,由劳动行政部门责令改正;违法约定的试用期已经履行的,由用人单位以劳动者试用期满月工资为标准,按已经履行的超过法定试用期的期间向劳动者支付赔偿金。"

(2)保密条款。保密条款即保守商业秘密的条款。商业秘密是指不为公众所熟悉,能为用人单位带来经济利益,具有实用性并经用人单位采取保密措施的技术信息和经营信息。商业秘密包括技术信息和商业信息,前者如产品的配方及其技术机密,后者如客户的状况、企业的购销渠道、购销状况等。用人单位可以与劳动者约定保密条款,具体约定要考虑劳动者所从事的工作的内容性质和具体情况,由用人单位和劳动者通过协商来确定。需要说明的是,保守商业秘密是劳动者的法定义务,知悉用人单位商业秘密的劳动者不仅在用人单位期间要履行这一义务,而且离开用人单位以后仍要履行这一法定义务。

(3)竞业禁止(竞业限制)条款。这是指限制劳动者在劳动合同期间,以及劳动合同解除或终止后一段时间内从事竞争性的工作或营业的条款。《劳动合同法》第二十三条和二十四条规定：①对负有保密义务的劳动者，用人单位可以在劳动合同或者保密协议中与劳动者约定竞业限制条款，并约定在解除或者终止劳动合同后，在竞业限制期限内按月给予劳动者经济补偿。劳动者违反竞业限制约定的，应当按照约定向用人单位支付违约金。②竞业限制的人员限于用人单位的高级管理人员、高级技术人员和其他负有保密义务的人员。竞业限制的范围、地域、期限由用人单位与劳动者约定，竞业限制的约定不得违反法律、法规的规定。③竞业限制的期限不得超过二年。《最高人民法院关于审理劳动争议案件适用法律若干问题的解释（四）》第六条至第十六条规定：①用人单位支付竞业限制的经济补偿是要求劳动者履行竞业限制义务的前提条件。用人单位应当按照劳动者在劳动合同解除或终止前十二个月平均工资的 30%且不低于劳动合同履行地最低工资标准的标准按月支付经济补偿。②劳动合同解除或终止后，基于用人单位原因导致三个月未支付竞业限制经济补偿的，劳动者有权请求解除竞业限制约定。③在竞业限制期限内，用人单位请求解除竞业限制协议的，应当额外支付劳动者三个月的竞业限制经济补偿[4]。

（4）培训及服务期条款。培训条款是指用人单位与劳动者在劳动合同中约定由用人单位为劳动者提供专项培训费用，对其进行专业技术培训的条款。专项培训一般并非用人单位的法定义务，因此一般要同时约定劳动者的服务期。服务期是指用人单位和劳动者在劳动合同签订之时或劳动合同履行的过程中，用人单位出资招用、培训或者提供特殊待遇后，经双方协商一致确定的一个服务期限。只有用人单位为员工提供了特殊待遇或出资招用、培训的情况下，才有权设定服务期，进而约定违约金。从服务期的目的来看，更多是为了保护用人单位的权益。《劳动合同法》第二十二条规定："用人单位为劳动者提供专项培训费用，对其进行专业技术培训的，可以与该劳动者订立协议，约定服务期。劳动者违反服务期约定的，应当按照约定向用人单位支付违约金。违约金的数额不得超过用人单位提供的培训费用。用人单位要求劳动者支付的违约金不得超过服务期尚未履行部分所应分摊的培训费用。"《劳动合同法实施条例》第十六条规定，培训费用包括用人单位为了对劳动者进行专业技术培训而支付的有凭证的培训费用、培训期间的差旅费用以及因培训产生的用于该劳动者的其他直接费用。

（5）补充保险和福利待遇条款。用人单位补充保险是指由用人单位根据自身经济实力，在国家规定的实施政策和实施条件下为本单位职工所建立的一种辅助性保险，包括补充养老保险和补充医疗保险等。补充福利待遇一般指职工福利，又称职业福利或劳动福利，是用人单位和有关社会服务机构为满足劳动者生活的共同需要和特殊需要，在工资和社会保险之外向劳动者及其亲属提供一定货币、实物、服务等形式的物质帮助。

3. 限制约定的条款

限制约定的条款主要包括违约金和赔偿金条款。违约金和赔偿金条款及约定不履行劳动合同而应支付违约金或赔偿金的合同条款，对违约金或赔偿金的支付条件、项目、范围和数额等内容都有相关的限制。概括来讲，除了服务期条款和竞业禁止条款可以约定劳动者承担违约金外，用人单位不得与劳动者约定由劳动者承担违约金。

4. 禁止约定条款

禁止约定条款包括以下几种。①歧视条款，即约定给予劳动者以歧视性待遇的合同条款。这种条款因违背了劳动者权益平等精神而被各国立法所明令禁止。例如，不得在劳动合同中规定限制女职工结婚、生育的内容。②生死条款，是指劳动合同中规定"合同履行期间，发生死伤病残，公司概不负责"或"工伤概不负责"及类似内容的条款。这些内容违反了法律、法规，是无效的劳动合同条款，从订立之初，就没有法律约束力。③保证金条款（押金条款），即约定劳动者向用人单位交纳一定数量货币或其他财物而在有特定违约或解约时不予退还，并以此作为缔结劳动关系前提条件的合同条款。我国法律禁止用人单位以任何形式向职工收取保证金或押金等财物。例如，《劳动合同法》第九条规定："用人单位招用劳动者，不得扣押劳动者的居民身份证和其他证件，不得要求劳动者提供担保或者以其他名义向劳动者收取财物。"用人单位违反此规定的，由劳动行政部门责令限期退还给本人，并以每人500元以上2000元以下的标准处以罚款；给劳动者造成损害的，应当承担赔偿责任。劳动者依法解除或终止劳动合同，用人单位扣押劳动者档案或者其他物品的，依照前述规定惩罚。

（三）劳动合同的效力

（1）成立与生效。《劳动合同法》并没有明确区分劳动合同的成立与生效。一般来说，双方在劳动合同上签字或盖章即代表劳动合同成立并生效，实际上成立和生效是不同的。在合同上签字或盖章能说明双方当事人就合同内容协商一致，合意完成，合同已经存在；生效是指合同能发生当事人所预期的法律后果，对双方当事人具有约束力，双方当事人应当履行合同约定的义务。

（2）劳动合同生效的法律要件。①主体合法；②意思真实；③合同内容合法；④合同形式合法；⑤订立程序合法。

（3）劳动合同的无效。这是指双方当事人签订成立的劳动合同不能发生法律效力，对当事人的权利与义务不能发生规制效果。

导致劳动合同无效的原因，《劳动合同法》第二十六条规定：①以欺诈、胁迫的手段或者乘人之危，使对方在违背真实意思的情况下订立或者变更劳动合同的；②用人单位免除自己的法定责任、排除劳动者权利的；③违反法律、行政法规强制性规定的。

劳动合同无效的损害赔偿责任由有过错的一方承担。应保障无过错一方在双方当事人主体合格的条件下，对劳动合同是否存续享有选择权，即允许无过错的劳动者或用人单位选择劳动合同解除或者存续。这也就是说因用人单位过错导致劳动合同无效的，劳动者可以即时辞职，并获得经济补偿；因劳动者过错导致用人单位意思表示不真实或给用人单位造成损失的，用人单位可即时辞退。劳动者不辞职或用人单位不辞退的，事实劳动关系将可存续。

三、劳动合同的履行、中止和变更

（一）劳动合同的履行

劳动合同履行，是指劳动合同双方当事人完成劳动合同所约定的义务，实现劳动过程和各自合法权益的行为。

劳动合同履行的原则是合同当事人在履行合同时所应遵循的基本准则。《劳动合同法》第二十九条规定："用人单位与劳动者应当按照劳动合同的约定，全面履行各自的义务。"从而确立了劳动合同的全面履行原则。劳动合同的内容是一个整体，合同条款之间的内在联系不能割裂。全面履行原则要求当事人必须适当地履行合同的全部条款和各自承担的全部义务，既要按照合同约定的标的及其种类、数量和质量履行，又要按照合同约定的时间、地点和方式履行。

劳动合同全面履行原则是一个广义概念，它涵盖了劳动合同法原理中的实际履行原则、亲自履行原则及协作履行原则。实际履行原则，即除了法律和劳动合同另有规定或者客观上已不能履行的以外，当事人要按照劳动合同的约定履行义务，不能用履行别的义务来代替劳动合同约定的义务。亲自履行原则，即除了双方有特别约定外，劳动者要亲自履行依据劳动合同所承担的义务，而不能委托第三方代为履行。协作履行原则，即当事人不仅适当履行自己的合同义务，而且应基于诚实信用原则的要求协助对方当事人履行合同义务。

特殊情形下劳动合同的履行。劳动合同履行过程中可能会遇到一些特殊情形，对于一些特殊情形，劳动合同有针对特殊情况履行的规定，包括：①用人单位变更名称、法定代表人、主要负责人或投资人住所、活动宗旨、经营方式等事项，未导致用人单位这一合同法律主体的实质性变化，用人单位仍要继续履行其与劳动者已经订立的劳动合同。②用人单位合并或者分立等情况发生时，原劳动合同继续有效，劳动合同由承继其权利和义务的用人单位继续履行。③劳动合同履行地与用人单位注册地不一致时，有关劳动者的最低工资标准、劳动保护、劳动条件、职业危害防护和本地区上年度职工月平均工资标准等事项，按照劳动合同履行地的有关规定执行；用人单位注册地有关标准高于劳动合同履行地的，且用人单位与劳动者约定按照用人单位注册地有关规定执行的，从其约定。

（二）劳动合同的中止

劳动合同中止，即劳动合同履行的暂停，是指在劳动合同履行过程中，因出现法定或约定事由，而暂停履行劳动合同约定的主要义务，待该事由消除后恢复履行。其主要意义在于避免劳动合同因出现暂时不能履行的情形而被解除。

劳动合同中止有狭义和广义之分。狭义的中止是当事人双方主要义务履行都暂停，即劳动给付和劳动报酬都暂停；广义的中止是仅暂停劳动给付义务，如产期、哺乳期、年休假、医疗期等，劳动者免于劳动给付，但用人单位支付劳动报酬的义务并未暂停。狭义的中止，不计入劳动合同期限；广义的中止，计入劳动合同期限。

劳动合同中止的方式分为法定中止和协议中止。法定中止须具备劳动合同中止的法定事由，且为单方中止；协议中止则只需当事人双方就中止协商一致即可。

根据我国有关部门的规章和地方立法的规定，劳动合同中止的事由包括：①用人单位与劳动者以书面形式协商一致的；②劳动者涉嫌违法犯罪被有关国家机关限制人身自由的；③劳动者应征入伍或履行国家规定的其他法定义务的；④因不可抗力致使劳动合同暂时不能履行的；⑤劳动者因客观原因暂时无法履行劳动合同义务但仍有继续履行条件和可能的；⑥法律、法规规定的其他中止情形。

（三）劳动合同的变更

劳动合同变更是指劳动合同依法订立后，在合同尚未履行或者履行完毕之前，经用人单位和劳动者双方当事人协商同意，对劳动合同内容进行部分修改、补充或删减的法律行为。

劳动合同的变更，实际上是当事人双方意思表示对于原有的意思表示的变更，因此适用原则与劳动合同订立的原则相同。这就是说劳动合同的变更应遵循合法、公平、平等自愿、协商一致、诚实信用的原则。

劳动合同变更除了劳动合同双方当事人协商一致可以变更，以及劳动合同部分条款与新法律、法规抵触应变更外，《劳动合同法》第四十条、第四十一条规定了可以变更的条件：①劳动者患病或者非因工负伤，在规定的医疗期满后不能从事原工作，用人单位应当与劳动者协商另行安排适当工作，因此变更相应劳动合同的内容；②劳动者不能胜任工作，用人单位应当对其进行培训或者调整工作岗位，使劳动者适应工作要求并相应变更劳动合同的内容；③劳动合同订立时所依据的客观情况发生重大变化，致使劳动合同无法履行，用人单位应当与劳动者协商，就变更劳动合同内容达成协议；④企业转产、重大技术革新或者经营方式调整，用人单位应当与劳动者协商变更劳动合同。这四种情形出现时，用人单位不能直接解除劳动合同，而应先协商变更劳动合同。

四、劳动合同的解除

（一）劳动合同解除的概念

劳动合同的解除是指在劳动合同有效成立后，尚未完全履行以前，当解除的条件具备时，因当事人一方或双方的意思表示，提前消灭劳动关系的行为。法律规定的劳动合同解除，是对劳动者自主择业权利和用人单位自主权的保障。

（二）劳动合同双方协商解除

《劳动法》第二十四条规定："经劳动合同当事人协商一致，劳动合同可以解除。"《劳动合同法》第三十六条规定："用人单位与劳动者协商一致，可以解除劳动合同。"协商解除劳动合同必须具备以下条件：①双方自愿；②平等协商；③不得损害一方权益。

（三）用人单位单方解除

我国法律为了防止用人单位滥用解除权侵害劳动者权益，没有赋予用人单位无条件的一般解除权，因此，在每种法定解除的情形下，用人单位都要按照法定程序和条件进行，否则，即构成违法解除，应当承担法律责任。《劳动合同法》第四十三条明确规定："用人单位单方解除劳动合同，应当事先将理由通知工会。用人单位违反法律、行政法规规定或者劳动合同约定的，工会有权要求用人单位纠正。用人单位应当研究工会的意见，并将处理结果书面通知工会。"

1. 用人单位单方解除劳动合同的方式

1）即时辞退

这种解除主要是由于劳动者的过错，用人单位行使解除权。按照《劳动合同法》第三十九条规定，劳动者有下列情形之一的，用人单位可以单方解除劳动合同：①在试用期间被证明不符合录用条件的；②严重违反用人单位的规章制度的；③严重失职，营私舞弊，给用人单位造成重大损害的；④劳动者同时与其他用人单位建立劳动关系，对完成本单位的工作任务造成严重影响，或者经用人单位提出，拒不改正的；⑤劳动者以欺诈、胁迫的手段或者乘人之危，使用人单位违背真实意思的情况下订立或者变更劳动合同，致使劳动合同无效的；⑥被依法追究刑事责任的。

2）预告辞退

《劳动合同法》第四十条规定："有下列情形之一的，用人单位提前三十日以书面形式通知劳动者本人或者额外支付劳动者一个月工资后，可以解除劳动合同：①劳动者患病或者非因工负伤，在规定的医疗期满后不能从事原工作，也不能从事由用人单位另行安排的工作的；②劳动者不能胜任工作，经过培训或者调整工作岗位，仍不能胜任工作的；③劳动合同订立时所依据的客观情况发生重大变化，致使劳动合同无法履行，经用人单位与劳动者协商，未能就变更劳动合同内容达成协议的。"需注意的是，当符合以上三种法定情形时，用人单位既可以提前三十日以书面形式通知劳动者本人解除劳动合同，也可以额外支付劳动者一个月工资，然后解除劳动合同。额外支付的工资应当按照劳动者上一个月的工资标准确定。额外支付劳动者一个月的工资称为"代通知金"，可以替代预告辞退一个月预告期。

3）经济性裁员

经济性裁员是用人单位由于生产经营状况发生重大变化而出现劳动力过剩，通过一次性辞退部分劳动者，来改善生产经营状况的一种手段。在市场经济中，经济性裁员是用人单位克服经营困难的通常做法，具有不可避免性，但会给社会和劳动者带来不利后果，影响社会稳定和增加就业压力。因此，在法律上必须赋予用人单位在一定条件下的经济性裁员自主权，同时必须对裁员进行一定的限制。《劳动合同法》第四十一条对用人单位裁员作出了下述规定。

（1）经济性裁员的实质性条件。凡具有下列情形之一的，用人单位可以进行经济性裁员：①依照企业破产法规定进行重整的；②生产经营发生严重困难的；③企业转产、重大技术革新或者经营方式调整，经变更劳动合同后，仍需裁减人员的；④其他因劳动合同订立时所依据的客观经济情况发生重大变化，致使劳动合同无法履行的。

在裁员规模上，如果用人单位裁减人员在二十人以上或者裁减不足二十人但占企业全体职工 10%以上的，必须经过一定的程序后，才能进行裁员。

（2）经济性裁员的程序性条件。一是说明情况。用人单位应当提前三十日向工会或者全体职工说明有关裁减人员原因、方案等情况。二是听取意见。用人单位应当听取工会或者职工的意见。三是报告。用人单位应当将裁决人员方案向劳动行政部门报告。

（3）经济性裁员优先留有的人员。此类人员包括：①与本单位订立较长期限的固定期限劳动合同的；②与本单位订立无固定期限劳动合同的；③家庭无其他就业人员，有需要扶养的老人或者未成年人的。另外强调，用人单位在六个月内，重新招用人员的，应当通知被裁减人员，并在同等条件下优先招用被裁减人员。

2. 用人单位单方解除的禁止性条件

《劳动合同法》第四十二条规定：劳动者有下列情形之一的，用人单位不得对劳动者进行预告辞退和经济性裁员。①从事接触职业病危害作业的劳动者未进行离岗前职业健康检查，或者疑似职业病病人在诊断或者医学观察期间的；②在本单位患职业病或者因工负伤并被确认丧失或者部分丧失劳动能力的；③患病或者非因工负伤，在规定的医疗期内的；④女职工在孕期、产期、哺乳期的；⑤在本单位连续工作满十五年，且距法定退休年龄不足五年的；⑥法律、行政法规规定的其他情形。

3. 医疗期的相关规定

根据《企业职工患病或非因工负伤医疗期的规定》，企业职工因患病或者非因工负伤，需要停止工作进行医疗时，根据本人实际参加工作年限和本单位工作年限，给予3个月到24个月的医疗期，具体包括以下情形。实际工作年限10年以下的，在本单位工作年限5年以下的为3个月；5年以上的为6个月。实际工作年限10年以上的，在本单位工作年限5年以下的为6个月，5年以上、10年以下的为9个月；10年以上、15年以下的为12个月；15年以上、20年以下的为18个月；20年以上的为24个月。同时，还规定医疗期3个月的，按6个月内累计病休时间计算；6个月的，按12个月内累计病休时间计算；9个月的，按15个月内累计病休时间计算；12个月的，按18个月内累计病休时间计算；18个月的，按24个月内累计病休时间计算；24个月的，按30个月内累计病休时间计算。此外，企业职工在医疗期内，其病假工资、疾病救济费和医疗待遇按照有关规定执行，病假工资或疾病救济费可以低于当地最低工资标准支付，但不能低于最低工资标准的80%。

（四）劳动者单方解除

（1）劳动者预告辞职。《劳动合同法》第三十七条规定："劳动者提前三十日以书面形式通知用人单位，可以解除劳动合同。劳动者在试用期内提前三日通知用人单位，可以解除劳动合同。"这就是说，劳动者单方解除劳动合同并不需要具体事由，只需履行提前告知的义务即可，除此之外，没有任何条件的限制，这充分体现了劳动法的自由原则。

（2）劳动者随时通知解除（即时辞职）。按照《劳动合同法》第三十八条第一款规定，用人单位有下列情形之一的，劳动者无须向用人单位预告就可随时通知解除劳动合同。①未按照劳动合同约定提供劳动保护或者劳动条件的；②未及时足额支付劳动报酬的；③未依法为劳动者缴纳社会保险费的；④用人单位的规章制度违反法律、法规的规定，损害劳动者权益的；⑤用人单位原因导致劳动合同无效的，具体情况包括用人单位以欺诈、胁迫的手段或者乘人之危，使劳动者在违背真实意思的情况下订立或者变更劳动合同的，用人单位在劳动合同中免除自己的法定责任、排除劳动者的权利的，用人单位违反法律、行政法规的强制性规定的；⑥法律、行政法规规定劳动者可以解除劳动合同的其他情形。以上情形可以概括为因用人单位的过错侵害了劳动者权益，劳动者行使的辞职权。

（3）劳动者即时解除（即时辞职）。《劳动合同法》第三十八条第二款规定，在用人单位严重违法、劳动者人身自由和人身安全受到威胁时，劳动者可以立即解除劳动合同而不需要通知用人单位，主要包括：①用人单位以暴力、威胁或者非法限制人身自由的手段强迫劳动者劳动的；②用人单位违章指挥、强令冒险作业危及劳动者人身安全的。以上情形是在用人单位严重过错已经危及劳动者健康或生命安全的情况下，劳动者有权立即解除劳动合同，以保护自身健康或生命安全。

五、劳动合同的终止

（一）劳动合同终止的概念

劳动合同终止是指劳动合同法律效力依法被消灭，亦即劳动合同所确立的劳动关系由于一定法律事实的出现而终结，劳动者与用人单位之间原有的权利和义务不复存在。

劳动合同终止有广义和狭义之分。广义的劳动合同终止包括劳动合同解除。狭义的劳动合同终止则不包括劳动合同解除。我国劳动法采用狭义劳动合同终止的规定，将劳动合同解除与终止并列。

（二）劳动合同终止的情形

《劳动合同法》第四十四条规定，有下列情形之一的，劳动合同终止：①劳动合同期满的；②劳动者开始依法享受基本养老保险待遇的；③劳动者死亡，或者被人民法院宣告死亡或者宣告失踪的；④用人单位被依法宣告破产的；⑤用人单位被吊销营业执照、责令关闭、撤销或者用人单位决定提前解散的；⑥法律、行政法规规定的其他情形。

（三）劳动合同逾期终止的情形

这是指劳动合同期限已满，但存在下列情形之一，合同延续至相应情形消失方可终止。《劳动合同法》第四十五条规定了劳动合同逾期终止的情形：①从事接触职业病危害作业的劳动者未进行离岗前职业健康检查，或者疑似职业病病人在诊断或者医学观察期间的；②在本单位患职业病或者因工负伤并被确认丧失或者部分丧失劳动能力的；③患病或者非因工负伤，在规定的医疗期内的；④女职工在孕期、产期、哺乳期的；⑤在本单位连续工作满十五年，且距法定退休年龄不足五年的；⑥法律、行政法规规定的其他情形。

六、经济补偿金和赔偿金

（一）经济补偿金[2]

（1）经济补偿金的概念。经济补偿金是指在劳动者无过失的情况下，劳动合同解除或终止时，用人单位一次性支付给劳动者的经济上的补助。

（2）经济补偿金的适用范围。根据《劳动合同法》第四十六条，用人单位应当向劳动者支付经济补偿金的情形如下。①劳动者随时解除劳动合同和立即解除劳动合同的情形。②用人单位提出解除劳动合同，劳动者同意的情形，即用人单位先提出的双方协商解除的情形。③劳动合同期满终止劳动合同的情形。此处需排除这种情形，即如果用人单位维持或提高劳动合同约定条件续订劳动合同，但劳动者不同意续订的。此种情形不需支付经济补偿。④经济性裁员的情形。⑤用人单位预告辞退的情形。⑥因用人单位被依法宣告破产、用人单位被吊销营业执照、责令关闭、撤销或者用人单位决定提前解散而终止劳动合同的情形，即用人单位主体资格丧失的情形。⑦法律、行政法规规定的其他情形。例如，《劳动合同法实施条例》第二十二条规定，以完成一定工作任务为期限的劳动合同因任务完成而终止的，用人单位应向劳动者支付经济补偿。

（3）经济补偿的计算。①《劳动合同法》第四十七条规定：经济补偿按劳动者在本单位工作的年限，每满一年支付一个月工资的标准向劳动者支付。六个月以上不满一年的，按一年计算；不满六个月的，向劳动者支付半个月工资的经济补偿。劳动者月工资高于用人单位所在直辖市、设区的市级人民政府公布的本地区上年度职工月平均工资三倍的，支付经济补偿的标准按职工月平均工资三倍的数额支付，且支付年限最高不超过十二年。这里的月工资是指劳动者在劳动合同解除或者终止前十二个月的平均工资。②《劳动合同法实施条例》第二十七条规定：计算经济补偿的月工资按照劳动者应得工资计算，包括计时工资或者计件工资以及奖金、津贴和补贴等货币性收入。劳动者在劳动合同解除或终止前十二个月的平均工资低于当地最低工资标准的，按照当地最低工资标准计算。劳动者工作不满十二个月的，按照实际工作的月数计算平均工资。

（二）赔偿金

（1）用人单位违法解除或终止劳动合同的赔偿金，是对用人单位违反法律规定解除或终止劳动合同而给劳动者造成经济损失的惩罚性的补偿措施。经济补偿金和赔偿金是两个性质的概念。经济补偿金是在劳动者无过错，用人单位解除或者终止劳动合同时，按照法律规定支付给劳动者的补偿。而赔偿金是用人单位违法解除或终止劳动合同时的惩罚性质的补偿。二者不能同时适用。

用人单位违法解除或终止劳动合同时，劳动者要求继续履行劳动合同的，用人单位应当继续履行；劳动者不要求继续履行劳动合同或者劳动合同已经不能继续履行的，用人单位应按照经济补偿金标准的二倍向劳动者支付赔偿金。

（2）用人单位违法支付的赔偿金。《劳动合同法》第八十五条规定，用人单位有下列情形之一的，由劳动行政部门责令限期支付劳动报酬、加班费或者经济补偿；劳动报酬低于当地最低工资标准的，应当支付其差额部分；逾期不支付的，责令用人单位按应付金额 50%以上 100%以下的标准向劳动者加付赔偿金：①未及时足额支付劳动报酬的；②低于当地最低工资标准支付劳动者工资的；③安排加班未依法支付加班费的；④解除或终止劳动合同，未依法支付经济补偿的。

七、劳动合同解除和终止的附随义务

解除或终止劳动合同时及以后双方当事人的附随义务包括以下几种。①用人单位应在解除或终止劳动合同时出具解除或终止劳动合同的离职证明书。离职证明的内容应当写明劳动合同期限、解除或终止劳动合同的日期、工作岗位、在本单位工作年限。用人

单位应在十五日内为劳动者办理档案和社会保险关系转移手续。②劳动者应当按照双方约定，办理工作交接。用人单位按照有关规定向劳动者支付经济补偿的，办结工作交接时向劳动者支付。需注意的是，劳动者未完成工作移交的，用人单位不能以此为由拒不办理解除或终止劳动合同证明等手续，因为用人单位的该项义务是强制性法定义务。③用人单位对已经解除或终止的劳动合同文本，至少保存二年备查。

第三节　工作时间与休息休假法

工作时间和休息休假体现了宪法赋予公民的劳动权和休息权。工作时间与休息休假与劳动者的工作和生活紧密相关，同时二者是此消彼长的关系：工作时间延长意味着休息休假时间缩短，反之亦然。我国劳动法对工作时间和休息休假作出了规定，并严格限制延长工作时间，以保证劳动者有足够的休息时间。

一、工作时间

（一）工作时间的概念

工作时间是指以国家法律规定劳动者完成其本职工作的时间，一般以小时计算，包括一昼夜内工作的小时数（工作日），一周之内工作的天数和小时数（工作周）。

工作时间[①]作为法律范畴，由实际工作时间和非实际工作时间构成。实际工作时间就是劳动者为用人单位工作的时间，内涵不复杂，很容易理解。关键是法律意义上的工作时间还包括劳动者的某些非实际工作时间。

非实际工作时间包括：①生产或工作前从事必要的准备和工作结束时的整理时间；②因用人单位的原因造成的等待工作任务的时间；③参加与工作有直接联系并有法定义务性质的职业培训、教育时间；④连续性有害健康工作的间隙时间；⑤女职工哺乳的往返时间、孕期检查时间，以及未成年人工作中适当的休息时间、定期进行健康检查占用的时间等；⑥法律规定的其他属于工作时间的非实际工作时间。

（二）工作时间制度的种类

关于工作时间的立法，是劳动法的重要内容之一，根据相关法律法规的规定，我国现行的工作时间制度有以下几种。

1. 标准工时制

标准工时是由国家法律规定，在正常情况下，一般职工最高限制的从事工作的时间。标准工时制是其他特殊工时制度的计算和参照标准。《劳动法》第三十六条和《国务院关于职工工作时间的规定》确定了我国的标准工时制有两项基本内容：①劳动者每日工作时间不超过 8 小时，每周工作时间不超过 40 小时。这两项标准应同时遵守，即每日不得

[①] 工作时间包括的具体内容，在实践中仍处于变化之中，学者从不同的视角分别进行了阐述，如德国学界依劳务给付程度将工作时间分为实际从事工作的时间、备勤时间、待命时间、候传时间、非工作时间。参见郑尚元等著作的，由中国政法大学出版社出版的 2008 年版《劳动和社会保障法学》。本书只是一种阐述。

超过 8 小时，同时每周不得超过 40 小时。②每周至少休息一日，即用人单位必须保证劳动者每周至少一次 24 小时不间断的休息。

此外，工作时间可以进行以下换算。

（1）年工作日：365 天–104 天（休息日）–11 天（法定节假日）=250 天。

（2）季工作日：250 天÷4 季=62.5 天/季。

（3）月工作日：250 天÷12 月=20.83 天/月。

（4）工作小时数：以月、季、年的工作日乘以每日的 8 小时。

2. 特殊工时制

特殊工时是相对标准工时而言的，指特定工作岗位上的劳动者，或者具有某些特殊情况的劳动者适用的工时。我国《劳动法》第三十九条规定，企业因生产特点不能实行本法第三十六条、第三十八条规定的，经劳动行政部门批准，可以实行其他工作和休息办法。特殊工时包括以下几种。

（1）缩短工时制。这是指由法律直接规定对特殊岗位劳动者实行的少于标准工时的工作时间。《国务院关于职工工作时间的规定》第四条规定："在特殊条件下从事劳动和有特殊情况，需要适当缩短工作时间的，按照国家有关规定执行。"目前，我国缩短工作时间的情况有以下几种。其一，从事矿山、井下、高空、高温、低温、有毒有害、特别繁重或过度紧张的劳动的职工，实行每日工作少于 8 小时的工作时间，如矿山、井下实行 6 小时工作日。其二，从事夜班工作的劳动者，缩短工作时间。夜班工作时间一般是指从本日 22 时至次日 6 时的时间。从事夜班工作的劳动者工作时间一般应比日班工作时间少 1 小时。其三，在哺乳期工作的女职工实行缩短工作时间。根据 2012 年 4 月的《女职工劳动保护特别规定》第九条的规定，用人单位应当在每天的劳动时间内为哺乳期女职工安排 1 小时哺乳时间；女职工生育多胞胎的，每多哺乳 1 个婴儿每天增加 1 小时哺乳时间。并强调对哺乳未满 1 周岁婴儿的女职工，用人单位不得延长劳动时间或者安排夜班劳动。其四，未成年工和怀孕女工。未成年工应实行少于 8 小时的工作时间。怀孕 7 个月以上的女职工，在劳动时间内应安排一定的休息时间。其五，其他依法可以缩短工作日的职工。

（2）不定时工作制。这是指由于生产特点、工作特殊需要或职责范围的关系决定其工作时间无法按照标准工作时间衡量的劳动者工作时间。其基本特点是劳动者每日没有固定工作时数的限制。按照《关于企业实行不定时工作制和综合计算工时工作制的审批办法》第四条规定，不定时工作时间适用于以下工作人员：其一，企业中的高级管理人员、外勤人员、推销人员、部分值班人员和其他因工作无法按标准工作时间衡量的员工；其二，企业中的长途运输人员、出租汽车司机和铁路、港口、仓库的部分装卸人员及因工作性质特殊，需要机动作业的职工；其三，其他因生产特点、工作特殊需要或职责范围的关系，适合实行不定时工作制的职工，如从事非生产性值班和特殊工作形式的个体工作岗位的职工。

对于实行不定时工作时间的劳动者，不受劳动法关于延长工作时间的限制，超出标准工时部分不算延长工作时间，不需要支付延长工作时间的工资。用人单位可依据实际情况进行研究，并按有关法定审批手续报批后，在保障职工身体健康并充分听取职工意见的基础上，采用集中工作、集中休息、轮休调休等适当方式保障职工的休息休假权和生产、工作任务的完成。这里强调用人单位要实行不定时工作时间须按程序办理审批手续，未办理审批手续实行不定时工作时间是违法行为。

（3）综合计算工时工作制。这是指针对因工作性质特殊、需连续作业或受季节及自然条件限制的企业的部分职工，分别以周、月、季或年为周期，以标准工时为基础综合计算工作时间的工时制度。依据综合工时制，在计算周期内，某一具体工作日或工作周可以超过8小时或40小时，但只要平均工作日或平均工作周不超过标准工时，或者周期内总工作时间不超过总标准工时，都不算延长工作时间。但如果周期内的总工时超出总法定标准工时，超出部分应视为延长工作时间。根据《关于企业实行不定时工作制和综合计算工时工作制的审批办法》的规定，以下职工可实行综合计算工时制：其一，交通、铁路、邮电、水运、航空、渔业等行业中因工作性质特殊，需连续作业的职工；其二，地质及资源勘探、建筑、制盐、制糖、旅游等受季节和自然条件限制的行业的部分职工；其三，其他适合实行综合计算工时工作制的职工。

实行综合计算工时工作制的用人单位，应按程序办理审批手续，同时采用集中工作、集中休息、轮休调休等方式保障职工休息休假的权利，否则单位的综合计算工时工作制将不发生法律效力，其行为是违法的。

（4）计件工时制。根据《劳动法》第三十六条、第三十七条的规定，对实行计件工作的劳动者，用人单位应当合理确定其劳动定额和计件报酬标准，即应当根据一般劳动者在一个标准工作日和一个标准工作周的工作时间内能够完成的计件数量为标准，确定劳动者日或周的劳动定额。计件工时制实际上是标准工时制的特殊转化形式，实行计件工作时间的劳动者，在8小时工作时间内完成了当日的劳动定额，则可以把剩余时间作为休息时间，也可以多做定额以取得相应的劳动报酬，如果劳动者未能在8小时内完成定额，则可以在8小时外用以完成规定的劳动定额，但不能得到延长工作时间的劳动报酬。同时，计件工时制不能超过标准工时制设置的劳动基准。

（5）非全日制工时制。这是一种与我国当下发展较快的新的用工方式相适应的一种工作时间。《劳动合同法》规定：非全日制用工是指以小时计酬为主，劳动者在同一用人单位一般平均每日工作时间不超过4小时，每周工作时间累计不超过24小时的用工形式。这种工时制度更加灵活，适应了用人单位灵活用工和劳动者自主择业的需要。

（6）弹性工时制。这种工时制的特点是把一个工作日分为核心时间和弹性时间两部分，在核心时间内，所有职工都应按岗上班，其余的弹性时间则由劳动者自由选定上岗工作，只要每天补足标准工作时数即可。

（三）延长工作时间

1. 延长工作时间的概念和适用

延长工作时间是指劳动者的工作时间超过法律规定的工作时间长度，包括加班和加点两种形式。加班是指劳动者在公休日或法定节日从事生产或工作，加点是劳动者在正常工作日超过法定标准工作时间继续从事生产或工作。

延长工作时间是相对于特定的工时制度而言的，它适用于标准工时制、缩短工时制、而对不定时工作制是不适用的，即不定时工作制不存在延长工作时间的情形。综合计算工时工作制下，需要分析工时的具体情形。如果综合计算周期内劳动者的实际工作时间总数超过该周期的法定标准工时总数，其超出部分为延长工作时间；工作日恰逢法定节假日的，也视为延长工作时间。如果综合计算周期内的实际工作时间总数不超过该周期的标准工时总数，只是该周期内某一具体日（或周、月、季）超过法定标准工时，其超出部分不应视为延长工时。

2. 延长工作时间的限制

（1）延长工时适用人员的限制。根据《劳动法》《女职工劳动保护特别规定》《中华人民共和国未成年人保护法》规定，禁止安排未成年工、怀孕七个月以上的女工和哺乳未满周岁婴儿的女工延长工作时间。以上人员不仅不能延长工作时间，根据劳动法律，还需缩短工时。

（2）延长工时的条件、程序限制。《劳动法》规定，"用人单位由于生产经营需要，经与工会和劳动者协商后可以延长工作时间"，即用人单位延长工时不是随意进行的，须符合一定的条件和程序。一是，由于生产经营需要，《劳动法》并未明确生产经营需要的具体情形，实践中，应该由集体合同约定，或者由用人单位与工会共同确定"生产经营需要"的具体范围；二是必须与工会协商，征得工会的同意；三是必须与劳动者协商。只有在劳动者同意的情况下，才可以延长工时，用人单位不得强迫劳动者延长工作时间。

（3）延长工时的时间长度限制。《劳动法》第四十一条规定：用人单位延长工作时间，一般每日不超过一小时；因特殊原因需要延长工作时间的，在保障劳动者身体健康的条件下延长工作时间每日不超过三小时，但每月不得超过三十六小时。否则依法承担法律责任。

3. 限制延长工时的例外规定

这是指法定特殊情况下，用人单位无须与工会和劳动者协商就可以安排延长工作时间，并且延长时间的长度也不受限制。根据《劳动法》、《国务院关于修改〈国务院关于职工工作时间的规定〉的决定》及《〈国务院关于职工工作时间的规定〉的实施办法》的规定，限制延长工时的例外规定的情形如下：①发生自然灾害、事故或者因其他原因，使人民的安全健康、财产和国家资产遭到严重威胁，需要紧急处理的；②生产设备、交通运输线路、公共设施发生故障，影响生产和公众利益，必须及时抢修的；③必须利用法定节日或公休日的停产期间进行设备检修、保养的；④国家机关、事业单位为完成国家紧急任务或完成上级安排的其他紧急任务的；⑤为完成国防紧急任务或完成上级在国家计划外安排的其他紧急生产任务的，以及商业、供销企业在旺季完成收购、运输、加工农副产品紧急任务的；⑥法律、行政法规规定的其他特殊情况。

用人单位违反规定延长工作时间的，应承担法律责任。《劳动法》第九十条规定："用人单位违反本法规定，延长劳动者工作时间的，由劳动行政部门给予警告，责令改正，并可以处以罚款。"

4. 劳动者延长工时的补偿

延长劳动者工作时间，增加了劳动者的工作量，减少了劳动者休息休假时间，为此劳动法规定了延长劳动者工作时间的补偿形式。

（1）补休，适用于用人单位安排劳动者休息日延长工作时间的情形，且与支付延长工作时间的工资相比，具有优先性。这就是说，用人单位休息日安排劳动者加班工作的，应首先安排补休；不能补休时的，应支付不低于工作200%的工资报酬。对于法定节假日安排劳动者加班的，一般不安排补休，而是支付劳动者延长工作时间的工资。这种情形下，即使用人单位安排了补休，也需支付劳动者法定节假日加班的工资。

（2）支付延长工时的工资，根据《劳动法》，延长工作时间的工资应明显高于正常工作时间的工资，以达到限制延长工作时间和保护劳动者身体健康的目的。延长工作时间的工资标准为：其一，用人单位依法安排劳动者在日法定标准工时外延长工作时间的，支付劳动者不低于本人小时工资标准的150%的工资报酬；其二，用人单位依法安排劳动者在公休日工作且不能安排补休的，支付劳动者不低于其本人日或小时工资标准的200%的工资报酬；其三，用人单位依法安排劳动者在法定节假日工作的，支付劳动者不低于其本人日或小时工资标准的300%的工资报酬。此外，实行综合计算工时工作制的劳动者，其综合计算工时超过法定标准工作时间的部分，用人单位向劳动者支付不低于其工资150%的工资报酬；其中，法定节假日安排劳动者工作的，支付不低于劳动者工资300%的工资报酬。

二、休息休假

（一）休息休假的概念和性质

休息休假又称休息时间，是劳动者按法律规定不必从事生产和工作，由自己自由支配的时间。休息休假制度是劳动者休息权的重要保障之一。我国《宪法》第四十三条规定："中华人民共和国劳动者有休息的权利。国家发展劳动者休息和休养的设施，规定职工的工作时间和休假制度。"

劳动法上的休息休假具有劳动基准的性质。这意味着对于法律所规定的休息时间是最低休息时间，用人单位不得突破下限标准，但用人单位可根据自身的生产经营情况，自行设计休息休假制度，注意自行设计的休息休假时间需不低于法定休息时间。劳动合同、集体合同及用人单位劳动规章制度关于休息时间的规定，凡是低于劳动法规定的休息时间基准的，皆属于无效条款。

（二）休息休假的种类

1. 工作日内的间歇休息

工作日内的间歇休息是指劳动者工间休息和用膳的时间。按照人的生理规律和习惯，劳动者应在连续工作一段时间（一般是4小时）后，有一段休息时间，以帮助其恢复体力和精力，即可以理解为午间休息。间歇休息的长度因工作岗位和性质不同而不同，但最短不得少于半小时，一般1~2小时，劳动者在此期间进行午餐及其他形式的恢复劳动力的行为。需说明的是，有单位实行工间操制度，即上午和下午的连续工作时间内，规定20分钟的休息，这种工间操或者工间休息，不属于法律的休息时间，应计入工作时间内。

2. 工作日间的休息

工作日间的休息是指劳动者在一个工作日结束至下一个工作日开始之间的休息时间。我国实行的不低于8小时的标准工时制，所以劳动者享有的两个工作日之间的休息时间一般为15~16小时。实行轮班制的企业，其班次必须平均轮换，一般可在休息日之后调换；调班时，不得让劳动者连续工作两班。整体看，工作日内的休息时间，其长度应以能保障劳动者充分恢复体力和脑力为主，具体情况，可由用人单位结合自身的生产经营特点进行设计，只要不低于法定休息时间长度即可。

3. 工作周间的休息

工作周间的休息又称公休假、公休日，是指劳动者连续工作一周后应当享有的休息时间。国家机关、事业单位实行统一的工作时间，星期六和星期日为周休息日。因工作需要不能执行统一的工作和休息时间的国家机关、事业单位及社会团体，可以根据实际情况灵活安排周休息日。并且我国《劳动法》第三十八条规定，用人单位应保证劳动者每周至少休息一日。此外，因工作性质和生产特点的限制，实行不定时工作制和综合计算工时工作制等的用人单位，应在保障劳动者身体健康的前提下，听取劳动者意见，采取集中工作、集中休息、轮休调休等适当方式，保障劳动者的休息权的获得。

4. 法定节假日

法定节假日是指劳动者用于欢度节日，开展纪念、庆祝获得的休息时间，各国对法定节假日的规定不一，体现了各国政治、经济、文化背景的差异。根据2024年11月10日发布的《全国年节及纪念日放假办法》，我国的法定节假日有以下三类。

（1）全体公民放假的节日。①元旦，放假1天（1月1日）；②春节，放假4天（农历除夕、正月初一至初三）；③清明节，放假1天（农历清明当日）；④劳动节，放假2天（5月1日、2日）；⑤端午节，放假1天（农历端午当日）；⑥中秋节，放假1天（农历中秋当日）；⑦国庆节，放假3天（10月1日至3日）。

（2）部分公民放假的节日及纪念日。①妇女节（3月8日），妇女放假半天；②青年节（5月4日），14周岁以上的青年放假半天；③儿童节（6月1日），不满14周岁的少年儿童放假1天；④中国人民解放军建军纪念日（8月1日），现役军人放假半天。

（3）少数民族习惯的节日。此类节日由各少数民族聚居地区的地方人民政府，按照各该民族习惯，规定放假日期。

此外，二七纪念日、五卅纪念日、七七抗战纪念日、九三抗战胜利纪念日、九一八纪念日、教师节、护士节、记者节、植树节等其他节日、纪念日，均不放假。

法定节假日具有强制休假属性，用人单位不得以实行特殊工时制等理由剥夺劳动者的休息权。全体公民放假的假日，是全民享有的假日，如果适逢星期六、星期日，应当在工作日补假。确因工作不能安排补假的，应支付延长工作时间的工资报酬。部分公民放假的假日，如果适逢星期六、星期日，则不再另行补假。

5. 带薪年休假

带薪年休假是指国家根据劳动者的工作年限，每年给予劳动者的一定的带薪连续休息时间。带薪年休假是劳动者的重要权利之一，但不属于强制性休假。根据《职工带薪年休假条例》和《企业职工带薪年休假实施办法》，我国带薪年休假的内容主要如下。

职工连续工作1年以上的,可以享受带薪年休假,单位应当保证职工享受年休假,且在休假期间职工享有正常工作相同的工资收入。具体年休假天数与职工的工作年限紧密相关:职工累计工作已满1年不满10年的,年休假5天;已满10年不满20年的,年休假10天;已满20年的,年休假15天。此处应注意的是法定休假日、休息日不计入年休假的天数。

单位可以根据生产、工作的具体情况,考虑职工本人的意愿,统筹安排职工年休假的时间。带薪年休假在1个年度内可以集中安排,也可分段安排,一般不跨年度安排。单位因生产、工作特点确有必要跨年度安排职工年休假的,可以跨1个年度安排。单位如因工作需要不能安排职工年休假的,经职工本人同意,可以不安排,对职工应休未休的年休假天数,单位应按照该职工日工资收入的300%支付年休假工资报酬。如果是职工本人原因书面提出不休年休假的,用人单位按正常工作期间的工资收入支付工资报酬。

职工有下列情形之一的,不享受当年的年休假:职工依法享受寒暑假,其休假天数多于年休假天数的;职工请事假累计20天以上且单位按照规定不扣工资的;累计工作满1年不满10年的职工,请病假累计2个月以上的;累计工作满10年不满20年的职工,请病假累计3个月以上的;累计工作满20年以上的职工,请病假累计4个月以上的。

6. 探亲假

探亲假是指与父母或配偶分居两地的职工,在一定期限内所享受的一定期限的带薪假期,目的是适当地解决劳动者同亲属长期分居两地的探亲问题。其主要的法律依据是1981年的《国务院关于职工探亲待遇的规定》,主要内容如下。

(1)享受探亲假的条件。在国家机关、人民团体和全民所有制企业、事业单位工作满1年的固定职工,与配偶不住在一起,又不能在公休日团聚的,可以享受探望配偶的待遇;与父母都不住在一起,又不能在公休日团聚的,可以享受探望父母的待遇。如果职工与父亲或母亲一方能在公休日团聚,则不能享受探望父母的探亲待遇。其中"不能在公休日团聚"是指不能利用公休日在家居住一夜和休息半个白天;其中"父母"包括自幼抚养职工长大现在由职工供养的亲属,不包括公婆、岳父母。

集体所有制企业或事业单位职工的探亲待遇,由各省、自治区、直辖市人民政府根据地区的具体情况自行规定。

(2)探亲假的期限。这是指职工与配偶、父母团聚的时间。具体规定包括:①未婚职工探望父母,每年给假一次,假期20天,如果因工作原因,当年不能给予探亲假的,或者职工自愿两年探亲一次的,可以两年给予一次探亲假,假期为45天;②已婚职工探望父母,每4年给假一次,假期为20天;③职工探望配偶,每年给假一次,假期为30天;④实行周期性集中休假制度的职工,如教职工,应在休假期间探亲;如果休假较短,单位可以适当安排补足其探亲假天数;⑤探亲假的期限是与父母或配偶的团聚天数,应根据实际情况另外给予路程假。探亲假的期限已包含公休日和法定节日。

需要说明的是,当下我国经济社会发生了很多变化,就业形式多元化,交通工具日益发达,那么可能给探亲假制度带来公平性与必要性的思考问题。

7. 产假

产假是劳动关系存续期间女职工生产前后依法享受的休假待遇，属于法定休假，是强制性休假，用人单位必须依法全面履行义务，需要支付休假权利人的工资和其他相关费用。根据《女职工劳动保护特别规定》，女职工生育享受98天产假，其中产前可休假15天；难产的，增加产假15天；多胞胎生育的，每多生育1个婴儿，增加产假15天。女职工怀孕未满4个月流产的，享受15天产假；怀孕满4个月流产的，享受42天产假。女职工产假期间的生育津贴，对已经参加生育保险的，按照用人单位上年度职工月平均工资的标准由生育保险基金支付；对未参加生育保险的，按照女职工产假前工资的标准由用人单位支付。

根据修正的《中华人民共和国人口与计划生育法》第二十五条规定：符合法律、法规规定生育子女的夫妻，可以获得延长生育假的奖励或者其他福利待遇。实践中，省、自治区和直辖市根据上述规定，结合地区情况，一般在国家规定的统一的产假天数基础上适当延长女职工产假天数，同时还给予男方护理假、育儿假等。例如，根据2021年《关于修改〈黑龙江省人口与计划生育条例〉的决定》，黑龙江省女职工享受产假180日，期间不影响聘任、工资调整、职级晋升，假期待遇按照《黑龙江省女职工劳动保护条例》执行；男职工享受护理假15日，特殊情况可以参照医疗单位意见适当延长，护理假期间工资照发。用人单位每年给予三周岁以下婴幼儿的父母各10日育儿假，假期工资照发。

8. 婚丧假

婚丧假是指劳动者本人结婚，以及其直系亲属死亡时依法享受的假期，包括结婚假和丧葬假，一般1～3日。职工结婚时双方不在一地或者职工在外地的直系亲属死亡时，可以根据路程远近，另给予路程假；在批准的婚丧假期间，职工工资照付。上述规定是原则性的，在实践中，婚丧假一般会长于3天。省、自治区、直辖市结合自身情况适当放宽，如黑龙江省规定：依法办理结婚登记的夫妻享受婚假15日，参加婚前医学检查的，增加婚假10日，假期工资照发。

第四节 工 资 法

工资属于劳动基准制度的重要内容之一，根据《关于贯彻执行〈中华人民共和国劳动法〉若干问题的意见》，工资是用人单位按照法定或约定标准，以法定货币形式支付给劳动者的劳动报酬，一般包括计时工资、计件工资、奖金、津贴、延长工作时间的劳动报酬及特殊情况下支付的工资等。明确不属于工资的情形有三种：①单位支付给劳动者个人的社会保险福利费，如丧葬抚恤救济费、生活困难补助费、计划生育补贴等；②劳动保护方面的费用，如用人单位支付给劳动者的工作服、解毒剂、清凉饮料费用等；③按规定未列入工资总额的各种劳动报酬及其他劳动收入，如根据国家规定发放的创造发明奖、国家星火奖、自然科学奖、科学技术进步奖、合理化建议和技术改进奖、中华技能大奖等，以及稿费、讲课费、翻译费等。

从我国工资立法角度看，工资法主要包括最低工资制度、工资支付保障制度等内容。

一、最低工资制度

最低工资制度是国家为了维护劳动者取得劳动报酬的合法权益,保障劳动者个人及其家庭成员的基本生活需要而建立的法律制度。

(一)最低工资的概念和特点

最低工资是指劳动者在法定工作时间或依法签订的劳动合同约定的工作时间内,提供了正常劳动的前提下,用人单位依法应当支付的最低劳动报酬,包括月最低工资标准和小时最低工资标准两种形式。

最低工资具有以下法律特征:①最低工资的保障范围是劳动者个人及其家庭成员的基本生活需要;②最低工资是国家通过立法确定的法定标准;③最低工资是劳动者获得劳动报酬的最低底线。它要求劳动合同、集体合同、工资集体协议在约定劳动者工资标准时,以及在劳动者提供了正常劳动的情况下,用人单位向本单位劳动者支付工资时,均不得低于最低工资标准,否则,约定无效,按最低工资标准执行。这是最低工资作为劳动基准的强制性的体现。

(二)最低工资的计算和支付

计算最低工资,应当严格按照国家的有关规定进行。目前我国计算最低工资应剔除下列各项内容:①延长工作时间的工资;②中班、夜班、高温、井下、有毒有害等特殊工作环境、条件下的津贴;③法律、法规和国家规定的劳动者福利待遇等;④以货币形式支付的住房和由单位支付的伙食补贴。

根据《劳动法》和《最低工资规定》的规定,在劳动者提供了正常劳动的情况下,用人单位支付给劳动者的工资在剔除以上各项内容后不得低于当地的最低工资标准。实行计件工资或提成工资等工资形式的用人单位,在科学合理的劳动定额基础上,其支付劳动者的工资不得低于相应的最低工资标准。

(三)最低工资标准的确定

现阶段,我国经济发展和生活水平的地区不平衡还存在,由此导致了难以在全国实行统一的最低工资标准。因此《劳动法》第四十八条规定:"最低工资的具体标准由省、自治区、直辖市人民政府规定,报国务院备案。"实际上,不仅全国没有统一的最低工资标准,省、自治区、直辖市范围内的不同行政区域也可以有不同的最低工资标准。

以黑龙江省为例,依据2024年5月黑龙江省人民政府关于最低工资标准调整的通知,黑龙江省调整后的月最低工资标准分为三档。第一档:哈尔滨市区(呼兰区、阿城区、双城区除外)、大庆市区为2080元;第二档:哈尔滨市呼兰区及阿城区、齐齐哈尔市区、牡丹江市区及绥芬河市、佳木斯市区及抚远市、鸡西市区、双鸭山市区、七台河市区、鹤岗市区、绥化市区为1850元;第三档:哈尔滨市双城区、伊春市区、黑河市区、大兴安岭地区,全省其他各县(市)为1750元。

调整后的小时最低工资标准分为三档。第一档：哈尔滨市区（呼兰区、阿城区、双城区除外）、大庆市区为 19 元；第二档：哈尔滨市呼兰区及阿城区、齐齐哈尔市区、牡丹江市区及绥芬河市、佳木斯市区及抚远市、鸡西市区、双鸭山市区、七台河市区、鹤岗市区、绥化市区为 17 元；第三档：哈尔滨市双城区、伊春市区、黑河市区、大兴安岭地区，全省其他各县（市）为 16.5 元[①]。

依据《劳动法》第四十八条第一款和《最低工资规定》的第八条、第九条，确定最低工资标准的具体程序有如下步骤。①由省、自治区、直辖市人民政府劳动保障行政部门会同同级工会、企业联合会/企业家协会拟订最低工资标准的确定和调整方案。②省、自治区、直辖市人民政府劳动保障行政部门将确定最低工资标准的方案报送劳动保障部。③劳动保障部在收到拟订方案后，应征求全国总工会、中国企业联合会/企业家协会的意见。劳动保障部对方案可以提出修改意见，若在方案收到后 14 日内未提出修订意见的，视为同意。④在得到劳动保障部同意后，省、自治区、直辖市劳动保障行政部门应将本地区最低工资标准报省、自治区、直辖市人民政府批准。⑤在批准后 7 日内在当地政府公报上和至少一种全地区性报纸上发布。⑥省、自治区、直辖市劳动保障行政部门应在发布后 10 日将最低工资标准报劳动保障部。用人单位应在最低工资标准发布后 10 日内将该标准向本单位全体劳动者公示。最低工资标准发布实施后，应当根据相关因素变化适时调整，每两年至少调整一次。

根据《劳动法》第四十九条及《最低工资规定》的规定，确定和调整最低工资标准应综合考虑的因素包括：①劳动者本人及平均赡养人口的最低生活费用；②社会平均工资水平；③劳动生产率；④就业状况；⑤地区之间经济发展水平的差异。

（四）最低工资制度的适用范围

根据相关规定，劳动者享受最低工资保障的时间范围，应当是在法定工作时间内提供了正常劳动；劳动者带薪休假期间、依法参加社会活动期间，视为提供了正常劳动；劳动者与用人单位形成或建立劳动关系后，试用、见习期间，在法定工作时间内提供了正常劳动；基于劳动者本人原因给用人单位造成经济损失的，用人单位可按照劳动合同的约定，要求赔偿经济损失并可从劳动者本人的工资中扣除，若扣除后的剩余工资部分低于当地月最低工资标准，则按照最低工资标准支付。

最低工资制度除上述普遍适用的情形外，还有不适用的情况：①劳动者在工作时间内有迟到、早退、旷工等违纪行为；②企业下岗待工人员，由企业根据当地政府的有关规定支付其生活费，生活费可以低于当地的最低工资标准；③因患病或非因工负伤处于治疗期间的职工，在规定的医疗期内由企业按有关规定支付其病假工资或疾病救济费，病假工资或疾病救济费可以低于当地最低工资标准，但不能低于最低工资标准的 80%；④处于非带薪休假期间的人员，如事假等。

[①] 黑龙江省人民政府关于调整我省最低工资标准的通知[EB/OL]. https://www.hlj.gov.cn/hlj/c108372/202405/c00_31735700.shtml[2024-05-17].

二、工资支付保障制度

工资支付保障是保障劳动者获取其全部工资的保障制度。与最低工资制度相比，工资支付保障制度保障的不再是劳动者劳动报酬的最低线，而是保障劳动者能获取应得的全部工资。根据《劳动法》《工资支付暂行规定》《对〈工资支付暂行规定〉有关问题的补充规定》等的有关规定，工资支付保障制度主要包括工资支付的一般规则、特殊规则下的工资支付等内容。

（一）工资支付的一般规则

（1）工资支付的形式。工资应当以法定货币形式支付给劳动者本人，不得以实物及有价证券替代货币支付。

（2）工资支付的对象。劳动者本人因故不能领取工资时，可由其亲属或委托他人代领。用人单位可委托银行代发工资，但应将工资存入劳动者本人账户。

（3）工资支付凭据。用人单位必须书面记录支付劳动者工资的数额、时间、领取者姓名及签字，并保存两年以上备查。用人单位在支付工资时应向劳动者提供一份其个人的工资清单。

（4）工资支付时间。工资必须在用人单位与劳动者约定的日期支付，如遇节假日或休息日，应当提前到最近的工作日支付。工资至少每月支付一次，实行周、日、小时工资制的可按周、日、小时支付工资。对完成一次性临时劳动或某项具体工作的劳动者，用人单位应当按有关协议或合同规定在其完成劳动任务后立即支付工资。劳动关系双方依法解除或终止劳动合同时，用人单位应在解除或终止劳动合同时一次性付清劳动者工资。非全日制用工劳动报酬结算支付周期不得超过15日。

（5）工资足额支付规则。用人单位应当按照法定和约定内容将劳动者应得工资全部支付给劳动者。《劳动法》第五十条规定："不得克扣或者无故拖欠劳动者的工资"。

克扣是指用人单位无正当理由扣减劳动者应得工资。但在法定情况下，用人单位可以代扣代缴或者减发劳动者工资。

有下列情形之一的，用人单位可以代扣代缴劳动者工资：①用人单位代扣代缴个人所得税；②用人单位代扣代缴应由劳动者个人负担的各项社会保险费用；③法院判决、裁定中要求代扣的抚养费、赡养费；④因劳动者本人原因给用人单位造成经济损失的，用人单位可按照劳动合同的约定要求赔偿损失，经济损失的赔偿可从劳动者本人的工资中扣除，但每月扣除的部分不得超过劳动者当月工资的20%，若扣除后的剩余工资部分低于当地月最低工资标准，则按最低工资标准支付；⑤对违纪职工，企业在给予行政处分的同时，可以给予一次性罚款，但一般不得超过本人月标准工资的20%。

有下列情形之一的，允许减发劳动者工资：①国家法律、法规中有明确规定的；②依法签订的劳动合同中有明确规定的；③用人单位依法制定并经职代会批准的厂规、厂纪中有明确规定的；④企业工资总额与经济效益相联系，经济效益下浮时，工资必须下浮的（但支付给劳动者工资不得低于当地最低工资标准）；⑤因劳动者请事假等相应减发工资。

无故拖欠是指用人单位无正当理由超过规定付薪时间未支付劳动者工资。下列情形不属于无故拖欠劳动者工资：①用人单位遇到非人力所能抗拒的自然灾害、战争等原因，无法按时支付工资；②用人单位确因生产经营困难，资金周转受到影响，在征得本单位工会同意后可暂时延期支付劳动者工资，延期时间的最长期限可由省、自治区、直辖市的劳动行政部门根据当地情况确定。

（二）工资支付的特殊规则

特殊情况下的工资支付是在法定特殊情况存在的前提下，基于劳动者本人工资标准而支付给劳动者本人的。这些法定的特殊情况主要有如下几种。

（1）延长工作时间的工资支付。用人单位安排加班的，支付不低于其工资的150%的工资报酬；公休日加班且不能安排补休的，支付不低于其工资的200%的工资报酬；法定节假日安排劳动者工作的，支付不低于其工资的300%的工资报酬。

（2）休假期间的工资支付。劳动的休假期间包括年休假、探亲假、婚丧假和产假。这些休假期间用人单位应按劳动合同约定的标准正常支付劳动者工资。

（3）停工、停产期间的工资支付。非因劳动者原因造成单位停工、停产在一个工资支付周期内的，用人单位应按劳动合同规定的标准支付劳动者工资。超过一个工资支付周期的，若劳动者提供了正常劳动，则以不低于当地最低工资标准的水平支付劳动者的工资；若没有提供正常劳动，应按国家有关规定办理。

（4）依法参加社会活动期间的工资支付。劳动者在法定工作时间内参加社会活动，应视同提供了正常劳动，用人单位应支付劳动者工资。社会活动包括：①依法行使选举权或被选举权；②当选代表出席政府、党派、工会、青年团、妇女联合会等组织召开的会议；③出任人民法院陪审员或者证人；④出席劳动模范、先进工作者大会；⑤《中华人民共和国工会法》规定的不脱产工会基层委员会委员因工作活动占用的生产或工作时间；⑥其他依法参加的社会活动[5]。

第五节　劳动监察与劳动争议处理法

劳动监察的目的是运用公权力督促用人单位贯彻执行劳动法，保护劳动者的合法权益；劳动争议处理的目的是建立相关争议处理的程序，通过劳动纠纷的解决，促进劳动关系的和谐，二者本质上均属于对劳动者权益的法律救济内容。

一、劳动监察

（一）劳动监察的概念

劳动监察，是指具有法定监察权的机构依法对用人单位及劳动服务主体贯彻执行劳动法律规定情况进行监督和检查，并对发现的违法行为进行处理和处罚的活动。

（二）劳动监察的内容

依据《劳动保障监察条例》第十一条的规定，劳动保障行政部门对下列事项实施劳动保障监察：①用人单位制定内部劳动保障规章制度的情况；②用人单位与劳动者订立劳动合同的情况；③用人单位遵守禁止使用童工规定的情况；④用人单位遵守女职工和未成年工特殊劳动保护规定的情况；⑤用人单位遵守工作时间和休息休假规定的情况；⑥用人单位支付劳动者工资和执行最低工资标准的情况；⑦用人单位参加各项社会保险和缴纳社会保险费的情况；⑧职业介绍机构、职业技能培训机构和职业技能考核鉴定机构遵守国家有关职业介绍、职业技能培训和职业技能考核鉴定的规定的情况；⑨法律、法规规定的其他劳动保障监察事项。此外，《劳动合同法》第七十四条也列举了劳动合同监察的内容，规定县级以上地方人民政府劳动行政部门依法对下列实施劳动合同制度的情况进行监督检查：①用人单位制定直接涉及劳动者切身利益的规章制度及其执行的情况；②用人单位与劳动者订立和解除劳动合同的情况；③劳务派遣单位和用工单位遵守劳务派遣有关规定的情况；④用人单位遵守国家关于劳动者工作时间和休息休假规定的情况；⑤用人单位支付劳动合同约定的劳动报酬和执行最低工资标准的情况；⑥用人单位参加各项社会保险和缴纳社会保险费的情况；⑦法律、法规规定的其他劳动监察事项。

（三）劳动监察的形式

我国劳动监察主要有下列形式。①巡视监察，是指劳动保障行政部门监察人员巡视用人单位及劳动场所，及时发现违法行为，并依法处理的过程。这是世界各国劳动监察机构通行的工作方式。巡视监察最突出的特点是主动性和经常性。②书面监察，是劳动保障监察机构对被监督者按要求报送的书面材料进行审查，确定是否具有违法行为。其优点是便捷，不足是被监察者可能造假。③受理投诉、举报也是监察的一种重要形式。劳动者对于用人单位违反劳动保障法律、侵犯其合法权益的行为，有权向劳动保障行政部门投诉。任何组织或个人对违反劳动保障法律的行为，都有权向劳动保障行政部门举报。劳动保障行政部门对举报人反映的违反劳动保障法律的行为应当依法予以查处，并为举报人保密。对于举报属实，为查处重大违反劳动保障法律的行为提供主要线索和证据的举报人，给予奖励。

（四）劳动监察的管辖

关于劳动监察管辖权的规定主要有以下几点。①劳动监察原则上由县级或设区的市级劳动保障行政部门管辖，但比较重大的案件可以由更高级的劳动保障行政部门管辖；②对用人单位的劳动监察，由用人单位用工所在地的劳动保障行政部门管辖；③劳动保障行政部门对劳动监察的管辖有时可能会发生争议，此时应报请共同的上一级劳动保障行政部门指定管辖；④各省、自治区、直辖市人民政府可以根据本地实际，对劳动保障监察的管辖制定具体办法。

（五）劳动监察的程序

我国现行的劳动监察程序，可分为不立案检查程序和立案检查程序。

1. 不立案检查程序

不立案检查程序适用情形是因尚未发现用人单位有违法行为而不立案，仅对用人单位进行例行检查、不定期检查的程序。该程序相对比较简单,主要的程序规则如下。

(1)检查应由两名以上劳动监察员共同进行。

(2)劳动监察员进入被检查场所,应出示劳动监察证件并说明身份。

(3)检查前应向用人单位告知检查的目的、内容、要求和方法。

(4)检查时应了解用人单位遵守劳动法律、法规的情况,并巡视劳动场所。

(5)现场检查情况应制作笔录,并由监察员和用人单位法定代表人(或委托代理人)签名或盖章。

(6)用人单位法定代表人拒不签名、盖章的,应注明拒签情况。

(7)检查中发现的一般性缺陷可不做立案处理,但应记录检查结果和建议。

(8)对重要问题应及时向监察机构汇报并建议立案调查。

2. 立案检查程序

立案检查程序,即立案查处违反劳动法律、法规案件的程序。主要的步骤如下[3]。

(1)受理与立案。劳动监察主体认为用人单位有违反劳动保障法律、法规或违章行为,需要进行调查处理的,应及时立案处理。

(2)回避。劳动监察员办理劳动监察事项,与本人或其近亲属有直接利害关系的,应当回避。劳动监察员应当自行申请回避。当事人认为监察员应当回避的,有权向劳动保障行政部门提出要求回避的书面申请。承办人的回避由劳动监察机构负责人决定。回避决定应当自收到申请之日起3日内作出。作出回避前,承办人不得停止对案件的调查处理。作出驳回回避申请的决定,应当向申请人说明理由。

(3)调查取证。劳动监察主体行使各种权力,采取各种措施查清事实,搜集相关证据。劳动保障行政部门对违反劳动保障法律、法规或者规章的行为的调查,应当自立案之日起60个工作日内完成;对于情况复杂的,经劳动保障行政部门负责人批准,可以延长30个工作日。

(4)案件处理。调查取证结束之后,对于违法事实清楚、证据确凿的,能够当场处理的行为可以当场予以纠正;不能当场予以纠正的,应当区别不同情况进行处理。其一,对依法应当受到行政处罚的,依法作出行政处罚决定;其二,对于应当改正未改正的,依法责令改正或者作出相应的行政处理决定;其三,对情节轻微且已改正的,撤销立案。

作出处罚决定的,由劳动保障行政部门制作劳动保障监察处罚决定书。劳动监察主体作出行政处罚或者行政处理决定前,应当听取当事人的陈述和申辩;填写预定格式的处罚决定书;决定书应当由劳动保障监察员签名或盖章。作出处罚或行政处理决定,应当告知用人单位依法享有申请行政复议或提起行政诉讼的权利。

监察主体发现违法案件不属于劳动保障监察事项的,应当及时移送有关部门处理,涉嫌犯罪的,应当移送司法机关。

劳动保障行政部门立案调查完成,应在15个工作日内作出行政处罚或者撤销立案的决定;特殊情况经劳动保障行政部门负责人批准可以延长。

(5)送达。相关的处理和处罚决定,应当自作出决定之日起7日内送达当事人,自送达之日起生效。劳动保障监察案件结案后应建立档案。档案资料至少保存3年。

二、劳动争议处理

（一）劳动争议概述

1. 劳动争议的概念

劳动争议的概念有广义和狭义之分。广义的劳动争议是指以劳动关系为中心所发生的一切争议，狭义的劳动争议是指劳动者与用人单位之间以劳动权利和义务为中心所发生的纠纷。如无特别说明，劳动争议一般指的是狭义的劳动争议。

2. 劳动争议的受案范围的一般规定

根据《中华人民共和国劳动争议调解仲裁法》的规定，我国劳动争议的受案范围如下。①因确认劳动关系发生的争议。是否存在劳动关系，决定了劳动者能否享有劳动法规定的各种权益和保护。②因订立、履行、变更、解除和终止劳动合同发生的争议。劳动合同是确立用人单位和劳动者权利、义务的基本依据，劳动争议中大部分是劳动合同争议。③因除名、辞退和辞职、离职发生的争议。④因工作时间、休息休假、社会保险、福利、培训以及劳动保护发生的争议。⑤因劳动报酬、工伤医疗费、经济补偿或者赔偿金等发生的争议。⑥法律、法规规定的其他劳动争议。

3. 劳动争议的处理机制

我国现行的劳动争议处理机制可大致概括为"一调一裁两审"，结合对部分劳动争议案件实行有限制的"一裁终局"。①协商。劳动争议发生后，劳动者和用人单位可以自行协商和解，也可以请工会或第三方共同与用人单位协商和解。协商成功的，可以签订和解协议。②调解。当事人不愿协商、协商不成或者达成和解协议后不履行的，可以向调解组织申请调解。无论和解还是调解，都不是劳动争议处理的必经程序。③仲裁。当事人不愿调解、调解不成或者达成调解协议后不履行的，可以向劳动人事争议仲裁委员会申请仲裁。劳动仲裁是劳动争议处理机制的核心，原则上是处理劳动争议的必经程序。根据《中华人民共和国劳动争议调解仲裁法》第四十七条规定的情形，一些仲裁裁决对用人单位来说为终局裁决，用人单位不得起诉，但劳动者仍可起诉。④诉讼。劳动者不服仲裁裁决，用人单位对不属于"一裁终局"的仲裁裁决不服的，可以依法向人民法院提起诉讼。当事人不服一审判决，还可以上诉，二审判决为生效判决。

（二）劳动争议调解

1. 劳动争议调解的概念

劳动争议调解是指基层群众调解组织对用人单位与劳动者发生的劳动争议，以国家的劳动法律、法规为准绳，以协商的方式，使双方当事人达成协议，消除纷争。作为劳动争议处理的重要环节，与仲裁和诉讼环节的调解不同，也不同于劳动保障行政部门所进行的行政调解，它是基层群众性组织所做的民间调解。

2. 劳动争议调解组织

劳动争议调解由基层群众性组织承担，具体包括三种形式：企业劳动争议调解委员会、依法设立的基层人民调解组织和在乡镇、街道设立的具有劳动争议调解职能的组织。其中，企业劳动争议调解委员会是传统上最主要的劳动争议调解机构。

劳动争议调解组织的具体调解工作是由调解员组织进行的。关于劳动争议调解组织的调解员的资格，没有硬性的要求，但依法应当由公道正派、联系群众、热心调解工作，并具有一定法律知识、政策水平和文化水平的成年公民担任。

3. 劳动争议调解程序

劳动者争议调解程序比较简便，具体程序如下。①申请。申请可以采用书面形式，也可以口头申请，申请调解本着自愿原则，是否调解由双方当事人自行决定，对任何一方不得强迫。②受理及组织调解会议。调解组织经审查受理调解申请后，组织调解会议，充分听取双方当事人对事实和理由的陈述，耐心疏导，帮助其达成协议。③制作调解协议书。双方当事人在调解组织的主持下达成协议，调解组织应制作调解协议书，由双方当事人签名或盖章，经调解员签名并加盖调解组织印章后生效。

需要注意的是，在调解过程中，应始终贯彻自愿协商的原则，不得强迫当事人达成调解协议。自劳动争议调解组织收到调解申请之日起15日内未达成调解协议的，当事人可以依法申请仲裁。

4. 劳动争议调解协议的效力

劳动争议调解的基层民间性质，导致调解协议书缺乏权威性，调解协议的效力薄弱成为调解制度功能发挥的瓶颈，调解协议一般不得作为直接申请强制执行的依据，一旦当事人反悔，对达成的调解协议不履行，则为此争议调解付出的努力便付之东流，前功尽弃。因此，我国在立法上亦在进行多种形式的对调解书的加固尝试，力图提升调解协议的权威性，从实践看，此种努力还处在摸索中，其作用如何还需时间的验证。

（三）劳动争议仲裁

1. 劳动争议仲裁的概念和特点

仲裁，是指将争议提交给争议之外中立的第三方，由其对当事人的纠纷居中调解，并作出裁断的行为。劳动争议仲裁是仲裁制度的一种，旨在解决劳动纠纷。劳动争议仲裁，是指劳动争议仲裁机构对当事人请求解决劳动争议，依法居中公断的执法行为。其在我国劳动争议处理制度中处于核心地位，具有以下特点。一是公正性。仲裁是由中立的第三方居中裁判，为保证第三人公正处理纠纷，劳动人事争议仲裁委员会由主管部门、工会代表、用人单位代表组成，仲裁程序中实行回避、合议制度，以保证劳动争议仲裁的公正性。二是及时性。仲裁与诉讼相比，比较快捷，仲裁程序不如诉讼烦琐、严格。仲裁的申请、受理、审理和作出裁决相较诉讼更快速，因而用时较短。三是强制性。其一仲裁程序的启动，无需双方当事人达成仲裁协议，只要一方当事人申请仲裁，另一方当事人无论是否合意，都将强制启动仲裁程序；其二劳动争议仲裁一般情况下是劳动争议案件进入诉讼的必经程序，即无仲裁不诉讼。简单地讲，劳动争议案件要进入诉讼程序必须先经过仲裁程序，因而具有强制性。

2. 劳动争议仲裁的机构

劳动争议处理的专门机构是劳动人事争议仲裁委员会，下设办事机构组织劳动人事争议仲裁委员会的日常事务。仲裁庭在劳动人事争议仲裁委员会的领导下处理劳动争议案件，处理具体争议案件的仲裁员则由劳动人事争议仲裁委员会聘任。

（1）劳动人事争议仲裁委员会（简称仲裁委）是国家授权，依法独立处理劳动争议案件的专门机构。仲裁委按照统筹规划、合理布局和适应实际需要的原则设立，并不按行政区划层层设立。市需要设立仲裁委的，由省、自治区、直辖市人民政府确定。各级仲裁委之间互不存在行政隶属关系，各自独立仲裁本行政区域内发生的劳动争议案件，各自向同级人民政府负责并报告工作。省、自治区、直辖市人民政府劳动行政部门对本行政区域的劳动争议仲裁工作进行指导。仲裁委由劳动行政部门代表、工会代表和企业方面代表组成，组成人员必须是单数。仲裁委由 1 名主任，若干名副主任和委员组成，主任由劳动行政部门代表担任，副主任由仲裁委委员协商产生。各方代表的具体人数，由三方协商确定。委员的确认或者更换，须报同级人民政府批准。

仲裁委的职责如下：①聘任、解聘专职或者兼职仲裁员；②受理劳动争议案件；③讨论重大或者疑难的劳动争议案件；④对仲裁活动进行监督。仲裁委实行集体领导制，在召开会议决定有关事项时应有 2/3 以上的委员参加，并且应当按照少数服从多数的原则作出决定。

（2）劳动争议仲裁委员会办事机构。该机构负责办理仲裁委的日常工作，其主要有两种形式：一是设在劳动行政部门内部的办事机构，二是实体化的办事机构。最初我国只有劳动行政部门内设的仲裁办事机构，但由于受到劳动行政机构编制的限制，无法满足日益增长的纠纷处理的需要，为此，明确仲裁委可以下设实体化的办事机构，具体承担争议调解仲裁等日常工作。目前已有许多地方设立了以仲裁院为主要形式的实体化办事机构，提高了争议处理效能。

（3）劳动争议仲裁庭。仲裁庭是仲裁委处理劳动争议案件的基本组织形式，仲裁委裁决劳动争议案件实行仲裁庭制度，即按照"一案一庭"的原则组成仲裁庭，受理劳动争议案件。

仲裁庭的组织形式分为独任制和合议制。独任制是由仲裁委指定 1 名仲裁员独自审理仲裁，适用于事实清楚、案情简单、法律适用明确的劳动争议案件。合议制是由仲裁委指定 3 名或 3 名以上单数仲裁员共同审理争议案件。除简单劳动争议案件外，均应组成合议仲裁庭。合议仲裁庭又分普通合议仲裁庭和特别合议仲裁庭。实践中各地区仲裁委可根据实际情况选择相应的仲裁庭。例如，一般认为 10 人以上的集体争议、人事争议，有重大影响的争议案件，以及职工方在 30 人以上的争议案件，应组成特别合议仲裁庭。

仲裁庭在仲裁委的领导下依法处理劳动争议。仲裁庭对重大或疑难的人事争议案件的处理，可以提交仲裁委讨论决定；仲裁委的决定，仲裁庭必须执行；仲裁庭处理劳动争议结案时，应报仲裁委主任审批；仲裁委主任认为有必要，可以提交仲裁委审批。仲裁庭制作的调解书或裁决书，由仲裁员署名，加盖仲裁委印章，以仲裁委名义送达双方当事人。

（4）劳动争议仲裁员。仲裁员是指由仲裁委依法聘任的，可以成为仲裁庭组成人员而从事劳动争议处理工作的职员，有专职和兼职两种。专职仲裁员由仲裁委从劳动行政部门内专门从事劳动争议处理工作，并具有仲裁员资格的人员中聘任；兼职仲裁员由仲裁委员会从具有仲裁员资格的劳动行政部门或其他行政部门工作人员或工会工作人员、专家、学者、律师中聘任。专职和兼职仲裁员在执行公务时，享有同等权利。

仲裁员应当公道正派并符合下列条件之一：①曾任审判员的；②从事法律研究、教学工作并具有中级以上职称的；③具有法律知识、从事人力资源管理或者工会等专业工作满五年的；④律师执业满三年的。经省级以上劳动行政部门考核认定，才赋予仲裁员资格。

3. 劳动争议仲裁管辖

劳动争议仲裁管辖，是指各级仲裁委之间、同级仲裁委之间，受理劳动争议案件的分工和权限。它能表明当事人在劳动争议发生之后，应当向哪一级和哪一个仲裁委申请仲裁。它为各级和各个仲裁委行使仲裁权，界定了空间范围。我国劳动争议仲裁管辖的主要规定如下。①仲裁委负责管辖本区域发生的劳动争议。劳动争议由劳动合同履行地或者用人单位所在地的仲裁委管辖。②双方当事人分别向劳动合同履行地和用人单位所在地的仲裁委申请仲裁的，由劳动合同履行地的仲裁委管辖。③仲裁委发现已受理的案件不属于其管辖范围的，应当移送至有管辖权的仲裁委，并书面通知当事人。对上述移送案件，受移送的仲裁委应依法受理。④受移送的仲裁委认为移送的案件依照规定不属于本地仲裁委管辖，或仲裁委之间因管辖争议协商不成的，应当报请共同的上一级仲裁委主管部门指定管辖。

4. 劳动争议仲裁时效

劳动争议仲裁时效（简称仲裁时效），是指劳动者和用人单位在法定期限内不向劳动争议仲裁机构申请仲裁，而丧失请求劳动争议仲裁机构保护其权利和实现其权利的制度。主要的规定如下。

（1）仲裁时效的起点和时间。仲裁时效时间的计算起点从当事人知道或者应当知道其权利被侵害之日起，为期一年。劳动关系存续期间因拖欠劳动报酬发生争议的，劳动者申请仲裁不受该时效期间的限制。但是，劳动关系解除或者终止的，应当自劳动关系解除或终止之日起一年内提出。

（2）仲裁时效的中断、中止。仲裁时效的中断，是指因当事人一方向另一方当事人主张权利，或者向有关部门请求权利救济，或者对方当事人同意履行义务而中断。从中断时起，仲裁时效的期间重新计算。

仲裁时效的中止，是指因不可抗力或者其他正当理由，当事人不能在仲裁时效期内申请仲裁，仲裁时效的暂停。当仲裁时效中止的原因消除，从其消除之日起，仲裁时效期间继续计算。

（3）仲裁时效的完成。仲裁时效的完成，是指仲裁时效期间已满，但当事人仍未向仲裁委提出仲裁的书面请求。

对于超过仲裁时效的仲裁申请，仲裁委可以作出不予受理的书面决定，当事人不服而依法向法院起诉的，法院应当受理；对确已超出仲裁时效期间的，依法驳回其诉讼请求。

5. 劳动争议仲裁的程序

（1）申请。当事人申请仲裁，应当提交书面仲裁申请书，并按照被申请人的人数提交副本。书写仲裁申请书有困难的，可以口头申请，由仲裁委记入笔录，经申请人签名或者盖章确认。仲裁申请应包括以下内容：①劳动者姓名、性别、年龄、职业、工作单位和住所，用人单位的名称、地址和法定代表人或者主要负责人的姓名、职务；②仲裁请求和依据的事实和理由；③证据、证据来源、证人姓名和住所等。

（2）受理。仲裁委自收到申请之日起5日内，对申请进行审查，认为符合受理条件的，应当受理，并通知申请人；认为不符合条件的，应当书面通知申请人不予受理，并说明理由。对不予受理或仲裁委逾期未作出决定的，申请人可以就该争议事项向人民法院提起诉讼。

（3）开庭准备。仲裁委受理申请后，应当在5日内将仲裁申请书副本送达被申请人。被申请人收到仲裁申请书副本后，应当在10日内向仲裁委提交答辩书。仲裁委收到答辩书5日内将答辩书副本送达申请人。被申请人未提交答辩书的，不影响仲裁程序的继续进行。

仲裁委应当在受理仲裁申请之日起5日内将仲裁庭的组成情况书面通知当事人，仲裁庭应当在开庭5日前将开庭日期、地点书面通知双方当事人。当事人有正当理由的，可以在开庭3日前请求延期开庭。是否延期，由仲裁委决定。

关于回避的问题，仲裁员有下列情形之一，应当回避，当事人也有权以口头或书面方式提出回避申请：①是本案当事人或者当事人、代理人的近亲属的；②与本案有利害关系的；③与本案当事人、代理人有其他关系，可能影响到公正裁决的；④私自会见当事人、代理人，或者接受当事人、代理人的请客送礼的。仲裁委对回避申请应及时作出决定，并以口头或者书面方式通知当事人。

（4）审理。仲裁庭在正式审理之前，应先在当事人之间进行调解，达成调解协议的，制作调解书结案，当事人不同意调解的，继续审理。

审理的基本程序是开庭审理时，仲裁员听取申请人的陈述和被申请人的答辩，主持庭审调查、质证和辩论，征询当事人最后意见，并进行调解。

申请人收到书面通知后无正当理由拒不到庭，或者未经仲裁庭同意中途退庭的，视为撤回仲裁申请，重新申请仲裁的，仲裁委不予受理。被申请人收到书面通知无正当理由拒不到庭或者未经仲裁庭同意中途退庭的，可以缺席裁决。

中止审理制度，是指因出现案件处理依据不明确而请示有关机构，或者案件处理需要等待工伤认定、伤残等级鉴定、司法鉴定结论，公告送达及其他需要中止仲裁审理的客观情形，经仲裁委主任批准，可以中止案件审理，并书面通知当事人，中止审理的客观情形消除后，仲裁庭应当恢复审理。

仲裁中的举证责任，以"谁主张，谁举证"为基本原则，但劳动者无法提供由用人单位掌握管理的与仲裁请求有关的证据，可以依照有利于劳动者的特别原则进行举证。仲裁庭可以要求用人单位在指定期限内提供证据，用人单位在指定期限内不提供的，应当承担不利后果。

（5）裁决。当事人申请劳动争议仲裁后，可以自行和解。达成和解协议的，可以撤回仲裁申请或者请求仲裁委制作调解书。仲裁庭在审理后，作出裁决前，应当先行调解。调解达成协议的，仲裁庭应当制作调解书，调解书经双方签收后，发生法律效力，任何一方不得反悔。

调解不成或者调解书送达前一方当事人反悔的，仲裁庭应及时作出裁决。裁决按照多数仲裁员的意见作出，少数仲裁员的不同意见应当记入笔录。仲裁庭不能形成多数意见时，裁决应按照首席仲裁员的意见作出，对特殊的、重大、疑难案件可提交仲裁委决定。

仲裁庭裁决劳动争议案件，应当自仲裁委受理仲裁申请之日起45日内结束。案情复杂、需延期的案件，经仲裁委主任批准，可以延期并书面通知当事人，但延长期限不超过15日。逾期未作出裁决的，当事人可以就该争议事项向人民法院提起诉讼。

6. 劳动争议仲裁裁决的效力

劳动争议仲裁的裁决书的效力包括以下几种情形。

（1）终局裁决，严格说应该称为有限的终局裁决。《中华人民共和国劳动争议调解仲裁法》第四十七条规定，下列劳动争议，除本法另有规定的外，仲裁裁决为终局裁决，裁决书自作出之日起发生法律效力：①追索劳动报酬、工伤医疗费、经济补偿或者赔偿金，不超过当地月最低工资标准十二个月金额的争议；②因执行国家的劳动标准在工作时间、休息休假、社会保险等方面发生的争议。

针对以上事项的裁决，劳动者一方仍有起诉的权利，而用人单位对以上这些事项是无权起诉的，因此对用人单位属于"一裁终局"。如果用人单位有证据证明仲裁裁决有下列情况之一的，可以自收到仲裁裁决书之日起30日内向仲裁委所在的中级人民法院申请撤销裁决：①适用法律、法规确有错误的；②劳动争议仲裁委员会无管辖权的；③违反法定程序的；④裁决所根据的证据是伪造的；⑤对方当事人隐瞒了足以影响公正裁决的证据的；⑥仲裁员在仲裁该案时有索贿受贿、徇私舞弊、枉法裁决行为的。人民法院经组成合议庭审查、核实裁决有上述情形之一的，应当裁定撤销仲裁裁决。仲裁裁决被人民法院裁定撤销的，当事人可以自收到裁定书之日起15日内就该劳动争议事项向人民法院提起诉讼。

（2）普通裁决。除以上事项，双方当事人对其他劳动争议案件的仲裁裁决不服的，可以自收到仲裁裁决书15日内向人民法院提起诉讼；期满不起诉的，裁决书发生法律效力。

（3）先予执行裁决。仲裁庭对追索劳动报酬、工伤医疗费、经济补偿或者赔偿金的案件，根据当事人的申请，可以裁决先予执行，移送人民法院执行。裁决先予执行的，应当符合两项条件：①当事人之间权利义务关系明确；②不先予执行将严重影响申请人的生活。

当事人对发生法律效力的调解书、裁决书，应当按照规定期限履行。一方当事人逾期不履行的，另一方当事人可以依照民事诉讼法的有关规定向人民法院申请强制执行，受理申请的法院应当依法执行。

（四）劳动争议诉讼

1. 劳动争议诉讼的概念

劳动争议诉讼，是指让人民法院对劳动争议案件进行审理和裁判的活动。此外还包括当事人一方不履行仲裁委已发生法律效力的裁决书或调解书，另一方当事人申请人民法院强制执行的活动。劳动争议诉讼是解决劳动争议的最终程序。但需注意劳动争议诉讼程序不是劳动争议处理的必经程序，只有劳动争议当事人一方或双方均不服仲裁裁决时，诉讼程序才有可能启动。

关于劳动争议诉讼司法机构的设置，各国做法不一。有的国家设置专门的劳动法院或劳动法庭，我国没有设立专门的劳动法院，实践中一般是由人民法院民事审判庭审理劳动争议案件，目前已有部分法院开始设立专门的法庭来处理劳动争议。

2. 人民法院受理劳动争议案件的范围

法院受理劳动争议案件的一般范围是，劳动者与用人单位发生的劳动争议，经仲裁委作出裁决后，当事人不服裁决，依法向人民法院提起诉讼，人民法院应当受理。

人民法院受理劳动争议案件的特殊情况主要如下。①仲裁委以当事人申请仲裁的事项不属于劳动争议为由，作出不予受理的书面裁决、决定或通知，当事人不服，依法向法院提起诉讼，属于劳动争议案件的，应当受理；不属于劳动争议案件，但属于法院主管的其他案件的，应当依法受理；②仲裁委以当事人的仲裁申请超时效为由，不予受理，当事人依法向人民法院起诉的，法院应当受理；③仲裁委以仲裁申请的主体不适格为由，不予受理，当事人不服，依法向法院起诉，经审查确属主体不适格的，裁定不予受理或者驳回起诉；④仲裁委为纠正原仲裁裁决错误重新作出裁决的，当事人不服，依法提起诉讼，人民法院应当受理；⑤仲裁委仲裁的事项不属于法院受理案件范围，当事人不服，提起诉讼，裁定不予受理或者驳回起诉；⑥仲裁委逾期未作出仲裁裁决的，当事人就该项劳动争议提起诉讼，法院应当受理。

此外，我国司法解释还专门规定了以下三类可以直接向人民法院起诉的劳动争议案件：①劳动者以用人单位的工资欠条为证据直接向人民法院起诉，诉讼请求不涉及劳动关系其他争议的，视为拖欠劳动报酬争议，人民法院按照普通民事纠纷受理；②当事人在劳动争议调解委员会主持下仅就劳动报酬争议达成调解协议，用人单位不履行调解协议确定的给付义务，劳动者直接向人民法院起诉的，人民法院按照普通民事纠纷受理；③申请支付令被人民法院裁定终结督促程序后，劳动者依据调解协议直接向人民法院起诉的，法院应予受理。

3. 劳动争议诉讼管辖

劳动争议案件由用人单位所在地或者劳动合同履行地的基层人民法院管辖。劳动合同履行地不明确的，由用人单位所在地的基层法院管辖。当事人双方就同一案件分别向有管辖权的人民法院起诉的，后受理的人民法院应当将案件移送给先受理的人民法院。

4. 劳动争议诉讼中的举证责任

在劳动争议诉讼中，举证责任以民事诉讼的"谁主张，谁举证"为基本原则，但是有下列特殊情形的，劳动者提出诉讼，应由用人单位承担反面举证责任。①由于用人单位没有与劳动者签订劳动合同，造成劳动关系认定困难，需要参照下列凭证来认定双方存在劳动关系时，明确规定用人单位对凭证负举证责任。实践中，这些凭证包括工资支付凭证或记录（职工工资发放花名册）、缴纳各项社会保险费的记录；劳动者填写的用人单位招工招聘登记表、报名表等招用记录；考勤记录。②开除、除名等用工行为的举证。③加班费的举证。④工伤认定的举证。

5. 劳动争议诉讼的程序

劳动争议诉讼按照人民法院审理民事案件的程序进行。一般案件适用普通一审程序审理，包括申请、受理、开庭准备、审理和判决等步骤，主要的步骤如下。

（1）申请（原告起诉）。劳动争议诉讼实行"不告不理"的原则，因此起诉和受理是劳动争议诉讼的启动程序。原告提起争议诉讼一般应当具备下列条件：①原告是与本案有直接利害关系的劳动者或用人单位；②有明确的被告；③有具体的诉讼请求和事实、理由；④属于人民法院受案范围和受诉人民法院管辖；⑤原告起诉前该劳动争议经过仲裁委程序；⑥原告起诉应在法定期限内提出。

（2）受理。劳动争议诉讼中的受理，是指人民法院对原告的起诉进行审查，认为符合起诉条件，决定接受原告的起诉并开始审理该劳动争议案件的诉讼行为。受诉人民法院在收到原告的起诉后，根据法律规定，对原告的起诉是否符合法定起诉条件和要求进行审查。人民法院经过审查，对符合起诉条件的应予受理，对不符合起诉条件的，则决定不予受理，并说明理由。

（3）开庭准备。这个环节是人民法院在受理劳动争议案件后，到开庭审理前所做的一系列必要准备工作。这些准备工作包括：①通知被告应诉和发放诉讼文书；②告知当事人诉讼权利义务和合议庭组成人员；③审核诉讼材料，调查收集必要证据；④更换和追加当事人；⑤财产保全和先予执行；⑥决定开庭审理的时间、地点和方式，应在开庭前3日书面通知双方当事人、诉讼代理人及其他诉讼参与人。公开审理的案件还应当发布开庭审理公告。

（4）审理。这是指审判人员在当事人和其他诉讼参与人的参加下，对劳动争议案件进行实体审理的诉讼活动过程。开庭审理的程序有以下步骤。①宣布开庭。宣布开庭由书记员和审判长进行。书记员查明相关人是否到庭，并宣布法庭纪律。审判长核对当事人身份，宣布案由和合议庭组成人员名单，并告知当事人的权利和义务，询问当事人是否申请回避。②法庭调查。这是对案件进行实体审理的重要阶段，一般按照下列顺序进行：当事人陈述、证人作证、出示书证、宣读鉴定结论、宣读勘验笔录。③法庭辩论。经过法庭调查，在案件事实基本查清的基础上，双方当事人就争议的事实和理由及适用法律等问题展开辩论。法庭辩论按照原告、被告、第三人的顺序进行。④法庭调解。法庭辩论终结，应当作出判决前，能够调解的，还可以进行调解，调解不成，应及时判决。⑤评议与宣判。法庭辩论终结，调解未达成协议，由合议庭退庭评议。评议实行少数服从多数的原则。评议应当秘密进行，评议情况由书记员制作笔录，合议庭全体成员签字，评议中的不同意见应如实记入笔录。合议庭评议结束，制作判决书，宣判公开进行，可以当庭宣判，也可以定期宣判。

（5）判决。人民法院审理后，应依法作出判决。根据不同情况，可以制作劳动争议裁定书、劳动争议调解书和劳动争议判决书。①劳动争议裁定书，是指人民法院在审理和执行过程中，就程序问题或部分实体问题所制作的文书，如不予受理、对管辖权有异议的情况，都可以制作裁定书；②劳动争议调解书，是指在人民法院的主持下，对争议双方进行说服教育，争取当事人双方达成一致的协议，调解达成协议，人民法院应当制作调解书；③劳动争议判决书，是指人民法院代表国家行使审批权，就劳动争议案件的实体问题作出的判决。

劳动争议案件自立案之日起 6 个月内审结，存在特殊情况需要延长的，经本院院长批准，可以延长 6 个月，还需延长的，报请上级人民法院批准。不服地方法院一审判决的，在判决书送达之日起 15 日内向上一级人民法院提起上诉，二审为最终判决。

本 章 小 结

本章主要以劳动法的内涵及调整对象为分析起点，重点介绍了与劳动经济密切相关的就业促进法、劳动合同法、工作时间与休息休假法、工资法、劳动监察与劳动争议处理法的主要内容及相关的法律规定。

一、就业促进法

在党的二十大报告中明确提出要实施就业优先战略。基于此，我国实施更加积极的就业政策，实行劳动者自主择业、市场调节就业、政府促进就业和鼓励创业的就业方针，建立健全促进就业的配套政策。主要内容有就业目标与政策、禁止就业歧视、就业服务和就业援助。

二、劳动合同法

（1）劳动合同的概述：劳动合同的概念、劳动合同法的适用范围、劳动合同的分类。

（2）劳动合同的订立：劳动合同订立的含义、原则、形式；劳动合同的内容；劳动合同的效力。

（3）劳动合同的履行、中止和变更：劳动合同履行的含义及原则；劳动合同中止的含义及事由；劳动合同变更的含义及条件。

（4）劳动合同解除和终止：劳动合同解除的概念及相关解除的法律规定；劳动合同终止的概念、终止的事由；劳动合同解除和终止的经济补偿和赔偿金。

三、工作时间与休息休假法

（1）工作时间：工作时间的概念；工作时间制度的种类；延长工作时间的概念和适用、限制，以及限制延长工时的例外规定、劳动者延长工时的补偿。

（2）休息休假：休息休假的概念和性质；休息休假的种类及相关法律规定。

四、工资法

（1）最低工资制度：最低工资的概念和特点；最低工资的计算和支付；最低工资标准的确定；最低工资制度的适用范围。

（2）工资支付保障制度：工资支付保障的一般规则；工资支付保障的特殊规则。

五、劳动监察与劳动争议处理法

（1）劳动监察：劳动监察的概念；劳动监察的内容；劳动监察的形式；劳动监察的管辖；劳动监察的程序。

（2）劳动争议处理：劳动争议概述；劳动争议调解；劳动争议仲裁；劳动争议诉讼。

名词解释

就业歧视　就业服务　劳动合同　经济补偿金　工作时间　休息休假　最低工资　劳动监察　劳动争议

复习思考

1. 就业促进政策包括哪些内容?
2. 就业歧视的表现及禁止就业歧视的法律规定是怎样的?
3. 用人单位未订立书面劳动合同的后果是什么?
4. 劳动合同变更、解除和终止的情形包括哪些?
5. 劳动合同解除和终止的经济补偿和赔偿金的法律规定是怎样的?
6. 劳动合同法定条款包括哪些内容?
7. 试用期、保密条款、服务期条款的规定主要有哪些?
8. 工作时间包括哪些内容? 工作时间制度的种类有哪些?
9. 延长工作时间的法律规定有哪些要点?
10. 简述休息休假的种类及相关法律规定主要内容。
11. 最低工资不包括哪些内容?
12. 简述工资支付保障的一般规则和特殊规则的主要内容。
13. 劳动监察内容及形式是什么?
14. 劳动争议的受案范围一般规定包括哪些内容?
15. 了解劳动争议仲裁和诉讼的基本程序,分析仲裁管辖和诉讼管辖的区别。

参 考 文 献

[1] 郑尚元, 李海明, 扈春海. 劳动和社会保障法学[M]. 北京: 中国政法大学出版社, 2008.
[2] 林嘉. 劳动法和社会保障法[M]. 4 版. 北京: 中国人民大学出版社, 2016.
[3] 郭捷. 劳动法学[M]. 6 版. 北京: 中国政法大学出版社, 2017.
[4] 刘俊. 劳动与社会保障法学[M]. 2 版. 北京: 高等教育出版社, 2018.
[5] 王全兴. 劳动法[M]. 4 版. 北京: 法律出版社, 2017.

知识链接 11-1　未签订书面劳动合同 企业是否需要支付二倍工资

劳动者于 2020 年 11 月 1 日进入某人力资源服务公司, 约定期限为一年, 随后, 劳动者被安排到某镁业公司从事会计工作。人力资源服务公司自次月开始为劳动者缴纳社会保险费用, 且当月工资在次月 20~23 日足额发放。2021 年 5 月 10 日, 劳动者提出辞职, 2021 年 8 月 11 日办理了相关离职手续并移交相关工作。同年 9 月, 双方因工资问题发生纠纷。

劳动者主张未签订书面劳动合同的二倍工资, 但人力资源服务公司认为合同签订后丢失, 因而拒不支付。劳动者于是向劳动人事仲裁委员会申请仲裁。

资料来源：吴铎思.【说案】劳动合同丢了 企业该不该赔二倍工资[EB/OL]. https://www.workercn.cn/papers/grrb/2023/02/09/7/news-2.html[2023-02-09]（有删改）

讨论题：结合知识连接 11-1，思考劳动者在用人单位未签订书面劳动合同的情况下如何证明双方存在劳动关系，以及你认为劳动者的主张能否得到支持，并说明理由。

知识链接 11-2　劳动者权益保护的案例分析

案例一

劳动者在 2022 年与一家物流公司签订了为期 2 年的劳动合同，劳动合同中约定，如果劳动者未提前 30 日申请辞职，公司有权扣发 1 个月工资的收入。在工资支付的前 2 日，劳动者由于个人原因需要立即辞职，来不及提前 30 日通知公司，结果公司扣发了劳动者当月工资，那么劳动合同中约定的这个内容合法吗？为什么？

案例二

劳动者于 2022 年 4 月 11 日入职某公司，双方签订了一份为期 2 年的劳动合同，其中约定：试用期 6 个月，月工资 8000 元。劳动者当时未提出异议。2022 年 10 月 10 日，劳动者按期转正。之后，劳动者认为转正后的月工资应高于试用期的工资，于是要求公司涨工资。公司解释说，双方签订的劳动合同中约定劳动者试用期工资与转正后工资的标准一致，都是 8000 元。劳动者要求公司承担违法约定试用期的责任，并要求支付赔偿金。请问，公司违法约定试用期了吗？劳动者工资未少，公司还需要承担怎样的后果？

资料来源：小保，潘家永. 我未提前 30 天申请辞职，公司扣 1 个月工资合法吗[J]. 就业与保障，2023，303（1）：2；小保，潘家永. 约定超长试用期，工资没少就无权索要赔偿金吗[J]. 就业与保障，2023，303（1）：2（有删改）

讨论题：结合知识链接 11-2 讨论案例的问题，思考劳动合同法中关于合同解除、合同内容，以及用人单位违法责任的相关规定。

知识链接 11-3　劳动法理论前沿及热点问题

1. 新业态下劳动关系的性质辨析问题。
2. 职场骚扰的法律规定与实践救济问题。
3. 突发公共卫生事件下劳动合同变更解除的正当性问题辨析。
4. 新时代工资支付保障问题研究。
5. "互联网+"背景下工时制度面临的挑战。
6. "隐形加班"的界定与救济。
7. 新就业形态劳动者权益保障问题。
8. 新时代劳动争议调解机制的困境及对策。
9. 大数据时代劳动者隐私权保障问题探讨。
10. 数字经济对劳动者就业的挑战及应对的思考。
11. 退休再就业人员劳动者身份辨析。
12. 解除和终止劳动合同的经济补偿金及赔偿金问题。

第四篇

专 题 篇

第十二章

新就业形态相关问题专题研究

导 读

近年来,随着移动互联网、大数据、云计算等信息技术广泛运用,以及以新产业、新业态、新模式为代表的"三新"经济的蓬勃发展,传统的就业制度、就业方式、就业理念等快速变化,出现了各类不同于标准雇佣模式及传统非正规就业模式的新就业形态。新就业形态扩大了就业渠道,对缓解我国目前严峻的就业形势具有重大的现实意义。本章通过新就业形态与劳动者权益保护研究、扶持新就业形态发展的公共政策研究及新生代农民工与新就业形态研究三方面内容,全面、系统地分析新就业形态含义、新就业形态劳动者的劳动权益保障内容及路径、如何通过完善公共政策扶持新就业形态的发展及新生代农民工如何适应新就业形态的发展等,在促进新就业形态健康发展的同时,使其成为经济高质量发展的新引擎。

(1) 了解新就业形态的相关概念。
(2) 懂得新就业形态劳动者权益保护内容。
(3) 掌握扶持新就业形态发展的公共政策。

识记:了解新就业形态的概念、发展现状及存在问题,这是最基本的要求。

领会:在识记的基础上,能较好地把握新就业形态劳动者权益保护内容。

应用:在领会新就业形态概念、特征等基础上,能运用它们分析和解释劳动力市场中新就业形态的相关问题。

第一节 新就业形态与劳动者权益保护研究

近年来,数字化带动平台经济迅速发展,国家信息中心分享经济研究中心发布的《中国共享经济发展报告(2020)》显示,2019年,新就业形态企业员工达到623万人,共享经济带动7800万新就业形态从业者就业。《中国共享经济发展报告(2021)》显示,2020年,新就业形态企业员工达到631万人,共享经济带动8400万新就业形态从业者就业。国家统计局数据显示,2021年底,全国就业人口达7.5亿人,其中灵活就业形态从业者达2亿人。与正规就业的劳动者相比,新就业形态从业者具有互联网化、平台化、碎片化、契约去劳动关系化，以及组织程度偏低、流动性强、人格弱从属性的特点，伴随而来的是新就业形态从业者职业风险高、工作时间长、劳动强度大、保障水平低、监管难度大等问题，关于新就业形态从业者的权益保障问题逐渐严峻。

2020年5月，习近平总书记明确提出"新就业形态"当前最突出的就是"新就业形态"劳动者法律保障问题[①]；同年11月指出，要维护好快递员、网约工、货车司机等就业群体的合法权益[②]；2021年4月指出，要完善多渠道灵活就业的社会保障制度，维护好卡车司机、快递小哥、外卖配送员等的合法权益[③]。2021年7月7日，李克强总理在国务院常务会议上指出，维护好新就业形态劳动者劳动保障权益，有利于促进灵活就业、增加就业岗位和群众收入[④]。2021年7月16日，人社部等八部门联合印发的《关于维护新就业形态劳动者劳动保障权益的指导意见》明确规范了平台企业的责任、引入"不完全符合确立劳动关系情形但企业对劳动者进行劳动管理"（以下简称不完全符合确立劳动关系情形）以全面保障新就业形态从业者权益。2021年7月16日，国家市场监督管理总局等七部门联合印发的《关于落实网络餐饮平台责任切实维护外卖送餐员权益的指导意见》针对骑手的权益保障等问题分情况给出了解决方案。2021年9月10日，人社部、中华全国总工会等四部门约谈美团、饿了么、网约车相关平台等多家雇佣者，就劳动者的权益保障工作给予指导。2021年9月23日，最高人民法院副院长表示：明确快递小哥、网约车司机、电商主播等新就业形态劳动关系认定规则，指导平台经济绿色发展和保护就业者合法的权益。纵观近年来我国各级各类政府部门出台的与新就业形态用工行为相关的政策，我国在健全制度、补齐新就业形态从业者权益保障短板方面已进入"快车道"。

本节以新就业形态从业者作为研究对象，从权益保障的视角出发，以自由改革主义学派劳动关系理论、供给学派的就业理论、贝克尔的歧视理论、社会保障理论等新就业形态权益保障的相关理论为基础，探析完善我国新就业形态从业者权益保障的可行路径。

一、相关概念界定及其关系

研究新就业形态从业者权益保障之前，需要厘清相关核心概念，如新就业形态、劳动权益、灵活就业等。

（一）概念界定

1. 新就业形态

首都经济贸易大学劳动经济学院副教授张成刚在《中国新就业形态发展：概念、趋

---

① 习近平谈"新就业形态"：顺势而为、补齐短板[EB/OL]. http://www.xinhuanet.com/politics/2020lh/2020-05/23/c_1126023919.htm[2022-12-01].
② 习近平在全国劳动模范和先进工作者表彰大会上的讲话[EB/OL]. http://jhsjk.people.cn/article/31943178 [2022-12-01].
③ 习近平在广西考察时强调 解放思想深化改革凝心聚力担当实干 建设新时代中国特色社会主义壮美广西[EB/OL]. http://jhsjk.people.cn/article/32089792[2022-12-01].
④ 李克强主持召开国务院常务会议 部署进一步推动医保服务高效便民等[EB/OL]. https://www.gov.cn/ premier/2021-07/07/content_5623109.htm[2022-12-01].

势与政策建议》中对新就业形态的界定如下：新就业形态随着数字技术发展而兴起，目前主要表现在生产力和生产关系两个方面。从生产力的角度，新就业形态是指新一轮工业革命带动的智能化、数字化、信息化的工作模式。在疫情中脱颖而出的新就业形态，主要是指生产关系角度的新就业形态，即由互联网平台凭借移动互联网、大数据、人工智能等信息技术，进行劳动者与服务消费需求大规模、大范围的组织、调配、任务分派等活动，实现劳动者和消费者直接对接的就业形态。简单地说，是指伴随着互联网技术进步与大众消费升级出现的去雇主化、平台化的就业模式[1]。北京市哲学社会科学规划办公室京台文化交流研究中心朱松岭从来源的角度认为，新就业形态是对我国经济新业态、新动能中出现的新就业方式的一种特定称谓，是传统产业在互联网条件下产生的、尚未完全转化成独立新形态的就业形态[2]。中国就业促进会从对比的角度对新就业形态概念界定：新就业形态主要包括伴随着互联网技术进步与大众消费升级而出现的去雇主化就业模式及借助信息技术升级的灵活就业模式[3]。

我们认为新就业形态是指，随着技术升级，以互联网平台技术为依托获得工作机会，由传统就业模式转型升级转变为经济主体个人化、去雇主化、经营模式智能化并由平台进行监管考核的灵活性较强的新型就业模式。

2. 劳动者权益

首都经济贸易大学劳动经济学院副教授张成刚在《新就业形态劳动者的劳动权益保障：内容、现状及策略》[4]一文中对劳动者权益做出了详细的界定：劳动者权益可以分为个体劳动权和集体劳动权。个体劳动权是指由劳动者个别享有，并由个人自主行使的权利，其主要目标是维护劳动者个人的权利和自由。集体劳动权是指由劳动者集体享有，并由劳动者的代表——工会来行使的权利，其主要目标是维护劳动者集体的权利和民主，包括组织公会权、集体谈判权和罢工权等。劳动权益保障包括劳动就业权、劳动报酬权、劳动条件权与救济保障权。

目前我国学术界和媒体关于新就业形态劳动者劳动权益问题的讨论，主要是对个体劳动权的探讨。

（1）劳动就业权是劳动权益的最基本内容，是其他劳动权益实现的前提，是指具有劳动权利能力与劳动行为能力，并且有劳动愿望的劳动者依法从事有劳动报酬或经营收入的劳动的权利，即劳动者享有平等就业和选择职业的权利。劳动就业权是劳动者赖以生存的权利，是各国宪法确认和保护公民的一项重要的基本权利。

（2）劳动报酬权是指劳动者依照劳动法律关系，履行劳动义务，由用人单位根据按劳分配的原则及劳动力价值支付报酬的权利。

（3）劳动条件权是在具体劳动关系和劳动过程中，劳动者拥有获得合适的劳动条件的权利，如社会保障、职业培训、休假休息等。

（4）救济保障权又名劳动救济权，是在上述权利受到侵害时，为维护实体权利而产生的权利。

3. 灵活就业

灵活就业这一概念在中国广泛应用，国际上称其为非正规就业。1996年上海市政府提出的非正规就业的概念是作为促进再就业的措施，主要分为个体经营户、非政府组织、自负盈亏的劳动者[5];近年来针对数字经济又提出了非标准就业的概念。百度百科将灵活就业界定为指劳动时间、收入报酬、工作场所、保险福利、劳动关系等方面不同于建立在工商制度和现代企业制度基础上的传统主流就业方式的各种就业形式的总称。灵活就业人员是指下岗失业人员个人或以街道、社区等组织形式,从事社区服务等各种劳务的人员。具体到社保来说,灵活就业人员可以在存档职介或人才机构以个体身份缴费参保。很多省份对灵活就业人员采取了社保补贴的形式,来减轻其社保负担。

综上所述,灵活就业者指的是临时性的、弹性工作的、灵活性强的就业人群。其灵活性是多方面的,如时间上、空间上、区域性。灵活就业可以缓解失业压力、帮助企业降低成本,以及在新时期满足企业员工的多元化需求。

(二)新就业形态与灵活就业的关系

根据张成刚等专家学者、上海市政府等组织对新就业形态和灵活就业的研究及国内外经验来看,新就业形态与灵活就业的联系主要在于:工作的时间、地点、方式自主性较强,稳定性较差,保障性低。区别主要在于:新就业形态是数字经济背景下依托互联网平台进行的灵活性劳动,而灵活就业很早之前就已经存在,数字经济与互联网平台不是其重要的存在条件。

综上所述,新就业形态在灵活就业的基础上有所升级,不仅包括通过平台网络进行灵活形态的就业,还包括创新创业、平台就业,如自媒体、网约平台等,但灵活就业不局限于平台,主要指时间与体制的灵活。

二、新就业形态劳动者的劳动权益保障内容

从权利主体和权利行使方式的角度进行分类,劳动权益(或称劳动权利)可以分为个体劳动权和集体劳动权。

目前学术界和社会媒体关于新就业形态劳动者劳动权益问题的探讨,主要是对个体劳动权的探讨,因此本节所讨论的新就业形态劳动者劳动权益指的是个体劳动权,主要包括劳动就业权、劳动报酬权、劳动条件权和劳动救济权四项内容,见图12-1。

(一)劳动就业权

劳动就业权指的是公民要求国家或社会提供劳动机会的权利[6],强调保障这一权利的实现是国家的责任和义务。劳动就业权是劳动权的最基本内容,是其他劳动权利实现的前提,没有劳动就业权,其他后续的劳动权利就成了"无源之水,无本之木"。

不同学者对劳动就业权有不同的划分,如平等就业权、自由择业权、职业保障权[6];平等就业权、自由择业权和就业辅助权[7]等。就业权包含平等就业权和自由择业权是学界形成的基本共识[7]。其中平等就业是指劳动者在就业过程中应受到平等的对待,反对就业歧视,并采取积极措施消除就业竞争起点上的不平等,对特殊就业群体予以特殊保护,实现就业权的实质平等。自主择业是指劳动者有权自主选择职业,不受他人干涉。

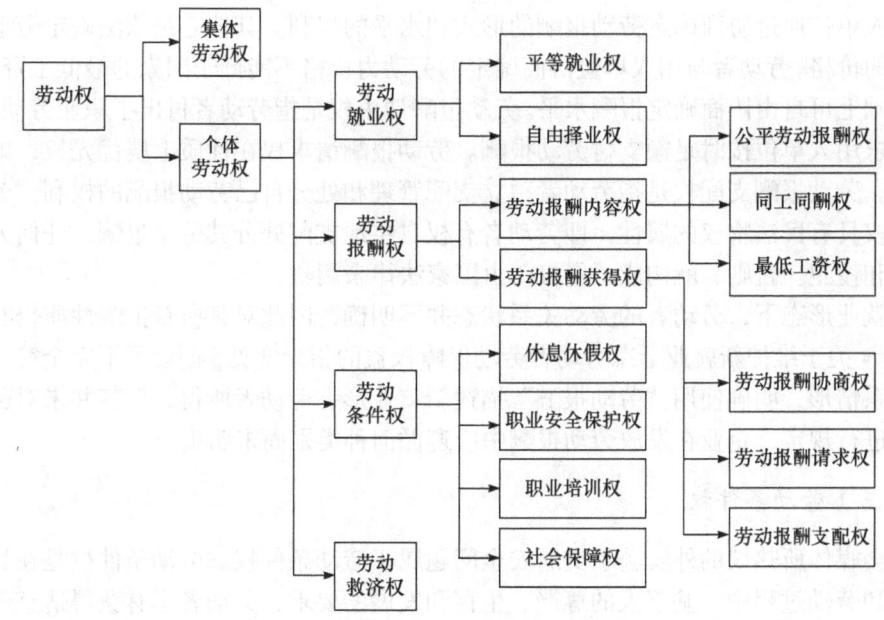

图 12-1 新就业形态劳动者个体劳动权益谱系图

在我国，劳动者的劳动就业权主要受《宪法》《劳动法》《就业促进法》保障。《就业促进法》对平等就业权和自由择业权两项基本劳动就业权做出了明文规定。由于劳动就业权是劳动权的最基本内容，新就业形态从业者也应该享受以平等就业权和自由择业权为内容的劳动就业权。

（二）劳动报酬权

劳动报酬权又称劳动分配权或劳动工资权，是劳动者在劳动关系中享有的基本的和核心的权利[8]，是劳动者依法享有要求雇主支付劳动报酬的权利以及雇主依法支付劳动报酬的义务。对劳动报酬权的理解建立在对劳动报酬的范围划定上。一些学者认为，劳动报酬是劳动者基于雇佣劳动的，因此只有建立劳动关系才有劳动报酬[9]。也有学者认为劳动报酬泛指劳动者通过劳动而获得的报酬，包括工资、劳务费、佣金、稿酬等。但工资属于劳动法的范畴，由劳动法调整，实行按劳分配、同工同酬的原则；其他类报酬属于民法的范畴，由民法调整，实行自愿、公平、等价有偿的原则[4]。我国《宪法》《劳动法》《劳动合同法》均明确规定劳动者享有获得劳动报酬的权利。劳动报酬权可以分为劳动报酬内容权和劳动报酬获得权。劳动报酬内容权主要指劳动报酬权利的主要内容，包括公平劳动报酬权、同工同酬权和最低工资权。公平劳动报酬权是指劳动者有权按照其工作岗位以及劳动的数量和质量取得足以为其本人及其家属提供自由而体面的生活的报酬。同工同酬权是指从事相同工作或同等价值工作的人有权获得相同或类似的劳动报酬。最低工资权是指劳动者在法定工作时间或劳动合同依法约定的工作时间内提供了正常劳动，就有权要求雇主支付不低于法定最低标准的工资。对于劳动报酬权的具体实现和行使，需要有获得劳动报酬权的权利予以支撑，即劳动报酬获得权。劳动报酬获得权包括劳动报酬协商权、劳动报酬请求权、劳动报酬支配权[10]。劳动报酬协商权是指劳动者与用人单位通过协商确定劳动报酬的形式和水平的权利。其核心是依法确定劳动者自己劳动的价格。劳动者与用人单位协商确定的劳动力价格不能低于国家的最低工资标准，在此基础上可自由协商确定报酬水平。劳动报酬请求权是指劳动者付出了职业劳动之后，有权请求用人单位按时足额支付劳动报酬。劳动报酬请求权在性质上属优先权，即优先受偿权。劳动报酬支配权是指劳动者独立支配管理和处分自己劳动报酬的权利。劳动报酬支配权具有民法物权的属性，即劳动者有权自主地支配处分其劳动报酬，任何人都不能干涉和侵犯。否则，就构成了侵权，由国家法律来调整。

新就业形态下，劳动者的劳动关系状态并不明确，因此对其所获报酬性质仍有讨论的空间。《关于维护新就业形态劳动者劳动保障权益的指导意见》创设了不完全符合确立劳动关系情形，明确使用"劳动报酬"描述新就业形态劳动者所得，但其并未对劳动报酬类别进行规定，企业在发放劳动报酬中应遵循何种类别尚未明确。

（三）劳动条件权

社会媒体所热议的外卖骑手交通安全问题属于劳动条件权。劳动条件权是在具体劳动关系和劳动过程中，基于人的尊严、生存和发展的要求，劳动者享有获得适宜劳动条件的权利。休息休假权、职业安全保护权、职业培训权、社会保障权都包括在此项劳动权益范畴内。

休息休假权指的是劳动者在休息、闲暇时间免予履行职业劳动义务，使劳动者的体力和精力得以恢复的权利。由于新就业形态的灵活性，劳动者可以自主安排工作和休息时间，并且在休息时间可以不受平台派单影响。一些学者认为骑手困在了算法里，不眠不休地为平台企业工作[11]，可能错误理解了新就业形态的特点以及休息休假权的真正含义。

职业安全保护权是指劳动者在劳动过程中享有要求使自己的生命安全和身体健康得到有效保护，免遭职业危害的权利。网约车、外卖骑手所处的交通环境存在自身伤害和第三者伤害的风险性。这也是政府制定并准备实施网约劳动者职业伤害保险制度以及要求一些平台企业组织购买商业保险的原因。

职业培训权指劳动者享有职业训练和职业教育的权利。目前，网约配送员、网络营销师、网约出租车司机等职业已经归入国家职业分类大典，后续的职业技能标准正在开发制定中。有了职业技能标准，就可以以此为依据开展公共技能培训。除了公共职业技能培训之外，一些平台企业为了提升服务质量，也开展了大量职业培训。

社会保障权方面，除了灵活就业者职业伤害保险外，我国社会保障制度已经实现了制度上的全覆盖。新就业形态劳动者可以以灵活就业者身份参与城镇居民养老、医疗等社会保险。但在政策操作层面，仍然存在一些阻碍，如一些城市的户籍限制、一些城市要求五险必须绑定等。相对于传统非正规就业，新就业形态劳动者的劳动条件权已经有所改善。但应该看到新就业形态的劳动条件权并不完美，需要在实践中不断探索如何进一步提升保障水平。《关于维护新就业形态劳动者劳动保障权益的指导意见》明确指出了"组织开展平台灵活就业人员职业伤害保障试点，平台企业应当按规定参加"，即平台企业将参加职业伤害保险试点，同时还指出了"企业要引导和支持不完全符合确立劳动关系情形的新就业形态劳动者根据自身情况参加相应的社会保险",即并未强制要求该类情形劳动者缴纳基本养老、基本医疗等社会保险。

（四）劳动救济权

社会媒体所热议的外卖骑手出现工伤后的保障保险问题属于劳动救济权问题。劳动救济权是在上述实体权利受到侵害时产生的权利。当劳动就业权、劳动报酬权、劳动条件权等受到损害时，应该由劳动救济权保障劳动者实现对权利的救济，消除权利侵害，使权利人获得一定的补偿或赔偿。由于我国劳动法律的二分特征，与企业签订劳动关系的劳动者权益受到侵害时，可以依据《劳动法》《劳动合同法》等相关法律救济其权利，而灵活就业者劳动救济困难，这是我国劳动法律制度的现实情况，问题的核心逐渐聚集于新就业形态劳动者与平台企业之间的关系是否属于劳动关系。但从新就业形态的特点、经济基础、组织形式等方面看，劳动关系并不是最优的保障劳动救济权的路径，或者这一路径可能会较大地损害劳动就业权的保障。对于劳动救济权的保障，仍需要探索创新其他解决方案。

劳动权所包含的各项劳动权利都是劳动者生存或发展的必需要件。但各项劳动权利之间仍然存在根本与一般的区别，由此产生了劳动权利之间的关系问题。特别是，当各项劳动权利之间出现矛盾冲突的时候，更应该明确劳动权利之间的关系，理清应该以什么样的原则进行处理。

各项劳动权利之间存在一致性。劳动救济权的存在是为了维护前三项劳动权的运行和落实。劳动报酬权、劳动条件权是在实现劳动就业权后自然延伸的权利，劳动报酬权是维护劳动力再生产的必要措施，劳动条件权有利于保障劳动者的安全健康，因而是劳动就业权在长期能够实现的条件。各项劳动权利之间也存在权衡关系。短期内，劳动条件权和劳动救济权的保障水平增强会增加市场主体成本，降低市场主体对劳动者的需求，从而减少就业机会，损害劳动就业权。

在各项个体劳动权利中，应注意原权和派生权利之间的关系。劳动就业权是其他各项劳动权益的根基，是基础性劳动权利，是所有劳动权益的原权。劳动报酬权、劳动条件权和劳动救济权是基于原权的派生权利，是建立在劳动就业权基础上的权利。因此，在出现劳动权利之间权衡关系的情况下，应该首先保障劳动者的劳动就业权。只有劳动者的劳动就业权得到保障，其他相关权利才有得以保障的机会[4]。

三、加强新就业形态劳动者权益保障的意义

（一）符合国家不断加强新就业形态从业者权益保障的发展方向

2021年7月，《关于维护新就业形态劳动者劳动保障权益的指导意见》的出台，意味着我国对新就业形态从业者权益的维护迈入实质的阶段。该《意见》提出，要支持和规范发展新就业形态，组织开展平台灵活就业人员职业伤害保障试点，促进平台经济规范健康持续发展。因此对新就业形态从业者权益保障的研究符合国家的政策倡导。

（二）促进我国社会保障体系良性循环发展

新就业形态的出现，为广大劳动者提供了数以千万计的就业岗位，极大地缓解了劳动者的就业困难，促进了灵活就业，增加了从业者收入，使得新就业形态劳动者劳动就业权得到充分保障。从工资水平看，新就业形态的收入水平往往高于从业者所处劳动力市场的平均水平。以农村户籍外卖骑手收入水平为例，本节对比了课题组调研的农村户籍外卖骑手收入相关数据和国家统计局发布的《2020年农民工监测调查报告》的农民工收入相关数据。课题调研数据显示，在全国范围内，农村户籍外卖骑手的月均收入为4617元，其中，农村户籍专送骑手月均收入为5740元，农村户籍众包骑手月均收入为4246元。《2020年农民工监测调查报告》显示，全国农民工月均收入水平4072元。农村户籍外卖骑手平均月收入比农民工高13.4%。《2020年农民工监测调查报告》显示，从事制造业和住宿餐饮业的农民工月均收入分别为4096元和3358元。相较于制造业、住宿餐饮业等行业农民工，外卖骑手收入具有优势[12]。

尽管长期以来，我国政府通过多种途径保护劳动者的劳动报酬权，但劳动者劳动报酬权受侵害的现象仍然十分严重，包括劳动报酬增长幅度缓慢，克扣、拖欠工资现象严重，同工不同酬，拒不支付加班费用，在雇主破产时劳动报酬优先权不能优先于抵押权受偿等。即使在今天，农民工工资拖欠问题依然存在。2019年12月，国家专门出台了《保障农民工工资支付条例》，以解决农民工工资拖欠问题。新就业形态大多采取了按单结算的形式，有时即使消费者没有支付报酬，平台也会先行垫付给劳动者，劳动者劳动报酬被拖欠的情况大幅度减少。

要适应新就业形态，推动建立多种形式、有利于保障劳动者权益的劳动关系势在必行。为保障新就业形态的良性发展，通过对新就业形态从业者的社会保障体系多元化的设计，以及提高对网约车司机、网络配送员等新就业形态从业者的劳动安全保障，为新就业形态的发展营造了良好的就业环境，大大提升了新就业形态从业者的就业积极性，进一步促进了社会保障体系良性可持续发展。

（三）切实解决新就业形态从业者在劳动安全问题上的后顾之忧

为切实解决新就业形态从业者在劳动安全问题上的后顾之忧，2021年7月国务院进一步明确了保障新就业形态从业者劳动权益的五项措施。一是适应新就业形态，推动建立多种形式、有利于保障劳动者权益的劳动关系。对采取劳务派遣、外包等用工方式的，相关企业应合理保障劳动者权益。二是企业应当按时足额支付劳动报酬，不得制定损害劳动者安全健康的考核指标。督促平台企业制定和完善订单分配、抽成比例等制度规则和算法，听取劳动者代表等意见，并将结果公示。不得违法限制劳动者在多平台就业。三是以出行、外卖、即时配送等行业为重点，开展灵活就业人员职业伤害保障试点。四是建立适合新就业形态的职业技能培训模式，符合条件的按规定给予补贴。五是放开灵活就业人员在就业地参加基本养老、基本医疗保险的户籍限制。这些措施的制定，为新就业形态从业者的劳动权益保障提供了坚实的支撑。

四、新就业形态群体劳动权益保障状况及面临的突出问题

新就业形态的迅猛发展带动了经济增长,扩大了就业,相关部门也重视新就业形态从业者的权益保障问题,出台了相关政策帮助新就业形态政策落地,但实际上新就业形态从业者的权益保障还存在诸多问题,如收入不稳定、社会保险保障不充分等。

(一)新就业形态从业者的权益保障现状

1. 新就业形态劳动权益保障相关政策法规发展状况

党的十八大以来,为支持新就业形态发展及营造良好的就业环境,政府出台了一系列针对各行业新就业形态的管理办法,其中以网络预约出租车、网络直播服务、网络餐饮服务、电子商务等行业为代表。仅2016~2018年,国家各机关部委出台多条政策,主要内容涉及规范行业发展的各项要素、行业监管的必要性以及保障劳动者劳动权益等方面,见表12-1。网络预约出租车服务行业方面,2016年交通运输部等部门出台的《网络预约出租汽车经营服务管理暂行办法》中对网络预约出租车经营企业提出建立健全经营管理制度、安全生产管理制度和服务质量保障制度,依法与驾驶员签订劳动合同或协议,为驾驶员开展相关的岗前培训和教育等维护和保障驾驶员合法权益的要求[13]。《关于网络预约出租汽车车辆准入和退出有关工作流程的通知》的主要内容是规范网约车市场良性发展[14]。网络直播服务行业方面,2016年国家新闻出版广电总局发布《关于加强网络视听节目直播服务管理有关问题的通知》等政策[15]。网络餐饮服务行业方面,2017年国家食品药品监督管理总局发布《网络餐饮服务食品安全监督管理办法》,对网络餐饮服务第三方平台和入网餐饮服务提供者的责任和义务作了明确规定[16]。电子商务行业方面,以2018年《中华人民共和国电子商务法》为代表的十余项针对电子商务的政策陆续出台[17]。可以看到,依托平台经济而产生的新就业形态在发展初期,政府持审慎包容态度,各项政策提出的指导意见均以行业内部监管为主,各行业性管理办法旨在规范新就业形态健康发展。这些扶持新就业形态发展的初期政策奠定了我国新就业形态蓬勃发展的关键性基础。

表12-1 新就业形态相关行业政策汇总

政策名称	发布主体	政策内容
《网络预约出租汽车经营服务管理暂行办法》	交通运输部等七部门	规范网约车平台公司与网约车经营车辆;规定网约车平台公司与驾驶员的权利义务关系(2016年7月)
《关于网络预约出租汽车车辆准入和退出有关工作流程的通知》	交通运输部办公厅	对网络预约出租车车辆准入和退出工作流程做出审慎规定(2016年11月)
《关于加强网络视听节目直播服务管理有关问题的通知》	国家新闻出版广电总局	指出开展网络视听节目直播服务应具有相应资质,对开展网络视听节目直播服务的单位应具备的技术、人员等做出具体要求(2016年9月)
《网络餐饮服务食品安全监督管理办法》	国家食品药品监督管理总局	明确入网餐饮服务提供者需具备的资质和条件以及第三方平台提供者需进行备案;食品安全审查及监督管理相关规定(2017年11月)
《中华人民共和国电子商务法》	全国人民代表大会常务委员会	对我国电子商务相关活动进行明确规定(2018年8月)

在劳动权益保障方面，国务院在2017年印发的《关于做好当前和今后一段时期就业创业工作的意见》中指出：完善适应新就业形态特点的用工和社保等制度。企业要依法为新就业形态劳动者参加职工社会保险；探索适应灵活就业人员的失业、工伤保险保障方式；优化新就业形态劳动者参保及转移接续服务[18]。2018年国家发展和改革委员会等政府部门联合印发的《关于发展数字经济稳定并扩大就业的指导意见》进一步提出完善新就业形态劳动用工政策，完善劳动法律法规；完善适应新就业形态的社会保险参保缴费政策和管理服务机制；加快新就业形态薪酬制度改革等内容[19]。可以看出，以维护该群体劳动权益保障为核心的相关政策相继出台，推动着公平有序的新就业形态劳动力市场环境逐步形成。

2018年以来，中央政府出台新就业形态相关政策的频率加快，政策内容详实性提高，从战略顶层设计上推动新就业形态整体协同发展的同时，工作重心进一步突出劳动保障政策制度创新改革，见表12-2。2019年，《国务院办公厅关于促进平台经济规范健康发展的指导意见》，提出平台应建立健全交易规则和服务协议、各相关部门按职责尽快出台针对平台企业用工和灵活就业人员的社保政策、加强对平台从业人员的职业技能培训等[20]。2020年国家发展和改革委员会等13个部门联合印发《关于支持新业态新模式健康发展 激活消费市场带动扩大就业的意见》，强调发展数字经济，培育发展共享经济，把支持线上线下融合的新业态新模式作为经济转型和促进改革创新的重要突破口，探索线上服务新模式，激活消费新市场[21]。在前两个指导性文件出台后，政策焦点进一步突出劳动用工制度及劳动者权益保障改革。2021年，人社部联合多部门印发《关于维护新就业形态劳动者劳动保障权益的指导意见》，明确企业保障劳动者合法权益的责任，健全各项保障制度，完善政府工作机制并优化保障服务，切实维护新就业形态劳动者劳动保障权益[22]。国务院印发的《"十四五"就业促进规划》中也重点提及要实施灵活就业人员和新就业形态劳动者支持保障计划，包括完善服务制度、提供多层次保障、提供技能提升培训等[23]。2022年6月，人社部等五部门印发《关于加强零工市场建设 完善求职招聘服务的意见》力图促进大龄和困难等零工人员实现就业[24]。

表12-2 新就业形态劳动保障政策汇总

政策名称	发布主体	政策内容
《国务院办公厅关于促进平台经济规范健康发展的指导意见》	国务院办公厅	建立健全平台交易规则和服务协议；为平台从业人员提供社会保障和职业培训（2019年8月）
《关于支持新业态新模式健康发展 激活消费市场带动扩大就业的意见》	国家发展和改革委员会等13个部门	探索线上服务新模式，激活消费新市场，加快推进产业数字化转型，壮大实体经济新动能（2020年7月）
《关于维护新就业形态劳动者劳动保障权益的指导意见》	人社部等八部门	完善劳动者权益保障工作机制，补齐劳动者权益保障短板（2021年7月）
《"十四五"就业促进规划》	国务院	引导支持灵活就业人员和新就业形态劳动者参加社会保险（2021年8月）
《关于加强零工市场建设 完善求职招聘服务的意见》	人社部等五部门	促进大龄和困难等零工人员实现就业（2022年6月）

2. 新就业形态岗位数量保障现状

《中国共享经济发展报告（2022）》显示，2021年我国共享经济市场交易规模约36 881亿元，同比增长约9.2%。网约车、共享住宿和外卖服务等领域的用户规模分别为39 651万人次、8141万人次和46 859万人次[25]。平台拥有大量从业员工，2020年平台企业员工数已达到约631万人。《中国灵活用工发展报告（2022）》显示，2021年我国采用灵活用工的企业同比增长5.46%，比例达到61.14%，有近51.8%的企业表示将稳定或扩大灵活用工使用规模[26]。2023年中华全国总工会第九次全国职工队伍状况调查数据显示，全国职工总数4.02亿人左右，新就业形态劳动者8400万人，农民工2.93亿人；职工平均年龄38.3岁、平均受教育年限13.8年。新就业形态劳动者主要是货车司机、网约车司机、快递员、外卖配送员等群体，以男性青壮年为主，农业户籍人员比例较高。以上数据表明，新就业形态蓬勃发展，为我国创造了大量灵活就业机会，在经济下行的压力下，发挥了重要的就业缓冲器作用。

3. 新就业形态劳动者养老医疗基本保障情况

针对新就业形态劳动者的养老保险，我国通过持续推进全民参保计划扩大基本养老保险覆盖面，通过参保资格和户籍的"松绑"，为在城镇就业的灵活就业人员、新业态从业人员参加养老保险提供政策通道[27]。国家以"全民医保"为目标，通过职工医疗保险和居民医疗保险两项制度实现医疗保险的全覆盖并推动把更多的新就业形态劳动者纳入职工医疗保险制度，从而更好地保障灵活就业和新就业形态劳动者的医疗保险权益。

（二）新就业形态从业者权益保障存在的问题

依托互联网平台经济等产生的新就业形态劳动者新群体，引发了社会各方对新就业形态劳动者劳动权益保障问题的关注，虽然党和国家一直高度重视，也陆续出台了各种政策，然而，由于我国现有的劳动法律制度是以工业社会的生产关系为基础进行制度设计并以传统的标准劳动关系为基础构建起来的，因此难以适应数字经济时代用工形式灵活化、复杂化、多元化的趋势。依据我国的劳动法律制度和劳动仲裁、审判实践，劳动者权利保障必须以劳动关系为前提，如果不能被认定为劳动关系，则劳动者的劳动和社会保险权利很难获得法律的保护。新就业形态劳动者的劳动具有工作任务相对独立、工作自主权相对较大、工作地点具有非固定性和流动性、劳动管理具有隐蔽性和无形性、劳动者可以在多个平台工作等特点，传统的劳动关系认定标准在面对新业态灵活用工关系时，表现出滞后性和非契合性，再加上平台企业为降低用工成本，采取各种方法如通过加盟、代理、承揽等方式拉长用工链条或让劳动者注册为个体工商户成为商事主体等规避劳动关系，导致新就业形态劳动者往往面临"无雇主化"或"多雇主化"等劳动关系认定难的困境[28]。这些困境致使劳动权益保障面临着不少问题，主要表现在如下几个方面。

1. 就业权容易被侵害

美国前劳工部部长罗伯特·赖克（Robert Reich）表示，以美国的租房服务商Airbnb（爱彼迎）以及优步（Uber）为代表的分享经济有可能会成为部分就业人员的噩梦，它让工人的工作充满了不确定性，这不仅没能让美国的中产阶级过上好日子，反而让他们的工资水平下降了。[29]相比于收入的下降和就业环境的恶化，就业人员面临的更大困境是工作的不固定性和随时可能的失业。失去了工作，不只是失去了经济来源，更重要的是，按照国家有关法规，公民享有的最起码的劳动权也会受到影响[30]。在平台经济模式下，传统的劳动方式和组织形式被突破，工人们不会像一根铁钉那样过分地依靠某个组织，而是像被分散成液体的水分子，雇主通过网络平台，精准地将顾客的要求与液体状态的工人相匹配。"终生雇佣"的劳资关系正在逐步被推翻，流动的雇佣关系使整个劳动力市场处于一种不稳定状态。滴滴平台相关数据显示，2018年有20.4%的全职驾驶员是因为失业而选择了从事这一行业。在这些司机来源中，制造业占41.1%，交通业占13.6%，钢铁和煤炭等高耗能产业占4.9%。在疫情时期，美团的外卖骑手工作吸收了大量二、三产业的就业岗位"挤出"出来的人力，其中35.2%的人是工厂工人，31.4%的人是个体经营者或者自雇者[31]。工人的工作不稳定性会造成工资的不稳定。灵活就业人员面临着"今天有工作，明天就失业"的困境。以网约车司机为例，由于平台公司对驾驶员补贴锐减，加上传统出租车行业也在不断调整运营策略，不少兼职网约车司机在工作选择上进退维谷，成为"困在系统里的劳动者"[32]。

2. 个体维权难度大

新型的雇佣形式由标准雇佣、兼职雇佣、派遣雇佣等形式演变而来，呈现出雇佣形式的复杂化、隐蔽化和法律关系的复杂化等新特点。基于互联网、大数据等新技术的新就业形态从业者在遇到诸如交通事故、工伤、社会保险等劳动权利纠纷时，往往陷入"社会保障缺口"，难以维权。究其根本，关键在于如何界定"身份"，而界定"身份"的尺度设置，则是决定新就业形态就业人员是否能够得到或得到多少劳动权利保护的"第一保护线"，这一"防线"的紧绷与松弛，将会直接关系到其保障效能。目前，在劳动保护方面，存在着对标准劳动关系保护力度最大，对非标准劳动关系保护力度较弱，对非劳动关系无保护等问题。新业态从业人员的签约比例不高，其合法权益很难得到充分保护。《中国共享经济发展报告》显示，2017年至2019年，以传统形式存在（即签署了雇佣协议）的新就业形态从业人数仅为10%以下[33]。而2022年针对新就业形态从业者的一份调查问卷显示，只有16%的人签署了正式或规范的雇佣合同[34]。可以看出，大多数新型劳动者并未与平台企业等用人单位签订劳动契约。究其主要原因，是平台企业和与平台企业有合作关系的第三方故意强迫劳动者签订各种具有民事色彩的协议，如合作协议、服务协议或劳务协议等，以逃避劳动法的规制。由于我国目前还没有关于弹性工作者签订书面的劳动契约的强制条款，因此，在实际生活中，很多企业都没有签订正式的劳动合同。

在传统的雇佣关系中，雇主只需要提供和管理生产资料，工人只是单纯出售劳动力，雇主需要为生产、销售和售后服务等各个方面承担风险。同时，由于工伤赔偿中的无过失责任制度，也为职工在工作中遭受损害提供了一种快速、高效的救济途径。然而，在共享经济模式下，这些新就业形态劳动者却必须自己来承担这些风险。就拿滴滴司机来说，除非是和平台签约的全职司机，否则滴滴出行企业不会承担车辆购置、维修、维护、保险等方面的支出。此外，在现有的立法体系下，在客运车辆营运中，若出现意外伤害等赔偿问题，将会引发很大的争论。在对滴滴出行驾驶员和平台企业之间的纠纷进行了梳理之后，我们可以看到，滴滴出行平台公司认为，因为他们的主营业务是为网约车司机提供需要的信息传递服务，而他们自己并不具备进行道路运输的资质，他们和出租车司机是一种对等的商业伙伴，司机按照他们的要求接受订单，平台公司会对他们的信息进行推荐，驾驶员不是为滴滴公司服务，反而滴滴公司是给司机们"打工"的。而保险公司认为，因车主擅自更改了使用目的，因此，按照《中华人民共和国保险法》的规定，该公司无需对此负责。在这种情形下，由驾驶员一人来负担自己和其他旅客所受到的损害。这不仅违背了现行的立法目的，也明显地损害了交通事故中的当事人的权利。

3. 劳动成果易被隐性占用

灵活就业人员在新就业形态劳动群体中所占比例较大。在大众创业和万众创新的大背景下，很多企业通过众包的方式将自己的非核心工作外包出去，从而减少了自身的运营成本和研究费用。企业利用众包平台对企业内部人员或非指定人员进行招投标，以招募具有众包资质的人员参与竞标，并从中挑选出适合的人员进行业务外包。利用众包这一新型的生产组织方式，企业可以把公司的雇员或者是不具体的工人变成一个独立的承包商，把应由企业缴纳的社会保障等负担交给工人，从而减少了企业的运营费用，同时也能降低产品的开发、生产等风险。当新就业群体通过众包等方式获得"微任务"时，若其工作结果很难被平台企业所接受，导致无法获得订单，则会使之前的努力付诸东流，成为一种沉淀成本。这不仅影响了他们的工作热情，也极大地浪费了他们的人力资源和社会资源。另外，对于高科技企业来说，二级招投标是一种常见的招投标方式，其主要特点是：在招投标过程中，企业能够很容易地获取到所需的技术资料，所以经常会出现侵犯工人知识产权的案件。尽管我国的弹性工作人员中也有一批具有较高技术水平的人员，但是他们在处理这些违法行为的时候，依然是一个非常脆弱的群体。劳动结果得不到很好地转化，势必会对职工的劳动热情产生很大的冲击。对科技成果权利的侵犯，会对一些具有较高技能的职工的创新创业造成一定的打击。

4. 职业风险高，劳动安全缺乏有效保障

新就业形态工作者"困在系统里""工作强度大""工作时间长""职业损害事故频发、得不到有效救助"等问题，频频见诸媒体，引起了广泛的舆论关注，使公众对现代社会劳动保障体系的正当性产生争议。新就业形态从业者能够以个体形式参加职工养老保险和医疗保险，但缴费比例偏高，负担较重。他们中的大多数人选择的都是参保水平较低的居民养老、医疗保险，还有些人根本就没有参与养老、医疗保险，甚至出现了"脱保"现象。新形态劳动者的调研表明，2022年约75%的劳动者是农民工等流动人口，他们中大部分没有参加职工社保，而是参加了居民社会保险[34]。在工伤保险方面，2022年7月份全国范围内开展了"职业伤害保险"试点，但仅限于个别地区、个别产业，无法通过社会化手段解决职工的工伤危险。此外，工人工资水平低，事业发展空间有限。除了一些高技术工人，比如全媒体运营师、网上商业顾问等，其他的工人大部分都是技术不高的工人，他们的职业生涯不够稳定，流动性很大。由于工作岗位变动较多，缺乏专业训练，员工的技术能力很难继续得到提高，同时也遇到了"机器换人"导致的就业危机。

5. 劳动监察存在盲点，劳动者权益受损很难获得国家的有效救济

现行的劳动保障法规体系，并不能完全涵盖灵活、新形态的劳动者。新就业形态劳动者权益保护方面的法律法规不够完善，在新就业形态劳动纠纷案件中，除了关于事故受伤的鉴定之外，劳动人事仲裁机关和人民法院都不会予以支持。比如，一旦有快递公司员工受伤，法庭往往会倾向于确认员工与公司之间的雇佣关系，而如果没有这种雇佣关系，则很有可能会被拒绝[35]。

五、新就业形态从业者权益保障存在问题的原因

共享经济是一种新兴的业态，它所带来的一系列问题，不仅存在着历史的连续性，而且还存在着更新的阶段性。既存在着因立法落后而导致的司法适用困难，也存在着有法不依的旧问题，以及新技术、新业态、新模式所带来的新问题。

（一）制度性因素

新经济业态下平台经济的蓬勃发展，对我国劳动法制提出了新的要求。但目前我国相关劳动法律法规和企业管理制度滞后于生产力和生产关系的发展，造成共享经济模式下部分就业关系性质难以确认、部分劳动权益无法可依等问题。从发展生产力和生产关系的角度，共享经济新就业形态是社会发展到信息时代，新技术、新产业、新模式下生产关系的新表现形态，在生产力上突出表现为网络软件平台成为核心的、不可替代的生产工具；在用工模式上由固定工作场所、标准工作时间、固定工作岗位的劳动定额等标准性就业转变为工作地点弹性、工作时间弹性、项目制劳动定额、跨区域跨行业用工等非标准就业；在生产关系上突出表现为由传统实体单位制下的"企业+职工"的简单紧密型雇佣合同关系，因共享平台的出现转化为"平台+个人/职工"或"平台+企业（集团公司或第三方公司）+分公司（第四方公司）+……+个人/职工"等更为松散、利益相关方更多、用工链条更长的复杂劳动关系。但是，目前我国的劳动法律法规和相关企业管理制度仍旧建立在传统单位制生产关系之上：社会保障和劳动基准保护均以劳动关系为前提，建立劳动关系则可以享受全部劳动和社会保障，不建立劳动关系则无权享受劳动和社会保障；在劳动法框架下的灵活就业仅有非全日制、劳务派遣等用工模式；劳动管理制度不适应跨行业、跨区域、流动性强的复杂用工模式，这给新就业形态从业者的权益实现带来了一系列制度适用难题，给平台企业不规范用工，以及规避建立劳动合同关系、规避用工责任以可乘之机，既造成从业者劳动合同关系应签未签、签订率较低、劳动权益水平整体低下，又造成其劳动权益在直接受损时，劳动监察、劳动仲裁、法律援助等救济渠道难以适用、难以有效发挥作用等问题。

（二）平台用工主体主观性因素

相当一部分共享平台及其第三方企业借助非标准用工模式的法律适用难题，刻意规避用工责任，避免建立劳动合同关系。这些平台和企业普遍通过"服务协议""合作协议"

"劳务协议"等格式条款与从业者约定双方不属于劳动关系，只属于劳务合作关系或居间服务关系。一些企业甚至在协议上明文规定其与从业者的关系不适用劳动法律法规，让从业者"事先"放弃潜在的相关劳动权益追索。一些外包、加盟、劳务派遣等第三方企业有法不依，"跟风效仿"平台企业用工模式，明知应与网约工签订劳动合同，却以挂靠、租赁、承揽、劳务合作等方式层层外包、层层加盟，故意不与专职网约工签订劳动合同或者仅签订劳务合作协议。

（三）从业者主体性因素

一些新业态从业者劳动权益意识淡漠，对劳动协议及其类型认识不清，对眼前短期利益和个人自由更为看重，对长远利益和职业风险认识不足，也是其劳动权益难以真正实现的原因之一。由于共享经济平台就业门槛相对较低、灵活性强、有一定的自主性，加上平台企业对"高自由""高收入"的夸张性宣传，吸引大量年轻农民工和青年加入平台。他们中一些人不关心劳动协议，一些人在入驻平台时不认真阅读要求签署的书面协议，怀抱侥幸心理，认为劳动安全风险和养老是遥远的事情，给一些不良企业故意降低其劳动权益以借口和可乘之机。

（四）组织缺失性因素

在资强劳弱的劳动力市场格局中，通过代表性组织主张权益、表达诉求、集体协商是劳动者参与相关利益决策、维护权益的重要途径，这在劳动者离散度高时更是如此。目前，职工传统依赖的党群和经济社会组织，基本上依托于企业或单位进行组建，对于共享经济"平台+个人"模式下具有网约性、低团体依赖性、高流动性特点的新就业形态劳动者如何组织、联系、服务，仍处于探索阶段，导致新业态从业者的组织化程度较低。以新就业形态中的网约工加入工会情况为例，全国总工会权益保障部调查显示，2018年受访网约工中加入工会组织的只有29%，其中还包含兼职网约工中在主业单位加入工会的成员。共享经济平台网约工本身就具有高离散性、高流动性、低团体依赖性等不利于个体主张权益、表达诉求的工作特征，再加上代表性组织的缺失，无疑使其权益维护处于更加弱势的地位。

（五）新技术、新模式的不稳定、复杂性因素

共享经济作为一种以互联网信息平台为中心的新经济模式，与初级发展阶段相伴，表现出不稳定、较复杂、难控制等状态，给从业者劳动权益的实现带来较大的不确定风险。共享经济说到底是一种以互联网平台为中心搭建的新的复杂生产关系模式，这种模式与传统服务供给者和服务需求者直接关联的机制存在实质性差异，与传统居间服务范式也存在差异，多层分包、层层加盟、异地外包等复杂经营业态出现，并产生多元复杂的法律关系结构和用工模式，用工模式的复杂化使得网约工权益更加难以保障[36]。

六、新就业形态劳动者劳动权益保障路径

党和国家历来高度重视新就业形态劳动者劳动权益保障工作，国家部委和地方政府

也进行了有益的初步探索,但基于新就业形态劳动用工的特殊性和新就业形态劳动权益的衍生性,尤其在未能满足传统劳动用工关系认定标准的不完全符合确立劳动关系情形下,依据现行劳动者权益保护思路和保护举措,仍难以较好地保障新就业形态劳动者的合法权益,平衡平台与新就业形态劳动者权利义务关系,亟须面向不完全符合确立劳动关系,不断优化新就业形态劳动者劳动权益保护策略。

(一)拓宽完善新就业形态劳动者劳动权益保障路径

1. 严格互联网平台用工规范

网络平台是新就业形态的重要参与者,应进一步健全平台行业及平台企业的用工管理制度。比如,平台企业要按照法律规定,建立新的劳动关系管理制度,并与新就业形态劳动者签订劳动合同。在此基础上,应建立科学合理的任务分配方式,规范收费行为,健全利润分配机制;完善事前防范机制,降低平台员工的劳动权益争议事件的发生率。禁止企业以不签劳动合同或签订虚假合作协议的形式,将新就业形态劳动者包装为个体工商户或劳务分包人,并通过其他手段诱使或强迫新就业形态劳动者逃避用工主体责任,应积极推进制定用工规范、用工合规、为新就业形态劳动者缴纳新型保险等劳动者权益保障方案的完善,推动平台企业依法依规开展经营,加快平台用工合规化进程。

2. 完善不完全符合确立劳动关系适用理论

人社部等八部门共同印发的《关于维护新就业形态劳动者劳动保障权益的指导意见》以及最高人民法院发布的《关于为稳定就业提供司法服务和保障的意见》,为新形势下劳动者的劳动权利提供了新保障,但尚缺少对不完善劳动关系的认识与适用机理的认识。结合《关于维护新就业形态劳动者劳动保障权益的指导意见》《关于为稳定就业提供司法服务和保障的意见》,并结合各地的工作实际,对其实施的具体做法进行了如下区别对待。一是存在雇佣关系的情况。对于网络平台与新就业形态劳动者之间的雇佣关系,在现有法律、法规中明确了建立劳动关系的条件下,网络平台应与其签订或者重新签订劳动合同,并按照法定程序履行其职责。二是对雇佣关系的补充。对于网络平台与新就业形态劳动者之间的雇佣关系并不满足现有法律、法规所要求的建立劳动关系的,应当引导网络平台和新就业形态劳动者签订合同,并对其进行适当的界定。在此基础上,推动网络平台公司与新就业形态劳动者签订"电子用工"协议。三是特殊平台从业情况。如果网络平台采用特许或代理等外包形式进行用工,应当挑选具有法律资格的企业签订用工合同,并在合同中列入规范劳动用工和保护劳动者权益的有关规定。如果网络平台公司采取了劳务派遣模式,网络平台公司应履行相应责任。四是不适用于雇佣关系的情况。对于那些依靠网络平台独立开展经营活动、从事自由职业的劳动者,他们之间的权利和责任都要根据民事法律来进行调节,从而对网络平台和新职业形式的劳动者的多种利益关系进行一个系统性的建构。

(二)加强新就业形态劳动者休息休假权利保障

新就业形态员工的工作时间和空间都是非确定性的,因此,在工作时间不固定的基础上，构造新型的休假权。根据生产条件、工作性质、特别需要，实行不定期工作制度，但要充分保障劳动者权益。目前，我国《劳动法》第四十一条关于不定时工作的时间问题不适用于无固定工作时长的新就业形态，但是，网络平台和其他雇主应该根据法定的工时体系，对其进行合理的劳动定额和评估。对无固定工作模式下劳动者额外工作时长获得加班费的要求不受《工资支付暂行规定》第十三条限制，但是，网络平台企业仍然应该采取适当的工作安排，保证新就业形态劳动者的休假权。为了解决新就业形态劳动者劳动时间长、劳动强度大等共性问题，建议推进网络平台行业与企业对新型职业形式劳动者的工作量与劳动强度进行科学界定，并对其工作内容和服务时长进行合理规划，重点保障新就业形态劳动者基本休息休假权、保障其身心健康和人身安全；指导并监督网络平台雇主按照法律规定实施不定时工作制度，并规定网络平台雇主不能设定对新业态从业者身体健康不利的评价指标；鼓励网络平台雇主利用其大数据的优势，对新就业形态的员工进行适当的管理，并允许其通过对系统的规则、平台的算法进行优化，让从业者能够及时得到应有的休息，降低新就业形态工人的职业风险；加强对新就业形势下女职工的劳动保护，充分维护其身心健康和休假权益。

（三）创新新就业形态劳动者社会保险权利保障

为解决新就业形态职工社会保险覆盖面偏低的问题，可以按照"分层分级、应保尽保"的原则，逐步扩大新就业形态职工社会保险和其他社会保障的覆盖面。一是要强化网络平台企业为新就业形态劳动者缴纳社会保险的社会义务，特别是要完善网络平台企业对不完全符合确立劳动关系的新就业形态劳动者参加社会保险责任，在订立或补充书面劳动合同中要明确新就业形态劳动者从业期间参加社会保险的条款，同时应注重加强引导和督促新就业形态劳动者个人积极参加社会保险工作；对某一地区（例如省级）新就业形态流动人员的基本养老保险关系归集问题，提出在省级行政区内，由最后一个参保地社会保险经办机构进行一次汇总。二是全面放开新就业形态劳动者在基本养老和医疗保险中的户籍约束，鼓励其到当地参保，对于不能充分建立劳动关系的新就业形态劳动者，应当按照网络平台用人单位推送的就业信息，及时办理就业登记，并就地参加职工基本养老和基本医疗保险。三是要研究完善新就业形态职工的"一险一金"（工伤保险和职业伤害保障金），以更好地保护新就业形态职工的人身安全。建议按照以上提到的新就业形态劳动者在工作地的参保制度，在设区市实行比较集中的参保模式，缴费基数可以是省级行政区上年度职工的月平均工资，由网络平台用人单位采用单险种为新就业形态劳动者缴纳工伤保险。在此基础上，对新就业形态的职工进行"基本保障"和"附加保障"组合，建立以"基本保障"为主，"附加保障"为辅的"基本保障"模式。

（四）健全完善新就业形态劳动者报酬权利保障

为解决网络平台雇主在新就业形态中的劳动利益保护方面存在的问题，应采取如下措施。一是将不能充分建立劳动合同的新就业形态劳动者，列入最低工资保障范畴。

根据我国"最低工资、按时足额支付、同工同酬"等劳动报酬权利的根本要求，网络平台企业应对新就业形态劳动者支付的工资，其金额不能少于当地最低工资。二是对新就业形态劳动者的劳动定额进行合理的界定，网络平台雇主必须按照国家的规定，对新就业形态劳动者的劳动定额和用工工资标准进行合理的设定，并保证他们所规定的劳动定额标准，在同一企业、同一岗位上的大部分新就业形态劳动者都可以在规定的工作时间之内完成。三是要保证新就业形态劳动者的工资按照法律规定及时、足额发放。网络平台的雇主应该在遵守按劳分配的基础上，依据其工作任务、劳动强度、当地最低工资标准和人力资源市场工资价格等方面的情况，对其进行科学的设定，确保劳动者的劳动报酬能够得到合理的保障，并且能够按时足额地支付劳动报酬；对克扣、无故拖欠工资的行为，要进行严肃处理。四是要完善行业监管，网络平台企业要建立一个合理的薪酬上涨制度，并根据相关的法律法规，对新就业形态劳动者进行薪酬集体谈判，并逐渐增加劳动者的收入。与此同时，网络平台上的雇主在制定和修改平台的退出、订单分配、计件单价、提成比例、薪酬组成和支付、工作时间、对员工的奖励、惩罚等方面的规定，以及平台的算法时，应当受到相关部门和行业主管机关的监管，同时也要充分听取当地工会或者新就业形态从业者代表的意见。另外，网络平台雇主应该改变现行极易引起劳资纠纷的薪酬制度，转变为积极的业绩奖励制度。

第二节 扶持新就业形态发展的公共政策研究

自 2015 年 10 月党的十八届五中全会提出"新就业形态"一词以来，国家高度重视新就业形态的发展并从政策层面大力支持，各级政府出台相关扶持新就业形态的公共政策，涉及免息租房、无息贷款、减免税收、降低企业社保缴费率等。但在政策支持新就业形态发展的过程中，一方面，新就业形态的发展取得较大的进展；另一方面，新就业形态公共政策实施效果良莠不齐，针对新就业形态公共政策未形成独立、完善的第三方评价体系，没有统一的评价指标。鉴于此，本节通过对扶持新就业形态发展的公共政策进行剖析，以期为提高扶持新就业形态发展的公共政策执行效果、推动新就业形态高质量发展建言献策。

一、新就业形态公共政策实施现状及存在的问题

新就业形态的迅猛发展不仅能够有效扩大就业，更能够促进经济增长，虽然政策出台的初衷和目标都是帮助新就业形态落地，但在实施过程中也暴露了新就业形态公共政策存在的问题，如现行政策针对性不强、政策效度不足以解决困境等。

（一）新就业形态公共政策实施现状

自 2015 年 10 月党的十八届五中全会首次提出"新就业形态"一词，国家对其大

力扶持的公共政策接连出台。国务院在宏观导向文件中多次提及要大力发展新就业形态，通过完善各项政策促进新就业形态的发展，培育新就业形态良好的发展环境，吸纳劳动力就业并加强劳动者的权益保障。2015年11月23日国务院印发《关于积极发挥新消费引领作用 加快培育形成新供给新动力的指导意见》，提出要营造有利于大众创业、万众创新的良好市场环境，培育形成更多新技术、新产业、新业态、新模式。该文件为新就业形态出现的第一份正式文件，奠定了国家大力发展新就业形态的政策导向。2016年3月政府工作报告中提出：加快发展新经济。要推动新技术、新产业、新业态加快成长，以体制机制创新促进分享经济发展，建设共享平台，做大高技术产业、现代服务业等新兴产业集群，打造动力强劲的新引擎[37]，同时加强对灵活就业、新就业形态的扶持。随后2016年5月19日中共中央、国务院印发的《国家创新驱动发展战略纲要》文件提到了战略目标三步走中的第二步走，通过不断创造新技术和新产品、新模式和新业态、新需求和新市场，实现更可持续的发展、更高质量的就业、更高水平的收入、更高品质的生活。该文件明确了新就业形态的发展有助于提高就业质量、收入水平和生活品质。2016年12月19日《国务院关于印发"十三五"国家战略性新兴产业发展规划的通知》其中提及，要大力深化互联网在生产领域的融合应用，推动"中国制造+互联网"取得实质性突破，发展面向制造业的信息技术服务，构筑核心工业软硬件、工业云、智能服务平台等制造新基础，大力推广智能制造、网络化协同、个性化定制、服务化延伸等新业态、新模式[38]。2020年10月30日，党的十九届五中全会提出实现更加充分更高质量就业，同时强化就业优先政策①。2021年3月11日《中华人民共和国国民经济和社会发展第十四个五年规划和2035年远景目标纲要》第十四篇第四十七章提出，实施就业优先战略，并明确支持和规范发展新就业形态。促进平等就业，增加高质量就业，注重发展技能密集型产业，支持和规范发展新就业形态，扩大政府购买基层教育、医疗和专业化社会服务规模。2016年至2021年国务院等部门连续六年出台新就业形态相关的公共政策，涉及财政政策、税收政策、金融政策、社会保障政策和就业政策，涉及新就业形态的各个方面，可见我国政府对新就业形态的重视程度。

1. 增加新就业形态企业资金支持的财政政策

国家通过积极的财政政策间接促进新就业形态的发展，如安排地方专项债券、扩大财政支出规模、中央对地方一般性转移支付增长、重点项目建设资金支持和培训补贴等。自2015年10月党的十八届五中全会以来，针对新就业形态出台的财政政策较少，多数为宏观的调控政策促进新就业形态的发展，并未明确在新就业形态上的财政支出，仅于2020年侧重互联网平台企业出台了担保贷款贴息和培训补贴政策，在财政政策的支持下创新创业企业得以大力发展。本节梳理了自新就业形态提出以来的财政扶持政策，详见表12-3。

---

① 引自2020年11月4日《人民日报》第2版的文章：《关于〈中共中央关于制定国民经济和社会发展第十四个五年规划和二〇三五年远景目标的建议〉的说明》。

表 12-3　新就业形态财政政策梳理

政策发布时间	文件名称	具体内容
2020年2月1日	《关于支持金融强化服务 做好新型冠状病毒感染肺炎疫情防控工作的通知》	国家加大对受疫情影响个人和企业的创业担保贷款贴息支持力度。对受疫情影响暂时失去收入来源的个人和小微企业，地方各级财政部门要会同有关方面在其申请创业担保贷款时优先给予支持
2020年3月4日	《民政部办公厅关于分区分级精准做好养老服务机构疫情防控与恢复服务秩序工作的指导意见》	国家鼓励有条件的地方可联合相关部门做好资金调度提前拨付补助资金，采取阶段性减免公建民营养老服务机构管理费、提高民办养老服务机构运营补贴标准，提高政府购买养老服务补贴标准，给予养老护理员临时岗位补贴等扶持措施，帮助养老服务机构渡过难关
2020年7月30日	《国务院办公厅关于提升大众创业万众创新示范基地带动作用 进一步促改革稳就业强动能的实施意见》	提出发挥互联网平台企业带动作用，引导社会资本和大学生创客、返乡能人等入乡开展"互联网+乡村旅游"、农村电商等创业项目。对符合条件的返乡入乡创业人员按规定给予创业担保贷款贴息和培训补贴
2020年7月31日	《国务院办公厅关于支持多渠道灵活就业的意见》	合理设定互联网平台经济及其他新业态新模式监管规则，鼓励互联网平台企业、中介服务机构等降低服务费、加盟管理费等费用，创造更多灵活就业岗位，吸纳更多劳动者就业

资料来源：中华人民共和国财政部、中华人民共和国民政部、中华人民共和国中央人民政府官网

2. 减轻新就业形态企业税赋的税收政策

国家通过增值税改革减轻企业税赋，助力新就业形态企业发展，税收政策着力于对不同行业的减税及对小微企业的税收减免。自2015年10月党的十八届五中全会以来，国家没有出台针对新就业形态的税收政策，出台更多的是普惠性税收减免政策，在减税让利政策的扶持下快递行业和小微企业的成本均有所降低，使小微企业有机会在核心业务上投入更多资金。本节梳理了自新就业形态提出以来的税收政策，详见表12-4。

表 12-4　新就业形态税收政策梳理

政策发布时间	文件名称	具体内容
2020年2月6日	《关于支持新型冠状病毒感染的肺炎疫情防控有关税收政策的公告》	对纳税人提供公共交通运输服务、生活服务，以及为居民提供必需生活物资快递收派服务取得的收入，免征增值税
2018年4月12日	《国务院关于落实〈政府工作报告〉重点工作部门分工的意见》	进一步减轻企业税负。提高小规模纳税人年销售额标准。大幅扩展享受减半征收所得税优惠政策的小微企业范围。全年再为企业和个人减税8 000多亿元，促进实体经济转型升级，着力激发市场活力和社会创造力。同时大幅降低企业非税负担，全年为市场主体减轻非税负担3 000多亿元
2019年2月2日	《关于进一步支持和促进重点群体创业就业有关税收政策的通知》	建档立卡贫困人口，自办理个体工商户登记当月起，在3年（36个月，下同）内按每户每年12 000元为限额依次扣减其当年实际应缴纳的增值税、城市维护建设税、教育费附加、地方教育附加和个人所得税；企业招用建档立卡贫困人口，在3年内按实际招用人数予以定额依次扣减增值税、城市维护建设税、教育费附加、地方教育附加和企业所得税优惠，定额标准为每人每年6 000元

续表

政策发布时间	文件名称	具体内容
2019年4月9日	《国务院关于落实〈政府工作报告〉重点工作部门分工的意见》	提出普惠性减税与结构性减税并举,重点降低制造业和小微企业税收负担。深化增值税改革,将制造业等行业现行16%的税率降至13%,将交通运输业、建筑业等行业现行10%的税率降至9%,确保主要行业税负明显降低
2019年12月12日	《国家税务总局关于税收征管若干事项的公告》	2020年3月1日起,对纳税人、扣缴义务人、纳税担保人应缴纳的欠税及滞纳金不再要求同时缴纳,可以先行缴纳欠税,再依法缴纳滞纳金
2020年2月27日	《国家税务总局关于开展2020年"便民办税春风行动"的意见》	在不折不扣落实好小微企业增值税、企业所得税等普惠性税收减免政策的基础上,帮助解决实际困难

资料来源:国家税务总局、中华人民共和国中央人民政府官网

3. 拓宽新就业形态企业融资渠道的金融政策

国家通过拓宽企业融资途径、降低企业融资成本,以及为小微企业提供创业担保贷款等途径支持企业发展。自2015年10月党的十八届五中全会以来出台的金融政策着力于通过融资途径和融资成本降低企业负担,从企业规模和企业类型整理发现金融政策更加侧重于小微企业和创业企业,针对新就业形态企业的金融政策较少,只有2020年5月出台的通过外汇业务扶持新就业形态的金融政策。本节梳理了自新就业形态提出以来的金融政策,详见表12-5。

表12-5 新就业形态金融政策梳理

政策发布时间	文件名称	具体内容
2017年4月19日	《国务院关于做好当前和今后一段时期就业创业工作的意见》	提出拓宽融资渠道,落实好创业担保贷款政策,鼓励金融机构和担保机构依托信用信息,科学评估创业者还款能力,改进风险防控,降低反担保要求,健全代偿机制,推行信贷尽职免责制度
2018年12月5日	《国务院关于做好当前和今后一个时期促进就业工作的若干意见》	充分发挥国家融资担保基金作用,并加大创业担保贷款贴息及奖补政策支持力度。符合创业担保贷款申请条件的人员自主创业的,可申请最高不超过15万元的创业担保贷款。小微企业当年新招用符合创业担保贷款申请条件的,可申请最高不超过300万元的创业担保贷款
2019年4月9日	《国务院关于落实〈政府工作报告〉重点工作部门分工的意见》	提出今年国有大型商业银行小微企业贷款要增长30%以上。2019年小微企业融资成本在2018年基础上再降低1个百分点。同时清理规范银行及中介服务收费
2019年12月24日	《国务院关于进一步做好稳就业工作的意见》	提出加强对企业的金融支持,落实普惠金融定向降准政策,释放的资金重点支持民营企业和小微企业融资。鼓励银行完善金融服务民营企业和小微企业的绩效考核激励机制,增加制造业中小微企业中长期贷款和信用贷款

续表

政策发布时间	文件名称	具体内容
2020年5月20日	《国家外汇管理局关于支持贸易新业态发展的通知》	通过拓宽结算渠道与方式等途径便利新就业形态企业外汇业务办理。一是拓宽贸易新业态结算渠道。二是便利跨境电商出口业务资金结算。三是优化跨境电商相关税费的跨境代垫。四是满足个人对外贸易结算需求。五是完善市场采购贸易资金结算。六是支持外贸综合服务企业代办出口收汇。七是便利企业远程办理外汇业务。八是优化小额交易涉外收付款申报。九是持续跟踪贸易新业态的创新发展。按照"服务实体、便利开放、交易留痕、风险可控"的原则，主动回应市场主体外汇业务的新诉求

资料来源：中华人民共和国中央人民政府、国家外汇管理局官网

4. 维护新就业形态企业和劳动者权益的社会保障政策

国家通过降低企业社会保险缴费比例、以稳岗补贴的形式返还部分失业保险金额，以及加强保障新就业形态企业知识产权等政策，降低企业成本，维护企业权益。自2015年10月党的十八届五中全会以来，社会保障政策着重于降低养老保险、失业保险和工伤保险的缴费率，为符合条件的企业提供稳岗补贴，促进完善平台企业从业人员和灵活就业人员社会保障政策，以及维护劳动者权益，而针对新就业形态的社会保障政策仍停留在宏观引导性政策阶段还未落实具体措施。本节梳理了自新就业形态提出以来的社会保障政策，详见表12-6。

表12-6 新就业形态社会保障政策梳理

政策发布时间	文件名称	具体内容
2018年12月5日	《国务院关于做好当前和今后一个时期促进就业工作的若干意见》	提出加大稳岗支持力度，对不裁员或少裁员的参保企业，可返还其上年度实际缴纳失业保险费的50%。提出放宽技术技能提升补贴申领条件。2019年1月1日至2020年12月31日，将技术技能提升补贴申领条件由企业在职职工参加失业保险3年以上放宽至参保1年以上
2019年4月9日	《国务院关于落实〈政府工作报告〉重点工作部门分工的意见》	提出下调城镇职工基本养老保险单位缴费比例，各地可降至16%。继续执行阶段性降低失业和工伤保险费率政策。提出加强对灵活就业、新就业形态的支持。实施职业技能提升行动，从失业保险基金结余中拿出1000亿元，用于1500万人次以上的职工技能提升和转岗转业培训
2019年8月8日	《国务院办公厅关于促进平台经济规范健康发展的指导意见》	为促进平台经济规范健康发展，该文件提出五方面政策措施。一是优化完善市场准入条件，降低企业合规成本，推进平台经济相关市场主体登记注册便利化。二是创新监管理念和方式，实行包容审慎监管，在严守安全底线的前提下为新业态发展留足空间。三是鼓励发展平台经济新业态，加快培育新的增长点。四是优化平台经济发展环境，夯实新业态成长基础。五是切实保护平台经济参与者合法权益。抓紧研究完善平台企业用工和灵活就业等从业人员社保政策；完善平台经济相关法律法规

续表

政策发布时间	文件名称	具体内容
2019年11月24日	《关于强化知识产权保护的意见》	针对新业态新领域发展现状，该文件提出推动电商平台建立有效运用专利权评价报告快速处置实用新型和外观设计专利侵权投诉制度
2019年12月24日	《国务院关于进一步做好稳就业工作的意见》	明确加大援企稳岗力度，阶段性降低失业保险费率、工伤保险费率的政策，实施期限延长至2021年4月30日。明确更好发挥失业保险作用，对符合领取失业保险金条件的人员，及时发放失业保险金

资料来源：中华人民共和国中央人民政府官网

5. 新就业形态吸纳劳动力的就业政策

国家通过促进创业、大规模开展职业技能培训，以及完善劳动者权益保障等积极的就业政策促进新就业形态的发展，加强对新就业形态的扶持。自2015年10月党的十八届五中全会以来出台的就业政策着重于扩大就业途径稳定在岗人员，新就业形态吸纳劳动力的能力脱颖而出，进而围绕新就业形态劳动者劳动权益保障出台了相关政策，但多数政策仍停留在宏观引导，未有具体措施。本节梳理了自新就业形态提出以来的就业政策，详见表12-7。

表12-7　新就业形态就业政策梳理

政策发布时间	文件名称	具体内容
2016年3月29日	《国务院关于落实〈政府工作报告〉重点工作部门分工的意见》	着力扩大就业创业。实施更加积极的就业政策，鼓励以创业带动就业。用好失业保险基金结余，增加稳就业资金规模，加强对灵活就业、新就业形态的扶持
2017年2月6日	《国务院关于印发"十三五"促进就业规划的通知》	实施积极的就业政策支持发展共享经济下的新型就业模式，一是营造有利于共享经济加快发展的政策环境。加快完善风险控制、信用体系、质量安全、社会保障等政策法规，保障各方合法权益，促进社会资源通过共享实现高效充分利用，支持共享经济加快发展。二是完善支持劳动者参与共享经济就业创业的政策措施。支持符合条件、经工商登记注册的共享经济创业人员，按规定享受现行就业创业扶持政策。加快完善用工、工资支付等相关制度，引导和支持更多劳动者参与共享经济下的就业创业活动。加强劳动人事争议调解仲裁和劳动保障监察，切实保护劳动者合法权益
2017年4月19日	《国务院关于做好当前和今后一段时期就业创业工作的意见》	支持新就业形态发展。将鼓励创业创新发展的优惠政策面向新兴业态企业开放，推动政府部门带头购买新兴业态企业产品和服务。完善适应新就业形态特点的用工和社保等制度，新兴业态企业的从业者中，签订劳动合同的可参加职工社会保险，其他从业者可按灵活就业人员身份参加养老、医疗保险和缴纳住房公积金，探索适应灵活就业人员的失业、工伤保险保障方式
2018年4月12日	《国务院关于落实〈政府工作报告〉重点工作部门分工的意见》	着力促进就业创业。加强全方位公共就业服务，大规模开展职业技能培训，进一步拓展就业岗位，运用"互联网+"发展新就业形态

续表

政策发布时间	文件名称	具体内容
2018年8月14日	《国务院办公厅关于印发全国深化"放管服"改革转变政府职能电视电话会议重点任务分工方案的通知》	为大众创业、万众创新提供精准到位的服务。建设好"双创"示范基地,支持众创空间提升品质。推动大中小企业、科研机构、社会创客融通创新,缩短创新周期,提高创新成果转化效率。加强就业和技能服务,完善对新就业形态的支持措施
2019年12月24日	《国务院关于进一步做好稳就业工作的意见》	鼓励企业吸纳就业,提出支持灵活就业和新就业形态,支持劳动者通过临时性、非全日制、季节性、弹性工作等灵活多样形式实现就业。研究完善支持灵活就业的政策措施,明确灵活就业、新就业形态人员劳动用工、就业服务、权益保障办法,启动新就业形态人员职业伤害保障试点,抓紧清理取消不合理限制灵活就业的规定。对就业困难人员享受灵活就业社会保险补贴政策期满仍未实现稳定就业的,政策享受期限可延长1年,实施期限为2020年1月1日至12月31日。提出大力推进职业技能提升行动,落实完善职业技能提升行动政策措施,按规定给予职业培训补贴和生活费补贴,同时针对不同对象开展精准培训,全面开展企业职工技能提升培训或转岗转业培训
2020年7月31日	《国务院办公厅关于支持多渠道灵活就业的意见》	支持发展新就业形态。实施包容审慎监管,促进数字经济、平台经济健康发展,为劳动者居家就业、远程办公、兼职就业创造条件。合理设定互联网平台经济及其他新业态新模式监管规则,鼓励互联网平台企业、中介服务机构等降低服务费、加盟管理费等费用,创造更多灵活就业岗位,吸纳更多劳动者就业;推动新职业发布和应用。密切跟踪经济社会发展、互联网技术应用和职业活动新变化,广泛征求社会各方面对新职业的意见建议,动态发布社会需要的新职业、更新职业分类,引导直播销售、网约配送、社群健康等更多新就业形态发展。及时制定新职业标准,推出新职业培训课程。完善统计监测制度,探索建立新就业形态统计监测指标
2020年9月21日	《国务院办公厅关于以新业态新模式引领新型消费加快发展的意见》	进一步培育壮大各类消费新业态新模式。建立健全"互联网+服务",电子商务公共服务平台,加快社会服务在线对接、线上线下深度融合

资料来源:中华人民共和国中央人民政府官网

(二)新就业形态公共政策实施中存在的问题

通过对我国现行与新就业有关的政策梳理以及相关文献的查阅,发现虽然自2015年10月党的十八届五中全会提出新就业形态以来宏观政策大力支持其发展,但较为详细并有针对性的政策较少,自2019年以后才陆续出台,使得新就业形态相关公共政策存在不足,具体体现在现行新就业形态公共政策针对性不强、现行政策效度不足以解决新就业形态面临的困境、新就业形态公共政策工具间缺乏协同,以及缺乏新就业形态公共政策效果反馈途径等方面。

1. 现行新就业形态公共政策针对性不强

2015年至2020年提及新就业形态的各类公共政策共23个文件,其中仅有国家外汇管理局出台的《关于支持贸易新业态发展的通知》一个文件全篇主题为扶持新就业形态的发展，其余文件只在文中一项或几项内容明确提及新就业形态，大部分局限于宏观引导，如仅提到大力支持新就业形态发展，并未明确具体政策执行内容。现阶段新就业形态效果无法直观体现的根本原因便是新就业形态公共政策针对性不强。现行新就业形态公共政策主要有两个着力点，其一是针对创业企业或小微企业的扶持政策，其二是针对吸纳劳动力和劳动者权益保障的就业政策，与新就业形态有交集却又不全面，通过现有的单一公共政策很难分辨对新就业形态的扶持效果。为了促进新就业形态的发展，应提高公共政策的针对性，有的放矢地解决新就业形态在发展中面临的阻碍。

2. 现行政策效度不足以解决新就业形态面临的困境

通过梳理自2015年党的十八届五中全会以来的新就业形态各项公共政策发现，现阶段的政策侧重宏观引导，财政政策增加地方专项债券并提供职业技能培训补贴、税收政策实行税收减免、金融政策提供中小企业贷款优惠、社保政策降低企业社保缴费比例，以及就业政策积极扩大劳动者就业，虽然可以通过多种政策并行降低企业成本吸纳劳动力就业，但针对新就业形态的政策少之又少，在保障劳动者权益和降低企业运营风险方面有待完善，扶持新就业形态发展的公共政策不能治标不治本。现阶段政策效度存在的典型问题有两方面，一是新就业形态政策与传统就业政策不互补，如哈尔滨网约车需要办理运营牌照，而车管所的办理指南不明晰导致需要办理运营执照的司机无法按时预约办理，从而影响正常运营；二是新就业形态从业人员的劳动权益没有得到保障，如外卖送餐员的社会保险只能以灵活就业人员形式缴纳，不能享受城镇就业人员同等的社保待遇，养老保险参保缴费率低，同时由于配送时存在道路安全隐患，用人单位只能通过购买商业意外险进行补充，网约配送员的权益保障受侵害。中国邮政快递报社发布的《2020年全国快递员基层从业现状及从业满意度调查报告》显示，超五成快递员月收入低于5000元，对比《中国统计年鉴2020》中交通运输、仓储和邮政行业的全部（包含非私营和私营单位）就业人员月平均工资的6294元，基层快递员的平均工资远未达到该行业的平均工资，可见新就业形态政策效度不足以解决从业人员面临的困境。现如今新就业形态迅速发展，但保障劳动者权益方面的政策可操作性差、政策监管不足等现象使新就业形态发展缺乏后续动力，更有可能使现存问题成为新就业形态的发展隐患，从而影响新就业形态企业发展的稳定性。

3. 新就业形态公共政策工具之间缺乏协同

公共政策工具是公共政策目标与结果之间的桥梁。自新就业形态提出以来，出台的公共政策虽涵盖财政、税收、金融、社会保障和就业等多方面，政策主体多元化，但政策目标较为单一，政策工具不够详细和公共政策工具缺乏协同是现在面临的主要问题。首先是政策工具不够详细，政府如何通过政策干预调节市场关系是公共政策的主要过程，而现阶段新就业相关政策主要集中于宏观指引政策，使得公共政策并没有明显地作用于市场运行，导致新就业形态公共政策工具效力不足；其次是公共政策工具缺乏协同，现行公共政策全部作用于新就业形态劳动力市场的需求方即用人单位，而没有从供给方即劳动者的角度出发进行调节，导致新就业形态劳动者权益保障不足。基于公共政策体系角度来分析，从横向上看，现行吸纳就业的政策只有给员工正常缴纳社会保险，企业才能够领取到相应补贴，但如网约配送员等多项新就业形态岗位不属于劳动合同保护范畴而是灵活就业，致使企业无法享受相应补贴；从纵向上看，2016～2021年出台的总政策为大力发展新就业形态，但法律上、社会保障上乃至就业补贴上均没有针对新就业形态的政策说明或补充条款，可见，无论是横向上多政策协同还是纵向上分级政策协同都有待提高。

4. 缺乏新就业形态公共政策效果反馈路径

政策效果反馈有助于调整政策存在的偏差，修改政策存在的问题，提高政策执行力度并完善政策执行效果。通过梳理新就业形态各类公共政策发现，虽然新就业形态的财政政策和税收政策会有政策执行部门进行检查监管，金融和社会保障部分政策具有连续性，但均缺乏自下而上的政策执行效果反馈路径，没有公开的问题反馈平台，不能形成政策执行闭环。由于新就业形态没有主管行政部门，出台公共政策由多部门牵头，如果在政策执行时出现问题只能针对出现的问题寻求解决办法，不能由点及面地及时调整政策。在调查访问中得知，存在个别政府部门工作人员仅仅将新就业形态公共政策作为任务指标，政策细则前后不一致的情况偶尔发生，同时政府监管部门只核查政策执行部门的操作合规性，对新就业形态公共政策效果关注不足，加上新就业形态企业反馈渠道较为单一，多集中于工作群，没有网站反馈和电话反馈等路径，使得新就业形态公共政策缺乏多样化的效果反馈路径。

（三）新就业形态公共政策存在问题的原因

通过深入探究现行新就业形态公共政策存在的问题，发现新就业形态公共政策具有一定的局限性，而找到问题的原因所在有助于更好地完善新就业形态公共政策，使其效果更加明显，具体体现在尚未建立新就业形态公共政策效果评价体系、新就业形态公共政策执行联动机制不健全、新就业形态公共政策实施软环境存在偏差、缺乏有效的新就业形态公共政策执行监督机制等方面。

1. 尚未建立新就业形态公共政策效果评价体系

公共政策效果评价是通过一定的方法对政策实施时的价值因素和事实因素进行评价，从而对政策进行调整、修正甚至终结，也是检验政策效果的必要途径。自2015年新就业形态一词提出以来，相关部门陆续出台扶持新就业形态的公共政策，我国2016年至2021年出台的新就业形态相关公共政策逐年增多，多为全面宏观指引的公共政策，虽有大力扶持新就业形态发展的趋势，但政策效果却没有直观展现，无法有针对性地对政策进行调整从而出台更有助于新就业形态发展的公共政策。现阶段新就业形态的公共政策存在针对性不强的问题，究其根本发现是缺乏完善的新就业形态公共政策效果评价体系。由于没有综合性的政策效果评价从而无法分析出政策的优劣，进而无法给政策制定部门客观的参考，最终使得扶持新就业形态的政策缺乏针对性。为了使新就业形态公共政策执行形成闭环，加大力度扶持新就业形态，应建立综合且完善的新就业形态公共政策效果评价体系。

2. 新就业形态公共政策执行联动机制不健全

通过政策梳理发现，现行新就业形态公共政策在落地时多为单一部门执行，同时存在公共政策工具协同性不足的问题，新就业形态企业在有超出政策执行部门范围的问题时便存在解决受阻甚至无法解决的情况，深入分析问题可知核心原因之一是新就业形态公共政策执行联动机制不健全。例如，新就业形态企业在申领就业政策中的职业技能培训补贴，涉及申领企业劳动者社会保险的相关问题时需要申领企业提供相关材料，这样一来不仅降低办事效率更使企业增加办事成本，当就业部门与社保部门共享企业参保人员信息，或联动处理政策申报信息不仅可以大大增加政府部门工作人员办事效率，也降低了企业的办事成本，同时还可以规避人工二次确认信息的成本。可见，建立健全政策执行联动机制能够提质增效，大力促进新就业形态公共政策的发展。

3. 新就业形态公共政策实施软环境存在偏差

政策的实施效果受多方面的影响，有政策制定和执行等内在因素的影响，也有执行人员、政策作用对象和宣传力度等外在因素的影响。而政策的外在因素多受主观意识的影响，本节将其称为政策执行的软环境。自 2015 年新就业形态一词提出以来，相关部门陆续出台扶持新就业形态的公共政策，通过查询政府官方网站和官方公众号发现，少有明确的政策说明，也少有公开的政策解读会，政策宣传的途径有限，仅局限于公众号和官网公告。在政策实施过程中，政策执行人员专业能力的水平会影响政策执行的效果。现阶段新就业形态的公共政策存在政策效果不足以解决新就业形态面临困境的问题，究其根本原因发现是新就业形态公共政策实施软环境存在偏差。为了使新就业形态公共政策执行效果最大化，应消除新就业形态公共政策实施软环境的偏差，更有效地扶持新就业形态高质量发展。

4. 缺乏有效的新就业形态公共政策执行监督机制

新就业形态公共政策能否有效实施除了政策本身和政策作用对象外，与政策执行者也有着紧密的联系，如果政策执行者不能有效落实政策内容，即使政策是个好政策最后的结果也会不尽如人意。现行公共政策效度不足以解决新就业形态企业与劳动者面临的问题，除了政策针对性不足外还有一个关键原因便是缺乏有效的政策执行监督机制。新就业形态公共政策执行者如果不能很好地解读政策，那会使企业对政策产生误解甚至曲解，同样如果政策执行者不能完全解读政策，会使企业陷入信息不对称的困境，从而贻误政策申报时机，通过政策监督机制可以有效规避政策执行过程中由于执行人员主观因素而产生的影响，可见，缺少公共政策执行监督会增加新就业形态公共政策执行时的主观偏差。因此需要政府引导增加有效的新就业形态公共政策执行监督机制或设立监管部门。

二、完善扶持新就业形态公共政策的对策建议

（一）建立新就业形态公共政策效果反馈系统

1. 健全新就业形态公共政策执行问题反馈路径

通过调研发现，反馈政策相关问题更多的是通过 QQ 和微信工作群，这使问题反馈路径较单一，而提高新就业形态公共政策执行效果，需要建立与新就业形态政策评价相适应的问题反馈机制。新就业形态效果评价的结果不仅提供了有关新就业形态公共政策的优势之处，而且也反映了公共政策执行的不足之处。因此，只有做到及时、全面地反

馈政策出现的问题,才能真正地使新就业形态政策评价起到促进新就业形态高质量发展的作用。只有建立了适合的新就业形态政策评价反馈路径,才能使政策受惠单位及时反馈问题,使新就业形态公共政策处于动态调整过程,将政策制定、执行和修改的过程形成闭环,有效加强新就业形态公共政策的实施效果。由于现阶段的问题反馈途径多依赖于QQ和微信工作群,不便于查询历史记录也不便于对出现的问题进行分类汇总,而通过电话和邮箱进行咨询反馈多是双向沟通,再次进行问题汇总反而降低政府部门工作效率,因此可以有效利用信息技术的发展,将电话、邮箱、QQ和微信工作群、网站留言问答反馈路径相结合,并行之有效地利用起来,针对企业用户公开问题进行答疑汇总,这样双元化的沟通可以达到多元化信息共享的结果,使企业和个人可以随时自行查询问题汇总,减少政府部门的无效沟通,提高公众参与度的同时也能够为新就业形态公共政策评价提供重要帮助。

2. 完善与新就业形态相适应的公共服务平台

从当前我国新就业形态公共政策的执行部门来看,财政、税务、科技、就业及人力资源和社会保障下的失业保险处等多个部门都涉及新就业形态公共政策的落实。通过访谈发现企业获得相关政策信息的途径有三种,一是通过QQ和微信等工作群发布消息,二是相关政府部门负责政策落实的专管员主动联系在本部门有备案且符合申报政策要求的企业,三是企业相关负责人通过政府官网、微信公众号等途径了解相关政策后咨询政府办事人员,而这三种获取政策信息的途径都存在信息不对称的风险,容易造成多个政府部门口径不一致的情况。同时执行政策的各部门对新就业形态公共政策的认识并不统一,导致政策影响力和政策回应度均不如预期,甚至大大降低了新就业形态公共政策的执行效率。以新就业形态为对象构建公共服务平台,将各部门出台的政策集中于同一平台,服务新就业形态企业和从业人员,能够提升社会资源与新就业形态公共政策的协同效率。从横向来说,新就业形态公共服务平台可以通过共享信息来维护新就业形态企业和从业人员的权益,如共享税务和社会保障信息可以提高新就业形态从业人员的参保率。从纵向来说,新就业形态公共服务平台可以同时发布新出台的多项新就业形态相关政策,减少新就业形态企业负责人由于获取信息途径流程多而产生的成本。

3. 加强新就业形态公共政策部门联动执行力度

通过实地访问发现,某市新就业形态公共政策在落地执行时不仅反馈途径较为单一,多部门的联动情况也较为欠缺。政策多为单一部门执行,而该部门对其他部门执行的政策全然不知,这不利于新就业形态企业的全面发展,也有碍于各部门政策申报口径和评判标准的统一。政府部门的联动有助于政策执行的闭环,为更好地服务企业扶持新就业形态发展,应加强新就业形态公共政策多部门的执行联动力度,开展新就业形态相关政策的联合申报,如就业部门和社保部门在执行就业相关政策时可以同劳动局形成专项小组,一方面企业劳动合同签订数据获取口径统一,便于核查企业申报情况也降低因申报数据有误而产生的风险,另一方面劳动合同和社保数据可直接获取,从而减少企业申报政策时因提交相关证明材料而产生不必要的时间成本。

(二)完善新就业形态公共政策执行监督机制

1. 加强新就业形态公共政策执行评价制度的建设

政府部门工作人员有服务正常咨询对象的义务，同时也受到群众的监督，现阶段新就业形态公共政策的执行缺乏评价制度，为完善政策评价制度，可通过群众对政策执行的满意度进行衡量。群众满意度是政策执行最终效果的评价指标之一，而群众满意度体现在多个方面，如政策本身的效度、政策执行人员的专业度和政府部门工作人员的服务态度等。可以通过咨询电话落实到人头，由政策咨询人员对政府部门工作人员进行专业性和服务性两方面的评价，通过评价间接参与监督管理，进而形成有效的新就业形态政策执行评价制度。一方面接受公众监督能够提高政府部门工作人员的服务质量，夯实业务能力；另一方面评价制度可以提高群众的政策参与度，因此应加强新就业形态政策执行评价制度的建设。

2. 完善新就业形态公共政策执行机构的内部考核制度

新就业形态企业负责人员在就同一问题咨询政府部门工作人员时，会得到不同回答，由此现象可见两个信息，一是不同政府部门办事人员对政策的解读能力不同，专业能力参差不齐；二是部分政府办事人员不能一次性告知办理业务的要件，使得办事效率低下。可以通过完善新就业形态政策执行部门的内部考核制度改善专业能力不强和办事效率低下的问题，一方面专业能力和服务态度考核结果可以和薪酬绩效相结合，激发办事人员的学习热情；另一方面减少新就业形态企业负责人和政府办事人员之间的沟通成本，提高政府办事效率。现阶段新就业形态专管部门还没有明晰，不同政策分散在不同部门，因此政府办事人员也没有相应的完善的考核制度，不能很好地约束办事人员的服务意识。可以针对新就业形态设置办事人员的内部考核制度，提高办事人员的政策解读能力，要求政策办理条件口径统一，同时提升办事人员的服务意识。

3. 引入第三方评价机制

为更准确地对新就业形态公共政策全流程进行评价，可引入第三方评价机制，因为第三方评价机制更具客观性，由于第三方评价机构完全独立于政策主体和客体双方，能够避免陷入主观印象中。一些第三方评价机构会派出神秘顾客，也可以称其为神秘第三人，对评价对象进行考察，如日常工作中询问新就业形态政策执行人员应知应会的政策内容，能够更全面真实地反映执行人员的工作专业性和服务意识。通过引入第三方评价机制，能够客观、综合地对新就业形态公共政策效果进行评价，长此以往能够对政策执行部门和办事人员形成一定的监督作用，有效提高新就业形态公共政策落地的质量。

(三)完善新就业形态公共政策的软环境

1. 建构新就业形态公共政策宣传体系

提高新就业形态公共政策的宣传覆盖面和公众知晓率是贯彻落实新就业形态公共政策的必要前提。可以通过以下三个方面构建政策宣传体系，一是通过传统宣传途径进行政策宣传，如公报、简报等纸质版媒介，但传统媒介有效率低的缺点；二是通过信息技术或新媒体进行宣传，如网站、QQ和微信群及公众号等途径，此方式需注意增加受众人数；三是通过宣讲会等方式面对面地进行政策解读，这种办法最有效但由于宣讲场地的限制，应辅以线上线下相结合的宣讲方式，如线下宣讲的同时增设直播频道，既能增加受众也能提高政策普及宣传的效果，同时给未到场人员留有视频、音频资料，但是现场宣传对宣传人员的专业知识储备、政策解读能力要求较高。

2. 提高新就业形态公共政策执行人员专业能力

提高政策执行人员的专业能力和综合素养对提高新就业形态公共政策执行效果有着较大影响。从对政策的解读到对企业服务的效率，需要政策执行人员具有较高的专业技能和较强的服务意识。由于新就业形态的复杂性，政策执行人员的判断能力也面临着考验，这时当务之急是提高新就业形态公共政策执行人员的综合素养。一方面，政策执行人员的综合素质会影响新就业形态公共政策的落地情况，新就业形态公共政策落地的每一个环节都与执行人员的综合素养息息相关，向新就业形态企业传递的任何一个信息都不能带有主观性，以免影响政策的公平性；另一方面，政策执行人员的综合素养代表着政府部门的形象，高效且有服务意识的执行人员会侧面增加新就业形态企业和从业者获取政策信息的便利性，并增强其配合政府监管的主动性。提高新就业形态公共政策执行人员专业能力的途径有校企联合和理论与实践相结合两种方式，校企联合可以请新就业形态方面的专家培训政府部门办事人员，理论与实践相结合是统一政策解读口径，出现问题及时汇总探讨，并修改接下来的要求和条件。

3. 激发新就业形态公共政策执行对象参与活力

许多新就业形态从业人员并不清楚自己从事的是新就业形态工作，如外卖员和快递员现在已经有了官方认定的职业，即网约配送员。由于从业人员对自己从事工作认知不清，自然也不清楚现行的优惠政策，以小及大，许多新就业形态企业负责人虽然清楚自己的企业类型属于新就业形态的范畴，但对现行扶持政策却关心得不多，更加着眼于现金流和成本支出，如部分企业不会为全职外卖配送人员缴纳社会保险，仅为其购买商业意外险，大大损害了新就业形态从业人员的权益。激发新就业形态政策执行对象的参与活力必须先破除两个屏障：一是破除企业意识屏障，将企业厘算成本的意识转化为防控风险的意识，可以通过多次、多途径政策宣传进行破除，让企业意识到新就业形态的政策切实有效；二是破除从业人员认知屏障，打破其固有的思维，使其积极维护自我权益，主动参与到新就业形态的政策反馈监督中去。例如，通过树立典型企业、扩大政策宣传途径、增加政策参与方式等方法用政策带动新就业形态企业发展，形成良性循环。

第三节 新生代农民工与新就业形态研究

党的二十大报告指出"强化就业优先政策，健全就业促进机制，促进高质量充分就业"[①]。

---

① 引自2022年10月26日《人民日报》第1版的文章：《高举中国特色社会主义伟大旗帜 为全面建设社会主义现代化国家而团结奋斗》。

报告还强调要"完善重点群体就业支持体系"。农民工群体基数大、流动范围广，是我国重点就业群体的重要组成部分。

从20世纪80年代中期农村劳动力开始大规模进城务工至今，农民工群体已实现了代际更替，新生代农民工成为农民工的主力军。与老一代农民工相比，新生代农民工缺乏农村生活和农业生产的经验，他们受现代文明影响更深、更向往城市生活，对就业有更高的职业期待。但是面对现代产业对专业化技能要求的提升，新生代农民工的人力资本积累又相对滞后，因此在传统就业市场上处于相对边缘的地位。为了实现更好的就业，部分新生代农民工进入以网约配送员为代表的新就业形态，以期实现资本与技能的积累。新就业形态在帮助新生代农民工"能就业""好就业"的同时，也体现出新生代农民工就业需求的新趋势、新变化。

然而，新就业形态、灵活就业与平台劳动的繁盛在某种程度上也暗含了劳动领域的危机。与新生代农民工热衷投身新就业形态并存的，是传统的劳动方式正在被社会所抛弃，"年轻人宁可送外卖也不愿进入工厂"等社会热议话题即是这种现象的典型反映。大量农民工正离开工厂，投身零工经济，成为"零经济"从业者。高流动性、"短工化"成为大量新生代农民工就业的突出特点，由此导致了新生代农民工就业市场的不稳定状态[39]。

新兴劳动形态的快速崛起，一方面源于平台技术、数字控制等网络技术发展，另一方面也由于劳动力的社会形态发生了变化。具体而言，传统的劳动规训和劳动要求已经无法吸引新一代劳动力，而新就业形态中（如平台劳动）由于采用了劳动主体控制劳动时间、自主掌控劳动过程等策略[40]，迎合了新一代劳动力的社会需要。本节主要研究新生代农民工在新就业形态中的就业新趋势。

一、内涵界定

（一）新生代农民工

"农民工"一词最早于1984年提出，指离开农业从事其他非农产业的农民群体[41]，属于"产业工人"；直到2001年"新生代农民工"一词才被明确提出[42]。如何区别新生代农民工和农民工群体呢？学者主要在出生时间上进行划定以区别，将农民工分为"新生代"与"老一代"两类，多数学者以1980年为时间节点。例如，苏伟琳与林新奇认为，在1980年之后出生的农村居民进城从事非农工作的劳动力群体，属于新生代农民工[43]。但王春光依据不同代际外出务工的动机不同，将20世纪80年代首次外出的农村流动人口算作第一代，其外出动机仅是寻求就业机会，而20世纪90年代首次外出的被认为是新生代农民工，其外出动机是融入城市[42]。为统一认识，出于对年龄、户籍、职业、生活地域等的考量，本节将1980年以后出生在农村、现拥有农村户籍，从事六个月以上的非农职业并生活在城镇的成年劳动力定义为新生代农民工。

（二）新就业形态

新就业形态是在新一轮技术革命和产业革命的结合下，劳动力市场中新型就业群体规模出现,就业模式、工作模式发生巨变的产物。在我国,新就业形态首次出现在2015年《中国共产党第十八届中央委员会第五次全体会议公报》中,公报提出要"加强对灵活就业、新就业形态的支持"。2016~2019年,连续四年的政府工作报告中都提出要积极发展新就业形态,从"加强对灵活就业、新就业形态的扶持",到"运用'互联网+'发展新就业形态"。2019年,国务院印发了《关于进一步做好稳就业工作的意见》,强调"支持灵活就业和新就业形态",研究"明确灵活就业、新就业形态人员劳动用工、就业服务、权益保障办法,启动新就业形态人员职业伤害保障试点"。2020年在全国政协经济界联组会上,习近平总书记提出发展新就业形态要"顺势而为、补齐短板"①。2020年7月,13个部门联合印发《关于支持新业态新模式健康发展 激活消费市场带动扩大就业的意见》,提出要"推动'互联网+'和大数据、平台经济等迈向新阶段。以重大项目为抓手创造新的需求,培育新的就业形态"。

  国家的高度重视,为新就业形态的发展指明了方向。但是,由于新就业形态是一个新生事物,目前,该词仍是一个政策性概念,无论是学界、业界还是政府部门对其均没有统一的界定,仍处于宽泛和笼统的热议状态。有学者认为,新就业形态从生产力的角度描述了在新一轮工业革命带动的生产资料智能化、数字化、信息化条件下,通过劳动者与生产资料互动,实现虚拟与实体生产体系灵活协作的工作模式;从生产关系的角度来看,是伴随着互联网技术进步与大众消费升级出现的、去雇主化的就业模式,以及偏离传统正规就业并借助信息技术升级的灵活就业模式[44]。还有学者认为,新就业形态是传统产业在互联网条件下延伸产生的、尚未完全转化成独立新形态的就业形态。它主要包括创客、威客、对客、圈客、兼客五种模式,表现为电商平台就业、共享平台就业、创客空间就业、网红、主播等就业形式[2]。中国就业促进会认为,新就业形态是指与建立在工业化和现代工厂制度基础上的与传统就业方式相区别的就业形态,主要包括伴随着互联网技术进步与大众消费升级而出现的去雇主化就业模式及借助信息技术升级的灵活就业模式。综观学界、政界的观点,尽管概念外延有宽有窄,但是各方存在一些共同点:第一,新就业形态是信息化时代主要依托于互联网及其衍生数字技术,与传统产业结合形成的新型就业模式;第二,这种新就业模式不同于传统的灵活就业模式;第三,这种新就业模式也迥异于传统正规就业,还不完全具备我国现行法律规定的劳动关系的全部典型要素特征;第四,它已经渗透到各个行业,在新兴的电商经济、共享经济、微经济等不同形式平台经济均有所表现,但主要集中在共享经济领域,表现为共享经济网约工群体的就业形态。

  本节中,新就业形态是指主要基于互联网平台经济产生的、与传统工厂制下的实体性企业就业形态迥异的、以网络平台性和高度灵活性为典型特征的新就业形态。新就业形态的"新"既表现为核心生产资料新——互联网及其衍生数字技术;又表现为就业形式新——平台密切关联性就业;还表现为就业关系新——因网约性而不同于传统线下非全日制灵活就业,因高度灵活性而不完全具备传统工厂制下的典型劳动关系。

---

① 习近平谈"新就业形态":顺势而为、补齐短板[EB/OL]. http://www.xinhuanet.com/politics/2020lh/2020-05/23/c_1126023919.htm[2022-12-01].

新就业形态迥异于传统工业经济下的标准就业，也不同于传统灵活就业，其特质引起社会广泛关注和热议。《中国共产党第十八届中央委员会第五次全体会议公报》和2021年的国务院政府工作报告均对灵活就业和新就业形态进行区分，提出要加强对灵活就业、新就业形态的支持。有学者认为，新就业形态的主要特点是雇佣关系灵活化、工作内容碎片化、工作方式弹性化、创业机会互联网化[45]；也有学者指出，中国劳动力市场中的新就业形态主要表现为就业领域新、技术手段新、组织方式新、就业观念新[44]。有学者指出，新就业形态具有雇佣关系弹性化、虚拟化、多重化，组织方式平台化、无组织化，就业边界扩大化、全球化等特征[46]。有学者认为，新就业形态的主要特点包括：①传统就业形态的延伸；②虚拟与现实相结合的工作模式；③私人定制式的雇佣模式，一般不固定，没有长期劳动合同关系；④互联网延伸下的就业，征兆不明显，一般不需要政府的核准或许可；⑤具有创新驱动，在互联网下经常延伸出新的形态，具有共享的特征[45]。

二、新生代农民工就业呈现出新的特征

新生代农民工是1980年以后的农民工群体。随着我国经济体制的进一步完善，大学生在择业方面的选择越来越多，对事业的期望也越来越高。相对于大量的在建筑业和制造业"打工"的老一辈农民工，他们的就业领域和工作方式都有了显著的改变。

第一，工作范围由传统产业向新兴产业延伸。随着新一代农民工的涌入，中国的产业结构也随之改变，呈现出创新驱动、服务带动、制造升级的发展模式。产业结构的优化升级也带来就业结构的优化升级，为新生代农民工提供了众多的就业机会。例如，2020年北京市对新生代农民工的调查数据显示，新生代农民工在信息技术行业数量增长最快，随着人们对高质量生活需求的不断提高，现代服务业迅速发展，为新一代农民工带来了大量的工作岗位。根据美团研究所的调查，2020年美团外卖平台上大约80%的外卖员工都是外来务工人员，而且大部分都是新一代的外来务工人员。

第二，职业选择的对象由"生存型"转向了"发展型"。新一代的农民工在职业的选择上，不仅仅只是考虑工资，还会考虑工作环境、职业发展的空间和个人的偏好。从产业前景等多个方面来考虑，他们不想继续做简单机械、劳动强度大、工资低、工资不稳定的工作，并且对提高自己的劳动技能有着很强的渴望。"创业意志强烈"是新一代农民工就业理念变化的又一显著特征。

第三，越来越多的农民工由原来的固定工作向灵活就业转变。新生代农民工在一份工作上停留的时间明显缩短。2011年清华大学社会学系发布的《农民工就业"短工化"趋势》报告显示，2004年农民工在一份工作上平均停留的时间大约为4.3年，2008年仍超过2年。2020年中国社会科学院发布的《新生代农民工生活与心态调查报告》显示，在所调查的农民工中，仅有极少数的人会在一份工作上坚持2个月以上，换3~5次工作的有四成以上，换6~10次工作的占比达35.4%。

三、新就业形态对新生代农民就业的影响

数字经济和平台经济的发展为新生代农民工创造了前所未有的发展机遇。大部分以

平台作为组织基础的新就业形态都是以生活服务业为主，这恰恰是新生代农民工集中就业的领域。数字经济、平台经济为新生代农民工创造了更多的就业、创业机会，尤其是缩小了三四线城市与大城市的新生代农民工发展差距，有利于提升农民工的就业创业质量。

在新生代农民工就业方面，新就业形态发挥了"就业稳定器"的作用，尤其在新冠疫情影响下，有效地缓解了农民工就业的压力。相关数据表明，在同样的薪酬待遇下，年轻一代的劳动者更偏爱工作灵活性高的劳动密集型服务业。灵活就业等新就业形态给他们提供了更多选择的机会。

四、新生代农民工在传统就业市场面临的困境

根据国家统计局的资料，自2022年以来，进城务工的农村劳动力的失业率一直比城镇外来户籍其他劳动力的失业率要低，因此，从整体上来说，进城务工的农民工就业比较容易。但是，他们很难得到满意的工作。社会经济的快速发展对劳动者技能水平提出越来越高的要求，而新生代农民工自身的人力资本状况难以匹配现代工业企业的雇佣需求，导致他们难以在传统的人才市场中获得理想的工作。

第一，他们的专业能力和他们所喜欢的工作不相适应。新生代农民工对技术密集型工作有着强烈的追求，但其所掌握的专业技术水平与其相应的工作岗位的雇佣需要存在较大差距。对外经济贸易大学《2021新生代农民工职业技能调研报告》显示，其中27%的新生代农民工所愿从事的岗位需要其掌握与数字技术有关的技术，而掌握数字技术的新生代农民工只有9%的比例。

第二，接受高等教育和职业技能培训水平不高。对外经济贸易大学调查显示，2021年95后新生代农民工中80%以上是高中或中专学历，受教育水平高于上一代。然而，大学学历（本科及以上）的新生代农民工只占4.4%，近半数比例的新生代农民工表示没有受过任何技能培训。

第三，农民工年龄越来越大。2021年相关数据显示，进城农民工的年龄越来越大，其平均年龄已达41.7岁，有51.8%的农民工年龄超过40岁。而新生代农民工集中的行业则普遍对年龄有严格的要求，如《2020年北京市外来新生代农民工监测报告》显示，超三分之二的新生代农民工集中在住宿和餐饮业，居民服务、修理和其他服务业，制造业，建筑业及批发和零售业中。美团研究院的调研显示，部分农民工在成为骑手之前一般都会经历较长的等待期，而且等待期的时间长短同农民工年龄大小成正比，而且随着新生代农民工的崛起，其待业时间也会越来越长。

五、新生代农民工适应新就业形态的对策

目前，新生代农民工不只在传统制造业，而且在许多新兴产业和新兴业态中也发挥着越来越重要的作用。为适应这种转变，应采取适当措施帮助他们打通职业上升通道，在生存基础上实现更好的发展。为了帮助新生代农民工更好地实现职业发展，有四个方面可以提升。

第一，全面提升生活服务业的数字化水平。支持生活服务业的企业借助"互联网+

生活服务"的模式改造传统业态,在生活物流、家政服务、养老护理等行业衍生出更多灵活用工的基础性岗位。

第二,利用新就业形态,挖掘农民工输出地的本地就业空间。支持休闲农业、生态农业、特色农产品深加工、涉农生产性服务业等新型农业生产和经营模式,借助直播带货等新型农产品互联网销售模式,提高本地就业容量。

第三,提升农民工在新就业形态中的技能。打通职业上升通道的关键是增加受教育培训的机会,提高专业技能和胜任新职业的转岗能力等。在政策措施上,应以新生代农民工为核心受益群体,通过多种举措,鼓励农民工、培训机构、用工单位及平台企业参与到培训中来,逐步推广企校合作、工学一体化、"互联网+职业培训"等灵活多样的培训方式,在政府统筹管理下,充分调动行业、企事业单位、社会团体开展职业技能教育的积极性,扩大培训供给,将新生代农民工的职业技能培训打造成普惠性强的民生工程。抓住生产性服务业发展的机遇,形成新业态、新模式,通过增加现代服务业培训,为新生代农民工提供更多的就业创业机会,使其避免在人工智能、机器人等新技术加速应用和变革的时代,人力资本加速折旧,遭遇失业风险。对农民工采取主动上门培训、视频培训等多种方式,提升其适应新就业形态的能力。各方主体还应持续地对在职劳动者进行培训,拓展农民工后续的职业发展空间,将新就业形态从"就业蓄水池"升级为"就业加油站"。

第四,在新兴产业和新兴业态中,加快新职业构建与开发,以适应新兴产业和新兴业态发展。在鼓励新生代农民工不断进入新产业、新业态相关职业的同时,不断加快开发相关职业技能标准,由政府部门、行业协会、职业院校等相关机构共同推动,加快职业技能标准开发,加大培训资源开发力度,将相关职业从业的新生代农民工积极主动地纳入职称改革和职业资格改革、职业技能等级认定制度改革中。

本 章 小 结

本章通过新就业形态与劳动者权益保护研究、扶持新就业形态发展的公共政策研究及新生代农民工与新就业形态研究三方面内容,全面、系统地分析了新就业形态含义、新就业形态劳动者的劳动权益保障内容及路径、如何通过完善公共政策扶持新就业形态的发展,以及新生代农民工如何适应新就业形态的发展。

一、新就业形态的含义

新就业形态是指随着技术升级,以互联网平台技术为依托获得工作机会,由传统就业模式转型升级转变为经济主体个人化、去雇主化、经营模式智能化并由平台进行监管考核的灵活性较强的新型就业模式。

二、新就业形态劳动者的劳动权益保障内容及路径

首先,拓宽完善新就业形态劳动者劳动权益保障路径。其次,加强新就业形态劳动者休息休假权利保障。再次,创新新就业形态劳动者社会保险权利保障。最后,健全完善新就业形态劳动者报酬权利保障。

三、如何通过完善公共政策扶持新就业形态的发展

一是建立新就业形态公共政策效果反馈系统。二是完善新就业形态公共政策执行监

督机制。三是完善新就业形态公共政策的软环境。

四、新生代农民工适应新就业形态的对策

第一,全面提升生活服务业的数字化水平。第二,利用新就业形态,挖掘农民工输出地的本地就业空间。第三,提升农民工在新就业形态中的技能。第四,在新兴产业和新兴业态中,加快新职业构建与开发,以适应新兴产业和新兴业态发展。

名 词 解 释

新就业形态 农民工 新生代农民工 劳动权益保障 公共政策

复 习 思 考

1. 新就业形态劳动者权益保障的理论基础有哪些?
2. 新就业形态劳动者的劳动权益保障包括哪些内容?
3. 加强新就业形态劳动者权益保障的意义有哪些?
4. 新就业形态群体劳动权益实现状况有哪些?面临的突出问题有哪些?
5. 新就业形态劳动者劳动权益保障路径如何构建?
6. 扶持新就业形态发展的公共政策存在哪些问题?
7. 如何完善扶持新就业形态发展的公共政策?
8. 新生代农民工就业呈现出哪些新的特征?
9. 简述促进新生代农民工适应新就业形态发展的对策建议。

参 考 文 献

[1] 张成刚. 中国新就业形态发展:概念、趋势与政策建议[J]. 中国培训, 2022, (1): 85-88.
[2] 朱松岭. 新就业形态:概念、模式与前景[J]. 中国青年社会科学, 2018, (3): 8-14.
[3] 毕京福, 沈伟智. 多措并举,为灵活就业保驾护航[J]. 中国就业, 2020, (10): 7-9.
[4] 张成刚. 新就业形态劳动者的劳动权益保障:内容、现状及策略[J]. 中国劳动关系学院学报, 2021, 35(6): 1-8, 120.
[5] 李烨红. 促进我国非正规就业发展的社会保障制度分析[J]. 湖北社会科学, 2003, (10): 12-14.
[6] 常凯. 论市场经济下劳动就业权的性质及其实现方式:兼论就业方式转变中的劳动就业权保障[J]. 中国劳动, 2004, (6): 4-9.
[7] 王天玉. 就业权:理论、制度与类型[J]. 北京化工大学学报(社会科学版), 2011, (3): 17-24.
[8] 王全兴. 劳动法[M]. 2版. 北京:法律出版社, 2004.
[9] 王全兴. 《民法典》背景下劳动法与民法的关系[J]. 中国法学, 2023, (3): 25-45.
[10] 胡玉浪. 劳动报酬权研究[D]. 厦门:厦门大学, 2007.
[11] 孙萍. "算法逻辑"下的数字劳动:一项对平台经济下外卖送餐员的研究[J]. 思想战线, 2019, 45(6): 50-57.
[12] 中华人民共和国国家统计局. 2020年农民工监测调查报告[EB/OL]. https://www.stats.gov.cn/xxgk/sjfb/zxfb2020/202104/t20210430_1816937.html[2022-12-01].
[13] 中华人民共和国交通运输部, 中华人民共和国工业和信息化部, 中华人民共和国公安部, 等. 网络

预约出租汽车经营服务管理暂行办法[EB/OL]. https://xxgk.mot.gov.cn/2020/jigou/fgs/202006/t20200623_3307798.html[2022-12-01].

[14] 中华人民共和国交通运输部办公厅. 关于网络预约出租汽车车辆准入和退出有关工作流程的通知[EB/OL]. https://xxgk.mot.gov.cn/2020/jigou/ysfws/202006/t20200623_3315319.html[2022-12-01].

[15] 中华人民共和国国家新闻出版广电总局. 关于加强网络视听节目直播服务管理有关问题的通知[EB/OL]. https://www.gov.cn/xinwen/2016-09/27/content_5112297.htm[2022-12-01].

[16] 中华人民共和国国家食品药品监督管理总局. 网络餐饮服务食品安全监督管理办法[EB/OL]. http://www.gov.cn/gongbao/content/2018/content_5268787.htm[2022-12-01].

[17] 中华人民共和国电子商务法[EB/OL]. https://www.gov.cn/xinwen/2018-08/31/content_5318220.htm[2022-12-01].

[18] 中华人民共和国国务院. 国务院关于做好当前和今后一段时期就业创业工作的意见[EB/OL]. https://www.gov.cn/zhengce/content/2017-04/19/content_5187179.htm[2022-11-30].

[19] 中华人民共和国国家发展和改革委员会, 中华人民共和国教育部, 中华人民共和国科学技术部, 等. 关于发展数字经济稳定并扩大就业的指导意见[EB/OL]. https://www.ndrc.gov.cn/xxgk/zcfb/tz/201809/t20180926_962281.html[2022-11-30].

[20] 中华人民共和国国务院办公厅. 关于促进平台经济规范健康发展的指导意见[EB/OL]. https://www.gov.cn/gongbao/content/2019/content_5421543.htm[2022-11-30].

[21] 中华人民共和国国家发展和改革委员会, 国家互联网信息办公室, 中华人民共和国工业和信息化部, 等. 关于支持新业态新模式健康发展 激活消费市场带动扩大就业的意见[EB/OL]. http://www.gov.cn/zhengce/zhengceku/2020-07/15/content_5526964.htm[2022-11-30].

[22] 中华人民共和国人力资源和社会保障部, 中华人民共和国国家发展和改革委员会, 中华人民共和国交通运输部, 等. 关于维护新就业形态劳动者劳动保障权益的指导意见[EB/OL]. http://www.mohrss.gov.cn//xxgk2020/fdzdgknr/zcfg/gfxwj/ldgx/202107/t20210722_419091.html[2022-12-09].

[23] 中华人民共和国国务院. 国务院关于印发"十四五"就业促进规划的通知[EB/OL]. http://www.gov.cn/zhengce/content/2021-08/27/content_5633714.htm[2022-12-09].

[24] 中华人民共和国人力资源和社会保障部, 中华人民共和国民政部, 中华人民共和国财政部, 等. 关于加强零工市场建设 完善求职招聘服务的意见[EB/OL]. http://www.mohrss.gov.cn/xxgk2020/fdzdgknr/zcfg/gfxwj/jy/202207/t20220707_456718.html[2022-12-09].

[25] 国家信息中心. 中国共享经济发展报告（2022）[EB/OL]. http://www.sic.gov.cn/sic/93/552/557/0222/11274_pc.html[2022-12-01].

[26] 杨伟国, 吴清军, 张建国, 等. 中国灵活用工发展报告（2022）[M]. 北京: 社会科学文献出版社, 2021: 14-15.

[27] 席恒. 全球新冠肺炎疫情、超级老龄化、新型就业三重挑战下的中国社会保障[J]. 社会保障评论, 2022, 6(1): 35-46.

[28] 杨思斌. 加强灵活就业和新就业形态劳动者权益保障[J]. 行政管理改革, 2022, (12): 12-19.

[29] 柯振兴. 美国前劳工部长 Reich 和参议员 Warren 谈共享经济对劳动者的影响[EB/OL]. https://uslaborlawob.com/2016/08/%e5%85%b1%e4%ba%ab%e7%bb%8f%e6%b5%8e/601/[2022-11-25].

[30] 阎天. 供给侧结构性改革的劳动法内涵[J]. 法学, 2017, (2): 43-57.

[31] 徐晶卉, 薄小波, 戎兵. 美团上半年有收入骑手近300万, 同比增长16.4%, 建档立卡户骑手新增近8万人![EB/OL]. https://wenhui.whb.cn/third/baidu/202007/20/361780.html[2020-07-20].

[32] 方长春. 新经济形态下的"两栖青年""斜杠青年": 兼论新就业形态[J]. 人民论坛, 2021, (24): 88-91.

[33] 钟仁耀. 新业态就业人员的劳动保障权益如何维护[J]. 人民论坛, 2021, (27): 68-71.

[34] 陈燕, 郑功成. 全国人大常委会委员 中国社会保障学会会长 郑功成 为2亿灵活就业人员织牢保

障网[J]. 瞭望, 2022, (22): 20-21.
[35] 张弓. 平台用工争议裁判规则探究: 以《关于维护新就业形态劳动者劳动保障权益的指导意见》为参照[J]. 法律适用, 2021, (12): 87-92.
[36] 闫宇平. 中国新就业形态劳动关系研究[M]. 北京: 中国工人出版社, 2021: 34-47.
[37] 本刊编辑部. 新经济 新理念 新蓝图[J]. 中国建设信息化, 2016, (6): 12-13.
[38] 国务院印发《"十三五"国家战略性新兴产业发展规划》[J]. 风能, 2016, (12): 16.
[39] 清华大学社会学系课题组. "短工化": 农民工就业趋势研究[J]. 清华社会学评论, 2013, (0): 1-45.
[40] 李胜蓝, 江立华. 新型劳动时间控制与虚假自由: 外卖骑手的劳动过程研究[J]. 社会学研究, 2020, 35 (6): 91-112, 243-244.
[41] 张雨林. 县属镇的"农民工": 吴江县的调查[J]. 社会学通讯, 1984, (1): 1-3.
[42] 王春光. 新生代农村流动人口的社会认同与城乡融合的关系[J]. 社会学研究, 2001, (3): 63-76.
[43] 苏伟琳, 林新奇. 新生代农民工工作价值观对其绩效的影响机制研究[J]. 兰州学刊, 2019, (1): 183-194.
[44] 张成刚. 就业发展的未来趋势: 新就业形态的概念及影响分析[J]. 中国人力资源开发, 2016, (19): 86-91.
[45] 胡放之. 网约工劳动权益保障问题研究: 基于湖北外卖骑手的调查[J]. 湖北社会科学, 2019, (10): 56-62.
[46] 王娟. 高质量发展背景下的新就业形态: 内涵、影响及发展对策[J]. 学术交流, 2019, (3): 131-141.

知识链接 12-1　让新就业形态茁壮成长

就业是民生之本。落实"六稳"任务，实现"六保"目标[①]，就业都居首位。近年来，随着数字经济的繁荣发展，新就业形态依托互联网平台不断发展壮大，将分散的灵活就业组织起来，赋予灵活就业新的内涵。新就业形态已经成为新一轮稳增长、保就业的重要引擎。

新就业形态是经济业态发展、市场竞争与技术进步交互作用的必然结果。中国新就业形态研究中心主任张成刚表示，5G、工业互联网、大数据、人工智能、云计算等各类新技术的应用推动了产业升级、商业模式重构，共享经济、平台经济等新商业模式随之广泛出现，推动形成了由互联网平台作为劳动力资源组织方，将劳动者和消费者直接对接的新就业形态。

新就业形态呈现出匹配效率高、组织方式新、就业观念新等特点，更有组织性，更加规范，提升了劳动者的就业质量。无数普通劳动者的创新精神被充分激发，有利于中国经济更好地发挥人力资本优势。《中国共享经济发展报告（2020）》显示，2019 年，以新就业形态出现的平台企业员工达到 623 万人，同比增长 4.2%，平台带动的就业人数约 7800 万人，同比增长 4%。新就业形态打破了旧有行业和法律秩序下的利益关系和管理规范，对传统就业群体、劳动法律关系、就业服务管理、社会保障政策等形成冲击，突

---

① 六稳：稳就业、稳金融、稳外贸、稳外资、稳投资、稳预期；六保：保居民就业、保基本民生、保市场主体、保粮食能源安全、保产业链供应稳定、保基层运转。

出表现在：劳动关系判定待明确，许多从事新就业形态的劳动者只能以灵活就业者的身份缴纳城镇职工养老、医疗等社会保险；相关统计显示，2019年不同平台的抽成比例主要集中在10%至20%，抽成比例超过20%的平台占比为23.02%。在劳动者与平台之间，劳动者往往处于弱势方，在抽成比例方面缺乏话语权。政府在新就业形态市场准入、监管、审批等方面缺乏有效协同，对平台的公共属性、功能和作用认识不足。2019年底，国务院印发了《关于进一步做好稳就业工作的意见》，明确支持社会新就业形态和劳动者灵活就业。2020年全国两会期间，有代表委员建议制定规范新就业形态的相关法律。对此，习近平总书记强调，新业态虽是后来者，但依法规范不要姗姗来迟，要及时跟上研究，把法律短板及时补齐，在变化中不断完善①。

讨论题：请根据上述材料，结合实际，阐述你对新就业形态的理解，并思考如何促进新就业形态健康发展。

知识链接 12-2　就业优先战略下的新就业形态劳动者权益保障

党的二十大报告提出了要实施就业优先的战略②。就业是最根本的民生问题，把就业工作做好，是保证和提高人民生活水平的一个重要方面，它不仅关乎一个家庭的幸福，也是关系到一个国家的长期发展、社会的和谐与稳定的问题。稳定就业，既要巩固现有的工作成果，又要发展新的经济增长点。党的二十大报告指出，"加强灵活就业和新就业形态劳动者权益保障"②，是促进和规范新就业形态发展的一项重要措施。在劳动者各种权益保障中，社会保险权作为其核心权利之一，在实际实施过程中具有一定的难度。

21世纪，伴随着智能化、数字化和信息化进程的不断深入，企业的生产组织模式正在发生变化，平台经济和共享经济等新兴产业也开始出现新的用工形式，这就是所谓的"去雇主化"和"去平台化"。新型就业形式以其巨大的就业容量、较低的准入门槛和较高的灵活性等优势，已逐渐成为目前和今后一个阶段内就业的主要模式。在新形势下，党中央和政府把握规律，顺应形势，有效促进了新就业形态的健康发展。中共十八届五中全会明确提出要"加强对灵活就业、新就业形态的支持"。党的二十大报告强调，要"完善促进创业带动就业的保障制度，支持和规范发展新就业形态"②。近几年，城镇新增就业规模继续扩大，新就业形态对经济增长起到了重要支撑作用。据统计，截至2021年底，我国灵活就业人员规模约为2亿人次，其中外卖骑手约1300万人次。《中国共享经济发展报告（2022）》数据显示，2021年我国共享经济市场交易规模约为36 881亿元，同比增长约9.2%；其中网约车、共享住宿和外卖服务等领域的用户规模分别为39 651万人次、8141万人次和46 859万人次。《"十四五"数字经济发展规划》数据显示，2020年我国数字经济核心产业增加值占GDP比重为7.8%，到2025年其占比预计要达到10%。

---

① 殷鹏. 人民日报人民时评：让"新就业形态"茁壮成长[N]. 人民日报，2020-06-09（5）.
② 引自2022年10月26日《人民日报》第1版的文章：《高举中国特色社会主义伟大旗帜　为全面建设社会主义现代化国家而团结奋斗》。

随着新型就业形式的兴起，劳动者就业方式、就业内容甚至是整体就业格局都发生了巨大变化，原有的劳动保障体制和社会保障体制不适应问题也逐渐暴露出来，存在着劳动关系不明确、薪资报酬不稳定、职业发展前景不清晰、社会保障不够充分等问题。保障新业态劳动者合法权益，是促进新业态健康发展的关键。为此，党的二十大报告明确提出要"健全劳动法律法规，完善劳动关系协商协调机制，完善劳动者权益保障制度，加强灵活就业和新就业形态劳动者权益保障"[①]。

在劳动时间、劳动强度、服务方式等方面，新就业形态劳动者有了更多的选择权，组织形态更加松散、劳动关系更加模糊。2021年7月，人社部等八部委印发的《关于维护新就业形态劳动者劳动保障权益的指导意见》，将新就业形态用工分为"符合确立劳动关系""不完全符合确立劳动关系""个人依托平台自主开展经营活动、从事自由职业"三种类型。新就业形态用工出现的这些新变化，使如何确定新就业形态的劳动关系变得更加重要、更好保障新就业形态劳动者权益的需求更为紧迫。

讨论题：请根据上述材料，结合实际，阐述应如何建立符合新就业形态特点的社会保险体系。

知识链接 12-3　新就业形态理论前沿及热点问题

1. 新就业形态劳动者就业质量的结构、评价及协同治理研究。
2. 新时代健全新就业形态社会保障体系研究。
3. 生育率下降背景下的教育分流与青年就业研究。
4. 平台劳动者就业脆弱性及改善路径研究。
5. 数字经济对高质量充分就业的影响及路径研究。
6. 数字经济、新就业形态与劳动力市场变革。
7. 数字经济推动就业结构性变革的实践与路径。
8. 促进新就业形态发展的公共政策体系研究。
9. 灵活就业群体的就业状况与发展研究。
10. 数字经济时代职业重构与青年职业发展。

---

① 引自2022年10月26日《人民日报》第1版的文章：《高举中国特色社会主义伟大旗帜　为全面建设社会主义现代化国家而团结奋斗》。

第十三章

高质量就业与数字经济专题研究

导　读

近年来，以人工智能为核心的第四次科技革命浪潮席卷全球，劳动力市场也由此发生着深刻的变革。大数据、云计算、人工智能等新兴科技逐渐成为制造业与服务业升级的重要驱动力和国家整体制造水平和服务水平提升的增长引擎，智能制造与智能服务已然成为我国经济高质量发展的重要标志。本章分析数字经济对我国经济发展质量的影响机理，探讨人工智能技术在传统制造业、服务业数字化转型升级中的应用，论证智能制造与智能服务对高质量就业的影响机理，重点阐述智能制造与智能服务同高质量就业的内在逻辑及智能制造与智能服务同高质量就业的动态适配机理，分析智能制造与智能服务对高质量就业影响动态及问题。在一定程度上弥补了高质量就业研究的不足，不仅能够进一步完善高质量就业的研究，同时能够为政府制定就业政策给予一定参考，推动高质量就业目标的实现。

（1）了解高质量就业、数字经济相关概念。

（2）懂得高质量就业的衡量标准。

（3）掌握数字经济，尤其是以智能制造与智能服务为代表的数字经济行业对高质量就业的影响机理。

识记：了解高质量就业、数字经济发展现状及存在问题，这是最基本的要求。

领会：在识记基础上，能较好地掌握衡量就业质量的标准体系。

应用：在领会高质量就业、数字经济基础上，能根据二者之间的机理分析，解释二者之间的动态适配，并能具体测算影响程度。

第一节　数字经济与经济高质量发展

一、数字经济概述

（一）数字经济的历史渊源

20世纪40年代第一台计算机在美国出现之后，伴随着通信设备和互联网的出现和快速普及，信息技术成为当下影响社会和经济发展的最重要因素，引发了第三次工业革命，也被称为"数字化革命"。在这样的变革中，信息技术成为推动社会发展进步和革新人类生活、工作方式的主要推手。整个社会的经济发展形态也随之发生了较大的变革，由原先的农业经济、工业经济转变为一种新的经济形态。这种经济形态主要依托于快速发展的现代信息技术，以计算机网络包括传统互联网、物联网及移动网络等网络技术为载体，通过网络平台实现资源生产、配置、交换和消费，我们称这种新型的经济形态为"数字经济"。

因为信息技术的发展飞快，新的技术和理念不断出现，数字经济的内涵和外延也在不断地发展和变化。在克林顿执政期间，美国经济持续增长，GDP 年均达到 4%左右的增速。这段时期被称为美国政府经济的扩张期和"新经济"时期。而在"新经济"发展的背后，计算机和互联网等信息技术的不断革新是促使经济增长的直接动力。当人们看到这些技术的力量之后，数字经济也在这样的背景之下被提出来并得到了全社会的广泛关注。

（二）数字经济的概念

最早给出"数字经济"概念的学者是加拿大的学者 Don Tapscott（唐·塔普斯考特）。他认为数字经济之所以以"数字"二字为前缀，是因为在电子计算机环境下，所有的信息均是以二进制即 0 和 1 的形式存储在电脑中，这些数据以光速传播于网络之中，不仅能够保证信息的大量存储，而且能够保证信息使用的即时性。随后，数字经济得到了越来越多的关注，不同的学者从各自的角度给出了不同的理解。例如，学者 Negroponte（尼葛洛庞帝）认为数字经济的出现和飞速发展促使人类社会的主要活动由原来的对原子的加工过程转变为对信息加工处理的过程，人类的所有经济活动均是围绕信息展开的。学者 Mesenbourg（梅森伯格）从狭义上将数字经济界定为电子商务，并对其组成部分进行了细分，他认为数字经济主要由三部分构成：一是电子商务的基础设施（主要包括实现电子商务必不可少的硬件、软件、网络及人力资本等）；二是电子商务的过程（通过计算机网络实现各种商务行为）；三是电子商务的具体表现（网络环境下的各种交易，如网络购物等）。

随着信息技术本身的不断发展和对信息技术运用的逐步深入，数字经济的内涵也在发生变化，同时其外延也在不断拓展。传统的电子商务已经不能完全代表数字经济这一概念，社交媒体、搜索引擎、电子游戏、人工智能等都已经被纳入到了数字经济的领域。由此看来，数字经济这一概念并不是一成不变的，它是随着信息技术的发展和应用而不断被更新替代的。本节研究认为较为恰当的关于数字经济的概念是 2016 年 G20 杭州峰会（二十国集团领导人第十一次峰会）中给出的，该会议将数字经济定义为"使用数字化的知识和信息作为关键生产要素、以现代信息网络作为重要载体、以信息通信技术的有效使用作为效率提升和经济结构优化的重要推动力的一系列经济活动"。随着云计算、物联网、移动网络、人工智能、虚拟现实等新一代信息技术的驱动，数字经济的外延在不断拓宽。数字经济已经由原先的狭义界定向更加广义的产业数字化变迁。目前，数字经济并没有局限于信息技术、电子制造、软件、互联网等行业，而是出现渗透和融合的趋势，不断对传统行业进行改造和升级，发展出了诸如智能制造、现代农业、"互联网+"

等新型的跨界融合产业[1]。

二、数字经济的特征

第一，数字经济具有快捷性。数字经济的出现和发展与现代信息技术息息相关，因此数字经济必然具有信息技术的相关特性。互联网，尤其是移动互联网技术的出现，使得人们可以身处异地而实现轻松的合作和交流，大大缩减了人类工作的空间成本。同时，互联网技术不断突破和更新，其传输速度也在日益加快，逐渐突破了时间约束，大大缩短了经济活动中信息的传输时间和经济活动往来的时间跨度，这样使得经济活动的节奏有了显著的加快。

第二，数字经济具有高渗透性。信息技术的应用使得信息服务迅速向第一、第二产业扩张，高度的渗透性大大降低了不同产业之间的差异性，使得产业之间的界限模糊化，未来会出现更多的产业融合趋势。

第三，数字经济具有一定的自我扩张性。数字经济的价值增长是和网络节点的数量直接相关的，数字经济的效益是随着网络用户的增加而呈现出指数级增长的。因此，数字经济的规模膨胀非常快，尤其是在信息技术、智能设备不断普及和价格亲民的情况下。

第四，数字经济具有外部经济性。外部经济性是指在社会经济活动中，一个经济主体（国家、企业或个人）的行为直接影响到另一个相应的经济主体，却没有给予相应支付或得到相应补偿。外部经济性亦称外部成本、外部效应或溢出效应。在数字经济环境下，用户使用某个产品或者服务的效果和价值是与使用该产品或服务的用户数量呈正相关性的，用户数量越大，每个用户获得的价值就越高。

第五，数字经济具有可持续性。数字经济被称为"利用比特而非原子"的经济，也就是说，数字经济的生产原料是计算机中的虚拟的"比特"，而不像传统工业中的钢铁、矿物、木材等各种有形资源，这样能够大幅度减少对环境的污染，实现可持续发展。

第六，数字经济具有直接性。数字经济环境下经济结构出现了扁平化趋向，经济活动中的各类参与者均可以进行直接联络，有效地降低了使用中间商层次的成本，拉近了经济活动参与者之间的距离，大大降低了交易成本，提高了经济效益。

三、经济高质量发展的内涵

习近平总书记在党的二十大报告中强调"高质量发展是全面建设社会主义现代化国家的首要任务。发展是党执政兴国的第一要务。没有坚实的物质技术基础，就不可能全面建成社会主义现代化强国。"①我国经济已转向高质量发展阶段，经济社会发展必须以推动高质量发展为主题。

目前，学者对经济高质量发展的内涵研究，可以归纳为以下六个方面。一是从政治经济学角度看，高质量发展体现了商品的二重属性、内涵式扩大再生产和产业链协作特征。二是从微观、中观、宏观的角度看，高质量发展体现在微观层面为产品和服务的高

---

① 引自2022年10月26日《人民日报》第1版的文章：《高举中国特色社会主义伟大旗帜 为全面建设社会主义现代化国家而团结奋斗》。

质量；中观层面为区域和产业的高质量、产业结构优化和区域发展协调；宏观层面则表现为国民经济整体的质量和效率。三是从社会主要矛盾变化出发，高质量发展的结果应能够满足人民日益增长的美好生活需要，这涵盖了经济、社会、政治文化、生态、福利等各个方面的需要。四是从新发展理念（包含创新、协调、绿色、开放、共享五大理念）定义高质量发展，应将创新作为第一驱动力，协调为内生因素，绿色逐步实现扩展，继续实施改革开放，共享成为根本目标。结合社会主要矛盾和新发展理念，有学者认为高质量发展的目标应是更好满足人民日益增长的美好生活需要的发展，是体现创新、协调、绿色、开放、共享五大发展理念的发展，也应是资源配置效率高、生产要素投入少、经济社会效益好、资源环境成本低的发展。五是从投入产出和供给需求角度出发，高质量发展应为投入少、产出多、效率高，同时为了适应日益升级的消费需求，匹配高质量的产品和服务供给。六是从经济运行过程中存在的问题出发，认为高质量发展过程中应不断解决我国经济社会中存在的创新能力不足、环境恶化明显、资源配置不平衡等问题。

四、数字经济对经济发展质量的影响

（一）数字经济改变了要素投入结构

数字经济有着高技术性的特征，在数字经济下，经济系统增加了中高端要素投入数量，同时提升了传统要素的质量。在数字经济时代，数据、信息等高端生产要素作为独立的生产要素进入生产、流通、消费等经济各领域、各环节，成为经济发展的关键生产要素，改变了原有经济系统中的要素投入结构。在数字经济下，数据要素投入数量越来越多，数据、信息等高端要素投入占比越来越高，不断推进经济增长，为经济实现持续增长提供了可能。同时，作为知识技术、智力密集型程度更高的新生产要素，数据、信息等具有强大的渗透效应，它通过与其他资本、劳动等要素的融合，实现与其他要素相互作用、相互补充，改善了传统要素的质量，提升了经济发展的质量。

（二）数字经济提升了要素生产效率

数字经济的网络化和协同性特征实现了生产要素的集约化整合、网络化共享，提高了要素之间的协同性，有助于提升要素生产效率。例如，物联网、云计算和自动化控制等技术提高了生产活动的智能化与自动化程度，引发资本对劳动的替代，并且这种替代呈现明显的结构性特征，智能化在替代简单劳动的同时带动了对无法实现自动化工作岗位的复杂劳动力的需求，增加了对高端劳动力即人力资本的需求，带来了生产过程效率的提高。同时，数字经济具有较强的网络外部性，当产品用户规模达到临界容量后由于正向因果累积循环的反馈机制实现马太效应，降低产品边际成本，削减产品平均成本，这一规模经济效应的存在实现了在同等要素投入下的收益增加，使得要素价值创造能力得到提升，推动了经济高质量发展。

（三）数字经济降低了经济要素配置成本

数字经济降低了信息检索和资源匹配成本，降低了市场信息不对称性，使市场更加

公开透明，使资源得到更加合理的配置。从生产角度、互联网、云计算、大数据等新兴技术可以实现对社会再生产过程中海量数据的分析，降低信息不完全问题的影响，有助于推进生产要素由低质低效行业向优质高效行业有序流动，引导各类要素向先进生产力集聚，实现要素配置流向升级，使得要素配置在行业间和区域间的配置效率达到最优状态，实现在同等要素投入规模下使产出水平尽可能接近生产可能性曲线，提高经济的投入产出比。从消费者角度，数字经济为消费者自主选择和政府质量监管提供技术支撑，消费者可以获取更优质的产品和服务，降低"劣币驱逐良币"现象发生的可能性，提升优质产品的盈利空间，加快生产要素向优质主体的合理流动和优化组合。

五、数字经济下我国经济发展质量的判断

经济发展质量作为一定时期内一个国家或地区国民经济发展的优劣程度，体现了经济内部及经济与社会之间的协调状态。相比于经济增长数量，经济发展质量不仅包括对经济增长速度的测量，更强调经济发展的效率程度、经济稳健性和资源的配置走向，并注重人的全面发展。在更加注重经济增长质量和效益的新时代，亟待完善衡量经济发展质量优劣的指标体系，为科学决策提供有力支撑。

从经济发展的过程和结果来看，可以从以下六个维度评判我国的经济发展质量现状。

（一）数字经济下经济发展效率维度

有学者根据沪深 A 股上市公司数据，用实证研究发现数字经济有效地促进了企业全要素生产率的提高，但不同股权性质的企业之间差异较大，数字经济对国企生产效率的影响不显著，一些国企存在的制度僵化问题、数字化程度较低问题，影响了企业全要素生产率的提高。另外，数字经济还通过平台融资效应影响地区的全要素生产率与市场运行效率。数字经济一方面直接提高生产函数的资本要素供给水平，从而优化资本有机结构；另一方面通过资本数量改善劳动力与技术的投入比重状态，间接影响生产要素的配比结构。

（二）数字经济下经济结构优化维度

注重产业结构高级化与合理化是优化我国经济结构的核心目标。数字经济改造了某些传统行业，将整个时代价值嵌入社会生产情境之中，优化了商品市场生产组织与经济运行流程，进而重塑国家经济增长结构。具体来说，数字经济发展显著提升了传统产业的技术含量与创新能力，提高了成果转化速度与项目成功率，同时借助新业态与新商业模式的深度挖掘，扩充了市场份额与盈利空间，开辟全新价值增值渠道，从而促进了国家经济规模性增长。

（三）数字经济下经济增长稳定性维度

数字经济主要通过技术创新效应和信息扩散效应对经济增长的稳定性与持续性产生双向冲击。数字经济的积极影响主要体现为：在供给端，云计算、大数据、高精度传感器与人工智能提升了企业厂商对于现有市场的理解与认知程度，使之能够充分地观察与

捕捉现有市场的一般性变化,基于此预测未来可能出现的市场波动;在需求端,数字经济的信息扩散效应将消费者的异质性需求更加完全与形象地展现了出来。消费者连续提出的偏好将会被用于挖掘未知客户群体与蓝海市场,而供给市场不断满足消费者的价值诉求,不仅可以提升消费群体的效用水平与满意程度,更可以在需求端进一步扩充市场潜在的发展空间。因此,数字经济赋能供需两侧,可有效防止经济供需两端波动幅度超过适度范围,进而提升经济增长的稳定性与持续性。

(四)数字经济下社会福利变化与成果公平分配维度

数字经济发展借助技术创新效应和资源配置效应以提高社会福利水平与加大经济成果共享。在数字经济新时代,一方面,拥有更多闲暇与自主时间的普通大众可以充分利用数字平台与技术社群表达自身个性化与特殊化需求偏好,通过市场需求拉动供给的形式丰富了消费市场产品与服务种类,在满足社会大众对消费品与服务多样化诉求的同时提高国民副业收益与人均可支配收入;另一方面,数字经济带动了高科技产业与上下游关联产业就业供求量的提升,并伴生性推动社会劳动力市场平稳协调发展,从而通过增加社会就业岗位的途径提升国民幸福感与社会整体福利水平。在具象性实践过程中,数字科技的应用可以促使金融业与相关行业得到智能化、信息化、数字化发展,催生普惠金融与共享经济等新发展业态,从而使得社会大众能够更多地分享改革创新成果与发展红利,通过提升金融可得性和经济共享性降低二次分配的不平等程度与社会基尼系数,从而增加社会民生福祉与幸福指数。因此,数字经济通过发挥技术创新效应与资源配置效应促进经济发展福利和成果合理共享与公平分配。

(五)数字经济下资源利用和生态环境代价维度

数字经济通过发挥技术创新效应与监督约束效应促进社会资源利用效率提升。过去"三高"(高污染、高耗能、高耗水)型企业在开展日常生产与经营活动时,多是采用人工化管理与监督评价,这种外在约束条件不可避免地会出现生产纰漏与效率损失现象。然而,现在的柔性电子、机器视觉、红点影像、高端传感器等前沿数字科技可以改造与革新一些具有高耗损与低产出特征的粗放型生产厂商,使得要素资源得以大量节省与循环再利用。

(六)数字经济下国民经济素质提升维度

数字经济对我国国民与社会大众的影响主要通过信息扩散效应与知识溢出效应得以实现,即借助移动互联网、数据可视化、可穿戴设备、射频识别等新型数字科技提升国民经济素质与培育人力资本。移动互联网与大数据的成熟发展使得虚拟世界中即时信息与海量数据的抓取、传输、存储、清洗更加快速与便利,因此普通社会大众可将移动互联网作为一种常用的受教育渠道与学习手段。"互联网+教育"与"互联网+培训"运作模式不仅发挥出了理论上的学习效应,同时还通过公开与免费的可得方式使得日常咨询与服务的边际传递成本大幅降低,产生了显著的信息扩散效应与知识溢出效应。

第二节 智能制造、智能服务与高质量就业

一、智能制造与智能服务同高质量就业的内在逻辑

（一）智能制造与智能服务同经济高质量发展的关系

1. 智能制造和智能服务是实现经济高质量发展的必然途径

曹静和周亚林着重分析了人工智能对生产率和经济增长的促进作用、人工智能对劳动力就业的影响效果[2]。程承坪和陈志认为人工智能既可以通过替代劳动要素、人机融合和人工智能产业链的扩展直接促进经济增长，也可以通过提升人力资本水平，提高技术创新效率、市场效率和政府治理效率间接地促进经济增长[3]。当前研究表明，智能制造与智能服务发展同经济高质量发展密切相关，根据世界经济论坛2018年产业调查，大数据、互联网、人工智能等智能化技术被看作各国增长的主要驱动力。习近平总书记在党的二十大报告中指出"推动经济实现质的有效提升和量的合理增长。"①特别是以人工智能为核心的新技术革命引发的制造业技术重构、生产模式更新和全球价值链升级，无不指向经济发展方式和生产方式的根本变革，对经济增长的稳定性、均衡性、公平性和可持续性，对产业布局的合理性、创新驱动转型升级和质量效益提升，以及对企业核心竞争力、创新能力、品牌影响力和质量管理体系提出了更高的要求。

经济高质量发展要求制造业和服务业智能化水平不断提高，经济高质量发展主要通过经济效应、环境效应与社会效应三个方面对经济发展产生影响。从经济效应来看，一方面，智能制造通过影响技术创新发展的三个过程，即智能技术引进、智能技术融合、智能技术转化进一步提高创新能力，促进经济高质量发展；另一方面，智能制造促进产业结构优化，缩小区域经济发展差距，促进经济协调发展、高质量发展。从环境效应来看，智能制造通过提升产业生产效率，催生绿色消费，构建环境监管体系等举措以实现绿色发展，从而促进经济高质量发展。从社会效应来看，人工智能通过创新对外投资方式、促进国际产能合作、形成面向全球的贸易和生产服务网络以实现对外开放，且通过创造智能消费、建立智能服务平台、提升资源分配效率等方式以促进共享发展，从而推动经济高质量发展。

2. 智能制造与智能服务是我国经济高质量发展的重要标志

党的十九大报告首次提出了我国经济要实现高质量发展的战略目标。要实现高质量发展的一个重要标志体现在发展先进制造业和现代服务业。目前在第四次科技革命浪潮下，人工智能技术已广泛应用到制造业与服务业领域中来，促进了我国经济高质量发展的速度。根据熊彼特的技术创新理论，技术创新能够改造劳动工具，甚至能够改变生产方式，使劳动力在相同时间内创造更大的价值，进而提高劳动生产率。智能制造与智能服务改变了传统的制造业和服务业从业者的生产方式，通过提高生产效率，提高制造业

---

① 引自2022年10月26日《人民日报》第1版的文章：《高举中国特色社会主义伟大旗帜 为全面建设社会主义现代化国家而团结奋斗》。

和服务业整体的劳动生产率，进而使劳动力结构发生改变。智能机器人的大量应用会使劳动生产率快速提高，加快经济的发展速度。

埃森哲 2017 年发布的《人工智能：助力中国经济增长》报告指出一旦人工智能被作为一种新的生产要素参与生产过程，可以显著地提升中国经济未来的预期增长率，使中国经济增长面临前所未有的价值创造的机遇。该报告预测，人工智能到 2035 年有望拉动中国经济年增长率从 6.3%提速至 7.9%。从经济总增加值角度来看，到 2035 年，人工智能技术能使中国的经济年增长提高 1.6 个百分点，显著扭转近年来经济增速放缓的趋势。2023 年我国人工智能核心产业规模达到 5784 亿元，除核心产业外，人工智能带动产业规模也呈现快速增长趋势，预计到 2030 年我国人工智能核心产业规模将超过 1 万亿元，带动相关产业规模超过 10 万亿元。我国智能制造产业规模逐年攀升，2023 年中国智能制造相关产业规模达到 28 841.6 亿元，同比增长 14.9%。其中，智能制造根据前瞻产业研究院预测未来将保持 15%左右的年均复合增速，到 2026 年我国智能制造市场规模将达到 5.8 万亿元左右。智能服务领域，线上服务、新个体经济、共享经济等新业态新模式健康发展，成为推动经济发展的新引擎。截至 2020 年 6 月，电商直播用户规模 3.09 亿人；网络零售用户规模达到 7.49 亿人，占网民整体的 79.7%，市场规模连续 7 年全球第一。2020 年，我国共享经济参与者约 8.3 亿人，其中服务业提供者 8400 万人，同比增长约 7.7%；平台企业员工数约 631 万人，同比增长约 1.3%。2020 年，灵活就业人数突破 2 亿人，成为吸纳就业的关键力量。智能制造与智能服务已经成为我国经济高质量发展，就业持续稳定的重要标志。

3. 经济高质量发展必然推动以智能制造与智能服务为核心的产业结构升级

丁守海和徐政对新格局下数字经济促进产业结构升级的机理进行了分析，提出为促进产业结构向中高端升级，应完善数字经济治理体系[4]。陈晓东和邓斯月研究表明改革开放 40 年的经济发展经验充分说明，要进一步推动改革纵深发展，就必须加大经济结构调整和优化力度，加快推进供给侧结构性改革，形成稳定的、持续的发展新动能，实现我国经济高质量发展[5]。根据当前学者的研究，结合劳动力需求理论和配第-克拉克定理，不同产业间的收入存在差异，这种差异导致劳动力流动不断由收入低的产业流向有更高收入的产业。产业结构升级会带来就业结构的调整，产业结构升级的过程中能够产生新兴产业和新的就业岗位，尤其是第三产业中的服务业智能化发展，能产生大量新就业岗位[6]。根据库兹涅茨法则，制造业实现的国民收入的比重大体上是上升的，劳动力上升的份额低于或等于服务业；服务业实现的国民收入相对比重和劳动力的相对比重都是上升的，所以产业结构的优化会推动经济高质量发展，而经济高质量发展必然推动以智能制造与智能服务为核心的产业结构升级。

（二）经济高质量发展与高质量就业的关系

1. 经济高质量发展客观上要求劳动力的技能、素质高标准化

华南理工大学李敏等提出经济高质量发展的内在要求是劳动者高质量就业，提高就业质量是实现高质量发展的支撑与保障[6]。复旦大学全球科创人才发展研究中心主任姚凯提出，我国要大力推进经济高质量发展、实现新发展格局，就必须以高质量就业作为

促进经济高质量发展的主要动力和引擎[7]。适度的经济增长率才是就业最重要的保障[8]。我国经济的高质量发展对劳动力的素质和技能都提出了更高的要求，一定程度上促进了就业供给结构的改善。智能制造与智能服务领域的新兴产业往往要求劳动者具备异质性技能及更高的知识素养，所提供的岗位也普遍具有高薪和高社会影响力的特点，为适配新岗位，劳动者必须加强人力资本投资，不断丰富知识储备、掌握先进技术来实现高质量就业[9]。

2. 劳动者工资福利的提高是经济高质量发展的终极目标

国务院印发的《"十四五"就业促进规划》中提出，到2025年城镇新增就业5500万人以上，城镇调查失业率控制在5.5%以内。随着我国经济结构的转变，就业的弹性在加大。经济的发展会带来劳动者工资收入的普遍增加，劳动者工资的上涨又进一步提高社会整体消费，即扩大了总需求，总需求的扩大必然会引起企业对商品的扩大再生产，从而扩大雇佣规模，增加总的就业岗位，推动更加充分就业的实现。"十四五"时期，人力资本发展战略要放在国民经济社会发展规划中更加重要的位置，通过实施人力资本投资计划，进一步强化教育型人力资本，增强技能型人力资本，提升健康型人力资本，加强创新型人力资本，协调推动教育优先发展、就业优先战略、创新驱动发展战略等国家重大战略和工程深入实施，促进经济发展方式转变，实现我国从中高收入阶段迈向高收入阶段。

3. 区域劳动力市场协调发展是经济高质量发展的内在要求

根据中国人民大学国家发展与战略研究院研究员、中国就业研究所（China Institute for Employment Research）所长曾湘泉的研究，中国不同行政区域之间的中国就业市场景气指数（简称CIER指数）差异极大，东部就业情况好得多，中西部稍差，东北问题比较突出[10]。自2019年第四季度以来，东北的CIER指数都是小于1，意味着在东北的求职者的数量超过了工作职位空缺数量。区域间劳动力市场不均衡问题显著，政府应通过政策干预，推动区域劳动力市场均衡发展，以此促进区域间经济均衡发展，进而有效推动产业均衡发展，解决智能制造与智能服务区域间发展不均衡问题。经济发展不均衡，资源不均衡，导致劳动力流动与区域集聚，东部地区智能制造与智能服务发展水平高，尤其是服务业智能化程度高，大量劳动力向东部地区流动，扩大区域间不均衡性。区域间劳动力市场发展不均衡直接影响经济高质量发展，因此，通过制度干预，解决区域间劳动力市场发展差异问题，是实现经济高质量发展的必然要求。例如，2022年2月我国的"东数西算"工程正式启动，该工程的实施把东部地区密集的算力需求有序引导到西部地区，使数据要素跨区域流动，带动人才有序流动。这是政府在区域经济发展中的精准施策，能够有效推动区域协调发展，是促进经济高质量发展的有效举措。

二、智能制造与智能服务同高质量就业的动态适配机理

姜雨和沈志渔构建了技术选择与人力资本相互作用的机理模型和动态适配模型，并指出二者之间存在着动态适配关系和多重适配均衡[11]。中国人民大学原副校长刘元春提出供给侧结构性改革和需求侧管理应具有动态适配性，总供给和总需求之间有一个动态适配性[12]；南开大学的杨斌等对技术进步与劳动技能的动态适配进行了研究，发现生产系统

有效性的达成决定于其"硬件—软件—人件"的动态适配关系[13]。依据专家学者的研究，动态适配可以总结为按照动态适应原则，在各要素配备的过程中，各要素的适应性是相对的。要素的适应和调整是一项经常性的动态过程。智能制造与智能服务提升高质量就业，以及高质量就业加速智能制造与智能服务发展具有一定动态适配性（图13-1）。

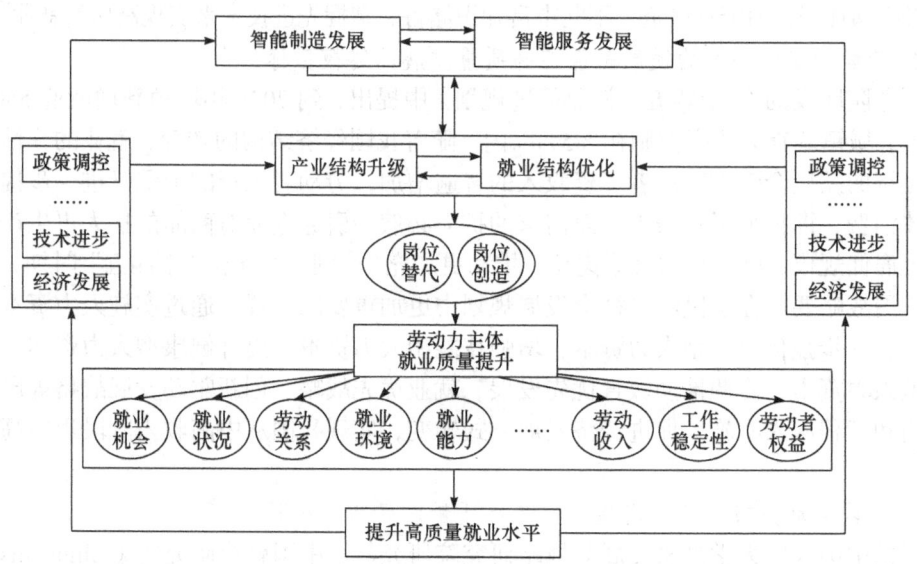

图 13-1　智能制造与智能服务提升高质量就业的动态适配

（一）智能制造与智能服务提升高质量就业的动态适配

1. "双向思维"的岗位-劳动者的动态适配

中国社会科学院财经战略研究院的刘奕和夏杰长提出"以往的观点认为，制造业对服务业就业具有单向乘数效应[14]。这一观点忽略了服务业就业对制造业就业存在的反向作用。在当前制造业与服务业深度融合的大背景下，如果继续在传统的制造业与服务业'二分'框架下观察就业问题，强调通过制造业对服务业的单向作用来驱动就业，势必难以形成稳定而持久的就业创造。应利用两类就业的双向互动关系，充分释放就业潜能"的观点，为我们运用智能制造与智能服务"双向思维"思考其与高质量就业的动态互配关系提供了理论支撑。智能制造与智能服务发展替代作用与创造作用并存，新的人工智能技术的应用能够产生新的人才需求，破坏原有岗位的同时能够创造新的岗位需求，但在此过程中会出现失业或者就业不足的问题[15]。尤其是制造业当中引申出的服务类岗位，吸纳了大量制造业劳动力替代造成的失业人员，所以智能服务劳动力数量是急剧增长的。目前情况是我国制造业就业对服务业就业的带动作用正逐步减弱，与此同时，服务业正显露出反向拉动制造业就业的巨大潜力。随着我国智能制造业的进一步发展，客观上必然减少对劳动力的需求，然而智能服务的发展能够提供更多的就业岗位，会增加对劳动力的需求，同时服务业的就业环境也不断得到改善。可见，智能化发展"双向思维"的岗位提供与劳动者供给的动态适配性更强，使就业质量也得到提高，智能服务发展的同时创造了更多的高技能劳动力的就业岗位，增加了智能型劳动力就业机会，使更多具有智能技术的劳动者找到心仪的工作。智能制造的进一步发展将进一步减少劳动力需求,智能服务的发展将带来更多的新的就业机会。智能服务在智能制造工人转岗再就业中发挥了重要作用。从长远看,智能制造与智能服务对就业的影响呈现为推动就业逐步由数量扩张主导向质量提升主导转变。

2. "双向思维"的就业结构变化与就业政策调整的动态适配

随着智能制造与智能服务的发展,智能制造领域的劳动力技能需求不断增加,但技能劳动力岗位需求减少,制造业工人越来越多地在服务业找到工作[14]。劳动力适应新的技术、新的就业岗位、新的工作方式和新的工作内容需要一个过程,短期内的结构性失业在所难免,但是从长期来看,随着智能制造与智能服务的发展,新业态、新岗位不断产生,智能制造与智能服务双向互促发展,对劳动力就业岗位创造作用不断加大,现代经济发展中的就业结构演变在人工智能发展中继续强化。服务业就业规模和比重将继续扩大和提高,在产业部门内部反映出更为突出的结构变化,制造业内部的就业结构调整将进一步深化,数字技术、新兴信息技术、新能源、新材料等高端制造业就业岗位迅速增加。为使相关政策能及时适应就业结构的变化,相关部门也陆续对新就业形态的劳动者权益保障政策、扶持智能制造和智能服务发展的产业政策,以及促进就业质量提升的就业政策进行了相应调整,如2022年4月人社部会同财政部、国家税务总局联合印发了《关于做好失业保险稳岗位提技能防失业工作的通知》,对失业保险稳岗返还等政策进行了进一步的完善。

(二)高质量就业加速智能制造与智能服务发展的动态适配

1. 高质量就业发展目标和智能制造与智能服务"双向思维"发展内容适配

根据配第-克拉克定理,随着经济的发展,人均国民收入水平的提高,劳动力首先由第一产业向第二产业转移;当人均国民收入水平进一步提高时,劳动力便向第三产业转移,需求因素和效率因素使得服务业劳动力比例不断上升。这一理论能够合理解释当前智能制造与智能服务间的劳动力比例变化、产业结构变化与就业结构的变化。就业是民生之本,2018年7月,中共中央政治局会议首次提出"六稳"方针,提出"要做好稳就业、稳金融、稳外贸、稳外资、稳投资、稳预期工作"要求,并把稳就业作为"六稳"之首。2020年4月,党中央又提出"六保"的新任务,可见稳就业是实现高质量就业目标之一。通过对积极就业政策在政策工具中的调整,把实现充分就业的目标及劳动力市场各类信号纳入宏观经济政策抉择中予以考量、决策和执行,高质量就业及积极就业政策才可以得到真正落实,宏观经济政策的终极目标才可以实现,民生才能够得到更好保障,才能够维持经济的高质量发展。经济高质量发展能促使全民的收入水平提高,刺激消费,增加需求,刺激厂商扩大生产规模,增加研发投入,促进智能制造与智能服务的发展。同时,智能制造与智能服务实践发展创造的就业机会促进了高质量就业目标的实现。从人才储备来看,高盛集团发布的《全球人工智能产业分布》报告显示,2017年全球新兴人工智能项目中国占51%,但人工智能人才储备中国仅占5%左右,中国人工智能人才缺口近500万人,国内供求比例为1∶10,供需比例严重失衡。舒尔茨的人力资本理论认为人力也是一种资本,高质量就业能够驱动人力自身所具有的各种劳动技能的提高，人的技能、健康素质，以及知识能力的提升能够提高劳动生产率，2021年6月人社部印发的《"技能中国行动"实施方案》指出，技能是强国之基、立业之本。技能人才是支撑中国制造、中国创造的重要力量，提升经济发展质量，高质量就业发展目标随着智能制造与智能服务发展内容变化。当前人力资本的发展还不能够完全匹配和适应当前人工智能发展对劳动力的需求，体现为劳动力技能水平和当前智能制造与智能服务发展对劳动力知识、技能等需求的不匹配，懂技术、会操作的高级技能人才供给不足，从事科研及程序设计的智能尖端人才供不应求，存在人才与岗位需求的不匹配。当前高质量就业总体目标应该针对智能发展的需求，加大对技能型劳动力和人工智能尖端人才的培养，提高智能制造与智能服务领域的生产率，促进产业发展，推动智能制造与智能服务发展。

2. 高质量就业发展目标和智能制造与智能服务"双向思维"发展阶段性适配

随着产业结构升级，就业结构也发生相应变化，根据美国经济学家马斯格雷夫和罗斯托的经济发展阶段增长理论，在智能制造与智能服务发展过程中，政府应该根据不同发展阶段提供适度的财政支出数量。当前，智能制造与智能服务处于高速发展阶段，经济全球化新形势对劳动者素质提出了新的要求，人才作为人才队伍的重要组成部分，是高质量发展形势下产业发展的核心驱动力，政府应通过加大财政支出强化人才建设，使人才供给同现阶段发展需求相匹配；使高质量就业发展目标同现阶段产业结构调整和就业结构变化相匹配。当前，供给侧结构性改革亟待解决的问题就是劳动力技能短缺，《制造业人才发展规划指南》预测，2025年，我国高档数据机床和机器人领域技术人才缺口450万人，制造业十大重点领域智能人才缺口2985.7万人。技能缺口将给国家经济发展带来巨大压力。经济高质量发展需要人才，需要从人才数量、质量、结构等方面大幅度提高人力资本水平，加速智能制造与智能服务的发展（图13-2）。

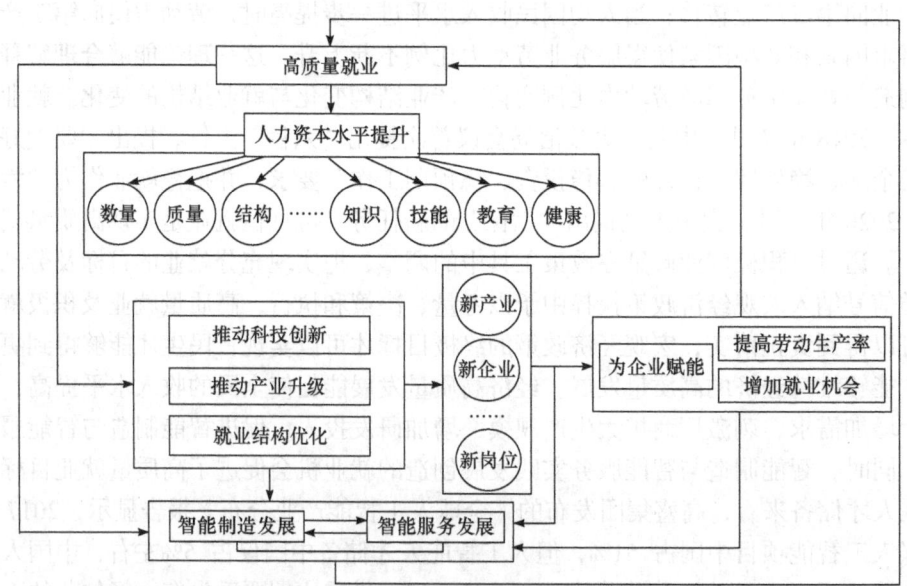

图13-2 高质量就业加速智能制造与智能服务发展的动态适配

三、智能制造与智能服务对高质量就业的影响动态及问题分析

（一）智能制造对高质量就业的影响动态

1. 创造规模化的新岗位需求

1）智能制造相关领域就业景气度高，就业需求不断扩大

伴随着人工智能技术在制造业领域应用程度的不断加深，制造业产业结构升级，生产方式变换，智能制造市场份额不断扩大，劳动力需求增加。根据《2022年一季度高校毕业生就业市场景气报告》相关数据（表13-1），第一季度高校毕业生智能制造相关领域招聘需求状况较好，主要表现为中介服务、互联网/电子商务，专业服务/咨询，通信/电信运营、增值服务，仪器仪表及工业自动化等行业的就业景气相对较好，并且招聘需求同比出现明显的上升趋势，这主要得益于现代服务、智能制造等新兴行业的快速发展[16]。随着人工智能在制造业领域的不断深入，催生出了诸多仪器仪表及工业自动化方面的相关就业岗位，就业景气度排名占到第6位，拉动了就业需求[17]。

表13-1　2022年高校毕业生就业景气指数行业排名

排名	高校毕业生就业景气十大行业	2022年第一季度	2021年第四季度	2021年第一季度
1	中介服务	12.89	13.38	25.30
2	互联网/电子商务	1.72	2.30	3.60
3	专业服务/咨询	1.45	1.75	3.07
4	酒店/餐饮	1.33	1.71	1.47
5	通信/电信运营、增值服务	1.23	0.52	1.24
6	仪器仪表及工业自动化	1.18	2.04	0.97
7	房地产/建筑/建材/工程	1.16	1.78	3.16
8	医药/生物工程	1.09	1.60	1.45
9	基金/证券/期货/投资	1.08	2.81	2.04
10	保险	1.02	1.44	3.90

资料来源：智联招聘

从图13-3可以看出，2022年第一季度分行业高校毕业生招聘需求多的行业依次为互联网/电子商务、中介服务、专业服务/咨询服务、房地产/建筑业、计算机软件。从招聘

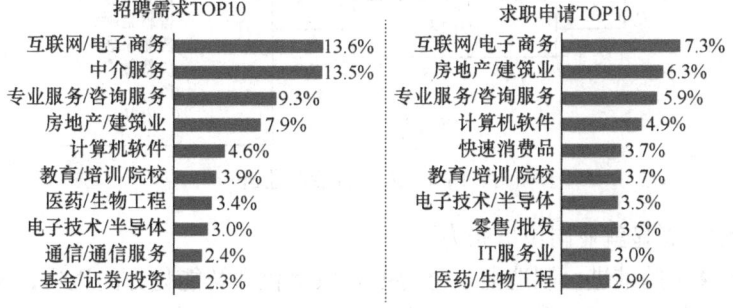

图13-3　2022年第一季度高校毕业生招聘需求和求职申请TOP10行业

资料来源：智联招聘

需求看，CIER 指数排名前三的行业需求占据整个就业市场需求的 36.4%，同智能制造有着紧密联系。

我国人工智能领域市场规模逐年扩大，2020 年已经超过 1280 亿元，年复合增长率近 70%，2022 年我国人工智能行业市场规模达 2845 亿元，2017~2022 年的年均复合增长率为 55.0%。人工智能领域市场规模增长的同时，人工智能相关产业链的市场规模逐年扩大。人工智能产业链基本可以分为三个层面，即基础层、技术层和应用层（图 13-4）。受到人工智能领域发展、人工智能技术不断成熟和产业智能化转型升级的影响，内需增加，人工智能产业链市场规模扩大。人工智能产业链重点领域，如人工智能芯片、云计算、生物识别技术、计算机视觉、智能语音、智能交通、智能医疗等的市场规模逐年扩大，到 2022 年产业规模分别达到了 850 亿元、4550 亿元、402 亿元、170.5 亿元、341 亿元、2035.8 亿元、1954 亿元。与此同时，随着智能制造的发展，人工智能产业链当中的工业机器人需求不断增加，工业机器人的产量进一步扩大，2021 年我国工业机器人的产量约达到 36.6 万台，同比增长近 67.9%，2022 年工业机器人的产量超过 44.3 万台。同时，作为使计算机具有智能的关键技术的机器学习，对相关产业带动作用尤为显著，到 2020 年已经接近 1515 亿元，预计到 2025 年核心产品的市场规模将超过 500 亿元，对相关产业带动将超过 3000 亿元。人工智能各产业链市场规模持续扩大，智能制造发展水平不断提升，相关领域的劳动力需求进一步扩大，智能机器对单一技能、单一技术岗位产生冲击，具有规律、一成不变的工作终将被替代[18]。传统制造业在制造业领域当中低技能劳动力逐步被智能机器替代，制造业也由传统制造业向智能制造转型。

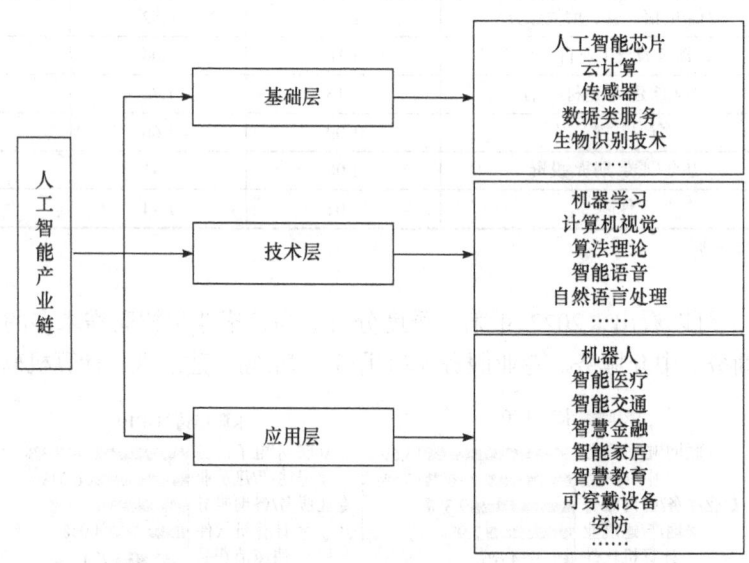

图 13-4 人工智能产业链

2）技术创新彰显就业岗位"张力"

随着工业 4.0 的推进，制造业正努力朝着数字化和智能化方向迈进，实现智能工厂的建设，将智能化推进到生产管理、研发设计服务等价值链的各个环节。智能制造通过专利研发激发创新活力，创造出了一系列新的技术型岗位，并推动了技术创新，从而扩大了就业范围。利益的驱动使企业自主提高技术创新能力,增加了对创新型人才的需求。智能制造技术的进步会带来生产效率的提高,为企业创造更多的利润,同时,在一定程度上能够降低生产成本。人社部相关数据显示,到 2025 年,智能制造领域人才需求将达到 900 万人,人才缺口预计 450 万人。智能制造工程技术人员将成为智能制造领域的"顶梁柱"。综上所述,技术创新不仅推动了智能制造的发展,还拓展了传统制造业的岗位范围,为相关产业链条的新兴岗位需求提供了广阔的发展空间。

2. 提高劳动生产效率,优化就业环境

1)智能制造极大地提高了生产要素的使用效率

智能制造借助人工智能先进化技术手段,快速实现对部分重复性机械化工作性质岗位的人力替换[19],追求制造业质量标准上的归一性,以此促使劳动生产率提高,在智能制造新体系中,截至 2021 年,原材料利用率提高幅度在 1.5%~2%,人机比例不断优化,人工效率提升幅度在 5~8 倍。智能制造基于其背后信息网络技术接入的人工智能制造云平台,通过对海量数据的深度处理与评估,及时做出决策,提升效率节约资本,避免资源的浪费,同时其强大的内部交互式学习系统,能够实现各环节生产方案的优化,提高创新效率。

2)智能制造实现高要素配置运行效率

智能制造的实质是人机协同,借助大数据管理、虚拟仿真等先进技术,合理规划生产要素的投入,模糊生产边界,为不同生产环节实现深度融合,基于全产业链条进行最优配置。根据中国电子技术标准化研究院发布的《智能制造发展指数报告(2021)》(图 13-5),智能制造互通能力持续加强,数字化设备使用效率稳步提升,智能制造领域设备联网率从 2020 年的 23.00%提升至 2021 年的 28.78%;生产数据自动采集从 2020 年的 36.00%提升至 2021 年的 40.18%;全流程质量追溯从 2020 年的 9.00%提升至 2021 年的 16.97%,这些数据表明,智能制造正在稳步发展,并成功实现了高要素配置的运行效率。

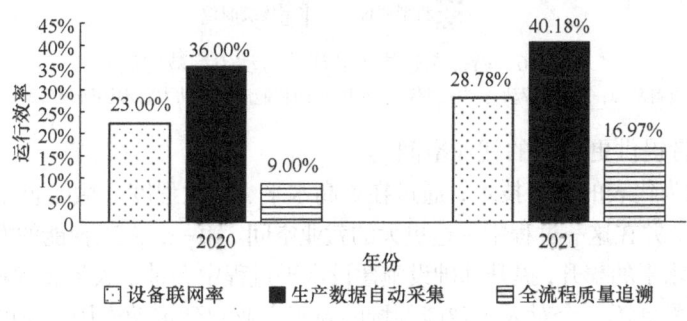

图 13-5 2021 年智能制造运行效率

资料来源:《智能制造发展指数报告(2021)》

3)智能制造提升商业运营效率

智能制造致力于以客户需求为核心的商业发展模式,侧重对产品和服务输出的集成化、智能化全链条管理,构建更有效率的深度合作。中国产业研究院的《2021—2025 年中国智能制造行业全景调研与发展战略研究咨询报告》数据显示,从智能制造的经济效益来看,48%的企业其智能制造收入贡献率高于 10%,40%的企业其智能制造利润贡献高于 10%。德勤 2013 年中国智能制造与应用企业调查显示，年收入小于 5 亿元人民币的企业中，50%的企业在智能化升级过程中采用自有资金，25%为政府补贴，银行贷款和资本市场融资各占 11%。而企业收入规模大于 50 亿元人民币的企业，其智能化升级资金来源中自有资金占 67%，银行贷款占比 25%。

4）优化就业环境

人工智能技术的应用能够替代劳动者完成高危、高温、高辐射等恶劣环境下的工作，保障劳动者的身体健康和人身安全。同时，人工智能还可以预警工作环境的危险，及时向劳动者发送警报，提高工作安全性。例如，基于云计算的人工智能系统可以通过一系列标签化图像的训练，进行安全状况识别，在发生危险时及时向距离最近的工人发送警报，使其尽快离开工作场所，从而给劳动者带来更安全的工作体验，提高工作幸福感，提升就业质量。人工智能赋能制造业降低了企业成本，提高了生产效率，同时也优化了劳动者工作环境，提升了劳动者的工作舒适度。

3. 提升劳动者的创造力和成就感

1）"先减后增"重塑劳动力结构

根据《决胜劳动力"U 时代"：2019 中国智能制造劳动力管理调研报告》，若将 2019 年的劳动力人口视为 100，则到 2025 年这一阶段确实会带来就业的减少，大约减少 31，但同时也会增加 11，这是因为智能制造会打破劳动密集型就业平衡，使劳动力结构发生转变，重新构造劳动力结构（图 13-6）。

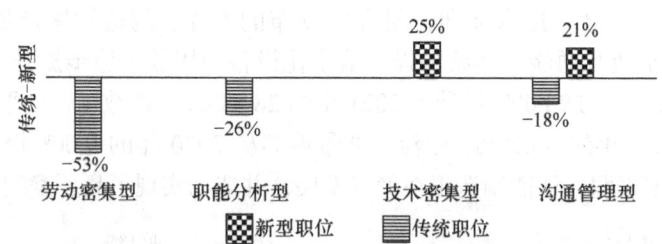

图 13-6 智能制造导致各岗位劳动力增减比例
资料来源：《决胜劳动力"U 时代"：2019 中国智能制造劳动力管理调研报告》

2）为劳动者提供更广阔的就业空间

以人工智能为代表的数字技术，通过在更高水平、更大程度上赋能企业和劳动者来推动经济社会发展，并在这一过程中创造更大的就业空间。第一，人工智能的发展不断助推传统基础设施建设水平的攀升，提升基础设施建设水平过程中会带来大量新的就业机会[20]。第二，人工智能的发展不仅会对人工智能领域的新兴产业起到推动作用，还可以同各产业进行深度融合，培育新的经济形态，如数据驱动、跨界人机交互等，从而创造大量的新就业机会[21]。第三，人工智能在教育、医疗、养老、环境保护、城市治理、司法服务等领域的广泛应用，以及在准确感知、预测、预警等方面的深度应用，也会创造新的就业机会[22]。

4. 低端制造业劳动力被替代效应明显

1）低端制造业就业数量持续下降

智能制造的发展可以有效降低劳动强度、提高劳动生产率，同时不可否认其产生就业替代效应[23]。智能制造发展规模不断扩大，传统制造业领域规模持续缩小，对低端制造业劳动力替代作用不断增加，低端制造业就业数量不断下降。从实际中看，制造业中收入水平较低的低技能岗位相比高收入、高技能岗位更容易被智能化机器替代。各省份制造业就业人数统计数据（不含西藏地区）显示（表13-2），2014年至2018年，超三分之一的省份制造业就业人数有所下降，其中，中、西部地区和东北地区下降明显。其余制造业就业人数上涨的各省份当中，江苏、浙江、安徽、江西、河南、广东等就业人数的上升幅度较大，主要集中在智能化水平较高的东部地区，而中、西部地区和东北地区智能化程度发展相对较慢，智能制造的岗位创造效应不及智能机器对传统制造业的替代效应，使得制造业就业人数总体呈现出下降趋势。

表13-2 2014~2018年我国30个省区市制造业就业人数　　单位：万人

省区市	2014年	2015年	2016年	2017年	2018年
北京	20.29	19.82	17.58	18.23	17.67
天津	33.28	34.46	35.45	34.85	33.66
河北	54.51	58.06	62.30	65.12	67.37
山西	27.19	27.98	30.76	33.71	35.52
内蒙古	38.52	29.29	29.55	31.84	29.84
辽宁	95.06	86.44	75.29	90.81	86.11
吉林	42.40	47.70	44.00	42.07	40.91
黑龙江	39.60	18.45	21.91	26.88	28.71
上海	52.30	53.71	51.48	50.76	48.04
江苏	554.36	575.38	601.46	626.46	634.29
浙江	382.57	416.97	416.38	432.15	438.63
安徽	111.89	123.90	137.68	153.59	162.42
福建	100.89	111.13	126.05	137.08	120.03
江西	63.29	70.02	73.95	76.99	88.49
山东	131.81	126.61	123.50	124.20	120.20
河南	71.58	79.36	94.46	114.03	124.13
湖北	108.72	100.47	93.94	84.56	81.84
湖南	76.66	83.06	32.94	35.06	35.99
广东	365.34	402.07	425.88	468.91	490.95
广西	31.78	32.59	35.15	38.25	44.17
海南	5.61	5.80	5.23	5.19	5.82
重庆	53.10	57.40	59.57	62.75	65.89
四川	114.41	94.15	90.34	40.21	43.97
贵州	16.80	17.90	17.14	16.38	20.08
云南	48.02	13.92	24.19	31.42	35.48

续表

省区市	2014年	2015年	2016年	2017年	2018年
陕西	2.32	3.56	5.15	5.58	6.04
甘肃	26.05	28.12	28.89	31.30	40.77
青海	13.62	14.62	14.08	15.04	14.78
宁夏	4.39	3.52	4.07	4.93	5.50
新疆	5.27	5.55	5.27	5.93	4.40

资料来源：万得信息网公开数据资料

从图13-7中可以看到，东部、中部、西部和东北地区的制造业就业数量的增长情况，从2013年的正数，到2014年趋近于0，然后到2018年均呈现出负增长。

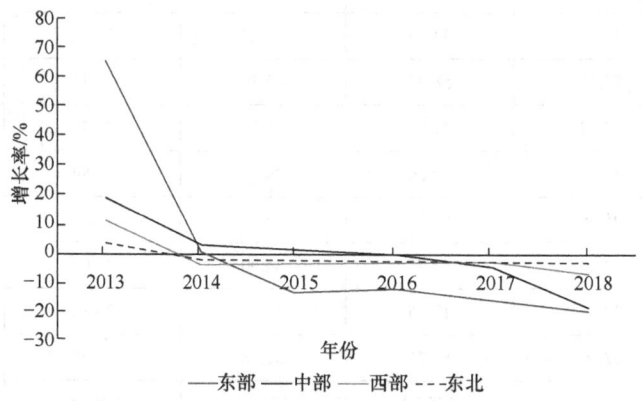

图13-7 2013~2018年中国各地区制造业就业增长情况
资料来源：根据《中国劳动统计年鉴》数据整理得出

2）劳动力雇佣成本上涨助推机器替代

短期看，智能制造将引发替代效应[24]，造成大量传统岗位的流失。根据第一财经研究院的单位劳动力成本数据库，2001~2020年中国制造业劳动力的平均报酬增长了765%，是主要经济体平均劳动报酬增速的近7倍。制造业领域的人工成本也在增加，出现了招工难、招工贵的现象，劳动力成本的增加，进一步加大了企业用机器替代工人的速度，在汽车、电子信息、电气机械和器材制造等领域"机器换人"成为普遍现象。根据中国机器人产业联盟统计数据，2014年我国工业机器人销量占全球工业机器人销量的25.3%，连续两年成为全球最大的机器人消费国。随着制造业劳动力成本的提升，部分高端制造业代工厂将会回流至发达国家，造成我国更多一线劳动岗位的流失[25]。

自2012年以来，制造业领域内相关各行业工资上涨幅度较大，从2012年的41 650元增长到2020年的82 783元，用工成本年均增长率8.97%，其中仪表仪器制造业和医药制造业工资涨幅最高，分别为9.93%和9.80%。然而在此期间，工业机器人成本则下降了50%，因此企业倾向于提高资本有机构成，固定资本比例增多，可变资本（劳动力工资）比例减少，"机器换人"成为必然趋势，制造业企业工资涨幅过快助推了制造业企业主动采用机器替换人工（表13-3）。

表 13-3　2012 年和 2020 年制造业工资对比

制造业细分行业	2012 年工资/元	2020 年工资/元	年均增长率
农副食品加工业	32 369	61 828	8.43%
食品制造业	40 004	73 107	7.83%
酒、饮料和精制茶制造业	38 878	80 183	9.47%
烟草制品业	104 825	209 059	9.01%
纺织业	31 387	59 429	8.31%
纺织服装、服饰业	33 826	57 480	6.85%
皮革、毛皮、羽毛及其制品和制鞋业	31 391	53 793	6.96%
木材加工和木、竹、藤、草制品业	30 592	56 665	8.01%
家具制造业	36 137	69 479	8.51%
造纸及纸制品业	35 550	72 600	9.34%
印刷和记录媒介复制业	40 030	73 275	7.85%
文教、工美、体育和娱乐用品制造业	32 321	57 077	7.37%
石油、煤炭及其他燃料加工业	56 523	111 525	8.87%
化学原料和化学制品制造业	43 258	90 238	9.63%
医药制造业	44 806	94 651	9.80%
化学纤维制造业	37 754	74 317	8.83%
橡胶和塑料制品业	37 662	72 183	8.47%
非金属矿物制品业	34 826	70 935	9.30%
黑色金属冶炼和压延加工业	46 086	90 119	8.74%
有色金属冶炼和压延加工业	40 958	76 746	8.17%
金属制品业	39 101	72 412	8.01%
通用设备制造业	44 430	89 456	9.14%
专用设备制造业	48 010	92 514	8.54%
汽车制造业	49 247	101 138	9.41%
铁路、船舶、航空航天和其他运输设备制造业	51 999	98 878	8.36%
电气机械和器材制造业	41 966	81 112	8.59%
计算机、通信和其他电子设备制造业	45 467	89 050	8.77%
仪器仪表制造业	46 112	98 337	9.93%
其他制造业	38 967	64 984	6.60%
废弃资源综合利用业	41 596	72 258	7.15%
金属制品、机械和设备修理业	60 056	108 586	7.68%
制造业平均	41 650	82 783	8.97%

资料来源：根据《中国劳动统计年鉴》数据整理得出

5. 智能制造尖端人才供不应求

中智咨询发布的制造业 2021 年人力资本调研成果显示，2021 年近半数制造企业人员编制扩张，智能制造人才缺口较大，先进制造业研发人员占比近 20%，专科技能人才配置仍有不足。从岗位需求来看，制造企业表示招聘需求最大的是技术人员和一线操作人员，而招聘难度最大的是研发、数字化和销售人员，其中智能制造的人才缺口较大[26]，如数据治理架构师、数据工程师等、智能化工程师、机器人调试工程师等。数字化领域技术人才的薪酬涨幅最大，跳槽薪酬涨幅可达 40%；工业互联网领域的人才需求不断增加，跳槽薪酬涨幅可达 30%。

中智咨询的调研结果显示，2021 年上半年制造业企业的业绩达成情况较好，有 50% 的企业完成了上半年的业绩指标。企业经营业绩完成较好，企业人才需求扩张[27]，2021 年调研的制造业企业当中近 48% 的企业人员编制增加，近四成企业 2021 年下半年增加招聘人员的数量，招聘规模较大，岗位需求较多。作为技术创新核心动力的研发人员，2020 年其在先进制造上市企业的占比为 19.9%，高出全行业平均水平（17.3%）2.6 个百分点，高出大制造业（15.9%）4 个百分点。随着智能升级、数字化营销、数智化工厂等技术的发展，企业对高端数字化人才的需求持续增长[24]。

截至 2020 年，我国智能制造约占高端装备制造业的 20% 左右。根据《智能制造发展规划（2016—2020 年）》等政策文件，智能制造所占比重会进一步加大，且增速较快，预计到 2025 年智能制造领域人才需求量将达到 900 万人。随着国家有计划地对传统企业和传统制造业进行智能化改造，高端智能人才需求会持续增加，需要大量研发、设计、运营、维护、维修和改造等方面的专业人才[28]。智能制造装备集成和应用技术技能人才需求总数按照本科及以上、高职和中职培养需求分解，见表 13-4。

表 13-4 制造业领域人才需求

年份	全国技术人才需求人数/人			
	总需求人数	本科及以上	高职	中职
2020	3 023 612	1 127 485	1 191 292	370 955
2021	3 389 137	1 266 604	1 335 587	414 171
2022	3 754 110	1 405 552	1 479 668	457 299
2023	4 118 531	1 544 327	1 623 534	500 339
2024	4 482 399	1 682 929	1 767 186	543 292
2025	4 845 162	1 821 188	1 910 409	586 070

资料来源：《智能制造机械行业人才需求与职业院校专业设置指导报告》

（二）智能服务对高质量就业的影响动态

1. 减轻了从业者的工作负担

1）平台服务简化工作流程

以"数智就业"平台为代表的智能化就业服务平台，主要建设就业事项智办、就业政策智咨、就业服务智治三大应用模块，形成即时感知、科学决策、主动服务、高效运行的就业治理新形态，实现就业服务数字赋能、预测性维护。人工智能技术主要是对交易过程工作的简化与替代，能够协助进行交易过程，另外人工智能技术对大数据的分析能帮助银行改善经营理念、调整组织框架，能够根据客户需求调节提供的服务，进而提高服务质量，且系统性平台服务能够促使就业效率显著提升。

2）数据服务提升工作效率

数据服务利用机械化系统性输入，自动化运作，流程稳定，几乎不会出现错误，正确率非常高。大数据技术的应用，可以在杂乱无章的数据中为我们抓取到有价值的信息。人工智能技术不仅能够完成对人类体力劳动的替代，而且也能实现部分程序化的脑力活动替代，其可以辅助劳动者快速完成既定的工作量，创造出更大的劳动价值，进而提高劳动生产率，之前需要加班完成的工作在人工智能的作用下，工作时间得到了相应的优化。人机协作大大提高了劳动效率，有助于劳动者更好地把握工作及休息的时间。因为当产品需求没有太大变化时，劳动效率提高[29]，则可以缩短产品生产时间，从而使劳动者工作时间缩短，有了更多闲暇时间。因此人工智能的应用能起到减少劳动者工作时间的作用。

3）医疗数据服务减轻工作负担

世界卫生组织发布的《2024年全球卫生支出报告》显示，2022年全球卫生总支出为9.8万亿美元，占全球国内生产总值的9.9%。IQVIA报告，2023年全球药品支出约1.6万亿美元，2019～2023年的年复合增速6.0%。2024～2028年预计将以6.6%的增长率增长，2028年全球药品支出将达到约2.2万亿美元。美国OSIsoft（傲时软件）公司开发了一种专业软件用于进行大数据分析，利用来自药品生产过程中的数据进行数据分析从而对制药生产工艺过程进行优化。软件系统开放式的基本构架允许将基于传感技术的数据、药品生产设备的数据和操作者的人员数据联系到一起，实现整个制药生产过程的实时可视化，比较而言，智能数据分析不仅速度快、准确性高，同时也减轻了工作人员的负担。在智能医疗和智能健康养老方面，应用人工智能技术能够通过数据分析更加精确地感知人体的健康状况，并迅速对健康问题进行智能化反应，能够做到对疾病的早期预防，另外远程医疗也是人工智能技术在医疗领域的应用，尤其是随着5G的发展更是使跨地域的远距离专家线上诊断和远程手术治疗成为可能。

2. 提高了从业人员的社会满意度

社会满意度是反映人们现实社会心态和生活质量的一项重要指标，同时也是衡量社会整体发展水平的重要维度。当今社会，各类服务行业面临的痛点有所不同，如金融行业面临成本压力、产品服务单一、交易欺诈等，医疗与教育行业均面临资源分配不均等。通过大数据挖掘、收集、分析、处理、综合评估，以及图像语音识别、无人驾驶等智能化服务，快速解决部分服务行业的痛点，既提高了行业的经济效益和服务效率，也大大提高了服务业从业人员的社会满意度。智能服务提升从业人员社会满意度方案见表13-5。

表13-5 智能服务提升从业人员社会满意度方案

行业	痛点	部分人工智能解决方案
金融	金融机构面临运营成本压力，无法为长尾客户提供定制化产品和服务，信贷维度较为单一，存在坏账交易	利用语音识别、语义理解等技术打造智能客服，解决用户在业务上的问题，降低客服成本；利用大数据、人工智能技术开发智能投顾，向更多客户提供个性化服务；人工智能与大数据相结合构建智能风控体系，多维度数据综合评估提升风险管控能力

续表

行业	痛点	部分人工智能解决方案
医疗	医疗资源不均衡造成的资源配给跟不上需求；看病贵、看病时间长、医患关系紧张、误诊等	智能影像可以快速查证癌症等癌细胞相关疾病，迅速提高健康管理的效率，最终帮助患者从源头改变不健康的生活习惯
教育	教育资源不均衡；以老师为中心进行教育，而非学生；现有教学模式下无法针对学生具体学习问题提供一对一教育	教育行业持续通过数据重构，呈现出空前的革命性。不同于传统教育方式，智能化教育方式以学生学习"教、学、练、评、测"五大环节所产生的数据为基础，利用智适应学习、图像识别、语音识别、人机对话多模态行为分析，模拟智能体等功能，产生适合每个学生的个性化的解决方案和有效反馈意见
无人驾驶	车祸频发，人类注意力有限	无人驾驶通过传感器、视觉技术解放人的双手，且提高物流效率

资料来源：《2019年人工智能发展白皮书》

1）工资收入方面的满意度

以金融领域为例，人工智能技术正迅速改变着传统金融行业的各主要领域。围绕消费者行为和需求的不断变化，传统的金融服务行业参与者面临着各领域、各环节的重构。追踪消费者行为和偏好的不断变化，以技术驱动的精准营销和推送使消费者获得定制化的产品和服务。通过技术增强客户黏性，并使小商户融入更大范围的生态圈，在一定程度上提高了工资收入[30]。

2）工作生活平衡度方面的满意度

以医疗领域为例，在人口老龄化、慢性病患者群体增加、优质医疗资源紧缺、公共医疗费用攀升的社会环境下，医疗人工智能的应用为当下的医疗领域带来了新的发展方向和动力。随着人工智能技术在医疗领域的持续发展和应用落地，这个行业将极大简化当前烦琐的看病流程，并在优化医疗资源、改善医疗技术等多个方面为人类提供更好的解决方案，在这种智能医疗的环境下，医疗工作者有效节省了工作时间，简化了工作流程，在工作时间内工作效率得以提高[31]，剩余时间可以用来学习以提高自己业务，非工作时间也会相对轻松，不会因为工作时间遗留的工作问题占用休息时间，大大地平衡了工作与生活时间比例。

3）工作环境方面的满意度

以教育领域为例，近几年教育行业持续通过数据重构，呈现出空前的革命性。不同于传统教育方式，智能化教育方式以学生学习"教、学、练、评、测"五大环节所产生的数据为基础，利用智适应学习、图像识别、语音识别、人机对话、多模态行为分析、知识生成和表达、模拟智能体等功能，产生适合每个学生的个性化的解决方案和有效反馈意见。大幅度提高学习效率，改变教育模式，令从业者的工作环境有了大大的提高，行业痛点解决了，从业人员必定在一定程度上提高对社会的满意度。

3. 智能服务对发达地区从业者高质量就业的影响程度高

1）智能服务对工资收入的影响

目前国内许多城市依靠人工智能等先进技术引领现代服务业变革，形成以研究设计、电子商务、文化创意、全域旅游、养老服务、健康服务、人力资源服务、服务外包等八大领域为主体的多元发展格局。此外,发达地区人工智能的技术应用相对更为迅速,对于从业者综合就业质量提升较为明显。人工智能不仅助推了现代服务业的发展,同时也激发了服务行业从业者综合素质新的增长点。本节从东部、中部、西部及东北地区的服务行业工资进行对比说明。根据表13-6,全国各地区服务行业者的待遇受人工智能的介入程度影响,智能服务较发达的东部地区从2013~2020年行业工资一直高于中部、西部和东北地区的就业人员平均工资。

表13-6　2013~2020年中国四地区服务业从业者平均工资　　　　单位:元

年份	东部地区 就业人员平均工资	中部地区 就业人员平均工资	西部地区 就业人员平均工资	东北地区 就业人员平均工资
2013	44 178.00	31 784.00	33 496.00	32 016.00
2014	45 386.00	33 427.00	34 883.00	34 124.00
2015	49 842.00	35 568.00	37 562.00	36 953.00
2016	52 750.00	37 480.00	39 371.00	37 964.00
2017	55 734.00	39 937.00	41 749.00	39 872.00
2018	60 447.00	44 959.00	48 269.00	52 813.00
2019	65 729.00	49 390.00	53 603.00	56 390.00
2020	67 652.00	50 873.00	55 665.00	54 769.00

资料来源:根据《国家统计年鉴》数据整理

2)智能服务对就业环境影响

不同地区人工智能发展的差异导致智能服务对就业的影响呈现出明显的地区差异性。智能化发展应用形成新的产业链,产生新的生产工具,营造出新的生产环境,需要新的工作任务流程和组合、工作方式,具体新岗位开发将随着新技术的成熟和推广而大规模出现。职业体系创新的规模效应更强。首先,智能化岗位辅助技术在扩大就业能力和领域。例如,网络机器人已广泛替代客服岗位,但客服就业人员依据机器人数据分析转而增加了销售、延伸服务、个性化服务等新职能。其次,未来智能化发展需要大量中低端数字化岗位。除了部分核心数据高技术性岗位外,傻瓜式数据化操作仍将是新岗位的普遍模式,需要充分发挥人的灵活性和主动性优势。再次,智能化本身就是服务化的过程。智能化的实现会使人的服务需求空前增长。最后,新网络技术平台实现规模化灵活就业。新业态由于工作时间灵活,自由活动空间大,收入水平较高[32],吸引了大量年轻劳动力。智能服务所带来的职业转变需要新的技能输入[33]。

4. 加大了从业者的职业培训频率

1)职业培训市场规模逐年扩大

iiMedia Research(艾媒咨询)数据显示(图13-8),2015~2019年,中国职业培训市场的整体规模已从2015年的1338.9亿元增长至2019年的2291.3亿元。2020年受疫情影响,职业培训市场规模下降至2088.0亿元。现代企业迅猛发展,技能型人才断层现象突出[34],企业的高技能人才发展促进了职业培训规模的飞速发展。2020年中国高技能人才占就业总人口的比例仅为26%,职业培训是改善高技能人才短缺问题的重要举措,我国职业技能培训市场规模逐年扩大，自 2015 年以来增速基本保持在 10%以上，2020 年受新冠疫情影响较 2019 年下降 8.87%，2021 年新冠疫情得到较好控制，政府两会工作报告也对职业技能培训提出新的要求，加上人工智能领域发展的影响使得岗位竞争加剧，人们对知识与技能培训的需求有所增加，2021 年将突破 2400 亿元。

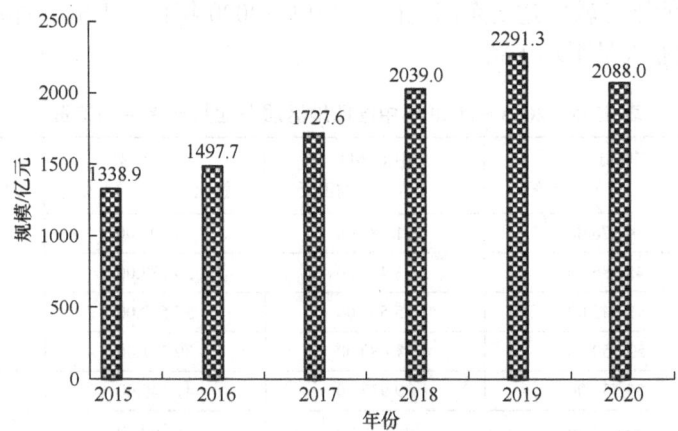

图 13-8　2015～2020 年中国职业资格市场规模
资料来源：iiMedia Research、前瞻产业研究院

2）智能培训人数增加，规模扩大

2020 年末全国技工院校共计 2423 所，招生人数 160.1 万人，同比增长 11.99%，在校生人数 395.5 万人，毕业生人数 101.4 万人（图 13-9）；截至 2021 年 5 月底，存续职业培训机构数量达到 164 678 家。2021 年主要职业培训形式划分，接近 80%的用户参与的是资格考试类培训，在职业技能培训项目中，39.7%的受访者参与了计算机类培训，22.4%的受访者参与机械与电工电子类培训，22.4%的受访者参与了服务类培训。据统计，2022 年

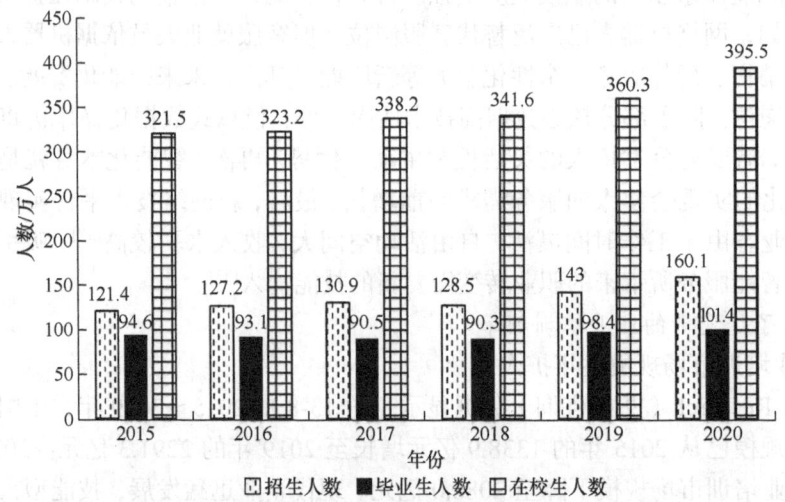

图 13-9　2015～2020 年全国技工院校招生、毕业生、在校生人数
资料来源：人社部、智研咨询

中国信息技术培训市场规模约为 180 亿元人民币，预计到 2027 年将达到 300 亿元人民币左右，复合年增长率约为 10%。2021 年人工智能与机器学习培训需求比 2018 年增长了约 35%。劳动者职业技能不断加强，对高质量就业和经济高质量发展起到积极的促进作用[35]。

3）技术专家培训成效显著

自 2011 年开展"万名专家服务基层行动计划"，11 年来，该计划累计组织派遣示范性专家服务团 729 个，组织 4.78 万名专家，深入基层开展服务活动 4.3 万场次，达成中长期合作意向项目 6955 项。其间，累计组织专家 5100 余名，破解技术难题 6100 余个；累计培训基层专业技术人才 75.4 万余人，组织 2000 余名专家为欠发达地区进行现场技术指导 5300 多场次，培训基层专业技术人才超过 4.7 万人次；截至 2021 年底，共建成 115 个国家级专家服务基地，实施对口高层次人才援助计划。为继续推进专业技术人才知识更新工程，2021 年中国科学技术协会组织高校院所、企业研发人员及技术创新服务人员等 3300 余人参与技术转移转化高级研修项目并获得证书。

5. 智能服务中的新就业形态触及公共政策供给质量

1）新就业形态对传统公共政策带来挑战

以大数据、互联网、云计算、物联网及人工智能为代表的数字技术正在加速与经济社会各领域深度融合。新技术不断催生新的产业，创造新的服务需求，为新经济发展提供强大的动力。世界各国纷纷强化创新战略部署，加快新兴产业布局和传统产业的改造升级。我国政府通过深化"放管服"①等改革推动大众创业、万众创新蓬勃发展，各类新技术、新产业、新业态、新模式蓬勃兴起，以平台就业为主要类型的新就业形态蓬勃发展。与传统的非正规就业、灵活就业相比，新就业形态具有更丰富的内涵和广阔的发展潜力，对现有经济社会运行以及经济主体行为产生了巨大的影响[36]，带动了一系列全新产业的发展。同时，也对传统的公共政策、制度设计及法律法规均带来了挑战[37]。例如，"平台就业"中的劳动关系问题、平台企业的社会责任边界问题、新就业形态中劳动者权益保障等问题，若解决不畅则对社会造成的负面影响将是巨大的，同时会阻碍智能服务及经济高质量发展。

2）国家层面政策逐步完善

我国平台经济自 2011 年左右起步，2014 年迎来了显著增长，2015～2016 年保持持续发展与繁荣。但也呈现出诸多社会问题，政府也逐步出台相关立法和政策通过政府监管解决新业态各个领域问题，如劳动用工政策、消费者保护政策、隐私保护等，出台的主要政策见表 13-7。从国家层面来看，2018 年开始国务院出台的政策已经开始要求保护平台从业人员的合法权益，并明确提出对这一特殊群体的职业伤害保障进行试点，解决职业伤害问题。比如，《关于发展数字经济稳定并扩大就业的指导意见》明确提出"推动完善劳动法律法规，及时完善新就业形态下的劳动用工政策，切实维护劳动者合法权益"。2019 年 8 月《国务院办公厅关于促进平台经济规范健康发展的指导意见》中就提出"抓紧研究完善平台企业用工和灵活就业等从业人员社保政策"。2020 年 7 月《国务院办公厅关于支持多渠道灵活就业的意见》，针对拓宽灵活就业发展渠道、优化自

---

① "放管服"，即简政放权、放管结合、优化服务。

主创业环境、加大对灵活就业保障支持等方面提出了多项要求,规定"引导互联网平台企业、关联企业与劳动者协商确定劳动报酬、休息休假、职业安全保障等事项"。2021年以来,各级政府部门接连出台针对灵活就业者权益保障的政策,相关制度不断完善。

表13-7 我国新业态相关政策法律文件(部分)

发布日期	发布单位	文件名称
2016年7月	交通运输部等七个部门	《网络预约出租汽车经营服务管理暂行办法》
2018年9月	交通运输部办公厅、公安部办公厅	《关于进一步加强网络预约出租汽车和私人小客车合乘安全管理的紧急通知》
2017年11月	食品药品监督管理总局	《网络餐饮服务食品安全监督管理办法》
2018年8月	全国"扫黄打非"工作小组办公室等六个部门	《关于加强网络直播服务管理工作的通知》
2018年8月	全国人大常委会	《中华人民共和国电子商务法》
2018年9月	国家发展改革委	《关于发展数字经济稳定并扩大就业的指导意见》
2019年8月	国务院办公厅	《国务院办公厅关于促进平台经济规范健康发展的指导意见》
2020年7月	国家发展改革委联合12部门	《关于支持新业态新模式健康发展激活消费市场带动扩大就业的意见》
2020年7月	国务院办公厅	《国务院办公厅关于支持多渠道灵活就业的意见》
2021年7月	国务院办公厅	《国务院办公厅关于加快发展外贸新业态新模式的意见》

3)地方政策积极参与政策供给

当前我国尚未出台关于平台就业的全国性劳动用工政策文件,但部分地方已经依据国家相关文件精神进行各种政策改革试点。比如,浙江省、广东省、北京市陆续开始对平台就业的劳动用工、工伤保险进行积极探索(表13-8)。总的来看有三方面趋势,一是对现行的工伤保险制度进行改革。比如,《浙江省人力资源和社会保障厅关于优化新业态劳动用工服务的指导意见》规定了新业态从业人员可以按规定先行参加工伤保险。《广东省灵活就业人员服务管理办法(试行)》也采用了这一基本思路,规定在广州、深圳、佛山市开展新就业形态人员职业伤害保障试点,将各类新就业形态人员纳入职业伤害保障的范围。二是对现行的劳动用工制度进行综合性改革。例如,北京市率先在快递业进行了综合性劳动权益保障的改革试点。《关于促进快递行业规范发展加强从业人员权益保障的通知》明确了规定加盟人依法合规用工,督促加盟人切实保障劳动者合法权益。同时对从业者各项基本劳动权益进行兜底保障。三是互联网企业主动承担相应的社会责任。比如,滴滴公司于2017年启动了"点滴医保"健康保障计划;外卖配送平台美团与保险公司联合为合作商、骑手设计了保险服务智能系统,为骑手参加商业保险提供便捷。职业保险涵盖较为全面。

表 13-8　新业态劳动用工政策（部分）

相关内容	时间	地区、平台企业	文件名称
工伤保险制度改革	2019 年 10 月	浙江省	《关于优化新业态劳动用工服务的指导意见》
	2020 年 7 月	广东省	《灵活就业人员服务管理办法（试行）》
劳动用工综合改革	2019 年 8 月	北京市	《关于促进快递行业规范发展加强从业人员权益保障的通知》
	2022 年 1 月	上海市	《关于维护新就业形态劳动者劳动保障权益的实施意见》
互联网平台企业承担社会责任	2020 年 1 月	滴滴、美团等	《平台企业关爱劳动者倡议书》等

（三）智能制造与智能服务影响高质量就业所带来的主要问题

1. 进一步扩大了地区间劳动力质量非均衡性

在传统经济模式下，我国区域间的经济发展已被实践证明存在着明显的差距，随着人工智能技术的不断发展，智能制造与智能服务体现出空间异质性，使区域间劳动力质量的非均衡性进一步扩大。

根据图 13-10 和图 13-11 可以看出，智能制造与智能服务的发展在不同地区表现出的差异较大。东部地区的智能制造与智能服务发展水平高于其他区域，中部地区次之，西部地区和东北地区智能制造与智能服务的发展均相对落后。东部地区的制造业和服务业的发展基础本身具有一定的规模，水平也处于全国领先地区，故而东部地区智能制造与智能服务的发展水平均相对较好，因此吸引人才的聚集，拥有更多的丰富的人力资源，劳动力质量也相对较高。而西部地区和东北地区以传统重工业制造为主，且经济社会各种因素的影响导致人才流失严重，智能制造与智能服务发展水平相对落后，劳动力质量的整体水平也就相对较低。人工智能技术在我国东、中、西部及东北地区发展不平衡，具体表现为，智能制造与智能服务在东部地区发展远远高于西部地区和东北地区，

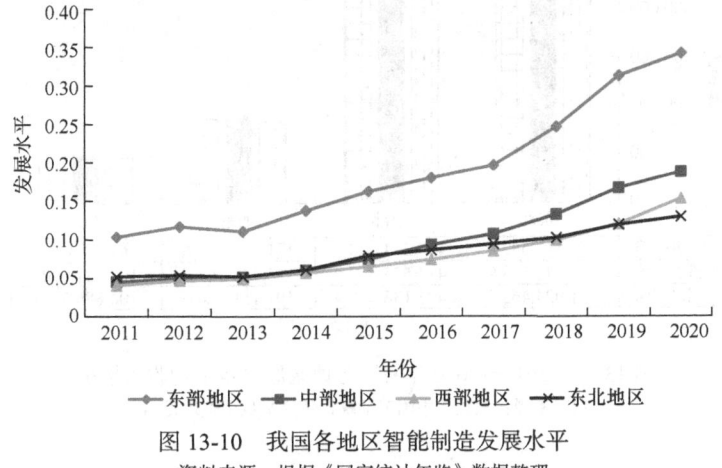

图 13-10　我国各地区智能制造发展水平

资料来源：根据《国家统计年鉴》数据整理

图 13-11 我国各地区智能服务发展水平
资料来源：根据《国家统计年鉴》数据整理

这样势必会造成劳动力随产业分布流动的不均衡，高素质劳动力逐渐向智能化发达地区流动，高技能劳动者劳动禀赋越来越高，低技能劳动者劳动禀赋越来越低。人工智能应用水平的差异会造成劳动力流动，从而导致各地区间劳动力质量非均衡性发展，东部地区因其人工智能应用水平高，能够提供更多的就业岗位，使得适应人工智能发展的高技能人才向东部地区流动，这种流动进一步扩大了地区间劳动力质量的非均衡性。

从图 13-12 可以看出，我国东部地区居民的平均收入高于中、西部及东北地区，西部地区与东北部地区差距相对较小。在失业保险金支出方面（图 13-13），也是东部地区高于中、西部及东北地区。中部地区除了四川省以外，其余地区与西部地区基本没有差别，东北地区辽宁省略高一些，黑龙江省及吉林省则与西部经济稍微落后地区不相上下。图 13-12、图 13-13 两个图充分显示了我国区域间劳动力质量的非均衡性。

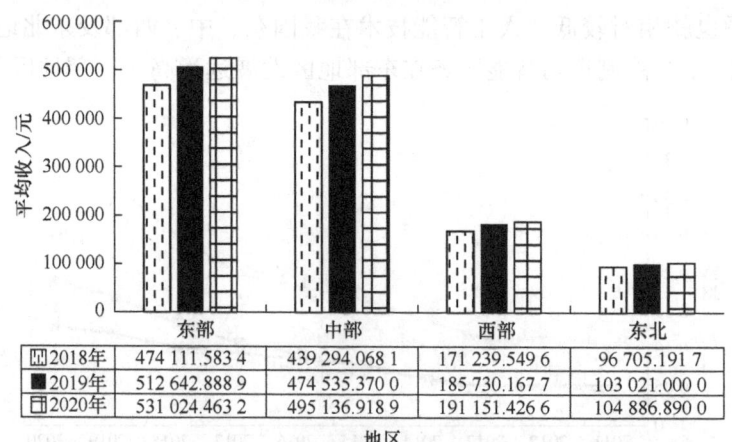

图 13-12　2018～2020 年我国各地区居民年平均收入情况
资料来源：根据《中国劳动统计年鉴》数据整理得出

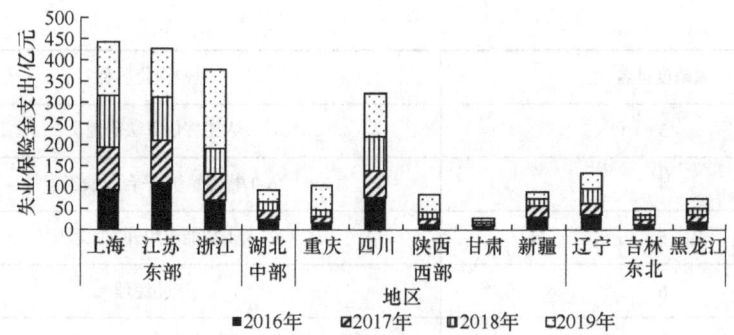

图 13-13 2016~2019 年我国区域间失业保险金支出情况
资料来源：根据《中国劳动统计年鉴》数据整理得出

2. 劳动力技能与岗位需求匹配度低

1）人工智能市场需求大于供给

我国人社部 2018 年数据显示，人工智能市场需求大于供给[38]，岗位空缺与求职人数的比值不断上升，甚至达到 1.25 的比例高度，究其根本，在于劳动力技能与新岗位要求的不匹配。当前，中国人工智能技术领域相关的研究成果在全球占比超过半数，但当前人工智能技术在部分领域同全球一流水平仍然存在一定差距。虽然中国在数据积累和传统产业基础上有一定优势，部分细分领域有领先成果，相关研究投入不断加大，但整体人才储备落后于美国。人工智能应用落地的速度跟技术上不断突破创新的速度并不匹配，人工智能人才缺口进一步扩大。全球猎头招聘顾问公司瀚纳仕发布的 2021 年《中国科技行业报告》显示，中国正在引领全球人工智能行业，全球 60% 以上的大数据专家目前在中国工作。然而随着人工智能不断被应用于更多细分行业，人才供需之间出现巨大缺口。2019 年在中国所有的人工智能专业人才中，对图像识别工程师的需求同比增长 111%，医疗研发和游戏服务行业紧随其后，需求分别同比增长 88% 和 84%。

2）人工智能人才有效供给程度低

根据《人工智能产业人才发展报告（2019—2020 年版）》，从人工智能领域十大紧缺岗位来看，主要紧缺岗位集中在算法研究岗、应用开发岗和实用技能岗等人工智能典型岗位（表 13-9）。为直观显示人工智能典型岗位紧缺程度，我们通过选取主要岗位人才供需情况的比值来进行说明，也即有意愿进入岗位的人数和岗位数量的比值，图 13-14 数据显示大部分岗位比值均低于 0.4，说明人工智能人才供给严重不足，尤其是智能语音和计算机视觉岗位人才极度稀缺。算法研究岗、应用开发岗和高端技术岗供需比分别为 0.13、0.17 和 0.45，表明人才缺口较大，供给严重不足。

表 13-9 人工智能紧缺岗位

紧缺度排名	紧缺岗位名称
1	人工智能算法研发工程师
2	人工智能开发工程师

续表

紧缺度排名	紧缺岗位名称
3	人工智能算法研究员
4	人工智能系统/平台研发工程师
5	人工智能应用开发工程师
6	产品经理
7	人工智能测试工程师
8	软件开发工程师
9	建模应用工程师
10	数据标注工程师

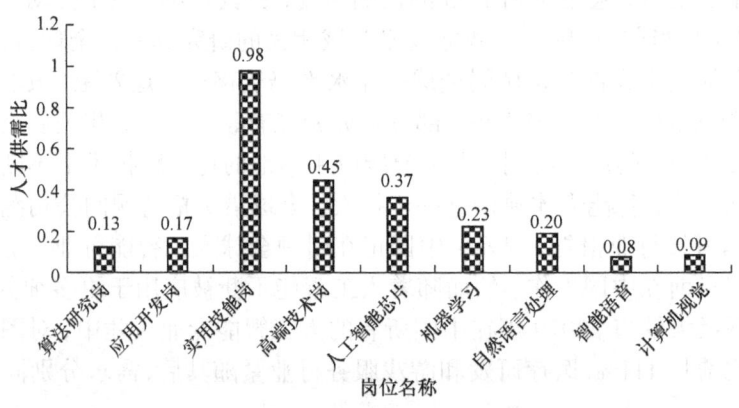

图 13-14 人工智能主要岗位供需比
资料来源：工业和信息化部人才交流中心

3）技能与岗位匹配程度低

智能制造与智能服务发展带来工作任务的变化，不断改变着就业岗位对劳动力技能的需求，重塑工作所需的技能。世界经济论坛调查数据显示，理工科学生毕业时，他们在刚入学时所学的内容有近 50%将会被淘汰，以人工智能技术为代表的智能制造与智能服务发展速度快，劳动力在学校教育中学习到的知识在未来会与技术进步错位。结合相关数据研究发现，我国劳动力技能与岗位需求匹配程度低主要体现在四个方面。一是人工智能机器的应用范围持续扩大，造成了对既懂技术又了解行业的人工智能复合人才需求加大。二是智能制造快速发展，企业对智能机器需求程度越来越高，人工智能领军人才和高端技能人才需求加大，但劳动力市场供给不足。三是被机器人替换下来的劳动者多数都是"70 后"的农民工，对智能技术的领悟能力和接受程度较差，很难实现转岗培训匹配新的岗位需求。四是人工智能相关技术人员技能培训滞后，政府、企业和技能学校尚未建立完善的培训体系，劳动者技能无法与智能领域工作技能要求相匹配[39]。

3. 职业培训政策发展的规制障碍

1）关联性政策法规处于"真空"状态

纵观当前我国职业教育现状，职业培训政策的出台滞后于智能企业职业培训实践的需要。政策制定的参与主体相对单一，基层组织参与机会较少。当前的政策只有职业教育促进方面的条例，缺少关于如何促进校企合作方面的条例。根据当前经济社会发展情况，以人工智能技术为代表的新技术方面的法律法规应及时进行调整和完善。智能制造与智能服务相关的条例尚需细化，对于现有法律法规的宣传力度还需进一步加强，智能制造与智能服务相关的信贷和免税等福利政策有待完善。

2）国家财政投入不足，多元化投资格局尚未形成

在西部地区和东北地区智能制造与智能服务发展落后的地区职业教育与培训经费短缺问题比较严重，一些县级职业教育机构和民族及边疆地区职业教育经费严重不足，经费问题已经严重阻碍学校正常发展运行，一些新建职业院校负债情况严重，同时，职业教育培训经费支出结构也不尽合理，职业教育经费占教育总经费支出比例偏低，对弱势群体的帮扶力度仍需进一步提升。再者，职业教育与培训经费来源较为单一，多方筹措经费的渠道尚未打通，多元投入格局尚未形成。

3）校企合作的协调机制不规范

尚未形成校企合作的协调机制，当前职业教育培训机构与企业合作的专项基金严重不足，基金的设置和使用的管理不到位。产教融合、工学结合依然停留在理论层面，需要政府部门加大引导和帮扶力度，助力企业与职业院校和培训机构合作，搭建良好的合作平台，促进产教融合，明确各自的权力与责任。加强行业组织的引领、监督与协调职能，充分发挥行业组织的功效。智能制造与智能服务领域职业技能培训难以满足企业的培训需求。劳动力供求不匹配的结构性矛盾较为突出，直接表现为智能领域专业技能人才培养与智能人才需求的错位。同时，职业院校与培训机构布局和结构不合理、师生比失衡、专任教师实践少、师资专业培训不足等问题突出，影响校企合作的有效推进。

4）缺乏完善的监督保障机制

职业教育与培训经费投入的监督与评估机制尚不健全，具体经费投入的标准和方向仍需细化。对经费使用的控制及投入效果的评估尚需加强，有限财力的最大效能没有得到充分发挥。同时，智能制造与智能服务领域的职业教育经费专款专用监督机制尚未形成，在培训实施过程中培训方向或重点出现偏差。经费的使用中也存在不均衡、监督不力、资金落实不到位的情况。

5）终身职业技能培训制度尚处于进行时

尽管国务院在2018年5月印发了《关于推行终身职业技能培训制度的意见》，但终身职业教育理念尚未普及，配套政策制度不健全，社区职业教育和相关配套服务不完善。同时，职业院校和培训机构布局和结构存在不合理状况，影响终身职业教育的发展。职业教育缺乏效率，供给水平低，专业结构矛盾突出，即便提供给大众的机会终身职业教育公平，也不会产生公平的结果。这既不符合我国经济高质量发展的构建基础，达不到

高质量就业的发展目标，也不能满足创新驱动发展的战略要求，无法体现依法治国、保障监督的现代化治理理念。

4. 智能服务新就业形态从业者缺乏完善的劳动权益保障

近年来，随着人工智能技术的应用和智能服务的普及，新就业形态在我国迅速发展。以平台经济为典型代表的新就业形态已经成为中国主要的新就业形态类型，截至2019年通过平台提供服务的从业人员已经达到7800万人（表13-10）。

表13-10　2015～2019年新就业形态从业人员数量

年份	就业人员/万人	提供服务者占比	就职/万人	提供服务/万人
2015	77 451	6.5%	500	5 000
2016	77 603	7.7%	585	6 000
2017	77 640	9.0%	556	7 000
2018	77 586	9.7%	598	7 500
2019	77 471	10.1%	623	7 800

资料来源：《中国就业发展报告（2021）》

新就业形态不同于标准就业形态和传统的非标准就业形态（图13-15），其劳动关系认定、从业者的劳动权益保障方面的问题尤为突出，由于互联网平台的特殊用工方式，平台从业者难以适用当前劳动法律体系，这部分劳动者的权益保障严重不足，由此引发了一系列的问题和争议，影响了经济健康发展。

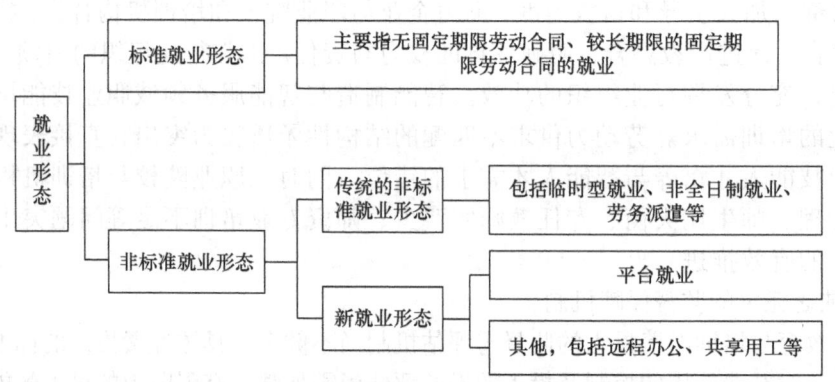

图13-15　新就业形态及主要内容

1）大量从业人员社会保险缺失

由于新就业形态灵活就业用工方式的特殊性，大部分从业人员没有固定劳动关系，社保缴纳情况远低于非灵活就业人员（图13-16）。灵活就业人员发生职业伤害时劳动者权益难以得到有效保障。中华全国总工会针对平台送餐员的调研数据显示，截至2019年，28%的受访者表示经历过交通事故。目前，仅有部分平台通过从业人员上线接单和扣费模式为其提供商业意外伤害险。从长远来看，这类从业人员未来的养老保险风险会进一步扩大。

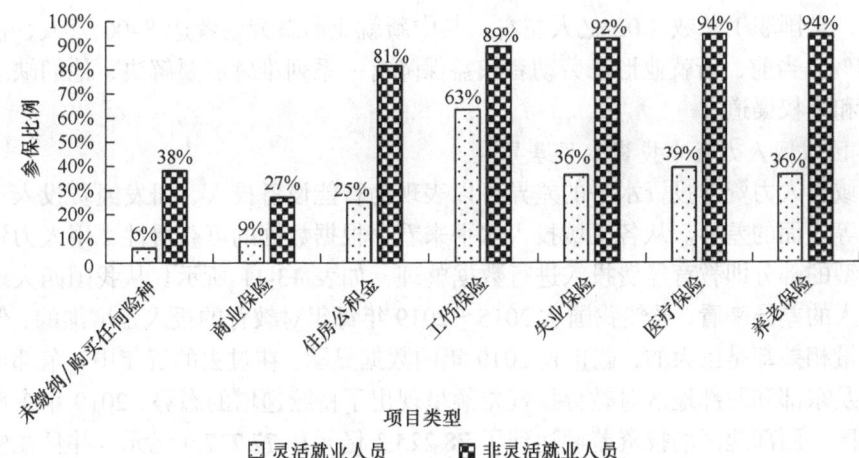

图 13-16 灵活就业与非灵活就业人员社保缴纳情况
资料来源：《中国灵活用工发展报告（2022）》

2）部分从业人员工作时间过长

企业出于对消费者服务体验的考虑，设定了较为苛刻的服务标准和考核标准，以外卖配送员为例，一般来说，对于某平台专送骑手，如果发生超时情况，扣款金额通常与该单的配送费相关。例如，超时时间在 0~6 分钟，可能会扣除配送费的 40%；超时 6~12 分钟，可能会扣除 50%；超时 12~18 分钟，可能会扣除 60%；而超时 18 分钟及以上，则可能会扣除 70%的配送费。然而，他们更担心因超时导致的差评和投诉，因为这会带来更严重的罚款，一般最高扣 500 块钱。一些配送员为得到收入保障不惜透支自己的身体忽视生命安全，很多配送员每天工作时长超过 15 小时。有研究表明，骑手每天平均配送 48 单，行程近 150 千米，且一般订单往往要求在 30 分钟内送达[40]。

3）岗位稳定性差

新就业形态用工方式灵活，劳动关系不稳定，同时平台就业会受到交易规则调整等因素的影响和冲击。平台企业在调整交易规则时，一般不征求从业人员意见就单方面做出决定。比如，网约车平台根据市场推广情况，多次单方面变更绩效考核办法。平台企业在与平台就业人员签订的协议中明确，平台有权随时对奖励措施等协议内容进行单方面变更。

4）工资收入水平不高

通过查阅《中国灵活用工发展报告（2022）》，发现新就业形态从业者当中有 50.8%的人员都认为，无论是工资福利还是在五险一金等方面新就业形态从业者跟正规就业的从业者相比都存在较大差异；40.5%的人员感受到了与正式职员相比，薪酬工资都普遍更低；张晓忻通过对我国有关家庭展开追踪调查，国内的正规就业形式从业人员和新就业形态从业人员的工作水平在时薪上差异显著，前者远高于后者，差异度达 32.1%，排除一些禀赋差异的影响，差异依然达到 12.5%。同时还发现，学历越高、工作阅历越丰富，二者工资差异就越大。

5）缺乏表达利益诉求和维权的渠道

新就业形态由于用工方式的特殊性，劳动者难以加入工会、维权途径缺失。平台从业人员加入工会的比例较低，2023 年，中华全国总工会第九次全国职工队伍状况调查数据显示,全国职工总数 4.02 亿人左右,其中新就业形态劳动者达 8400 万人,占职工总数的 21%。当前,新就业形态劳动者权益保障有一系列难题需要解决,他们缺乏表达利益诉求和维权渠道。

5. 区域间人力资本投资水平差异大

区域间人力资本投资水平的差异可以表现为智能设备投入、研发经费投入、教育经费投入等方面的差异。从各区域投入水平来看,根据数据的可获得性,用人力资本投入比较典型的部分即教育经费投入进行数据整理,如表 13-11 所示。从我国四大地区教育经费投入的差异来看,虽然我国从 2015~2019 年每年对教育的投入是增加的,但是地区间投入量相差却是巨大的,截止到 2019 年的数据显示,在过去的五年中,东部地区和中部地区及东部和西部地区对教育投资差额呈现出了持续递增的态势,2019 年东部地区和中部地区、西部地区的投资差额达到了 78 225.3 亿元和 77 737.0 亿元。并且在中部地区和西部地区的对比中,西部地区自 2015 年以来对教育的投资力度一直大于中部地区。而东北地区教育投资额一直是最少的,并且近几年的增速比较缓慢,一直趋于平缓的状态。由图 13-17 可以看出,在智能设备投入度方面,东部地区投入度要远远高于其他地区,中部次之,西部稍弱,东北地区最低。在服务业研发经费投入方面,东部地区也是遥遥领先于其他地区(图 13-18)。

表 13-11　2015~2019 年东、中、西部及东北地区教育经费投入　　单位:万元

地区	2015 年	2016 年	2017 年	2018 年	2019 年
东部	152 528 395.0	164 499 585.7	180 684 407.2	198 083 304.2	898 421 854.5
中部	83 838 431.0	90 239 212.7	98 669 468.2	106 950 065.8	116 168 500.0
西部	88 275 506.9	96 059 671.3	104 758 617.8	112 146 321.0	121 051 767.7
东北	21 796 449.2	22 983 350.3	23 784 010.1	24 238 046.5	25 487 235.4

资料来源:根据《中国劳动统计年鉴》数据整理得出

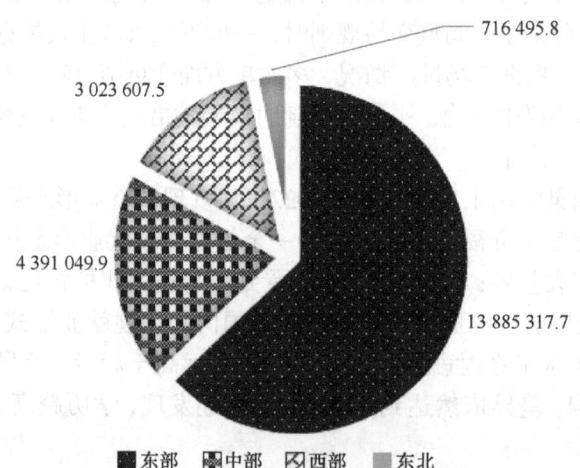

图 13-17　2022 年各部地区智能设备投入(单位:万元)

资料来源:2023 年《中国科技统计年鉴》

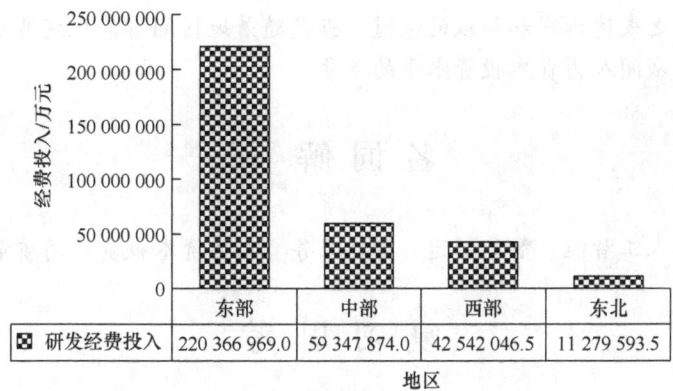

图 13-18　2022 年各部地区研发经费投入

资料来源：根据 2023 年《中国劳动统计年鉴》整理得出

人力资本投入的提升是劳动力个体收入增长的根本源泉，同时也是国家经济发展的重要途径。然而，我国区域间人力资本投入存在明显的地区差异，造成区域间人力资本投资的非均衡发展，这必将带来区域发展不均衡问题，导致区域间智能化发展水平的差异，影响各区域智能制造与智能服务的发展，同时也影响高质量就业水平的提升。

本 章 小 结

本章以智能制造与智能服务为研究主线和突破口，深入探索数字经济背景下人工智能对实现高质量就业的影响，分析论证了智能制造与智能服务对高质量就业的影响机理，重点阐述了智能制造与智能服务同高质量就业的内在逻辑及智能制造与智能服务同高质量就业的动态适配机理，分析了智能制造与智能服务对高质量就业影响状况及问题。主要得出如下研究结论。

（1）基于智能制造与智能服务对高质量就业的影响机理研究的主要结论。目前，人工智能技术在制造业与服务业领域广泛应用，智能制造与智能服务是实现我国经济高质量发展的必然选择。经济高质量发展客观上要求劳动力技能、素质高标准化。实现高质量就业是经济高质量发展的终极目标。在当前智能制造与智能服务深度融合的大背景下，如果继续在传统的制造业与服务业单向框架下研究就业问题，强调通过智能制造或智能服务的单向作用驱动就业，势必难以实现高质量就业目标。应充分运用智能制造与智能服务"双向思维"思考其与高质量就业的动态互配关系，利用智能制造与智能服务的双向互动关系，充分释放就业潜能。

（2）基于智能制造与智能服务对高质量就业的影响状况研究的主要结论。一是当前我国人工智能发展不均衡，区域间人工智能技术应用程度、收入水平及劳动权益保障等差异导致区域间劳动力质量非均衡性不断扩大。二是劳动力技能与岗位需求匹配度低，人工智能就业市场技能人才需求大于供给，高端人才紧缺。三是当前我国人工智能相关技术人员技能培训滞后，高校和科研机构尚未形成完善的培训体系。四是智能服务新就业形态的从业者缺乏完善的劳动权益保障，部分从业人员工作时间过长、稳定性差、收入水平不高、缺乏表达诉求和维权的渠道。五是随着地区间智能化发展水平和应用程度等差异，造成区域间人力资本投资水平的差异。

名 词 解 释

数字经济　人工智能　智能制造　智能服务　人力资本投资　高质量就业

复 习 思 考

1. 简述智能制造与智能服务的基本概念及其相互关系。
2. 智能制造如何通过技术创新推动我国经济高质量发展？请列举两点。
3. 根据库兹涅茨法则，产业结构升级对就业结构会产生什么影响？
4. 我国"十四五"时期提出的人力资本发展目标与高质量就业之间有何联系？
5. 列举人工智能对劳动者工资收入的两种主要影响。
6. 经济高质量发展对劳动者素质提出了哪些新要求？请简要说明两点。
7. 结合就业质量四个维度（收入、时长、稳定性、保障），指出智能服务对其中哪两个影响最明显，并说明原因。
8. 请结合实际，简述智能制造在缓解地区发展不平衡中的一种作用。
9. 当前我国在实现"更高质量和更充分就业"方面面临哪些主要挑战？请举出两项并简要说明。
10. 人工智能技术的发展可能如何影响工作稳定性？请结合"技能适配"进行简要说明。

参 考 文 献

[1] 张辉，石琳. 数字经济：新时代的新动力[J]. 北京交通大学学报（社会科学版），2019，18（2）：10-22.

[2] 曹静，周亚林. 人工智能对经济的影响研究进展[J]. 经济学动态，2018，（1）：103-115.

[3] 程承坪，陈志. 人工智能促进中国经济增长的机理：基于理论与实证研究[J]. 经济问题，2021，（10）：8-17.

[4] 丁守海，徐政. 新格局下数字经济促进产业结构升级：机理、堵点与路径[J]. 理论学刊，2021，（3）：68-76.

[5] 陈晓东，邓斯月. 改革开放40年中国经济增长与产业结构变迁[J]. 现代经济探讨，2019，（2）：11-18.

[6] 李敏，吴丽兰，吴晓霜. 平台经济发展对就业质量的影响研究：产业结构升级的中介效应[J]. 工业技术经济，2021，40（10）：62-69.

[7] 姚凯. 以高质量就业促进经济高质量发展[N]. 社会科学报，2021-09-30（2）.

[8] 蔡跃洲，付一夫. 全要素生产率增长中的技术效应与结构效应：基于中国宏观和产业数据的测算及分解[J]. 经济研究，2017，52（1）：72-88.

[9] 孔微巍，廉永生，刘聪. 人力资本投资、有效劳动力供给与高质量就业[J]. 经济问题，2019，（5）：

9-18.

[10] 曾湘泉. 中国就业市场的新变化：机遇、挑战及对策[J]. 中国经济报告, 2020, (3): 106-115.

[11] 姜雨, 沈志渔. 技术选择与人力资本的动态适配及其政策含义[J]. 经济管理, 2012, 34 (7): 1-11.

[12] 刘元春. 扩大内需战略基点需要体系化政策[J]. 中国经济评论, 2021, (3): 10-13.

[13] 杨斌, 魏亚欣, 田凡. 技术进步与劳动技能的动态适配：基于生产系统"硬件—软件—人件"互补演化机制的分析[J]. 南开管理评论, 2020, 23 (3): 4-13.

[14] 刘奕, 夏杰长. 形成服务业与制造业双轮驱动的就业创造机制[N]. 光明日报, 2022-04-05 (7).

[15] 蔡昉. 数字经济时代应高度重视就业政策[N]. 北京日报, 2021-07-26 (10).

[16] 陈明艺, 胡美龄. 技术创新对我国劳动力市场的影响研究：以人工智能技术为例[J]. 新金融, 2020, (8): 25-33.

[17] 程承坪. 人工智能最终会完全替代就业吗[J]. 上海师范大学学报（哲学社会科学版）, 2019, 48 (2): 88-96.

[18] 汪昕宇, 谢玉, 彭莹莹, 等. 人工智能技术对就业的影响及趋势预测：基于北京市工业机器人安装量的数据[J]. 中国人力资源开发, 2022, 39 (1): 119-133.

[19] 李佩, 张成岗. 人工智能时代的技术发展与就业挑战：基于失业风险恐惧的探索[J]. 智库理论与实践, 2019, 4 (6): 43-51.

[20] 高春明, 于潇, 陈世坤. 人工智能对中国未来劳动力就业的影响：基于劳动力供给视角的分析[J]. 社会科学战线, 2020, (10): 249-254.

[21] 孟浩, 张美莎. 人工智能如何影响劳动力就业需求？——来自中国企业层面的经验证据[J]. 西安交通大学学报（社会科学版）, 2021, 41 (5): 65-73, 93.

[22] 谢璐, 韩文龙, 陈翥. 人工智能对就业的多重效应及影响[J]. 当代经济研究, 2019, (9): 33-41.

[23] 唐波, 李志. 人工智能对人力资源的替代影响研究[J]. 重庆大学学报（社会科学版）, 2021, 27 (1): 203-214.

[24] 杨伟国, 邱子童, 吴清军. 人工智能应用的就业效应研究综述[J]. 中国人口科学, 2018, (5): 109-119, 128.

[25] 李磊, 王小霞, 包群. 机器人的就业效应：机制与中国经验[J]. 管理世界, 2021, 37 (9): 104-119.

[26] 孙雪, 宋宇, 赵培雅. 人工智能对异质劳动力就业的影响：基于劳动力供给的视角[J]. 经济问题探索, 2022, (2): 171-190.

[27] 张于. 人工智能、机器人的就业效应及对策建议[J]. 科学管理研究, 2019, 37 (1): 43-45, 109.

[28] 张美莎, 曾钰桐, 冯涛. 人工智能对就业需求的影响：基于劳动力结构视角[J]. 中国科技论坛, 2021, (12): 125-133.

[29] 周世军, 赵丹丹. 人工智能重塑就业的未来趋势、特征及对策[J]. 经济体制改革, 2022, (1): 188-194.

[30] 郭凯明. 人工智能发展、产业结构转型升级与劳动收入份额变动[J]. 管理世界, 2019, (7): 60-77, 202-203.

[31] 陈楠, 刘湘丽, 樊围国, 等. 人工智能影响就业的多重效应与影响机制：综述与展望[J]. 中国人力资源开发, 2021, 38 (11): 125-139.

[32] 江永红, 张本秀. 人工智能影响收入分配的机制与对策研究[J]. 人文杂志, 2021, (7): 58-68.

[33] 沈文玮. 论当代人工智能的技术特点及其对劳动者的影响[J]. 当代经济研究, 2018, (4): 63-69.

[34] 李运福, 杨方琦, 王斐, 等. 对"人工智能+高等教育"三位一体的系统性思考[J]. 中国电化教育, 2021, (9): 88-96.

[35] 尹蕾, 王让新. 人工智能发展的喜与忧[J]. 人民论坛, 2018, (35): 84-85.

[36] 何小钢. 人工智能的经济影响与公共政策响应[J]. 企业经济, 2021, 40 (8): 5-16.

[37] 乔晓楠, 郗艳萍. 人工智能与现代化经济体系建设[J]. 经济纵横, 2018, (6): 81-91.

[38] 王军，常红. 人工智能对劳动力市场影响研究进展[J]. 经济学动态，2021，（8）：146-160.
[39] 杨利利. 面向2035年人工智能赋能就业的影响与促进[J]. 中国科技论坛，2021，（7）：10-12.
[40] 李胜蓝，江立华. 新型劳动时间控制与虚假自由：外卖骑手的劳动过程研究[J]. 社会学研究，2020，35（6）：91-112，243-244.

知识链接 13-1　亚马逊再用"打包机器人"取代逾千名打包工人

　　基于对生产效率的极致追求，亚马逊于2012年收购仓库机器人公司Kiva Systems。自那时起，该公司在自动化方面的努力已广为人知。2018年的统计显示，亚马逊在全球范围内拥有10万台机器人。机器人的异军突起给传统上由人类完全主宰的劳动力市场抛去了一枚"炸弹"，下岗危机的流言四起，至少12.5万名亚马逊员工被机器人夺走工作。

　　热衷于以机器替代人类员工的亚马逊在其仓库开启了新一轮的自动化变革。此次这家电商巨擘将触角伸向了货品包装，这一任务的自动化将替代至少逾千名员工。亚马逊已经开始在部分仓库安装自动订单包装机，这一新机器被称为CartonWrap，当货品从传送带上靠近机器时，后者会扫描货物，几秒钟内就能把它们装进定制的盒子里。CartonWrap由意大利CMC S. R. L公司生产，据悉每小时能包装高达700份货品，是人类雇员速度的四倍到五倍。据路透社报道，亚马逊的打包合同工每人每天工作最多10小时，平均每小时可以打包150个，已经是一份十分劳累的工作。公司对他们的要求是每小时240个，旺季400个，对工人造成了极大的压力，一度激起反抗。亚马逊正考虑在几十个仓库中各安装两台机器，每个仓库因此至少能减少24名人类雇员。这意味着亚马逊在美国的55个标准库存旅行中心将有1300多名员工失去工作。

　　这一做法是亚马逊对提高生产效率迫切需求所采取的最新措施。此前，亚马逊首席财务官Brian Olsavsky（布莱恩·奥尔萨夫斯基）提及，公司计划在全球范围内向Prime会员（付费会员）提供一日送达服务，以取代目前的两日送达。虽然此举将可能会遏抑其未来利润，但亚马逊仍然对此表现出极大决心，更高的运输效率是应对目前Prime用户增长放缓的广泛努力的一部分。亚马逊的一名发言人表示，他们正在试验这项新技术，目的是提高安全性，加快交货时间，提高网络效率。而对更高的打包速度的追求势必意味着，除了要求物流系统的员工进一步提高工作效率外，亚马逊还将使用更多机器来代替人工。

　　资料来源：亚马逊再用机器取代逾千名员工，同时称将资助员工离职创业[EB/OL]. https://www.jiemian.com/article/3126741.html[2022-12-01]

　　讨论题：结合知识链接13-1，分析人工智能技术的发展将如何影响劳动力市场。

知识链接 13-2　高质量就业与数字经济前沿及热点问题

1. 数字经济与高质量就业研究。
2. 数字经济与经济高质量发展研究。
3. 数字技术对就业的影响研究。
4. 人工智能与高质量就业研究。

5. 数字经济与劳动力结构演化研究。
6. 数字经济与劳动力资源配置研究。
7. 数字经济与人力资本结构研究。
8. 数字经济与城乡居民收入差距研究。